世界大战丛书

丘吉尔
第二次世界大战回忆录 08

挽回非洲局势

〔英国〕温斯顿·丘吉尔 著
富 杰 译

北京时代华文书局

本书铭言

战争时：坚毅

失败时：不屈

胜利时：宽容

和平时：友善

致　谢

在各位好友帮助下，我得以完成前几卷的著述，这里要再一次表达对他们的感谢：陆军中将亨利·博纳尔爵士、海军准将文伦、迪金上校、爱德华·马什爵士，以及丹尼斯·凯利先生和伍德先生。还有很多其他人士也曾审阅过原稿，并提出了自己的意见，在这里也一并表示感谢。

我依然得到了伊斯梅勋爵，还有其他朋友们的帮助。

在此要特地感谢英王陛下政府文书局局长。一些官方文件原文的版权为其所有，然而承蒙英王陛下政府批准，得以附加在内。出于保密，我对本卷所列的一些电文，谨遵英王陛下政府谕，做了改动。但是都是在本意基础上加以改动的，其原意或者实质并没有变动。

效命于美国海军预备队的塞缪尔·埃利奥特·莫里森上校，就海军作战方面著述了一些书籍，其中对美国舰队的作战情况有比较详细的记录。我要对他表达自己的谢意。

本卷还引用了罗斯福总统的某些电文，经同意还附带了一些私人信函，在此，感谢罗斯福财物保管理事会和我的其他朋友。

温斯顿·斯宾塞·丘吉尔

序　言

根据我掌握的情况，我已将促使二战爆发的事件，纳粹德国对欧洲的占领，还有在德国突袭苏联，美国苏联因日本的炮轰和我们结盟之前，英军如何孤军奋战、顽强抵抗的情况，在《风云紧急》《最光辉的时刻》和《伟大的同盟》①各卷中进行了记录。

在一年的新旧交替之际，我和罗斯福总统在华盛顿宣布结成伟大的同盟，此举得到了我们的海陆军顾问的支持。此次结盟我们制订了将来作战的整体计划。眼下，我们就要面对日本炮火猛烈的进攻了。1942 年 1 月 17 日，我正是在这种时局下降落在普利茅斯的。本卷记述的正是这以后的事情。

在那段时期里，我担任英国首相，同时也是对军事负有重要责任的国防大臣。我是以这个身份来记录书中的内容的，在此重申一下。我的依据还是我的那些指令、电报还有备忘录，因为这些资料起草之时，正是当时战局非常关键或是有重大联系的时刻。现在我也找不到更好的字句来表达这个意思了。这些都是在事发之时，由我口授的原始文件，也就是说都是出自我之手，希望人们以此为依据对我做出评判。等事情的迷雾揭开，情况变得明朗再来做个事后诸葛，那当然很容易。但是，这件事我必须留待历史学家们来做。等他们进行了透彻的思考研究之

① 英文版原卷名。——译注

后，一定会在恰当的时候宣布评判结果。

这一卷的卷名为《命运的关键》。我之所以如此命名是因为从此之后，我们终于否极泰来，不再是节节败退，连遭厄运，而是不断传来胜利的消息。刚开始的六个月里，我们处处不顺，而在快结束的六个月里，我们就顺风顺水了。可喜的是，这种大好的势头一直持续到了战争结束。

温斯顿·斯宾塞·丘吉尔

写在肯特郡威斯特汉

恰特威尔庄园

1951 年 1 月 1 日

目　录

伟大同盟的壮大之路

第一章　陷入绝境的第八集团军

奥金莱克以及图卜鲁格的防卫工作——在危难中传递的电报——科罗普将军的任务——隆美尔发动攻击——局势陷入绝望——混乱以及投降——大量战利品被敌人夺取——敌人完全改变了计划——他们的目的不再是马耳他——里基将军的品质——第八军团撤离——6月21号中东防务委员会的建议——6月22号我发给奥金莱克将军的电报——隆美尔展开追击——指挥由奥金莱克亲自担任——新西兰师的不凡举动——空军进行全力援助——反抗将在尼罗河三角洲开展——奥金莱克不听劝告——史末资将军以及图卜鲁格的投降——7月11号我给弗雷泽先生和卡延先生的信——隆美尔停止进攻——第八集团军度过危险

2月的时候，奥金莱克将军曾下令说，在我们进攻的时候，图卜鲁格作为供应基地虽然非常重要，但是假如形势所迫，我们不得不撤退，“当敌人成功地包围图卜鲁格的时候，我们就不应该继续死守这座城市。如果，我们即将被包围的情况看起来已经无可挽回，那么要当机立断，马上离开此地，并对此地进行最大程度的毁坏”。那里的防卫工作之所以没能做得很好，正是由于有了这样的指示。防御用的地雷很多都被挖出用于他途，为了让汽车通过，铁丝网上开满了口子，许多反坦克壕也被泥沙填满，某些地方因此而丧失了防御能力。防御完善的地方只剩下环形阵地西面和西南面，其他的地方，特别是东面，则很糟糕。并且，还有大量的未能撤出的军需品、弹药及汽油在那里堆积成山。

里基将军认为，在向东南延伸至艾德姆的总防线中，应该让图卜鲁格的西防线成为其中一部分，并且，可以借助总防线南边地区的一支机动部队的力量来防御敌人的包围。同时里基将军向奥金莱克报告，图卜鲁格可能由于这样的布置，而遭遇敌人短时期的包围。这个建议要是不可行的话，那么唯一的办法就是把全部防守力量撤出。刚开始，奥金莱克对这个计划并不认同，并在6月14日发电报给里基："绝不能让敌人包围图卜鲁格，一定要守住它。从阿科鲁马到艾德姆这一战线，还有战线以南的地区，第八集团军一定要守住。"过了片刻，他再次发电报："一定要以图卜鲁格，还有其他险要据点的防守为重心来调兵遣将，第八军团被困在图卜鲁格这样的事坚决不允许发生。"

在这两位将军的部署或想法中，居然有撤出图卜鲁格的意图，这是我们在国内万万没有想到的。而内阁的意见是，我们应当像去年一样，第八军团即使被打退了，也该让图卜鲁格成为留在敌后方的心腹之患。在前一本书中我提到过，6月14日，在我动身去华盛顿之前，为了求证奥金莱克真的有这样的想法，我曾给他发过一封电报说：

无论在任何境况之下，我猜想你都不愿意放弃图卜鲁格。

第二天，我收到奥金莱克的回信，他说他没有一丝半点想放弃图卜鲁格的意思，他只不过不愿让第八军团被围困在图卜鲁格。正因为不想让军队被围困在图卜鲁格，他才给了里基将军那样的命令。

对于这样模棱两可的答复，我们认为应该更准确地将这一点挑明："对于你的电报，战时内阁的理解是，里基将军能在必要时获得他所需要的兵力，以此来确保图卜鲁格。"

奥金莱克在6月16日，回复该电报说：

战时内阁这样的理解完全是正确的。如今里基将军正在用他觉

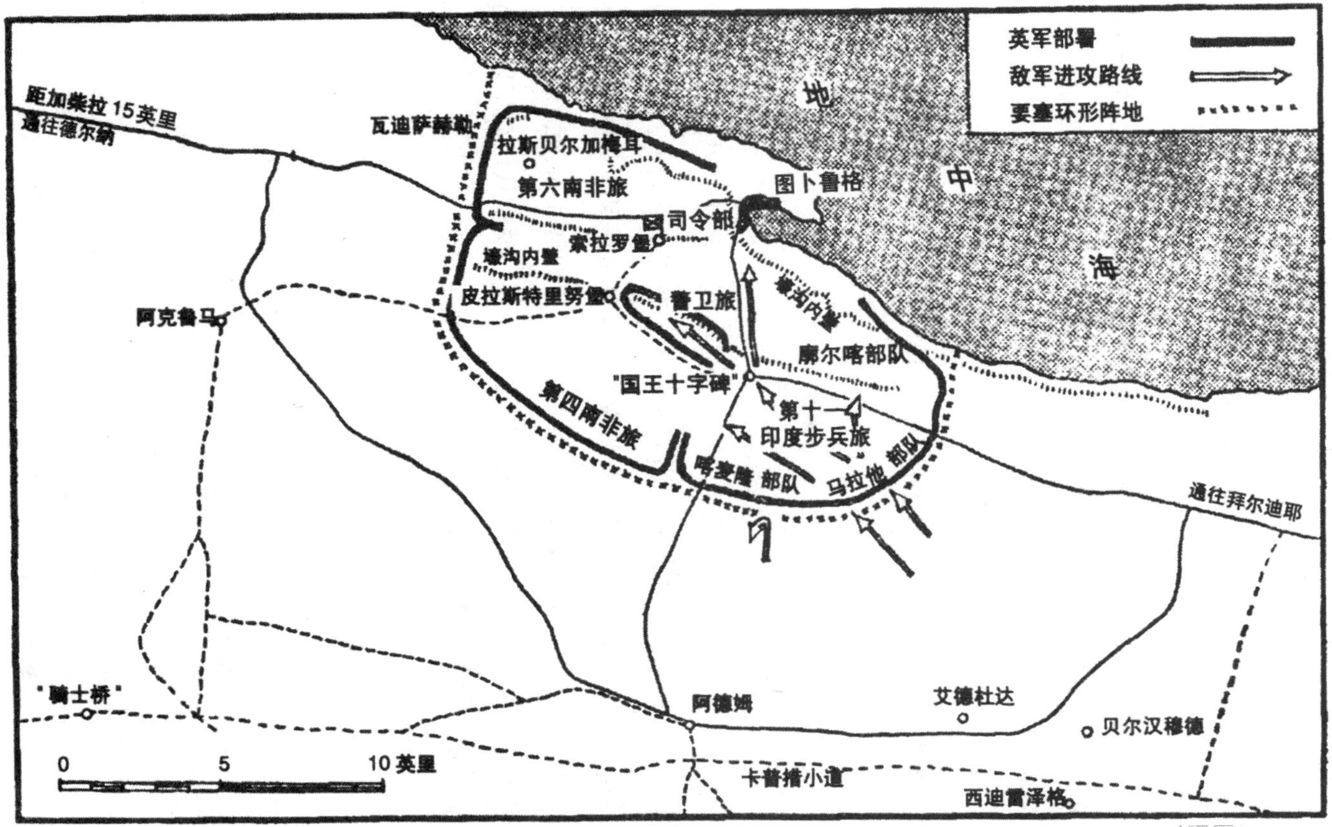

图卜鲁格部署

（照原图译制）

得足够的兵力在进行防守，就算图卜鲁格成为孤岛也要坚守下去。

与此同时，他也给里基将军发出了一封电报：

我曾跟你说过，图卜鲁格绝不能陷入被包围的境地，可现在我意识到，在反攻开始之前，那里的守军有可能陷入短暂的围困之中。

这封电报，假如当时让我看见了，我肯定是不会满意的。

*　　*　　*

奉命防御这个要塞的是第二南非师师长科罗普，这里的物资和弹药足够守军使用九十天。科罗普将军认为，在整个计划中，图卜鲁格能够发挥它应有的作用；这个计划要求第八集团军保住艾德姆和波尔罕姆德这两个牢固据点，它们位于环形阵地之外。守军有：四个步兵旅，其中包含十四个营；一个坦克旅，它拥有六十一辆步兵坦克；以及五个野战炮、中型炮炮兵团，还有约七十门反坦克炮[①]。另外，在港口

---

① 图卜鲁格的战斗顺序：
第二南非师师部
第四和第六南非步兵旅
由第一南非师调来的两个南非混合营
第七南非侦查营（装甲车）
第十一印度步兵旅
第二百零一警卫旅
第三十二陆军坦克旅（第四营和第七营）
第二和第三南非野战炮炮兵团
第二十五野战炮炮兵团
第六十七和六十八中型炮炮兵团——原注

和基地周围，聚集了大批后勤人员和运输人员，有一万名左右。另外约有三万五千人集中在环形阵地内，跟一年前相比较，现在的兵力与当时坚守在被围困的图卜鲁格内的兵力不相上下。第一张附图为图卜鲁格部署图。

*　　*　　*

隆美尔在仅仅停顿了两天之后，于6月16日发起新一轮的猛烈进攻。在这一轮急风暴雨的进攻之后，他一举拿下艾德姆、波尔罕姆德和阿科鲁马。并于6月17日，在希迪累泽格击溃了我们的第四装甲旅，导致该装甲旅只剩下二十辆坦克。图卜鲁格于两日后被围困，同时，那里的守军一直陷于没有有效装甲部队从外面援助或接济的困境，直到补充坦克赶来。6月20日早晨六点，第十一印度步兵旅遭到了敌人的袭击，敌人用大炮和俯冲轰炸机对其所据守的图卜鲁格环形阵地东南部进行了狂轰滥炸式的攻击。真正的进攻于半小时后开始了。敌军让第二十一装甲师为先锋部队，让第十五师作为第二十一装甲师的支持部队，同时混合了意大利装甲师与一个摩托化步兵师，进攻由此开始。隆美尔之所以能够将他所有的兵力投到这一次进攻中，主要是因为此时我们自己在图卜鲁格外围的装甲部队已被消灭。受到最大压力的是印度旅里的一个营，其据守点是防御力量最为薄弱的地方。开始进攻不久，敌人便从这个地方找到突破口，并从此处深入进去。而我们的战斗机无法对部队进行掩护，因为空军已经撤离到距此很远的飞机场上了。

科罗普将军的坦克部队以及一部分康斯特瑞姆警备队，在接到科罗普将军的命令后进行反攻。但此次反攻是匆忙间临时组织起来的，而部队间进行反攻的时间也未达成统一，导致反攻惨遭失败。德国军队将落败的英国坦克全赶到一个地方，这地方形似大锅，位于一条名为“国王十字碑”的公路交叉点的东南。这些被驱赶的英国坦克在此处与印度步兵汇合，他们决定与敌军背水一战，可是他们的顽抗只是在白费力气。到了中午，不仅坦克只剩下几辆了，就连我们的支持炮台也被敌军攻陷。敌军坦克，兵分两路，一西一北推进，而主力部队却直捣“国王十字碑”。隆美尔于下午二时到达此地。部分兵力接到他下达的命令后，直接向图卜鲁格进攻。在我军炮火的攻击下，这部分兵力遭到了不小的损失，但他们仍于下午三点三十分进入索拉罗山脊，约三小时后，便到达图卜鲁格郊区。他们往“国王十字碑”西侧也派遣了一些兵力，这些兵力此时正顺着山路往匹拉斯特利努方向挺进。在挺进途中，遇到我军警卫旅的阻击。由于我们未料到他们会从此处进攻，所以此处警卫旅防御部署十分匆忙。

警卫旅在炮兵的鼎力支持之下，整个下午和晚间都在进行惨烈的战斗，同时也损失惨重。旅部被敌军占领，一些地方也落入了敌人之手，不过到了黄昏，由于受到我军阻击，敌军也不得不停止向前挺进。此时的形势十分严峻。没有受到损坏的只剩下环形阵地的西线还有南线，据点位于最左端的廓尔喀部队此时也在奋战之中，但敌人已经攻占了图卜鲁格要塞的大部分地区。敌人紧盯我们的后援兵力，让他们无法脱身。那些即将陷入危险的基地，我们已经下令将其设施毁坏掉。包括图卜鲁格市内的那些备用交通工具，就算这些交通工具是剩下的守军撤离时的必备工具，也被下令禁行，同时着手加以破坏。

* * *

6 月 20 日晚上八点，第八集团军司令部收到了科罗普将军的报告：“我的司令部已被围困。环形阵地上的步兵们还在苦苦鏖战，同时我也在坚守奋战，但这样下去，我不敢保证还能坚持多久。”他得到的指示是：“突围最好在明天夜里进行，假如难以继续坚持，那就在今夜突围吧。”科罗普将军将他手下的高级军官召集起来开会，想听听他们的意见。主要的物资已经落入敌人手中，而弹药也渐渐短缺，有人认为这种情况下，抵抗已经是徒劳，继续坚守只会造成更多的死亡，所以应该让所有能突围的部队都突围。然而另一些官员则认为应该继续打下去，一方面撤离时必备的交通工具已沦入敌手，另一方面，一支救援纵队可能从西南面到达，所以应该在环形阵地的西南角聚集剩余兵力，顽强抵抗，等待救援军队到达。凌晨两点，月亮已经落了下去，此前若说从布雷区突围而出还有一线希望，但到了现在已错过时机，想再突围已毫无希望。科罗普将军与里基将军进行了一次会议，此次会议以无线电话为媒介。他告诉里基将军，现在的情况可以说是“人为刀俎，我为鱼肉”。若仍然战斗下去，后果只会是难以想象的伤亡；当然，前方未有松懈，一直在“以命相拼”。而里基将军给的指示是：“不管是一天还是一小时的抵抗，都会对我们的事业大有裨益。但我确实不了解那里的战况，所以，投降与否，只能靠你自己对战争时局的判断来做出定夺……第八集团军全体人员都在充满敬意地注视着你们的英勇抗战。”

* * *

21 日破晓时分，科罗普将军派出代表，向敌军传达投降意向。至七时四十五分，德国军官前来司令部接受科罗普将军的投降。科罗普将军手下的多数部队，其中有的部队甚至可以说还未参加过战斗，全带着丧气的心情接到了这个令人难以置信的命令。科罗普将军必须亲自将这个消息告知他手下的一些指挥官员，除了他亲自告知以外，还能有什么别的办法让他们接受这命令呢？德国档案显示，当时我们被俘人数达三万三千人。当然，还有几股未服从科罗普将军命令的小分队，他们利用一切办法和手段，以求突破重围，可因为交通工具的匮乏，他们的努力几乎都付诸东流了。成功突围的只有一个小队，这个小队的人数不算太少，他们是谁？他就是英勇顽强的康斯特瑞姆警备队里的一百九十九名官兵，还有一百八十八名非洲士兵。他们找到了一些卡车，便一块儿出发了，然后冲破环形阵地，在一个较开阔地带突围成功。夜幕时分，他们已到达埃及国境线，距阵地约七十英里。

图卜鲁格的守军希冀着救援部队的到来，渴望得到救援部队的帮助，可希望都破灭了。因为当时第七装甲师正在南方沙漠中进行整编。在20日，他们接到命令派一支部队前去援助，可是隆美尔的速度超出大家预料，在部队出发前，战事的局面已到了无法挽回的程度。

* * *

大量的物资落入德国人手中。韦斯特法尔将军，后来成为了隆美尔的参谋长，他在一份报告中说：

> 有非常多的战利品。战利品中的物资足够三万人使用三个月，更有汽油一万多立方米。在以后的几个月中，要是没有这些战利品，就没有足够的粮食和衣服提供给我们的各个装甲师。由海上运输过来的物资，仅仅在1942年4月到达过一次，这些东西只够支持部队一个月[①]。

短时间的围困就将图卜鲁格拿下，这个消息让轴心国的计划全盘改变。将图卜鲁格攻下以后，他们原本的计划是，让隆美尔在埃及的国境线上屯兵驻守，然后利用空海两路部队攻陷马耳他，这是计划中的下一个重要的行动。墨索里尼直到6月21日，仍然在按照原计划反复强调各种命令。攻下图卜鲁格的第二天，隆美尔便建议说，他认为应该将埃及国境线上少数的英国部队消灭掉，然后就能打开通往埃及

① 引自韦斯特法尔的文章《镣铐中的军队》，第180页。图卜鲁格虽储存了大量汽油，但在沦陷前已经破坏了。所以韦斯特法尔关于汽油缴获的报告在数字上不准确。——原注

的大门。军队的士气和状态，他们夺得的大量物资和军需品，还有英国目前处于下风的地位，这些都让他决定“向着埃及的中枢”进攻。隆美尔希望墨索里尼批准自己的建议。希特勒也在同一时间对墨索里尼施压，写信让他同意隆美尔的建议。

命运向我们提供了一个在同一战场上绝无仅有的机会……事实上，第八集团军已被消灭。首领，图卜鲁格的港口设施基本完整，这使你获得了一个辅助基地。英国人从那里修了条铁路，这条铁路几乎通到埃及境内，正是它让图卜鲁格具有了更为重大的意义。上一回，英国人已经完全没有成功的希望了，可在这样的情况之下，他们却差点要进入的黎波里，而他们之所以中途停下来，是因为要派兵去希腊。现在，要是我们不一鼓作气，将英国第八集团军的残余消灭干净的话，同样的事，很快会再次出现……

战争女神不会一而再再而三地眷顾勇敢者，机会只有一次。让她溜走的话，就再也得不到这样的机会了①。

“首领”是不需要别人的意见来左右自己的，征服埃及的希望正让他沉浸在得意之中。所以，他把原本袭击马耳他的任务延迟到9月份，而此时的隆美尔被提升为陆军元帅，这大大出乎意大利人的意料，他受命占领一条位于阿拉曼和卡达拉盆地间的狭窄信道，这条信道将作为未来军事行动的起点，而目标是苏伊士运河。对此，凯塞林有不同意见，他认为轴心国家在沙漠中的地位，必须靠夺取马耳他来稳固，所以，对于计划的改变，他感到十分担忧。关于这种“匹夫之勇的冒险”，他向隆美尔指出了其中的危险性。

*　　*　　*

① 此处引用自喀瓦罗洛撰写的《最高统帅》，第277页。——原注

希特勒并不相信意大利军队的力量，而意大利军队又肯定会成为这次攻打马耳他的主力军，所以对于攻打马耳他，他并没有多大信心。要是真的进攻马耳他，他们很可能会遭遇失败。就现在的情况来看，这座岛之所以能躲过一场大的灾难，正是因为图卜鲁格那令人惋惜和震惊的沦陷。不管是否曾参与过图卜鲁格战役，任何一个真正的军人，都不会对如今的境况感到一丝一毫的安慰。这个责任不该由科罗普将军来承担，也不该由他手下的将士们来承担，应该由最高统帅部来负这个责任。

里基将军是一个非常有能力的参谋人员，这一点他已经自己证明了，后来，他再次证明了自己还是一个坚韧不拔的军长。即使这样，用第八集团军司令官的位置替换他原本奥金莱克副参谋长的位置，仍旧是不太合适的一项调动。因为，这根本是两种不同的任务，必须要区别对待。在他身为副参谋长时，由于与奥金莱克的私人关系，导致他没有发挥独立思想的机会，而这种独立的思想在惨烈的战斗中是不可或缺的。因为意图的不明确，以及里基将军跟奥金莱克二人间责任界限的模糊，就出现了兵力使用不当的情况。这种兵力使用不当的情况，就其所造成的后果和性质来讲，都将为英国军事历史添上最为不幸的一笔。由于图卜鲁格的指挥官们全都变成了战俘，所以在当时看来这件事是难如登天。可是现在，这件事已经是家喻户晓的重大事件了，那么它的真相就不允许再含糊其辞了。

* * *

这时，第八集团军的余部已经撤退到了国境线后方。开罗的中东防务委员会于 6 月 21 日发来一封电报，他们在电报上讲述了他们能采取的另外一些措施：

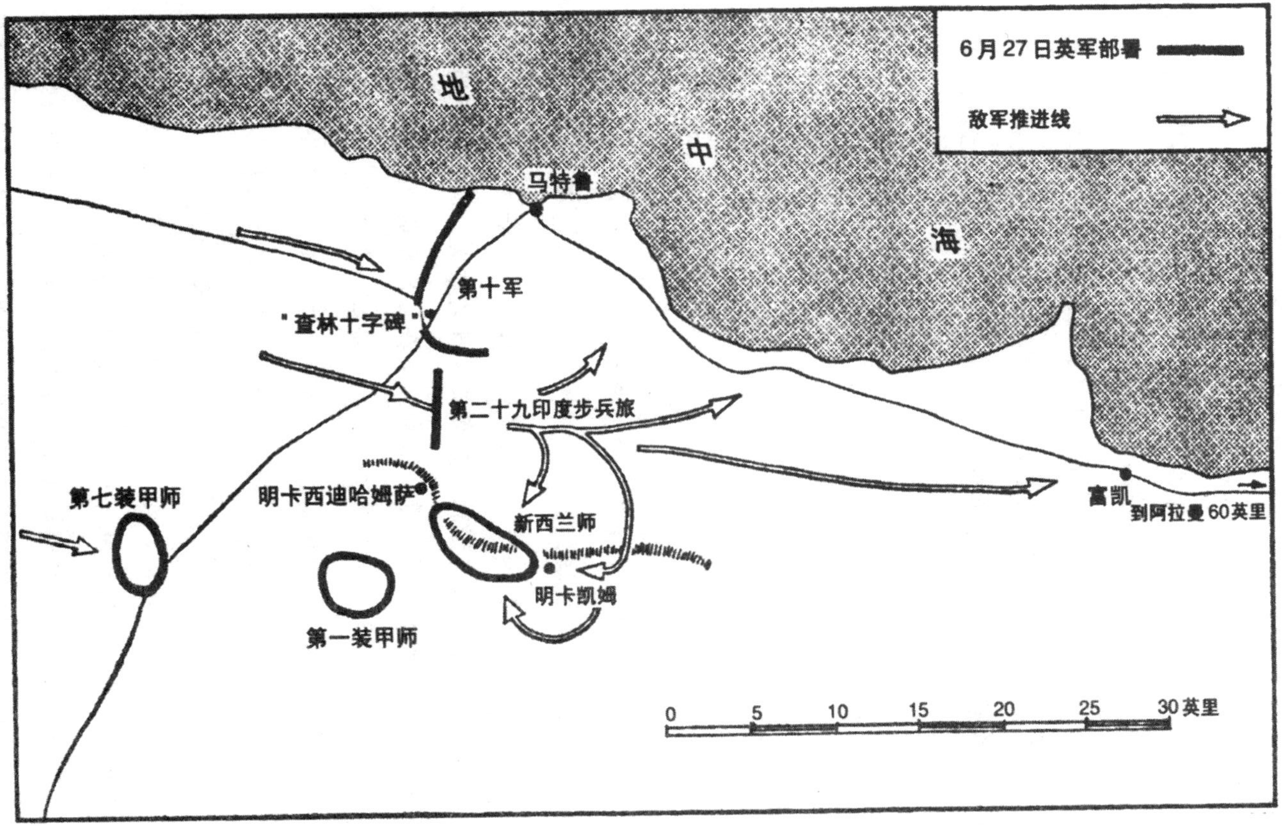

在明卡凯姆的新西兰师

（照原图译制）

办法之一是，与敌人在国境线的防御工事中对战。但因为缺少足够的装甲部队，这办法可能会让我们陷入一个危险之中，那就是损失掉全部防御国境线的步兵。办法之二是，把第八集团军主力撤退到马特鲁港的防御阵地上，撤退时利用高度机动化的部队在国境线困住敌人。再与我们空军的牵制作用相配合，创造出一个机会，这个机会将会让我们赢得更多的时间，用来整编出一支能进攻、具有战斗力的部队……我们已经决定了，就采用第二个方法。

我从华盛顿发了一封电报，因为我并不喜欢这样的决定，我在电报上说：

首相致奥金莱克将军　　1942 年 6 月 22 日

1. 我和帝国总参谋长蒂尔，都十分希望你们能在塞卢姆的国境线与敌顽抗。无疑，由于你们的顽抗，敌人已经受到了巨大的压力。强有力的后援部队正在赶往的途中。坚持一个星期，争取到的这一星期时间，可能会具有关键性的意义。新西兰师的准确派遣时间，我们还不知道，原希望是在月底以前。第八装甲师还有第四十四师马上就要到了。史末资将军的意见是，一旦来自北方的危险减少了，你就能自由地从第九集团军以及第十集团军抽调人员，我非常认同这个意见。如此一来，现在驻扎在苏伊士运河以东的三个师，就可以让你用来大幅度调整人员了。

2. 按你报告所述，这一情况无疑会使我非常尴尬，因为这一举动无异于让我们重回到十八个月以前的境况，这就意味着我们这十八个月来的工作都是徒劳无功的，一切都得重新开始。尽管事情已经如此，但我仍旧相信我们能很好地守住尼罗河三角洲，同时，我深深地希望，不会有任何人因为敌人对我们疯狂的打击，而得出一种不正确的印象。我坚信，依靠着你无比坚定的意志，以及因具有随时冒险的决心而做的长期准备，形势肯定会恢复到原本的状态，加上即将到来的大批援军，情况更加如此。

3. 在华盛顿，对已发生的事件，总统深有所感。他以及美国其他的高级当局，都表示愿意对我们鼎力相助。我接受了他们的授权，前来通知你，美国第二装甲师，将会在7月5日左右前往苏伊士地区，8月份的时候就可以到达你的所在地，这是一支曾在加利福尼亚受过沙漠作战特殊训练的部队。所以，你不用按照原计划那样，将印度师还有第二百八十八印度装甲旅送回到印度。为了把原计划中送到印度的飞机转送到利比亚战场，除了参谋长在电报中说的以外，现在，我们又在采取其他的措施……

4. 如今，鼓励你的所有部队与敌军进行最顽强抗争，这才是你的主要的任务。因为见到隆美尔那少许的重装甲部队便做出不正常决定，这样的决定是不能接受的。在这种紧急关头，务必要让你的全部兵力，充分地发挥作用。在这场最英勇无畏的防御战中，国王陛下的政府十分乐意为你分担一些责任。

可是，奥金莱克将军始终固执已见。

* * *

隆美尔快速地发动了追击，并且，他们于6月24日穿越了国境线，打入埃及。在这一过程中，他们只遇到了我军轻机动纵队的抵抗，以及皇家空军顽强而出色的抵抗。这些战斗机动中队，为第八集团军撤向马特鲁作了很好的掩护。在那里，第八集团军的阵地并不强大。一个有组织的防御系统围绕着这座城市，可是在南方，这防御系统只有几道布雷区，这几道布雷区互不相连，防御力量十分薄弱。若想要成功守住马特鲁防线，那么它的南面就必须让一支强大的装甲部队来守卫，这情况就与已放弃的国境线阵地曾出现的情况一样。当时，第七装甲师已再次整合成约一百辆坦克的力量，即便如此，这个守护任务，它仍旧难以胜任。

6 月 25 日，奥金莱克将军抵达马特鲁，他决定亲自接过里基将军手中的第八集团军的指挥权。他早该如此，早在我 5 月间向他提出这个疑问时，他就该如此。

首相致奥金莱克将军　　1942 年 6 月 28 日

对于你已经掌管指挥权一事，我感到十分的高兴。不要为了战斗以外的任何事分心。无论打到什么地方，都应该战斗到最后。重要的事只有消灭敌人的武装部队，以及摧毁敌人的装甲部队，其他的，都是无关紧要的事。源源不断的援军很快便会陆续到达。我们相信，你将会得到最后的伟大胜利。

很快，奥金莱克将军便得出了论断：不可能在马特鲁最后站稳脚跟。因此，他早就进行了一番筹划，他准备攻占阿拉曼阵地，这个阵地远在后方一百二十英里。即便是暂时的，他也为阻挠敌军的前进做了一些布置：马特鲁防线由第十军与第十印度步兵师，以及英国第五十步兵师进行防守。第十三军指挥下的第二十九印度步兵旅和新西兰师，则在其南边防守，布雷区中一个宽达六英尺的缺口由前者负责防守。沙漠侧方则由第一装甲师以及第七装甲师守卫。

新西兰师于 6 月 21 日从叙利亚被调遣到马特鲁，五天后的 26 日，他们终于抵达密卡凯姆，并在密卡凯姆周围的山脊上投入作战。是日夜晚，第二十九印度步兵旅布雷薄弱的阵线，被敌人突围。次日清晨，敌军从此突破口拥入，随后绕行至新西兰人身后，开展三面围攻，终日殊死搏斗，新西兰师到了最后，看似遭摧毁的厄运已难以摆脱。此时，一位令人尊敬的接替者，替换了身受重伤的弗赖伯格将军。准将因戈利斯做出了突出重围的决定。刚过午夜，第四新西兰旅疏散了它的各营部队，在每一把枪上都装好刺刀，他们穿越田野，往正东方向前进。

他们一直没有遇到敌人，直到走了一千码之后，震耳的炮火响了起来。整个旅排列成横队进行冲锋。这一招，完全出乎德国人的意料，他们被击溃在月光下的刺刀战之中。余下的新西兰师，他们采用迂回的路线向南方突围。这段故事，隆美尔是这样描述的：

> 我自己的战地司令部也被卷入了随之而来的猛烈战火之中……我的部队与新西兰人间你来我往的炮火攻击，其疯狂程度实在令人惊叹。不过片刻，燃烧着的汽车便堆满了司令部周围，这使得司令部变成了敌人的攻击目标，近距离炮火持续不断地攻击司令部。不久，由于我已坚持不住，便命令我的部队以及司令部人员往东南方向撤离。那夜的情况是如此混乱不堪，让人难以想象①。

就这样，新西兰人突围而出了。在八十里外的阿拉曼阵地附近，他们整个师又再次聚集了起来，并且纪律以及状态都十分良好。他们的井然有序，使他们被立即委派了任务，让他们前来加强阿拉曼的防卫。

首相致弗赖伯格将军　　　　1942年7月4日

> 听闻你因战负伤，同时获得了新的荣誉，我为此十分感动。希望你的伤势并无大碍，这样你就能尽快回去，去再一次指挥你那伟大的部队。最美好的祝愿送与你及你的士兵们。

*　　*　　*

第十军的两个师，防守在马特鲁周围，他们虽然遇到了为数不少的困难，最终也回到了安全区。他们于6月27日，向南迎击突破守卫

① 引自德斯蒙德·扬所编撰的《隆美尔》，第269页。——原注

的敌人，却始终未能阻止敌军的前进。沿海的道路受到了威胁，这威胁来自于敌人所展开的疯狂的进攻。第十军接到命令后，往东撤退。他们一路上浴血奋战，最后，一支敌军部队将他们拦截住。他们转而从南面突围，穿越沙漠，抵达阿拉曼。早已撤回阿拉曼的第三十军与第十军以及第十三军在此汇合，随后，在6月30日这天，全部兵力都被部署在新战线上，以及战线的后方。战士们所感受到的惊吓远远大于沮丧。

* * *

卡西在这次重大战争中，一直表现得相当活跃，并且给了莫大的帮助。我命令他在后方，在焦躁的开罗把握局势。

首相致国务大臣　　1942年6月30日

我是多么想让你知道，在这样一个异常严峻的形势之下，以及在指挥官人事变动中（这些变动是我长久的希望以及观点），你所发挥的作用，我是何等的重视。在奥金莱克奋战于前线之时，你必须坚定地要求所有后方部队，要求他们为准备作战而行动起来。就如肯特郡和苏塞克斯郡被入侵时一样，任何一个身穿制服的人都一定要做好准备。装备黏性炸弹的反坦克小组，以及装备黏性炮弹的反坦克小组，都要誓死守住任何一个防御据点，以及所有牢固的建筑物，让全部据点都成为胜利的据点，而沟壕都变为最后的屏障。传递并让士兵们接受这样的精神，是你应当努力完成的任务。绝不允许当逃兵，绝不允许苟且偷生。无论付出任何代价，都必须守住埃及。

要是没有空军的鼎力相助，第八军团想要全身而退是不可能的，这一点我很清楚。在敌人完全越过那些机场以前，空军从未停息过从

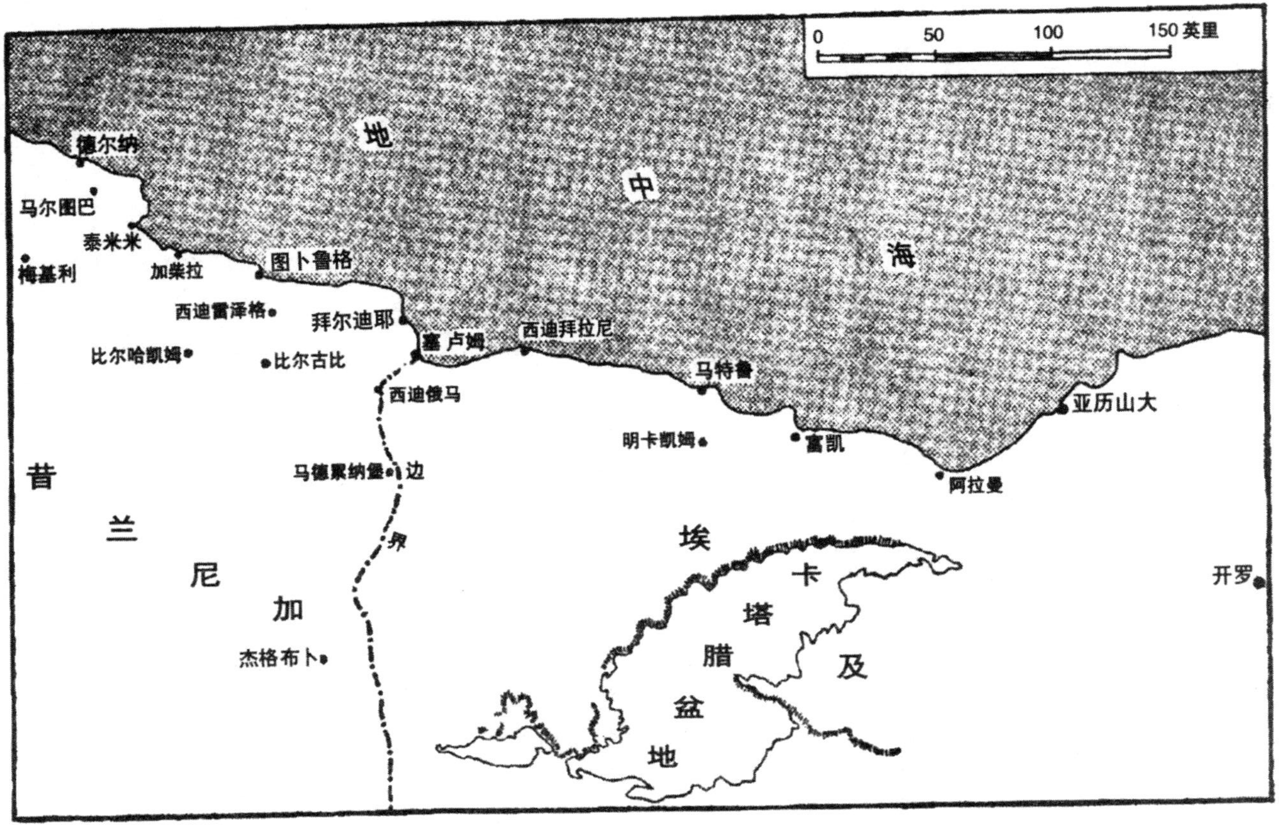

西部沙漠地区

（照原图译制）

这些机场起飞，然后与敌人作战。如今，他们已经可以从埃及的稳定据点起飞，然后同挺进中的敌军战斗。

首相致空军上将特德　　　　1942 年 7 月 4 日

眼下，皇家空军在埃及战役中，做出的伟大而无与伦比的努力，我们在国内都极为热切地关注着。在尼罗河流域的保卫战中，你手下士兵们顽强的斗争正发挥着至关重要的作用。有关这件事的报告，正从四面八方送到这里来。在远离本土的地方，不列颠战役又再一次上演了。我们相信，你将是你英勇的官兵们永远的朋友。

*　　　*　　　*

从阿拉曼车站开始，向着南方延绵三十五英里，直到那个难以穿越的卡达拉盆地，这一片区域都属于阿拉曼阵地。相对于现在的兵力而言，这是十分漫长的一道防线。前期，我们已经做了很多防御工作，这条防线主要组成部分是一些互不相连的工事，只有在阿拉曼周围有一个半永久性的碉堡。好在战线两边的防御工事比较牢靠，同时，第八集团军如今已有强大后援加入。在打了那次让人叹服的胜仗以后，新西兰师一直军律严整。而颇具口碑的第九澳大利亚师，不久也到达了阿拉曼阵地。这一次第八集团军整编速度之所以如此迅速，全靠了较短的交通线，并且距亚历山大港不过四十英里。奥金莱克将军过去在指挥第八集团军时，一方面他需要考虑那场有关键意义的战斗，另一方面他必须时刻提防叙利亚以及波斯方面潜藏的危机。当时的状况使他成为一个计深虑远的谋略家。现在他与那时完全不一样了，现在他想立刻掌握战略上的主动权。奥金莱克将军早在 7 月 2 日就发动了一轮轮的反攻，这一系列反攻持续到本月中旬。隆美尔那原本微弱的一点优势，也在这轮反攻中显得岌岌可危了。反攻炮火轰鸣之时，不信任决议案的辩论也在同时进行着。而我也在那天清晨发了一封电报，鼓励奥金莱克将军。

首相致奥金莱克将军　　　　　　　　　　1942 年 7 月 4 日

我对未来战事的走向及趋势感到深深的欣喜。我相信，时运好转的话，你所说的“毫不手软地”抢占优势，一定会成为现实。

*　　*　　*

由于南非指挥官指挥的南非师在图卜鲁格投降了，这在军事以及政治上对史末资将军来说都是一个极为重大的打击。

首相致史末资将军　　　　　　　　　　1942 年 7 月 4 日

1. 我要告诉你，由于你那英勇的南非师遭受了重大的损失，这令我十分心痛，同时，在面对如此重大打击之时，你以顽强抗战的精神引导南非人如何去面对，这一点让我深感敬佩。而我之所以此时才能告诉你这些，是因为上周我由美国回来后，国会里的同事们表现出的毫无信心让我十分悲伤。

2. 过去三周发生的让人悲伤的事，我想由于我们多年的共事，思想上也有了默契，就无须我多言了。当然，我一直在盼望能挽回局势。罗斯福总统给了我三百辆“谢尔曼”坦克，这些坦克在性能上比“格兰特”优秀得多，同时，他还给了我一百门一百零五毫米的自动榴弹炮，当作反坦克武器。估计在 9 月初，这一批东西就能到达埃及。总统还配给我们一批“解放者”飞机，而这批数量多至一百架的飞机，将于 7 月份内到达。两个重型的“哈利法克斯”轰炸机中队已从英格兰出发，并将于十天内加入战争。还有正在穿越大西洋的六十架美国飞机，将从塔科拉迪运往埃及。这些东西都是额外增援，已经超出了我们正规空中支援。第八装甲师正在登陆的事，你或许知道。他们拥有三百五十辆坦克，绝大多数是“瓦伦丁”。而在7月23日，英国第四十四步兵师将要登陆，一个月后，第五十一师也将到达。眼下正在阿拉曼进行的战斗，将决定这些部队能否发挥其作用。

在面对千变万化的命运之神时，史末资将军显得从容镇定。任何人都不会比他更明白怎样品尝胜利与灾难，并对这两个骗子以彼之道还施彼身。

史末资将军致首相　　1942年7月7日

昨天，你将那最让人振奋的电报以及消息从中东发出，这预示着阿拉曼的局势就快出现新的转变。由于这个消息的到来，昨天成为我近段时期最快乐的一天。我想，隆美尔确实是深入过多了，要是依旧让奥金莱克亲自指挥的话，图卜鲁格的大仇很快就能报了，而我们强有力的反攻，也会让我们进入的黎波里，同时，埃及还有马耳他也能得到挽救。我期望不要将你所说的援军再派遣到其他阵地去，因为想让这个宏伟的目标变为现实，援军们起到了至关重要的作用。它可以保证埃及的安全，并且，如果这样建立起了一个基地，那么它在将来就能攻击轴心国最为薄弱的环节了，而很多重要结果就会由此而来。我认为，德国人妄图经由叙利亚到达伊拉克油田的可能性，将会由此而遭受阻挠。所以，我认为，我们应该将胜利的优势发挥到极致。这个胜利，由于隆美尔的盲目深入，它已近在眼前了。

在撤离途中，奥金莱克将军的运输工具遭到了惨重的损坏，而敌人为了阻挡他们前进，会想尽一切办法去破坏铁路及输油管道，同时敌人的援军也将很快达到，所以奥金莱克将军也许遇到重重的困难。不管怎样，我们空军所具有的优势和对敌人交通线以及港口的狂轰滥炸，总会有一些作用的。

如今，我们对敌人进行最后致命一击的最强大后援力量是美国，在大多时间里，你应当在不让任何一个关键战争方针脱离我们掌控的同时，巧妙地将华盛顿引导上向战争努力的方向。至少现在我认为，在这方面你所做出的贡献绝大于你在帝国战争中的贡献。我希望有办法让你那些目光短浅信心不足的同事们知道，目前对战争最有意义的事情，是你跟罗斯福的接触与交流。

* * *

首相致弗雷泽先生以及卡廷先生① 1942 年 7 月 11 日

如今在西部沙漠中战绩辉煌，同时为此据点的新西兰军队带来了新的荣誉的部队，正是你应允留在中东的那个师。

……目前看来，迫使我们从加柴拉撤退到阿拉曼，让我们伤亡五万人从而丢掉了图卜鲁格，这场灾难难以预测的势头，算是暂时控制住了。由于得到强大援军的支持，奥金莱克将军的部队人数已攀升至十万；另外，还有两万人在距他们后方较近的尼罗河三角洲上。如此一来，在人数上他的兵力将近隆美尔的两倍。大炮数量也绝不比隆美尔少，只是装甲部队比之隆美尔的稍有不及。有两点原因让奥金莱克必须郑重考虑，原因之一，隆美尔的后方只有一片沙漠，所以奥金莱克如果败兵了，后果将比隆美尔败兵严重得多；原因之二，前来支持奥金莱克的援军，其力量远远大于敌人。

何其幸运啊，在四个月以前，为了把多余的四万人带到东方去，罗斯福总统给了我一批船只，但是，这些部队的目的地，在

① 给卡廷先生个人的电报：第九澳大利亚师正在西部沙漠里战斗，这一点让我十分高兴，同时非常感谢你能让他们参加这个据点的作战。——原注

通过好望角之前暂时未定下来。从目前这场出乎意料的战役可以看出，这一批援军是极其重要的。我们的幸运之处就在于，没有这些船只，就没有这些援军。

我在华盛顿的时候，从总统那里得到了三百辆最好的坦克，它们是最新式的“谢尔曼”坦克。虽然美国陆军也急需它们，但我仍旧从他们手中将这批坦克要了过来，然后由专业运输船队送往苏伊士。同去的还有一批自动炮，共有一百门，它们是一百零一毫米自动炮，绝对会比八十八毫米的好得多。跟着大炮和坦克一块儿去的，还有大量美国相关人员。9月初他们就会抵达。将正在前线战斗的两个装甲师以及一个陆军坦克旅排除在外，而且不算上第八装甲师，我们还有四个装甲旅的士兵在尼罗河三角洲上等待着再次的武装。这些人员中，接受过沙漠坦克训练的大概有一半。这是一支相对而言最为强大的接受过良好训练的装甲师，所以，我们必须把中东，不，事实上应该说是任何地方，前所未见的这样一支装甲师投入战争。关于这个问题，我期望能尽早按我们的意愿做出一个定夺。虽然我如今还未说，但从北方攻入埃及的危险极有可能会变大，这也促使我更想要早点做出定论。

图卜鲁格战役后的第二天，总统应允分配给我的空中支持也同等重要。这一点你应该知道，由于技术以及军事上的种种缘由，即使中东时常向我们要重轰炸机，我们也无法为其提供重轰炸机中队。此刻，为了保护埃及，总统调派了以下空军力量过来：二十架刚轰炸了罗马尼亚油田的“解放者”轰炸机，如今正向着印度飞来；此外，还有十架“解放者”轰炸机已经抵达印度；另外还有三十五架“解放者”，正从美国出发赶来。连同我们“解放者”轰炸机一起，我们的轰炸机数量目前已攀升至八十五架左右。而这些飞机，于本月内均可投入使用。还有两个即将加入战斗的“哈利法克斯”轰炸机中队，若将它们算进来，我们的重型轰炸机数量将高达一百二十七架。为阻止隆美尔的后援部队，我们必须依赖这股力量，用它来攻打图卜鲁格以及班加西。当然，利用一支战斗舰队在海上阻止敌人入侵埃及这是最重要的。由于需要准备再次供给马耳他的食物，还有大量的重要工作等着我们。不过，我想你们不会希望我详细描述这件事情，因为它与未来的军事部署有所牵连。

另外，要是在沙漠的战斗中，我们不幸败北，我们也已经为守卫尼罗河三角洲做好了完全的准备。我们有大量的部队驻守在那里。他们的任务就是保卫埃及，他们会像英格兰被入侵时保卫英格兰一样地去保卫埃及。常年的耕种以及灌溉，使得尼罗河三角洲几乎成为世上最不利于装甲车行进的地方，在那样的地面上，装甲部队作为一种战斗力，其优越性已大幅度减弱。我们的决心是为每一寸土地而战，并且一战到底，为了坚定这个决心，一切懦弱的撤退之音都被压了下去。不过，如我所说，我难以相信这种情况会真的出现。

在这些艰苦卓绝的日子里，下院所表现出的坚定不移，就跟在反对拿破仑的斗争中一样。同时，从你的政府以及人民的友善之中，我也得到了极大的鼓舞。在此之前，我从未如此深信，种种的胜利必定会属于我们。不过，斗争的道路仍旧漫长曲折，我们不能有一时半刻的松懈。

*　　*　　*

隆美尔的交通运输能力已被他利用到了极点，而士兵们也早已耗尽力气。能参加作战的德军坦克只剩下十二辆，这使得英国空军尤其是战斗机，更为明显地占了上风。7 月 4 日，隆美尔在报告里说，为了调整以及增补兵力，目前他已暂时转攻为守。尽管如此，对于攻陷埃及他仍旧信心满满，墨索里尼与希特勒与他想法一致。事实上，德国元首在既未征求意大利的意见，又未征求自己海军统帅意见的情况之下，将攻打马耳他的计划延期到攻下埃及之后。

7月份上半旬,奥金莱克的反攻让隆美尔感受到极大的压力。随后，隆美尔于7月15日至7月20日间，再次打算突破英国的防守，显然，他已经接受了这个挑战。到了21日，他逼于无奈，只能报告称自己遭遇拦截:“危机四伏。”7月26日，他抱怨自己得到的补充太少，人员、坦克和大炮完全不够，而此时的英国空军又是如此的活跃，所以，他计划撤回到国境线。就这样，战争在7月底以前，一直处于一种互有输赢的僵持状态，双方都无法取得实质性的进展。奥金莱克带领的第八集团军也已渡过了困难时期,并在它抗争的途中,将七千名敌军俘获。埃及，完好无损。

第二章　制定“火炬”作战方针

战略计划需要同美国一起作出——我在7月8号发给罗斯福总统的电报——司令官人选——横渡英吉利海峡的任务我们想让马歇尔将军承担——说清密码代号——关于“朱庇特”计划我要求加拿大陆军麦克诺顿将军进行研究——有关密码代号罗斯福总统作出的回复——我在7月14号就我的主要意见给罗斯福总统发电报——华盛顿笼罩在紧张之下——总统决定让他的主要顾问来与我们会谈——对于华盛顿的情况蒂尔作出了详细叙述——代表团到来——总统在7月16日作出的重要文件——“总司令富兰克林·罗斯福”——三军参谋长会议于7月18日在契克斯举行——7月20号我在会议上的发言记录——会议于7月22号仍在持续进行——“体育家”作战计划的名字由“火炬”计划[①]替代——让我感到开心的种种决定——总统表示满意——蒂尔在7月30日发来电报——就司令官人选问题我向总统提出建议——我开启旅程

① 本章节中的密码代号进行如下简要说明：

杂技师：进军的黎波里、塔尼亚。

波赖罗：为向法国大举进攻而进行的准备工作，后来变成“霸王”作战计划的基石。

体育家：从西北非登陆，后来用“火炬”代替了“体育家”的名称。

朱庇特：在挪威北部的作战方针。

围剿：攻打德国在欧洲占领区的战略方针，后来改名为“霸王”。

锤击：在1942年攻打布雷斯特或者瑟堡的计划。——原注就政治方面而言，在这个 7 月份中，我处在一个极度艰难的境地，而从军事方面来说，也未曾有任何获胜的曙光。美国方面做出掌控往后两年战事的计划，无论我愿意与否，都必须接受，至于好坏与否，暂时也不作详论了。该计划提出，在 1942 年秋冬季节，调遣一支强大的英美联合远征军攻占法属北非，用来取代原本横渡英吉利海峡的计划。由于我长时间以来，曾留心观察过总统的建议以及它的种种反响，因此我敢肯定，总统对北非计划非常有兴趣。一直以来，这个计划都是我们的目标，这一点，在 1941 年 12 月的文件中我已经论述过。1942 年横渡英吉利海峡，在我们英国人士看来，都认为这将是一次失败的行动，这个计划得不到大西洋两岸军事家们的任何支持，也没有人愿意为它负一点责任。目前，英国方面几乎都认为，不该在 1943 年以前实施大规模的横渡英吉利海峡的作战策略，可是，为了这场大规模横跨海峡战役而做的一切准备工作都不应当有所怠惰。

战时内阁于 6 月 11 日应允，为袭击布雷斯特或瑟堡的“锤击”作战计划而进行的各项前期准备工作，都应当竭尽全力开展下去，“可是，条件是假若看不见胜利的曙光，此项攻击便不允许发动”。7 月初，对于这些情况，三军参谋长再次进行了探讨，并于 7 月 2 日拟写了一份备忘录，就战时内阁以前的一些讨论，提出了相关意见。他们写道：“由于 6 月 11 日首相在战时内阁会议中提出了建议，并且该建议得到全体成员的赞同，那么，如何在 1942 年进行作战，就应当根据以下两点来判断：(1) 如果我们并不打算在登陆后坚守阵地，那么 1942 年在法国便不进行规模宏大的登陆；(2) 如果我们想要在法国大规模登陆，应当在德国与俄国对战失败之际，那时正是他们士气低落之时。我们认为，实现这两个条件几乎不可能。所以，今年内进行‘锤击’作战计划的各种机会可谓是微乎其微的。”

所以，我们的策略必须进行精简。此刻，应该将“锤击”计划放弃了，因为实施它的可能性已经丧失。在得到所有同僚以及三军参谋长的一致认可以后，我将尽我所能，在致总统的重要电报中，简洁明了地交代这个问题。

前海军人员致罗斯福总统　　　　　　　　　　1942 年 7 月 8 日

1. 在 1942 年有可能实施的战略行动中，英国海陆空三军将领都不打算将“锤击”计划包括在其中。三军参谋长报告称：“必须在各种条件之下，才能促使‘锤击’计划成为一个合乎情理的、完善的行动，而这些条件出现的可能性几乎为零。”现在，他们正将这一份报告递送给你们的三军参谋长。

2. 即使这样做有可能让英国的进口量损失大约二十五万吨，但为了扰乱敌人的视线，我们已经开始往船只上装载物资。可是，更为严重的情况是：如蒙巴顿所言，假如军队的训练被拦腰截断，那么损失的将不仅仅是登陆艇等东西，就连“围剿”计划，以及之后 1943 年的“波赖罗”计划都会受到波及，它们至少会被延迟两到三个月。就算此番冒险没有取得成功，登陆部队在短暂停留后就被迫撤退，这样的损失也是无法避免的。

3. 如果我们得到一个据点，并能守住它，那么我们就必须不断地为它提供补给。如此一来，将会大量减少我们对敌的轰炸。我们将要聚集所有兵力来守护这个桥头堡。那么，即使在 1943 年进行大规模作战的可能性不丧失，多少也会因此受到影响从而产生一些困阻。这个阵地虽然不大，却是得天独厚，所以我们拥有的所有资源都该用到这个阵地之上。因而，我们可以断定，1942 年那些可能以失败告终的不健全的行动，必定会对 1943 年组织完备、大规模行动的发展趋势造成阻碍。

4. 这一点我坚信，在 1942 年，能让俄国战线得到喘息的最佳时机肯定是法属北非战役（即“体育家”计划）。一直以来，这个计划都与你们的意见相吻合。实际上，它是你的思想主线路。它将成为 1942 年真正的第二战场。此事我已与内阁及国防委员会详细商讨过，我们的观点都是一样的。就可靠程度以及能取得的成效来看，法属北非战役应当是今年秋天最具有可行性的战役。

5. 当然，我们可以提供多方面的帮助，从联合国将美国或者英国的登陆兵力调遣出来，前去参加“体育家”战役，为你们提供登陆艇以及船只等物品。只要你们乐意，就可以从我们这里调出一些部队，剩下的一些部队，就从大西洋直接运过去，双管齐下。

6. 不要奢望能从维希那里得到什么邀约和承诺，这一点我们必须明白。不过，德军即将在加莱海峡进行反抗将会是前所未有的，任何一次反抗都不能与之相提并论。当然，这样的抵抗可能只是形式上的抵抗而已。你强它就弱，对付起来就易如反掌。与其说这是个军事问题，还不如说这是一个政治问题。就我所见而言，这将是在西战线上所进行的唯一具有重要战略意义的战争，在如此关键的一年之中，我们并不应该放弃它。

7. 除此以外，我们现在正在努力探究，是否有可能在挪威北部进行一次战役。如果，在挪威北部没有此可能的话，那就在挪威选择另一处地方。如今，我们遇到了巨大的困难，因为以海岸线为基地的飞机正对我们的船只进行袭击，导致我们向俄派出船队时困难重重，不过，要做的是想尽办法消灭困阻，与俄国人保持联系。

* * *

由于这一切都涉及指挥官的人选问题，所以我再次向总统发去两封电报：

前海军人员致罗斯福总统　　　　1942 年 7 月 8 日

1. 关于“波赖罗”计划（即大规模横跨英吉利海峡）的指挥问题，我们已经慎重考虑过。要是在 1943 年时，这项光荣的任务能由马歇尔将军担任的话，我们将感到无比的欣慰，并且，我们将给予他最大的支持。

2. 以上意见，由战时内阁授权我通知你。

1942年7月8日

总统先生，在你委托一位美国人成为1943年的“波赖罗”计划的指挥官时，我希望一定不要对今后的作战计划产生什么影响，比如“体育家”计划。

还有一个关于整理战略代号的问题。正是由于各种代号出现了严重的混乱，或不适宜状态，才导致事情经常出现变故。所以，只有重新规定这些代号，它们才能起到应有的效用。

前海军人员致罗斯福总统　　　　　　1942年7月6日

对于一些密码代号，我们急需进行清理。我们英国人认为，在1942年和1943年两年中对大陆进行作战行动所需要的大量准备工作，这就是“波赖罗”计划。由此为基础，英国联合参谋长委员会正在开展工作。而它完全是后勤工作，并非军事行动。长久以来，我们称为“锤击”的作战计划，你们却称之为“三分之一的波赖罗”。还有“围剿”计划，这是指1943年的作战计划。这个名称不是被人认为自高自傲就是被人认为自怨自艾，所以我并不喜欢这个名字，可是它已经被传扬开来。我想知道，你对这些代号持有什么态度。而你我二人所说的“体育家”计划，我猜是你们参谋们嘴里说的“半体育家”计划的简称。极北地区的一些战役，我也用“朱庇特”这个名称来称呼。

*　*　*

对“朱庇特”战役，我始终抱有希望。不过，有关它的具体计划，可以说基本没有取得任何进展。我相信，对于加拿大陆军来说，这次作战计划将会给他们一个光荣的机会。两年以来，加拿大陆军一直在英国焦躁地准备着与入侵者来一场迎击。因此，我与麦克诺顿将军在契克斯公园进行了一次长谈。他对加拿大政府有着极强的影响力，因而我十分看重他。关于目前的时局，我从各个方面对他进行了讲解，同时询问他，要不要亲自察看方案，拟定方针。他将在我们技术部门的协助下制订这个计划。他已经答应参加此次战役，并将尽其所能。

首相致帝国总参谋长和参谋长委员会　　　　　　1942年7月8日

对“朱庇特”作战计划进行初步研究，以及该计划的筹备工作，我认为应当交由麦克诺顿将军去做，在必要时，参谋长所属机构应该给予其足够的帮助。这个任务要是有可行性的话，从气候条件上分析，就应该交由加拿大陆军来进行。过一段时间，我们再决定此计划是否可行。

很长一段时间过去了，麦克诺顿将军的意见我却一直没有听到。罗斯福总统就代号问题做出了相关答复，从中可以看出他对由此产生的一些问题十分清楚并且深有所感。因此，他给出了三点建议：

1.“波赖罗”这个词，用来代表美军被调遣至欧洲战场的准备以及行动，还有因此而产生的接待美军所需要做的一些准备工作，还有就是在美军对欧陆作战时，必须供给的装备和军需等物品的生产、配送、接收存储之类。

2.“锤击”这个词，用来代表1942年，英美军队对欧陆的一次围歼行动。在两种情况之下应当发动此次战役：第一种情况是，德军内部出现严重问题之时；第二种情况是，当俄国军队陷入困境，为迫使德军离开俄国战线而发动紧急攻势之时。

3.“围剿”这个词，以及其他你想选的词，用来代表英美联军在1943年或稍晚时候，对德国在欧洲的占领区进行的一次进攻。

我因此给三军参谋长发了一个备忘录，内容如下：

首相致霍利斯准将 1942年7月15日

“围剿”这一代码若有所改变的话，我担心会引起美军的某些误会，使他们以为这是战争计划的改变。所以，这个自高自傲并且毫不恰当的名称，将一直沿用下去，希望它不会为我们带来任何厄运。

眼下，我们并不是在处理策略上的问题，只是处理术语问题，所以我认为，最好沿用总统所用的名称。

在得到美方同意之前，方案先照此拟订，待取得同意之后，再进行公布。

* * *

我在采取重要决定的前一天，我发了一份电报给总统，上面主要是我的一些见解。

前海军人员致罗斯福总统 1942年7月14日

眼下我发现，所有人都否定了“锤击”计划的可行性。所以对于我现在的处境，我非常希望你能明白。我希望“体育家”计划能尽快得以实施，也希望能同俄国人一块儿参与“朱庇特”计划。同时，如果我们想在英格兰对岸最大数量地控制住敌军，我们就应该全力以赴地为1943年的“围剿”计划做准备。在我看来，这些东西都是显而易见的。

*　　*　　*

由于美国指挥作战的最高领导人之间关系十分紧张，所以还要再等上一段时间，才能为这些作战方针做出最后的决策。马歇尔将军与海军上将金，二人各持己见，其差别就像欧洲大陆与太平洋之间一样。他们二人都不想掺和到北非的冒险之中。而总统，却在此僵局中越发对北非战役感兴趣。陆军元帅蒂尔才德兼备，同时，他的机智也深受反对派喜爱，这使他得到了所有反对派的支持。我与他通信，关于工作的进度，我在信中做了详细说明。

首相致蒂尔陆军元帅（在华盛顿）　　1942 年 7 月 12 日

1. 我已经通过航空运输，将总参谋部文件的全文寄上。蒙巴顿的意见，我希望你能多加注意。这些意见表明，"围剿"计划会受到"锤击"计划的牵连，从而受到无法弥补的损害。就算抛开这一点不看，"锤击"计划本身也有很多无人能解的问题。

2. 美军想在 1942 年打击希特勒，仅有的办法就是"体育家"计划。只要"体育家"计划得胜，就会对意大利造成威胁，这势必迫使德国将其空军的主要力量从俄国战场调离。"体育家"计划只是召回六个不参加"围剿"战斗的美国师，必然会有新的美国师来代替它们，所以并不会对此时在这里进行的"围剿"计划的准备和训练工作带来任何不良影响。在运输计划完成以前，这些新的美国师就能准备完毕。

3. 不过，要是总统并不打算采用"体育家"计划的话，那就只好算了，这次战斗只能由打着美国名义的军队去进行。很显然，此次机会就要丢失了。既然两国在 1942 年都选择毫无行动，那么就将所有力量都聚集在 1943 年的"围剿"行动之上吧。

4. 在此情形下，美国没有任何理由要把军力转移到太平洋去，并且，我觉得这种做法是难以通过的。

在白宫参加会议的人都相信，只有访问英国，才有可能得到统一意见，进而对这些问题做出一个定论。我听闻，总统最信任的朋友和军官已被派来对我们进行访问了。

蒂尔陆军元帅致首相　　　　　　　　　　1942 年 7 月 15 日

明晚，马歇尔、霍普金斯以及金，将动身前往英国。

总的来说，之所以反对“体育家”计划，有以下几点原因：

(1) 如你所知，目前，美国在太平洋作战急需海军及航空母舰，而“体育家”计划，却一定要将海军，尤其是航空母舰从太平洋调离。

(2) 这个计划需要在海上开辟一条新的交通线路，维持这条新航线以及承担其他任务，对美军来说有一定的难度。

(3) 在卡萨布兰卡登陆是较为困难的一件事，并且那里能进行维持的设备也不完善。况且，只在卡萨布兰卡这一个地方发动进攻，很难迫使敌军退出俄国战场。顾虑到直布罗陀海峡的交通很可能被敌人轻易切断，那么对地中海内部一些地方发动进攻，如阿尔及尔，甚至比塞大，将会变得十分危险。

(4) 由于“体育家”计划将要承担重任，所以很有可能打消 1943 年“围剿”计划的所有可行性。

已经提交了一些简略的作战策略给总统，是关于太平洋方面的……

原定用于“波赖罗”计划的全部船只，现在都要被这些行动所占用，还有，去往英国的美国空军，只会有原来的三分之一……显而易见的，太平洋上的冒险，不仅难以减少俄国人的压力，而且任何一个对日作战的关键性胜利的到来都会因此而被推迟。

毫无疑问，马歇尔希望他最初中意的那个计划得以实行，不过，他认为，真正的力量并不在欧洲计划的背后。一次次开展会议，一遍遍进行讨论，就这样消耗着最佳的时光。德国在东方忙得焦头烂额的时机很快就会失去。如果我们没有好好利用这个时机，那么我们在西方面对德国时，就会发现，他是这么的强大，强大到让我们进攻欧洲大陆的可能性变为零。到了那一天，即使我们还可以跟敌军继续进行空战，却也只是垂死挣扎而已了。假设一个商人遇到了一桩要么大发其财要么破产的生意，我想，马歇尔肯定会认为这个商人必然要想方设法去得到财富，并且，他极有可能会成功。

金的目光一直放在对日作战之上。

美国人认为“波赖罗”有可能被太平洋取代，这一想法，以及美国想要建立一支七百万人陆军的欲望，都让我产生一种感觉：有些地位较高的美国人觉得，没有什么局面能比如今与德国人僵持不下的局面更好了。

能否让我跟你提出以下一些建议：你应该让你的访问者相信你战胜德国的决心，就算规模不大，在欧洲大陆打击敌军的行动你也会尽快进行；当然，还应该让他们相信，你绝不会支持任何有违这种精神的行动。正如马歇尔最中意的计划是“波赖罗”一样，他觉得你最中意的是“体育家”。并且，你时常因为一些细小的原因就再次想要启动“体育家”计划。对于“波赖罗”计划，你应当让他相信，你跟他一样抱有坚定信念，否则，美国将会撤离，转而去从事自己的太平洋战争，留给我们的是极为有限的援兵，我们就只能靠自己的力量来尽力抵抗敌军，这样我们所赞同的计划就会功亏一篑。

*　　*　　*

反对“锤击”计划的论点有理有据，这一点罗斯福总统也已经有所认识。在他给我们的来电中，如果他首先提到了这个计划，那就是说，可以使马歇尔将军知道，想要实行这个计划还有很多机会。不过，要是没有人提到它的话，事情会变得怎样呢？在美国总参谋部里，有一个意见呼声最高，该意见称："今年，如果在欧洲战场上我们不能取得有效战果，不如将兵力集中起来去对付日本，这样一来，美国海陆两军的意见就会一致，而马歇尔与海军上将金也会达成统一。"7月15日，下院辩论不信任进行了投票，那天也是奥金莱克保卫开罗决胜关键的一天，同时，还是"白宫笼罩在紧张中的一天"。我们听闻，"美国三军各参谋长都有'二择其一'的想法"，还听说，总统认为这跟"随心所欲"没有任何区别。当然，这些简单言语下所包含的深意是："如果英国不愿意在1942年进行'锤击'计划，或者说英国不能进行'锤击'计划，我们就应该撤兵，离开欧洲战场，转而集中火力对付日本。"用总统的话来说，实际上，这等于放弃了欧洲战场。暂时还没有证据能说明，马歇尔将军和海军上将金也持有这样的态度。不过，这股浓烈的情绪却在有权力的美国的参谋人员中时刻涌现着，他们属于第二流参谋人员。这种危险的思想走势，遭到了总统的制止和消除。

1942年，美国陆军一定要对德作战，这是他的第二种信念。只是，作战的地点除了法属北非，还会有哪里呢？史汀生先生说："他之所以会暗中得出这样一个论断，全是因为目前的战争局势。"这个结论，是议论的要点以及总统的意向，这二者的共同归宿，确实是有点无情。为了得到这样一个结论，我才会在三周以前访问华盛顿。但我并没有得到满意的答案，原因有很多，一是图卜鲁格的沦陷，二是国内政治的动荡不安，以及我代表的这个国家，由于这次灾难它的威望几近丧失。即使是这样，一些重大的问题还是要处理。当时，我就坚信，我们之间意见的透明和一致，必然会带来很好的结果。

* * *

我们的美国来宾于周六，也就是7月18日从普勒斯特韦齐上岸，然后乘坐火车抵达伦敦。他们一到伦敦，马上就与驻于此处的美国三军长官进行商榷，这几位长官分别是：艾森豪威尔、克拉克、史塔克，以及斯帕茨。关于“锤击”计划的争论又再一次出现了。除了总统本人似乎被我的论点说服以外，美国的其他领导人都十分支持进行这项作战计划。总统为代表团草拟了一份战争策略档，这是我所见过的出自他笔下最为精彩的档①。

为尊敬的霍普金斯、马歇尔将军和海军上将金所写备忘录

有关1942年7月伦敦会议的指示

1942 年 7 月 16 日

1. 此次你们是用我私人代表的身份前去伦敦，与英国方面相关的专业人士就如何开展战争进行商讨。

2. 从丘吉尔先生访问华盛顿以来，由于海陆两军战略发生了重大的改变，所以对于共同作战的方针，英国与我们应当根据以下两个条件立刻进行制订：

(1) 这应当是一个明确的计划，它适用于 1942 年其他时间。

(2) 还应当是一个适用于 1943 年的试用计划。当然，1942 年所发生的事件必然会对这样的计划产生一些影响，进而导致计划的改变，不过，现在也就是 1942 年就应当为 1943 年的行动计划做准备。

3. (1) 击溃轴心国家是联合国家的共同目标，这一点不容改变。

(2) 在使用力量之时，我们应当做的是尽力集中，减少分散。

(3) 在英美军队的使用上，必须做到完全统一。

(4) 在现有的英美军队能够有效使用时，就要立即投入战争。

(5) 在1942 年，派遣美国陆军部队与敌作战，这一点至关重要。

---

① 引自罗伯特·舍伍德所编撰的《罗斯福与霍普金斯》，其中的 603 到 605 页。——原注

4. 关于物资援助问题，既然英美两国答应了俄国，就必须将物资如数送到。如果用波斯那条运输线，就应当先运输作战用品。为了鼓励俄国继续抗战，在运输线路畅通的情况之下，这样的帮助必须持续下去。想要改变这个决定，只有一种可能性，那就是俄国完全沦陷，这样的情况令人难以想象。

5.1942 年是否有可能执行“锤击”计划，这一点必须要进行细致的调查。因为这个战役，肯定能在今年给予俄国极大的帮助。既然“锤击”计划如此重要,那么就有足够的理由让我们将其完成。不管俄国是否已处在危机边缘，这个计划都必须实施，因此督促该项计划的准备工作加速进行，大力推动计划的完成，是你们应当尽力完成的任务。“锤击”计划的主要目的是让德国空军离开俄国战线，如果说俄国有可能会沦陷，那么这个计划就不仅仅是适宜的，更是不可或缺的了。

6. 要是你们真的觉得，由于没有适合的机会，导致“锤击”计划难以达到料想的结果，而放弃执行的话，请你们立刻通知我。

7. 假设“锤击”计划实在难以实施的话，我将对你们提出一点要求，那就是希望你们在认真研究过当前战争局势之后，重新确定 1942 年美国的其他战线[①]。

对于目前的战争局势，我的观点是：

(1) 如果俄国成功拖住大量德军,那么在 1943 年实施“围剿”计划的可能性将非常大，因此将立即考虑此项计划，并开始着手进行准备工作。

(2) 还有另外一种情况，就是俄国完全沦陷，那么德国的空军和陆军都会离开俄国，这就使得 1943 年实行“围剿”计划的可能性丧失。

8. 无论俄国沦陷与否，中东的阵地我们都必须竭尽全力去守

① 作者标注着重点。——原注

卫。你们是否考虑过失去中东的影响？一旦失去中东，一系列事情就会接踵而来：

(1) 失去埃及还有苏伊士运河。

(2) 失去叙利亚。

(3) 失去摩苏尔油井。

(4) 由于受到北方和西方的双面夹攻波斯湾就此沦陷，导致失去通向波斯湾油田的道路。

(5) 德国与日本会师，很有可能让我们失去印度洋。

(6) 突尼斯、阿尔及尔、摩洛哥、达喀尔这些地方都极有可能被德军攻占，而从弗里敦到利比亚的海上航线也会被切断。

(7) 南大西洋上的所有航线都将面临巨大危险，这样的危险也存在于巴西和南美全部东海岸。同时，西班牙、葡萄牙以及它们的属地都很有可能被德军所利用。

(8) 你们应该寻找合适的方法，以此来保护中东。下列我所提出的建议中，应当有两点或者一点，在这些方法中得到明确体现：

(a) 将援助物资以及地面部队运到波斯湾、叙利亚还有埃及。

(b) 为截断隆美尔的退路，应当在摩洛哥和阿尔及尔发动一次新的战役。法国殖民军仍旧未将态度摆明。

9. 为了尽早让日本崩溃，美国将把所有力量用于太平洋战争，这样的观点我坚决不同意。最重要的一点是，我们应该明白，日本的崩溃不会带来德国的崩溃。而且，如果在今年或者1943年，美国都集中火力对付日本，那么无疑会给德国创造一个控制欧洲以及非洲的大好机会。换一个说法，要是我们在今年或者1943年控制住甚至击败德国，这就等于德国在欧洲战场、非洲战场还有近东，都有崩溃的可能。德国一旦崩溃，就意味着我们极有可能不费一兵一卒就击垮日本[1]。

---

① 作者标注着重点。——原注

10. 快速制订作战计划；统一计划；攻守结合，杜绝只守不攻，这三点原则必须谨记。它们将直接影响到 1942 年美国陆军对敌作战的目标。

11. 我希望这些协议能在你们抵达英国后一个星期内完成。

总司令富兰克林 · 罗斯福

当日夜晚，在契克斯我们举行了参谋长委员会会议。此次会议的大致内容如下：

此次会议中表明，以首相为一方以及以三军参谋长为一方的两方人员，观点都是完全相同的。

“体育家”计划似乎是 1942 年唯一可以实行的作战计划。先在北非登陆，就能像德国轻易地占领挪威那样，我们也能轻易地在北非占领一个立足点，这对我们来说是十分有利的。

实际上，“体育家”计划是我们第二战场的右翼。光靠美军所占领的卡萨布兰卡还有附近的一些地方，是远远不够的。一定要将战斗计划扩大到阿尔及尔、奥兰，还有东边更远的地区。如果美国无法为全部战线提供足够的兵力，那么更东边的作战行动便由我们英军配合少量美军分遣队来承担。由于美国为“波赖罗”护航提供了海军部队，所以很有可能难以为“体育家”计划提供足够的海军部队。如果是这样的话，我们当竭尽全力提供援助。

这一点我很明白，现在我仍旧得去做美国军方领导人的思想工作，眼下他们都聚集在伦敦。我应当使他们相信，我们的计划是唯一切合实际并且可行的计划。周末的时候，霍普金斯来到了契克斯，我们就彼此间尚未达成统一的一些问题，进行了一次非正式的讨论。

7 月 20 日，也就是周一早上，我们与美国代表的第一次会议在内阁办公室举行。

我就英国政府的态度做了简要讲话，此发言已进行记录。

1942年7月20日会议上首相的发言要点

现在，我们面前摆了各种重要提案，但我今天上午并不打算对它们的优劣性作出什么评判，我只想探究一下当前的整体局势，同时，对最适合会议的方法和步骤提出一点建议。我们必须要做决定，即使这些决定可能对未来整个战局产生影响，我们也没有理由一直拖延。

第一个问题是，我们是否应该执行“锤击”作战计划。既然说到了这个问题，就必然会引出另一个急需解决的问题：我们应该用什么方式来执行这个计划？很有可能，我们进行的是一件事，而我们的贵宾在想的却是另一件事。如果我们自己制订的计划不尽如人意，那我们就应该积极而诚恳地关注美国方面的计划。关键之处在于，大家参加商谈时，请不要抱有成见——对某个特定的计划支持或反对的成见。当然，我们的考虑点不仅仅是某项计划能否实行，还应当考虑现在这样做所产生的后果对我们的资源利用是否有好处。

“围剿”计划未来走势，是否会因为“锤击”计划的执行而受到影响，这是我们现在必须讨论的。对于“围剿”计划，我们非常支持。为了执行“围剿”计划，目前，“波赖罗”计划的所有准备工作都在进行当中。说到了这里，就必须要搞清楚，“围剿”计划的内容到底是什么。该计划是不是只限于进攻法国西海岸？是否限定在此范围内的才称之为第二战场？该范围能否扩大，扩大后是利是弊？我们偏向这样的一个观点：“围剿”计划的执行很有可能在“锤击”计划的影响之下被推迟甚至于受到阻碍。但从另一个角度说，也许有一部分人倾向于认为，“围剿”计划的命运主要依靠俄国局势的走向，并非依靠我们的行动。

到目前为止，我们都是在假定俄国获胜或者失败这个基础上来讨论“锤击”计划。但这其中还有一个更大的可能性，那就是俄国战事长期处于胶着状态；或者是一个难以预料的结果，俄国战线依旧存在，不过向东移动了一点。那么，我们就将面临一个介于输赢之间的局面。

假设取消了“锤击”计划，那么我们将在“围剿”战役以前做些什么呢？或者说，假设有这样的一种看法：“围剿”计划会因为“锤击”计划的取消而受到极大的影响，那我们又将如何应对呢？

现在我们来谈谈“体育家”计划，也就是我们的第二个问题。对于这个计划的种种形式，我们必须从各个方面加以研究。目前，德国尚未占领西北非，也未能将葡萄牙和西班牙两国拉进它的体系内。在未完成这两项工作以前，德国或许不会无止境地坐等。现在德国之所以不能进攻英国，是因为他们一直要应付俄国，但他们很可能轻易获得足够的力量来攻击英国。德国攻占北非以及西海岸的可能性必须引起我们足够的重视。一旦这种情况出现，那么形势对我们将是多么的不利啊！

眼下在埃及进行的战争，对“体育家”计划的可行性具有至关重要的影响。奥金莱克将军如果得到了胜利，他将快速向西推进。到那时，或许“杂技师”计划也会执行，或许是对西西里以及意大利发动进攻，同时可能再次取得南地中海的掌控权，如此一来，那里的航运损失就可全部避免。

现在，地中海东部及里海一带，可以说是完全没有防御，也就是说我们的防御工事存在着极大的纰漏。可是如果奥金莱克将军在埃及战场上取得胜利，我们就能组建一个大约拥有八个师的部队，这一点毫无疑问。这支部队与四个训练有素的波兰师一起，他们将有效阻挡德军南进。但是这里有两个情况：第一个是，奥金莱克将军没有把敌军驱逐到远离埃及的地方；第二个是，奥金莱克将军已经将敌军赶走，并且将他们赶到“杂技师”计划的范围内。只要这两种情况中的任意一种出现了，那么俄国南部的部队，就成了唯一能保护里海以南地区的部队了。虽然说他们如今前途未卜。不过，即使事情到最糟糕的时候，他们也可以从高加索进行有效撤退，并且在冬季的时候守住高加索山脉，而且，在我们空军的协助之下，他们还可能保持里海的控制权。所以，要说他们即将崩溃，有些为时过早。目前，只有这支兵力可以称为我们的营垒，他们是强大的营垒。

我们就“安纳吉姆”计划即在缅甸的战役，还有在太平洋战场中我们协助作战时能采取的措施，也做了一些简要商讨。

*　　*　　*

第二次会议于7月22日下午举行。首先进行讲话的是马歇尔将军，他说他们一定要请教总统的意见，因为他与他的同僚们同英国参谋长的会谈已经进入僵局。

我所做的回答是，我十分期盼能“快速投入最大兵力与敌作战”，这种心情与总统及他的军事顾问们是一样的。但同时，我认为我们不应当在1942年实行“锤击”计划，因为我们的现有兵力并不足以支持这个计划。在多种可能性之下，我们都会遭遇失败，为此我举了几个例子：俄国有可能会沦陷；德国说不定会进入高加索；奥金莱克将军或许会被德军击败，德军由此就会占领尼罗河三角洲以及苏伊士运河；在北非和西非，德军有可能获得立足点，进而导致我们的航运极为紧张，甚至于无法进行。就算是这样，跟上述各种可能性比较起来，会带来最严重后果的是英美间的意见分歧。由于以上原因，所以我赞同美国三军参谋长向总统作报告，请示他，英国不打算进行“锤击”计划，这件事该如何解决。

很快我们就收到了罗斯福总统的回电，他说伦敦会谈的失败早在他的意料之中。他认为，既然英国如此反对“锤击”计划，那就没必要继续执行这个计划。同时，关于1942年美国陆军参加对敌作战的一项战役，他要求他的代表团与我们达成一项协议。

就这样，“体育家”计划得到了足够的重视，而“锤击”计划就此被漠然置之。虽然马歇尔和金二人显得有些失望，但他们也服从了总统的安排。现在，我们之间的关系又变得友好起来。

眼下，我有一件非常着急的事要办，那就是给我中意的“体育家”计划找一个全新的名字。作为代号，“体育家”“超级体育家”和“半体育家”等这些名称都被我们取消了。7月24日，我在给三军参谋长的指示中用了“火炬”这一名称，这是一个新颖并且精巧的名称。7月25日，霍普金斯收到总统电报，总统在电报中指出，北非登陆计划最迟也会在10月30日以前进行，那么该计划的准备工作应该立刻开始进行了。所以，我们的贵宾于当日晚，就动身返回华盛顿。

* * *

这个意见就这样得到了大家的同意，同时做出了决定，关于这个意见，我与我的军政同僚们已经商议过很久了。为此我感到十分高兴，而更让我开心的是，在看似最黑暗的时期，这件事发生了。除了“朱庇特”计划以外，我想要进行的各项计划都被一一采纳了。“朱庇特”计划也就是进攻挪威的计划，它的意义也是毋庸置疑的。我从未想过要放弃这项计划，但直到最后，我也没能让这项计划得以实施。我在过去的几个月里，所追求的目标是，用进攻北非和“朱庇特”计划来取代“锤击”计划。可是“朱庇特”计划流产了。

不过，还有足够的东西能使我感到满意。

前海军人员致罗斯福总统　　　　1942年7月27日

1. 虽然已过去的这一周，是十分紧张的一周，但我深信，你我二人以及英国方面的全体成员都一样，都在为这一周内所取得的成绩感到欣慰。我们双方的作战意见能达成一致，这是十分重要的一点，但还有一点，那就是加强了我们高级官员之间的亲切关系和战友情谊。这一次，要是没有哈利伸出援手，我担心很难取得成功。

2. 第二战场的开辟，我们应当在今年完成，而且尽最大可能早日发动攻击。我觉得第二战场应该包含两点：一是，必须有一支主力部队，它在“锤击”计划区域对面将敌人牢牢困住；二是，应当有一个范围广大的侧击行动，这个侧击行动就是“火炬”计划（即以前的“体育家”计划）。如今，所有事情都做好了决定，那么我们就应该像你所说的那样，对着目标火力全开了。这一切所靠的是坚决保密、闪电出击以及一个有条不紊的军事部署。我同意你的意见，这一切刻不容缓，最迟也将在10月30日之前进行。

3. 想要机密不致泄露，只有一个办法，那就是声东击西。为了蒙蔽敌人，我正在进行“朱庇特”计划，同时，“锤击”计划也必须大肆进行。用它们来掩护联合王国的所有军事行动。当你们的军队开始“火炬”计划之时，它们所配备的热带装备，将会让保密机关以外的人误以为，它们是要开往苏伊士运河或者巴士拉。这里的加拿大部队将配置适用于北极的装备。这样，直到最后敌人也不会弄清楚我们想要干什么。

4. “火炬”计划可能会对“波赖罗”计划带来一定的影响，但我仍希望“波赖罗”计划的准备工作在同时间能全力落实，因为“火炬”计划产生的影响，最多是让“波赖罗”计划延期而已。若按此实施的话，我们就可以两边同时进行攻击了。

在我们中意已久的计划方面，全部专家达成了统一意见，总统跟我一样，对此感到无比的欣喜。

罗斯福总统致首相　　1942 年 7 月 28 日

今天下午，三剑客[①]已经平安抵达，婚礼[②]将如期举行。当然，对此次所取得的成绩，特别是诚挚会谈的成功，我感到非常欣慰。我不由想到，整个战争时局，将因为过去这一周而出现一个新的转折，并且，我们如今已在携手向前。关于保密和快速行动的重要性，这一点我与你看法一致，并且我认为应该将 10 月 30 日这个期限再提前。关于给养和装备的数量，我们将按照船舶吨位以及联合王国进口粮食和原料的情况来计算，我将会与马歇尔详谈这个问题。我认为，让俄国南部侧方得到空军援助，这件事完全应该办到，我会尽我所能去实现它。

现在，是决定司令官人选的时候了。

蒂尔元帅致首相　　1942 年 7 月 30 日

有一件事我必须要催促你，那就是立刻与总统商谈指挥官人选的问题。就我个人意见而言，我觉得马歇尔非常适合这个位置，同时，我也相信，他会接受这个职位。另外一点也非常清楚，那就是这里现在离不开他。不过，他的权力完全可以让艾森豪威尔代为行使。也许总统害怕马歇尔离开，所以直到现在他也未和马歇尔谈论过这个问题。不过，让艾森豪威尔担任马歇尔的副手，这个想法肯定会得到支持。

这一点要是得到了通过，那么艾森豪威尔就可以将他手下联合参谋人员的力量凝聚起来，从而发挥他们的真正作用。在这个过程中，有一个非常好的方法，那就是假使艾森豪威尔将“锤击”

---

① 三剑客指代表罗斯福赴英的三人：马歇尔、霍普金斯以及金。——译注

② 婚礼指英美双方共同实施计划。——译注

计划的部署以及准备工作交给其他人去做（当然，必定是会交给一个英国人），而他跟他的参谋人员只对“锤击”计划实施监督，这样一来，他就能从这个计划中抽身出来，从而集中精力应对“火炬”计划。如今，“火炬”计划肯定是重中之重，它包括了许多具体的计划，还有兵力的分配、任务的下达和训练的开展等。紧张的工作，将会从现在持续到战争的开始。显然，想要占尽先机，就该尽早开战。

能使这些艰难的谈判得到如此圆满的结果，你的这种能力让我十分钦佩。我希望下周初能够到达伦敦，如果能得到空闲的话，我非常想要去拜访你。

由于司令官人选问题，我给总统发了封电报。

前海军人员致罗斯福总统　　1942 年 7 月 31 日

1. 目前，我们有“波赖罗”“锤击”和“围剿”等一组计划，以及“火炬”计划，我非常希望能尽早选出它们共同的司令官。我们最高兴看到的是，“围剿”计划的最高统帅由马歇尔将军来担任，同时，让艾森豪威尔将军成为他的副手留在此处。首先，特遣部队的司令我们应该让亚历山大将军担任，这样，在艾森豪威尔的领导之下，二人能共同为“火炬”计划工作。艾森豪威尔将军暂时不参与“波赖罗”—“锤击”计划的执行，但他要对该计划的执行进行监督。这样一来，他能在为“火炬”计划调动所需兵力的同时，保证“波赖罗”以及“围剿”计划不会受到影响。一旦“火炬”计划准备完成，他就要指挥这场战役。同时，亚历山大以及另一位美国官员，他们将分别从联合王国和美国出发，到任两支特遣部队的司令。在特遣部队执行任务的同时，如果你任命马歇尔将军或者其他人为“波赖罗”“锤击”和“围剿”计划的代理执行人，我们会感到十分高兴，同时乐意派一位助手给他。

2. 因为委员会不仅数目多，而且行动缓慢，所以这件事应当尽快进行。当然，假如你另有打算，希望你能让我知道你的想法。

蒂尔元帅致首相　　　　　　　　　　　　　　1942 年 8 月 1 日

1. 目前，总统为进行短期休息，已经去了海德公园，不过在他出发之前,他给出了命令,要求“火炬”计划能尽早执行。同时，他要求 8 月 4 日时，参谋长联席会议能将登陆的最早时间告之他。总统对将兵力调到太平洋这一点十分慎重，因为其中的危险一直存在。

2. 有一点是毋庸置疑的，那就是美国人都认为，由于“火炬”计划的确定，1943 年的“围剿”计划已被取消。如今，全心全意地应付“火炬”计划是我们必须做的。只要总统同意，我敢断言，你会非常乐意让马歇尔担任指挥。虽然在 7 月 31 日，你给总统的电报中说到过，但是要为马歇尔保留“围剿”作战计划最高司令的职位，在事前还是很难得以保证。

3. 祝你在各项工作中获得的不菲成果都能与你的勇气和抱负相匹配。

子夜时分，我在莱拉姆机场收到了这封电报。我将要从那里开始一场旅行，至于为何去旅行，而旅行的过程又是怎样，我将在下一章节进行解说。

第三章　为改组司令部而进行的开罗之旅

我决定对开罗进行访问——以及决定访问莫斯科——斯大林发出邀请——旅途乘坐 C–46 型飞机——尼罗河上的破晓——关于司令官人选的问题——我跟奥金莱克在 8 月 5 号一起对阿拉曼阵地进行视察——与戈特将军的会面——在空军司令部——8 月 5 号以及 6 号发给内阁的电报——提出改变战区指挥部以及组织的建议——8 月 6 号以及 7 号向内阁再次说明原因——戈特将军为国捐躯——处于紧张阶段的战时内阁——第八集团军的司令将由蒙哥马利将军出任——“火炬”计划的调动将艾森豪威尔将军手下的英军司令官卷了进来——8 月 8 号对义勇骑兵师进行了一天的访问——8 月 8 号写给奥金莱克将军的信——我对总统进行通知——雅各布上校的一篇日记——8 月 9 号亚历山大将军将会到达——伊拉克—波斯战区的指挥权奥金莱克将军不愿接受——一些指示下达给亚历山大将军

我对中东司令部只增不减的怀疑来自于我从各方面得到的报告。现在最要紧的事，是前往中东当地，就地处理那些有着决定作用的问题。这次旅行，原本计划的路线是，经由直布罗陀和塔科拉迪，然后穿越中非，最后达到开罗，完成这一路线，需要飞行五到六天。在旅程开始之前我必须按照规定接受一系列的预防注射，因为此次飞行将经过热带以及疟疾盛行地区。在这些免疫注射中，有一些要等到十天以后才能发挥效用，同时又会带给人非常强烈的不适感，严重之时甚至不能行动。战时内阁的一些成员们，原本是热心友善地关心我的健康，可最后却需要我来对他们加以安慰了。

正是在这样的时刻，一位年轻的美国驾驶员驾驶了一架“突击队”飞机从美国来到了英国，他就是凡德科路特上尉。他所驾驶的这架飞机也叫作“解放者”飞机，不过内部的炸弹架全都拆掉了，取而代之的是一些旅客用品。显然，按照规定的路线，这架飞机能够飞完全程，并且每个时段都会有多余的时间。空军参谋长波特尔见到了这位驾驶员，并且就这架飞机的状况对他进行了各种询问。凡德科路特上校，他已经有大概一百万公里的飞行经验，他对我们计划的路线深感疑惑，为什么要从塔科拉迪、卡诺、拉密堡、欧拜伊德那些地方绕道呢？据他所说，他能直接从直布罗陀飞到开罗：下午时，从直布罗陀往东飞，到了黄昏，就急速改变航线向南飞行，穿越过西班牙或者维希的属地，再往东飞行，一直到艾斯尤特周围，就能瞧见尼罗河了；此时，再转变航向，往北飞去，大约一个小时就能抵达金字塔西北方的开罗机场了。他说服了波特尔，这就使得所有计划出现了变动。只需要两天的时间，我就可以到达开罗，而且中非的臭虫们也别再想对我进行任何侵扰，因此，我也就不必接受能对它们起免疫作用的注射了。

1942 年将放弃横渡英吉利海峡，这是一个迫不得已但仍旧令人难过的消息。我们现在急于想知道，对于这样一个消息，苏联政府所做出的反应会是什么样的。凑巧的是，7 月 28 号晚上，在唐宁街十号，我与战时内阁的其他成员在一个餐厅内宴请国王，这个餐厅原本是个临时搭建成的花厅。在私底下，国王应允了我的出行计划，等陛下离去后，我就立刻找来心情大好的内阁成员们，召集他们在内阁会议室进行商谈。当时得出的结论是：我这一次去开罗是势在必行的，同时我应当向斯大林提议，与他进行面谈。所以，我给他发出了一封电报，内容如下：

首相致斯大林总理　　　　1942 年 7 月 30 日

1. 为了能让一直庞大的运输船队于 9 月第一周动身前往阿尔

汉格尔克斯，我们正在着手为另一次尝试做准备。

2. 要是我得到了同你会晤的邀请，那么不论是高加索的阿斯特拉罕，还是有利于会晤的类似地点，我都乐意前往。到时候，我们可以一起商讨战争局势，一起拿捏主意。我们与罗斯福总统制订的1942年进攻计划，我也可以告诉你。届时，我会带着帝国总参谋长一同前来。

3. 在开罗，我有一些重要事情急需处理，这一点你应该能明白，所以我即将动身前往开罗。如果得到你的同意的话，那我将会在开罗确定一个时间,以便于我们的会面。8月的10号到13号，这一段时间都行。

4. 我的提议已经取得了战时内阁的同意。

斯大林主席致丘吉尔首相　　　　1942年7月31日

我代表苏联政府邀请你，希望你能前来苏联，与苏联的政府人员会谈。如果你能来到苏联，与我们共同商谈反对希特勒战争中的种种棘手问题，我将非常地感激，因为你知道，目前，希特勒方面对英、美以及苏联所造成的威胁已到达了非常紧张的地步。

由于现在正是对敌作战的关键时期，我、政府中的其他人员以及参谋部的领导人员都不能在这种紧要关头离开首都，所以，我认为会谈的合适地点应该是莫斯科。

帝国总参谋长前来苏联，正是我们所希望的。

关于会晤的时间，就请你自行根据完成开罗任务所需时间来调配。你可以先进行预算，不论任何时间对我来说都是可以的。

请允许我表达自己对你的感谢，感谢你应允第二批运输船队在9月初给苏联运送战争所需物品。虽然现在很难从战场上调出飞机，但为了增强运输船队的空中防护，我们仍将竭尽全力采取措施。

首相致斯大林主席　　　　　　　　　　　　1942年8月1日

我肯定会去莫斯科同你会晤，至于会晤日期，待我到了开罗以后再行决定。

*　*　*

在这段时间内，阿拉曼阵地上，集中攻打路韦塞特山脊的战争仍在持续着。隆美尔的进攻力量已渐渐不支，而我们的守卫力量还略有剩余，但最终鹿死谁手还未能下定论。因为我前往开罗已成定局，所以我给奥金莱克将军发了一封电报：

1942年7月31日

我所想要的是，能在8月3日，也就是周一的时候到达开罗。在同一天，帝国总参谋长也会从其他线路抵达开罗。我已经对史末资陆军元帅和韦维尔将军下达命令，要求他们想办法在本周内到达开罗。对此，请时刻留意。

眼下，身在直布罗陀的帝国总参谋长布鲁克将军，准备取道马耳他前往开罗。我给他发了一份电报，内容如下：

首相致布鲁克将军　　　　　　　　　　　　1942年8月1日

我从昨天收到的奥金莱克的电报中摘录了一节，从这里面可以看出我们中东之行的必要性：

“昨天，跟各军军长一起开了一次会议，就战略形势进行了详细探讨。第一由于我们自己兵力的不足，第二由于敌人的阵地已经进行了有效的加强，这两点迫使我们得出以下论断：就目前情况而言，为突破敌方战线而做努力，或者从南边攻击敌人，都应当放弃。再次发动进攻的机会，在9月中旬前不可能出现。敌军是否能建立起坦克部队将决定此机会的出现与否。所以，短时间内，我们的方针是，在所有防御区内做好准备和稳固的工作，我们将以守为主。同时，我们也会找准机会，采取突然袭击，出其不意……”

此番与我同行的是亚历山大·卡多根爵士，他所代表的是外交部，这件事已经安排妥当。8月2号，星期天的后半夜，我们乘坐C-46轰炸机从莱拉姆出发。拿上次乘“波音”水上飞机的舒适感与这次的旅行感受相比较，二者之间可谓有天壤之别。在当时，这种轰炸机并没有暖气片，从缝隙里灌进来的寒风如刀割般刺骨。飞机里没有床，只是后机舱有两块搁板，我跟我的医师查尔斯·威尔逊爵士可以在搁板上躺下，可以供大家使用的毯子倒是十分充足。南英格兰的高射炮部队虽然得到了通知，但他们仍旧处于“警戒”状态，所以当我们到那里时，必须低空飞过，以便让他们认出来。等我们飞到海上后，我就离开座舱，去后舱休息了。因为吃了药效较好的安眠药，所以我睡得很好。

8月3日早晨，我们安全抵达直布罗陀，然后一整天都在要塞周围各处进行视察，直到下午六点登上飞机，准备飞往开罗。为了躲避沙漠战场周围的敌机，我们必须绕道而行，所以这一次将飞行两千多英里。为了节省飞机内的汽油，天黑以后，凡德科路特就不再往地中海飞行，转而飞越西班牙地区以及维希属地，维希与我们属于半敌对性质。所以在黄昏前，有四架“勇士”战斗机为我们护航，事实上，两个地区的中立已经被我们破坏了。在空中，我们没有遇到一点困扰，也没有飞到某个重要城市的炮弹射程之内。黑夜笼罩着并不美丽的景色，我们在C-46型飞机的后舱里，用它所能提供的卧具睡觉，在此时，我仍旧能感到满心的欢愉。要是我们在中立区出于无奈必须要降落的话，那将会引起轩然大波，在沙漠地区降落，相互对而言情况会好一点，但就算如此，也会带来另一种麻烦。可是现在，C-46型飞机在灿然的星空下通宵前行，它那四个发动机正发出欢快的吼叫声，而我，安稳入睡，直到天亮。

我在旅行之中形成了一个习惯，那就是在日出以前坐上副驾驶座。8月4日早上，当我坐在副驾驶座时，一条延绵不断、银光闪烁的河流出现在我眼前，那是晨光中令人赏心悦目的尼罗河。我并不是第一次在尼罗河上观看晨光破晓的景象。我在战争时期还有和平时期，由陆路或者水路，几乎将从维多利亚湖到地中海的全部尼罗河流域走遍，除了“多古拉一带”。尼罗河在阳光的照射下波光闪闪，这种景色，没有哪一次能让我像今天这般心旷神怡。

目前，我的身份暂时是“前线人员”了。亲临前线，就地听取战报，与在国内坐等前线消息相比，实在是太让人亢奋了。

* * *

以下是我在开罗一定要处理的一些问题：1. 对于沙漠地区的部队，奥金莱克将军或者他的人员是否还有信心？ 2. 如果他们已经失去信心，就应当撤掉奥金莱克将军的职务，可撤掉了他的职务，又应该由谁来接任呢？奥金莱克将军具有崇高的品格、杰出的才干以及强大的决心，要撤掉这样一位司令官的职务，实在令人心痛。我不想让自己的判断出现错误，所以我曾经催促史末资将军，让他从南非赶到开罗。等我到达开罗时，他已经等在大英使馆内了。整整一个上午，我们都在进行会谈，关于我们的种种困难以及各种处理办法，我都告诉他了。下午的时候，我与奥金莱克也进行了一次长谈，关于目前的军事形势，他做了清晰而详尽的说明。第二天早上，我同意了奥金莱克的请求，接见科培特将军。总司令非常看重他。科培特将军说，奥金莱克现在急于回到开罗解决他所负责的更广的工作，所以他才想尽快除掉第八集团军司令的职务。然后他又说了一件让我十分讶异的事，他说：“如果奥金莱克离职了，我将接替他带领第八军团。事实上，早在上周，我已做好了充足准备。”当然，这是我们从来没有想过的一种部署。韦维尔将军在午饭后从印度抵达开罗。我在下午六时开展了一次会谈，全部的负责人员都参加了，其中包括史末资、凯西、帝国总参谋长、韦维尔、奥金莱克、海军上将哈弗得和空军的特德等，此次会议的重点是讨论中东问题。我们在这次会议上讨论了诸多问题，其中很多问题最后大家在意见上都达成了统一。可是，我的心思，在整个会议过程中，一直停留在了中东司令官这个重大问题之上。

若不顾及其他问题，而将这种性质的人员调动问题单独提出来解决，那是永远办不到的。评定我们这些将领的品格，是帝国总参谋长的任务，他在这个问题上是我的参谋。我提出的第一个建议是，让他来出手掌管中东。让他当指挥官，布鲁克将军肯定会十分乐意，况且我非常明白，任何人都不会比他更适合这个职务。对于这个问题，他经过了一番深思熟虑，并且，与史末资将军在第二天上午进行了一次长谈。最后，他给我的回答是，帝国总参谋长这个职务他刚担任了八个月，他相信，现在我对他已经完全信任，再加上，现在总参谋部的工作进展十分顺利。在这样的关键时刻进行变动，很可能会导致一场短时间的混乱。而且，从全局来看，他先劝退奥金莱克，然后自己再取而代之当上司令，这样的任务他实在难以担负。他享有极高的口碑，不应该卷入这种困境之中。既然如此，我只能从其他人身上下手了。

亚历山大、蒙哥马利以及布鲁克，他们三人曾并肩作战过，这让我们想起了1940年5月的敦刻尔克的一件往事。在缅甸，曾有一场毫无胜利希望的战役，当时是亚历山大负责指挥，他在这场战役中的卓越表现，让我和帝国总参谋长赞叹不已。蒙哥马利享有极高的声誉，毫无疑问的，要是确定将奥金莱克撤职，那么中东的事务必定会委托给亚历山大。可是，绝不能轻视第八集团军的情绪。如果有沙漠作战经验的两个人员，被英格兰派来的两位人员取代了，他们是否会认为这件事是对他们和全体第八集团军各阶级军官的一种责备？从这一点出发来考虑的话，似乎戈特将军能满足各方面的要求。整个军队，没有对他不忠的，他不是无缘无故就能得到“惩罚者”这个称谓的。可是，从布鲁克将军汇报的情况来看，当时有这样一种思想，大家都觉得戈特将军太过疲乏，他需要休整。所以，想要现在作出决定，还为时尚早。在我这一次的旅程中，我将得到一个机会，它能让我亲自去领会，在腾出的较短时间内，哪些事是可以完成的。

* * *

我受到了麦尔斯·兰弗森爵士的热情招待。我所住的卧房以及办公使用的书房，都是麦尔斯·兰弗森爵士自己的房间，这两间房内都有冷气设备。时值盛夏，非常炎热，只有这两间屋子的温度让人感到舒服，不过其他方面就显得没有这么可爱了。我们在这样的环境里待了一星期有余，主要为了了解情况，征集建议。同时，我们也去开罗之东卡赛希区，对前线或者大型的兵营进行视察，我们强大后援部队正逐渐向这里赶来。

我在8月5日的时候，去阿拉曼阵地视察。此次奥金莱克将军与我同行，我们乘他的汽车到达从路韦塞特往西的一条战线的最右边，这条战线由第九澳大利亚师防守。到了那里以后，我们沿着战线继续往前走，到了路韦塞特山脊的后面，奥金莱克将军的总部就在那里。我们在一小块围了电网的方形地面上用了早餐，那里四下除了重要的军事人员以外，还有漫山遍野的苍蝇。我曾经做过要求，希望各个兵种的军官都能前来见上一面，特别是享有“惩罚者”称号的戈特将军。我听说，他因为工作劳累，而导致身体虚弱。而我想要了解的正是这一点。当我与在场的各个兵种的军长与师长都结识了以后，我便要求戈特将军跟我们一同乘坐汽车，前往第二个目的地——飞机场。奥金莱克的一位参谋长说，这样的话就是让戈特将军绕道，多花一个小时的时间，因此这位参谋长反对这个建议。不过，我坚持让戈特将军与我同行。这是我第一次见到他，也将是最后一次见他。在凹凸不平的道路上前行，汽车不停摇晃震动，发出轰鸣之声，就是在这时，我注视着他清澈的蓝色眼珠，同时询问他身体状况。是不是感到十分疲惫？有没有什么意见需要提出来？戈特说他的确感到非常疲倦，他唯一的希望是能回英格兰度三个月的假，因为他已经好几年没有回去过了。不过他强调，如果有新的重要工作，他仍旧能胜任，同时，委托给他的任务他也能承担。8 月 5 日下午二时，我们在飞机场上告别。两天后的这一时间，他被敌人杀害了，而遇害地点，几乎就在与今天相同的航空位置。

在飞机场上，接待我的任务交给了空军少校科宁厄姆。在他的手下，所有与陆军共同作战的空军都由他来指挥。假如少了他的行动，想要成功完成五百英里的大规模撤退，所遭遇的灾难，肯定要比有他的行动大得多。在 15 分钟之内，我们就飞到了他的总部，午餐早已准备好，空军上校以上的所有军官都已齐聚。我能感觉得到，在我到达时，他们的精神十分紧张。这些食物都是从希波德饭店买来的。具有开罗特色的美味食物正由一辆专门的卡车运送而来。现在，我们正派人四处寻找这辆卡车，因为它迷路了。最后，它总算是到了。

在广阔的沙漠之中，找到一个真正的绿洲，这在我们被重重心事包裹的时光之中，算是一个很欢乐的时刻了。空军对陆军会进行怎样的指责，同时，对于我们优势兵力所遭遇到的挫折，陆空两军又会如何的惊讶，这些我们都不难想象。当天晚上我就飞回开罗，并给副首相发出了一封电报：

首相致副首相　　1942 年 8 月 5 日

1. 我刚刚才回到开罗，整整一天我都与第八集团军在一起，这一天，漫长而令人兴奋。我对阿拉曼和路韦塞特进行了访问，同时视察了南非以及澳大利亚的军队，我还会见了莫沙黑德、莱姆斯登以及戈特将军。整个上午，我是同奥金莱克将军共同度过的，而下午，就是同特德、科宁厄姆和皇家空军人员一块儿度过了。他们都十分愉悦，他们看起来信心十足，充满了斗志，不过，对多次错失胜利机会他们感到很疑惑。在我做出人选提议的时候，我想我会要求内阁，所有部队应当让我进行视察，无论是前方还是后方。

2. 我正在与史末资讨论当前的整个时局，他是一位十分聪明机智的将军。眼下的形势会变得这么严重,这肯定不是军队的问题，而且军队装备也与之关系不大。

3. 让我的行动变得难以摸透，这一点是我故意为之的。我的报告让下议院感到满意，为此我非常开心。从这次环境的变化以及户外生活之中，我学到了很多有用的东西。

8月6日，也就是第二天，我与布鲁克还有史末资一起度过了这一整天，我们起草了一些必要的文件，这些文件都将发给内阁。眼下，我们必须处理的问题牵连甚广，这牵扯到高级官员，同时还将这个庞大战区的全部指挥机构牵扯在内。我经常认为，用来形容埃及、地中海东部沿岸地区、叙利亚和土耳其等地，“中东”并不是一个十分合适的词，这一片区域应该是近东。真正的中东，应该是波斯和伊拉克；那么东方就是印度、缅甸和马来亚;远东就指的是中国以及日本。不过，我认为,重点不在于名称的变化,而是确定现在中东司令部的管辖界限。这片区域实在太大，那么它要管的方方面面也就太多了。现在，是时候进行改组了。

首相致副首相　　　　1942年8月6日晚八点一刻

1、在这里，我进行了一些了解，同时跟史末资元帅、帝国总参谋长和国务大臣进行了再三商讨，现在我们做出了一个决定，那就是改组最高司令部，这件事应当立刻采取措施。

2. 由于这些原因，我将提出一点建议，可以将中东司令部分割成为两个独立的司令部。这两个司令部分别是:

(1) 含有埃及、巴基斯坦以及叙利亚在内的“近东司令部”，总部将设在开罗；

(2) 包含波斯和伊拉克在内的“中东司令部”，其总部将设在巴士拉或者巴格达。

近东司令部掌管第八以及第九集团军；而中东司令部就掌管第十集团军。

3．中东司令部的总司令将由奥金莱克将军来担任，他的职位和头衔与原来一样，不过职权范围将被减小。在以后，这样的改变也许会显得更为重要。它能让奥金莱克将军时常保持与印度的联系。有一点我们绝不能忘记，只是在战争进行的时候，韦维尔将军才担任印度总司令。很多时候，印度事务部都希望，在奥金莱克有机会的时候，能回到印度去。因为这个原因，这项计划受到了阻碍，导致最终无法实现，这一点我完全没有意料到。当然，对于无法预测的事，谁也难以确保。

4．近东总司令的职务将由亚历山大将军来担任。

5．执行“火炬”计划的人选将从亚历山大变为蒙哥马利将军。一定要将亚历山大从“火炬”计划中调出来，这一点我深感遗憾，不过，就执行这项计划而言，从各方面来看，蒙哥马利都有资格接替亚历山大。

6．戈特将军将被任命为第八集团军的司令，由亚历山大来指挥。

7．近东司令部总参谋长科培特将军，将被解除职务。

8．莱姆斯登的第三十军指挥官一职，也将被解除。

9．副参谋长多尔曼－史密斯的职务也将解除[①]。

---

① 我在这里列出的一些名单，并不能看成我对任何一个人的指责，我只是为了更好地叙述事情经过而已。这一点，对后来我在评论中提到的名字也一样适用。这些仅仅只代表了亚历山大将军接替奥金莱克将军时，指挥官与参谋人员的一些变动情况而已。

多尔曼－史密斯少将对于图卜鲁格的沦陷或者是加柴拉的失败都没有任何责任，因为他只是在1942年6月16日才担任副参谋长。在第一章描写的战斗中，那段期间，也就是从6月25日到8月4日，在第八集团军，他担任奥金莱克的主要作战军官。在那一章中，我对第八集团军的指挥工作进行了称赞，同时也谈到了隆美尔的战果。——原注

10. 还要选两位军长，来代替戈特和莱姆斯登在第八集团军的职务。对于这两个职位，虽然我们有一些想法，但是，这件事最好留给帝国总参谋长，待他与一些下级人员调动问题一起进行研究。只有等到亚历山大上任以后，再由他和戈特一起商议下级人员的调动问题。

…………

12. 以上就是这里的人事变动，这些人事变动的根据，都在于目前急迫而严峻的形势。如果这些变动，能得到战时内阁的同僚们的准许，我将万分感激。根据史末资与帝国总参谋长的要求，由我来转达他们的意见：目前有许多的困难，当然也有很多可以选择的方针，但在这其中，这条方针是正确的，并且适用的。他们完全同意这一点，国务大臣也是一样。我相信，这些人事上的变动，能给军队带来全新的强大的动力，重新树立他们对司令部的信心，让我深感遗憾的事情是，现在这种信心并不存在。我有必要再一次申明，我们现在这个机构，它太过庞大而难以灵活运转，同时，它多少出现了一些混乱，这样的一个机构，我们想要为它注入新的生命力，必须要有一场大刀阔斧的行动以及一个全新的开始。在“火炬”计划开始的时候，8 月或者 9 月期间与隆美尔作战所取得的胜利，能对北非法国人的态度产生重要影响，这一点战时内阁应该很容易明白。

13. 我盼望着，能在最短时期内收到内阁的批准通知，同时，我也希望亚历山大能够立刻动身。我想要在周日或者周一的时候出发，在我和帝国总参谋长去俄国之前，亚历山大一定要到达这里。周一将开始实行所有的调动计划，同时，在不触犯前线作战局势的情况下，应该尽快将其公布出来。现在，必须要严防泄密。

战时内阁通过了我的提议，也就是对最高司令部进行大幅度的变动。调动亚历山大将军一事，他们非常赞同，并且说亚历山大将马上从英国出发。但是，将中东司令部分割成两个独立的司令部这件事，他们并不支持。他们认为，现在有比 1941 年 12 月决定成立统一司令部时更为充分的理由，来支持统一司令部。亚历山大在“火炬”作战计划中的职务由蒙哥马利来替代，这得到了他们的允许，并且，他们已经让蒙哥马利马上去伦敦了。他们同意让我自行处理余下的人员调度问题。

首相致副首相　　　　1942 年 8 月 6、7 日

我们之所以提出将中东司令部分割成独立的两个司令部，那是因为这样做确实有很大的好处。这次在沙漠西部的悲剧，如果不是因为战线太长，奥金莱克将军由此需要顾及太多方面，从而造成精力分散的话，很有可能不会发生……5 月末开始的战役，本来将由他亲自指挥，只是他并不愿意“埋首于利比亚的战术问题”。“埋首于利比亚的战术问题”，这句话自身就暴露出，因为一些细小的任务，而使事情本末倒置的问题。实际上，正是“利比亚战术问题”在支配着我们眼下的任务。

有一个三四百英里的沙漠区阻隔在两个司令部之间，并且，这两个司令部之间仅有的横向联系是：一条土耳其铁路，这条铁路无法拿来运送军队；一条横跨沙漠的汽车路；一条海上交通线，它需要绕道阿拉伯半岛，费时大约十四天。这两个司令部根本没有相同的供应基地……我们都认为，从地理位置上、战略部署上以及后勤等方面来看，我们的建议都是十分适宜的……这里有两点原因，一是，为了应对隆美尔，我们必须采用快速而具有关键意义的手段来改组司令部；二是，为了给部队带来一种新生之感。正是基于这两点，我才提出划分战区的建议。我非常不愿意看到的情况是，在能否快速果断地战胜隆美尔，成为决定我们命运的关键时刻，亚历山大却因为担心其边远地区而陷入困境之中。

对于这个非常艰难的问题，我极为希望我的同僚们，能再次

认真思考一下，允许我按照自己的想法来开展工作。我在这些问题上，已经完全得到了史末资与帝国总参谋长的赞同。现在做出决定至关重要，因为亚历山大已经动身了，并且，显然奥金莱克并不知道将会发生的一切。在明天，我一定要告知他了。

即使内阁的态度十分谨慎，我也十分感激你们能批准我计划中的其他建议。

战时内阁给了我回复，他们说，虽然我的电报不能完全打消他们的顾虑，不过，因为我与史末资及帝国总参谋长三人都在现场，而他们两人都同意这个提议，所以，我的建议将得到战时内阁的允许。但是，他们强烈地提出了一点，为了避免混乱，奥金莱克将军既然被任命为波斯和伊拉克战区司令，就不应当继续保留总司令的头衔。这一点我认为非常正确，所以就接受了他们的建议。

* * *

8 月 7 日，第五十一苏格兰师刚刚达到，我便对其进行了访问。在大使馆的晚餐之后，我上楼时遇到了雅各布上校。他说 ：“戈特太倒霉了。”“怎么了？ ”“今天下午，他驾驶的飞机，在飞往开罗时被击落了。”对于戈特的牺牲，我感到万分悲痛，因为我已决定，让这位优异的军人在即将到来的战争中，担任最直接的战斗任务。我的计划已被全盘打乱。为了让力量得到平衡，将奥金莱克从最高统帅部调出后，就让戈特到第八集团军司令部去，他富有沙漠作战经验，并且声望极高，同时，由于亚历山大担任了中东战区的重要任务，整个局势也会得到补救。可是现在，应该如何是好呢?

首相致副首相　　1942 年 8 月 7 日

戈特驾驶的飞机被敌军击落，他本人已为国捐躯，为此我深感惋惜。

他的继任者会是谁，这一点毫无疑问。

首相致副首相

蒙哥马利已被帝国总参谋长坚决举荐为第八集团军的统帅。我与史末资都觉得，这个空缺必须尽快补上。所以，请派专机送他前来上任，越快越好。关于他什么时候能到，请立刻通知我们。

我在 8 月 7 日发出的电报，在同一天的上午十一点一刻，战时内阁似乎就已经在一起商讨这封刚刚翻译出来的电报了。我陆续又发了电报，一位秘书在商讨过程中，将电报送了过去。一封电报说戈特已经牺牲了，另一封则让他们把蒙哥马利立即派过来。我听闻，我在唐宁街的朋友们在那一刻极度悲伤。但是，跟我多次观察到的一样，他们能坚强地面对，因为这样的事他们已经经历过太多了。直到破晓，他们的会议仍在进行，对于我提出的主要建议，他们一致通过。同时，对蒙哥马利下达了命令。

* * *

在我发电报给战时内阁报告戈特的死讯时，曾提出一个要求，我希望他们不要告诉艾森豪威尔将军，我打算让蒙哥马利替代亚历山大。不过，为时已晚，艾森豪威尔已经从他们口中得知了这个消息。“火炬”计划的准备工作，肯定会因为计划的再次改变，而出现让人苦恼的混乱。亚历山大在那项宏大计划之中，被委任承担英国第一军团的指挥工作。他也已经开始跟艾森豪威尔一起工作了，他们相处得非常愉快，就跟以往一样。现在，因为中东的问题，亚历山大已经离开了艾森豪威尔。受命向艾森豪威尔转达这个消息的是伊斯梅，同时，他也转达了我的歉意：因为战争的极度需求，我只能暂时将关系终止，并将其打乱。对于艾森豪威尔作为一个战地指挥官的优异品质这一点，伊斯梅进行了详细谈论。几乎马上，蒙哥马利就到了艾森豪威尔的司令部，同时，因为二人是不同国家军队的指挥官，在他们为执行同一项任务会面时，会有很多烦琐的礼节，此时都通通免除了。可是到了第二天，也就是8号早晨，艾森豪威尔又接到了通知，说是蒙哥马利要去指挥第八集团军，他必须立刻动身前往开罗。仍旧是伊斯梅去完成这个任务。虽然艾森豪威尔心胸开阔，脚踏实地，在面对事情时，总是能沉着而又公正地进行处理。但是，他现在感到无所适从，因为“火炬”计划已经委托给他了，而在如此大规模的计划之中这样重要的职位，却在两天内发生了两次变动。现在，他又将迎接第三位英国指挥官了。意料之中，他向伊斯梅询问：“对于‘火炬’计划，英国人是否认真对待了？”即使是这样，在战争中，戈特之死已经无法改变，对于这一点，一个优秀的军人应当能体谅。安德森将军接到命令，前来填补空缺。蒙哥马利跟伊斯梅一起到达飞机场，共同赴任。在这一个小时的行程中，伊斯梅告诉了蒙哥马利，为什么会突然有这些变动。

虽然未能得到证实有点遗憾，但据说，他们这次谈话中还有一个小故事。蒙哥马利跟伊斯梅谈到了一个军人，谈到他在人生中所要遭遇的磨炼还有危机。这个军人一生从军，长久以来持之以恒，并且公而忘私。没过多久，他得到了命运之神的垂青，他被笼罩在成功的光晕之中，他的机会终于来了，他得到提拔，从此开始指挥大批军队。他打了胜仗，名动天下，街头巷尾所议论的都是他。可是，突然间，命运之神又离他而去了。他一生的成就，就因为一次战争而化为乌有，或许，他自身并没有什么错误，但是，在无休止的军事失败史册中，注定会写下他的名字。伊斯梅劝慰他道：“不过，目前中东正在集结一支出色的部队，你完全不用把事情看得如此糟糕啊。你不会遇到磨难，这一点我可以肯定地说。”坐在汽车里的蒙哥马利大喊起来：“什么！

你说的是些什么啊。我说的那个军人是隆美尔呀！”

*　　　*　　　*

我同义勇骑兵师一起度过了8号这一天。这是一支优秀的军队，可是到现在为止，他们还没被使用过，他们从来没有与敌人进行过有效的抗战。他们在卡赛希公路沿线驻扎，他们这两年一直在中东，主要服务于巴基斯坦。如果能让他们得到与他们战斗力相匹配的装备，那么他们就能成为一支高质量的部队，但是，我还未能为他们提供这样的装备。眼下，他们终于到达了前线的后方，很快他们就会加入战斗。可是，就在这样一个时刻，在他们很快可以大有所为的时候，必须调走他们所有的坦克，以充实并再次装备战斗中的前线。这样的一个打击，对于这些斗志昂扬的人来说，该是多么的惊人啊！我的任务就是告诉他们，为什么要在他们充满斗志的时候削弱他们的军力。我辗转于各个旅，为一批又一批的军官（大约每一批有二三百人）解释。不过与此同时，我也有好消息带给他们。在半个月以内，他们将配备当时最强大的装甲车，因为一批“谢尔曼”坦克将通过红海运送过来，这批坦克的数量多达三百辆。我告诉了他们，在图卜鲁格沦陷的第二天早晨，我与总统和马歇尔将军在一起的事。那时，这些“谢尔曼”坦克，是美国第一装甲师梦寐以求的，可是，他们接到了命令，说要给我们一个机会，来让我们保卫亚历山大港、开罗和埃及，不让他们沦陷，我或许要说，这不仅是个机会，我们确实能做到。美国第一装甲师一接到这个命令，便将这些坦克立马调了出来。这批坦克肯定会装配给义勇骑兵师，义勇骑兵师也会跻身世界第一流装甲部队之列。我觉得，从我所讲的这段往事之中，军官们得到了安慰。

我驶向开罗，在漫漫长路上颠簸前行，下午五点以前，我到了市内。

*　　*　　*

奥金莱克将军的指挥任务即将被解除，我必须现在告知他。我派雅各布上校带了一封信，乘坐飞机去奥金莱克的司令部，因为根据以往经验来看，这种让人难受的事写信通知比口头通知好得多。

亲爱的奥金莱克将军：(开罗)　　　　1942年8月8日

1. 你在6月23日给帝国总参谋长发了一封电报，你在其中提到了一个问题，那就是将你在各战区的指挥职务解除，同时，你提出继任之人可以是亚历山大将军。由于当时军队正陷于危难之中，所以，你的高尚提议未能得到陛下政府的同意。同时，你按照我在5月20日的电报中对你所提出的建议，对战事进行了有效的指挥，这正是我所希望的。现在，战线已经进入了稳定状态，是你改变了不利的发展趋势。

2. 战时内阁根据你所提到过的因素，做出了一个决定：现在，是适合改组的时刻了。我们打算从中东战区将波斯和伊拉克分割出来。中东的指挥权将交给亚历山大，蒙哥马利受命率领第八集团军。我建议，将包括第十集团军在内的伊拉克和波斯战区交由你来指挥，这个战区的总部将设在巴士拉或者巴格达。目前，与中东战区相比较，这个战区的领域确实有点小，不过，几个月以后，说不定这个战区会成为决战之地，同时，支持第十集团军的部队，现在已在途中了。你向来的表现都是大公无私的，这一次，我期望你也能以这种精神接受我的命令和指挥。我之所以这样安排，是因为你对这个战场有着特殊的经验，同时，你在这里又能跟印度保持联络。很快，亚历山大就会来了，还有一点，你们最好能在下周初在西部战线办理交接事宜，我希望这一切能顺利而有效地完成。当然，由于敌人的行动而引发的变数除外。

3. 只要你乐意，在任何方便的时候见到你，我都会十分开心。

相信我！

你真诚的

温斯顿·丘吉尔

又及：我委托雅各布上校为我带这封信，同时表达我对戈特将军牺牲的悼念之情。

为了让总统了解所有的情况，我给他发了封电报。

前海军人员致罗斯福总统　　1942年8月8日

英国参谋长委员会从伦敦给华盛顿的参谋长联席会议发了一封电报，内容是关于尽早实行“火炬”计划的，我猜想这封电报你已经看过了吧。我相信，这件事的重要性毋庸置疑，并且，投入的努力一定是超乎往常的。每一个时刻都是非常要紧的。我已经向伦敦发出了电报，对艾森豪威尔将军担任“火炬”作战计划的盟军总司令表示欢迎，并且，英国的高级军官正在这项工作中与他并肩前行……

现在，我正在这里为了最高统帅部的改组工作而忙碌着。我从中东战区把伊拉克和波斯划分了出来，并且让奥金莱克调到划分出来的战区里。而他在中东总司令的位置由亚历山大来接替。戈特将军原本被任命为第八集团军的司令，由亚历山大指挥，可是他昨天牺牲了。他的位置，我推荐蒙哥马利来接替。这样的话，能够让作战行动得到高度集中。法国人对待“火炬”计划的态度，很有可能受到这个地方取得的胜利的影响。

晚上，雅各布回来了。身为军人，奥金莱克以其庄重的态度接受了这次打击。但新的指挥任务，他并不愿意接受，同时，他想在第二天见我。

雅各布在他的日记中写下：

现在，首相在睡觉。我必须在他六点醒来时，尽我所能地告诉他我与奥金莱克将军的谈话过程。帝国总参谋长也在……首相一门心思地扑在两件事上，一是打败隆美尔，另一件是西部沙漠的战斗让亚历山大将军全权负责的问题。当沙漠正在发生重要事件的时候，大家继续留在开罗，反而让其他人去处理沙漠的战争，这一点他完全难以理解。他不断地走来走去，嘴里一刻不停地谈论着这件事情，并且，他想要的是，按照他的想法来办。他叫道："隆美尔，隆美尔，隆美尔，隆美尔！还能有什么事情比打败他更为要紧？"

亚历山大将军于 8 月 9 日上午到达，他同我以及帝国总参谋长一起用了早餐。

过了中午，奥金莱克将军到了开罗，跟我进行了一个小时的会谈。刚开始，这次谈话就显得枯燥无聊，不过也没有什么过失之处。

由于以上原因，我发了一封电报，内容如下：

首相致伊斯梅将军　　1942 年 8 月 10 日

……关于伊拉克－波斯战区司令官的职务，奥金莱克将军并不想接受……但是，我还是坚信，最适合的人选就是他，所以，我给了他几天时间，让他再仔细斟酌一下。我不会采取什么不合理的手段来逼迫他，让他赴任。最近，他虽然以庄重的态度接受了这次的打击，但心里难免会有些伤痛，所以，我有些担心，担心他会因此而难以给出答复。

关于伊拉克和波斯成立单独战区一事，相关军事当局正在研究草拟相关的事宜，同时，他们也在研究因此带来的行政上的变动。同时，对执行这项政策，三军参谋长如果能提出最好的方针，我将感到万分开心。史末资将军已经回到南非去了，不过，亚历山大将军和帝国总参谋长跟我有相同的意见，我们都认为，目前，这样的划分是正确的……

我在同一天，又给奥金莱克将军写了一封信：

为了能专门商谈成立伊拉克和波斯战区独立机构的事宜，我准备在 14 日或者 15 日，也就是我回国的途中，于巴格达开一次会议……

到那时候，我非常想知道，我打算委托给你的艰难而巨大的任务，你是否能承担。这件事情，要是能照我所想的那样发展的话，这个你所擅长的任务你乐意接受，那么希望你能在会议之前将转移指挥工作的手续办好，以便能在 14 或者 15 日，与我在巴格达会面。

当天夜晚，亚历山大将军来见我，我们就指挥人员变动的最后安排一事，进行了拟定。详细的情况，我向伦敦方面进行了汇报：

首相致伊斯梅将军，并转达相关人员　　　　1942 年 8 月 10 日

1．戈特将军已经牺牲的消息，你应该立刻宣布。

2．我们所作出的决定，我已经在 8 号的时候写信通知了奥金莱克将军，昨天，也就是 9 号的时候，他过来见了我。如果亚历山大将军没有延长时间的要求（他应该不会有），那么从 9 号起，交接手续会在三天内完成。亚历山大会在交接工作完成以后通知你，到时候，你应该将以下的公告发布出去。公告内容是：

（1）英王陛下政府在中东的部队，其指挥权将由奥金莱克将军手中转交给亚历山大将军。

（2）蒙哥马利将军已被任命指挥第八集团军，代替原来的里基将军。

(3) 亚历山大将军的参谋长将由迈克里里将军担任。

(4) 原本由戈特将军担任第三十军军长的职务，由于他已经牺牲了，这个职务将由伤势痊愈的莱姆斯登将军来接替。

3. 这件事，在未收到亚历山大将军接替手续完成的报告时，不能有半点泄露。所以，新闻大臣在私底下，应该向报社负责人或者（以及）编辑事先说清楚。同时，此次最高指挥部进行重大改组，为的是给西部沙漠部队最大的鼓励，这件事的重要性一定要向他们说明。在此期间，国务大臣也将采取相似的举措。

……

7. 我给了亚历山大将军如下一些指示，这些指示已经得到了帝国总参谋长的允许，同时，这些指示也十分符合亚历山大将军的想法：

“(1) 用最快的速度夺取或者毁灭隆美尔元帅带领的德意志军队，同时，将他们在埃及和利比亚的全部供应和设备也一并摧毁，这是你目前最为重要的任务。

(2) 除此之外，只要不会对 (1) 中的任务造成影响，你就还应当完成或督促完成你的战区的其他任务，这个战区与英王陛下的利益息息相关。”

在战争的后期，这项命令的重点很有可能会发生改变，这一点毫无疑问，不过，就当前而言，我觉得，应当让任务纯粹，方向集中。

六个月以后，亚历山大的回复才发出，在以后，时机适当了，再详细讲述这件事。

第四章　在莫斯科举行的第一次会议

我的莫斯科之旅——我与哈里曼先生一起——飞过高山到德黑兰——波斯国王的夏宫——关于贯穿波斯铁路的会议——从德黑兰去往莫斯科——里海以及伏尔加河——抵达莫斯科——国家别墅七号——与斯大林在克里姆林宫会面——开端十分阴郁——“不会在 1942 年开辟第二战场”——激动的话语——一个阴暗的背景出现了——我对“火炬”计划进行说明——我画了一幅鳄鱼图——“希望上帝能保佑这事业成功”——斯大林超强的理解力——漫长的一天过去了

莫斯科之行的准备工作，当我在开罗的时候，就已经在着手进行了。我在 8 月 4 日的时候，给斯大林发了电报：

首相致斯大林主席　　　　1942 年 8 月 4 日

我们准备在离开的第二天就到达莫斯科，途中会在德黑兰做一下停留。

我期望你能指示你们的空军当局，在各方面为我们提供一些协助。因为，此次行程的详细安排，其中一部分，需要我们在德黑兰方面的皇家空军当局与你们的空党军当局协商。

有关离开这里的具体时间，除了我向你提到过的以外，其他的尚不能敲定。

在即将来临的这次商谈中，我也是十分希望美国人能起到积极的作用。

前海军人员致罗斯福总统　　　　　　　　　1942 年 8 月 5 日

关于这次我与斯大林的会谈一事，我非常渴望得到你的支持与帮助。你可否让艾夫里尔与我一同前往？要是我们大家能够在一起，我想事情就会容易得多。我对于现在所面对的这一项工作，并没有多少经验。现在，我并不想让别人发现我的行踪，所以，请你把回信抄一份副本，然后寄往伦敦。

罗斯福致前海军人员（在开罗）　　　　　　1942 年 8 月 5 日

我已命令哈里曼前往莫斯科，并且越快越好。我觉得，你的想法是正确的，我马上会通知斯大林，根据你和他的意见，哈里曼将在各方面提供协助。

很快，哈里曼就到达开罗，与我们会合，一起同行。

*　　*　　*

8 月 10 号，我们在与各界知名人物在开罗欢乐的大使馆内共进晚餐之后，到了深夜，便动身前往莫斯科。除了我与艾夫里尔 · 哈里曼，这一行人中，还有帝国总参谋长、会说俄语的韦维尔将军、空军中将特德以及卡多根爵士。我们共乘坐三架飞机，我与艾夫里尔 · 哈里曼同乘一架。我们在破晓时，飞近了库尔德斯坦山脉。天气非常好，凡德科路特的心情也非常好。当我们快要到达高原时，我问他，我们将用多高的高度飞过去。他说有九千英尺就能飞过这片起伏的高原了。可是，我看了地图，发觉有些山峰高达一万一到一万二英尺，好像还有一座特别高的山峰，高达一万八到两万英尺，不过相距较远。虽然说在不突然飞进云层的前提之下，我们就可以绕过群山，安全飞过，但我还是要求提升高度，到达一万两千英尺，由于这个原因，我们必须借助氧气罐来呼吸了。大约在上午八点半，我们向着德黑兰机场降落，我发现，在快要接近地面时，高度测量计的显示是四千五百英尺，我就做了有一件非常愚蠢的事，我告诉凡德科路特："在我们下次起飞之前，你最好调一调那个仪表。"可是，凡德科路特说："德黑兰机场的海拔高度，高于四千英尺。"

在机场迎接我的是英国驻德黑兰公使——里德·布拉德爵士。他是不列颠人，拥有十分强健的体魄，虽然他在波斯有长期的工作经验，但他对此却没有半点不该有的想法。

由于我们推测，想在黄昏前飞越厄尔布鲁士山的北部山脉，根本不可能，所以，就接受波斯国王的邀请，去了他的行宫，跟他一同用餐。他的行宫建在险要的山岭之上，茂密的丛林之中，行宫里有一个让人愉悦的泳池。我在上午观赏伟岸的山峰，它闪耀着粉色以及橙色的光芒，十分璀璨。我在下午的时候，与艾夫里尔·哈里曼和英美双方的高级铁路人员，在英国公使的花园里，进行了一次长谈，此次长谈决定，从波斯湾到里海的横越波斯的所有铁路，都交给美国掌管。这条铁路是不久前由英国一家公司修建的，这项工程非常伟大。这条路线穿越众多峡谷，所修建的大型桥梁共计三百九十座。哈里曼说，对于让这条铁路发挥它应有的作用的责任，总统愿意全部承担，同时，火车头、车皮以及部队技术人员，他也非常乐意提供。他们所提供的这些东西，数量之多，完全不是我们能赶得上的。由于这个原因，我同意将铁路交给美国掌管，不过，规定在主要军事需要时，我们享有优先权。好像这里所有的波斯人都有汽车一样，而且总在不停地按喇叭，这导致原本就闷热的德黑兰市变得十分吵闹。所以，我必须睡在英国公使馆夏季别墅的高大树林里，与城市相比，这里高出了大约一千英尺。

我们于 8 月 12 日星期三，也就是第二天早晨六点，再次开启航程。我们的飞机在去往大不里士的溪谷时，开始慢慢往上飞，随后，向北飞向里海的昂扎里港。在飞越这第二条山脉时，为了躲避云层以及山峰，我们将高度升至一万一千英尺。由于苏联政府要负责我们所经过的路线，并确保我们安全到达，所以现在，有两位俄国军官在随机护送。自西向东的大山覆盖在白雪之下，光芒闪动。这时，我察觉，只剩下我们这架飞机在飞行，我们收到了无线电报，说载着帝国总参谋长、韦维尔、卡多根等人的第二架飞机，必须返回德黑兰，因为它的引擎出了问题。过了两个小时，按扎利港就在我们下边了，而前面已经能看见里海了。我记得在二十五年前，我曾以陆军大臣的身份接管了里海上的一支舰队，这片湛蓝的、平静的海面，被这支舰队统治了快一年，但我自己却从未见过里海。我们现在已经不再需要借助氧气瓶来呼吸了，因为我们正在往下飞。我能看见，巴库和巴库油田在西海岸上若隐若现。我们必须取道古比雪夫，因为现在德军距离里海很近，我们只有这样才能躲开斯大林格勒以及战区。由于取道古比雪夫，我们必须向伏尔加河三角洲飞近。放眼望去，俄罗斯大地广阔无垠，地表呈现出一片褐色，但在这片广袤的土地上却是人烟荒芜。很多地方可以见到四四方方的耕地，表明在曾经的一段时间里，那里是国营农场。在黑色的广阔沼泽中，伏尔加河的一段从这里蜿蜒而过，散发出耀目的光芒。偶尔，出现一条笔直的大道，连通广阔平原的两头。我就这样看了将近一个小时，才爬过炸弹舱，去房舱睡觉。

我即将去到一个不幸而且险诈的布尔什维克国家，我在反复琢磨我去这个国家的任务。我曾经一度想要在这个国家诞生初期，将其扼杀在摇篮之中。我一直觉得它是文明与自由的天敌，直到希特勒的出现。现在，该对他们说些什么，才算尽到了我自己的义务呢？韦维尔将军，十分爱好文学，他将我所要说的话整理出来，写成了一首诗。这一首诗有好几节，而每一节都是以“不可能在 1942 年开辟第二战场”来结尾。这根本就是往北极搬一个大冰块。面对面跟斯大林由衷交谈，当面与他们说清真相，而不是通过电讯以及信使的往返来进行交流，我觉得我有这个责任。至少，对于他们的抗战对整个战局的意义，我应当表示理解，同时表示对他们幸福的关怀。可是，在过去，对他们那种卑劣的政权，我们一直持敌视态度；在他们被德国攻打以前，当我们陷入亡国灭种的危险之中时，他们一直是坐视不理，甚至我们帝国在东方的殖民地，也被他们兴高采烈地与希特勒一起瓜分了。

天清气朗，风和日丽，我们不打算再从古比雪夫绕行，而是直接飞向莫斯科，因为我现在急于去莫斯科，但这样一来，我有又所担心，担心错过一次隆重的宴会，以及俄国人民热情的欢迎。五点多的时候，已经能看见莫斯科市内建筑的尖塔以及圆顶了。我们的航线早已规划好，已经向沿线所有炮台下达了通知，我们按照计划路线绕城飞行，最后降落在机场上，这个地方，在这一次大战中，我还会再次到来。

以莫洛托夫为首的俄国将军们和各国外交使团在机场上迎接我们，当然，按照往常惯例，这样的场合肯定会有很多摄影记者和新闻记者到场。我检阅了一支盛大的仪仗队，他们的服装十分华美，同时极为讲究军事礼节。乐队演奏了三大强国的国歌，在这三个国家的团结之下，希特勒的毁灭已然注定。仪仗队的分列式，在国歌演奏完毕之后进行。有人将我带到了扩音器前，我由此作了精简的讲话。艾夫里尔·哈里曼也代表美国，作了简短的发言。他被安排住在美国大使馆。而我，则由莫洛托夫先生伴随着，乘坐他的汽车，去到莫斯科郊外八英里处的“国家别墅七号”，那是早已准备好的住所。当我们走到看起来似乎没有行人的莫斯科街头的时候，我想将车窗打开透透气，可是我发现，车窗玻璃的厚度超过了两英寸，这一点着实令我吃惊。如此厚的车窗玻璃，是我前所未见的。翻译人员帕夫洛夫告诉我：“部长说，这样能大大提高安全系数。”半个多小时以后，我们到达了别墅。

* * *

别墅里的所有布置，都是根据这个极权国家的奢侈情况来安排的。他们派了一位副官来伺候我，他个子高大、外表华丽，我猜他的出身，应当是沙皇政权时期的贵族家庭。他待人非常谦和周详，好像他也是我们的主人家一般。还有一些身穿白上衣、笑容满面的服务员，他们十分老练，总能迎合客人的意向。各种各样珍美的食品和酒类，摆放在餐厅的长桌以及橱柜之中。只有利用最高的权力，才能得到这些东西。我在他人的陪同之下，走过了一间宽敞的接待室，然后到了一间卧房，还有一间浴室，这浴室的大小几乎与卧房相当。电灯上十分干净，纤尘不染，非常明亮，简直可以说璀璨耀目。只要你想要，不论是冷水还是热水，这里都有。在经历过一次炎热的长途旅程之后，我早就盼望着能用热水洗一个澡了。很快，所有东西都准备好了。这时候，我才发现，这个浴盆不用塞子，而且里面的水，并不是由冷热两个水龙头分别提供。冷热水在同一个地方一起涌出，可是温度却被调节得恰到好处。并且，人们用流水来洗手，而不是在盆里洗。要是水资源充足的话，这将是一个非常好的办法，所以，在我家里，我也适时地运用这一方法。

在简单的沐浴完毕之后，有人带着我们去了餐厅，这里有包括鱼子酱和伏特加在内的各种美酒佳肴，并且还有很多从法国以及德国弄来的美食好酒，对于这些东西，我们现在完全没有心情去享受，或者说根本就消费不起。而且，我们立刻要动身前往莫斯科城内去。晚上，我打算与斯大林见面，我告诉了莫洛托夫，他认为在七点比较合适。

在克里姆林宫，我第一次见到他，他是一位了不起的革命领袖，同时是一位计谋深远的俄国政治家以及战士。在今后的三年里，我们的关系一直是紧密而严正的，在相处之中，时常会情绪激动，但有些时候却是极为亲切。这一次会谈，进行了大约四个小时。由于我们的第二架飞机，载着布鲁克、韦维尔和卡多根的这架飞机还没有到达，所以此次出席的有：斯大林、莫洛托夫、伏罗希洛夫、我本人、哈里曼和我们的大使以及译员。对这里进行的叙述，根据的是当时所保存的记录、我的记忆以及当时发给国内的电报。

在最初的两个小时里，会议的气氛显得十分阴沉。会议一开始，我提出的第一件事，就是有关第二战场的问题。我表示，我会非常坦诚地进行这次对话，同时也希望我所听到的斯大林的意见，也是非常坦率的。我之所以会来到莫斯科，正是因为他觉得可以讨论现实问题，并且态度十分肯定。我曾在莫洛托夫先生在伦敦的时候，告诉过他，目前，我们正在拟订一个计划，那就是在法国困住敌人。关于 1942 年的行动，我不能做出任何的承诺，这一点我曾向莫洛托夫先生做过说明，同时，也就此为他写下了备忘录。英美双方就此开始详细商讨这个问题。两国的政府都觉得，想在 9 月份（从天气方面来说是最迟的一个月了），发动大规模的战争，是难以实施的。1943 年，英美两国准备进行一次规模宏大的军事行动，这一点跟斯大林先生所得知的一样。为了这一点，已经定在 1943 年的春天，让一批美国军队到达联合王国的集合地点，这个人数多达一百万的军队，将被编为二十七个远征师，同时，英国也将为他们加上二十一个师。这些军队，将要用装甲武器武装起来的接近半数。大多数部队都要在 10 月、11 月以及 12 月运送过来，所以目前，只有两个半的美国师到了联合王国。

我对斯大林说，在 1942 年，这个计划对俄国起不到半点帮助作用，这一点我非常明白。但是 1943 年，在计划准备完成的时候，我们应考虑到，在西欧，德军可能会拥有一支更为强大的陆军。斯大林在我说到此处时，紧紧地皱了一下眉头，但是他并没有打断我。所以我接着往下说，对于 1942 年攻打法国海岸这一点，我们有充分的理由反对。我们所有的登陆艇只够运送六个师上岸，同时为他们提供物资，这也就是说，如果海岸线设有防御工事，我们的登陆艇就能进行一次登陆战。当然，假如我们成功登陆，就可以运送更多的师过去，但是有限的登陆艇却对这个可能产生了限制。目前，联合王国，特别是美国，正在赶制大量的登陆艇。在明年，这些登陆艇所能运送的兵力，将是今年的八倍或者十倍。

斯大林好像并没有让我说服，他的脸色阴沉沉的。他询问到，是不是进攻法国海岸的任何一处都不行。我拿出了地图，指出，在任何地方用空军作掩护都不容易，除非进行真正的横渡海峡。他好像并不是十分明白，又问了些有关战斗机航程的事。比如他问，这些战斗机全天往返飞行，不行吗？我为他解释，当然可以全天往返飞行，但是飞行路程这么长的话，它们就没有了作战时间；同时，我说明，一定要是彻底的掩护，空军所做的工作才不会无效。随后，他说，在法国的那些敌军中，没有一个师有战斗力。对于他这种说法，我进行了全力争论。现在，有共计二十五个德国师在法国，这中间，第一线的有九个师。斯大林摇了摇头。我说，为了方便与俄国参谋长详细地研讨这类问题，我带了帝国总参谋长韦维尔将军一同前来。因为，这类问题让政治家来讨论都会有个界限，超过这个界限，就很难再谈论下去了。

为此，斯大林的脸色变得更加阴沉。他说，就他所理解的意思是，我们不会用很多兵力来开辟第二战场，甚至于用六个师来登陆也是不肯的。我说，事情就是这样的。用六个师来登陆，我们是可以完成的，但它会对明年准备进行的大规模战役造成影响，所以这样的登陆百害而无一利。战争它并不是开玩笑，要是引来一场毫无益处的灾难，那就实在太笨了。我说，我很害怕自己带来的是个坏消息。如果从俄国战场调开数量庞大的德军，我们只需要投入十五万到二十万的兵力，那我们是不会因为害怕损失而不用这个措施的，因为从俄国调走德军，对他会有很大好处。可是，这也可能是一个巨大的错误，它不仅无法调走德军，同时又对 1943 年的胜利前景造成了影响。

斯大林现在如坐针毡，对于战争局势，他说他有不同的意见。不入虎穴焉得虎子。德军有什么地方值得我们害怕成这样呢？他一点也搞不懂。在战斗中，军队是必须流血牺牲的，这是他的经验所得。想要知道军队的真正实力，就必须让它流血。我问他，在 1940 年德国为什么不进攻英国，这一点他是否想过，当时，可谓是希特勒的全盛时期，而我们英国经过训练的军队却只有两万，大炮只有两百门，坦克只有五十辆。可是希特勒却没有来，这正说明了横跨英吉利海峡十分不易，对这样的战役他也感到害怕。斯大林辩称，这两件事不能相提并论。在英国登陆,希特勒所面对的是英国人民的抵抗;而在法国登陆,英国所面对的却是法国的帮助。我说，正是因为这样，我们才不能在法国登陆，因为在我们撤退时，由于对我们的拥戴，法国人民将会遭到希特勒的报复，同时，我们在 1943 年的大规模战役中，所需要的法国人力也会被耗光。

当会议进行到这里的时候，出现了可怕的沉默，这阵沉默让人觉得连呼吸都有些困难了。最后，斯大林说，他没有那个权力，让我们必须在今年登陆法国，他也不能坚决主张这样做，不过他坚定地说，我的观点他并不赞同。

* * *

因此，我打开了一幅地图，一幅南欧、地中海和北非的地图。我提出了几个疑问：什么是“第二战场”？它是否仅仅指在英格兰对面设防海岸进行的一次登陆战？若是有助于共同事业，它的形式是不是可以采取其他巨大军事行动呢？我认为，让他慢慢向南边看去是最好的。例如,要是我们把兵力集中在不列颠,就能在加莱海峡把敌军困住,那么在这个时候，我们就应当在其他地方进行一些攻击，比如：卢瓦尔河、吉龙德河一带，或者斯卡尔特河一带，这些都是非常有可能的。事实上，明年的大规模作战总体情况就是这样的。斯大林在担心它的可行性。我说，让一百万人登陆确实是不容易的，不过我们应当竭尽全力去做。

随后，我们谈论了轰炸德国的事，对于这件事的讨论结果，大家都十分满意。关于打击敌人士气的重要性，斯大林一直在强调，他说，对于轰炸，他十分看重，并且德国在我们的空袭下受到了很大的影响，这一点他也深深地明白。

紧张的气氛，在经过这一段谈话之后，有所缓解。从我们这一段长谈之中，斯大林似乎得了某种讯息，让他认为我们并非要进行“锤击”计划，同时也不进行“围剿”计划，只是用轰炸德国来敷衍他而已。我认为最糟糕的误会应当首先处理，同时，我打算制造一种适宜的气氛，以便于说明我来此准备谈论的计划。所以，关于眼下的阴云，我不准备立刻去解决。实际上，我特别强调过，我们是患难与共的朋友以及同志，我们的意见应当坦率地说出来，可是客套和各种礼节却充斥了整个会议。

* * *

现在，“火炬”作战计划应当发挥它应有的作用了。我说，我是专门为了1942年第二战场的问题来的，所以我想回过头再谈谈它。如果说，进行这样一次战役的地点仅仅只有法国，那我并不同意，肯定还会有别的地点，所以，我们跟美国人制订了其他的计划。我得到了美国总统的授权，前来秘密地将这个计划告诉斯大林。现在，我要进行的就是这项工作。关于保守秘密的重要性，我一再强调。斯大林这时端坐在椅子上，笑眯眯地说，他可不希望英国报纸会泄露一点点消息。

然后，我对“火炬”计划进行了简要的说明。斯大林在我说明全部计划时，都在非常感兴趣地听着。西班牙和维希法国对此会有什么反应？这是他所提的第一个问题。随后，他又说，单就军事上而言，这是一次十分正确的行动；可是就政治上而言，将对法国产生的影响，他持怀疑态度。关于计划实施的时间，他特别进行了询问，我说，最晚也会在10月30日以前，可是我们跟罗斯福总统都在尽量让这个日期提早到10月7日。在会的三位俄国人，似乎都从中得到了极大宽慰。

关于解放地中海的好处，我也进行了讲解，我们可以在那里开辟其他战场。9月间的埃及战争，我们一定要取得胜利；10月份，在北非的战争也要获得胜利；同时，要将在法国北部的德军一直羁绊住。要是我们在今年年底能占领北非，那么就可以对希特勒的欧洲腹地造成威胁，应当将这次战役看作是与1943年的战役相配合的。我们和美国人，已经决定了要进行的就是这样的一次战役。

同时，我画了一张鳄鱼的图形，用来说明我的论点。关于我们的意图，我借这张图来向斯大林说明：在我们攻打鳄鱼的硬鼻子时，它柔软的腹部我们也不能放过。此时，斯大林兴致极高，他说："希望上帝能保佑这事业成功。"

关于俄国现在的紧张局面，我们十分想为其解决，这一点我一直申明。要是我们在法国北部进行攻击，我们会遇到抵抗，但是在北非发动进攻，胜算就会变得很大了，这样的话，也会帮助到欧洲。要是北非被我们占领，希特勒就必须调回他的空军，如果不这样做的话，他的盟国就会被我们所消灭，比如意大利，同时，我们还会发动一次登陆战。土耳其以及整个南欧，都会受到北非这一战役的重大影响。敌人有可能抢在我们前面动手，这是我现在唯一担忧的。要是今年北非能够被我们占领，那么明年，希特勒将会受到致命的一击。我们会谈的转折，便由这一番话开始。

于是，斯大林开始谈论各种政治上的难点。法国是否会因为英美联合占领"火炬"计划的地区而产生误会？还有戴高乐，他那方面英美做了些什么工作？我说，现在的阶段，我们并不想他掺和进来。(维希)法国不太可能与美国人开战,但他们却很有可能与戴高乐分子开战。一些从各地发来的，得到总统信任的美国情报，还有莱希海军上将的意见，都被哈里曼用来证明我的论点，使我的论点得到了很大的支持。

* * *

斯大林好像在说到这里时，猛然间领悟到了"火炬"计划策略上的优越性。他说出了四个主要理由：第一，它可以在隆美尔背后打击敌人；第二，西班牙会因为它而受到威胁；第三，德国人和法国人会因为它而在法国发动战争；第四，意大利会因为它而成为首要目标。

对于这些出色的见解，我非常有感触。这表明，以前一直对这个问题持怀疑态度的俄国独裁者，现在已经快速地抓住重点了。这些我们大家几个月以来一直不断讨论的理由，很少有人能在几分钟内了解，可他好像在片刻间就明白了所有的事情。

在他说的四点为基础之上，我又加上了一点理由，那就是缩小地中海的海程。有一点，斯大林非常想知道，那就是越过直布罗陀海峡我们能否做到。我说这完全可行。有关埃及司令部的改组问题我也告诉了他，同时，也向他表明8月下旬或者9月中旬时，我们将在那里进行一场决战的信念。在最后，虽然莫洛托夫询问了能否在9月进行“火炬”计划，但显而易见的是，他们都已经同意了这个计划。

接着，我又说道："我们应当为法国打气，他们如今士气低迷。"对于马达加斯加以及叙利亚的重要性，法国非常明白。美国军队到来之后，法国就会与我们结成同盟。佛朗哥在这次战役中会受到威胁。马上，德国人可能就会跟法国人说："把你们的舰队以及土伦都交出来。"那么，这就会激怒维希，进而让他们反抗希特勒。

另一方面的情况我们也谈论到了：为了保卫里海以及高加索山脉，我们将会派遣英美联合空军到俄国的南边，同时，加入该战场的普通战争。因为，我们现在的首要任务是赢得埃及战役，同时，关于总统有关美国空军的参战计划我们也不清楚，所以，我并没有过多地讨论细节问题。这项建议要是得到了斯大林的支持，那我们就应当拟定具体的措施了。他答复，对于这样的帮助，他们十分感谢，不过，有关详细地点等问题，还需要慢慢研究。由于这个计划将会让英美空军与德军进行更为猛烈的战斗，而全部的这些空战不仅不会为加莱海峡带来麻烦，还有助于我们在更为优势的条件之下夺取制空权，所以对这一计划，我表现得极为迫切。

接着，我们围住了一个大地球仪，我向斯大林解释，要是消灭了地中海地区的敌人，我们将获得多么大的好处。我对斯大林说，我什么时候都乐意前来，只要他愿意与我再次会面。他回答说，应该尊重客人的意愿，这是俄国人的风俗，而他自己，则时刻准备着接见我。

现在，就连最坏的情况他也已经充分了解，可是在我们告别时，我们之间的气氛仍旧十分友好。

这次会谈长达四个小时。而我要回到国家别墅七号，还需要一个半小时。虽然我已经疲乏，但我现在的感觉是，冰雪融化，相互间友好的关系已经建立，所以我在午夜还口头叙述了致战时内阁以及罗斯福总统的电报内容。我沉入睡梦之中，很久都没有醒来。

第五章　建立了与莫斯科的合作

与莫洛托夫的商谈——惬意的国家别墅——与斯大林的第二次会谈——在军需方面他所有的怨言——他希望同盟国做出较大牺牲——我的辩论——艰难的谈判——关于高加索山脉的问题——斯大林所写备忘录——8 月 14 我所作出的回答——8 月 14 日在克里姆林宫举行的宴会——一个愉快的小片段——从前的争论引起我们的话题——“以前的事它的拥有者应该是上帝”——未能获得成功的两国军事参谋人员会议——布鲁克将军为高加索山脉的局势担忧——8 月 15 日我向斯大林辞别——对于保卫高加索山脉他充满信心——我受邀参加临时宴会——此次宴会的参加者还有莫洛托夫——长达六小时的会议——斯大林关于集体农庄政策的谈论——英苏联合公报——抵达德黑兰——给战时内阁以及罗斯福总统的报告——我受到鼓励

第二天早晨，我在那个华美的卧房醒来，我醒来的时候已经不早了。那天是周四，8 月 13 号，对于我来说，这一天一直都是“布伦汉姆纪念日”[①]。为了更明白具体地阐述我们计划中各种军事行动的本质，我与莫洛托夫约定，要在中午去克里姆林宫拜访他。我表明，要是我们由于取消“锤击”计划而受到责备，那我们就必须将反对这项军事

① 指 1704 年 8 月 13 日的时候，英国、德国、荷兰以及丹麦联军，在德国南部巴伐利亚邦的布伦汉姆村打败法国以及巴伐利亚军队。——译注

行动的原因说出来，如此一来，将会对我们的共同事业产生极大的影响。关于在政治上，“火炬”计划的背景，我也做了十分仔细的阐述。莫洛托夫并没有提出什么意见，他只是谦虚地听着。我想要在晚上十点去拜访斯大林，我向他提出了这点。当天傍晚，他回复说十一点比较合适。他问我可否乐意让哈里曼一起去，因为我们将要探讨的问题与昨天一样。我回答“好”，卡多根、布鲁克、韦维尔和特德他们已经安然到达，他们也会一同前去。他们这次是在德黑兰乘坐俄国飞机过来的，如果没有乘坐俄国飞机，那么在“解放者”飞机里，他们可能要遇到一次极其严重的火灾。

他是一个文雅而庄重的外交家，在即将离开他的办公室时，我转过身对他说：“我们千里迢迢来到这里，要是斯大林对待我们态度恶劣的话，那他就犯了一个大错了。”莫洛托夫的态度，在谈到这里时，才第一次出现了些微的松动。他说：“斯大林并不是一个愚蠢的人。你可以相信，即使再怎么争论，他都会体谅所有的事。你的话我会传达给他的。”

回到国家别墅七号，我刚好赶上午餐时间。

* * *

屋外的天气与我们在英格兰遇到的最喜爱的天气一样，风和日丽。我认为，我们应该去附近参观一下。国家七号别墅坐落在二十英亩左右的枞树林中，是一所华美、宏大以及崭新的别墅，它拥有一大片草地及花园，散步其中令人心旷神怡。在 8 月这个怡人的天气里，躺在草地或者松针之上，让人身心舒畅。院子里还有几座喷泉。品种繁多的金鱼被养在一个大玻璃缸里，人们一点也不能让这些金鱼感到害怕，金鱼们甚至会游到你手边来吃东西。每天我都去给金鱼喂食物，这已经形成习惯了。别墅四周围着约莫十五英尺高的栅栏，前后两边都有很多的警卫在把守。这里有一个防空洞，与房屋相距差不多一百码。我们一到这里，就立刻有人带着我们去参观了。这个防空洞的样式，是目前最新的，并且也是最豪华的。它的前后都有电梯，往下降至八九十英尺，就进入地下。地下部分有八到十间大房，极厚的钢筋混凝土组成了它们的四壁，而且有非常厚的拉门将各个屋隔开。这里灯火辉煌，家具都是些“实用之物”，它们时髦艳丽，可是，我还是觉得金鱼更对我的胃口。

* * *

我们于当晚十一点，到了克里姆林宫，接见我们的只有斯大林、莫洛托夫还有翻译人员。就这样，一次最为令人难受的讨论就此开始了。斯大林将一份文件递给了我。我在译员翻译的时候说，我想要的答复应该以书面的形式出现，并且，他一定要明白，责怪是徒劳的，因为将要执行的计划我们已经下了定论。此后，大约有两个小时的时间我们都在争论。在这段时间内，他说了许多话，让人十分不快，特别说我们太过于害怕与德作战，要是我们能像俄国人那样尝试一下的话，我们会发现与德作战并不值得害怕；他还说，在“锤击”计划这件事上，我们背弃诺言；还说我们答应给俄国的物资没有送去，送去的只是在满足自己的需求后剩下的些微物资。很显然，这些抱怨他也是说给美国人听的。

关于他的这些辩论，我立刻就斩钉截铁地反驳了回去，当然，并没有用任何侮辱的字眼。刚开始，我认为他肯定难以接受一再被反驳，可是他并没有表现出一点生气的样子，甚至不曾激动。就他的意见看来，因为英美掌握了制空权，那么英美完全有可能在瑟堡半岛登陆六个师或八个师的兵力，他对这一点一再说明。他认为，要是英国军队能像俄国军队一样，与德军作战的话，英国军队就会发现德军根本不值得害怕。俄军，当然，事实上还有英国空军，它们已经证明了德军并不是战无不胜的。英国陆军一样也会取得胜利，只要他们愿意与俄军并肩作战。

我打断他说，在说到俄国陆军对德作战的勇猛时，斯大林所说的一番话，我不做争辩，可是关于瑟堡登陆的建议，由于英吉利海峡的存在而产生的影响他并没有认真考虑。斯大林在最后说，这样无休止地争论不能再继续下去。我们的决策他是必须要接受了。紧接着，他突然发出邀请，想请我们出席明晚八点的晚宴。

在接受邀请之后，我告诉他，8 月 15 日，也就是后天，我将在清晨坐飞机离开。对此，斯大林好像有些不安，他问我，能不能多待几天。我说,要是能起到一些好的效果的话,我当然愿意多待一天。接着，我就他对待我的不友善态度进行了大声的指责。我是为了建立友好的互助关系才不远万里来到了这里。在以前，我们竭尽全力地帮助俄国，这种帮助还会继续下去。以前,我们与德国以及意大利孤军奋战了一年。如今，三大国已经成为同盟国，只要瓦解对抗的情况不出现，我们就必然会获得胜利。在说这些话的时候，我的情绪有点激动。在译员将我的话翻译之前，斯大林说了一句话，他的意思是我发言时的音调他很喜欢。从这以后，我们的会谈气氛便不再那么紧绷了。

俄国有两门发射火箭的迫击炮，他全心全意地在讲解它们，说他们具有毁灭性的效果。他提出建议，他可以表演给我们的专家看，只要他们能多等一段时间。他还说，关于迫击炮的所有情况他都会告诉我们，可是作为交换条件，我们是不是也要给他点东西呢？关于交换科学发明情报，是不是也应该有一个协议呢？我说，我们的所有情报都会无条件提供给他们，只是有一点要再作考虑，就是在用飞机运载新发明的时候，如果要飞过敌人的战区，那就可能有被击落的危险，从而让轰炸德国变得更困难。关于我提出的这一点意见，他完全赞同。还有，他的军事当局应该同我们的将军见面，这一点他也赞同。所以，我们就将会面安排在下午三点。我说,为了能周详地探讨与“锤击”“围剿”以及“火炬”等计划相关的技术问题，最少他们也要用四个小时。他马上点明，就军事方面而言“火炬”计划确实是对的，不过就政治方面而言，就需要更加仔细认真地对待了。对于“锤击”计划，他过一段时间就会提起，并且怨言不少，当他指责我们背弃承诺的时候，我回答说：“我并不同意你这样的说法。任何一项承诺我们都没有背弃。”我指着给莫洛托夫的备忘录让他看。他表示，他感到十分抱歉，他是在真诚地表达自己的看法，他说我们只是有着不一样的见解，我们之间并不存在任何怀疑。

我在最后谈论了高加索的形势。我问他是不是打算守卫高加索，如果是的话，他将投入多少军力？说到这个问题时，他让人拿来了一个立体模型，来告诉我们这条防线上的兵力，他的口气十分坦诚，所使用的知识也非常的精准。现在，他正筹备二十五个师的兵力。他指着模型上的每一个隘口，告诉我们这些全都能守住。我询问到，这些关口都有防御工事吗？他说：“这是肯定的。”在这条主要山脉的北边，就是俄国的战线——目前，还没有敌军到达那里。还有两个月，大雪就会封山了，他说，他们一定要再坚持两个月。对于做到这一点，他充满了信心。随后，他又对黑海舰队的力量进行了详尽解说，这支舰队现在聚集在巴统。

在哈里曼谈到经过西伯利亚运送美国飞机的计划之前，我们的会谈进行得还是比较顺利的。有关这个计划，美国方面一直在催促，而俄国却是近期刚同意，所以斯大林的回答完全是搪塞式的，他说：“赢得战争，并不是靠计划。”哈里曼在整个会议中，都是赞成我的观点。我跟斯大林二人未说过一句尖酸的话，但我们也不曾退让半分。

斯大林在我离开时，起身行了一个礼，同时将手伸向了我。我也伸出手，跟他握了握。

* * *

8 月 14 日，我向战时内阁作了报告，内容如下：

有关如何说明昨晚那样的表现，以及前天晚上取得了好的效果，而后来又产生了变数，这些事我们都曾反思过。我猜测，对于我带去的消息，他的人民委员会与他可能有不一样的理解。他们可能掌握的学问并不多，但他们所掌握的权力应该远大于我们所想象的。也许是因为斯大林想尽可能多的为他们的未来谋取好处，也有可能他只是想抱怨一番。据卡多根所说，在圣诞节开启谈判以后，第二次时，艾登也碰到了与此相同的僵持状况；而哈里曼说，当初，在比弗布鲁克代表团访问的前期，对方也用过这样的手段。

经过反复琢磨之后，我觉得，就斯大林个人的内心想法来说，他很明确我们是对的，而且要是实施“锤击”计划而登陆六个师，在今年并不能为他带来任何好处，这一点他也心知肚明。同时，我坚信，他所具有的稳妥并且敏感的军事判断力，会让他对“火炬”计划坚决支持。对有一点我始终是怀有希望的，那就是我觉得他应该会向我们道歉。不管怎么样，我觉得任何方法都比不上这样直截了当地说出来。关于胜利，我个人意见是，斯大林对此充满了信心，他们从未有一丝一毫不愿继续战斗的意思。

因为那四十架“波士顿”飞机，我要向斯大林表示谢意，这时，他摆出一个不足挂齿的姿态，说：“这些都是美国的飞机。你要感谢我的话，就等到我给你们俄国飞机的时候吧。”他并不是因为瞧不起美国的飞机才说了这番话，他不过是想表达自己的力量才是他所看重的。

对于他们正在面对的极为严峻的局势，我非常能体谅。最后，我想，他们会需要大肆宣传这一次访问的。

* * *

斯大林交给我一个备忘录，内容如下：

1942 年 8 月 13 日

从今年 8 月 12 号，我们在莫斯科所进行的交流结果来看，我已经明白，关于 1942 年在欧洲开辟第二战场一事，英国首相丘吉尔先生认为这是不可行的。在莫洛托夫留在伦敦的时候，就已经决定了 1942 年要在欧洲开辟第二战场，这一点无人不知无人不晓，并且，去年 6 月 12 号所发行的英苏公报也对这项决议进行了通告，而英苏公报是得到了两国赞同的。我们还知道，为了让东线的敌军撤去西欧，同时在西欧创建重要基地来对抗德国法西斯军队，进而让 1942 年在苏德战线上苏军所面临的严峻局势得到缓解，这就是开辟第二战场的原因。很容易看出，现在苏联全国的舆论正因为英国政府取消 1942 年在欧洲开辟第二战场的计划而深受打击，因为我们的舆论一直对开辟第二战场寄予厚望。那么取消 1942 年在欧洲开辟第二战场的计划，给红军带来的影响就更不用说了，毫无疑问的，这样的影响将给英国以及同盟国的军事形势带来伤害。由于几乎所有的德军，尤其是最优秀的德军部队都已经调到了东部战场，在西欧留下的敌人很少，并且战斗力较弱，所以，我与我的同志们[①]相信，这是 1942 年在欧洲开辟第二战场的最有利条件。那么像 1942 年如此有利的条件，在 1943 年开辟第二战场时是否还能遇到，就说不准了。

所以，对于在欧洲开辟第二战场，特别是在 1942 年，我们觉得可能性是非常大的，并且不会是徒劳无功。为了这件事，我曾经努力去说服英国首相先生，但很遗憾，没能取得效果，而哈里曼先生，他所代表的是美国总统，他在莫斯科会谈之中，则是全程支持首相先生。

---

① 我添加的重点符号。——丘吉尔

8月14号，也就是第二天的上午，我经过足够的休息之后，由帝国总参谋长以及卡多根协助我，草拟了我觉得适宜并且明了的回复，其内容如下：

1.“火炬”作战计划将是1942年最佳的第二战场，同时，它也是唯一可能从大西洋展开的大规模战役。要是在10月间它能够实施的话，那么它对俄国的帮助是任何一个计划都无法媲美的。1943年的战役也靠它来打下基础，同时，它还具有四大优点，在8月12的会议中，斯大林主席已经提到过这些优点。对于这个计划，英美决意已定，并且，所有的准备工作都在以最快的速度进行。

2.与“火炬”计划相比，英美方面用六个或者八个师的兵力登陆瑟堡半岛以及英吉利海峡的岛屿，会是一次危险并且没有半点好处的军事行动。在西欧，德军有足够的兵力，在这个具有防御工事的狭小半岛上，他们完全能抵挡我们的前进，同时，会聚集在西欧的全部空军，以此来攻击我们。对于这样的一次军事行动，英国海陆空当局都认为它唯一的结果就是失败。就算这些据点都被我们占领，也不会让德国从俄国战场撤退一个师。这个计划带给敌军的损失远远比不上我们自身的损失，并且，我们在1943年真正战役所必需的兵力以及登陆艇都会被耗尽，并且难以取得任何实际效果。这个观点是坚决不会改变的。关于具体意见，将由帝国总参谋长与俄国司令官进行交流，并且由他们双方的意愿来确定谈论范围。

3.有关食言一说，英国或者美国都没有违背过承诺。我的意思是说，1942年6月10日，在我给莫洛托夫先生的备忘录中，其第五节已指明：“所以任何的承诺我们都难以做出。”这个备忘录是在繁多的会议之后所提出的，它已经明确指出，实行这一计划的可能性微乎其微。对此，多次会议都有记录。

4.目前，敌军已经驻扎了大量空军以及其他军队在英吉利海峡的法国海岸上，因为有关英美军队要在今年登陆法国海岸的种种传言已经对他们形成了误导。要是这个计划引起了公开的讨论，那么在争论之中，所能想到的不利于实行“锤击”计划的有力论点，英国都必须将之公诸于众，大家的公共利益也会因此受损，特别是俄国的利益。将导致对这个计划寄予厚望的俄国军队士气低沉，而德军就能自如地从西欧撤出大量军队。在“火炬”计划开始之前，对外宣称“锤击”计划是在开辟第二战场，以此用“锤击”计划来为“火炬”计划作掩护，这将是最高明的办法。这个行动，也是我们自己准备采用的。

5. 由于与莫洛托夫关于第二战场的会谈，我们已经提出了条件，要求书面以及口头保留。所以关于凭借这次会谈来改变俄国最高司令部战略计划这一点，我们不能认可。

6. 有一点，我们将再一次强调，俄国是我们的盟国，我们已下定决心，用所有行之有效的办法来帮助它。

* * *

我们在当天夜晚参加了克里姆林宫的正式宴会，此次宴会包括几位司令官、政治局委员以及其他一些高级官员，参加宴会的人数在四十人左右。我们受到了斯大林和莫洛托夫的热情招待。宴会持续了很长时间，在刚开始，人们就碰杯庆祝，简短发言。有些说法并不是很真实，在以前，有很多故事十分天真，它们所描写的苏联宴会上喝酒比赛的情形，与现在完全不符。元帅和他的同事们，一直都在用小玻璃杯敬酒，每一次都只是轻轻喝上一口。而我锻炼之时，却是照着那种不真实的说法。

在宴会时，经过译员帕夫洛夫的翻译，我与斯大林进行了愉快的谈话。他说 :“萧伯纳先生以及阿斯特夫人，曾经在几年前来拜访过。”阿斯特夫人提出建议，她希望邀请劳赫 · 乔治先生来莫斯科进行访问。

斯大林答复："他是干预我们的头领，为什么我们要邀请他？"阿斯特夫人对这句话的回答是："事实并不是这样的，他之所以走上歧途，是因为丘吉尔。"斯大林说："无论如何，劳赫·乔治都对这件事负有责任，他是政府的头领，属于左派。相对于虚假的朋友来说，我更喜欢真正的敌人。"阿斯特夫人说："唉，这次丘吉尔算是完了。"斯大林说："这一点我不敢确定，可是如果出现了灾难，这匹老战马或许会成为英国人民求助的对象。"当他说到这里时，我插话道："关于干预一事，她说得非常有趣，我是其中最为活跃的人物，这一点，我不想你有其他看法。"因为他露出一个笑容，是十分友好的笑容，所以我问："你已经原谅我了吗？"议员帕夫洛夫翻译："斯大林主席说，这些都成为了过去，上帝才是旧事的拥有者。"

* * *

在我与斯大林会谈时，有一次，我说道："曾经比弗布鲁克勋爵对我说，1941 年 10 月在他访问莫斯科的时候，你向他询问过：'在会议上，丘吉尔说他因为德军即将攻打苏联的事向我发出过警告，他是什么意思？'"我说："我所指的，显然是 1941 年 4 月我发给你的电报。"我拿出这份电报，这份电报克里普斯爵士很晚才交给他。当斯大林听着别人朗读并翻译的时候，他耸了一下肩膀："我并没有忘记。当时，任何警告对我来说都是多余的。因为我自己明白，战争肯定会到来，不过，我以为或许要半年左右才会发生。"有一件事，我一直想问他：要是我们持续战败，而他却将大量有用的物资、时间和援助提供给希特勒，我们大家最后的下场会是怎样啊。但为了我们的共同事业，我强忍着没有问出来。

* * *

有关宴会的更为正式的记录，我将尽快报告给艾德礼先生以及罗斯福总统。

前海军人员致副首相和罗斯福总统　　　　　　1942 年 8 月 17 日

1. 此次宴会在常见的俄国仪式中进行，气氛非常和谐。韦维尔使用俄语，发表了令人称叹的演讲；我敬酒祝福斯大林，愿他身体安康；卡多根则举杯咒骂，诅咒德国注定灭亡。虽然，我就坐在斯大林的右边，可是一些重要问题却没有机会谈论。斯大林、我本人以及哈里曼，我们一起拍了照。斯大林发表了一次演讲，十分的繁芜，他在其中谈到了“情报部门”，他举了一个十分微妙的例子，那就是 1915 年达达尼尔海峡事件。他说，当时由于情报的错误，导致一种情况：英军已经取得胜利，德国军队和土耳其军队已在撤退，可我们自己还不知道。虽然，这样的说法不是很正确，不过很明显，他是在恭维我。

2. 由于我担心会被拉出去看影片，那些影片十分漫长，必然会导致我们疲乏不堪，所以大约在午夜一点半的时候我就离开了。我去向斯大林道别，这时候他说，我们之间之所以会有分歧，不过是方式不一样而已。我说，就算是这样的分歧，我们也应该有所作为，竭尽全力消除它。我在真诚地握手之后，就离开了。当我走了几步，他又匆忙赶了过来，此时我刚准备走过拥堵的房间，他跟着我一起走过长廊以及楼梯，又走了一段较长的距离到了大门口，在那里，他再次与我握了手。

3. 关于周四晚间的会议，我向你们所反映的情况，或许将一些事情看得太悲观了。他们在全力奋战的时候，对我们寄予厚望，可我们却无法提供更多帮助，这必然让他们失望至极，这一点我想我们必须要体谅他们。到了现在，他们还是将这枚苦果吞了下去。为今之计，我们只有集聚所有力量，加快“火炬”计划的实行，战胜隆美尔。

* * *

有关双方最高军事当局举行一些会谈一事，我与斯大林达成了共识。所以，在8月15日举行了两次会议。

关于会议结果，我汇报给了艾德礼先生和罗斯福总统，汇报内容如下：

> 8月15日，也就是周六，伏罗希洛夫和沙波什尼科夫[1]，在莫斯科举行的一次会议中会见了布鲁克、韦维尔和特德。有关取消“锤击”计划的一些理由，布鲁克等人进行了详细的说明。虽然，俄国人对会谈抱有极大的兴趣，但他们并没有表达自己的看法，因为他们必须严格遵守指令。甚至于，一些关键的具体细节，他们也不想要争论。不多久，帝国总参谋长问了关于高加索防守战线的详细情况，伏罗希洛夫答道，他不能谈论这方面的情况，因为他并没有得到这方面的授权，不过他表示，会进行请示。所以，当天下午，就举行了第二次会议，俄国人在会议中所说的话都是斯大林说过的，他们说为了防守高加索山脉的战线以及两边的通道，他们会调二十五个师的兵力过去。在冬雪之前，或者在他们的战地局势大大变强之前，他们能保住巴统、巴库以及高加索山脉，这一点他们确信无疑。可是，对此帝国总参谋长仍旧有些担忧。举一个例子，当帝国总参谋长从一百五十英尺的高空，飞过里海西岸的时候，他所看见的北部防线，仅仅只有刚开始修建反坦克的障碍物、掩饰物等，与伏罗希洛夫的每个关口都设防的说法并不相符。斯大林在与我的私人谈话之中，讲述了另外一些有力依据，他之所以信心满满，正是因为这些依据，这其中包含一次规模宏

① 俄国的参谋长。——原注

大的反攻。但在这里我不能仔细叙述，因为斯大林要求我不能泄密。就我个人观点来看，他们的力量与敌人力量相比，应该是不相上下，不过帝国总参谋长说还未到这种程度。

*　　*　　*

在会上，我们提到了很多让我感到生气的事情。对于现在苏联领导人所面对的严峻局面我非常能体谅：战火蔓延了大约两千英里长的巨大战线，血流成河；正在向里海挺进的敌军，此时已在距莫斯科五十英里处了。关于军事技术的问题，我们的会谈进行得并不顺利。苏联的同僚们，对于我们的将军们所提出的各种问题，给的回答都是无权答复。“现在开辟第二战场”，苏联就提了这唯一的一个要求。到后来，因为布鲁克的态度变得不友好起来，军事会议忽然就结束了。

我们准备在 16 日早上离开。我在动身的前一天晚上，七点的时候前去跟斯大林辞行。我们进行了一次谈话，这次谈话非常有利并且极为重要。高加索山脉的关口能不能守住，能不能阻碍敌人进入里海，如果敌人进入了里海，他们将占有巴库附近的油田和所有重要据点，然后借由土耳其或者波斯向南推进，对于这些问题我进行了重点询问。斯大林打开地图，信心十足地说：“他们不可能越过高加索山脉，我们一定会阻止他们的前行。”他接着又说：“我听到一个传闻，说土耳其军要在土耳其斯坦攻打我们。如果真是这样的话，我们也能应付他们。”土耳其人不会跟英国对抗，因为他们不想卷入其中。所以我说，这种危险绝对不会有的。

谈话进行了一个小时，我在谈话快要结束的时候起身向斯大林告辞。忽然间，他好像被不安侵袭了一般，他用一种更为真诚的音调对我说：“既然你黎明才走，那去我家喝杯酒怎么样呢？”他的这种音调以前从来没有用过。我说，这种方法是我向来所喜爱的。我在他的带领之下走过了许多走廊和房间，一直走到一条安静的道路上，这条路仍处在克里姆林宫的范围之内，跟他的住宅相距已经只有二百码了。他将自己住的房间指给我看，一共有四间：餐厅、办公间、卧房以及浴室，这些房间都大小合适，并且朴素大方。很快，我们见到了一位女管家，她的年纪已经不小了，后来，碰到了一位漂亮的红头发姑娘，她吻了吻她的父亲，显得十分孝顺。斯大林向我眨了眨眼，好像在跟我表达："瞧瞧，我们布尔什维克也有家庭生活。"斯大林的女儿开始摆放桌子，很快，女管家就将几盆菜端了上来。这时，斯大林打开了一些瓶子，林林总总地摆满了一桌。随后，他说："现在莫洛托夫正在为公报的事犯愁呢，为什么我们不邀请他过来呢？我们完全能够在这里将公报拟定。莫洛托夫喝酒的本领可真是不小呢。"这里将要举办一场宴会，我到这时才明白过来。波兰司令官安德斯将军正在国家别墅七号等我，因为我原计划是回去用餐的。我现在有一位出色的新译员——伯尔斯少校，我对他说了这件事，并拜托他打电话去，说要到后半夜我才能回去。莫洛托夫很快就来了。算上两个译员在内，一共有五个人了,我们五人入了座。在莫斯科,伯尔斯少校待了将近二十年了，在席间，他与元帅二人相谈甚欢，偶尔，在二人侃侃而谈之时，我根本插不上话。

从八点半到次日凌晨两点半，我们一直坐在餐桌前，再加上饭前的会见，一共已经超过七小时了。显而易见的，这次的宴会是由于兴之所至，才临时举办的，可是，菜却一道道不间断地端来。面对各种各样的美味菜肴，我们精挑细选，细细品尝，似乎这种吃法是俄国人的惯常行为。各种各样的美酒，我们也尝了个遍。为了能让宴会圆满结束，斯大林肆意开莫洛托夫的玩笑，而莫洛托夫也极力扮出一副讨好的模样。

不久，我们提及了开往俄国的运输船队。他在谈到北极护航队时，语气十分粗暴，在 6 月的时候，这支护航队几乎被完全毁灭。有关这件事，我在适当的地方已经进行过描写。不过，对这件事我现在比那时有了更多的了解。

帕夫洛夫对我说："斯大林先生问，难道英国海军都没有一点荣誉感吗？"在说这些话的时候，他显得有点犹豫。我说："对于海军以及海战，我所拥有的知识肯定不少。所以有一点你必须相信，那就是我们当时的做法绝不是错误的。"斯大林说："那么按照你的意思，就是我什么都不懂了。"我说："陆地上的霸主是俄国人，而海上的霸主却是英国人。"他沉默了，又像原来那样，兴致高昂了。我回过身，跟莫洛托夫说话："有一点我想问一下，最近，元帅的外交部长在拜访华盛顿时，他说完全是出于自己的看法才决定访问纽约，而且他很晚才回来，也是出于自己的意愿，并不是因为飞机出现故障。这件事元帅知道吗？"

为了找乐子，在俄国人的宴席上，几乎允许说任何的话，不过对于这些话，莫洛托夫显然看得很重。可是斯大林的神情却十分欢快，他说："他去的是其他一些暴徒们的所在地——芝加哥，并不是纽约。"

经他这样一说，气氛又再度和谐起来，会谈得以继续。接着，我谈到了在俄军的帮助之下，英军登陆挪威的事，同时阐述到，要是在今年冬天，我们能消灭北非的敌军，并且占领那片区域，那么就可以从这个地方打开我们的护航路线了。与我前面所谈到过的相一致，在我最中意的计划里面，这个想法一直占有一席之地。对于这个计划，斯大林好像非常有兴趣，在谈论了一些方式和措施之后，我们达成了统一，那就只要有可能，就一定执行这个计划。

* * *

卡多根直到午夜以后，也没有拿出公报的草稿。

我询问道："我希望你能回答，这次战争的严峻形势，从你个人的角度来看，会不会跟贯彻集体农庄政策相似？"

我的话马上让元帅亢奋起来。

他回答："不，并不是那样，集体农庄政策是一场让人感到害怕的战争。"

我说："由于你所要应付的不是几百万的贵族或者大地主，而是几百万小人物，我想你肯定感到棘手。"

他的双手举了起来，他说："是几千万，那是十分让人害怕的。这项政策一直推行了四年。我们之所以一定要落实这项政策，是因为我们不想再遭遇周期性的饥荒，我们要用拖拉机耕地。农业的机械化是我们一定要达到的目标。要是我们将这些拖拉机分给各个农民，那么这些机器，不出几个月就会完蛋。所以，农场想要用拖拉机的话，就必须有附属的工厂。有关于向农民说明的工作，我们一直都满怀着耐心去做的。因为同他们辩论，得不到半点效果。一个农民通常会在你说了你想说的话之后，告诉你，他一定要回家询问自己的妻子，他要与大家商议。"就这方面而言，末尾一句话的说法对我来说倒是十分新颖。

"他们常常在与你谈过之后，给出这样的答复：他们宁可不用拖拉机耕地，也不愿要集体农庄。"

"你们口中的富农，这是这样的人吗？"

他说："正是。"不过，这个字眼他只用了一次。做了片刻停顿，他接着说："即使当时的情况极为恶劣并且非常艰难，但这一切都是必需的。"

我询问："最后结果如何？"

他说："非常好，这群人中的很大一部分都加入了进来。有些人得到了耕种土地，这些土地在托木斯克省或伊尔库茨克省甚至更远的北方地区，可是他们大多数会遭到农民的仇视，他们以前所雇佣的农民毁灭了他们。"

在停顿了很长一段时间之后，他又说："在大量提高粮食产量的同时，我们还将谷物的质量大大提高了。以前，我们种各种各样的谷物，现在可跟以前不一样了，我们只准种苏维埃的标准种子，不能种其他的种子。要是有人种了，我们将非常严酷地对待他。如此一来，又能提高粮食的供应量。”

写到这个地方，我的脑海里又出现了当时几百万男女被杀或者被永久驱逐出自己的家乡的往事，以及它留给我的震撼印象。因为有了更多的粮食，未来的一代肯定会对斯大林心怀感激，但是对于上一代所受的苦难，他们丝毫也不会知道。“要是改革不能公平地进行，那我就放弃改革。”这是伯克的格言，我没有去复述它，因为现在我们周围所发生的是世界大战，在这种时刻，对道德问题高谈阔论根本毫无用处。

卡多根直到凌晨一点多，才把公报草稿带来，我们着手把它修订为成稿。此时，桌上放了一盘非常大的烤乳猪。现在已经是一点半了，正是斯大林平常用餐的时间，所以此前，对于各种佳肴，他只是尝了一点点。现在，他邀请卡多根与他一块儿大快朵颐，不过，我们的朋友婉谢了他的好意，所以我们的东道主就自己大嚼了起来。从凌晨两点开始，前方各个阵地的报告陆陆续续送了过来，斯大林在吃完之后，忽然就去了隔壁房间，去察看这些报告。他再次回来时，已经过了二十分钟，而我们对于公报的成稿，已经统一了意见。最后，到了两点半的时候，我说我一定要走了。从这里乘车到国家别墅，我需要花费半个小时，而我再赶到飞机场，还得用去同样多的时间。当时发生了一些特殊情况，我感到脑袋剧烈疼痛。我还要去拜访一下安德斯将军。由于莫洛托夫看起来明显有些疲惫了，所以我要求他清晨不用来送行了。他盯着我看，目光里隐隐含了一些责怪，好像在说：“难道你以为我真的不会去吗？”

我们所发表的公报原文，内容如下：

大不列颠首相温斯顿·丘吉尔先生与

苏联人民委员会主席 J.V. 斯大林

在莫斯科，苏联人民委员会主席 J.V. 斯大林同英国首相温斯顿·丘吉尔先生举行了会议，哈里曼先生代表美国总统参加会议。除此之外，苏联方面参加会谈的还有外交人民委员莫洛托夫以及伏罗希洛夫元帅。而英国方面还有：英国驻苏联大使克拉克·科尔爵士、帝国总参谋长布鲁克爵士、外交部常务次官卡多根爵士以及英国军队的其他负责代表。

有关为反对希特勒德国以及他在欧洲伙伴的所发动的战役，在会谈上做出了一些决策。这是一场正义的解放战争，对于这场战争，两国已经拿出这样的决心，一定要竭尽全力抗战，直到完全消灭希特勒主义以及任何相似的暴力政权。会议的气氛十分热烈真诚。这次会议让我们得到一个再次申明的机会，遵循三国间的同盟关系，苏、英、美已经建立起诚挚的友谊，彼此能够相互体谅。

* * *

早上五点半，我们的飞机就起飞了。在飞机里，我十分愉悦地睡着，关于旅途的景物或者情形，我半点也想不起来，直到飞抵里海南端并开始飞越厄尔布鲁士山脉。我在到了德黑兰的时候，选择去高出城市的夏季别墅清凉的树林之中，而没有选择去公使馆。有大量的电讯在这里等待着我。第二天，我将与我们在波斯和伊拉克的大部分高级官员举行一次会议，原计划将会议地点定在巴格达，但我实在受不了巴格达 8 月中午的炎热，出于这个原因，会议地点被斩钉截铁地改在了开罗。当天夜晚，在适意安闲的树林里，我与公使人员一起共进晚餐。我感到非常惬意，一切烦恼都被我抛诸脑后，一夜无梦，直到天明。

首相致斯大林主席　　　　　　　　　　　　1942 年 8 月 16 日

飞行十分快速并且顺利，现在我们已经到了德黑兰，趁这个机会，我想发电报给你，以对你的情谊以及招待表达我的感谢之情。这次的莫斯科之行，让我感到十分欣慰，原因有两点：第一，我的责任就是对你们解释现在的情形；第二，有一点我坚信不疑，那就是，我们的接触必定会对推动我们的事业有所帮助。请代为向莫洛托夫转达我的心意。

同时，向战时内阁以及罗斯福总统，我也作了报告。

1942 年 8 月 16、17 日

我在昨天晚上七点的时候，前去向斯大林先生辞行。我们进行了一次非常圆满的谈话。对于俄军前线的情况，他进行了一番详谈，这看起来，让人非常振奋。他们肯定能防御到冬季到来的时候，当然，他在说这一点的时候充满信心。我在晚上八点半的时候，起身告辞，他询问我下次会面的时间。我告诉他，到清晨我就要走了。然后，他问我："能不能去克里姆林宫内我的住所处喝一杯酒呢？"所以，我就跟他去了，并且，在他那里吃了晚餐，同时，莫洛托夫也被邀请过来了。斯大林先生介绍他的女儿给我认识，是一位美丽的女孩，她在亲吻斯大林时，显出一些羞怯，不过斯大林没有让她陪我们共进晚餐。除了晚餐之外，还有为公报定稿，这两件事一直持续到今天凌晨三点才完，这是我们第一次这么友好愉快地相处。我认为我们已然建立了一种私人关系，这对未来会有很大的好处。我们谈论最多的，当然是"朱庇特"计划，他觉得，在 11 月或者 12 月很有必要实施这个计划。现在，贯穿波斯的铁路，可以使用的只有一半。想要将装备这支巨大作战部队所需要的军事物资运到，除了这个计划，我想不到别的办法了。目前，斯大林每月的坦克生产量是两千，所以他并不需要坦克，他需要的是卡车，与坦克相比，他乐意选择卡车。还有铝，这个他也需要。

最后，我说："就总体而言，这次的莫斯科之行，确实给我带来了一些鼓励。这次我所带去的这个消息，是让他们极度失望的消息，这样的消息只能由我亲自带去才不会导致真正严重的分歧，这一点我深信。我的责任就是去莫斯科。现在是他们最为艰难窘迫的时期，他们也已经知道了最坏的情况，即使在这种时刻，他们提出的反对还是十分友好，他们的态度仍旧友善。另外，对于"火炬"计划的优越性，得到了斯大林的完全赞同，同时我坚信，这个计划正在被大西洋两岸的人民用超乎寻常的力量在推动着。"

第六章　回归开罗

来自国王的信件——为救马耳他实行“基石”计划——惨烈的战斗——付出惨重代价但取得关键性胜利——中地中海重归马耳他掌控——戈特到开罗来——陷入困境中的印度——决定抓捕甘地等人——蒋介石的干涉——与总统互通的信件——秩序得到顺利恢复——对迪耶普发动进攻——不屈的努力以及惨重的损失——实力侦查——从惨痛教训中汲取价值——空军援助苏联南翼——波斯铁路掌控权交给美国——赠送澳大利亚礼物以弥补“堪培拉”号的损失——8 月 19 号对沙漠前线进行再次访问——指挥任务由蒙哥马利及亚历山大承担——隆美尔准备发动攻击——让第八军团保持机动自由的重要作用——对未来战场进行视察——在以伯纳德·弗赖伯格为首领的新西兰师师部——我在 8 月 21 号给战时内阁的报告——留在开罗的最后时光——守卫尼罗河的严厉手段——回归祖国

回到开罗时，我接到了国王发来的电报，他在电报中表达了对我的祝贺。

国王致首相　　　　　　　　　　　　1942 年 8 月 17 日

在非常友善的氛围中，你与斯大林的会晤已经结束，对此，我感到十分宽慰。你是一个使者，所传递的消息是不受欢迎的，你所承担的是一项令人不快的任务，但你利用自己的技巧使它得到圆满，为此我表达最衷心的祝贺。你与斯大林建立了私人关系，这在以后肯定会起到重要作用。这一次你的长途旅行绝对是有意义的，这一点我坚信。

我深深地希望，你现在不会有过于疲乏的感觉，也希望你在处理各种事情时能更加得心应手。

祝你在所有事情结束之后，平安归来。

我在第二天，对这封电报进行了回复，内容如下：

首相致国王　　1942 年 8 月 18 日

1. 由于收到陛下怜恤的来信，卑职丘吉尔受到了深深的鼓励。

2. 丘吉尔先生非常健康，不觉得有一丝一毫的疲惫。现在有几个紧迫的问题，他希望这个星期内能在这里解决它们。陛下一直是这样的仁慈，你为了表达对他的信任，而进行的一番新的褒奖，让他深感欣慰。

* * *

史末资将军也给我发来了电报。

史末资将军致首相　　1942 年 8 月 19 日

对于你从莫斯科发来的电报，我读了之后，兴趣极浓，祝愿你能取得真正辉煌的成绩。在应付重要的心理状况之时，你所表现出来的技巧十分高明，并且，到了最后。我的看法是，你所能想到的成果远没有你真正取得的成果多，至少，在这次大战之中，你最终让俄国同我们紧密地联系在了一起。由于斯大林已经同意“锤击”计划的优越性赶不上“火炬”，所以我猜，那段小插曲不过是斯大林为了找回自己的面子而采用的拙劣手段而已。你使用了很巧妙的一招，那就是提出供应空军以协助高加索方面，这非常值得与罗斯福一起开展。我要说的是，在看完你的会晤情况报告以后，我对俄国的感觉与以前相比较，真是要好得太多了。目前来看，有一种情况的可能性非常大，那就是在俄国的泥坑之中，希特勒肯定还会被困一个冬天。同时，我们也能将整个地中海的敌人消灭干净，建立一个坚固据点，为明年的第二战场做准备。目前，亚历山大的胜利是我们所有的依托，当然，还有“火炬”作战计划，我们的必胜之心，在促使它加速进行。在很大程度上，我们的胜利依赖于这个计划，所以，我们必须让这个计划取得成功。

你最近极为操劳，在这段操劳之后，我希望你能好好休息一下。你如果总是按现在这种紧张节奏工作下去，那是坚决不行的。由于你期望全国都听从你的劝说，那么你就应当听从查尔斯·威尔逊的劝告。

* * *

有几件极为要紧的事，我对它们非常关注，这些事在我访问莫斯科期间，已然发展至顶端。要保住马耳他岛要塞，必须有规模宏大、行动迅速的救援，6月间，开往马耳他岛的运输船队遭遇的失败很能说明这一点。现在，海军部迫于无奈，必须调出本土舰队的大量舰艇，因为在7月间，俄国北部的运输队遇到灾难，自此以后，他们一直处于停用状态。8月9日，海军上将希福来特进入地中海，参加“基石”战斗计划，当时他乘坐的是“纳尔逊”号，同时还带来以下船只：“罗德尼”号、三艘巨型航空母舰、七艘巡洋舰，还有三十二艘驱逐舰。为了方便飞机飞到马耳他岛，又添加了“狂野”号。当然，敌人在这段时间内，也将自己在撒丁岛和西西里岛上的空军力量进行了加强。

8月11日，十四艘载满军需品的快速商船，在海军上将希福来特舰队的护送之下，离开阿尔及尔。虽然，一艘潜艇击沉了“鹰”号航空母舰，但是“狂野”号却让“喷射”飞机成功飞到马耳他岛。第二天，敌军开始空袭，这是我们意料之中的。击沉了两艘船只，一艘是商船，一艘是驱逐舰，同时，还击伤了“无畏”号航空母舰。我们击毁了三十九架敌机，以及一艘意大利潜艇。当晚，海军上将希福来特按照计划，在护航队接近海峡之时，他带领战列舰撤离，而护送运输队继续前进的任务就留给了海军少将巴勒。次日夜晚，敌潜艇以及鱼雷快艇的进攻越来越猛烈，到了第二天早上，大批船只被击沉，其中包括七艘商船、“曼彻斯特”巡洋舰以及“开罗”号巡洋舰。另外有两艘巡洋舰被击伤，三艘商船被击伤，其中包括美国油船“俄亥俄”号，它装载着重要物资。

剩下的舰船继续向着马耳他英勇挺进。空袭在 13 日的白天继续开展。“俄亥俄”号再一次被击中，导致它无法继续航行，还有一艘与它情况一样的商船。现在，由于运输队剩下的船只已经驶进马耳他防御工事所能保护的范围内，所以，到了晚上有三艘船进入港口，它们分别是“察默斯港”号、“墨尔本之星”号和“罗彻斯特堡”号。之后，它们又靠着自己的顽强努力，将那三艘受了重伤且还在漂浮的船舰拉了回来。第二天,“布里斯本之星”号也成功进入港口。现在“俄亥俄”号被拖带着，但由于它遭遇了连续的空袭，现在已经越来越难驾驭了，不过，在 15 日，它也被成功拖入港口。所以，到了最后，这十四艘商船中，能带着宝贵的物资到达目的地的有五艘，它们表现得十分英勇。这一次，让人万分痛惜的是，损失了三百五十名官兵、多艘最优秀的商船以及英国皇家海军的护航舰船。不过，这些付出相对于收获来说，是值得的。在得到了粮食、弹药还有其他重要物资的补给之后，马耳他的能力得到了恢复。英国潜艇回到马耳他，它们在皇家空军突击力量的协助之下，将地中海的掌控权夺取了过来。

完全毁灭这支运输船队，敌军原本拥有足够的力量这样来做，显然，他们对这个也十分有兴趣。在 13 日早晨，两支意大利巡洋舰中队又驶到了潘泰莱里亚岛南边去拦截我们的船只，此时我们的运输船队已经遭遇严重的损害，并且被驱散了。为了让这两支意大利巡洋舰能在靠近马耳他的海面作战，必须要有强大的空军来支持，所以，3月份的时候，海军上将维安与意大利舰队早期对战，所产生的影响在这里看到了效果。德国空军坚持独立作战，他们不想再跟意大利海军联手了。为此，给总部带来了一场激烈的争论。德国的一位海军上将对此做了记载，根据记载，他们向墨索里尼提起申诉，他将争端平息了，可是结果呢，还没驶到西西里海峡，意大利的巡洋舰就撤退了。其中，有两艘军舰在返航时遇到了英国潜艇的鱼雷袭击。接着，这个德国将军写道："白白浪费掉了巨大的战斗力，这种糟糕情况，可以说没有任何一次能超过它。即使遭遇到各种损失，但是英国的海军作战一直没有崩溃，现在，仅仅因为轴心国在初期进攻时犯了战略错误，总有一天，这个错误所产生的影响必然会出现。"

我在8月17日发出一封电报，内容如下：

首相致海军大臣以及第一海务大臣　　　　1942年8月17日

1. 请将我的敬佩之情转达给海军将官希福来特、巴勒、里斯特，当然，还有所有参与了这次突击运送物资去马耳他这一伟大战争的官兵。地中海区域的近期战局，必定会由于这次战争而产生好的作用。

2. 这里的报纸说，马耳他部队击落了十三架敌机，但这仅仅是马耳他的，其他三十九架飞机被航空母舰击落的消息我还没见到。空战的局面因为航空母舰而出现了改变。

由于运输队安全地到达了，那么我就能够邀请戈特勋爵到开罗来。我非常想知道关于马耳他的各种情况，从戈特那儿就能听到。芒斯特勋爵是戈特的副官，他在战争初始时是一位大臣，但他一定要上前线。戈特与芒斯特平安到了开罗。他们看起来很是憔悴，并且都非常瘦弱。这是因为这位将军以及他的同僚，在饮食上严格遵照普通军民的食物配给制度，而这些食物仅够糊口。大使馆体贴地准备了营养丰富的食物提供给他们。我们进行了一次长谈，在他们离开时，对于马耳他的境况，我已经非常清楚了。

* * *

我不在伦敦的时候，一场动乱在印度爆发了。有一项政策为挑衅政策，这项政策采取的形式是破坏铁路、制造混乱以及闹事等，国大党决定实施这个政策。在广大的农村地区，四处都有群众暴乱在扩张。此时的印度正受到日军攻击的威胁，由于这个情况的出现，让他们的备战工作陷入极大的危险之中。关于逮捕并关押甘地、尼赫鲁以及国大党的主要成员一事，在总督行政会议上得到一致赞成，这次会议只有一个英国人参加了。在听取了印度事务委员会的建议之后，战时内阁立刻准许了采取极端手段的建议。总统给了我一些冗杂抗议书，这些抗议书是蒋介石在逮捕消息公开后递交给总统的。对于中国的这种干预，我感到十分不满。我给总统写了一封信，说："只要印度政府原本的权利没有被破坏，那么无论国大党发表什么样的言论，或者采取什么样的行动，印度政府都有维持秩序的能力，以及有效执行行政管理的能力，同时，他们可以在战争中，让印度做出最大贡献。"总统给了我一些很有帮助的回复，具体如下。

罗斯福总统致前海军人员（在开罗） 1942年8月9日

我已经根据你的来信，回复了蒋介石，我说，信中所提意见的那些程序，目前任何一项都不适合采用。在这种要紧的关头，任何会削减印度政府权力的方针我们都不愿意实施，我着重指出了这一点。可是我认为，最好让他觉得我们对他给出的那些建议已经进行过考虑，所以我对他说，我欢迎你来与我进行密切的交流，一起来探讨这个问题还有其他会影响联合国重大利益的问题。要是不这么做，我害怕他会采取一些更为主动的措施。我想你是会同意的,因为在目前来看,这些主动的措施可能具有很大的危险性。他可能会在以后有想法的时候，或者觉得有必要的时候提出一些新的建议，为了方便他提出建议，我已经为他留了余地。

我向印度总督作出承诺，会尽力支持他。他回电给我，内容如下：

印度总督致首相　　1942 年 8 月 20 日

你温暖的来电让我深受鼓励。现在我们陷入一个非常艰难的处境之中，并且，我觉得，还会更加困难。但是，在受到德国人或者日本人的直接施压之前，我非常希望可以梳理好局面。

对付危机时所出现的困难，并不会因为一系列危机一起爆发而有所增加。因为两种不利形势之间，可能会有一个抵消另一个，甚至于完全消除另一个的状况。由于对日战争的原因，有关于印度问题，美国方面的舆论始终一言不发。经过战时内阁的应允，总督提出的那些措施，马上就会有效用了。国大党并不能深刻地影响印度人民，这些措施证明了这一点。对于日本的侵略，印度人民非常惧怕，他们希望能得到英王以及印度王的保护。有好几千新的志愿军，在我们与国大党正面交锋的整个时段，加入了印度陆军。这一场暴乱在几个月内就归于平静，几乎没有造成人员伤亡，在曾经的一段时间里，我们还一直担心它会成为 1857 年印度兵叛变以来最为严重的兵变事件。

*　　*　　*

我在 17 日的时候，收到了消息，说是要攻打迪耶普，在 4 月份时，对圣纳泽尔开展了顽强而伟大的攻击以后，就开始草拟了这项作战方针。这项计划也叫“路犁”计划，它的大纲被当做武装部队司令官的具体作战计划的基础，在 5 月 13 日得到参谋长委员会的赞同。三军所使用的兵力将超过一万人。法国已被德国占领，在我们准备进攻法国海岸线的军事行动中，这一次行动的规模必然是最大的。从得到的情报上来看，防御迪耶普的德军人数不到一千四，只有一些战斗力薄弱的士兵，以及一些支持部队。原本计划是 7 月 4 日开始进攻，在怀特岛的港口上，部队已经上了船。可是由于天气恶劣，进攻日期改为了 7 月 8 日。德国飞机对这些已经聚集在一起的船只进行攻击，军队只好下船回到陆地上。到了这时,这项军事行动便被彻底取消了。在这时,由于相关的部门都收到命令分批上岸了，所以这个计划实施的监督者蒙哥马利将军（东南战区总司令），极力提议取消这次军事行动。

可是，我觉得，在这一年的夏天发动一次规模宏大的军事行动是十分重要的，并且，这个意见似乎也得到了军方的全面赞同，在发动那样规模的军事行动以前，主要进攻计划的谋划将不再让相关将领来进行。

在夏季的几月中，策划一次新的大规模军事行动，时间根本不够用，我是在与蒙巴顿海军上校商谈以后，才搞明白这一点的，不过要是能采取一些特殊办法来保密的话，迪耶普的军事行动就有可能在一个月内执行，这个计划的新代号是“庆典”计划。

之所以现在无记录可循，正是因为当时的保密政策。不过，我和帝国总参谋长、海军上将蒙巴顿和海军部队的司令官休斯 - 哈里特上校，我们几人在该计划得到加拿大当局和三军参谋长首肯之后，一起对这个计划进行过察看。“庆典”计划与“路犁”计划相比较，除了在炸毁侧面的海岸炮台时，用突击队取代了空降部队以外，根本没有什么实际的变化，这一点我们心里都很明白。由于多了两艘步兵登陆艇来运送突击队,所以“庆典”计划的可行性很高,并且,由于气候原因,而放弃“庆典”计划的可能性已经大大减少了，因为现在已经不再用空降的办法了。我们可以说，即使计划有了改变，但结果却没有受到影响，虽然一支载有突击队的登陆艇与德国的一支海岸护航队正面相遇，并且展开了一次战斗，但我们仍旧将一座炮台彻底摧毁，而剩下那一座炮台所起到的阻挡作用，对我们的军事行动来说，简直是微乎其微了。

我们在战后察看了德国方面的档案，从而得知，他们没有经过情报泄露得到过特殊的警告，说我们即将准备进攻。他们之所以会加强整个战线的防御工事，不过是出于对迪耶普地区会遭遇袭击的正常考虑。他们曾经下令，在月光以及潮汐条件有助于登陆的时候，一定要提高警惕，比如 8 月 10 日到 19 日这几天。七八月之间，一个负责守卫迪耶普地区的一个师得到了加强，并且他们在遇到攻击时，是处在日常的戒备状态，但他们仍旧是全员出动。这次登陆军队的主要组成部分是驻扎在不列颠的加拿大军队，他们已经等不及投入战争了，早就在摩拳擦掌了。这段史实不用再重复叙述，因为对于这件事，加拿大陆军官方历史[①]已经作了形象描写，而且，其他官方刊物都做了记载。这次战斗中的所有武装部队、英国突击队、登陆艇队及其护航队，他们的表现都非常勇猛忠诚，获得的战绩也十分伟大，可是我们的伤亡特别惨重，这个结果叫人大失所望。第二加拿大师有五千名士兵，他们在这次渡海战役中，死亡人数达到百分之十八，被俘人数将近两千。

现在回过头来再看这次重大的战争，好像它的伤亡情况与最后结果并不匹配，不过，对于这次战役，只用一个标准来衡量的话，本身就是不正确的。在战争史上，肯定会有迪耶普登陆自身的地位，光看了令人害怕的死亡数字，就说它是一次失败的战役，我们万万不能这样做。它所付出的代价是巨大的，但这一切并不是毫无意义的武力侦察，它是战略战术的经验宝藏。在判断方面，我们存在的很多缺陷，都由它明白地反映了出来。从它我们可以看出，为了给以后做准备，我们应当实时建造各种新的船艇和设备。我们还能了解到，在提前登陆中，大力支持登陆部队时，海军重炮所起到的作用。从这以后，我们海空

① 指《1939—1945 的加拿大陆军》，出自 C.P. 斯特西上校。——原注

军轰炸技术得到了改善。最为关键的一点是，它表明：要是没有绝对的组织以及共同的锻炼，个人的本领以及英雄主义，不会有半点用途。成功的诀窍在于合作。想要做到这一点，必须将海陆两栖部队好好锻炼，好好组织。这一切的教训，都让我铭记于心。

就战略而言，经过这一次攻击，对于被占领的法国整体海岸线所面对的风险，德国会有更为强烈的意识。他们会将军队以及物资用在西欧，如此一来，俄国所受的压力就能得到缓解。荣誉应当属于为国捐躯的勇者。他们的血不会白流。

* * *

关于用空军大力支持苏联南部侧翼的问题，我在开罗时，以非常坚决的态度提了出来。

首相（在开罗）致副首相、外交大臣、伊斯梅将军和空军参谋长

1942 年 8 月 19 日

1. 对于两点我都非常同意，第一是，以后的两个月内，对局势产生影响的可能性为零；第二，在做出决定之前，这段时间内不可能有什么行动。在四十天内或者更早的时间内，这项决定一定会完成。

2. 安排一支有力的英国空军去俄国南部，之后还要加上美国空军，这件事一定要当作一个长久的政策。它的原因是：

(1) 为了将俄国的空军力量广泛提高。

(2) 设置一道前进的障碍，以保证我们在波斯和阿巴丹的利益。

(3) 可以为我们与俄国人之间的友谊加上道德的影响，军事上的影响远远比不上这种道德情感上的影响。特别是因为，9 月以后，我们的运输船队将会遇到困境，我们一定要想尽办法做出对俄国表示友好的举动。

(4) 为消耗德国空军的力量，每天都与它作战，这是集中力量对付主要空军目标，而不是分散力量。与在英吉利海峡找碴相比较，在条件正常的战线上作战，对我们更有好处。我们的飞机在前线作战，能一对一相拼。

3. 现在，我必须要取得内阁的同意，因为在我与斯大林会谈的时候，我作出了承诺，说对于这项政策，英王陛下政府会负责。对于这个问题，总统非常看重。请你们在数据送到后认真看看，这些数据包括莫斯科军事会谈记录以及关于这个问题我与罗斯福总统的通信。

4. 以空军上将特德所拟定的大纲为基础，空军参谋长应当拟定一份行动策划，我会加上一个说明，先将这个策划草案递交给总统。要是他给出了一个让人满意的回答，那么我就会向斯大林坚决地提出建议，在 11 月之前，它虽然不能实施，不过，我们会因为它而开始着手进行测量，以及筹备飞机场，并且，我们还能因此从波斯和高加索方面接近俄国。要是在一切顺利的情况之下，我们就应该和俄国的南翼一起往前挺进；要是在不顺利的情况之下，不管怎样，我们都一定要在波斯北部部署下这种战斗序列。在我离开这里之前，我希望能给罗斯福总统发电报。得到他的看法之后，我们在国内就能做出最终的定夺了。

5. 要是我们用牺牲俄国来换得自己喘息的机会，对谁来说这都是轻而易举的事，不过，现在事情的重点是与这支军队保持友好的关系，这是一支处于艰苦奋战中的庞大军队。“火炬”计划将会受到特德谈到的战斗计划的影响，这一点我难以置信。

* * *

在德黑兰时，我们商讨过让美国接手管理波斯铁路一事，现在，我得以完成这项重要任务。

首相致副首相、伊斯梅将军还有其他相关人员　1942年8月21日

在德黑兰以及开罗的时候，我们同哈里曼还有美国铁路专家进行过商谈，商谈之后，我们的意见达成了统一，关于总统的建议，贯穿波斯铁路和霍拉姆沙赫耳港口的运输工作交由美国接手管理，这个提议我们应当接受。我们没有办法做好这项管理工作，除非美国愿意为我们提供所需全部人员的百分之六十。他们提出建议，要是我们遵循美国的计划，经营管理的工作委派美国的军事还有文职人员来承担，那么他们会把接手当作任务，我们的整个运输工作他们都将承担。我们将逐渐进行移交工作，并且会持续几个月。大概有两千名英国铁路人员会在移交完成后被调出来，我们军事铁路系统的其他部门急于需要他们。在传阅的时候，你就会看到我给总统的电报了。

前海军人员致罗斯福总统　1942年8月22日

1. 由于我要自己钻研过贯穿波斯铁路的情况以后，才能作出答复，所以我的回信才会这么晚。我在德黑兰以及开罗的时候，就已经进行了考究，并且与很多人进行过商议，这其中有艾夫里尔、马克思维尔将军、斯博尔汀将军和他们的铁路专家们。据估算，在今年年底，横贯波斯铁路每天的各种货运量会达三千吨。我们都觉得，只有增到每天六千吨，向俄国运输日益增加的军需物资才会有所保障，同时，为了在波斯北部建立一支能与德军攻击相抗衡的部队，也只有将每日运输量增到六千吨，才能运送军队过去。

2. 只有大幅度增加铁路人员，以及提供更多车皮还有技术装备，才能提高货运量。并且，还要铁路人员积极勤奋地工作，以及所需要的供应铁路能优先得到，才能让这个目的在适宜的时间得以完成。

3. 所以，你在电报中所提出的最有利的意见：应该让美国陆

军来接手、发展以及管理这条铁路，对于这个意见我非常乐意接受。还有两个港口，霍拉姆沙赫耳和萨赫普尔港，它们会同铁路一起进行转交。如此一来，开拓波斯走廊这个宏伟的任务就要交由你们的人员来肩负了，将你们的军用物资运输到俄国，是这条走廊的主要作用。要是这个建议得到了你的准许，那么我们这里的所有人都会觉得，这将为我们带来极大好处。现在在铁路上工作的英国部队员工，被我们派遣到其他工作岗位后，很好地减轻了我们在中东的重担。要是没有你的帮助，我们没有其他办法能做到这一点。由于在作战时，这条铁路作为交通要道，对英国来说是不可或缺的，所以调配运输的任务还是由英国当局承担，但是这条铁路及其港口的管理权全部交给你们的人。我想，对于双方共同努力相互合作这一方面，应该是没有什么困难的……

*　　*　　*

8 月 9 日晚上，日军在所罗门群岛的瓜达尔卡纳尔岛附近，击沉了澳大利亚巡洋舰“堪培拉”号。

首相致海军大臣和第一海务大臣　　　　1942 年 8 月 23 日

澳大利亚失去了“堪培拉”号，这艘军舰装载有八英寸大炮。现在，要是我们马上能够无偿地送给皇家澳大利亚海军一艘我们自己的同型号军舰，那么这在情感上，对澳大利亚人产生的影响将十分长久。请在思考这个决策的时候，能抱有非常大的同情，同时，准备在我回国时告诉我你们的看法。在这之前，对任何人我都不打算说起这件事。

后来，这个提议得到了应允，我们送给澳大利亚政府一艘“什罗普郡”号巡洋舰。

*　　*　　*

我在 8 月 19 日的时候，再次对沙漠前线进行访问。我跟亚历山大一起从开罗出发，我们乘坐的是他的汽车，从金字塔边走过，穿过一百五十英里左右的沙漠，到了位于海边的艾贝希尔。他将各种情况都告诉了我，我为此感到振奋。我们在黄昏的时候到了蒙哥马利的总部，他的总部设在布尔杰阿拉伯。在一处沙丘前，我们的沙漠旅行队停住了，这支部队在以后会颇有名气。海浪在距沙丘不远的地方翻滚着，发出点点光芒。蒙哥马利有一辆铁路专用车，里面有办公室以及卧室，他将这辆车借给我用了。我们经历了一段长时间的行车，现在都洗了一个酣畅的澡。蒙哥马利在我们围着浴巾站起来的时候，说："现在，军队全在海边洗澡呢。"他的手臂向西边挥动了一下。我们的士兵都在三百码以外的沙滩上躺着，人数约莫有一千。我心里其实明白，但仍旧故意询问："为什么陆军部要为士兵们花钱做白色的游泳裤呢？这笔钱根本是不必要的花费呀。"因为，事实上除了穿裤衩的地方，他们的其他皮肤都晒成了棕褐色了。

风气完全不一样了！在四十四年前，我行军到了恩图曼，当时，我们的观点是：为了不让皮肤被非洲的太阳晒黑，我们可以付出任何代价。有非常严格的规矩。我们都钉了特殊的背垫在咔叽外衣的背上，要是不戴拿破仑帽就外出，那是不合军规的。我们经常被大家告诫，要遵从阿拉伯的习惯，将厚实的衬衣衬裤穿上，这个习惯已经有一千年的历史了。对比现在，二十世纪刚过一半，在白天劳作时，很多白人士兵都不戴帽子，甚至不穿衣服，只在腰间围一块布。当然，这样做并不会带来什么坏处。要将皮肤从白色晒成棕褐色，需要好几个星期，并且，每天都在逐步增加时间，可是却很少有人中暑。对于这样的情形，我不知道医生会怎么说明。

穿好衣服以后我们去吃晚餐，在穿上衣服的一分钟内，我就将拉链拉了上去。吃完晚餐，我们在蒙哥马利的地图车厢里集合，他就目前的整体局势为我们进行了讲解，他的娴熟程度显示出，在几天内他就将所有情况把握住了。对于隆美尔的下一次袭击，他做出了精准的预测,同时,将他的应对策略向我们进行了说明。他条理分明地谈论着，随后,又对自己的进攻策略进行了讲述。但是,要让第八军团做好准备，必须给他六个星期的时间。他要将师进行整编，变为完善的战术单位，现在我们只能等着,直到新的师团来到前线,并且掌握了控制“谢尔曼”坦克的技术之后。到了那个时候，将有三个军，而这三个军的指挥权会交给蒙哥马利和亚历山大非常了解的军官，他们都拥有杰出的战斗经验。让大炮发挥在以前的沙漠战中从未有过的威力，这才是重中之重。他说,要在 9 月底才能实施这个计划。对于这个日期,我有些失望，不过，就算是这个日期，也要取决于隆美尔的举动。我们有情报显示，很快他就会发动攻击。我自己也得到了很多情报，这些情报显示，为了能前进至开罗，隆美尔将竭力在我们的沙漠侧方展开一次规模宏大的迂回战，并且，这一次战争进行的地点是隆美尔的运输在线，这一点正好是我梦寐以求的。

这段时间，我时常想到一件事，那就是拿破仑在 1814 年的败北。在运输线开战，拿破仑也有这样的想法，可是盟军却对准巴黎进攻，那时巴黎几乎无人看守。我觉得，在第八集团军里没有被调动的健壮士兵，应该派来防御开罗，这一点至关重要。想要让野战军得到足够的机动自由，光采取这一个措施就够了，同时，还能让它的一个侧翼在战争开始前冒险撤回。这一点，我们的意见似乎都达成统一，对此我深感欣慰。我经常非常急切地要求我方，越快发动战争越好，不过，要是隆美尔在我们发动重点进攻之前，大张旗鼓地冲了过来，那么我会更热烈地欢迎。不过，现在我们还有足够的时间来筹划开罗的防务工事吗？从很多情况中都可以看出，那个肆意妄为的司令官会在 8 月底之前进行规模宏大的攻击，如今他正在距离我们仅仅十几英里的地方与我们抗战。我的朋友们表示，为了维持自己的优势地位，他在这段日子的任何一天发动进攻，都是很有可能的。要是能往后拖延两三个星期，带给我们的帮助将会非常大。

* * *

我们在8月20日的一大早，就动身去看以后的战场，以及一支骁勇的部队，这支部队将负责这个战场的防御工作。主要阵地位于路韦塞特山脊的东南边，我被带到了这里。在这里有一片沙漠，这片沙漠板硬、凹凸起伏，有很多蜿蜒的曲线，在这样的沙漠间，我们的大量装甲部队分散在四处进行伪装藏匿，可是就战术上而言，这些分散的部队又是连为一体的。那时，在这个主要的阵地上，我们所有的装甲部队都由年轻的罗伯茨准将率领，我在这里与他相遇。他指挥着我们最杰出的坦克部队。对于大炮的种种安排情况，蒙哥马利向我进行了详细解说。我们伪装藏匿的炮队，甚至填满了每块沙漠的缝隙。有三四百门大炮，在我军发动进攻之前，就会疯狂轰炸德军装甲部队。

由于敌人的空军一直在进行侦查，所以我们的军队难以集中起来，不过，那天我却看到不少士兵向我欢呼致敬，他们都显得非常开心。第四轻骑兵团接受了我的校阅，这是我以前待过的部队，其实应当换一种说法，我所检查的是这个团里敢在坟地周围集合的那五六十人。最近，他们埋葬了很多战友在这块坟地之上。这一切都让人感动，不过，第八集团军积极向上的情感正是由这些悲痛转化而来的。大家都说，所有的事都因为蒙哥马利出任司令官而得到了转变。这绝非虚言，我非常愉悦地认识到这一点。

* * *

午餐，我准备与伯纳德·弗赖伯格一起吃。我回忆起了二十五年前一个类似的场景，那时我在佛兰德的斯噶普河流域对他进行拜访。

他在当时已经统领了一个旅的部队，他兴致勃勃地要带领我去他的前哨阵地视察，可是我非常了解他，并且对于防地的情况也很清楚，所以我没有去。现在跟以前可不一样了。现在，这支杰出的新西兰师在五英里以外与敌奋战，当然，我想最起码也应该去他们的前进观测所看看。亚历山大觉得他会伴随我一起去，应该不会被拒绝。可是，这个任务却被伯纳德·弗赖伯格一口回绝了，而这个问题，根本不是普通的指令能解决的，甚至于最高当局发布的指令也难以解决。

所以，我们只能去他那个又闷又热的餐棚里用餐去了，与我在斯噶普河那里吃的那顿午餐相比，这一顿更加丰富。这是在沙漠里，8月份的一个中午。有一道菜是新西兰罐头蚝肉汤，出于礼貌，我只能动了动它。蒙哥马利在离开片刻后，马上又回来了。弗赖伯格出去向他敬礼，同时对他说，希望他能进来用餐，因为已经专门为他留了位子了。但是，在这里好像已经形成了一个惯例，那就是任何手下的招待“蒙蒂”（人们这样称呼蒙哥马利）都会拒绝。按照这个惯例，他现在坐在外面的汽车里，嚼着自己毫无滋味的三明治，喝着自己的柠檬水。关于孤傲，拿破仑也是非常讲究的，因为这样对纪律很有好处。他有一条格言——Dur aux grands，也就是在冷峻中彰显高贵。当然，他同样能吃到可口的烤小鸡，烤小鸡在他自己马车里已经准备好了，他这个马车带有一个篷子。马尔巴洛经常会跟他的手下们在一起，大家一块儿享用佳酿，在这一点上，我想克伦威尔跟他是一样的。尽管大家的手段各不相同，可是看起来所起到的作用都是很不错的。

整个下午，我们都是在第八集团军中度过的。直到七点多钟，我们才回到停车的地方，再一次看到海滩上欢快的浪花。我们的座谈持续到深夜，因为我所见到的一切都让我极为亢奋，一丝一毫的疲倦感都没有。一般来说，在十点的时候，蒙哥马利就要睡觉了，在他睡之前，他让我给他写几句话，写在他的私人日记中。所以我写了。与之相似的情况，在长久的战争时期，我遇到过几次。这一回，我写的话是这样的：

“布伦汉姆纪念日是开辟新战区的标志，希望它能将好运带给第八集团军总司令以及他的部队，同时为他们带来应得的荣耀。”

*　*　*

我发了一份电报回国，内容如下：

首相致副首相，并转战时内阁、伊斯梅将军以及其他相关人员

1942年8月21日

1.在沙漠西部视察第八集团军，我花了两天时间，现在刚回来。跟我一起前去的有布鲁克、亚历山大、蒙哥马利，我们所视察的部队是：第四十四师，第七装甲师，第二十二装甲旅，还有部分新西兰师。我见到了很多士兵，还有第十三军战地的所有主要司令官，我还见了空军中校科宁厄姆，他与蒙哥马利在一个总部共事。

2.要是仍旧沿袭以前的规章制度，我们必然会遭遇灾难，这一点我敢下定论。那时候，第八集团军已经四分五裂，到处弥漫的都是衰颓以及不安的气氛。很显然，在猛烈的打击之下，它立刻想要向东撤退到尼罗河三角洲去。很多人左顾右盼，想看看能不能在卡车上找到一个属于自己的位子，并且，对于上级指挥的恒心或者清晰的作战计划，部队根本不明白。

3.蒙哥马利之所以会在察看了前线情况以后，立刻做出接任第八集团军总司令的决定，正是因为这种严峻的形势。现在，中东的所有指挥权，通过亚历山大的决定，已经在13日交接。

4.就我所看到的军队状态，以及我听到的司令官们的报告来说，情况从那时候开始，已经完全改变了。蒙哥马利接到亚历山大让他准备攻击的指令，同时，还让他守住所有阵地。而蒙哥马利自己，则发出了一份鼓舞士气的指示给他的指挥人员。回国之后，

我会让你们传阅这份指示的全文。任何地方都生机蓬勃地加强了阵地。一些人员被挑了出来，整编成顽强的部队，这些人都是服役时间已满，却仍在参加战斗的人。第四十四师以及第十装甲师已经到了前线地带。为了向前线运送部队、坦克以及大炮，公路上也正在忙碌着。第十三军由霍罗克斯将军指挥；第三十军的军长，还是由莱姆斯登（Ramsden）担任；而第十军，为了能协助9月底的进攻，正被赫伯特·莱姆斯登（Herbert Lumsden）改组为机动的集团纵队。为此，一个大胆而周全的方案又诞生了。

5．可是，隆美尔的进攻日期，很可能是在8月底之前，一个有月光的日子。我们绝对不能轻视隆美尔的力量，即使他失去了他所渴望的那批价值很高的运输物资，同时，还轻视了我们的能力。这一次，我们一定要预计到，敌人将要进行的是一次范围很大的迂回战，参加这次战争的很可能是包含两个装甲师以及四五个轴心国摩托化师在内的，两万德军和一万五千意大利军。这一次战争很快就要来了，它是一场艰难而事关生死的战争。不过，对于亚历山大还有蒙哥马利，我是非常有信心的，第八集团军肯定会顽强抗战，这一点我深信不疑。要是在8月份的时候，隆美尔没有对我们发起进攻，那么他的地位就会更为不利，因为他将在9月受到袭击。这种状况与“火炬“计划刚好能相互协调。

6．在前线，我们应当有：七百辆坦克、一百辆后备坦克、大概七百架能作战的飞机、五百门野战炮、大约四百门能发射六磅炮弹的反坦克炮、大约四百四十门能发射两磅炮弹的反坦克炮，这样才足以应对8月份的战争。不过，我们现在只有二十四门中型炮，那么在这方面我们的力量肯定比较弱。第八集团军应该尽量分散开来，因为有一点我们肯定能预知，那就是敌人会用伞兵进行规模庞大的空降，并且，对这个方法隆美尔也寄予了成功的厚望。

7．现在，从亚历山大港到开罗的尼罗河三角洲的区，我们正在添加一条坚固的防线，以便于在下周第八集团军遭到袭击时，能有足够的机动力量。现在，在那边驻守的是第五十一（高地）师。我会在明天对他们进行视察。关于两年前所制订的水淹计划，我已经督促亚历山大将军多加留意了，同时，在各个地方也采取了措施。

8. 反正关于何时发动战役一事，我跟其他人员都支持 9 月份比 8 月份好，因为我们看到了我们的力量在逐渐变强大。我们所率领的队伍，是一支活力十足、信心满满、顽强不屈的队伍，他们的领袖具有最高的军事素养，在这样的领袖的指挥之下，他们配合默契，就像一支非常棒的运动比赛队一般。只要是我们能办到的事情，要不已经完成了，要不正在完成中。现在，在实际战斗中，我根本没有什么作用，战斗一定要让我们信任的人去指挥了，所以我也该回国了。我还有很多的问题等待着去解决呢。从别的电报中你可以知道，戈特已经在这里了，而明天，普拉特就会到了。我和帝国总参谋长准备周日的晚上动身，我们的飞行线路，将在另一封电报中告诉你。要是能得到国王陛下的首肯，周二的时候，我想与国王陛下举行每周的午间会餐。

9.“庆典”计划，也就是迪耶普登陆，我对它总的看法是：我们付出的惨痛代价，完全能用我们的收获来弥补。想要说明这次攻击是值得的，光这次规模庞大的空战就能证明了这一点了。

10. 这是一些让人不安和难受的任务，对于我在执行这些任务时大家给我的支持，我万分感激。

* * *

我在 8 月 22 日的时候，去了开罗附近的图拉洞进行访问，当时那里的修葺工作正在开展中。以前，从这些洞里采掘来的石料，就是修筑金字塔的石块来源。如今采掘石块已经非常容易了。如读者所见，长久以来，对于飞机和坦克的修理工作，我都在发牢骚，说他们修理得既慢又差。不过，到现场一看，大量的技工不分昼夜地干了很多活，工作都是既快又好。不过，我还是难以感到满意，因为我有自己的图表以及数据，规模完全不够大。埃及法老造出的金字塔不够多不够大，这是错误的源头所在，不过，其他的过错就不能再赖在其他人身上了。我们在其他的时间里，辗转于飞机场之间，对机场的设备状况进行查看，同时，对地勤人员发表讲话。有两三千空军人员，在某一处聚集着。对于刚登陆的高地师，他们的每个旅我们都进行了视察。直到很晚，我们才回了大使馆。

* * *

我所有的精力，在我访问的最后几天里，都集中在了怎么应对很快就要到来的战争上。隆美尔有大量的装甲部队，这些装甲部队可以让房屋变成一片废墟，他随时可能用这些部队发动一次攻击。他也许会经由金字塔周围挺进，除了一条运河，在他靠近尼罗河（现在尼罗河正平静地由总督府前方的草地边流过）时会形成阻挡以外，这条路线可以说毫无障碍。在棕树林中，一个男孩笑逐颜开地坐在婴儿车内，那是兰普森夫人的孩子。我看向尼罗河的对岸，宽广的平原就在那里。所有都是平静祥和的，可是，我暗示这位母亲，开罗闷热的气候，可能会给孩子带来不适。“怎么不把孩子送到其他地方去，让他感受一下黎巴嫩的清风呢？”但是，我的忠告并没有被她采纳，而她对战争时局的判断，也没有人能说那是错误的。

亚历山大将军以及帝国总参谋长，他们与我有相同的意见，在这样的条件之下，我开始准备拟定一系列的特殊措施，以便保护开罗以及北流入海的那些水流道路。这些措施包括：修建战壕以及机枪阵地、将地雷埋在桥梁下面、在两边装上电网、放水将前线很多地方淹没。用步枪将开罗的数千名参谋人员和部队职员全都武装起来，并命令他们，在需要的时候沿着已经设下防御的水道进行部署。虽然，大家认为第五十一高地师还不能“适应沙漠作战”，但是，这些杰出的部队已经接到命令，前去对尼罗河新战线进行防卫了。尼罗河三角洲这片阵地是力量比较强大的一处，因为这一带四处都是运河，而且，很少有横跨这片区域的堤坝，它非常容易被水淹。看来，阻挡装甲部队沿着堤坝冲进来是没有多大问题的。一般来说，率领埃及军队的英国将军，将要承担开罗的防务工作，现在，他的所有部队都已经枕戈待旦。不过，我觉得，最好让梅特兰 - 威尔逊将军（“琼博”）在发生紧急情况的时候担起防御的重担，虽然他接到的任务是指挥波斯—伊拉克战区，不过，在这紧急的几个星期里，他位于开罗的总部，正在成立之中。我已经向他发出了对全部防御计划进行了解的指示，同时，当他接到亚历山大将军关于开罗陷入危险的通知时，应该马上承担起防御工作。

现在，为了能解决范围更大但是同样具有关键意义的问题，在战争前夕，我一定要赶回国内。内阁已经通过了那份指示，就是我即将交给亚历山大将军的那份。现在，处理中东事务的最高负责人就是他了。他将指挥蒙哥马利以及第八集团军。同样，在有需要的时候，他也将指挥梅特兰 - 威尔逊以及开罗的防务工作。“亚历克斯”自己以及他的部队都已经迁到了位于金字塔周围的沙漠地区，很久以前，我就开始称呼亚历山大为“亚历克斯”了。他显得十分镇定快乐，对于所有的情况都了然于胸，他到处去鼓励人们，让他们应战时要镇静，他对于必胜，信心十足。

* * *

8 月 23 日下午七点半，我们自沙漠机场起飞，我酣然睡去，醒来时天已经亮了很久了。我们靠近直布罗陀海峡时，我正在 C-46 型飞机里沿着炸弹舱爬向座舱。有一点我一定要说，那就是，当时的飞行状况看起来十分不好。我们的飞行高度不能超过水面三十英尺，因为我们周围都被晨雾覆盖，导致能见度小于一百码。我向凡德科路特询问，这样的情况算不算好？我说，我可不乐意直布罗陀的崖壁被他撞到。他给出了一个让人并不安心的答案，不过，对于自己的航线，他是非常有把握的，他会飞得较低，同时也不会飞出海面。他这样飞行，让我非常开心。在四五分钟的时间里，我们持续这样飞行。接着，飞机忽然飞到了明亮的天空中，它在伟岸的直布罗陀悬崖之上遨游，发出闪耀的光芒，在这道地峡和一片窄长的中立土地上。直布罗陀和西班牙被这片中立土地与一座山连在了一起，这座山的名字是“西班牙王后宝座”。凡德科路特在浓雾中飞行了三四个小时后，仍旧可以精准地飞行。在飞越令人骇然的岩壁正面后，再过数百码，航线没有变动，我们就平安着陆了。要是可以飞得再高一点，再多一两个钟头的迂回飞行，可能会更好，我坚持这样认为。我们加了油，还有剩余的时间。这次飞行，确实是非常棒。

我们在当天下午的时候坐飞机回国，那么上午的时间就与总督在一起。傍晚的时候，我们观看了比斯开湾的景色，不过只是快速粗略地看了一下。

第七章　最后敲定“火炬”作战计划

指挥工作有艾森豪威尔将军承担——与美国将军们相处和谐——要有一个简略的命令——一个爆炸物从美国到来——对于进入地中海美国还有疑虑——我在8月27号发给罗斯福总统的电报——总统8月30号回复的电报——美军深信法军不会与美军对抗——我在9月1号发给总统的电报——总统在9月3号回复的电报——我希望艾森豪威尔将军去华盛顿进行说明——还没有发出的我写给哈里·霍普金斯的信——察看胶着局面以及原因——总统在9月4号传来的好消息——我们支持:万岁！——当然，加油吧——方针及日期——再次与艾森豪威尔以及克拉克两位将军进行商讨——我在9月15日给总统发电报——“我们在一次美国军事行动中充当下手”——“火炬”的最终日期是11月8日——向开罗隆美尔发动了最后一次攻击——阿拉姆海尔发战役

“火炬”作战计划的指挥官，在我离开伦敦前往开罗和莫斯科执行任务的时候，一直都没能选出。在7月31日的时候，我提出了建议，要是1943年横跨英吉利海峡，这个军事行动的最高统帅由马歇尔将军来出任的话，那么他的副手以及先行官就应当让艾森豪威尔将军在伦敦担任，并让他对“火炬”作战计划进行筹备。“火炬”作战计划的指挥官一职将由艾森豪威尔出任，而副指挥官将会是亚历山大将军。这个建议正逐步取得美国的支持。罗斯福总统发给我两封电报，那时我还没有从开罗动身去莫斯科，电报内容如下：

罗斯福总统致前海军人员（在开罗）　　　　1942年8月6日

8月6日的时候，英国三军参谋长提出了建议，想让艾森豪威尔将军出任“火炬”计划总司令一职，这条建议得到了美国三军参谋长以及我本人的赞同。为了给艾森豪威尔将军提供方向，英国三军参谋长提出了一些正式的指示，对于这些指示，我们正在研讨之中，很快，有关这个问题的报告就会做出来。

8号的时候，又有电报发来：

对于提早“火炬”作战计划执行日期这一点，我十分赞同，我建议，应在原定日期的基础上再提早三个星期。

公布艾森豪威尔出任统帅的一些相关事情，已经让三军参谋长们去斟酌商定，其中包括伦敦以及华盛顿两边的三军参谋长。

*　　*　　*

8月24日，我从开罗回到了伦敦，当时，我们的计划还有许多需要解决的问题，所以它并没有最后完成。艾森豪威尔和克拉克两位将军在第二天的时候，来跟我一起吃晚餐，我们对这次作战行动的局势进行了探讨。

我在这一段时间里，与这些美国军官们有着亲密并且舒心的交往。他们在6月份的时候到来，我在他们到来后就立下规矩，每周二一起吃午餐，地点在唐宁街十号。看来，这些聚会都取得了成功。很多时候，我几乎都在同他们亲自交谈，对于所有的事宜，我们一而再再而三地进行商讨，我们就像是同一个国家的人民一样。这些私人间的联系，我觉得会有很大用处。对于爱尔兰的炖菜，我的美国贵客们都很喜欢，特别是艾森豪威尔将军。这样的菜品，我的妻子可以说经常都能拿出来。很快，艾森豪威尔就被我称为“艾克”。马克 · 克拉克和比德尔·史密斯两位也被我分别取了外号，一个是“美国鹰”，一个是“美国牛头犬”，他们两人中的后者是艾森豪威尔的参谋长，9 月初的时候才来到这里。要是看了他们的照片，你就会知道为什么给他们取这样的外号了。有好多次，在楼下餐厅里，我们也会进行一些会谈，但都是非正式的,这些会谈开始的时间大约在晚上十点,有时候持续到深夜。有些时候，美国将军们会到契克斯来过夜，或者过周末。我们在这样的场合上，不谈论其他的，只谈论自己的本职工作。

有一位并非军人出身的朋友，他担任艾森豪威尔的副官，他曾经在自己写的一本书中说，对于那些原本就超负荷工作的美国军官来说，所有这些聚会都是繁重的包袱。要是真像这样的话，那他们也太懂礼数了，将自己的真情实感隐藏得也太好了。不管怎么样，我都能坚信一点，那就是对于战争来说，这些紧密的关系是不可或缺的，少了这些关系，我想要掌握所有的情况根本不可能。对于比德尔 · 史密斯以及他的长官，我在 9 月 28 日的一次会议上，的确做了一件事情，对他们很有好处。那天夜里，还没到深夜，但我已经发现一个人看起来十分疲乏，似乎是生病了，这个人是“近视眼”，也就是史密斯，大家也用“近视眼”称呼他。我让他去睡觉，但他拒绝了，他不愿意走。我匆匆结束了会谈，因为有一段时间我一直觉得他就要昏倒了，会从凳子上摔下来。在上楼的时候，我让艾森豪威尔到内阁会议室来一下，只让他自己来。门关上了以后，我跟他说：“要是你想让比德尔参加这次战役,那么不管他是否乐意,你都必须在今晚把他送到医院去。不然，你就难以保住这个人了。”艾森豪威尔一直非常果断，他的这个习惯让他这样做了。比德尔 · 史密斯第二天就住进了医院，在两天内，他被两次输血。在两个星期里，他大多时间在床上睡着，好好地休养了两个星期。这样他才能为了我们的作战计划作出重大贡献，我们将所有精力都集中在了这个作战计划上。

*　　*　　*

在跟美国的将军们商谈以后，我给罗斯福总统发了电报：

前海军人员致罗斯福总统　　　　1942 年 8 月 26 日

1. 我的精力从这一刻开始，已经集中在“火炬”作战计划上了。我会尽我所能让你的远大战略想法得到关键性的胜利，这一点你可以相信。我与艾森豪威尔、克拉克还有在这里的我方人员进行了会谈，在会谈之后，我得出的看法是，关于这次战役的日期，并不是说在一切准备工作都做好了以后就能开战，应该为它选出一个确定的日期，并且按照这个日期来安排各种相关工作的进行，我觉得这是实施这个计划的最妥当办法，同时也会是仅有的办法。这里有一条命令：“在 10 月 14 日的时候，你将开始实施‘火炬’计划，也就是在你觉得合适的地方，用你现有的军队展开战斗。”所有准备工作的性质都会因为这条指令而出现变化，要是你和我能把这条指令下达给艾森豪威尔将军，那将会起到非常大的帮助。这将让艾森豪威尔从真正意义上获得权力，一个盟军司令官应有的权力。让那些无休止的反对意见、猜疑恐惧以及善意的改良提议，都回到它们该去的地方。这样行动就能取代几乎没有尽头的犹疑。对于这个指令，我猜艾森豪威尔会十分乐意接受的，因为从这项指令中，他得到了一个机会，一个他现在还未获得的机会。

2. 我所知道的情况是，主要是以政治方面来作为这次战争行动的基础。不战而胜应该是我们要得到的最佳胜利；就算稍差一点，必须要进行战斗的话，那就一定要获得胜利。为了创造机会取得最佳胜利，我们应该要（1）尽可能在战争一开始，所拿出的力量，就是具有压倒性优势的。（2）要尽量多一些进攻地点。从战争性质而言，它与迪耶普登陆战役完全不一样，从作战形式而言，它与“锤击”计划以及其他类似计划也不一样。我们在“锤击”

计划之中，我们要对付的是极具战斗力的德军，以及法国海岸线，这个海岸线有钢铁般的防御来稳固它。而我们在“火炬”作战计划中，所碰到的抵抗，一定力量非常弱小并且不集中，而且，有很多地方都可以被选作我们登陆的进攻点。风险以及困难会因为缓慢的动作而成倍增加，这样的话，即使加入再多作战部队，也是没有半点用处的。这里有些要求，必须对每一个细节认真计议，而每一项计划第一位要保证的是安全，要做长期准备，就像对待一个长期作战行动一样。从理论上来看，这些要求都是正确的，但实际上，它们却可能导致战役失败。如果真正的作战时期比我说的要更晚的话，那么机密被泄露出去的危险性将大大增加，同样，敌人抢在我们前面动手的可能性也会变大。

3. 我的看法是，你和我应当将政治方面的论据确定下来，并且，这个冒险的责任由我们自己来肩负，这样的话，就能减少司令官们的负担。作出下列一些假设，我觉得是正确的：(1) 因为有“火炬”作战计划，所以西班牙不会与英美对抗；(2) 想要使用强硬手段从西班牙穿过，或者获取西班牙的供应，敌人最少也要花费两个月的时间；(3) 可以用大规模的突袭战胜北非法军，因为他们的抵抗，多数只是做表面功夫而已。战胜他们以后，在他们自己指挥官的率领之下，他们可能会积极地为我们提供援助；(4) 维希政府向英美开战的可能性为零；(5) 对于维希，希特勒会施加很大压力，不过，在10月的时候，他想要进驻法国没有被占领的地方，是不可能的了，因为他已经没有军队来这样做了，与此同时，我们又在加莱海峡将他钳制住，等等。当然，也有一种可能性，那就是以上的全部论点都被证明是不正确的。如果情况是这样的话，等待着我们的，就必将是一场恶战了。我们对于这种情况的出现，也是做了准备的。不过，要是在战争刚开始的时候，我们就用大胆的举动来力争不战而胜的结果的话，我们就能因此赢得很大的胜利。我打算自己承担进行政治冒险还有政治判断失误的所有责任。

4. 显而易见，这些政治想法，会因为西部沙漠一次战争的胜利，而得到极大的帮助。只有两种可能，要么在8月份有月光的日子里，隆美尔对我们进行攻击，要么在9月底，我们向他发动攻击。不管是哪一种可能,都要做出决议,有了决议就会很好办了，这一点我坚信。

5. 由于我认为，现在我们一定要拿出毫不动摇的决心以及超乎寻常的力量来实施这项作战计划，所以，在这里我并没有对具体问题进行详细叙述。这点你是明白的。

* * *

可是，华盛顿方面在这个时刻扔来了一个爆炸性的消息。有关于我们攻占法属北非的计划，在性质以及界限方面，英国和美国的参谋部门的意见完全不统一。美国的任务是，在直布罗陀海峡以东地区开展大规模作战行动，对于这个任务，美国三军参谋长十分不满意。好像他们有所预感，在内海，他们的军队很可能被切断。英国方面觉得，在地中海内，特别是在阿尔及利亚，发动大规模的作战，对战局获胜来说，有着不可或缺的重要性，在这一点上，艾森豪威尔将军倒是跟英方意见相一致。虽然他极力向上级表达自己的意见，但是好像他的意见没有起到任何作用。现在，他的计划也遇到了阻碍，因为美国的各个相关部门坚持自己的观点，一切都要往后推，直到确定双方运输人员以及运输粮食的船只已驶出为止。在如此巨大的作战计划中，肯定会有一些事项，会导致往后拖延的情况，可是，要全部处理完这些问题，只有无止境地推迟作战发动日期。

对于美国三军参谋长的意见，我跟我的顾问们完全不赞同，可是他们仍旧固执己见。

前海军人员致罗斯福总统　　　　　　　　　　　　　　1942年8月27日

1. 有一件事让我们十分为难，那就是在25号的时候，美国参谋长联合会议就"火炬"计划对我们提出的备忘录。我觉得，在开战第一天，要是我们不能攻占阿尔及尔和奥兰，那么就彻底失去了这次战役的重要意义。我们在阿尔及尔所遇到的很有可能是友善的迎接，那么就算除了阿尔及尔以外，我们什么也没有得到，至少一个至关重要的战略取得了胜利。事实上，在我们热忱的协助之下，艾森豪威尔将军正在拟订菲利普维尔还有博尼登陆的方案，这将在战争开始的第三天进行。当然，抢在敌人前面开进突尼斯，这一点我们不能作出保证，不过，德军也是一样，即使维希政府让他们进驻突尼斯，他们也不能保证能得到突尼斯法军的友好迎接。

2. 就算德军到了突尼斯，但是只要我们能在阿尔及利亚站稳，同时让奥兰的交通线保持顺畅，我们也能与德军一争高下。不过，要是我们不从奥兰向东挺进，那么就无异于双手将突尼斯和阿尔及尔给敌人奉上。如果将我们的作战行动局限在奥兰还有卡萨布兰卡这两个地方，那么有一点可以肯定，就是我们的军事力量以及在同一时间所展开的大范围攻势，就不能给人留下印象，可是，我们想要对北非法军产生好的影响就必须依赖这些印象。整个军事计划中，阿尔及尔会是关键所在，这一点我们毫不怀疑。艾森豪威尔将这个重要任务交给了安德森将军，安德森将军接受了这个任务，并且他相信自己有攻下阿尔及尔的实力。想要让法军与我们合作，最好的办法就是攻打意大利，并且我们未来战役的其中一个目的也是攻打意大利，要攻打意大利，有一步绝对不能少，那就是先攻占阿尔及利亚并向着突尼斯和比塞大进攻。

3. 关于攻占奥兰，我们一致赞成，当然，卡萨布兰卡我们也想要攻下，不过，要是阿尔及尔与卡萨布兰卡只能二选其一的话，那么毫无疑问的，作为可能性更大、作用更好的目标，卡萨布兰卡完全比不上阿尔及尔。关于10月份的登陆行动，在内海的话，五天之中有四天都是可行的，可是在摩洛哥的大西洋海岸，比例完全相反，五天中的四天都不能登陆。

4. 可是，在奥兰还有阿尔及尔的军事行动，要是取得了不错的反响和成就的话，那么让一支军队进入这座城市就可能不再是个难题，这支军队会在卡萨布兰卡周围的海域上出现，所以，假装进行一次攻击，肯定是不会错的。可是，卡萨布兰卡是一个非常难攻打的地方，并且，与其他地方相比，它与地中海内的主要目标，也是相距最远的。在这次战役中，卡萨布兰卡成为唯一一个惨遭失败的地点的可能性极高，也就是说，为了得到在卡萨布兰卡登陆的很小战果，我们将冒极大的风险。当然，此次战役规模如此庞大，危险是肯定会存在的。就阿尔及尔来说，一支挂了美国旗帜的美国联络队这是我们对你们仅有的要求。可是，如果只有我们自己的话，想要同时占领阿尔及尔还有奥兰那是不可能的。要是你们因为这样而愿意冒上所有危险，用大量兵力向卡萨布兰卡发动进攻的话，那么你们就应当继续对准奥兰，就跟眼下盟军总司令所策划的那样。

5. 对于这一次的战役，要是照着备忘录所提建议进行全面更改的话，那么进攻开展的日期势必会有变化，进而可能为全盘计划带来致命的一击。在10月的时候，想要向西班牙或者法国未占领地区进攻，希特勒已经没有了这样的能力。等到11月份，维希以及马德里政府，受到来自希特勒的压力将会快速地逐周增加。

6. 我对斯大林所做的那些承诺，我希望总统先生不会遗忘。关于这些承诺，哈里曼已经同意了，他在得到你的绝对应允以后才同意的。我觉得，要是不能让“火炬”计划取得成功，或者是按照眼下的建议，对它进行削弱的话，将会对我的名望带来令人害怕的影响。我出于这些原因，迫切地恳求你，对这份备忘录再次进行斟酌，同时，还有美国盟军总司令的计划，我们为了这些计划，正不分昼夜地在工作，我希望你允许他实施这项计划。现在，这个建议，正由参谋人员告知他们的美国同事。

我在8月30日的时候，收到了总统的回电。

罗斯福总统致前海军人员　　1942年8月30日

你所发的有关“火炬”作战计划的电报，对其我已经斟酌再三。进攻能早日发动，是我极其盼望的。一个非常重要的因素是时间，相关的准备工作，我们正在全力加速筹备。我深有所感的是，美国地面部队将完全担负起初次进攻的任务，而支持的任务，就交给英国的海军、运输队以及空军。有一点我们应该可以假设，那就是在进行此次登陆任务时，英军所遭遇的法军反抗，肯定会比美军遭遇的反抗强烈得多。甚至于，我敢说，要是英美部队一起登陆，那么非洲的所有法军将对我们进行强烈的反抗，不过，在最开始登陆的时候，要是没有英国地面部队的加入，只有我们美军的话，法军对我们的抵抗只会是表面上的而已，甚至于根本就不抵抗，这一点，我有理由相信。要是可以的话，为了能稳固我们两边的阵地，在我们登陆以后，我需要一个星期的时间去获得法军的承诺，一个关于不反抗我们的承诺。这一点，我非常希望自己能完成。

你们的军队，随后就可以向东挺进。你们必须抢在敌军到达之前登陆，这一点我有深刻的认识。我们坚信，至少在我们刚开始攻击的两个星期内，不可能有大量的德国空军以及伞兵部队赶到阿尔及尔或者突尼斯。在这一段时间里，你们的军队登陆时几乎不受抵抗，同时可以向东挺进，这是我们所希望看到的。既然说到了登陆地点，我觉得，由于我们共同的力量有限，光靠直布罗陀一条交通线的话，势必非常危险，所以我们务必建立一个牢固并且长久的基地在非洲西北海岸。

因此，我提出以下几点意见：(1) 在卡萨布兰卡周围以及奥兰周围，美国军队将同时进行登陆；(2) 这次的登陆作战，需要在摩洛哥有一个供应基地，它可以在直布罗陀海峡以外，对阿尔及尔以及突尼斯的作战行动进行支持和援助。为了得到这样的一个基地，他们应该建立一个交通设施，也就是在山岗后面修一条铁路，一条公路，这两条路总长三百多英里，并且相互平行。我认为，没有很好的掩护，并且，运输的战斗物资难以满足两次以上的登陆作战所需，这应该是真正的问题所在。我建议，有三次登陆最好。你们应在我们登陆的一星期后，从东边开展第三次登陆。我觉得，要是我们将这个作为目标，那么为了让第三次登陆取得成功，我们必须付出很大的努力，同时，重新对我们的人力及物力进行审视。我们到了那个时候，可以将开向俄国的运输船队暂停，并且冒险让其他商船也停止运输。

艾森豪威尔需要进行两次登陆，现在，两次登陆要用的所有船只，我们都分给他了，当然，用于其他方面肯定是不行的。所以，现在还没有被“火炬”计划征用的船只，肯定要用来满足东面登陆的需要。我们这一边的话，这个问题将由我来研究。我们得到答案的时间，是不是可以在四十八小时之内或者更短一点？

有一点我要着重提出，无论在何种情况之下，在我们的登陆行动里，有一次一定要在大西洋上展开。

应当在给总司令下达的作战指令中提出要求，展开进攻的日期越早越好，而且这个日期必须是具有实际可行性的。应该由总司令来决定这个日期，因为这次登陆行动必须进行一些准备工作，以使登陆成功的可能性大大提高，而登陆日期就该与这些准备工作相匹配。但是，必须要在 10 月 30 日以前。我还是建议将日期选在 10 月 14 日。

* * *

从这份电报里面，我们可以知道，因为美国方面的固执己见，所以，又有其他一系列的麻烦出现了。他们的意见是：如果是美军登陆的话，也许法军不会反抗，甚至会欢迎他们，可是，只要见了英军，法军就会进行激烈的反抗。维希对抗英国的重要因素，一定是以前在奥兰、达喀尔、叙利亚还有马达加斯加所结下的一些恩怨，以及我们以前进行封锁时造成的一些恩怨，都是些旧日恩仇。另外一方面，美国大使莱希上将，他同贝当之间关系十分亲密友爱。让这次的远征保留美国特色，这是我们长久以来迫切盼望的，同时，我也迫切地盼望这一点能得到美国人的认同，所以，我从最初就对罗斯福总统出任领导表示欢迎。但是，在起草计划的时候就发觉，有很多东西必须让英方承担：数量庞大的军队、大部分运输任务、在数目上至少相同的空军还有三分之二的海军。美方觉得，维希对他们的态度是拥戴，对我们则是切齿痛恨，这样就会造成两种不同局面，一是对我们的反抗，一是对美军的归顺。对于这种看法，我很难完全认同，不过，我倒是乐意这样来做：在某一种情况之下，我们在后方应该竭尽全力给予作战部队物质上的援助，这种情况就是，如果必需的部队已经开始作战，并且，这次作战的范围没有强行限制，甚至于让在这初次的进攻中必须参战的英国军队穿上美军的制服，我也是会同意的。只要能成功，其他的都无所谓了。不过不能将就的是缺少必要的军队，或者军队合理的调遣受到束缚。现在，这件事一定要让我跟总统来亲自处理，因为英美双方参谋部门之间难以达成共识。

前海军人员致罗斯福总统　　　　　　　　　　1942 年 9 月 1 日

1. 你最近发来的电报，我们已经详细研究过了。关于这件事，三军参谋长也已经跟艾森豪威尔说过了。

2. 关于这次登陆战役的所有政治及军事上的任务，要是你想让美国来全权承担，我们也不会提出任何异议的。这次战役所具有的政治意义，我跟你一样，都是极为看重的。有关于维希和北非的态度，我不清楚你是否得到了这方面的情报，但是，要是你们在必需的据点上能够成功登陆，或者所遇到的抵抗只是表面上的而已，那这肯定是再好不过了。这种可能性到底会是怎么样的，我们难以预测。

3. 可是，对于以下几点，我希望你已经深思熟虑过了：

(1) 英国军队参加登陆这件事会不会走漏风声？因为事前，在直布罗陀英国的小型舰艇以及飞机已经集结了一段时间。

(2) 在开始登陆的时候，不管英国军队用哪种旗帜，我们参战的风声会不会走漏？

(3) 在战斗打响时，用我国的飞机对法国飞机作战，我国的舰队对法国炮台作战，这是不是有需要的？

(4) 突袭必不可少的是在夜间登陆，要是在黑暗中到达滩头以及进行登陆，该如何区分英美两军呢？猫在夜色中都是灰的。

(5) 这次登陆成功的可能性我觉得有百分之八十，可是如果由于海浪，导致我们失去在大西洋海滩登陆的可能性，那该如何是好？

4. 现在，美军已经将我们的突袭船只全部征用了，而我们的后援部队所乘的船只能驶进已占领港口，也就是说，万一天不遂人愿，登陆时遇到坚决的反抗，甚至于难以上岸，那我们就不能在相当的时间里赶来援助你们。所以，要是我们丢掉了这次政治性胜利，接踵而来的将是至关重要的军事失败。关于这场胜利，你认为是一场不流血牺牲的政治性胜利，这个观点我非常认同，同时我也觉得有极大的可能会获取这样的胜利。当年，我们原本是可以在 1940 年 9 月的时候攻打达喀尔的，可惜在初期的时候被一些调和方针打乱了。我们的军事专家之所以开始重视部队的单纯化，正是由于有了那一次残酷的教训。独自完成这一次的登陆作战，你们那些训练良好以及装备优良的美国军队是不是足够，或者，不管怎么说，有没有大量的兵力，数量多到让人见了就害怕呢？

5. 这个计划，是我们到目前为止一直在准备着的，要是突然就将它停止，肯定会导致十分糟糕的延误。艾森豪威尔将军说，最早的开始时间是10月30日。我猜，它的真正含义极有可能是指11月中旬。为了能在需要时进行再次部署，昨天已经发出了指令，要求停止军队的运送任务。不管怎样，我们肯定都会遇到一些危险，但是我所忧心的是，用11月来取代10月，所带来的一连串新的危险，将远远大于原本的危险。

6. 最后，我想说的是，应当在攻占卡萨布兰卡还有奥兰的同时，攻占阿尔及尔，不论遇到再大的困难，我们仍然觉得这是重中之重。最为友善并且充满希望的地点就是阿尔及尔，对于整个北非而言，阿尔及尔政治上的反响，将会起到决定性的意义。我觉得，因为猜疑卡萨布兰卡登陆的可能性，而舍弃阿尔及尔，这是非常严重的决断。要是因为这样，让德军不仅能在突尼斯抢占先机，还能在阿尔及利亚抢占先机，这样的话，一种悲哀的对比肯定会出现，那就是在整个地中海区域敌我双方力量的对比。

7. 概括来说，总统先生，“火炬”计划这个任务，一直被认为主要属于美国，这就跟原来的“体育家”计划一样。关于美国的调度以及你的领导，我们都已经接纳，为了让你所认定的每一个计划都能获取成功，我们愿意竭尽全力。但是，我们一定要直说，那就是在8月14日下达给艾森豪威尔将军的指令中，对总方针下了明确定义，这个指令是得到了我们双方赞同的，我们必须坚决遵守这个总方针，我们坚信，这会是最正确的方法。我们双方，要是像你说的一样，竭尽全力，就能获取足够的海军掩护以及军需用品，用来在三处同时登陆，这三处自然是卡萨布兰卡、奥兰以及阿尔及尔，这一点我坚信不疑。

罗斯福总统致首相　　1942年9月3日

1. 我已经收到你在9月1日发来的电报，并且已经对它进行过仔细研究。

2. 我必须要表示感激，由于你应允了让美国地面部队全权担任最开始的登陆行动，并且还表明乐意配合。确实是这样，要是英国参与登陆的方式是海空军的话，早在登陆之前，守军们就会得到风声。不过，我觉得，与英军最开始就在海滩参加登陆所带来的影响相比较，海空军的方式带来的影响会大不一样。

3. 关于大西洋的海浪，汹涌的波涛所带来的危险，这是意料之中的。或许一些防守薄弱的小港口，有必要用上。

4. 登陆伊始，所有可能用上的作战船只都要被用上。不论是英军的突击部队还是美军的突击部队，在后援部队登陆以前，都一定要攻占一个港口。无论任何部队，只要是在第一次登陆后开到了，这一点就必须做到。

5. 你想要在攻占卡萨布兰卡以及奥兰的时候，一并攻下阿尔及尔，根据你的这个热切期望，我们专门找出了一个办法，具体如下：

(1) 在三地，卡萨布兰卡、奥兰以及阿尔及尔一起登陆，它的突击部队以及后援部队大概有如下情况：

(a) 卡萨布兰卡（美军）：三万四千人参与突击，随后，两万人的后援部队在一个港口登陆。

(b) 奥兰（美军）：两万五千人参与突击，随后，两万人的后援部队在一个港口登陆。

(c) 阿尔及尔（美军以及英军）：一万美军在海滩登陆，为了确保登陆安全，英军在接下来的一个小时内登陆，由总司令来决定后援部队。在一个港口，后援部队将乘坐非作战船只登陆。

(2) 兵力。美方会为上面的登陆行动提供：

(a) 登陆卡萨布兰卡的军队由美国本土提供。

(b) 登陆奥兰的军队，以及登陆阿尔及尔的部队中的一万人，都由联合王国提供。

我们有两个装甲师，一个在美国，一个在联合王国，但是两个师的力量都不强大，只能当作后援部队，不能参加突击梯队。另外，还有支持部队以及勤务部队，它们包括了空军地面梯队。随后，美国还能提供更多的步兵以及装甲师，还可以调动在联合王国的其他美国军队。

(3) 海运。美国能够提供一些船只，它们将在10月20号的时候从美国港口开出，具体船只如下：

(a) 战斗运输船只，能装载三万四千人。

(b) 除了战斗运输船只以外，还有运输船只，能装载五万两千人，以及足够提供给这批人的物资。除开这些运输船只，还有一些美国船只，能装载一万五千人，以及九艘货船能够调用，这些船只都在联合王国。这九艘货船，从以前的协议来看，是用来从英国运送美军去参战的。大概算了算，这些美国供给的运输船只，用来运输第一、第二、第三批登陆卡萨布兰卡的军队应该是足够了。

(4) 海军。在此次登陆战中，为了护航和支援，美国能够提供的海军力量，不能多于大西洋现有的兵力以及目前准备调去执行任务的所有船只。

6. 以上这些地面部队、海军部队以及运输船只，是在这次登陆战役中美国能提供的所有力量。原本的方针是在卡萨布兰卡、奥兰还有阿尔及尔三地同时登陆，若是按着这个方针的话，就必须从英国获取所需要的其他力量。我们觉得，你们所要提供的力量大致如下：

(1) 有一批被规定用于“火炬”作战计划的美国船只，它们现在在联合王国，除了这批船只以外，奥兰以及阿尔及尔登陆部队所用的全部船只也要由联合王国提供，这些船只包括战斗运输船只在内。

(2) 阿尔及尔突击部队，以及后面登陆部队所需要的后援部队。

(3) 除了上面说过的美国海军部队外，还要提供登陆战所需要的一切海军部队。

7. 我现在正为能尽快实施“火炬”计划而做准备，为了能让我积极准备下去，希望能通过海底电报确认一下，本电报里所谈到的需要运送的登陆艇、陆海军部队以及运输舰只，联合王国的确打算提供。

8. 在8月30日的电报中，我所表达的意见，我需要再次重点指出，我的意见是，应该给总司令下达指令，让他在最早的一个能够实施作战计划的时间里发动进攻，并且，这个时间应当由他来定。此事必须尽早有个定夺，这一点我坚信。我觉得，我在这里简单谈到的这个作战计划，在制订的时候，是极力想要符合你的意见的。我认为，这个计划不但将阿尔及尔的作战行动留了下来，还能有剩余的力量，在每个地方都有希望得胜，这是一个行之有效的处理方法。

9. 最近，从北非我们获取了一些最为有利的情报，具体如下：

这是一次美国长征，三个战场的指挥都由美国军官担任，这样一次战役，非洲法军所进行的反抗会是微乎其微的。另一方面，在任意战场上的战役，要是由英国军官指挥的话，都会遇到顽强的反抗，英军跟戴高乐派合作开展的进攻，所遇到的情形也会是一样……

正是由于有了这样的情报，我才觉得，与非洲法国的军事以及民政当局的一些接洽任务，很有必要让美国军官来承担。

让我们对付北非法军，而你们对付西班牙的时局，这是在很早以前，你我二人就做了决定的。

前海军人员致罗斯福总统　　1942年9月3日

1. 关于人力和物力，为了考虑这一点，我们花费了一整天时间。你的决策纲领我们愿意接受，不过，我们觉得确定行动策略应该在这样的基础上：将重心稍事改变，从卡萨布兰卡登陆军队中减去一万或者一万两千，由此造成的不足，再由后援部队来补充。这些军队在登陆以后，必定会充分发挥自己的作用，因为他们拥有自己的战斗运输舰只，如此一来，突击部队全是美军这一点就能做到了。三个登陆地点的力量，将会因为这一个变动而得到均衡，同时，能让每一个紧要地方的兵力都有浩大的声势，这样的声势是不能缺少的。由于缺少战斗运输船只以及登陆艇，所以要是不进行这样的改变，登陆阿尔及尔就毫无希望。我们一致认同，这个计划的一大缺陷就是这里。

2. 拉姆齐海军上将对于我方所有的运输护航以及海军情况，都了然于胸，所以我们想让他与克拉克将军或者是艾森豪威尔将军，以及蒙巴顿，明天一起去你那里，对登陆的相关事宜进行商讨，星期天上午他们一行人就能来见你了。你们所能提供的海军部队数量，我们在这里难以了解。请告诉坎宁安海军上将具体的情况。出于对这次登陆重要性的考虑，海军指挥的任务我们想让坎宁安海军上将来承担，由盟军总司令来领导他。

3. 开始登陆的日期，由于计划的变动，而向后推延三周。一些风声已经被自由法军听到了，让他们保守秘密几乎是不可能的。能少用的每一天时间，都是十分珍贵的。所以，我们已经下令各个方面的工作都要按照这个思路开展，不过，当然是由你来决定最后的方针。

现在，所有的事都还没有一个定论，我觉得在这个时刻，要把我所有的想法让哈利·霍普金斯明白，并且，将要对总统施加何种的影响，当由他自己来决定。

首相致哈利·霍普金斯先生　　1942 年 9 月 4 日

由于我明白，你在这个事业上倾注了所有的心血，并且，为它做出了无与伦比的贡献，所以现在，我请迪吉·蒙巴顿把这封信亲手转交给你。由你来决定，要不要让我们伟大的朋友看这封信。要是你觉得，这或多或少会给他带来些担忧，那么给他看就完全没有必要了。它根本不是一份正式的文件，想要怎么处置它，都悉听尊便。

1. 对于“火炬”计划正在遭受的困阻，我感到十分担忧，特别是它要被延期执行，而它的延期根本没有任何必要，我们所共有的困难将因此大幅度增加。曾经，为了取消“锤击”作战计划，我们也经历了一段漫长的过程，马歇尔已经按照总统最后的决策在开展工作，这一点我肯定相信，但是7月25号，你离开伦敦的时候，各项工作还在紧张开展着。盟军总司令让艾森豪威尔将军担任，我们热烈欢迎，马上，艾森豪威尔以及克拉克这两位优异的军官，就进入了工作中。可是，到了8月14日，我们才从华盛顿的参谋长联合会议收到一个明确指示。这次登陆计划，我们已经将全部精力投入了进去。这次行动是一次两栖作战行动，这种行动一定要配合得相当好，就像镶有宝石的手镯一样。每一个专门的登陆地，都要选用与其相匹配的登陆船只，而每一支登陆部队特定任务的需求，又控制着船只的装运工作。由于很多船只，只是用于普通任务，所以并不是所有工作都必须这样做，但是，只适用于特定任务的船只也有相当一部分，它们所能适应的海滩的坡度以及海边的吃水深度，只是它们将要登陆的那个海滩的坡度以及吃水深度。有关这方面的工作状况，我不准备放大，因为在种种境况之中，人们想要选的那个肯定是最有好处的，这是十分正常的，不过，想要获得的效果越好，就能应当越细致地布置工作。

2. 总的来说，当时所有的事情都在开展中，直到一个星期前，10月15日不能作为发动日期的原因都没有出现。随后，祸从天降，一份备忘录被美国三军参谋长送了过来，它将整个计划打破，并将这次登陆战的性质及重心完全改变。将付出少许代价就能轻易得到的阿尔及尔舍弃，转而在卡萨布兰卡以及大西洋海岸方面投入了一切主要力量。经过长时间的探究，我们认为，由于这两处的风浪极大，所以在这两处地方登陆的可能性极低，就算是在十月份，成功的可能性也只有百分之二十五，有一些话说起来十分简单，那就是“把阿尔及尔舍弃，将兵力转到卡萨布兰卡。进攻奥兰的兵力再由其他地方调遣过来”，可是，瞧瞧，对于各项已经完成的工作，它会产生多么严重的影响。由于推延了发动战争的日期，美国三军参谋长改变了决策，你们两位杰出的将军因此而郁郁寡欢，这一切我都看在眼里。艾森豪威尔现在的处境确实是十分艰难。一方面，对于各项具体问题，他手下的那些英美参谋人员都叫嚷着要有一个定论；另外一方面，对于作战计划，大西洋彼岸管控得十分严，并且又变化无常。要是连草拟方针、决定何时何处、怎样利用自己部队的自由都没有，那么建立一个盟军总司令或者最高统帅，其作用在哪儿？他的决策，我们打算接受，而他的指挥我们也乐意听从。这些情况，在跟你交待清楚了以后，就算我们意见不一致，他的指挥我们还是会听从。为了能让总统的宏大战略方针得以实现，我们能做的就是，从各个方面尽力帮助艾森豪威尔。眼下，大西洋彼岸一定要将所有问题再次进行探究，我们的行动将会按照新的计划来。不过，要是最高统帅连自己的权利都无法行使，那么联合司令部还能起到什么其他作用，我是真的不知道了。

3. 坦白来讲，对于为何会产生这些问题，我完全不清楚。我以为，马歇尔已经同意了这项计划，同时，在太平洋作战中，金海军上将所需的人力物力都已经做了补偿。可是，现在，美国军界方面出现了言而无信的现象，并且看起来这种现象颇为严重，对于总统的全盘作战部署，我感到十分担忧，并且这种担忧日胜一日，我担心这些计划会被慢慢破坏掉。还有一个希望也会随着它一起丢失，这个希望是盟军最光明的希望，也是今年绝无仅有的一个希望。登陆时间，将由于计划的不断改变，而往后延期。

由于这种发展中的状况被我们两国的群众听闻后，肯定会引起他们的猜测，让他们以为敌人将得到情报。登陆日期逐天向后延迟，就会为德军创造一个更好的时机，用来对我们先下手为强。现在，有可能的日期，最早是11月的第一个星期，可是，假如到了最后一个星期，还是不行的话，对此我将感到十分讶异。到那个时候，其他地区将会发生什么事，没有任何人能说得上来。

4. 为什么美国参谋人员不肯进入地中海，特别是阿尔及尔，却又急切地想把所有力量投到卡萨布兰卡那边，这一点让我困惑不已。有关法军反抗的问题，我们现在先来说说。正常来说，就这个问题，总统所发出的观点以及希望，我都是赞同的。我觉得，至少有百分之五十的可能性，在北非海滩上，法军不让美军流血、不杀害美国的青年。以前，法国并不准许这种事发生，将来也更加不准许。不管怎么说，我觉得这个险还是值得一冒的，因为它的战果确实不小，甚至于应该去冒这个险。不过，这里有一种假设，那就是法军的反抗只是表面上的，甚至于不反抗。要是他们不抵抗，随后他们肯定会与我们站在同一条战线上，要是这种假设成立的话，在卡萨布兰卡以及奥兰情况也会是一样，特别是在氛围对我有利的阿尔及尔，情况更会是如此。假设在第一天，这些港口就被你们成功快速地攻占了——这一点一定要完成，那么在整个世界就缔造了一个全新的事实，同时，在西班牙方面，我们也不用再担心出现任何困难了。我们将推行和平占领，以便解救法属北非。进攻西西里、意大利，还有隆美尔身后的的黎波里，将会成为我们的下一个行动了。

5. 不过，还有另外一种可能，我们也要考虑。万一打起来了，炮台上开火了，登陆港口遭到禁止，直布罗陀海峡被法国空军轰炸，就跟达喀尔那场战役一般。到时候，在德国人的威逼利诱之下，西班牙人非常有可能会横插一脚，掺和进来，导致直布罗陀难以守住。就我个人意见而言，要改变他们的旁观态度，只会在时局的确越来越糟糕的时候，到时候，他们会与我们对立。在这样的情形之下，我们的希望肯定是寄托在这样的一个方面：尽快以大量兵力在地中海内登陆，将法军的反抗压制住，在海滩登陆，同时，将一些港口占领。在卡萨布兰卡登陆，所付出的代价就是放弃地中海内的登陆，我们之所以搞不清楚为什么以卡萨布兰卡的登陆为重点，正是由于这个原因。并且，要是反抗在地中海内登陆时就发生了，那么在大西洋海岸，就有足够的理由说明，反抗同样会发生。但这两者之间还是有所不同的，那就是地中海内的反抗你可以压制住，但大西洋海岸的反抗却难以压制住，除非天气很好，海不扬波，而这样的天气只占了百分之二十五。总而言之，地中海内是定夺法军举动的地方，要是断定有利的作战地点是地中海内的话，那么，以后通过双方的协商，攻占卡萨布兰卡将是很容易的。换一个角度，在卡萨布兰卡如果遭遇困阻，那么会有什么样的境况出现呢？要是全部军队都难以通过海浪登上海滩，想要乘坐他们横跨大西洋时的大船又不能进入小的河港，而他们想从正面对卡萨布兰卡发动攻击的话，要面临的就是海岸炮台，还有机枪防御工事，军队在此情况下该如何是好？

在我要将这封信送出之前，我收到了总统的电报。所以这封信就一直没有给霍普金斯，蒙巴顿也不用去大洋彼岸了。总统那封满含希望的电报，对我帮助极大：

罗斯福总统致前海军人员　　1942年9月4日

……我们之间亲密的合作正在进行中。关于削减卡萨布兰卡登陆军队一事，我愿意接受。有一些战斗运输船只，能装载一团的战斗队伍，根据这些船只，我们计算了削减的数量，为五千人左右。因为，原来打算用在奥兰的突击部队，也减少了与卡萨布兰卡相近的人数。现在，空出来的所有英美战斗运输船只，可以装载大约一万人，用来进行阿尔及尔的登陆。这些战斗运输船只是用来装载美国军队的，它们只能用来建立中枢部分，一个战斗运输舰队的中枢。还要增加部队的话，我坚信，能从联合王国调遣过来。

这个时候，要是艾森豪威尔或者是克拉克来这里，我不认为会有什么有利的地方。我明白，美国的军队很晚才到来，他们需要负责对这些军队进行整编，对此他们的责任既重大又十分紧迫。我想他们的意见我们已经全部明白，同时，我认为没有必要进行两次旅程，因为我觉得在将来，最后的进攻发动之前，我会与艾森豪威尔见面的。要是你肯让拉姆齐还有蒙巴顿来的话，我们倒是非常想见见他们。不过，我希望登陆时间不会因此而往后延期。现在，我正在指示各项准备工作。对于这一切的问题，我们应当马上做出最后的定论，才能处理。

我想在今天用海底电报发给你一份名单，上面列的是这次战争中可以用的美国海军舰艇。

前海军人员致罗斯福总统　　　　1942年9月5日

1. 你所提出的军事部署，我们完全赞同。我们有很多的部队，它们都受到过优良的登陆训练。如果没什么问题的话，他们可以换上你们的衣服，对于这样的改装，他们会觉得荣幸。海上运输不会有什么困难。

2. 刚才，我接到了你的电报[①]，显然，你们也已经将调度工

---

① 罗斯福总统致前海军人员　　　　1942年9月5日

根据海军上将金的报告所述，在“火炬”作战计划中，美国所能用的海军舰艇，最多为：一艘现代化战列舰，两艘旧战列舰，一艘航空母舰，两艘小型航空母舰，它们被改造了一番，假定它们飞机的运载量为七十八架战斗机、三十架俯冲轰炸机；两艘巡洋舰，它们装备了八英尺口径的大炮；三艘大型巡洋舰，装备有六英尺口径的大炮；四十艘驱逐舰；六艘快速扫雷艇。舰只一共五十七艘。——原注

作完成得差不多了。我们觉得，目前，这些战役在共同提供的海军力量的支持之下，能全速开展，但有一个前提，那就是我们的PQ运输船队不能遭遇惨重损失。

3. 我得到了艾森豪威尔将军的应允，打算让拉姆齐上将①立刻前来，将一些资料提供给坎宁安上将，这些资料在与你商谈海军的详细战略时要用。眼下，所有的工作都一定要紧抓，每一个小时的时间都要争取。只有这样，你的战争策略才能得以实现，而在今年做出一点真正的成绩的愿望也才能实现。

4. 据悉，关于你从卡萨布兰卡登陆部队中调出的那些军力以及它的一个团的战斗力量，艾森豪威尔已经向马歇尔提出了请求，把它们送到这里来。我们也十分赞同这个请求。

送予你最诚挚的问候。

罗斯福总统致首相　　1942年9月5日

胜利万岁！

前海军人员致罗斯福总统　　1942年9月6日

好的，加油吧。

*　*　*

如今，有关这次作战行动的部署工作，还有必要再次催促，并且，尽量争取早日实施。

---

① 从这次大战开始以来，多佛海峡的指挥工作一直由拉姆齐海军上将担任，他所显出的才干十分杰出。他被选为“火炬”作战计划中海军行动的负责人。——原注

首相致霍利斯准将　　　　　　　　　　　1942 年 9 月 6 日

因为担忧“火炬”计划实施过早，而使大家心生不安，这是完全没有必要的。一定要继续加油，力争将攻击开始时间放在 10 月 31 日。我们最好将目标对准 10 月 29 日，这样 10 月 31 日的行动才有保障。我认为，最好发一份电报给总统，就这个建议商谈一下。关于准备方面的工作，要是美国能够做好，那我们是不是也能够做好？

要是有些指令可能会让整个作战计划推延的话，我们就一定要防止发出这种指令。要是你公布的最早时间是 10 月 31 号的话，那么可以断定的是，必然会拖延到十日以后。

艾森豪威尔以及克拉克在 9 月 8 日的时候，跟我一起用晚餐。那天是周二，是我们举行例会的时间。我将最近旅程的收获在下院进行了汇报，在晚饭之前，我刚作完汇报回去。我们那晚之所以进行会谈，主要想对进攻北非的最后时间商谈一下。11 月 4 日，仍旧是计划制订人咬定的时间。我向“艾克”征询建议。他回答：“从现在到 11 月 8 日，还有六十天呢。[①]”显而易见的，正是因为有一团美国的战斗部队需要武装，才会有了这再一次的延期。就跟以前一样，为了避免延期，我提议让英国的突击队换上美国的衣服，这些突击队都接受过优良训练。可是，对于这一次登陆，“艾克”想全部使用美国军队。

我在 9 月 15 日的时候，给总统发了份电报：

前海军人员致罗斯福总统　　　　　　　　1942 年 9 月 15 日

关于“火炬”作战计划，你所提出的政治见解，我十分赞同。

---

① 选自英文版《与艾森豪威尔的三年》，第 82 页，作者：哈利·C.布彻。——原注

如果敌人没有先下手为强的话，那么这个见解的确是没有半点错误。眼下，没有一点迹象能够表明，敌人已经得到消息，法国的态度也很好。现在，我正守着时间翘首以盼。

无论从军事还是政治方面，在整个的“火炬”计划之中，我觉得自己都是你的副手，所以，我只想能在你面前明白地将自己的意见表达出来。我们会有一个无线电台，它的作用非常大，在战争伊始就可以用了，所以，要是你把对法国的倡议书以及其他的一些宣传资料的录音事先灌制好，到时候进行广播，这些声音必定会响彻四方，盖过所有声音。我们英国人投入作战的时间，一定是你觉得合适的时间。此次的军事行动，是美国的军事行动，在这次行动中，我们的身份是你们的副手。

但是，对于西班牙方面，我仍是忧心忡忡。

首相致外交大臣，并请霍利斯准将转交给参谋长委员会

1942 年 9 月 16 日

1. 对于“火炬”计划的准备工作，西班牙方面会有什么样的反应，我们应当要紧密关注。在直布罗陀，我们将清楚看见他们的反应。我想要见到一份精简的报告，以及一份时间表，报告及时间都是关于在筹备“火炬”计划时，我们在直布罗陀将采用的措施。跟一支开向马耳他的大型运输队的标准力量相比较，这些筹备工作的实力会大多少？

2. 这个问题至关重要的一点是大批运送过来的飞机，当然，还有一个重点，那就是如何利用中立地区。

3. 这里有一个问题，就是在“火炬”计划实施的前两个星期，要是西班牙遭到了德军的逼迫，德军会让西班牙将我们进行准备工作的状况说出来，同时，他们还会让西班牙拒绝我们，不让我们使用中立地区，或者，让西班牙准许德军飞机使用巴比伦机场，

那该如何是好？对于德国所施加的压力，西班牙会作何反应，我们又该持何种态度？或许，在这样的问题出现时，我们就必须将这个问题的情况与佛朗哥明说了。我觉得，对于我们的计划，我们应当有万全的准备。

我在9月22号的时候，开展了三军参谋长会议，这次会议艾森豪威尔也参加了，在这次会议上，我做出了最终定夺。将11月8日，定为“火炬”计划实施时间。

* * *

隆美尔向着开罗发动了毅然决然的、同时也是最后一次的进攻，当时，我们正就主要作战行动与总统进行紧张的书信来往。沙漠地区还有以后会在那里发生的战争，一直以来都是我注意力的集中点，直到这次战争结束。对于新上任的司令官们，我充满信心，并且，我相信，在部队、装甲以及空军方面的优势，我们已经有了前所未有的提高。不过，在过去的两年里，发生了一些让人难过的意外事件，由于有了这样的经历，心里就总是有些忧虑难以消除。在这个战场上，即将有一场大战来临，我刚刚对这个战场进行了巡视，因此，我的心中生动地浮现出一个战场，那个战场的情景令人惊心动魄：沙漠曲折蜿蜒、岩石堆叠，炮台以及坦克隐匿在其中，我们的陆军也在这里潜伏，准备随时反攻。要是再遭遇打击，所受到的灾难就不光是打击本身，并且，现在英国正与友邦美国展开谈判，这个打击还会在谈判中大大危害我们的威望以及影响力。换句话说，要是我们战胜了隆美尔，那么信心势必会日渐增长，同时，局势好转的氛围必然会弥漫，这些都会对我们在各种问题上完成协定大有裨益。

有关于“吉布”（之所以用这个名字，灵感来自我常穿的衣服）的电报，亚历山大将军已经应允在战争伊始发过来。8月28日，我向他询问："关于'吉布'的电报，你觉得在本月内能发过来吗？军事情报处方面觉得，这件事并不是十分紧急。希望你能成功。"他回答道："自现在开始，'吉布'的每一天都十分宝贵，这种宝贵就像金钱一样。随着时间流逝，敌人展开攻击的可能性逐渐变小，如此看来，到了9月2日，可能性已经完全没有了。"我在30日的时候收到了'吉布'，它是一个单音节信号，收到它后，我给罗斯福以及斯大林发了电报："隆美尔已经展开攻势了，这是我们期待已久的。目前，重要的战役很可能正在开展。"

蒙哥马利做了一个估计，根据他所预计，英军阵线在南边有一个防御力不强的布雷地带，隆美尔的计划应该是让自己的装甲部队穿越这个布雷带，随后向北挺进，由两翼以及后方将我们的阵地围困住。此次作战中的关键据点是阿拉姆海尔发山脊，而蒙哥马利所作部署，主要是确保敌人不会攻陷阿拉姆海尔发山脊。

德国非洲军团的两个师，在8月30日夜晚，将布雷地带攻破，第二天早上，就攻进道尔拉基尔。在他们侵入之前，我们的第七装甲师就已经逐渐撤离，现在正在东边的侧翼进行防守。还有两个意大利装甲师以及一个意大利摩托化师，他们现在正在德军装甲部队的北边，他们也想穿越布雷地带。他们所取得的成功十分细小。因为与他们的设想相比，布雷地带要深很多，他们发现，自己受到了新西兰师纵射炮火的疯狂袭击。可是，我们的阵地已经被德军第九十轻装师成功突破，他们打开了一个突破口，让装甲师得以向北挺进。在战线的另一边，第五印度师以及第九澳大利亚师，同时遭到敌军钳制性的袭击。在经过十分激烈的战争以后，这两个师不得不往后撤退。德意装甲部队打算由道尔拉基尔向北发动进攻，去攻打阿拉姆海尔发山脊，或者向东北方攻打哈马姆。对于后一种选择，蒙哥马利并不希望他们采用。要作战的话，他更乐意在山脊地区，这是他自己选中的战场。有一张地图显示，如果向山脊地区发动攻击，坦克可以毫无障碍地通过，可是再向东挺进坦克就很难通过了，隆美尔被这张地图蒙骗了。两个月后，

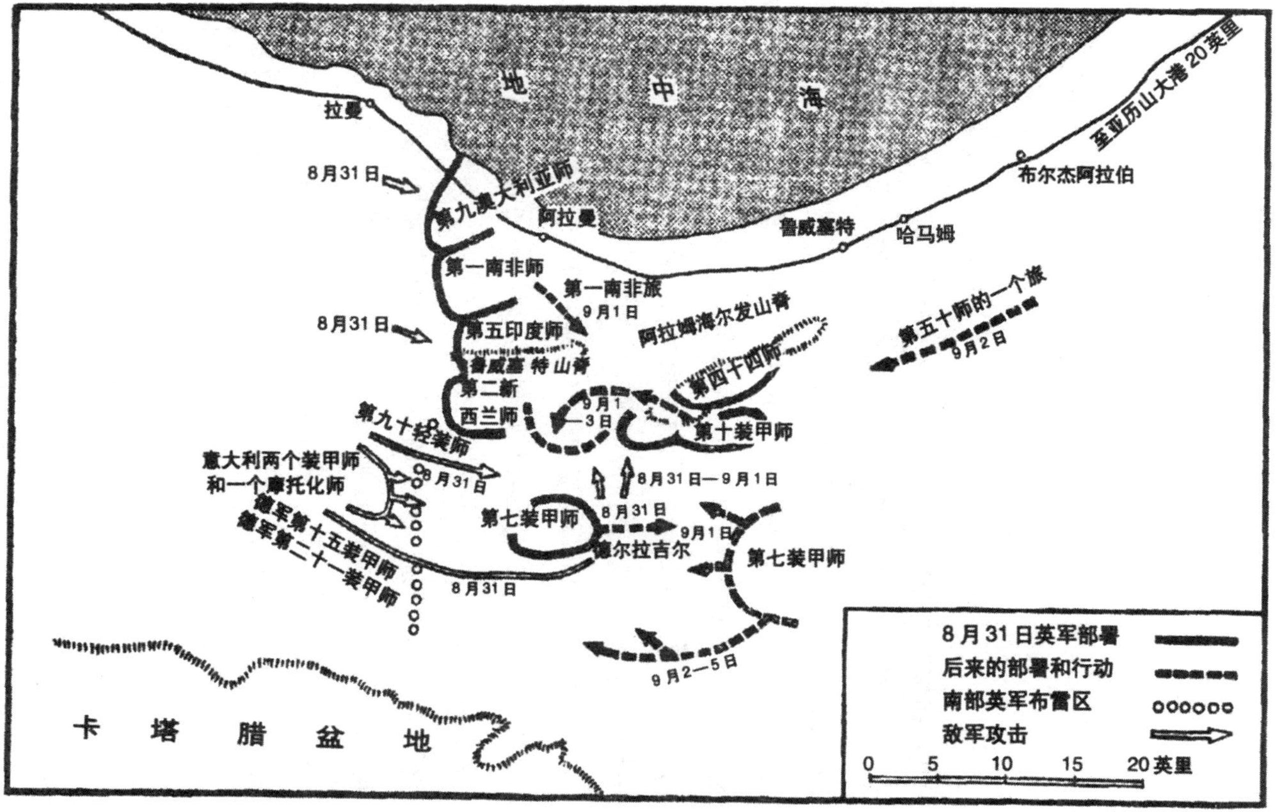

击退隆美尔：8月31日—9月5日

（照原图译制）

已经成为俘虏的冯·托马将军说，这是一个假的情报，它想要的效果已经达到了。现在，战争的局面必定是毫无误差地按照蒙哥马利的意愿在开展。

31 日晚上，敌人向北发动的攻击被击溃，敌军的装甲车队进了车阵，这一晚，他们所遭遇的，是接连不断的大炮的袭击以及激烈的空袭。第二天早上，他们向英军战线的中间部分挺进，而聚集在这里等待迎击他们的正是第十装甲师。敌军所想象的沙地，远没有真正的沙地坚硬，而他们所料想的抵抗，也远没有真正的抵抗顽强。虽然他们在这天下午再一次开展攻击，但结果是惨遭失败。现在，所有的兵力都被隆美尔用上了。意大利军也早已土崩瓦解。他们想要支援隆美尔鲁莽的装甲部队已经不可能了，而由于整天都在开动，装甲部队的燃料被大量消耗,而这些燃料他们原本就没有多少了。在 9 月 2 日的时候，隆美尔的装甲部队转攻为守，打算迎接我们的袭击，这很可能是因为，他知道了在地中海又有三艘油船沉没。

这完全没有使蒙哥马利受到诱惑，所以隆美尔现在唯一的办法是撤离。敌军在 9 月 3 日的时候开始撤离，英国第七装甲师攻击了他们的侧翼，敌军没有装甲的车辆因此遭遇严重损失。英军在那天晚间开始进行反攻，不过他们所攻打的不是敌人的装甲部队，而是第九十轻装师以及的里雅斯特摩托化师。要是将这些师击败，那么，在德军装甲部队回到布雷地带以前，我们就能将该地带上的缺口补上。新西兰师开展的攻击非常激烈，但他们所遭遇的抵抗也十分激烈，在抵抗过后，德国非洲军团逃跑了。现在，蒙哥马利将追击暂停。现在，时机还未到，他打算时机一成熟就力争掌握主动权。这是隆美尔最后一次进攻埃及，蒙哥马利十分满意能击退隆美尔的最后一次进攻，并且让隆美尔损失惨重。在这次战役中，第八集团军和沙漠空军给了敌人沉重的一击，并且让敌人的军需供应陷入新的危险之中，而第八集团军和沙漠空军他们自己的损失却不是很大。从后来缉获的档案中，我们了解到，那时，隆美尔的处境极其窘迫，他接二连三地请求支援。对于那时的隆美尔，我们也明白，他已经十分疲乏，苦闷到了极点。阿拉姆海尔发战役是这次战争的名称，这次战役的效果，在两个月以后，就能显现出来了。

我们损失了一百一十名军官，以及一千六百四十名士兵。这其中包括：九百八十名英国人、二百五十七名澳大利亚人、四百零五名新西兰人、六十五名南非人、三十九名印度人。这一次战役，的确是英国的战役，这次战役的主力，是宗主国。

第八章　担忧以及紧张

艰难的过渡期——磨难接踵而至——山路之巅——团结的战时内阁以及他们的能力——特伦查得勋爵建议将空军力量集中利用——在9月4日我作出回答——我们的作战方式遭到斯塔福德·克里普斯爵士的批判——我们二人进行探讨——他想将政府中的职务辞去——我在9月22日给他一封信——我的同事劝他暂时不要辞职——他决定在战役结束后再辞职——他被调派出任飞机生产大臣——政府方面相关变化——四大国策略——我在10月21日给外交大臣的备忘录——我想要创建欧洲合众国

虽然地中海两岸的庞大作战计划我们已然敲定，并且，为了这项计划而做的准备工作都在进行之中，但是仍旧有一段等待时间，等待的时间是最为让人紧张以及煎熬的。知道情况的内部人员，所担心的是会有什么事情发生，而不明白情况的人员正好相反，他们所担心的，是任何事情都不会发生。

到今天为止，我已经主持二十八个月的政务了，在此期间，我们遭遇的军事失利可以说未曾中断。法国沦陷了，英国遭遇空袭，可是我们却存活了下来。我们的国土还没有被侵袭。我们还是保住了埃及。我们仍然活着，只是举步维艰。不过，也就这样了。另一方面，我们遭遇了多少的灾难啊，它们就像瀑布一般倾泻而来！这是我们历史上从来没有出现过的一系列劫难以及打击，在这些劫难以及挫折中，达喀尔的惨败；沙漠地区的丧失，这些地区是我们从意大利手中夺取的；希腊的悲剧；克里特岛的沦陷；与日作战时的溃败，已然无可挽回；香港的沦陷；美、英、荷、澳战区广阔土地被践踏；新加坡的劫难；缅甸被日军攻占；在沙漠中，奥金莱克受到的打击；图卜鲁格投降；被看成失败的迪耶普战役。所有这些都是最为令人痛心疾首的事情。现在，我们不再是孤军奋战了，我们与世界上最为强大的两个国家结成了同盟，我们与他们一起加入决战，他们让我们得到了一个保障，一个关于取得最后胜利的保障。但是现在，这样的局面所能带来的，只是更为自由的批判，因为，威胁到我们生死的危险已经消除了。有一点已经不值得奇怪了，那就是由我负责的战争指挥工作，它其中的整个策略以及措施，必定会遭受怀疑以及否决。

在暂时停息的这段凄苦时间里，我的职务并没有被迫辞去，我也没有接到任何要求，说要让我改变计划，这件事确实让人诧异。有一点大家都清楚，这种要求我是坚决不会接受的。要是我被迫辞去职务，就必须要退出政坛，而我所要背负的将是满身责难，到了最后，战争总会有个结果出现，那时候这个结果就要归咎在我这么晚才辞去职位之上。确实，整个战争时局很快就会改变。从现在开始，我们所得到的必定是越来越多的成就，一次的悲剧事件完全不能妨害这种成就。虽然战争的道路漫长而艰难，仍旧需要各方面付出非常大的努力，不过，现在我们已经到了山路之巅，对于通往胜利，我们不仅胸有成竹，而且，事实上，让人振奋的事情已经时常发生了。由于战时内阁的团结坚毅，我的政务和专业的同事对我的信赖，议会坚定不移的忠实，以及全国从未改变的友善关注，才导致在大战的这个全新的时段里，我参加工作的权利没有丧失。全部这些事都说明，在人事中，运气的成分居多，对于所有事情，我们尽力而为就好，没必要太过担忧。

有一些知名人士，他们与我之间有着程度各异的亲密关系，对于这两个月以来局势的紧迫，他们已经十分灵敏地感觉到了。我们有一位自治领高级专员，是最重要也是才干最出色的专员，他曾经给我写了一份有分量的信，在我们限定的范围内，我们传阅了这封信。在一开头，这封信便写道："毫无疑问，在激励士气这方面，丘吉尔先生的贡献是巨大的，不过……"下面写出的就是一系列我的败绩，还给出了一些内容充实的建议，提议让我交出权力，这样才能减轻我身上的重担。

* * *

我有一位朋友，我们相识并一起工作了至少二十五年，他就是特伦查得勋爵。他写了一个文件，分量十足，他建议在轰炸时应该大量集中地进行，他弄了一个副本送给我：

1942 年 8 月 29 日

庞大的军队正由我们和美国人一起组建，可能仅美国就能达到六百万至八百万人。需要大量的物力以及工业上的人力，才能维持这些军队。运输物资也需要很多商船，同时为了给商船保驾护航，还需要其他的船只以及飞机。这会引出很多问题，为了装备这些军队，盟国是否有足够的原料以及资源，在遭遇挫折以及大量耗损的时候，这些资源还能不能支撑激烈的战斗……

时日无多，而我们所处的时刻，正是要做出选择的时刻。危险就是：我们打算走两条线。那么在这个巨大计划以及双面战争的持久战之中，我们的空军力量肯定会陷进去，并且难以摆脱。

1914 年到 1918 年的情形会再次出现，那就是在欧洲大陆上，我国今年或者明年会陷入陆地战，德军势必会因此而捡到好处。德国陆军手中保存了庞大的军事力量，他们到时候就会将这些力量拿出，用来与我们抗争。空军力量是我们能赢过德国的方面，也是我们占优势的方面，这个空军力量包括英美空军……

发明火药以及现代化船舰，都引起了巨大的变化，但它们引起的变化远小于现代战争的战术改变所引起的变化。随着时间的流逝，空军的力量也在不断增强。空军自 1939 年以来，得到了极速的发展。现在的炸弹以及轰炸机，与战争爆发之初所用的炸弹和轰炸机相比较，已经不可同日而语了……

英美空军的力量在一天天强大。有一些策略是易于实现的，并且很快它们就能实现，我们就应当将力量集中用在这些策略上，这样的话，我们空军武器那无边的力量才能发挥出来……

要是采用的策略是让陆军去夺得胜利，那么结果只会是大量耗损人力及物力。空军是一个全新的范畴，作为军事科学上的武器，它是强有力的，它已经给盟国带来了取胜之道，这是一个伟大的全新的取胜之道。要是我们当机立断，下定决心将空军集中起来利用，不但有几百万的生命会被我们救回，就连战争时间也能缩短几个月，很有可能缩短几年……

在占领波兰以及法国的时候，敌人用了"坦克闪电战"，就跟他们一样，现在我们要击溃德国机构，我们用"轰炸机闪电战"……

最后，我们需要一位领袖来实施这一策略，这位领袖，就最宽泛的意义来说，他要对欧洲战争纯军事策略谋划负责，当然，要让一位三军方面的参谋长为他提供帮助。对于这位领袖，还有一些要求，他一定要信任他的武器——空军力量，在这次战役中，他的指挥经验一定要十分丰富。这样的人不在少数。

* * *

任何一个鞋匠都不会说自己的皮革不好，这一点我十分明白，不过，我还是要说，这个文件是由特伦查得勋爵写的，他具有很高的权威性，那么这份文件必然会有其重要性。所以，我把它印刷了下来，送给战时内阁以及三军参谋长，同时送去的还有一些类似的文件，是由空军中将哈利斯所写的，并且我附加了一份说明，内容如下：

对于这些建议，我个人并不支持或者采用……可是，我想我的同事们可能对这些文件感兴趣，因为这些文件都写得有理有据。有些人一直在抨击我们的轰炸计划，对于这些人，可以用这些文档当作有力的回复。

我给特伦查得勋爵写了一封信：

首相致特伦查得子爵　　　　　　　　　　　　1842 年 9 月 4 日

对于你送来的意味十足的文件，我表示十分的感谢。有关于轰炸机司令部，我是它的拥戴者，同时，为了使它得到加强，以及保证它不会受到毫无道理的阻挡，我已经费尽了心思，这一点你应当是知道的。

对于你精彩的论述，我必须承认并且表示称赞，但同时我觉得，你可能有点夸大其词了，这反而对事情起不到任何好的作用了。这个论点你必然已经将它进行了发展，将它发展在这里或者美国只会有为数不多的人赞同的地步。我把你的文件寄给了战时内阁，就像我处理空军中将哈利斯最近的文件一样，我之所以这么做，是因为对于你口中的“滥轰德国”的攻击，以及多方面发起了运动诽谤轰炸的这些观点，我想进行反驳。

有关文件最后一段，要把任何国家的行政首脑与实施战争的主要负责人区分开来，这是难以办到的。虽然说，不论是罗斯福先生还是斯大林主席，他们都没有任何军事经验，也没有接受过相关训练，可是他们不仅是美国和俄国的行政首领，他们还是总司令。在英国，由于指挥作战的机构与全国的生存以及命运是没有分别的，所以要把宪法的首脑机构跟指挥作战的所有机构区分开来，更是难上加难。当然，这不失为一种方法：甄选出一位空军人员，授予他所有权力，同时命令他获得胜利。不过，你有没有想过由此会引发出什么问题，这点我保持怀疑。与其他两个兵种相处时，他肯定难以适从。相同的情况也会发生在与同盟国相处的时候，盟国的规章制度并不一样，尤其是美国，空军在美国的地位，不过是个附属单位，这种关系十分严格。很有可能，相同的困境还会出现在与下议院、内阁以及一切类似机构相处的时候。可是，类似于这样的困难是可以解决的，解决的办法是，假设能找到合适的人选，那么就让他同时担任首相。要是这样的解决方案会将胜利迅速带来，这点能让我信服的话，那么让我把位置让给他，我将十分乐意。对于你心目中的人选，我的要求会不会有些苛刻？你说，这样的人大有人在。有一件事我一直都不知道，那就是我们的军队是如此的人才辈出，以至于这次战役中能有那么多军官出任司令，同时，他们对于空军的意见与你完全一致，他们能成为“就最宽泛的意义来说，要对欧洲战争纯军事策略谋划负责的领袖”。

美好的祝愿送与你……

9 月 8 日的时候，特伦查得给了我回复：

……由于我很明白，你想要在德国攻打我们主要敌人的迫切心情，所以那个文件我并不是为你而写。我是为某些人而写。我纯粹是一个旁观者，我觉得，像我这样的人，所提出的建议，可能会对他们产生一点影响……

不管是从何种形式或者手段上面，我最后一段所表达的意思，都不是你所想的那样。我所建议的，并不是说主要的指挥战争的责任不能由行政首脑承担。这样的观点我从来不曾表达过，也不曾有过。我所要表达的意思是：以前有人在很多报纸以及讨论中，提出过一个建议，那就是委派一位类似马歇尔以及韦维尔那样的人，来担任欧洲总司令，让一位陆军将领来出任总司令，这就是我要反对的意见。要是空军的力量对我们来说至关重要，并且这股力量能让我们得到胜利，那么为何一定要让陆军将领来担任总司令呢？现在，我们既然都能清楚，空军是战局的关键点，那么为何要依据“陆上”的观念来制定策略呢？……

* * *

不过，要说对我们的战略方针抨击得最厉害的人，当然是斯塔福德·克里普斯爵士，他是我们的掌玺大臣。他是下院的议长，所以他的意见至关重要。对我们的连续失败以及所受打击作出解释，是他的工作任务。当然，对于这个任务他也十分熟练并且忠实地完成了。我跟他之间的关系，要是在这个让人压抑的短暂停息时期出现了破裂，那么随之而来的必然是一种政治危机。所以，当我8月底，从国外回来的时候，我非常敏感地注意到，对于全国的士气以及中央组织在指挥作战时的效率，他已经产生了极大的怀疑。他发现，在国内舆论方面，一股失败以及不悦的情绪正在蔓延。他觉得，在生产武器时，工人们都倾注了自己的心血，而这些武器不能提供给利比亚方面，工人们知道了这样的消息，心里必然会有种无能为力并且沮丧的感觉。有些科学技术人员十分想制造新的武器以及设备，可是他们得到的并不是鼓励。而官方在办事时的磨蹭、犹豫不决，还有各种委员会重复累赘的浪费现象，都让商人们十分恼怒。由于军事领导的错误工作，让军队中的官兵们甚为烦恼。他觉得，努力注入生机勃勃的活力给全国的战争，是当务之急。为了这个目的，他提出了一个建议，对我们的政府机构进行一连串改革。我十分赞同这里面的一些方针，并且为了实现它们，我已经开始采取措施了，不过，在有一个问题上，我与掌玺大臣的意见大相径庭，就是有关指挥作战技术的主要问题。他固然是没有提出将我废黜或者撤职的要求，他提出的要求恰恰相反，他说我作为国防部长，应当赞成让三个人来当我的参谋长，这三个人所具有的才能应当像三军参谋长那样，那么联合计划委员会就可以交给他们监督，同时，在为最广义的军事计划效力的时候，他们能投入所有时间。应该让他们三人成立一个作战计划局，这个作战计划局是独立存在的，有关战争的一切战术问题都由他们负责审核,并且对未来的各种作战计划进行探究。为了这个目的，参谋长委员会将会被他们替代。在每一个战区设置司令官，海、陆、空军的所有指挥权都由司令官来掌管。对作战计划局直接负责的就是这些司令官了，会有一个少数人组成的联合参谋处来当他们的顾问。这个想法简而言之就是，原本就应该由国防大臣担任最高统帅，遍布世界的海、陆、空三军都由他直接指挥。如此一来，一切的估算、策划以及行动，自国防大臣开始，都可以完整串联了。

实际上，这是一个梦想，属于计划者的梦想。负责策划的唯一一个部门就是新的作战计划局，同时指挥和支配的所有权力都由他们掌握，如此一来，他们就不会像三军参谋长那样了，三军参谋长在管理他们所指挥的军队时，时常被困于杂务之中，作战计划局则完全可以避免这一点，如此他们就能够自由工作了。那些乱七八糟的杂务还是交给三军参谋长和参谋人员来解决，他们可以用集体的或者个人的力量来解决这些事，而策略和方针呢，则让最高统帅部来闭门制定。对于这样的双轨制，我十分怀疑它是否能取得成功。对于掌玺大臣的这些建议，我热情满满地给出了我的看法。我断言，不管在理论上还是在实际中，他这种建议都是难以成立的。就我的观点来说，制订作战计划的人，应当是有职务并且有权力来执行这个计划的人，这才是指挥作战的领导原则。我们现行的制度，之所以能发展起来，全依赖于我们以往的困苦经验。在这样的制度之下，制定三军计划的需求，参谋长委员会以及它的附属组织，完全能够满足。在这些组织里，只要是负责实施的人就会一起草拟计划，这些计划以后都会由他们来付诸实践。作战计划局完全与负责作战的参谋部分离，那么这就会出这样两个机构，一个负责，一个不负责，这两个机构完全对立，可以却享有一样的名义地位，所以从原则上来讲，成立这样一个机构是根本不正确的。这是两个对立的机构，那么这两个机构所提出的建议，势必有一个要被大臣们所忽略。这样的话，直接而激烈的冲突肯定会马上出现。很容易就能看见这个方针的一些风险以及冲突，举个例子，要是一位海军将领被调遣到作战计划局，那他是不是就能拥有这样的权力，可以对海军大臣怎么调动舰队做出安排，或者说，有一位“才能相同”的空军将领，他被派遣到作战计划局，是不是他就能对空军参谋长进行委婉的抨击呢？要是不用承担实施计划的重担的话，以取得战争胜利为目标，随便一个有点才智的人都能拟订出一系列的计划。从地位上而言，有一些计划参谋人员，他们确实归肩负实施任务的三军首领所管，那么对于他们的这种才智我们就应该予以鼓励。可是，我可不准备将我们的机密送给一个虚有其表的智囊团来探究，并且，现在各种的委员会以及报告已经够多，我可不想在此基础上再加上一个智囊团和他们的报告。长期处理这些事务，积累了很多经验，我从这些经验中得知，国防大臣一定要跟负责的顾问在一起工作，而且，进行工作时也有赖于他们，那么这些顾问是谁？当然是那些实施计划并对造成的结果负责的军事长官们。现在这个时期，首相跟三军参谋长的关系是如此的友好和谐，在要采用的决策方面，他们看法完全相同，这样的一个时期，上次大战从未出现过，这次大战也第一次出现。既然是这样，那我为什么要从那些现任顾问身上收回我的信赖呢，在我看来，他们是三军中最优异的专业顾问。现在，有一些责任很小并且能力较弱的军官，为了至少能给他们一点信任，我就要将我的信任从现任优秀的顾问身上收回？三军参谋长都是我所选任的，要是觉得还有很多“才能相同”的军官能承担他们那样的重任，这种想法根本就不切实际。

在与掌玺大臣辩论的时候，我就是用的这样的论点以及相似的论点，我希望我的这些想法能得到他的赞同。9 月间的多数时间，都被这场庄严的辩论耗费了。可他还是没能被我说服。他在 9 月 21 日的时候告知我，他说他有义务去做一件事，那就将他在政府部门极为重要的职务辞去。因为他觉得，自他从印度回来后，他的帮助便不再被我需要了。他感觉，我在很多问题上的意愿，他已经渐渐不能理解了，可是对于这些问题，他作为下院的议长，是了然于胸的。对于战争的形势，他深感担忧，并且，基于这几个月形势的发展，还有战时内阁所有成员所承担的重责这几点，他非常想知道，对于将来，我持什么样的观点。针对这些问题，我做出了回答：

亲爱的克里普斯　　1942年9月22日

我接到了你的来信，在读完后，我感到十分惊讶，并且还有些痛惜。你刚开始任职是在七个月以前，从那时候到现在，对于我们之间的关系，我确实没发现有什么改变。8月初的时候，我去旅行了，在我出发的时候，我觉得我们之间是非常和谐的。现在，距离那时候已经有七个星期了，在此期间，我差不多离开了一个月，随后，你也离开了一周多点。在过去的一天一夜里，我们的内阁会议举行过三次，用了六个半小时，除开我们的内阁会议，我总想尽量多看望我的主要同事们。关于我们的谈话，我经常认为是愉悦而又令人振奋的。只要你乐意，我都盼望着你能随时来看望我。

对于你再次送予的备忘录，我表示感谢。你在备忘录中谈到了现在所用的全部制度以及措施，先不论好坏，这些制度以及措施将会成为我的工具，让我用来实践领导政府以及开展作战的任务。你所写的那些问题，它们存在的争议，任何人都不会比你更清楚，这一点从这个备忘录里我就能看出。由于我长期的经验以及身负的重担，让我对这些问题有着自己的决心。其他人一定是不同的。

在这里，我并不想进行争论，争论只要一发起，就像没有尽头一般。这次战役之中，有很多忙乱而紧急的任务，在这些任务之中我与第一海务大臣有过密切的合作，如果你也能像我一样与第一海务大臣密切合作的话，他的智慧、知识以及思维的严谨，都不会让你轻视的，这一点我坚信无疑。有一点我必须要说，我们之所以能存活下来，全仰仗了海军部，可是对于他们的成绩，你却表现得不那么豁达大度。

有关于我们的未来，你想询问我的观点。对于未来，我满怀希望，并且，我相信，这个信念也是不会发生改变的。很快，规模庞大的战争就要来临了，这一点与你的想法完全一致，并且也是我们所有人都赞同了的。对于战争的推延，我们一定要坚定顽强地忍耐着，等候结果。我个人觉得，相对于作战来说，等待让人更为难受，所以，对于你所说的担忧的心情，我完全能够体会。

你真诚的

温斯顿·丘吉尔

虽然我写了这封信，但是我已经察觉到，对于我他已经不会完全信任了，让他在很长的时间里，继续以战时内阁同事的身份来分担重任，已经没有可能性了。要是因为这些事情，他将政府部门的工作辞去，那么随之而来的肯定是激烈的政治斗争，这一点我完全明白。关于这个政治斗争，虽然我已经决定去面对了，但是现在非洲的事情还没有个定论，我希望这个政治斗争在非洲的事情尘埃落定以后再发生。由于大战的关键时刻即将临近，出于对这一点的考虑，战时内阁的几位同事劝他再斟酌一番，在这种时刻请辞，对公共利益是不是会造成不良影响。现在，在北非的那场战争即将来临，要是这次战争取得了胜利，我的地位将会大幅度提高，而相应的，他的地位就会有所削弱，虽然这一点是显而易见的，不过，他的行动还是遵从了自己的爱国之心。

我亲爱的首相　　1942 年 10 月 3 日

我昨天与你会面时，作出了一个承诺，遵照承诺，现在我就自己在战时内阁的职务问题给你写这封信，这个问题，是我们近段时间来已经商讨过的了。

我提出过一些改革意见，是针对作战的主要指挥问题的，有关这些意见，你并不能使我相信，它们是多余的。想要充分挖掘我们的战斗潜能，就一定要实施那样的改革。

上面所提到的信念，会促使我，让我要求你把我的辞职信递交给国王陛下，可是现在，你和其他的同事们，让我留意到了眼下的特殊境况。

我从你的讲述中，能明白，现在这个时期是我们国家以及政府迫在眉睫的一个时期。顾虑到这一点的话，显而易见的，有些事情会传达出在作战的指挥方面我们出现了冲突或者分裂的信息，在这极为紧张的时期内，如果可以的话，这样的事最好不要发生。不然的话，我们的士气很可能因此受到影响，或者在国际上遇到的麻烦将由此而增加。

就我个人观点而言，我所提出的改革的必要性，会因为这些暂时的顾虑而遭到否决。所以，为了让即将来临的战斗能顺利展开，我做出了决定，有关我在战时内阁的职务问题，我有义务将接下来的行动延迟进行，至少要等到战役能够顺利开展了为止。

只要时机到了，我会再次把这个问题拿出来。

不用多说，在这段时间内，我会竭尽全力地协助你，无论何时何地，我都会尽力为你提供帮助，这一点我坚信。

又及：我已经请安东尼·艾登和克莱门特·艾德礼看过这封信了，并且，关于我总的行动计划，我也已经告知战时内阁的其他成员了。

我亲爱的斯塔福德·克里普斯　　　　1942年10月3日

那些规模宏大的战役是我们全体成员所赞同的，用你的话来说，你已经决定将辞职信留到至少这些战役顺利开展的时候，对于你的这个决定，我敢断言它肯定是正确的。我们的共同利益以及英美军队的安全，必然会由于现在探讨你将政府职务辞去的事而受到损害。我要参加这样的探讨，但是说出的话又不能让敌人得到什么论断，这是非常难做到的。从另一方来说，想要在后期让我们之间的分歧得到答案，你完全有这个权利。同时，你所作出的承诺，说要尽一切可能来协助我，对此我十分感激，当然，我也会很好地报答你的支持以及善意。

* * *

当然，斯塔福德·克里普斯爵士最后没有彻底脱离政府。虽然关于战时内阁成员本身资历所给予的一切责任，他都不想再担负，但是为了能让他继续发挥自己的智慧以及能力，我十分乐意在政府范围内为他寻觅其他的职务。11 月的时候，非洲的战役顺利发动，当时，对于飞机生产大臣的职务我劝他来出任。在这个任务里，他的办事才能以及效率日渐提升。在大战结束之前，他一直担任这个职务。在这里，我想要借这个机会，表达对他的感谢之情，因为他作为飞机生产大臣，在这极为艰难的三年里，一直都忠诚地尽力为公，并且取得了不错的成果。我以前在这本书的其他地方提到过，有一些大臣，他们没有管理过具体的部门，所以常有这样的情形：总是意气昂扬地在谈论别人的工作。斯塔福德·克里普斯爵士是一个极具才能，但行政经验不足的人，对于这样的人来说，他崇高的理想、理论剖析的本领以及这样的活动形式，都会有极其强大的号召力，但这样的号召力也是危险的。就他的伟大才能来分析，交给他的工作，应该是更为现实的工作。不论是他担任飞机大臣时取得的成就，还是他担任掌玺大臣时遭遇的打击，都只会让我内心的愧疚感更加深重。最开始，我提出意见的时候，他本应该推辞，然后在进入政府工作的时候，先出任军需大臣。

* * *

现在，说到了此处，想要结束有关这方面的叙述，就要稍微违背时间顺序，先说在 11 月底一定要进行的别的内阁调动，这并不会带来什么不便。长久以来我都有一种想法，那就是让一位大臣驻扎在华盛顿，那么很多跟美国政府相关的供应问题就可以由他来解决，处理这些问题的官员最好是大臣级别的。让克里普斯爵士出任飞机生产大臣，华盛顿的这个重大职责就交给卢埃林上校，对于这样的安排，卢埃林本人很高兴地答应了。克兰伯恩子爵原本承担着上院议长的职责，他现在出任掌玺大臣，而他在殖民地事务部的职务则让奥利弗·史丹利上校接替。

由于斯塔福德·克里普斯爵士出任了飞机生产大臣，那么他在战时内阁阁员的位置就空了出来，所以赫伯特·莫里森先生填补了这个空位。以前，他是内政大臣以及安全大臣，那时候，为了让我们的民防组织能够解决 1940 年和 1941 年的种种难题，他发挥过自己伟大的行政本领，现在，他的政治才能也得到了施展的机会了。在战时内阁的会议中，能得到他的帮助，我们战时内阁的同事们是十分乐意的。

* * *

国内正出现着种种政治压力，而此时，我正在审阅外交部的一些建议，这些建议是有关于战后世界政府的，由外交部同华盛顿国务院在会谈中所起草，对于这些建议，我深感快慰。10 月份的时候，外交大臣给战时内阁发了一份要紧的文件，名为“四大国计划”，有关于最高指导机构，它在其中规定，由委员会来生产，委员会的组成是英、美、俄、中。我非常开心，能让自己的意见记录在以下备忘录里。

首相致外交大臣　　　　　　　　　　1942 年 10 月 21 日

1. 现在我有很多事情要处理，但即便是这样，我也想要努力作出回答。就表面来看，选出这四大国家来，根本没有任何困难。但是，我们一定要面对的俄国，以及他们所提的要求会是怎样的，这一点我们并不了解。也许，再过一段时间，将会了解。说到中国，我觉得，重庆政府完全没办法代表一个伟大的世界强国。美国一定会想尽办法将不列颠的海外帝国进行瓦解，而他们所用的办法是“对没有投票资格的人进行收买，让他们拥有投票资格，然后为美国投票效力”。

2.我的精力集中在欧洲，我想要重现它作为现代化国家以及文明之母的荣耀，这一点我毫不否认。要是欧洲古老国家的文明以及自由，遭到了俄国蛮横主义的践踏，带来的祸害将难以预测。虽然眼下还说不准，但是欧洲这个大家庭在进行统一行动的时候，肯定是在一个欧洲委员会的领导之下，这一点我坚信。我建议成立一个欧洲合众国，国与国的分界在这里将大幅度变小，而且极可能实现不受限定的旅行。在开展探究的时候，欧洲的经济能够作为一个整体被研究，这是我十分想要见到的。我想要的是，应该由十个单位来组成这个委员会，不仅包括以前的几个大国，还应当包括含斯堪的纳维亚、多瑙河地区、巴尔干各国在内的一些联盟，它们有一种制度，为国际警察制度，并且，这个委员会应当得到一种权力，可以将普鲁士的武装解除。我们虽然在很多地方，尤其是最为重要的一些地方，都必须同美国人合作，但我们的主要焦点所在依然是欧洲。有些时候，瑞典人、挪威人、丹麦人、荷兰人、比利时人、法兰西人、西班牙人、波兰人、捷克人和土耳其人会有极为紧迫的事件，要求我们进行援助，同时，他们希望得到最大的推力，好让别人能听到他们的声音，在这种时候，我们肯定不想在面对俄国以及中国的时候，它们是大门紧闭的。这样的问题，想要继续探讨的话，还会有很多。可是，现在我们应当首先考虑的必然是战争问题。

* * *

就这样，我们进入了这次伟大战役的高潮部分，生死存亡都在此一举了。

第九章　苏联说的“谢谢你”

决定对俄国进行热心的援助——“天鹅绒”作战计划是英美空军对俄军南侧的援助——罗斯福总统表示赞同——北极运输船队在“火炬”计划之后有可能重建——我在9月6号给斯大林发的电报——我再次争取“朱庇特”作战计划——必须告诉斯大林有关北极运输船队暂停的事——与总统进行通信——我对高加索方面的险境信心十足——在阿尔汉格尔斯克以及摩尔曼斯克我们商船的海员所受到的对待——莫洛托夫的表现极其差——总统在10月5日的时候给了我关于援助俄国的电报——斯大林在10月5日发的电报——关于“天鹅绒”计划我对斯大林进行了简单说明——他说“谢谢你”——苏联的不信任以及宣扬——俄国军队英勇抗战——油田没有被德军占领——斯大林格勒的吸引力——哈尔德被希特勒撤换了——俄军进行规模宏大的反攻——11月23日，钳形攻势进行汇合——击溃德国第六集团军

从莫斯科回来时，我满怀着尽力帮助俄国的决心。显而易见，东方战场最为危险的战役，就是即将到来的冬季之战，战场将是俄国的顿河流域的南边以及高加索地区，而德国所看准的对象，是巴库油田和地中海，他们要占领油田，并掌控地中海。对于必胜，斯大林充满信心，让我很是感动，并且，他正在筹备极为庞大的反攻，从他在克里姆林宫跟我的交谈之中就能得知这一点。我们在这一次规模宏大的战役之中，可以说难以起到任何作用。从各个方面给俄军运送救助物资，是我们一定要不惜任何代价去做的。北极运输队，我们要将其维持下去，同时，横向贯穿波斯的铁路，我们也要发展。让一支强有力的英美空军驻守在里海地区，是我们能够提供的直接军事支持，同时也是唯一的军事支持。就算是这样的支持，想要实施，也得等到西部沙漠获得胜利以后。我们在这段时间里，为了支持俄军必须积极地进行准备工作，并且这些准备工作的进行，都应当以“天鹅绒”计划为名义。

一回到国内，我就正式向总统提出了这个方针。

前海军人员致罗斯福总统　　　　1942 年 8 月 30 日

1. 这里有一个计划：先派一支英国空军去俄军南边驻守，然后再派一支美国空军过来。我们一定要将这个计划看成一个长期的策略，一个与俄国合作以及守卫波斯油田的长期策略。之所以这么做，看来应该有以下四个原因：

(1) 将俄国的空军力量广泛提高。

(2) 设置一道前进屏障，以保护我们在波斯以及阿巴丹的所有利益。

(3) 可以为我们与俄国人之间的友谊加上道德的影响，军事上的影响远远比不上这种道德情感上的影响。

(4) 为消耗德国空军的力量，每天都与它作战，这是集中力量对付主要空军目标，而不是分散力量。

2. 跟这个问题相关的一些资料，我们在通信中已经有所谈及，而有关这个问题的一些建议，在原则上也已经得到了你的同意，因为有了这些资料以及这些建议为依据，所以我在与斯大林就总方针进行商谈时，已经将这个责任替英王陛下承担了下来，同时，说你对此是也十分有兴趣的。眼下，总统先生，我有一份正式的草拟方案要交给你，也许你乐意根据这些方案，做出一些决定给我。方案内容如下：

(1) 为了能在俄国陆军以及空军守卫高加索山脉和黑海海岸战线的时候，为他们提供援助，我提议建立一支英美空军在外高加索。在西部沙漠战况许可的前提之下，可以马上从埃及将援助所需要的空军抽调出来，并且，从抽调之日开始，大概两个月内，空军就可以聚集在巴库—巴统地区。

(2) 关于这个提议的一些重点，都已经告诉斯大林主席了，他非常高兴地接纳了，同时，他说，这个计划的详细举措，应当再更深入地进行探讨。关于联合计划以及准备工作，在与伏罗希洛夫商谈的时候，帝国总参谋长以及特德空军中将已经一致赞同，立刻开始进行，并且，他们还提议，以这个为目标，盟国空军的代表们应当去一次莫斯科。

3. 近距离战斗机中队八个、远距离战斗中队一个、轻轰炸机中队三个、中型轰炸机中队两个、美国重型轰炸机中队一个，这是将要调遣过去的空军，将来可能还要加上一个普通侦察机中队，只是这些暂时还没有得到美国的认同。

4. 一定要有数量较多的空中运输，因为较好的地面交通处于匮乏状态，光靠地面交通，难以支持这支部队。大家觉得，想要满足空军部队的最低需求量，美国的一个将近五十架飞机的运输大队可以做到。

5. 所以，建议中所提及的美国提供的支持，有两个空军部队，一个是现在在埃及的重型轰炸机大队，一个是在中东的运输机大队，这个运输机大队暂还不能用。需要大量的飞机以及训练有素的飞行员，用以对轰炸机大队进行补充。另外，有一些飞机和机组人员，是决定给中东第一线以及补充所用的，同时，为了满足美国驱逐机大队和中型轰炸机大队最低限度需求，还需要一些保养部队，有关于这批飞机及部队，我们应当尽全力确保，他们能在规定的时间内在埃及做好准备，能够随时加入战争，这一点至关重要。就算我们将隆美尔从昔兰尼加赶了出去，我们也需要担负在空中保护埃及以及西部沙漠漫长运输线的重责。由于我们能预测到，有大量的不单是空战方面的损耗会出现在高加索地区，并且，高加索地区交通不便，修理设备又极少。所以，那些美国战斗机，将要分给英国皇家空军在埃及时使用的战斗机，要快速并全部提供给英国空军，有一点也一样的重要。

6. 这只空军的基地以及运输线，主要依赖俄国军队来保护，不过，保护机场的工作，我们应当做好准备，让轻型高射炮部队去承担。当然，机场上的工作，我们还应当让工兵部队去完成。

7. 这支空军部队有一些地勤人员，想要聚集并支持这些地勤人员，所依靠的只能是由波斯湾航线运送去俄国的物资，所以，有一点非常重要，那就是这支部队的人数越少越好，当然，前提是必须满足飞机有效行动的需求。这样，对供应的物资就难以造成很大影响。要将这些地勤人员聚集起来，我们要对一万两千人进行调动及运输，同时调运的还有汽车两千辆、物资四千吨，这些都将通过伊拉克与高加索之间的铁路和海上交通线进行运输。要是俄国人能提供汽油以及润滑油的话，那么空军后期所需的维持和保养，每天不会多于两百吨，供应这些东西，绝大部分的运输工作，都由空运来完成。

8. 在作战之时，这支空军要遵从俄国最高司令部的战术调度，不过，这支空军仍是清一色盟军空军，它的指挥官仍是一位英国军官，并且，它有权力向自己的政府提出申请。

9. 使团由英美空军军官组成，在给使团发出命令时，应该以上述情况为基础。为了能跟俄国人一块儿开展策略考察以及实际准备工作，应该马上把这个使团派到俄国去。这件事一定要毫不迟疑地去进行，这是十分重要的。

由于现在总统正忙着国会选举一事，所以只对我进行了简单的回答。

罗斯福总统致首相　　1942 年 8 月 31 日

在周二之前，我会对你的电报进行回复。你在电报中所提及的观点，我完全赞同，并且，为了让这些观点与其他行动策略相协同起来，我也会努力的。

关于波斯铁路问题，我们也正在探究，我会提出一些意见给你。

我们要竭尽全力往斯大林处调遣运输船队，这是让我极为忧虑的事。

首相致第一海务大臣　　1942 年 8 月 26 日

1. 像“火炬”作战计划那样的一种计划，它一旦开始了，会把我们带到多遥远的地方去，现在谁也难以下定论。可是，就算是这样，为了 PQ 运输船队在 10 月底或者 11 月初的时候能够重建，我们现在也还是要将计划草拟好。我们可能由于“火炬”作战计划的耗损，而不得不把所有力量聚集到地中海，当然也有可能是在这个设定的区域内，有了重要而充满希望的进展，这就将诱惑我们，也会让我们把所有力量聚集到地中海。一切的事情，在战争结束时都会变得清晰，到了那时候，我们所采取的行动只能依据当时的状况而来了。

2. 在我跟斯大林会谈的时候，我虽然对他进行过暗示，这些暗示也被记录了下来。我说，PQ 运输船队可能会受到“火炬”作战计划的影响，可是，类似于这样的信息：他除了今年 9 月的那一批运输船以外，什么也不能得到了。我觉得，在这样紧要的关头将这类信息透露给斯大林，是完全不正确的。所以，我们要做的是，从总统那里尽最大努力争取一些救助，同时推行 PQ 计划，直到，或者说除非，我们因为主力部队的原因而被迫放弃这些护航计划。我始终觉得，想要重建那些运输船队，也许是有办法的。要是没有办法，那对于不能这样做的原因，就必须要找到有力的证据。

北极运输船队，在9月初再次起航。我在过去的一个章节[①]里，已经谈过它那冒险的事迹。我告知了斯大林这一次的举措。

首相致斯大林主席　　1942年9月6日

1. 现在，已经有四十艘船起航了，它们属于第十八号运输船队。有一些敌机以海岸线为基地，在这些敌机的航程以内，我们难以派遣重型舰只进入，所以，我们在准备一支强有力的驱逐舰，要是敌人的海面舰队只能在熊岛的东面进行攻击，那么我们的这支舰队就能用来对付他们。有一艘新近建造的辅助航空母舰被我们添加在护航队里，这样，在对空袭进行抵御时可以起到协助作用。并且，我们正在设立一条强大的潜艇巡逻线，这条巡逻线将设置在运输船队与德军的各基地之间。仍旧十分危险的是，敌军海面舰只的袭击。为了能很好地预防这种危险，唯一的办法是设置一支空军突击部队在巴伦支海，这支空军的力量必须十分强大，以至于能打消德军用他们的重型舰只在该区域冒险的念头，可是，我们却敢冒这个险，用重型舰只在该区域活动。现在，我们正配置"卡塔丽娜"水上飞机八架，摄影侦察队的"喷射"飞机三架，这些都将用于进行侦查，它们将自俄国北部起飞，开始侦查。我们已经调遣出鱼雷飞机三十二架，以便于将空军规模进行扩充。在这一过程中，它们虽然遭遇了一些损失，不过，我们期望，可以参加战斗的至少还有二十四架。我们知道，你将要提供的飞机有：轰炸机十九架、鱼雷飞机十架、近距离战斗机四十二架，以及远距离战斗机四十三架，这些飞机，连同我们上述的飞机一起，都难以抵挡敌军的行动。要有更多的远距离轰炸机才行。由于你们在主要战线上正承受着极大的压力，这导致你们不能提供更多俄国陆军所用的远距离轰炸机，这一点我们非常明白。不过，这支

① 详见《日本的猛攻》，第十五章节。——原注

运输船队我们必须重视起来，我们调派了七十七艘战舰在这支船队之中，并且，在航行途中，我们所需要添加的燃料为一万五千吨。在北方，要是你能暂时将更多的远距离轰炸机调过来，那么请你立刻着手行动。对于我们的共同利益来说，这是十分有必要的。

2. 隆美尔向埃及发动了进攻，但他所遇到的是惨重的打击，对于我们这个月可以在那里获取关键性胜利一事，我充满了信心。

3. 对于“火炬”作战计划，它真正实施的日期，比我对你说过的最早日期晚了三周，不过眼下所有的工作都在全速开展。

4. 将一支英美空军在今年冬天的时候调遣到你们的南部，参加作战，这个提议我曾明确地对总统说过，现在，我正在等他的回答。就原则上来说，他已经答应了，现在，我正期盼着，能收到他的详细方案。

5. 俄军在战争中所取得的辉煌成绩，我们正满怀敬佩地关注着。德军会遭遇重大的损失，这是肯定的，并且，冬天又即将来临。有关这次拜访莫斯科的一些情况，我将于周二的时候在下院进行汇报。这次访问让我感到十分愉快，这种愉快的回忆我一直保留着，对于我汇报的用词，希望你也会觉得是友善的。

6. 请代为向莫洛托夫转达我的心意，并且，对他在我安全回国时发来的贺电表示感谢。愿上帝保佑，让我们的所有事业圆满获胜。

斯大林主席致丘吉尔首相　　　　1942 年 9 月 8 日

你在 9 月 7 日的来电，我已经收到了。关于 PQ 第十八号运输船队安全到达苏联的重要性，以及对舰队采用保护手段的必要性，我都非常明白。虽然，对于我们来说，现在确实很难调出多余的远距离轰炸机，以作护航之用，不过，我们仍旧决定要这样做。你所谈到的任务，我将调遣更多远距离轰炸机去完成，相关的命令今天已经下达了。

现在你们在埃及正攻打隆美尔，祝愿你们的这场战役能大获全胜，同时，也祝愿“火炬”作战计划取得成功。

现在出现了一些情况，迫使我们去思考通向俄国的北线还能不能正常工作。这些情况包括：北极运输船队的严重损耗，这个船队中包括了PQ第十八号船队的十二艘船只；大西洋方面的局势恶化；对于我们的航运，“火炬”计划的要求日渐增多。关于这件事，我已经向罗斯福总统发出过警示。

罗斯福总统致前海军人员　　1942年9月16日

波斯铁路我们打算接手，一切计划都在实施之中。关于向俄国南部派遣英美空军的问题，我们正在仔细商议。我希望，能很快就这个问题向你给出答复。斯大林能明白我们是信守承诺的，这一点十分重要，此事的重要性我也十分重视。

当然，要是我们打算不再派遣运输船队，那么说服斯大林的工作我将努力完成。

随着时间的推移，我现在对“朱庇特”计划的关注越来越盛，运输船队问题的紧迫性也要屈居它之下了。我猜，读者应该还没忘记，在以前的时候，我对驻英的加拿大总司令麦克诺顿将军提出过要求，让他对这个计划做出报告。我在9月16日的时候，就他的报告向三军参谋长做出了一些评论。

首相致伊斯梅将军，转参谋长委员会　　1942年9月16日

“朱庇特”作战计划

1、我们现在面临着三四个极重要的问题。有一个问题，我们必须把它看成其中之一，那就是：保持与俄国的联系，为让俄国得

到装备，继续战斗下去，我们要不间断地为他们运输供给。为了这件事，盟国一定要做出极大的付出以及努力。要是俄国沦陷，或者说俄国兵力已被削弱到不值一提的地步了，那么所有的德军就能从中挣脱，转而攻打我们。虽然，总统为了“火炬”计划，已经打算暂停一到两次的运输工作，但是他以前说过，维持PQ运输船队，以及“火炬”作战计划，这两个军事行动有着同等的重要性。

2. 所以，现在有两个选择放在我们眼前：

(1) 我们的任务在1943年这一年中，应当有两个，一是“火炬”计划以及与它有关的所有军事行动；二是继续保护PQ运输船队，或许会暂停一到两次。确实，一定要扩充船队。俄国人已经得到承诺，那就是他们将得到更多的物资，这是一个严肃的承诺，并且，因为遭到敌人的进攻，俄国的领土开始缩小，所以进口的武器将会是他们依赖的重点。

(2) 用“朱庇特”作战计划或者相似的计划，将挪威北部的德军剿灭。

这些护航队，每两个月至少要调运三次，当我们考虑到这其中遭遇的损耗的时候，另一方面，我们还该考虑，要是我们表明不再调运船队，那么会造成怎样严重的后果。出于这些考虑，不管要付出何种代价，要冒何种危险，有必要实施“朱庇特”作战计划的可能性都很大，并且，就长久来说，这也是最为适宜的。

3. 麦克诺顿所写的报告，我现在已经看完了，对于我们所要面对的麻烦，他绝对没有轻看。顾虑到这点的话，那么就可以以这份报告为基础，来进行深入的探究了。

4. 只要到了冬天，对于德国的战线，俄国必定会发动进攻。就跟任何一个地点一样，挪威北部也是形势大好。并且，现在俄军非常需要盟国的军火，以这点为基础进行考虑，在跟斯大林主席会谈之后，我坚信，俄国所要做的不仅仅是对摩尔曼斯克和阿尔汉格尔斯克铁路的攻击进行抵抗，他们还将对比特萨摩发动猛烈进攻。不管怎么样，我们想要对俄军提出准确的建议，就一定要了解他们打算如何作战。但是，我有一个假设，就是俄军一方面要调派足够的军力去挪威北部，用以攻击敌人，另一方面，在有需要的时候，一些登陆的任务还需要由他们来承担，就像麦克诺顿所提议的那样。

5. 要是想在我们的计划中加入“朱庇特”计划，那么在进行考虑的时候，就必须将“火炬”计划一起考虑。“火炬”作战计划将覆盖多大的区域，我们现在还难以判定。要是法国人跟我们同一战线的话，那么“火炬”计划所覆盖的所有地区，在一周之内，甚至可以说是在一天之内，就会成为对敌作战的区域。如果事情真是这样的话，那么我们将得到不少东西，其中有防御坚固的港口、机场、八九个法国师，以及为数不少的空军，很可能还有一些法国舰队，它们现在驻扎在土伦。要是在这种情况之下，就可以很快地用铁路将英国军队运送过来，从西面展开攻势，袭击的黎波里。德军很难在两周，甚至说一个月内将装备工作完成，然后开展激烈的进攻。特别是空军，他们根本没法腾出来。关于埃及和利比亚方面的战役，我们一定要祈祷它已经在激烈地进行着。所以，我觉得，要是在北非海岸的战况有利于我的情况下，大量的攻击舰只以及坦克登陆艇都能抽调出来，把它们调到北方去，让它们参加“朱庇特”计划。有一些舰只正遵照“波赖罗”计划，被运往英国，以便供“围剿”计划使用，这批舰只是除开“火炬”作战计划占用舰只以外的，所有新增坦克登陆艇以及攻击舰艇，这些舰艇也将加入“朱庇特”计划。由于关于这种消耗极大的行动，我们还没有向他们提出任何反对的理由，所以说这些供给已经被美国人停止了，是起不到作用的。遵照“波赖罗”计划，本来有一批船舰是准备提供给4月份的“围剿”计划使用的，关于这批船舰，我坚信，我能向美国提出要求，将所有这些船舰调遣过来，用于参加“朱庇特”计划，就算要不到全部船舰，最少也能要到足够的数量。护航这项工作很有难度，这一点我不否认。

6. 从另一个角度来看，在两种情况之下，“朱庇特”计划完全没有必要再进行讨论，这两个情况，一、是在“火炬”登陆战役中，要是法军对美军进行了抵抗，并且还求助于德国，让他们来攻打美军，而德军又真的来了；二、是西班牙人站出来与我们对抗，那么，在“火炬”计划的区域内，我们就必须以命相搏了。

7. 我坚信，我们所能得到的军队是：两个美国师，他们接受过北极训练；一个加拿大军团；几个俄国师团。所以，将俄国开展的进攻除外，“朱庇特”作战区域，我们有足够能力集结大量军力将它拿下。不过，要是现在我们不进行准备工作，那我们将连选择的自由都没有。不进行准备工作，不单单指不草拟书面战略，还指不预先定制装备、不对军队开展训练等等，不管怎么说，这些东西都要到 1943 年与 1944 年之间才能用得上了。

8. 如果能成功实施“朱庇特”计划和“火炬”计划，那么“围剿”计划在 1944 年以前都不能实施了。美国那边已经有了这样的观点，不过，“围剿”计划本身是绝对不会被“火炬”计划取代的。

这个方案，我觉得最好交给斯大林，同时，希望能让麦克诺顿对俄国最高统帅部进行一下说明。另外还有，在“朱庇特”地区采取行动，虽然我们打算对此进行探究，但是由于要为“火炬”计划进行准备，所以对俄救助的数量在短时期内肯定会有所减少，并且，还有另外一次护航队也会取消，它的规模与 PQ 第十八号船队规模相似。

我在 9 月 22 号的时候给总统发了一份电报，内容如下：

前海军人员致罗斯福总统　　1942 年 9 月 22 日

（我拟定，准备发给斯大林的电报如下：）

1. 在莫斯科的时候，我曾说，对于一点我们坚信不疑，那就是尽早实施“火炬”计划，是1942年我们以及美国为击溃德国，所能作出的最有效的贡献。

2. 眼下，我与总统最后商定的日期在11月初。

3. “火炬”作战计划一定要有如下的作用：(1) 让德军为了抵抗我们的攻击，不得不转移一些空军和陆军来与我们抗衡；(2) 或者迫使德军接受新的局面，这些局面是“火炬”作战计划取得的胜利所带来的，因为西西里以及南部有遭遇袭击的可能性，所以这种新的局面会更深入地钳制住德军的行动。

4. 最近这次护航行动中动用了不少于七十七艘的军舰，此次运输船队就是因此才能获得不小的成功。在今年年底之前，像这种大规模的紧密保护工作，不可能再出现。现在为了“火炬”计划而聚集的海军护航船舰，只有到年底时，才能再一次往北方海域航行。

5. 在这段时间内，我们会想尽一切办法，以便在1942年接下来的几个月中为你们提供物资，这些物资会以小规模的方式从北方航线运输过来。

6. 自1943年1月开始，我们打算重新将大量物资提供给你们。

7. 想要在1943年时让运输船队的效用尽可能提高，那么就要减少商船遭遇敌方攻击的损失。因为想做到这一点，所以我们十分希望能就今年冬天实施的“朱庇特”作战计划的可能性，与你们共同进行探究。

8. 对于这个问题，加拿大陆军总司令麦克诺顿将军已经作了初步研究。所以，我想向你提出建议，为了能与你们的总参谋部对这问题进行充分的探讨，我将在10月初的时候，派麦克诺顿去莫斯科。

我所面对的这个问题，让我觉得非常难以处理。现在，总统还没有回到华盛顿，所以，我到了9月27日，才接到了以下回复：

罗斯福总统致首相　　1942 年 9 月 27 日

由于现实的情况所迫，我们要将 PQ 第十九号运输船队放弃，你的这个观点我十分赞同。这对俄国人民来说，无疑是沉重的一击，虽然我能体会到这一点，但是我还是觉得，从时间上还有地点上来看，这次护航所起到的作用迫使我们做出这个决策。但是，不管怎么说，还有十多天才到 PQ 第十九号运输船队起程的时间，当然我们已经明确地知道到了这一天这支船队并不会起航，所以我强烈认为，在这一天来临之前，我们没必要向俄国人说起这件事。我觉得,过早将这件事告诉斯大林,只有百害而无一利。并且，我坚信，关于派遣英美空军驻守外高加索的问题，在十日内就能做出决定，你在通知斯大林的时候，应当将这一点一并告诉他。

我觉得，不应当用任何船只在冰岛对货物进行卸载，这一点是出于对安全方面的考虑。我们的船只不够，这是事实，但是，那些专供给“火炬”作战计划的船只，我们也许并不需要。并且，我觉得，我们最好做出一些舍弃，宁愿不用这些船只，让它们留在冰岛上，也不要冒风险，让敌人看出我们不打算派出另一次护航队。我以为,对于“火炬”计划,不应当再有任何一天的推延了。我们将所有力量都投入这个计划之中了，对于它，我抱了极大的希望。

关于往高加索派遣英美空军等问题，待我回到华盛顿再发电报告知，我打算在周四的时候回华盛顿。我正在进行的这次旅行，让我觉得十分愉悦。我们军队的训练工作取得了很大进步，士气也十分高昂。有关生产的状况也十分不错，不过，还要做得更好才行。

前海军人员致总统　　1942 年 9 月 28 日

你在 9 月 27 日所发电报中，提到了 PQ 第十九号运输船队的起航时间，实际上，它的最早起航时间会是10月2日，与你所说日期只有五天之差。不过，要是你觉得合适的话，我们就可以当作它已经起航了一样，延迟到7日甚至更晚的时候再告知俄国。现在苏格兰港口正停泊着绝大多数的船只。对于给高加索方面提供空军支援提出明确的建议，是十分重要的，这一点我完全赞同。

*　　*　　*

虽然，对于德军能进入巴库，我十分怀疑，但是，对于高加索方面的形势，我还是忧心忡忡。一直以来，我都拿这个问题与帝国总参谋长进行赌局，并且，在每星期的内阁会议上，经常对他开玩笑道："这个星期，我们的赌局可有取得进展？"我们对高加索局势会有什么样的观点，完全取决于在波斯，威尔逊将军的第十集团军能否向前挺进。

现在，时机是一切的关键所在。

首相致伊斯梅将军，转参谋长委员会　　1942年9月28日

威尔逊将军提出了又一个建议，他想把波斯前沿阵地攻占，就理论上来说，这是没有问题的，就实际执行来说，似乎也不会出现麻烦。

1. 若将提供给俄国的物资进行削减，我们要付出的代价将会很大。告知俄国人的最好时机，肯定不会是放弃PQ第十九号运输船队的时候。所以，这是一个有关时机的问题，而德国向高加索挺进的状况，决定了这个问题的答案。我跟帝国总参谋长曾去了莫斯科，自此以后，高加索的局势在六周内已经有了明显的好转。斯大林主席跟我说，他一定要坚持防守两个月，现在，已经过去了四十多天了。最为激烈的反抗，俄国已经开展过了。新罗西斯克的边界，仍然在他们大炮的掌控之中。在山路上，入侵者半步

也难以前进。现在，高加索山脉正下着雪。格洛茨尼油田也没有沦陷。当时，帝国总参谋长在里海沿岸所见到的要塞，刚开始修建，现在应该也得到大幅度加强了吧。就我个人观点而言，我一直觉得，高加索山脉的阵地，在春季以前，肯定能被俄军防守住，并且，我还觉得，在今年，巴库不可能沦陷。这些看法并没有多少科学的依据，它们是出于情感因素，这一点我不能否认。但是，我们一定要注意到，与多数人预料的相比，现在的局势已经变得好得多了。

2. 从上述情况来看，在第十集团军开始向前挺进之前，肯定还有半个月的时间可以让我们等待。我提议，到了 10 月中旬，再就有关于从横贯波斯铁路运输多少物资的问题，与俄国人及美国人进行商讨，因为到了那个时候，我们也许能够更明白地看清整个战局了。

3. 关于“天鹅绒”作战计划，罗斯福总统已经应允，最晚在 10 月 7 日也会给出答复了，我猜测对这个计划他会同意的。现在要草拟时间表的话，应当将他的答复当作同意，以此为前提来拟定。包括我们第十集团军所指挥的陆军飞机在内的全部飞机，是不是都包含在了“天鹅绒”计划所调遣的二十个中队里面，这一点我还不是很了解。这个集团军的先锋部队肯定是这些空军部队，同时，保护这个集团军的力量也是这些空军部队，要是情况变坏，这些空军就退回到集团军里去。在接到总统的回复电报以前，甚至能为空军部队做一张图表。

4. 要是在 1942 年，德国对俄国的进攻，已经能明显预测出难以取得成功了的话，那么，下决定调遣第十集团军，根本就是不必要甚至是不可能的事了，不过，想要对这个问题进行更为精准的断定，只有在我们见到“捷足”作战计划（沙漠攻势）以及“火炬”作战计划进展情况的时候。

*　　*　　*

对于我们的努力，俄国人并未表现出十分的重视，同时我们的困难他们也不明白。在我们的交往中，有些较为晦暗的事，以下这件小事就是一个例子。

首相致莫洛托夫　　1942 年 9 月 27 日

我听外交大臣说，他发了一封电报给你，电报中所谈到的问题是关于英国海军医院的，这个医院在瓦延加被命令关闭，同时让它们撤回国内。对于这件事，要是你能亲自去查看一下的话，那我将非常开心。那些重伤员现在正往这里运送，由于他们是被冻伤而截肢的。商船海员的士气问题，是我一定要时时顾虑的事，在此之前，让他们乘船去俄国，他们是十分乐意的。我们将英国的医疗单位派过去，并不是责怪俄国因为空袭的压力而有什么安排不当，我们之所以这样做，完全只是出于帮助。在医院里，伤病员见到的是与他们说着不同语言的护士，他们会因此觉得艰难。不管怎么说，我想在议会的时候提到这个问题的可能性极大，为了在提出这个问题时我能做出答复，我希望你能给我一些符合实际的理由。

我所得到的回答，仅仅是这样的：

莫洛托夫致首相　　1942 年 10 月 2 日

有关于阿尔汉格尔以及瓦延加（摩尔曼斯克）的英国医疗人员的问题，我在给艾登先生的信中，提出了要求，让他将有关于这些问题的回复告知首相先生。我觉得，要是你想对事情真相有充足的了解，就应当查看一下苏联外交部 8 月 27 日的备忘录以及我在 9 月 12 日写给英国大使的信，要是你这样做了，你就能对事情的真相，特别是英国当局的不妥行为，做出必要的论断。

人与人之间的所有关系，是怎样被打官腔破坏的，从这种拿腔拿调中就能清楚地看出来，甚至于就连原本的思想也被它破坏了。

*　　*　　*

我在 9 月 22 日草拟了给斯大林的信件，总统对之提出了建议，10 月 5 日的时候我收到了这些建议。

罗斯福总统致首相　　1942 年 10 月 5 日

9 月 22 日，你草拟给斯大林的信稿，我已经详细看过了。

我深以为，派遣一支空军去高加索的责任，我们应当坚决担负起来，并且，其他任何军事行动都不能影响这次行动。

眼下，我们最大的靠山便是俄国战场。我们应当提供的不仅仅是逐渐减少的物资，还应当找出一个办法，对他们进行直接的支持。我们自己从中东调遣出去的飞机，我方承诺，会将其补上，同时，你们在中东的空军问题，我们也会竭力帮助你们处理。

关于 PQ 第十九号运输船队将停驶一事，我主张坚决不要告知斯大林。在跟金海军上将商谈过以后，我认为，为了躲避敌人、疏散自己，应当让他们采取一种不一样的航行方式，并对此予以鼓励。按这种方式，将把 PQ 第十九船队分成很多小队，一小队一小队地出发，这些小队包括了那些速度最快的船只，这些船只准备开去俄国，它们现在有的已经装好货物，有的正在装载货物。每一支小队都有两三艘货船，护送的舰艇是两三艘护航舰，每个小队出发的间隔是二十四到四十八小时。它们难免会受到“提尔皮茨”号或重型巡洋舰的攻击，因为他们极有可能要在没有足够海军保护的状况下航行，但是，这次我们必须要冒这个险。就空袭方面而言，我们很清楚，气候条件对我们有利的时候总会出现的，并且，较长的黑夜也有助于我们。

我觉得我们会遇到一个很棒的时机，让绝大多数船只安全抵达，就跟我们以前运行PQ第十八号船队一样。不管怎么说，在这种时刻，最好不要妨害我们与俄国的整个关系，所以，我觉得，冒这次险是很有必要的。对于我的这些提议，我想你跟庞德会认真商榷的。我们的大使斯坦德利海军上将，他说有重要的消息要亲自汇报，所以要求回国一趟，这事我应当告知你。我有些担心，这个消息会是什么内容。

总统为我提出了建议，关于“天鹅绒”计划，我应当发如下电报给斯大林：

有关派一支英美空军前去高加索布防，我们进行过会谈，你应该不会忘记。对于这个方案，我已经跟总统商议过了，我们已经做出了决定：这个方案应当毫不迟缓地实施。有如下一些情况，我要告知你：我们所能调动的最大空军力量，还有，在以后的几个月中，我们组建这支空军的措施。

最后，他说：

你给斯大林写信的时间，请告知我，我将马上写一封类似的信给他。不过我深信，在用词这方面，我们两人的信，都应当给他留下不错的印象。

* * *

对于“天鹅绒”作战方案的可行性，以及支撑北极运输船队的措施，我跟总统在往后的几周内，对此一直不停地探讨。几乎是沉默了一个月以后，到了10月5日，我才从麦斯基处接到了斯大林的来电，其内容如下：

1942年10月5日

1. 有件事我必须告知你，斯大林格勒地区的情况，从9月初开始，已经开始变糟糕。现在，德军为了能在这个区域上让空军获得二比一的优势，他们已经在这里聚集了大批后援空军。想要从空中掩护我们的部队，我们缺乏足够的战斗机。就算是最勇猛的部队，在缺乏空军保护的前提下，他们也会感到力不从心。我们急需“喷射”飞机和“空中眼镜蛇”飞机。这些情况，我已经对温德尔·威尔基进行了详细解说。

2. 运输军火的船只，已经到了阿尔汉格尔斯克，现在，正在对它们进行卸载。这项资助十分庞大。不过，由于吨位的限制，为了得到更多的战斗机，我们宁肯暂时放弃一些救援物资。

3. 德国每个月生产的战斗机少于一千三百架，这是你们情报处的情报所显示的，但我们的情报却与之大相径庭。我们的情报显示，被德国占领的一些国家，它们也有生产飞机零件的工厂，将这些包括在内，德国的飞机工厂，最少每个月都能生产两千五百架战斗机。

我将这封信交个总统，同时递交过去的还有如下的一份说明：

前海军人员致罗斯福总统　　1942年10月7日

1. 关于你所提的建议，让PQ第十九号运输船队在削弱护航的情况下，分组连续启程，这一点是难以做到的。将要暂停船队的事，想要继续隐瞒俄国人，也是不可能的了。虽然还未正式对麦斯基下达通知，但是他也已经知道了这些事，我猜测，对于总体情况，他对斯大林已经进行了汇报。在10月阴暗时期，我们打算分别派十艘船只出行[1]。它们是清一色的英国船，船员们一定要是出于自愿的。这次航行危机重重，要是被击沉的时候，在远离救援点的地方，他们唯一可以指望的就是能穿上北极衣，同时，指望救生艇上能装有取暖设施。要是经验显示出有一个良好机会的话，那么，为了能供应11月9日以后分别航行所用，我们唯一的办法就是请求你们支援一些美国船只了。

2. 你觉得有利的情况是，推迟两周再将事实告诉斯大林，可是，我觉得在与他交往时，实事求是会更好。我坚持主张，现在就通知他。

3. 现在存在着这样的危险：德军的空军可能会从俄国战场上抽离，然后转过头来对付埃及战役。当然，还有一种可能：他们必须调派大量空军来应付“火炬”计划。所以，在埃及战役开始以前，有关“天鹅绒”的任何活动都不能开展。

想要尽早确定一个日期，我们虽然还难以做到，但是我觉得，关于这支空军的组成，我们可以进行较为明确的规划。我在这几周里，已经将二十个空军中队确切地调派了出来，当然，想要最终定下来，还要得到你们的赞同及帮助。关于这批空军的详细情况，以及它们被命令在何时出发，将会于何时投入作战，我都乐意进行解说。

4. 对于斯坦德利海军上将准备回国向你汇报的消息，我难以猜测其内容，不过，我相信，它绝对不会造成单独媾和的危险。一直以来，俄国的战役都非常不利于希特勒，虽然，对于我们两国，俄国都有些怨言，但是他们从未放弃过希望。

5. 所以，要是现在我们提出草拟的“天鹅绒”计划，同时提高飞机的运送量，并且在PQ航线上，分批进行航运，那么在“火炬”计划开始之前，我们之间的裂痕就能得到缝合，这一点我坚信。

---

① 在这个时期，有十三艘商船驶往俄国，抵达的只有五艘。——原注

*　　*　　*

我在10月9日的时候，给斯大林发了电报，在电报中对“天鹅绒”计划进行了简要说明。

首相致斯大林主席　　　　1942年10月9日

1.本月底，我们会在埃及展开攻击，11月初，“火炬”作战计划就会开启。这些作战行动肯定会带来以下结果：

(1)可能让德军为了抵抗我们的攻击，不得不转移一些空军和陆军来与我们抗衡；

(2)或者能迫使德军接受新的局面，这些局面是“火炬”作战计划取得的胜利所带来的，因为西西里以南部有遭遇袭击的可能性，所以这种新的局面会更深入地钳制住德军的行动。

2.我们将动用庞大的军力在埃及发动攻势。“火炬”会是一次巨大的作战行动。美国海军参加了这次作战行动，同时，还有二百四十艘英国战舰和五十多万兵员亦加入这次战役。不管怎么说，有这么多的军力要被用到。

3.调派一支英美空军去你们的南方布防，同时让它作战时听从苏联最高统帅部的战略指挥，是我跟总统热切想要做到的。为了能让他们在明年年初投入作战，我们已经下达了命令，让这支空军集结并开向驻扎地。很多空军在埃及还有战斗任务，等这些任务一完成，他们马上就从埃及过来。关于埃及战争，我们坚信，必将夺得胜利。

4.从10月5日麦斯基先生转交过来的信件中，我们得知，你想要英美两国大幅度提升供给俄的战斗机数量。我们会尽快安排从波斯湾航线进行运输，将要运来的有一百五十架“喷射”飞机，一同运来的还有大量备用零件，这些零件相当于五十多架飞机。

只要一准备妥当，这些飞机跟零件就会马上送往，这是超出常规的增援，我们只能提供这一次。这些增援已经超出了北方航线的常规增援，当然，只要北方航线能使用，我们就应当尽量使用它。罗斯福总统将另外发电报，告知你美国的增援情况。

5. 让我感到宽慰的是，在最近一次船队中，能安全抵达阿尔汉格尔斯克的船能有这么多。这次之所以能成功，全靠了七十七艘军舰护航。现在，海军护航将要取消，直到我们即将开展的战役完成为止。想要再次将海军护航派遣到北方海域，只能等到它们不再被“火炬”战役需要的时候。

6. 就算是这样，在这段时间内，我们还是准备竭尽全力从北方航线为你们运送物资，当然，不能再用护航队的方式了，我们所采用的方式是让船只分批起航。我们已经布置妥当，打算在10月28日到11月8日这段时间内没有月光的时候，让船只从冰岛起航。将美国提供的船只除外，我们还有十艘自己的船只，正在进行准备。这些船只为了躲避敌人，分散行驶，它们将单独起航，每艘船之间会有二百英里的间隔，有时候间隔会更大。

7. 我们希望，利用强大护航队运送物资的办法，能在1943年1月的时候重新开始使用。

8. 要是挪威北部的机场不被德军占用的话，对你们和我们来说，肯定都是大有裨益的。要是你们的参谋人员能草拟一个合适的方案的话，我和总统将会马上对竭力合作的可能性进行探究。

同样的程序也被总统所采用。

罗斯福总统致首相　　1942年10月9日

我在今天给斯大林主席发了电报，内容如下：

“英国首相发给你的电报的副本，他已经寄给我了。我们会尽早派遣一支空军去高加索，它们在战略上服从你们的领导。眼下，我正竭力为你找更多的飞机，不久之后，我会将具体情况告知你。为了能使你们在太平洋方面的物资运送得到增加，我也在想尽一切办法将我们的一些商船送交你们。刚才，我对一家汽车轮胎厂下达了命令，让他们为你们进行制造工作。为了能使波斯湾这条航线运输的物资得到增加，有一批十分重要的物资，正由我们送往波斯湾，我坚信，这一点可以做到。大量的发动机、各种准备以及人员正在运送途中。我们长久以来所筹谋的作战计划必定能取得成功，这一点我坚信。所有美国人都因为斯大林格勒的顽强保卫战而激动不已，我们坚信，保卫战必胜。罗斯福。”

我在 10 月 13 日的时候，收到了斯大林的电报。电报里并没有对任何情况进行说明，也不能让人获得什么帮助。

斯大林主席致首相　　　　1942 年 10 月 13 日

你在 10 月 9 日发来的电报，我已经收到。谢谢你。

*　　*　　*

现在，到处都是猜疑的氛围。莫斯科的报纸居然大肆渲染赫斯事件，这件事早已是陈年旧事。莫洛托夫在 10 月 15 日的时候，公开发表讲话，他要求国际法庭将赫斯当作战犯进行审判。苏联一位主要政论作家，在 10 月 27 日时发表演讲，他斥责了“阿斯特夫人以及‘克利夫顿集团’的阴谋诡计”，说他们想要单独媾和。

这些说法完全是毫无根据，我与总统的看法以及心情，半点也没有受到它们的影响。现在，我们在尽自己的最大努力。我在 10 月 27 日的时候写了一个备忘录，给外交大臣：

1. 我的的确确觉得，被俄国人的情绪所左右并不正确，要是与他们一起对荒谬绝伦的奇谈猎奇，那就更不用说了。有一件事一定要做，那就是叫掌玺大臣也就是斯塔福德·克里普斯爵士让我们对赫斯的故事聚集注意力并重温一下。准备完资料以后，对于要不要把事实通告俄国，战时内阁就可以对此开始进行商讨了。艰苦奋战，取得胜利，是唯一一件有益处的事，这点我敢跟你断言。眼下，我们有很多战役正在进行中，将来还有更多战役要展开。要是我们的努力获得成功，你就能看见，我们的地位将完全不同。在这段时间里，我们在应付俄国人时，要沉着冷静，不要因为他们的胡说八道而变得激愤，反之，我们该做的是，坚定地去履行自己的职责。有一点你一定要牢记，很多强有力的政府都被布尔什维克的谣言以及虚假宣传所打到，也许，他们觉得他们这些方法会给我们带来什么损害。

2. 我正在询问总统，问他是否收到了回复，斯大林对我二人电报的回复。现在，我正等着他回电。收到回电后，我将亲自给斯大林写一份电报。电文不会很复杂，我就是要问他，对于我那封很长的电报，他的回复是否就是“谢谢你”，如果真是这样的话，那么对于南方的二十个空军中队；附加给他的，正在运输途中的“喷射”飞机；那些打算在北极阴暗时期一艘艘前往俄国的运输船等，他准备如何处理。等“火炬”计划第一部分完成以后，运输船队的问题很有可能重新考虑，因为“提尔皮茨”号现已到特隆赫姆南边去了，不过，护航船只仍旧是最主要的问题所在。

这时候，我收到了总统的来电，内容如下：

罗斯福总统致首相　　　　1942 年 10 月 28 日

莫斯科方面有没有给我们回复，我并不觉得太过烦扰。有一点我敢断定，那就是他们在措辞的时候，并不是出于与我们相同的目的。

我还没听到，我方对在俄国南翼建立机场的问题，提出任何困难，不过，我会对我方的境况马上开展视察。

这个冬天，俄国一定能扛过去，这一点我坚信。我们对他们的供应还有派遣一支空军与他们并肩作战的计划，都应该积极开展。对于斯大林先生，我希望我们能说，我们的职责已经完全履行了。

*　　　*　　　*

阿拉曼和“火炬”作战计划，以及在斯大林格勒俄军所取得的巨大胜利，让冬季这几个月的紧迫状况得以缓解。让一支船队安全抵达，是今年年底以前，北极方面的一次伟大军事举措。苏联有这样的一种想法：要是这个冬天，他们扛过去了，那么西方的任何直接军事救助，

德军在俄国的战役，1942年　　（照原图译制）

他们都没必要接受了；这种救助在他们看来，是具有传染性的，并且，这也会伤害到他们的声望。现在回想起来，苏联之所以会有那样的举动，部分原因就是他们有这样的想法。这样的一个政府，持续对我们进行羞辱，而在这些羞辱之后，我们所表现出来的耐性，我认为，至少也是应当称赞的，一直以来，这个政府都想与希特勒为伍，直到它遭受致命打击，几乎沦陷，它才将这种想法打消。

* * *

可是，既然说到了这里，就必须要对俄国陆军的伟大战绩以及决定性胜利，进行简要叙述。

德军想从东南方向进攻高加索地区，为了将沿路的障碍除去，他们就一定要攻占罗斯托夫，将顿河下游弯曲地带里的俄军消灭干净。5 月 28 日，敌人发动了首次推进，发动地点是库尔斯克以及别尔哥罗德的北边。一支部队在 7 月 7 日的时候到达罗斯托夫的郊区，它们是由库尔斯克北面出发的，可是它们没有将罗斯托夫攻下。从奥廖尔到沃罗涅日的侧翼，有一条漫长战线，匈牙利军担负这条战线的防务工作，而德国第四装甲集团军就从顿河西岸出发，向南挺进。伊久姆前面有一条俄军防线，这条战线，在后来的一次攻击中，被突破了，德军突破防线以后，跟向南前进的军队汇合。后来，第三次袭击盘绕着抵达了罗斯托夫以北的顿河下游一带，这次袭击是从斯大林诺开始发起的。虽然，这些行动不像想象中的那么迅速，但是总体来说算是完成了。俄军进行了异常激烈的反抗，不过，他们最后还是被迫撤离到顿河流域的后方，因为他们的战线被敌军装甲与摩托化部队多次深入，让他们深陷困境。

事实上，第一阶段的战斗在三周以后就结束了，所以希特勒下达了命令，开展第二阶段的进攻。现在，南路集团军群被分成了两支，一支是 A 集团军群，由里斯特担任指挥工作，一支是 B 集团军群，由博克担任指挥工作。7 月 23 日的时候，希特勒给出了指示，下达了它们的任务。攻占整个黑海东岸，是 A 集团军群的任务。一支机动部队会去攻占格洛茨尼，当然，他们会在迈科普油田被占领之后采取行动。“随后，为了占领巴库地区，就会沿着里海前进。”“为击溃正在斯大林格勒集结的敌军，并且攻占该地”，在顿河的两岸，B 集团军群已经建立了侧方防御工事，随后会向斯大林格勒进发。机动部队会沿着伏尔加河向下，目标对准阿斯特拉罕。

为了阻挡俄军从这条战线撤离，中央集团军群将采取局部的军事措施。由于占领了塞瓦斯托波尔，第十集团军的五个师将空出来，希特勒下令让这五个师与北路集团军群会师，以便于在 9 月份的时候攻占北方的列宁格勒，但他却没有顾虑到，他的主要兵力将因此而削弱。他们适时到了，但是他们只是进行防守，以防俄国突破德军的战线，他们并没有展开攻势。

向高加索方向挺进的德国 A 集团军群，它们的先锋部队是第一装甲集团军的十五个师，它们属于克莱斯特。他们穿越顿河之后，几乎就没有遇到反抗，进展十分迅速。他们到达迈科普的时候是 8 月 9 日，他们发现油田已经被完全摧毁。8 月 25 日的时候，莫兹多克被他们的另外一支纵队所攻占，但这支纵队并没有进入格洛茨尼油田，因为他们在捷列克河被阻挡了。在所有油田中，最大的当属巴库油田，不过它远在三百英里以外。9 月 10 日的时候，新罗西斯克被攻占，它位于黑海沿岸。在塞瓦斯托波尔被攻占以后，俄国的黑海舰队曾在新罗西斯克进行躲避，现在他们已经转移到图阿普谢，并留在了这里。希特勒下令，要将黑海沿岸全部占领，这一命令没能得到实现。在中路，德国军队向前挺进，已经到达了高加索山麓地带，但也没能继续挺进。有一批生力军由黑海西岸运去俄国，在得到这些援助以后，俄国的整个战线，逐渐进入平稳状态。由于分了一些军力去攻打斯大林格勒，克莱斯特的部队兵力有所下降，他持续作战，直到 11 月。他在 11 月 2 日的时候，将纳尔奇克攻占了。可从这以后，他的行动受到了冬季条件的影响，不管是从策略还是从兵力上来讲，他都无能为力了。

而在德国B集团军的前线，发生了一件十分糟糕的事，这件事比之失败有过之而无不及。希特勒被斯大林格勒引诱了。对于他来说，这座城市的名称就是在挑战他。这座重要的城市，不仅仅是一个工业中枢，它更是一个坚固据点，它的功能就是为了阻止希特勒强行突破高加索侧面的防线。这座城市将德国的空陆两军的主力全吸引了过去，就像一块吸铁石一般。

为了帮助A集团军群渡过顿河，德国第四装甲集团军转而南下，它所遭遇的后果十分惨重。对斯大林格勒发动的攻击由此而遭到推延，而现在已经退到顿河对岸的俄国军队，在德国第四装甲集团军再次转向东方之前，正进行整肃。随着时间的推移，俄军的反抗逐渐变强。一直到了9月15日，在顿河与伏尔加河之间，德军开展了激烈的战争，这才得以进入斯大林格勒的郊区。在10月，这个月份中，德军在攻城战里得到一些进展,但他们所付出的代价,却是数量庞大的伤亡。不过，在残垣断壁上奋力抗敌的俄军，支撑他们的是殷切的奉献精神，任何东西都难以让他们屈服。

德国的将领们早就忧心忡忡了，现在，肯定是更加焦躁。战斗已经持续了三个月，可高加索、斯大林格勒以及列宁格勒，此次战役的三个主要目标，都还在俄国的掌控之中。德军遭遇了惨重的损失，可又缺少用以弥补的力量。新兵居然被希特勒用来组成新的、未受过训练的师，而不是用以填补伤亡人员。军事专家们都觉得，现在，停手的时刻到了，不过，“这个啃咬地毯的人”是不会受他人意见左右的。希特勒的参谋长哈尔德，在9月底的时候终于被革了职，因为他拒绝以及反对希特勒。希特勒继续督促他的军队向前挺进。

德国的处境，到了10月中，恶化得已经十分明显了。B集团军群的正面战线，延绵七百英里。在斯大林格勒时，包洛斯将军的第六集团军的兵力几乎耗光，现在，它可以说已经毫无战斗力，而在它侧方进行防御的是盟邦军队，他们的战斗力让人极为怀疑。很快，冬天就要到来了，俄军的反攻肯定会开展起来。要是难以守住顿河前线，那么就不能保证高加索方面德军的安全。但是，任何撤离的提议，都被希特勒否决了。俄军在 11 月 19 日的时候开展了顽强的包围战，向斯大林格勒南北两面防御单薄的德军侧翼发动猛攻，这次包围战是他们策划已久的了。俄国的钳形攻势在四天后合围了，德国的第六集团军在顿河跟伏尔加河之间被围困。包洛斯提出建议，要求突破重围。但是却得到希特勒的命令，让他在阵地上坚守住。随着时间流逝，他部队所占领的范围逐渐变小。12 月 12 日，冰天雪地，为了将被包围的第六集团军解救出来，德军拼死突破俄军的包围，但结果惨遭失败。从这时候开始，在以后的七个让人害怕的星期里，包洛斯和他的部队虽然扛了过来，但他们的命运已经注定，那就是灭亡。

第十章　阿拉曼战役

为沙漠攻势开展准备工作——逼不得已的延期——亚历山大将军给的原因——战争临近——1942 年 10 月 23 号的“吉布”——蒙哥马利的策划——狂轰滥炸——发动总攻——战役中双方有得有失——第九澳大利亚师发动的进攻取得伟大战果——10 月 27、28 日两天的激烈战争——将战况汇报给自治领总理——对将领们表示祝贺——英国的损失情况——蒙哥马利提出最后方针：“增压”——向前挺进的澳大利亚战士——突破隆美尔的战线——我方装甲部队展开追击——11 月 4 日亚历山大所发电报——敌军被击溃——“鸣钟吧！”——旧式的战略——命运转折点

中东指挥部门进行了一场有关管理者的变革，在这之后的几个星期里，在开罗以及前线，拟订计划和开展训练的工作一直未曾中断。第八集团军的实力，已经得到了前所未有的提高。第五十一师以及四十四师已经从英国抵达了中东，而且，它们已经成为了“适应沙漠作战的部队”。我们的装甲部队已经得到增加，现在有七个旅了，它们装备的坦克有一千多辆，在这些坦克中，来自美国的“格兰特”以及“谢尔曼”坦克，占了将近一半。现在，我军与敌军数量之比是二比一，在数量上来说，我们占据优势，在质量上来说，至少也是旗鼓相当的。有一批空前强大的炮兵，他们经过了优良的训练，现在正聚集在西部沙漠，为即将开展的战争提供支援。

1941 年 10 月 7 日下过一个指示，按照这个指示，必须由总司令来指挥中东空军的作战策略及工作，不过，在特德空军中将的率领之下，这些严格的规定，根本没有必要。有一些新上任的陆军将领，他们与空军司令部之间，相处十分和谐。西部沙漠空军，他们由科宁厄姆空军中将统领，现在，他们拥有五百五十架飞机的战斗力了。有些飞机以马耳他岛为基地，将这些飞机除开的话，还有两支空军部队，它们的飞机数量共计六百五十架，干扰敌军港口是它们的任务，同时他们还要干扰地中海以及沙漠中敌军的供给线路。还有美国战斗机以及中型轰炸机共计一百架，将这些加起来，可以作战的飞机约有一千两百架，我们的总战斗力，也就是一千两百架飞机。

现在，所有准备工作都在进行之中，在这样的时刻，我一定要清楚亚历山大将军的想法，并且越快越好。所以，在9月17日的时候，我发出了下列电报：

首相致亚历山大将军　　　　1942年9月17日

我现在正在迫切地等待着，等待你来电对你的想法进行介绍，原本我们二人已经决定，发动攻击的时间是9月的第四个星期。后来，你进行过声明，因为最近的那场战争，需要多一点时间才能再次聚集兵力以及开展其他工作，当然，那次战争已经将敌人的兵力大大减弱。关于你的方案或者说明确的时间，我并不想知道，但是我要对整个战争局面做出有效的断定，就一定要知道你选定的时间在哪个星期。

在几封电报里，亚历山大将军告知我们，这次战役的代号为“捷足”，而“捷足”的发动日期已经敲定了，是在10月24日左右。他说：“因为侧翼较狭窄，想要在敌军的防御线上打开一个缺口，只能分阶段进行此次战役。”第十军是组成装甲部队的主力，它在这次战役中，将担任先锋部队，它会在白天的时候穿过这个缺口，进而向前推动。要到10月1日，这个部队才能得到所有的武器以及装备。并且，想要承担这个重任，它还必须接受将近一个月的训练。“我想，一定要在月圆的时候发动初次攻击。这次军事行动将是极其要紧的一次行动，它需要一些时间，而且，要是想让我们的装甲部队在处理战役时拥有一整天时间的话，那在敌军战线上打开的缺口，就一定要足够大。事实上，我的全盘计划与月圆密不可分。对于怎么让这次战役发动的时间与‘火炬’战役相匹配的问题，我已经进行过周详的思索，在“火炬”计划发动前十三天，是我军发动进攻的最好时机，这就是我得出的结论”。在当时，“火炬”计划的发动日期，已经定在了10月4日。

首相致中东司令　　　　1942年9月23日

事情都交给你了。只要能赢得这次胜利，耗费点时间肯定是物有所值的。不管事情会变得怎么样，我们都会一直在你背后支持你，做你坚强的后盾。

现在，只有一个问题需要提出，那就是关于敌军在这段时期内将要建设的防御设施问题。也许有这样的一条防线，在这条防线上布满了爆破而成的洞穴，隐藏着的炮位，还有由机枪阵地建成的防御工事，它纵向长度达到了二十五英里，这种防线并不是一朝一夕就能突破的薄弱防线，你有没有想过自己会遇到这种防线？原本，之所以发明坦克，是为了顶住机枪的火力为步兵开道，可是现在，开道的变成了步兵。就我个人观点，步兵的这个任务将会极其艰难，因为火力已经大大增加。关于这些问题和它们的处理措施，你眼下肯定也在思考，同时，你在思考的应当还有，为了将你兵力上的优势发挥出来，要如何对你的攻击面进行扩展。

*　*　*

将近一个月的时间又过去了，开展攻击的日子逐渐临近。

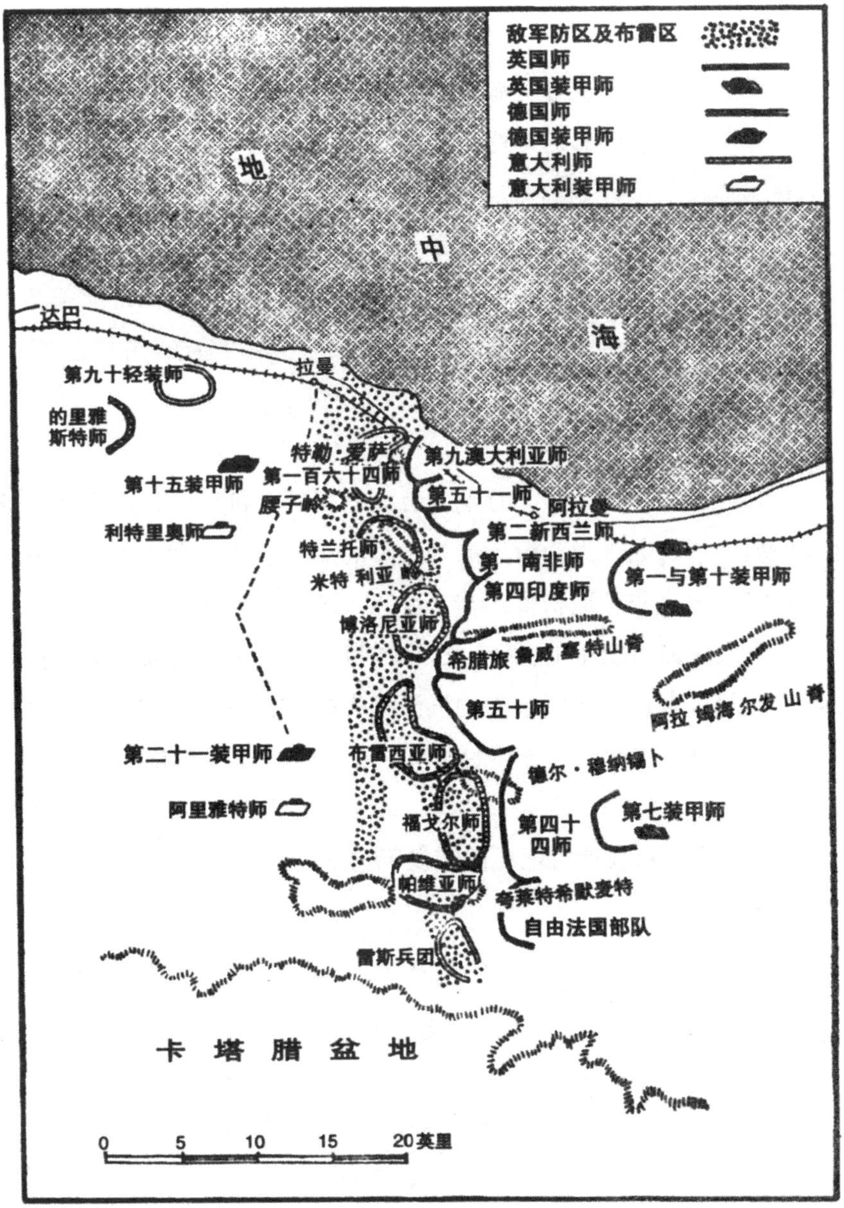

阿拉曼战役：1942年10月23日　　（照原图译制）

首相致亚历山大将军　　1942 年 10 月 20 日

现在，不管是北非方面事情的进展，还是维希法国方面事情的进展，对于我们来说都是大有好处的。“火炬”作战计划的准备工作，都按着原计划的时间在进行着，并且一切顺利，不过，承载了我们所有希望的，是你跟蒙哥马利即将开展的那场战役。它对未来可能有着极大的影响。请代为转达我热情的慰问给蒙哥马利以及科宁厄姆。当你的进攻发动的时候，请告知我，用“吉布”这两个字就行。

这时，空军的战斗早已打响，敌人的军队、机场以及交通线，都被他们攻击了。空军极为留意的是敌军的运输船队。有一些轴心国的船只，它们往北非运送物资，在 9 月间，这些船只被击沉的有百分之三十，绝大多数是空军的功劳。这个数目在十月份的时候变成了百分之四十。敌军有百分之六十六的汽油损失掉了。轴心国，在秋季的四个月里，损失了超过二十万吨的船只。这个打击对隆美尔的军队来说，极其严重。

终于，那两个我期待已久的字发了过来。

中东总司令致首相及帝国总参谋长　　1942 年 10 月 23 日

“吉布！”

我马上发电报，通知总统。

前海军人员致罗斯福总统　　1942 年 10 月 23 日

伦敦时间，今晚八点，埃及战役即将打响。此次战役动用了所有陆军部队。关于战况，我会及时向你汇报。我们的主要事业，将由于埃及战役的获胜而得到很大帮助。“谢尔曼”坦克和自动推进炮，是你在图卜鲁格那个阴暗的早上给我的，它们将参加这次战役，现在是它们将在战斗中大显神通了。

*　　*　　*

那时候，随时可以让蒙哥马利将军调派的，共有三个装甲师以及与七个步兵师相当的兵力。这么庞大的兵力集结在一起，想要骗过敌人，一定要采取一些高明的方案以及预防措施。我们的准备工作，坚决不能被敌机俯瞰到，这一点尤其重要。因为所有的事情都顺利完成了，所以敌人完全没有预料到我们会有这样的一次进攻。

10 月 23 日晚上，皎洁的月亮挂在空中，敌人的炮兵阵地遭到约一千门大炮的轰击，炮轰一直持续了二十多分钟，随后，敌人的步兵阵地再遭炮轰。有两支部队，一支是军长勒斯将军带领的第三十军，另一支是军长霍罗克斯将军带领的第十三军，他们发动了进攻，他们将集中的炮火当作掩护，同时让空军轰炸进行支援。敌人有一条防线系由四个师的兵力防御，这条防线是第三十军的攻击目标，第三十军的所有部队都力争在敌人的这条防线上打开两个突破口。为了将战果扩大，军长莱姆斯登将军带领的第十军，其中的两个装甲师紧跟第三十军之后。他们在疯狂的炮火中顽强前进，等到黎明时分，他们已经深入敌人的战线之中。先头部队后面的地雷，已经被工兵部队扫除干净了。不过敌人布雷阵地的纵向延伸地带，还是没有被我军突破，同时，我们的装甲部队想要快速突破敌人阵线，也是希望渺茫。再往南边一点，为了保护突出部的南侧，第一南非师向前顽强挺进，而第四印度师也从路韦塞特山脊发起攻势，同时，第十三军麾下的第七装甲师以及第四十四步兵师也将他们前方的敌军防线突破了。这支部队的任务是：在北边的主要战争打响的时候，对敌人进行引诱，让其将两个装甲师放到这一部分战线的后方，并且维持时间长达三天。如此看来，这个部队的任务算是完成了。

到现在为止，在敌军很长的布雷地带以及防线上，我军始终未能打开任何突破口。蒙哥马利在25日凌晨的时候，与他的高级将领开了会议，他在此次会议上对装甲部队下达了命令，要求它们按照原计划，在黎明之前，向前再次发动猛烈攻击。经过了惨烈的战斗之后，在这一天，确实有了一点起色。不过，有一块独具特色的地方，它被通称为腰子岭，现在我军和敌军第十五装甲师以及阿里雅特装甲师奋战的聚焦处就在这个地方，敌方激烈的反攻一直未曾间断。为了能在战争最激烈时使用第七装甲师，第七装甲师的实力必须保存，因此第十三军没有继续在其战线上挺进。

曾经，有非常严重的混乱出现在敌军司令部中。9月底的时候，隆美尔回国治病去了，他的职位便由施登姆将军来接替。可是，战争打响还不到二十四小时，施登姆便由于心脏病突发，猝死了。遵照希特勒的命令，隆美尔出了院，于25日傍晚，再次出任指挥官一职。

现在，已经深入敌人防线的突出部分，形成了一条战线，26日那天，敌我双方在这整条战线上继续奋战，这一次，打得最激烈的，仍属腰子岭。敌人的空军部队，在头两天一直悄无声息，现在，它们也毫无畏惧地向着我们占上风的空军发动了攻击。发动了多次空战，结果，占上风的多半是我们。虽然，第十三军的抗战成功地将敌人的行动拖延住，但仍旧未能阻止敌军调动他们的装甲部队，现在，他们已经明白，什么地方是他们防线的重点地区，他们将装甲部队调了过去，不过，我们的空军对他们的这一次调遣，给予了迎头痛击。

现在，第九澳大利亚师展开了新一轮攻击，收获不菲，指挥他们作战的是莫沙黑德将军。第九澳大利亚师从突出地带，向着北边的大海方向进攻。蒙哥马利紧扣时机，将这次杰出的胜利进行扩展。他对新西兰师下达命令，让它们不再向西挺进，同时，对澳大利亚部队下命令，让它们继续北进。在北翼的德国步兵师部分人员的退路，被这一行动所威胁。这时，他觉得，我们的军队在密布地雷和强大的反坦克炮阵地中举步维艰，精锐的势力因此出现了削弱。所以，为了替再次发动猛烈进攻做好准备，他将部队以及后援力量重新聚集。

为了夺得腰子岭，我军与德国第十五装甲师以及第二十一装甲师，在 27 日和 28 日整整两天里，一直处于激战之中。这两个师是从南部地区新派遣来的，他们不断进攻腰子岭，但是，都被击退了。对于这场战斗，亚历山大将军是如此叙述的[①]：

> 敌人在 10 月 27 日的时候，发动了大规模的反攻，这次反攻是老式装甲部队的反攻。所有能用的德国以及意大利坦克，都被他们用上了，进攻次数多达五次，但他们最后没有得到一点土地，并且还遭受了惨重的损失，而最为糟糕的是，由于我们的坦克只守不攻，所以损失不大，与他们的损失相比较，我们的损失简直是太轻了。敌军在 10 月 28 日的时候卷土重来，为了找到我们防御的薄弱部分以及反坦克炮的位置，他们花了一上午时间进行周密的侦查。随后，在下午的时候，他们背对着落日的光辉，集中兵力开展激烈反攻。因为就算在较远的距离，我们的坦克与反坦克炮也能与他们作战，所以，敌人这次的侦查没有起到以前的效果。敌人打算集中所有兵力，发动最后进攻，正在这时，英国皇家空军再次加入战斗，这些空军加入战斗时，带着所向披靡的气势。敌军部队聚集地区，长二英里宽三英里，两个半小时的时间，我方出动的轰炸机就在这块区域投掷了共计八十吨的炸弹，甚至可以说，在敌人还没有整队出发以前，我们就击垮了他们的攻势。这一次，是敌军最后一次妄想抢到主动权。

我方空军将三艘敌方油船击沉，这三艘油船对敌人来说极其重要，这一切就发生在 10 月 26 日与 28 日两天中。长期以来，空军作战都在

---

① 从他 11 月 9 日发给我的电报中摘录的。这份电报，他发给我时，战争已经结束了。——原注

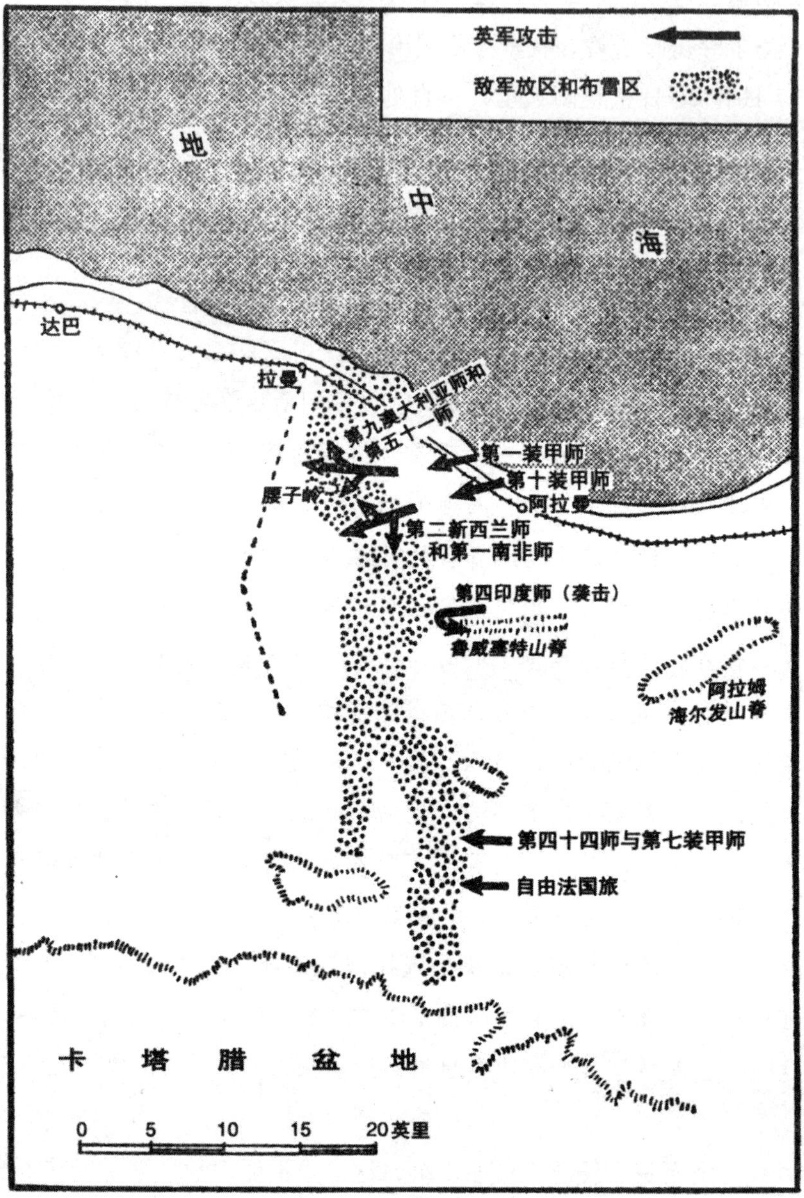

英军攻击
敌军放区和布雷区
地
中
海
达巴
拉曼
第九澳大利亚师和
第五十一师
第一装甲师
第十装甲师
阿拉曼
腰子岭
第二新西兰师
和第一南非师
第四印度师（袭击）
鲁威塞特山脊
阿拉姆
海尔发山脊
第四十四师与第七装甲师
自由法国旅
卡　塔　腊　盆　地
0　5　10　15　20英里

阿拉曼：攻击　（照原图译制）

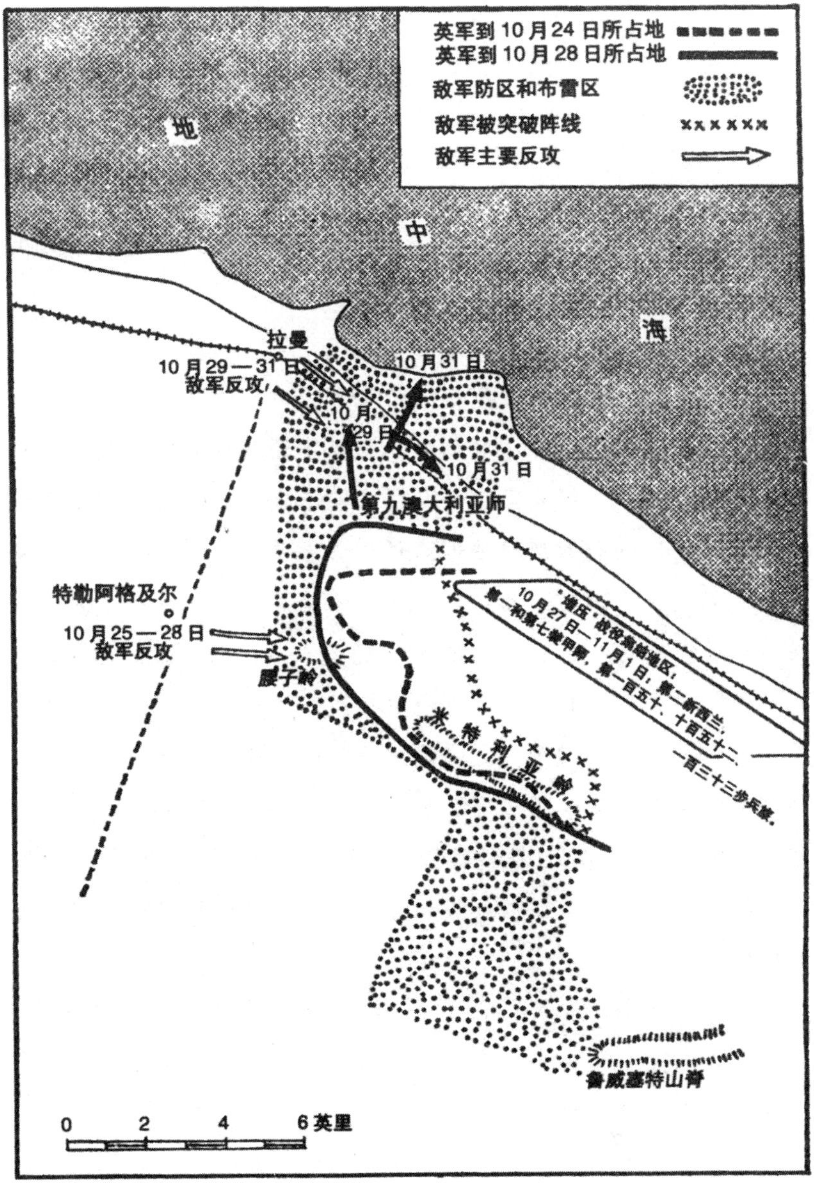
英军到10月24日所占地
英军到10月28日所占地
敌军防区和布雷区
敌军被突破阵线
敌军主要反攻
地
中
海
拉曼
10月29—31日
敌军反攻
10月31日
10月
29日
10月31日
第九澳大利亚师
特勒阿格及尔
10月25—28日
敌军反攻
腰子岭
米特利亚岭
“增压”战役集结地区，
10月27日—11月1日，第二新西兰、
第一和第七装甲师，第一百五十、一百五十二、
一百三十二步兵旅。
鲁威塞特山脊
0
2
4
6英里

阿拉曼：楔入　　（照原图译制）

持续开展着，现在，空军作战得到了最大的回报，空军作战已经是陆战密不可分的一块了。

*　*　*

虽然说，现在鹿死谁手还不一定，但是我觉得，已经可以告诉各位自治领总理如今的战况了。

首相致加拿大、新西兰及澳大利亚总理　　1942 年 10 月 28 日

埃及大战的进展非常顺利，虽说眼下还难以断言结果。但敌军的弹药和燃料已经不足，并且，在前不久，我军还击沉了敌方的一艘油船，这艘油船对他们来说极其重要，现在，他们肯定还对这油船翘首以盼吧。与敌军相比，不论是在空军方面、装甲方面（将最优秀的装甲包括在里面），还是人数方面，我们都大大超越了他们，另外，我们还有一条运输线，十分便利。隆美尔抱恙在身，他之所以调回来，完全是情势所迫。亚历山大以及蒙哥马利将军已经表明决心，他们会奋战到最后。要是他们获得了成功，那么由于交通工具以及燃料的匮乏，敌人将很难全身而退。所以，与在较远的西面地区完成战役相比较，就地完成战役对我军来说有利得多。

致弗雷泽先生：

你必当会带着自豪及振奋的心情，看到你们新西兰师战士的所有的英勇事迹，当然，你还能看到的是，在这场有可能名垂青史的战争中，新西兰师所建立的伟大功绩。

致卡廷先生：

你应该会以自豪兴奋的心情看到，在这次名副其实的伟大战

役中，第九澳大利亚师所建立的丰功伟绩。

我给亚历山大将军也发了一份电报，内容如下：

1. 眼下的这次决战，是由你以及蒙哥马利将军，坚定不移地，并且成功地发动起来的，对此，战时内阁国防委员会特地向你们表示祝贺。国防委员会觉得，为了开展这次惨烈的战役，不顾一切危险以及牺牲，是值得的，现在，总的战争局面已经很好地说明了这一点。为了击败隆美尔的部队，以及为了战到最后，你所要开展的所有行动，我们愿意付出任何代价来全力支持，这一点我们可以向你做出承诺。

2. 最后的胜利一定会是你的，现在我们有足够的理由相信这一点，这些理由来源于在击沉敌军急需的油船方面空军所取得的伟大功绩，以及敌人前线后方焦躁不安的情绪。在你的报告中，你的一些想法还未提及，希望你能将这些想法进行一个简要的介绍。

3. 同时，在保密度极高的情况下，“火炬”作战计划的准备工作正在顺利进行中，攻击将如期发动。

4. 下面有一些情况，只能让你跟蒙哥马利两人知道。克拉克已经去“火炬”覆盖区域进行访问了，有一些法国将领，对我方态度友善，克拉克跟他们举行了长时间的会议。到时候，不仅不会遇到反抗，而且会得到有利的协助，这点我们有理由相信。所以，事情的进展很可能比较快，比原计划快得多，也是说不定的。预测法国方面给出的反应，将是具有决定性的。到目前为止，西班牙方面还没有任何危险出现。据我们所知，对于这场战役的到来以及它的宏大规模和紧迫性，敌人现在是一无所知。最美好的祝愿送给你与蒙哥马利。这次战役，要是你们能完全获胜，那么将被人们永记于心。

亚历山大将军致首相及帝国总参谋长　　1942 年 10 月 30 日

我们攻势的强大压力必须继续施加，这一点我跟蒙哥马利一致赞同。敌人的布雷区以及反坦克炮为我们带来了不少麻烦和推延。但是，为了让第十军杀出重围，我们将用步兵和坦克进行大肆攻击。这一次的攻击，要是能得胜的话，那么产生的影响必将十分长远。

首相致特德空军　　1942 年 10 月 30 日

你从海陆空三方袭击敌人，并取得了伟大胜利，为此，专程向你表示热烈的恭贺。那些皇家空军官兵曾在利比亚沙漠中热情欢迎过我，请向他们以及科宁厄姆转达我的心意。那时候，我就坚信，辉煌的时期就快来了。现在，这个时期终于来了，在这个时期里，你们正在做出的贡献，极为伟大。

特德空军上将致首相　　1942 年 10 月 31 日

对你所发来的那封充满嘉许、鼓舞士气的贺电，我谨代表这里的所有空军官兵向你表达最真诚的感谢。现在，我们正借着胜利之势，前去追击敌人，坚决奋战到最后。

亚历山大将军致首相　　1942 年 10 月 31 日

对于你来电进行的嘉许，我表示感谢。敌人正在进行激烈的反抗，不过，我军对他们的无情还击也未停止过。近期，敌人极有可能被瓦解。

亚历山大将军致首相及帝国总参谋长　　1942 年 11 月 1 日

伤亡以及失踪的军官有六百九十五名，士兵有九千四百三十五名，这是到 10 月 31 日早上六点为止，估算的我军最高损耗。

第五十一高地师以及第九澳大利亚师是损失最为惨重的两个部队，各自损失了大约两千人。第十装甲师有一千三百五十人的损失。

现在，正在修复被毁坏的坦克。在刚开始的六天里，修理坦克数共计二百一十三辆，其中，已经断定难以修复的只有十六辆。

* * *

现在，蒙哥马利已将计划拟订，并安排妥当，只等着开展一次突破，这次突破被命名为“增压”计划，这次行动具有决定性意义。第二新西兰师以及英国第一装甲师，被蒙哥马利从前线撤换下来，在腰子岭上，击溃德军装甲部队的战斗中，英国第一装甲师取得了辉煌的战绩，在这以后，它一定要进行休整了。有三个师合并后，整编为新的后援部队，这三个师是，英国第七装甲师、第五十一师以及第四十四师。这次突破的先锋部队是，第二新西兰师，英国第一百五十一和一百五十二步兵旅，还有第九装甲师。

在这段时间里，用亚历山大的话来描述是这样的：

德国有四个营留在了北方海岸，在10月28日晚上，以及10月30日的时候，澳大利亚部队向着北方海岸发动猛烈攻势，终于将他们包围在形似布袋的阵地之中。对于我们的进攻，敌军进行了激烈的抵抗，因为他们好像认定我们准备袭击公路和铁路。敌军的第二十一装甲师，原本在我军突出部西边，现在被调了过来，还有第九十轻装军，原本在防御我军突出部北边，也调了过来，这两支部队对我们进行了猛烈的进攻，想要把被围困的部队解救出来。敌人第二十一装甲师原来的阵地防守工作，由的里雅斯特师来接手，这支部队是敌军最后一支还未用过的后备部队。为了将一个团的人解救出来，敌军将兵力大大分散，并且，连最后一支还没参加过战斗的后备部队也动用了，在这样的时刻，我们就得到了一个机会，可以让我们从从容容地修整军力，然后将兵力用来实施“增压”作战计划。

在经过一轮轮的苦苦鏖战之后，澳大利亚战士所向披靡，战果硕硕，整个局势因此而对我们大为有益。“增压”计划在11月2日凌晨一点，开始实施。第二新西兰师麾下的几个英国旅，在三百门大炮的掩护下，将敌人的防区突破，英国第九装甲旅身先士卒，直指敌人阵地而去。不过他们发现，顺着通向拉曼的道路，有一条全新的防线拦住了他们，这条防线配置了强大的反坦克武器。这几个旅在经过长时间的激战之后，遭遇了惨重损失，不过，他们却为后续部队杀出了一条路，英国第一装甲师向前挺进时，便是经由这条路。紧接着，这次战役中，最新的一次坦克会战就开始了。对于我军突出部两翼，敌军集中所有残存坦克的火力来进行攻击，可是这些攻击都被打退了。这是一场一决生死的战争。11 月 3 日，也就是第二天的时候，当时，空军已经报告敌军开始撤退了，但是在通向拉曼的道路上，有一些后卫部队，它们是为敌军的撤退作掩护的，它们一直与我们的主力部队纠缠，不肯放手，让我们的主力部队难以前进。希特勒下达了指令，半步都不允许后退，可是，现在能决定这个问题的人已经不是德国人了。眼下，仅仅只要再在打开一个突破口，一切就大功告成。第五印度旅于 11 月 4 日凌晨的时候，在特雷阿戈吉尔以南五英里的地方发动猛烈攻势，速度之快让敌人措手不及，这次攻势非常成功。到现在，我们可以说是大获全胜了，我们的装甲部队终于开通了一条道路，可以横跨广阔无垠的沙漠去追击敌人。

亚历山大将军致首相　　　　1942 年 11 月 4 日

浴血奋战了十二天之后，隆美尔率领的德军以及意军，在第八集团军的打击之下，已经土崩瓦解。我们已经突破了敌人的阵线，大量的英国装甲部队穿过突破口，眼下正在敌人的后方奋战。有一些敌军突出了重围，他们现在正在撤离，不过，我们的装甲部队、机动部队及空军正不断对他们进行攻击。余下的各个敌军师部，还在坚守阵地，想要垂死挣扎，极有可能这些部队都会被围困，陷入绝境。

从开始到现在，皇家空军都在杰出地完成支持陆战的工作，同时，他们对敌人撤退的纵队展开了持续轰炸。

战争还在继续。

首相致亚历山大将军 1942年11月4日

蒙哥马利是你极为出色的副手，在他的带领之下，第八集团军在埃及战役中建立了辉煌的战绩，为此，专程向你表达最真挚的祝贺。虽然需要等上几天甚至几个星期才能看出这次战役的效果，但是毫无疑问的，一件震撼天地的大事已经发生了，此次世界大战的所有发展趋势都将受到它的影响。

你在电报中所谈及的那些有理有据的希望，要是它们能实现，并且能看见敌人很快就会大批被俘以及全盘崩溃的话，为了表示庆贺，我打算让全国鸣钟，从战争开始以来，这还是开天辟地的头一遭。我期望，在近几天内，你能让我得偿所愿。最少也要有两万名俘虏。这样的一种示威，既可以对“火炬”计划覆盖区域的朋友们进行鼓励，又可以将敌人的视线转移，让他们对即将到来的另一次战役不加注意。所以，你会看到，这样的示威，对于即将开始的“火炬”计划来说，是多么的适时宜。

遵照计划，“火炬”的调遣工作都在切实开展，一直以来，保密工作都做得很好，简直让人不敢相信。过不了多久，对于整个情况，我们就要另眼相看了。

*　*　*

现在，隆美尔正在全面撤离，可是，受到他的运输工具及汽油的束缚，只有一部分军队能撤离，所以，在作战的时候，虽然德国人表现得十分勇猛，可是现在却自己坐上汽车，将意大利人抛弃了。被抛弃在沙漠里的有六个意大利师，它们拥有成千上万的士兵，士兵们难以逃脱困境，并且食物和水都极为匮乏，他们没有其他选择，除了坐以待毙。被毁坏的或者丢弃的坦克、大炮以及车辆，四散于战场上。从德国的记载中可以得知，德国的装甲师团，在战争伊始时，拥有的可作战坦克共计二百四十辆，到了 11 月 5 日，这个数字变成了三十八辆。现在，我们的空军可以说没有遇到任何阻拦，因为我们的空军与的德国空军相比较，占了绝对优势，他们与我们作战几乎是毫无希望的，所以他们直接就放弃了，这样一来，我们的空军就可以全力对仓皇西逃的大量德军和车辆发动攻击了。对于皇家空军的丰功伟绩，隆美尔本人也曾对此给出过极高的评价[①]。隆美尔的军队已经彻底瓦解。我军俘获了冯·托马将军以及九名意大利将领，前者是隆美尔的副手。

如此看来，要让敌人的惨败变成全军覆没，可能性还是非常大的。第二新西兰师接到命令，前往福凯追击敌人，他们在 11 月 5 日的时候到达福凯，但敌人在他们来之前，已经走了。在马特鲁港切断敌军的后路，这原本也是一次机会，英国第一以及第七装甲师已经向着马特鲁港前进了。他们在 6 日傍晚的时候，距离该地已经很近了，我方的包围圈逐渐紧缩，但此时，敌人还妄想逃脱。可是，由于下起了雨，并且进军的汽油也有所短缺，所以这个机会失去了。我们的军队在 7 日一整天的时间里，都没能继续追击。我们的包围圈，由于这一昼夜的中断而未能完成。不过，就算是这样，被击溃的也有四个德国师以及八个意大利师。有三万名战俘被我军俘获，同时我军还获得了各种

① 选自由德斯蒙德·杨编撰的《隆美尔》，第 258 页。——原注

物资，数量极为庞大。从记载来看，对于战胜德军的方面，我们的炮兵所起到的作用，隆美尔有如下观点："英国炮兵那闻名于世的优势被再度发挥出来。特别是英国炮兵的高机动性以及进攻部队必须有的灵敏反应，非常有必要留意。[①]"

我们可以摘用 11 月 9 日亚历山大将军所发电报中的一段，来对这次德国败北过程进行总结：

可以将此次战役划分成四个进程：第一是为开展战争聚集我方力量，同时想办法蒙骗敌人，这样就能让我们出其不意地攻击敌人，出其不意正是成功的关键所在。第二是突破，也就是将各种能力大量聚集，深入打开一个突破口在敌人的防线之上，随后，为了让我们获得更多机会以便于对胜利进行扩展，我们将突破部队分成两个部分。第三是为了吸引敌人兵力，采用游击措施，东一榔头西一棒子，同时，迫使他们为了堵住突破口以及数次进行反攻，而动用所有后备力量。最后是猛烈攻势，将敌军的最后防线击溃，开出一条道路，随后，便能让我军的装甲以及机动部队从这条道路上，不断涌入。

亚历山大将军致首相　　　　1942 年 11 月 6 日

请鸣钟吧！根据估测，现在已有两万名俘虏被俘获，同时还有三百五十辆坦克、四百门大炮以及数千吨物资，被我们获取了。现在，我们的先头机动部队已经到达的地方是马特鲁港以南。第八集团军正趁着这股胜利之势，向前挺进。

不过，我在这时，却想起了一些事，那就是在 1917 年，康布雷战役结束后所发生的事，所以，我一再思考过后，还是先不要鸣钟庆祝，

---

① 选自由德斯蒙德·杨编撰的《隆美尔》，第 279 页。——原注

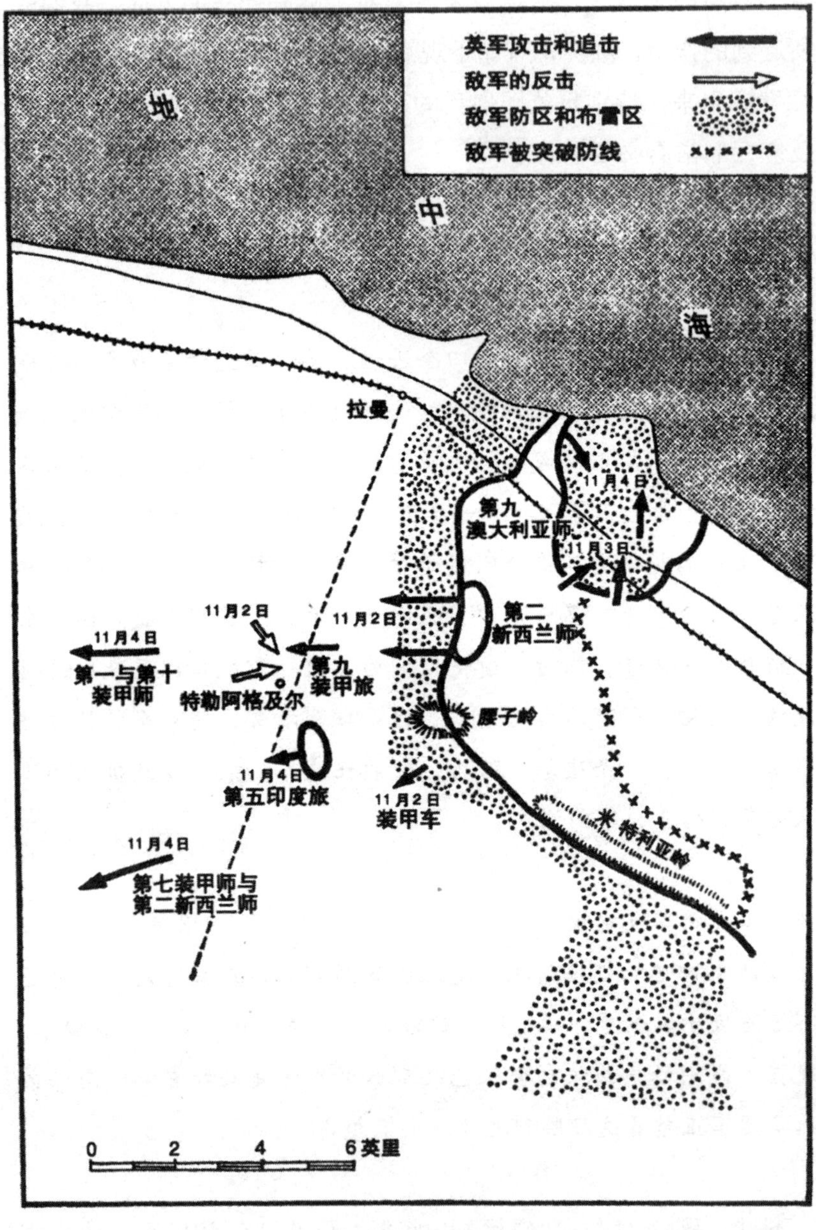
英军攻击和追击
敌军的反击
敌军防区和布雷区
敌军被突破防线
地
中
海
拉曼
11月4日
第九
澳大利亚师
11月3日
第二
新西兰师
11月2日
11月2日
11月4日
第一与第十
装甲师
第九
装甲旅
特勒阿格及尔
腰子岭
11月4日
第五印度旅
11月2日
装甲车
米特利亚岭
11月4日
第七装甲师与
第二新西兰师
0 2 4 6英里

阿拉曼：突破　　（照原图译制）

等到即将到来的“火炬”作战计划开始获胜的时候再鸣钟庆祝会更好。这个愿望，我期盼在一周内就能得以实现，所以，我告知了亚历山大将军我的看法。

*　　*　　*

跟以前在沙漠上发生的种种战役相比较，阿拉曼战役与它们完全不一样。战线窄小，防御工事非常坚固，并且有重兵把守，而且没有可以进行包围的侧翼，在这样的情形下，想要进行突破，只有占据优势并且敢于出动的一方才能做到。说到了这些状况，我们不由想到第一次世界大战时期，在西线上展开的那些战役。1917 年年底，在康布雷出现过的实力抗衡，在 1918 年的很多战役中也出现过。现在，我们在埃及又再次见到了，这就是指，有路程较短并且十分便利的运输线掌握在攻击者手中，炮兵的力量尽可能集中利用，以便用炮弹建成密集的网线，随后在向前挺进的时候，利用大量坦克蜂拥而上。

蒙哥马利将军以及他的上司亚历山大都非常精于此道，因为他们都具有丰富的经验，善于探究并喜欢用脑。蒙哥马利是一位十分厉害的炮兵专家。就如萧伯纳所说，拿破仑相信大炮可以杀人，蒙哥马利也与他一样相信这件事。很多时候，我们都能见到，他并不乐意用分散的炮兵中队来进行规模较小的轰击，他总是竭尽所能地将三四百门大炮聚集起来，让它们在统一的指挥下加入战争。那种小规模轰击，在以前总是在广阔的沙漠地带配合坦克的袭击共同行动。当然，不论从任何方面看，在法国和佛兰德所进行的那些战役，在规模上都是阿拉曼战役难以企及的。我们在阿拉曼，十二天内损失的人数是一万三千五百，可是，我们在松姆地区，第一天损失的人数就接近六万了。换一个方面来说，防护火力从第一次大战以来，已经得到大幅度提升，并且，在那次大战中，人们总是觉得，想要突破一条防御工事稳固的防线，不光是在炮火上，而且在士兵的人数上，一定要是二比一，或者三比一才行。可是，在阿拉曼，我们没有占据这些优势。敌人的防线包括不曾间断的前沿据点和机枪阵地，并且，整个纵向深入的区域，都布满了这样的防御工事。另外，还有大面积的布雷区，在这样的阵地前方形成有力障蔽，而他们所布下的雷，从质量和数量上来说，也是前所未有的。所以，就以上各种情形来看，阿拉曼战役将会成为英国战争中最为辉煌的一笔，永留史册。

让它流芳百世的原因还有一个，它是“命运转折点”的标志。我们可以说：“在阿拉曼战役之前，我们是屡战屡败，而在这之后，我们是屡战屡胜。”

第十一章　点燃火炬

戴高乐将军的境况——“要员”吉罗将军到达直布罗陀——舰队向目的地靠近——罗斯福总统给贝当等人的信件——11 月 5 日艾森豪威尔飞去直布罗陀——战争中的直布罗陀崖壁——吉罗将军不切实际的想法——打响战争！——一件怪事带来的麻烦——海军上将达尔朗在阿尔及尔——墨菲先生以及朱安将军对他提出倡议——他举步维艰的困境——英美军队发动登陆——11 月 8 日美国开始攻打奥兰——奥兰及阿尔及尔两地的法军不再反抗——清一色的美军在摩洛哥登陆——贝图阿尔将军为盟国效力——诺盖总督再次将局势掌控住——他下达命令要求反攻——“西方特种部队”进行登陆——法美两国舰队展开激烈奋战——11 月 11 日盖诺投降——吉罗将军以及克拉克将军飞去阿尔及尔——吉罗受到法军将领的怠慢——法国未被占领地区德国入侵——达尔朗下达命令要求整个北非全面“停战”——莱法尔收到消息——贝当元帅被他所左右——他被召唤前去贝希特斯加登——终于，克拉克将军将达尔朗海军上将争取了过来——阿尔及利亚的军事指挥权由安德森将军接了过来——向东快速挺进——德国人利用空运援助突尼斯——在土伦的法国舰队的命运

由于罗斯福总统对戴高乐有些偏见，他经由莱希海军上将跟维希保持联系，并且，对于两年前在达喀尔问题上未能保密一事一直耿耿于怀，所以，现在有关“火炬”作战计划的各种情况，他不打算告知自由法国人。对于这点，我并不反对。不过英国与戴高乐之间的关系，我还是难以忽视，并且我想，现在我们存心将他排除在这个计划之外，他肯定会因此感觉遭受到了极大的羞辱。为了将他和他所带领的那个运动所受的这种羞辱削减，我准备将这件事告诉他，不过时间是在快要开战之前，我还打算交托他来管制马达加斯加岛。要是在最开始的时候让戴高乐加入这次战争的话，肯定会让北非法国人十分反感，这一点,我们在“火炬”计划准备过程中遇到的所有事实都能说明,同时，以后我们知道的所有状况也能说明这一点。

前海军人员致罗斯福总统　　1942 年 11 月 5 日

1. 要是能确切知道进攻当天气候状况良好的话，那么我一定会在前一天告知戴高乐“火炬”计划一事。想必你还记得，在 1940 年的时候，我与他曾经十分庄严地进行过信件交换，对他自由法国人的领导地位予以认可。我相信，军人的骨气他一定是有的。

2. 我会对他进行解释，说因为“火炬”计划是美国的方案以及机密，所以我才没有告知他，并且对他说明，我们之所以不让他和他的伙伴们参加“火炬”计划，是由于“火炬”地区的情况太复杂，并且我们要尽量防止战斗，并不是因为我们对他以及他带领的运动不友善。我打算让他宣布一个消息，那就是马达加斯加的总督让勒·让迪奥姆将军出任,宣布时间会在周五的某个时刻。这件事，我一直把它当作对他的一点安慰。它可以表现出，我们并没有放弃法国自由人士的想法。就我个人的看法而言，他跟吉罗会有政治层面上的合作关系，不过，我不知道，他们的合作会在怎样的情况下出现。我希望我的提议能得到你的赞同。

罗斯福总统致首相　　1942 年 11 月 5 日

竭力将北非的大部分法军争取过来，让他们归属于我们的远征军，这项工作是非常有望成功的，可是任何让戴高乐加入“火炬”计划的行动都会给该工作带来不好的影响，对此，我感到十分忧心。

所以，我觉得，你现在最好不要将“火炬”计划的任何状况告诉戴高乐，直到我们的登陆成功为止。你可以在登陆成功以后跟他说，作为不可缺少的安全防范手段，美国远征军的美方司令官坚持不准泄露此事的半点风声，而这种做法也得到我的应允了。

对于“火炬”计划来说，在周五的时候让戴高乐公布马达加斯加总督人选的事，根本不会带来一点好处。现在，要做的仅仅是让他的声威在他的跟随者中能得到维持就行了。

关于上述提议，莱希海军上将完全赞同。

显而易见的，寻找一位有声威的法国人是极其必要的，而吉罗将军在英国以及美国人心目中是最佳人选，没有人能比得上他。这位高级将领具有极为顽强的斗志，他在德国进行了惊心动魄的越狱，这事已传为一段佳话。1937 年的时候，我曾去视察过马其诺防线，跟吉罗在梅斯见过一面，当时，马其诺防线的主要部分就是由他负责指挥的。在这本书里，我已经对这次会面进行过相关的描述。当时，他就告诉过我，有关他在第一次世界大战期间越狱后在德后方惊心动魄的事迹。因为我也曾越狱，所以，这让我们两人有了一样的经历。现在，他青春时期的英勇事迹，在他当上集团司令官后，被他再次上演，可以说，这一次更为震撼。有一件事十分奇妙，那就是早在四月份的时候，我就曾给总统发过电报，当时总统的“机密的战争婴儿”（也就是“火炬”）作战计划尚未形成，可我却发了如下电报：

1942 年 4 月 29 日

对于吉罗将军越狱到达维希这件事，我非常有兴趣。你对有

> 些事情寄托了极大的希望，在实现这些事情上，吉罗将军也许会起到至关重要的作用。请将你知道的事情告诉我。

现在，时间过去了六个月，这之后，这一切东西都变得相当要紧了。美国人同吉罗已经进行了秘密商谈，同时制订了方案，将他在最关键的时刻从里维埃拉送到直布罗陀。吉罗的代号是“要员”，对于这个“要员”我们寄予了厚望。11 月 3 日的时候，我给总统发电报说：

> “要员”已来电，说他打算马上动身，并且提出了请求，希望派一架飞机送他到直布罗陀。艾森豪威尔对他进行了回复，提议让他乘坐一艘英国潜艇，这艘潜艇由美国艇长指挥，现在正等待在海岸旁边。

吉罗和他的两个儿子，在经历了海上的各种虚惊之后，安全抵达直布罗陀。

* * *

我们庞大的舰队，在这段时间里，也逐渐靠近了目的地。我们决定，不管付出什么代价，都要为它们的通行提供保障。我们需要强大的护航舰队，因为经由比斯开湾，穿过敌军潜艇肆虐的所有地区，是大部分从英国港口开出的护航船队的必经之路。在克莱德湾和其他英国西方港口的大量船只，我们从 10 月初就要开始将它们聚集起来，不仅如此，我们还需要瞒过敌人的耳目，不能让他们知道护航队起航的正确时间，这些我们都一定要做到。我们十分圆满地完成了。敌人根据自己的情报，被误导了，他们认为，我们的目标仍旧是达喀尔。亚速尔群岛以南和以东的地方，在 10 月底的时候，已有约莫四十艘德国和意大利的潜艇在防守了。一支从塞拉利昂驶向英国本土的巨大运输船队，因为这些潜艇而受到了沉重打击，被击沉的船只共计十三艘。不过，这些损失在眼下的情境里，根本算不上什么。10 月 22 日，第一批“火炬”运输船队从克莱德湾出发。到了 26 日的时候，全部的快速运兵船只都已经出发了，而美国的军队也从美国向着卡萨布兰卡奔去。这支远征军现在已完全出动，它由六百五十多艘舰只组成。它们悄无声息地穿越比斯开湾或者大西洋，对此，不管是德国潜艇，还是德国空军，都没有察觉。

现在，我们已经用上我们所有的力量了。为了预防敌人海上舰只的侵扰，我们的巡洋舰队正在遥远的北方对丹麦海峡以及北海出口进行监控。美国人必经的亚速尔群岛附近，正由其他巡洋舰守护着，而位于法国大西洋沿岸的德国潜艇基地正被英美的轰炸机编队轰击。虽然，很明显的，德国的潜艇已经向着直布罗陀海峡聚集，但是，在 11 月 5 日至 6 日的晚上，我们的先锋舰只驶入地中海时，仍然没有被发现。直到 11 月 7 日，一支驶向阿尔及尔的运输船队才被发现，它被发现时，距离目的地只有不到二十四小时的航程了，不过，就算是这样，我们受到袭击的船只也只有一艘。

现在，总统的声明，是时候发表了。在他给我的声明初稿里，他将贝当唤为“我亲爱的老朋友”，而且，对于已经时过境迁的 1916 年凡尔登的辉煌战绩旧事重提，因此，对这份初稿，我不免有些担忧。我觉得，这对戴高乐分子来说，几乎就等同于绝交。

前海军人员致罗斯福总统　　　　　　　　1942 年 11 月 3 日

有一件事，我不知道能不能说出来，那就是在你给贝当的那封信稿中，似乎有些过于客气了。可以肯定地判断，现在，他是声望已经大大衰落了。对于我们的事业，他曾利用自己的声望给它带来了极大伤害。这封信稿会对戴高乐分子带来何种影响，希望你能顾虑一下。对于他们，我们肩负着很大的义务，并且，他们肯定会因为被排除在“火炬”计划外，而感到痛苦万分。我还听有些人说，在另外一些地方，这封信件也将带来不好的反应。当然，给他一封友善的信件是完全没有错误的，不过，能不能请你考虑一下，稍微低调一点。

罗斯福总统致首相　　　　　　　　　　1942年11月4日

关于给贝当的信，我同意你的提议，应当低调一点，这封信我已经另写了。我另写的这封信，应当不会让法国的朋友们感到愤怒，这一点我坚信。

总统对信件做出的修改，让人十分满意，读者们不妨参考阅读霍普金斯文件[①]，这个文件已经发表了。

*　　*　　*

艾森豪威尔在11月5日的时候，冒着重重危险，飞到了直布罗陀。率领英美首次大规模作战的临时司令部，已经安排在这个要塞上了，而这个要塞，我让艾森豪威尔来指挥。

直布罗陀的战争高潮已然来临。当然，为了预防被包围，我们从1939年9月开始，就实施了军事防卫手段。我们面对着西班牙边界，慢慢建立起一个防御体系，这个防御体系非常强大，直布罗陀崖壁就在它旁边，为了能放置对地峡进行控制的大炮，我们在崖壁上进行了爆破，炸出很多坑道。此外，为了预防来自海陆空各部队的攻击，我们已经采用了必要的手段。水是这里的急需之物。为了提供足够的水，给需求以及储备之用，几座蒸馏水工厂在1940年年中的时候，已经在坚硬的岩石中建成了。这项工程十分庞大。

直布罗陀新飞机场的开发及利用，是对战役最辉煌的贡献。最开

① 记载于《哈利·霍普金斯的白宫文件》第643页。——原注

始的时候，它只是一个跑马场的小型降落场，自 1942 年开始，不断地进行扩建，最后，它已经成为一条宽约一英尺的宽广跑道。在西边，它一直延展到直布罗陀海湾，建成它的碎石，是炸坑道时开出来的。“火炬”计划所要用的大量飞机，它们现在就在这里聚集。飞机遍布整个地峡，集结在这里，随时候命，准备出动的共计十四个战斗机中队。所有的行动都必须在德国人的监控下公然展开，我们希望，他们会将这些飞机看成是用来支援马耳他岛的。我们尽一切可能让他们产生这样的想法。显然，他们真的相信了。

“在没有英属直布罗陀的情况下，进攻西北非绝无可能。[①]”艾森豪威尔将军的这句话说得好极了。

艾森豪威尔将军致首相　　　　　　　　　1942 年 11 月 7 日

我已经于昨天平安到达直布罗陀。

我觉得，在我们登陆以前，将“要员”接到北非来，可行性是很大的。不过，还要根据天气情况才能将这件事确定下来，要是在天气好的情况下，就能从潜艇上把他转送到飞机上。这件事，以后我会正式汇报。

过去的几个月里，你不断对我进行帮助以及鼓励，对此我再一次表达最诚挚的感谢。我们士气高涨，以后的所有事都会毫无阻碍地发展下去，这点我坚信。

在恰当的时机，吉罗抵达了约定的地方，出于让事情顺利进行的想法，我给他发了一封电报，如下：

我作为一个与你有相同越狱经历的人，十分高兴能与你并肩作战。对于我们在梅斯的会谈，我一直不曾忘怀。三十五年了，

① 选自艾森豪威尔编撰的《欧洲十字军》，第 106 页。——原注

我对法国的信心从未动摇过，为了收复阿尔萨斯—洛林，我们两国以及美国第一次联手进行大规模进攻，对此，我无比高兴。

艾森豪威尔将军致首相　　　　　　　　　1942 年 11 月 8 日

很明显的，在收到你的电报后，“要员”十分开心，他委托我向你转发如下电报作为回复：

“非常感谢你的来电。对于我们在梅斯的畅聊，我也一直记着。虽然，我们一样都经历了各种苦难，但是我们也一样一直抱着最后的胜利必将属于我们的信念，并且这个信念从未有过改变。通过大家的努力，阿尔萨斯和洛林最后一定会是法国的，我现在对这一点毫不怀疑。”

这一次吉罗前来，原以为会让他出任北非最高司令官，同时还会让他来指挥英美两国的军队，而对于英美联军的力量，他以前并不知晓。他极力建议放弃在北非登陆，转而选择在法国登陆，不然的话，可以在北非登陆以外，再在法国进行登陆，在很长的一段时间里，他都觉得这个方案符合实际，并且具有实行的可能性。最后，艾森豪威尔将军与这位英勇的法国人进行了长达四十八小时的争论，才终于让他意识到，现在最为重要的东西是什么。对于“要员”，我们大家寄托了过多的希望，不过，谁也不会比他更清楚，对法国在北非的省长和将领，尤其是对军官团，他究竟有多大影响力。

*　　*　　*

终于，战斗开始了。11 月 7 日至 8 日那一晚以及之后的几天中，艾森豪威尔一直处在焦躁不安的状态中，他在自己的回忆录中对此进行了形象描写。这样的紧张，艾森豪威尔向来是非常扛得住的。就算先将实际战斗的激烈撇开不说，毫无疑问，对于这位司令官来说，战

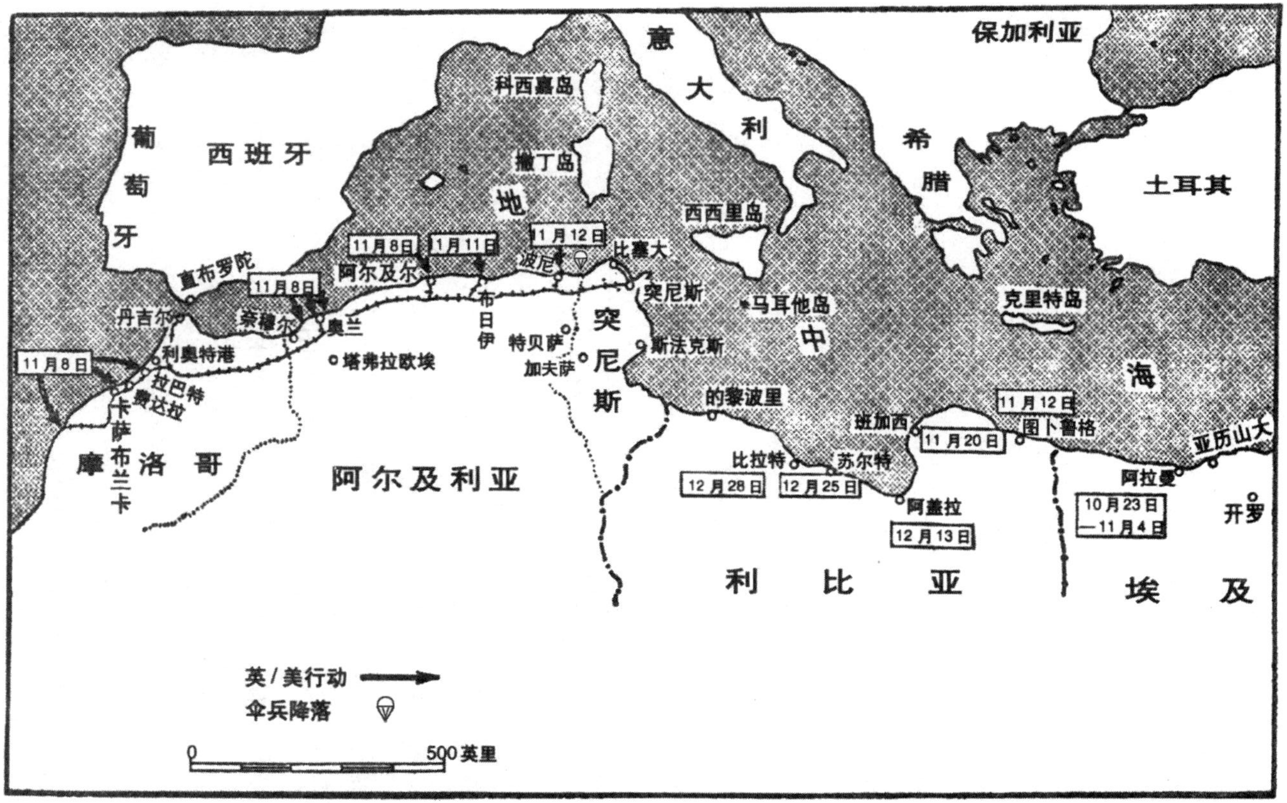

非洲北部海岸

（照原图译制）

争赌注极大、随时变化的天气（以前所做的一切很可能因为天气变化，而变成无用功）、获得消息非常细碎、法国人态度过于复杂，还有来自西班牙的威胁，所有这些都是极为严峻的挑战，他肩负着直接而又沉重的责任。

* * *

就在这个时候，又有一件奇怪的事来扰乱我们，但是，从它的结果看来，却是对我们大有好处的。在英美准备大肆进攻阿尔及尔的时候，达尔朗刚好在那儿，他原本在视察完北非以后，就回了法国。可是忽然间，他的小儿子患上了小儿麻痹症，在阿尔及尔住院了。因此，这位海军上将在得到孩子病情危急的通知后，于 11 月 5 日又赶到了北非。这个巧合真是奇妙而麻烦。美国在北非的政治代表罗伯特·墨菲先生，希望在我军登陆之前达尔朗会离开。但是，因为担忧儿子的病情，达尔朗在阿尔及尔多待了一天，他住在斐耐尔海军上将的别墅里，这位海军上将是位法国官员。

我们在近几周以来，在法国军事长官朱安将军身上寄予了阿尔及尔的主要希望。一直以来，他与墨霏之间的关系都非常亲密，不过，具体的登陆时间，我们并没有告诉他。11 月 7 日，刚过了午夜，墨菲去拜访了朱安，并且告知他，现在登陆的时刻到来了。有一支强有力的英美联军，很快要到达北非了，几个小时内它们就能登陆，为它们提供协助的是具有压倒性优势的海空军。虽然，朱安将军对于这件事的内情已然了解，并且他一直忠心不二，但他仍然惊讶不已。原本他觉得，整个阿尔及尔的局势他能掌控得住。但是，他明白，他的职权已经难以起到作用了，因为现在达尔朗在这里。现在，只有几百名热情奔放的法国青年在他手下了。这位海军上将，他身为维希政府的副元首，现在军政府的一切领导大权都会转交给他。朱安的命令，人们一定不会再服从了。朱安质问道，为何不能提早通知他具体的登陆时间。

事实上，原因已经相当明白了，是否将登陆日期告诉朱安，与他的职权无关，只要达尔朗在阿尔及尔，所有拥护维希的法国人都会服从达尔朗的命令。墨菲和朱安决定给达尔朗打电话，让他立刻到他们这里来。还不到凌晨两点，达尔朗被朱安将军的电话叫醒，朱安说有要紧事要当面商谈，所以他就去了。达尔朗知道了联军就快登陆的事之后，气得满脸通红，他说:“英国人的蠢笨我是早就知道了，可是一直以来，我都认为与英国人相比，美国人会聪明那么一点。现在，我开始觉得，你们美国人做的错事一点不比英国人少。”

没有人会不知道，达尔朗十分不喜欢英国，轴心国才是他长久以来所投靠的。他在 1941 年 5 月的时候，不仅愿意让德国人使用达喀尔，而且，德国人在给隆美尔的军队运输物资时，需要从突尼斯借道，他也同意了。幸好当时北非的最高负责人是魏刚将军，他说服了贝当，回绝了德国的要求，因此才阻止了达尔朗这种反叛行为。对此，尽管希特勒的海军参谋人员提出了反对意见，但希特勒对于这个问题却没有太过强求，因为他当时正集中精力对付将要开始的俄国战役。1941 年 11 月的时候，魏刚被撤了职，因为德国人认为他并不是个靠得住的人。在这以后，虽然不曾听闻德国人打算用达喀尔来攻击我们，但是，突尼斯的各个港口，后来却对轴心国船只开放，而且，在 1942 年夏天的时候，这些港口还起到了为隆美尔军队运送供给的效用。现在，事情已经过去了，达尔朗也改变了自己的态度，不过，在英美攻占西北非时，无论他打算如何进行协助，他始终只会完全忠于贝当。不管墨菲和朱安如何劝说，他都只肯答应发电报给贝当，提出允许他自主行事的请求。因为要是他向盟军方面靠拢，那么还没被德国占领的法国地区，肯定会马上被德国侵占，这件事的责任要由他个人来背负，这一点他很清楚。他被这一系列冷酷的事件推入了一个举步维艰的境地，在这个境地里，这样做是他唯一的办法了。

在这段时间里，原本拟定的计划正一步步实施着。这座别墅被成群的反维希法国青年包围了，这些青年拿着抢，他们想要搞明白，屋子里的人到底持什么样的态度。警察当局，按照惯例，在黎明前派了五十名机动警察到别墅来，这一小群违法的人被警察赶走了。但是那些青年监视屋里人的任务被警察们取代了，并且，他们还将朱安以及墨菲逮捕了，同时被逮捕的还有与墨菲在一起的助手科尼斯·蓬达先生，他是美国驻马拉柯什副领事。他们静静等待着达尔朗的下一个命令。他给予蓬达先生一个权力，把他给贝当的电报送到阿尔及尔的法国海军司令部去。在那里有一位法国海军高级将领在值班，他确认了这封电报是真的以后，就将它发出去了，不过信使却被他扣留了。此刻，已经到了登陆的时间了，在阿尔及尔和奥兰两处，盟军开始了登陆。消息在天亮后不断传来，墨菲先生被留在别墅里，继续被警察软禁着，而达尔朗和朱安两人去了设在帝王堡内的阿尔及尔法军总部，一路上，两人对彼此都心存戒备。早上七点四十分的时候，达尔朗又发了一封电报给贝当：

这是早上七点三十分时候的状况：在阿尔及尔以及附近地区，美军已经开始登陆，他们所搭乘的是英国舰只。在几个据点，尤其是在港口及海军司令部两地，我们的守军已经把他们的进攻击退了。但是在其他的地方，登陆获得了胜利，因为他们采取的是突袭的方式。情况正逐渐变坏，用不了多久，守军就会坚持不住了。各方面的报告都显示出，有一场规模宏大的登陆正在筹备之中。

11 月 8 日，刚过凌晨一点，英美军队在阿尔及尔东西两面多个地点开始登陆，这次行动是在皇家海军巴勒海军少将的指挥下开展的。曾经，我们作了极为周详的准备工作，以便指引登陆艇在规定的海滩上登陆。英国第十一旅的先锋部队，在西边取得了圆满的成功，可是在东边，却在黑暗中造成了一点混乱以及延误，因为它们遭遇了预料之外的浪潮，载运美军的舰船和登陆艇被冲走了，它们被冲去的地方离登陆点有好几公里远。幸好，我们在沿海一带并没有受到较为激烈的攻击以及反抗。后援力量在天亮后到达，马上，整个局面又被我们所掌控了。地面上友好的信号，被一架海军航空兵部队的飞机发现了，所以，它就降落在了布里达机场，而且，在当地法国指挥官的帮助之下，将这个机场攻占了，然后一直等待，直到海滩盟军赶来救助为止。

阿尔及尔港自身是此次战役最激烈的地点所在。为了攻占港口以及炮兵阵地，同时预防法国人将船只击沉，必须要让美国突击队在防波堤上登陆，为了这一点，“布洛科”号和“马尔科姆”号这两艘英国驱逐舰想要在这里采用强硬的办法驶进港口。这两艘英国军舰因为这一冒险的举动，被那些进行反抗的大炮直接平射，结果十分糟糕。没过多久，“马尔科姆”号就被击伤了，但是在遭遇了三次失败之后，“布洛科”号成功驶进港口，让部队进行登陆。该舰只最后还是沉没了，因为它在撤退的时候受到重击。在岸上，大量士兵由于被包围了，只能被迫投降。

达尔朗在上午十一点三十分的时候，又发了一封电报给他的上司，他说：“今天晚上，阿尔及尔很可能沦陷。”他在下午五点的时候又发了一封电报说：“虽然我们竭尽全力在抵挡，但是美国军队已然进入了市区，我已经对当地驻军司令朱安将军下达了命令，让他去谈判有关阿尔及尔城投降的事。”法国人放了蓬达先生，并且为了让他去见美军司令，他们还给了他一张通行证。阿尔及尔在下午七点的时候归降了。从这一刻开始，在盟军的率领之下，朱安将军重新掌握大权，而达尔朗海军上将则落入了美国之手。

* * *

美军的“中央特种部队”是在英国接受训练以及登上船舰的，这支部队受命攻打奥兰。主攻发动的时间是 11 月 8 日凌晨一点左右，地点在该城以东的阿尔泽湾，为主攻提供支援的部队是英国海军，在主攻发动的同时，一些规模不大的攻击也在奥兰西边的两处地方发起了。与阿尔及尔的反抗相比较，法军在这里的抵抗更激烈一点。有很多法国正规部队，它们曾经在叙利亚与英军对抗过，还有法国海军部队，他们对英军在1940年进攻密尔斯科比尔一事一直心有怨言，这些部队都对我们的登陆进行了反抗。美国人之所以会预料到，与其他地方相比，这里的反抗将会是最激烈的，正因为这些陈年往事，不过，登陆还是照着计划在实施。就在这时，有两个作战行动遇到了打击，这两个行动的目的是对战役进行辅助。第一个遇到打击的，是一次冒险的空降作战，这次作战的目的在于占领奥兰后方的飞机场。来实施这次冒险进攻的部队是美国一个营的空降步兵，他们从英国起飞，可是他们碰上暴风雨，在西班牙上空的时候，飞机的编队被打乱了。打头阵的飞机坚持飞行，但是他们的降落点却距飞机场有几英里远，因为他们在飞行时方向出现了错误。他们在后来，跟已经登陆的战友会合，为占领塔伐罗伊机场立下了汗马功劳。

第二个遇到打击的，便是英国那两艘勇敢的小型军舰，它们想让一支美军部队在奥兰港登陆。夺取港口上的设备，防止法国人进行破坏，同时预防法国人将船只击沉，这是他们的任务，跟阿尔及尔的一样。所以，大量熟练的技术人员包含在这支登陆队伍中。一定要尽快让奥兰港成为盟军的基地，这是这次战斗的重点所在。皇家海军上校彼得斯，在主要登陆开始不久后，就带领着“怀尔纳”号，接跟着，“哈兰德”号也驶了进去。原本，这两艘军舰都是美国的缉私舰，我们按照租借法案，将它们接手过来。近距离炮火对它们进行了猛烈攻击，它们都被击毁了，船上的大半人员都牺牲了。非常幸运的是，彼得斯海军上校逃脱了灾难，可是，几天之后，由于飞机失事，他不幸罹难。英美两国政府在他牺牲后，分别追授他勋章，一个是维多利亚勋章，一个是美国功勋十字勋章。

奥兰湾的法国驱逐舰以及潜艇，在黎明到来时，开始变得活跃起来，不过，它们要么被击沉了，要么被打散了，因为与它们相较而言，我军占据了绝对的优势。海岸炮兵对登陆部队依然进行着顽强的反抗，不过，皇家海军对他们进行了炮轰，这支皇家海军拥有“罗德尼”号战舰。战争一直持续到 10 日上午，已经登陆的美军在这时对这座城市发起了最后攻势。法军在中午时投降。

现在，虽然奥兰和阿尔及尔的法军不再进行反抗，不过，德军在北非沿海一带的反抗，却在快速壮大。我们的海上供应线由于大量的德国潜艇而深陷危机之中，我们的生死存亡全靠着这条运输线。有三艘大型的空船，在从登陆滩头返航时被击沉，将这包含在内，德军获得了一点成功。不过我们也运用了强大的反潜艇手段，到了 11 月底的时候，在这一带海域里被击沉的德国潜艇共有九艘。

* * *

负责进行摩洛哥登陆任务的，是清一色的美国军队，在这方面，想要得到当地热情的帮助，是极有希望的。法国师长贝图阿尔将军现在驻守在卡萨布兰卡，他以前参加过纳尔维克的战争，对于德国人，他十分憎恨。他指挥着摩洛哥沿海的地面绝大多数的防御工作。到了很晚，我们才将这个秘密告知他，对于让吉罗出任法国最高统帅，他乐意接受。他期望看到的是，到时候，法国驻摩洛哥总督诺盖以及密希勒海军上将会快速而彻底地发动起义。盟军代表对他进行了劝说，让他不要去冒险，最好的办法是将那位总督抓起来。可是贝图阿尔不想做这样的事。他不想让人责备他，说他取代了自己的上司。他在 11 月 7 日晚上十一点的时候，将一些军官叫到他的司令部，这些军官都是参加了这个秘密计划的。他跟他们说：“明天早上五点的时候，美军会开始登陆。”午夜的时候，这些军官离开了卡萨布兰卡，他们离开时分别乘坐了三辆汽车，两个小时后，摩洛哥首都拉巴特的法军司令部、参谋部的电话交换所，以及邮局都被他们攻占了。但非常不幸的是，诺盖将军的秘密电话线被他们遗忘了，所以，在这之后的几个钟头里，这位总督可以毫无障碍地跟各个重要基地的司令官通话，这些基地分布在摩洛哥各地。

到达巴拉特之后，巴图阿尔就让他的副官带着一些资料去见诺盖，这些资料有吉罗与墨菲之间商议的详细记录，以及很快就会开始的盟军登陆的详细记录。贝图阿尔下达了命令，让一个连的殖民地步兵将诺盖的住宅包围了。诺盖气愤难平。将巴图阿尔的副官，也是他自己的亲侄子给逮捕了，同时，他马上给卡萨布兰卡海军基地的密希勒海军上将打电话。密希勒向他汇报说，并没有任何迹象表明盟军已经靠近海岸。由于这个否定的回复，诺盖决定采取措施，他对密希勒下达指令，让他马上进行“警戒”，而且，目前贝图阿尔身在拉巴特，所以他的职权也让密希勒一并接管了。事实上，当时这支美国舰队距离摩洛哥只有三十英里的行程了，这支舰队拥有超过一百艘的船只，而它们载着的是巴顿将军的登陆部队。可是，对于这件事诺盖还一无所知，不仅如此，就连盟军已经开始在阿尔及利亚登陆的事，他也是一无所知。原本，登陆即将开始的事直接知道的只有贝图阿尔将军一人，可是，受他领导的一小帮拥护者在拉巴特发动了军事政变，这就适得其反，让整个摩洛哥在诺盖的指挥下进入戒备状态。所以很显然，贝图阿尔将军在这种极其紧张的境况下，是非常焦虑的。

美国驻拉巴特副领事在早上五点的时候，给了诺盖一封罗斯福总统写的私人信件，在信中，总统希望他们对盟军伸出援手。两个小时之后，诺盖通知身在阿尔及尔的达尔朗，他说美国的最后通牒已经被他回绝了，当时，登陆已经开始了。诺盖将贝图阿尔以及他为数很少的拥护者围困住了。诺盖亲自打来电话，他声称要将参加了这次事件的殖民地步兵团的军官们枪杀了。很快，这些人全部被抓了起来。贝图阿尔在两天后，接受了军事审判，他到 11 月 17 日才被释放。

* * *

我们在制订作战方案时，有两个行动，一个是进攻摩洛哥靠大西洋沿海一带的行动，另一个是进攻地中海沿海一带的行动，这二者比较，我们更为担心的是前者。因为我们要将整个远征军直接从美国港口准时送到他们要登陆的港口，中途要横跨北大西洋，不仅如此，我们最担心的是气候条件，担心预计登陆那天，盟军会因为摩洛哥的大西洋沿海地区的气候,而难以登陆,尤其是在这个季节快要完结的时候，气候条件将变得更为恶劣。休伊特海军上将的旗舰在11月7日的时候，从伦敦以及华盛顿两地都接到了气象预报，这两地的预报都表明，气候条件会比较差。所以,到底是按原计划行事呢,还是采取另外的措施，海军上将必须立刻做出判断。另外的措施是带领整个舰队通过直布罗陀海峡，在纳姆尔旁边，有一个没什么名气的海滩，它与西属摩洛哥相接近，让巴顿将军在那个海滩上登陆。将其他问题抛开不看，这个计划还有一个需要深思的问题，那就是登陆时间会被严重拖延，由此而引发的后果可能是致命的。不过万幸的是，休伊特海军上将有一些参谋人员,他们对当地的天气进行预测，得出结果是，天气会暂时变好，而休伊特海军上将也冒险支持了他们的预测结果，他这样做是正确的，事情的结果会证明这一点。决定一旦作了出来，在天黑之前，这支舰队便兵分两路，各自向自己的目标驶去。

11月8日黎明以前，这支“西方的特种部队”到达了摩洛哥海岸。在此处计划的登陆时间比阿尔及尔一带晚三个小时，因为在此处登陆需要夜间航行，而且航程也不短。以前，巴顿将军对这种情况进行过指责，因为，我们计划在今天凌晨一点的时候，在阿尔及尔登陆的同时，对总统的告北非法国人书进行广播，那么摩洛哥的守军因此就会有了戒备之心。他的这种看法也是有理可循的。不过结果说明，对于摩洛哥来说，这一次广播根本没有什么作用，摩洛哥的守军的的确确得到了“预警”，可是并不是由于广播的原因，而是如前所述的原因。这次登陆行动会分三处进行。中间的是主攻，将在卡萨布兰卡旁边的斐达莱进行登陆。两边的是侧攻，将在位于卡萨布兰卡北边的里奥德港以及南边的撒非这两处分别进行登陆。当天早上气候不错，雾有些多，但是，与原本的预想比较，海滨的波涛小了很多。波涛后来变得汹涌了，不过，登陆部队在那个时候，已经在全部区域拿下了稳固的据点。第一批登陆部队到达那些地点的时候，根本没有遭遇反抗，不过，很快反抗就变得激烈起来了，有一段时间里，战斗极其猛烈，尤其是里奥德港附近的战斗。

激烈的战斗也在海上开始了。在卡萨布兰卡停了一艘名为“让·巴尔”的新战列舰，它暂时还不能行驶，因为它尚未完工，不过它装备有十五英寸口径的大炮四门，这些大炮现在可以发射。很快，一场轰击战就在它与美国战列舰“马萨诸塞”之间展开了，同时，为了抵制我们登陆，在巡洋舰“普利马戈”号的掩护下法国的舰队也出动了。它们所遇到的，正好是整个美国舰队，待战斗结束，被击毁的法国军舰有七艘，法国潜艇有三艘，大约有一千法军伤亡。“让·巴尔”号船内着了火，烧坏了，最后在沙滩上搁浅了。

美军在 9 日那天着手进行两方面工作，一方面对自己的据点进行巩固，另一方面攻进内陆。诺盖直到 11 月 11 日上午，才根据达尔朗的命令，进行投降。他汇报称 :“我方的所有作战舰只以及飞机，在经过三天激烈战斗后，都有所损失。”墨希埃是“普利马戈”号的舰长，他一心希望盟军能够得胜，不过，因为服从指挥，他最终在“普利马戈”号的舰桥上战死了。我们的士兵们，因为墨希埃海军上校所遭遇的这种悲哀的困境以及他那种充满矛盾的忠心而失去了生命，要是，这样的事没有发生，我们将何等地感谢苍天呀。

* * *

战斗状况以及法国方面对盟军登陆正式采取抵抗的一些消息，断断续续传到了艾森豪威尔将军的司令部，这个司令部设在直布罗陀。

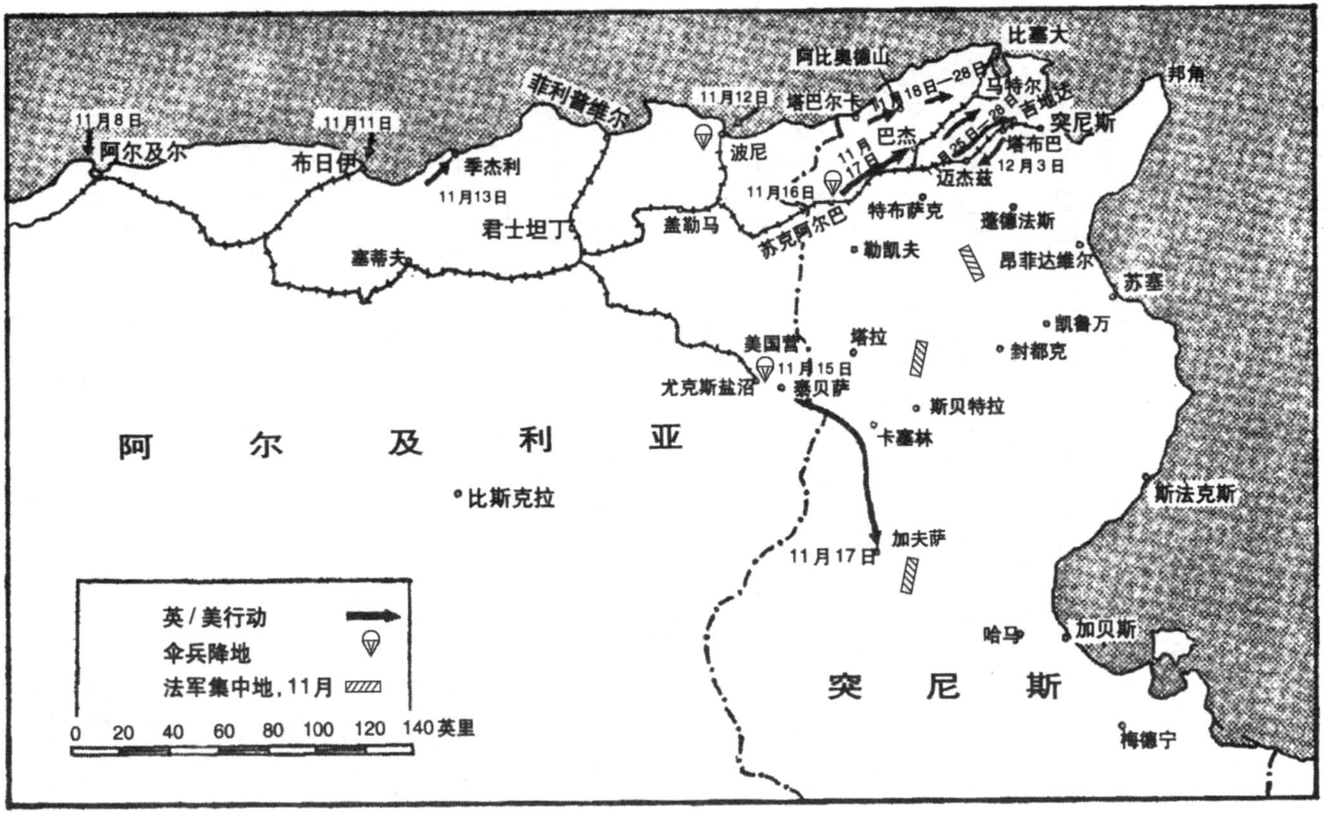

阿尔及尔—突尼斯　　（照原图译制）

现在，有一个极为紧迫的政治问题需要这位盟军最高统帅去面对。那些有可能归顺盟军的法国部队，他们的司令官由吉罗出任，这是吉罗提出的建议，对于这个建议，艾森豪威尔原本已经同意了。可是现在，猛然间一个人冒出来了，事实上，只要这个人发话，北非的所有法军都会有序地加入我们。原来预测,众人寄予厚望的人应该是吉罗,但是,还没有任何证据证明这个预测是对的,并且,看了登陆地区的初步反应,情况也不容乐观。所以，在 11 月 9 日早上的时候，吉罗将军便飞去了阿尔及尔，就取消所有敌对行动的事项，跟当地的法国当局进行协商，紧接着，克拉克将军也为着同样的目的飞去了阿尔及尔，他此行的身份是艾森豪威尔将军的私人代表。

吉罗遭遇了当地法国高级将领极其冷漠的对待。当地的抵抗组织也已经垮掉了，这是英美两国特工人员花费了很多时间和心血才建立起来的。当天晚上，达尔朗与吉罗进行了第一次会议，此次会议由克拉克主持，但最后协商没有取得结果。法国的最高司令官是吉罗，随便一个处在重要职位的法国人都不会承认这一点，这是显而易见的了。克拉克在 11 月 8 日上午的时候，替这位海军上将再次安排了会议。他用无线电告知艾森豪威尔，他说，现在与达尔朗达成协议，是仅有的解决方法。现在根本没有时间跟伦敦以及华盛顿进行电报商讨了。这次会议，吉罗没有现身。由于维希那里没有下达指令，所以达尔朗有些难以作出决定。克拉克为了让他坚定决心，给了他半个小时的时间。最终，这位海军上将同意了，他愿意下达命令，在北非全面“停战”。他“用贝当元帅的名义”，将法属北非领土的所有权力握在手中，同时，下令全部官员各司其职。

一个重大消息，就在当天稍晚的时候又传了过来，这个消息就是法国未被占领区域开始遭到德国侵占了。如此一来，达尔朗面对的状况就变得简单起来了。现在，他可以对外宣称，贝当元帅已经是个身不由己的人了，而当地的文臣武将，对他的话都会深信不疑。当然，达尔朗心里的底线也被德国人的这种行为触动了。有一个很有名气的法国海军基地，这个基地位于土伦，德国先锋部队很快就要攻进这个基地了。法国舰队的命运就与 1940 年一样，再次陷入危险之中。在此情况之下，要让法国战舰从土伦驶出，享有足够声威，以至于可以这样做的人只有达尔朗。他在 11 月 11 日下午的时候，毅然采取行动，他给法国本土发了封电报说，现在，德军即将俘获土伦舰队，在这种危险的境况之下，舰队将立刻向海上驶去。为了在这种境况下帮助法国舰只突出重围，盟军的海空军已经进行了部署。

*　　*　　*

后来证明，这些浩浩荡荡驶向北非的盟军船队，它们的目的地到底是哪儿，可以说德国最高统帅部几乎直到最后才搞清楚。有很多地点在德国潜艇覆盖广阔的巡逻范围内被阻断了。不过，只要当主力舰队越过了直布罗陀海峡，就能很明显看出它们的目的地了。可是，德国人就算到了这种时刻，好像还觉得，这支远征队的目的可能是登陆意大利或是为马耳他岛提供支援。意大利的总参谋长喀瓦罗洛元帅在偶然间听到了戈林与凯塞林在电话里的对话[①]，他将这段对话记在了日记中，对话如下：

戈林：据我们预测，在随后的四十至五十小时内，这支船队就会驶进我们空军航程内，所以，我们必须做好一切准备工作。

凯塞林：元帅先生，要是有一支船队打算登陆非洲呢？

戈林：我认为，它们想要登陆的地点要不是科西嘉岛或撒丁岛，要不就是德尔纳或的黎波里。

凯塞林：恐怕，可能性更大的应该是在北非的一个港口登陆。

戈林：对的，但是在法属北非港口登陆是不可能的。

---

① 选自喀瓦罗洛编撰的《最高统帅部》第 371 页。——原注

凯塞林：这支船队一旦越过西西里海峡，我就有应付它的时间了。

戈林：由于意大利人没有在西西里海峡的海面布下水雷，所以这支船队要是不去撒丁岛，就肯定会越过西西里海峡。布水雷这点，应当对意大利人指出来。

法国当局跟维希之间的正式来往，直到 11 月 7 日午夜才开始。德国在威斯巴登，设有一个停战委员会，在 7 日晚上，这个委员会的负责人对一名法国军官进行了召见，这个法国军官也驻在这个委员会。他通知这名法国军官，眼下有一支规模巨大盟军船队，它们已经驶进了地中海，阿尔及尔跟突尼斯很可能是它们这次行动的目标所在。对于维希方面，德国人表示，他们会提供军事上的帮助。

* * *

维希方面在 11 月 8 日的凌晨的时候，一直收到有关盟军迫近北非的消息。住在维希旁边的莱法尔，在睡梦中被电话叫醒，他接到了德国驻维希的政治代表的电话，该代表再次向他说明，在北非，要是盟军进行大肆登陆的话，德国乐意为他们提供军事上的帮助。莱法尔急急忙忙赶到内阁。美国的临时代办平克尼 · 塔克先生，在早上四点的时候到了贝当元帅的办公室，他将总统的那封信带了过去。所有事情都被莱法尔掌控了。他为了能让贝当在上午的时候就签字，他将自己的亲信集中起来，一起草拟了一封用于回绝的信件，这封信中充满了敌意。维希海军部在一个钟头之后，对身在阿尔及尔的达尔朗进行了通知，他们说，为了防御盟军登陆，德国人愿意提供空军上的支持。在回复中，达尔朗提议，让从西西里和撒丁岛起飞的德国空军，对盟军的运输船队进行轰炸。

他们直到早上七点的时候，才将贝当元帅叫醒，把这个消息告诉了他。莱法尔就总统的信拟定了回复信件，对于这个回信，贝当没有任何表态，可以说他根本不感兴趣。他什么也没说就在信稿上签了字，同时嘴里吹着一支打猎曲。9点的时候，他接见了平克尼·塔克先生，他将回信给了塔克先生。有关这次会见的情形，有各种说法。据说，当时贝当将信交给塔克的时候，在这位美国人的肩膀上轻拍了一下，显得饶有意味。在那一段日子里，这位年老的元帅，好像身处梦境一般。

虽然，维希政府还是想当一个玩弄手段的两面派，以便从盟国和德国人之间谋取利益，不过，这种不切实际的想法很快就被打消了。纳粹给维希政府施加了更为强大的压力，所以，维希政府在当天上午十一点半的时候，就同意了德国的建议，空中援助从西西里和撒丁岛提供。德国人借助这种无耻的决定，快速而果断地将突尼斯各飞机场占领了，他们的这一举动，在战役中，为我们带来了极为惨重的损失。

维希政府在当天较晚的时候，再次举行了内阁会议，与美国正式断交的提议得到了通过。

* * *

希特勒在9日的夜晚，将莱法尔召去了贝希特斯加登。第二天早上，莱法尔就乘坐汽车动身了，不过，他在途中遇到了大雾，所以到达慕尼黑时，已经是10日的早上了。所以，莱法尔在途中的时候，正是在阿尔及尔的达尔朗与盟军进行交涉的时候，也正是这个交涉的消息给在维希的少数人带来些微希望的时候，这少数人一直都想让贝当元帅与盟军结成统一战线。为了说服贝当元帅不要顺从德国人，魏刚特地赶到维希来，同时，海军部长奥凡海军上将也对贝当进行了极力劝说。甚至于他们已经做到了这种地步，让贝当同意拟定一封给达尔朗的电报，在电报中对达尔朗的行动表示赞同。在慕尼黑，莱法尔得知了在阿尔及尔以及维希所发生的这些事以后，极为震怒，他用辞职来威胁贝当元帅，让贝当元帅把给达尔朗的那份电报收了回来。

莱法尔在当天下午去拜见了希特勒。德国元首对着这位法国人，就法德过往的关系从根源上开始大谈特谈，德国元首谈到这些关系时所使用的手段，当然是对历史进行虚假夸大。他还将一份德意两国联合照会给了莱法尔，希望法国能够同意他们的要求，允许轴心国的部队登陆突尼斯。当时在场的还有齐亚诺，根据他所说，莱法尔的状况十分可怜。他的话应该是有可信度的。阿倍兹在 11 月 11 日的早上，将莱法尔叫醒，并告诉他，法国未被占领的地区，德国元首已经下令让德军对其进行占领了。当天，尼斯和科西嘉也被意军攻占了。至此，维希政府彻底灭亡了。

*　　*　　*

达尔朗发给维希政府的电报被德国人截获了，在这之后，德国人便向莱法尔施压，让他去迫使贝当给阿尔及尔发电报，对达尔朗的行动进行否认。在明显发现达尔朗打算改变主意的时候，克拉克将军就将这个海军上将给抓了起来。但是，后来贝当用海军专用密码发来的一封秘密电报，同时发来的还有德军对法国未沦陷地区继续攻占的消息，这让阿尔及尔的局势又再次回归正常，同时，在阿尔及尔的相关人士的心情也因此变好。11 月 11 日，也就是第二天的时候，对于让达尔朗发出确切的命令，让土伦舰队出海，同时，给法国驻突尼斯总督埃斯特瓦海军上将发电报，让他加入盟军，这一点双方都一致赞成。

*　　*　　*

埃斯特瓦海军上将是维希政府的爪牙，他对维希政府一直都是忠心不二的。现在，他的恐慌随着事态的急剧恶化而逐渐增加。相较于达尔朗或者诺盖来说，埃斯特瓦的处境更为艰难，因为他与西西里以及他东面边境上的敌军距离较近。他的那些幕僚们的犹豫不决与他相比，是有过之而无不及。阿威纳一个很重要的飞机场，在 11 月 9 日的时候，就被德军攻占了。德意部队在当天，就到达了突尼斯。有一批轴心部队位于的黎波里塔尼亚，这些部队从东面开始攻击，向着突尼斯挺进，同时，盟军部队也来了，他们从西方直指突尼斯而来。此时，埃斯特瓦的心情极为沉重，他难以拿出一个决定，不过在表面上，他仍旧表现出对维希政府的忠诚。在刚面对这样的问题时，还有一位法国将军巴雷，也不知道如何是好，类似这样的问题，亲爱的读者朋友，你们从未遇到过；不过最后，巴雷向西去投靠吉罗将军去了，同时，他将自己绝大多数的守军也带了过去。可是，有鱼雷艇三艘，以及潜艇九艘，在比塞大港归降轴心国。

自 1940 年以来，在亚历山大港，一直有一支法国舰队停泊于此，曾经在这里进行过协商，但最后都不了了之。这支舰队的司令是戈德弗鲁瓦海军上将，他对于达尔朗海军上将的权力不予承认，因为他只忠诚于维希政府。他觉得，盟军想要说自己有解救法国的能力，只有将突尼斯制服了，才有资格说这种话。所以，他的舰只一直停在亚历山大港，直到我们攻占了突尼斯。

达尔朗在 11 月 23 日下达了停止作战的命令，在达喀尔，虽然维希总督布瓦松接受了这个命令，可是驻扎在这里的海军部队却不肯加入我们。“黎歇留”号战列舰，以及和它在一起的三艘巡洋舰，一直等整个北非被我们占领之后，它们才加入。

* * *

在阿尔及尔登陆胜利以后，安德森将军立刻按原计划行事，将美国莱德将军的指挥权接了过来。第三十六步兵旅被他派遣出去，前去对布日伊发动攻击，在 11 月 11 日的时候，这个步兵旅顺利将布日伊拿下，可以说是不战而胜。第二天，有一营的兵力到达了吉杰里机场。

两个连的英国伞兵，在11月12日的时候，在从海上来的突击队的协助之下，降落在博尼。16日的时候，其他的伞兵在苏戈埃尔巴机场降落，并从这里对准巴杰开始前进，再往前，便碰见了敌人的阵地。第三十六旅取道公路，由此快速挺进，打入突尼斯内部，他们在11月17日的时候到了阿比奥德山，并与敌军在此地相遇。与此同时，15日的时候，美国的伞兵也在尤克斯盐沼降落了，两天后，他们便到了加夫萨。

我军的这些行动，极其迅速，并且未遇到阻拦，所以阿尔及利亚东部各处机场都被我们掌控了。由于在这时，我们距离直布罗陀已有八百英里远了，它再也不能对我们的陆地部队进行掩护，所以想要掩护陆地部队，这些机场是必不可少的。我军的勇猛，从如此快的发展速度中就能看出来，不过现在，速度必须要慢下来了，因为我们已经与敌军相遇。德军已经极快地采用了应对方法。11月9日的时候，他们的第一批队伍就来到了这里，不久之前，有两团伞兵和四营援军也想要阻挡我们的前进，这些部队原本是打算用来支援隆美尔的。在这些部队之后，紧接着又有一些部队被敌军投了进来，它们是：德军第十装甲师的先头部队、意军的贝塞戈里利营、意军苏培尔加步兵师中的六个营。轴心国的部队，到月底的时候，已经达到了一万五千人，并且，他们还有坦克一百辆、野战炮六十门以及反坦克炮三十门。轴心国的俯冲轰炸机的基地是突尼斯优良的机场，这些飞机也展开了侵扰行动。但是，因为我们，俄军的重担得到了缓解。在整个11月里，为了让地中海战区使用，德军从东线撤来了作战飞机四百架，其中，远距离轰战机占绝大多数。德方在地中海战区安排的空军兵力，十八个月以前，占全部兵力的十二分之一，可现在这个比例达到了四分之一。

*　　*　　*

英美联军登陆北非，其效果立马就在法国显现了。早在1940年，德国人就将攻占法国自由区的具体方案拟订了出来。“阿蒂拉”是这个方案的代号。当年12月10日的时候，希特勒就发出了与该计划有关的命令。原本它的目的是，为了对魏刚在北非的任何不友善举动进行控制。只要法德之间关系一紧张，实施“阿蒂拉”计划的问题就会被拿出来。将停靠在土伦的法国舰队的主力完好地抢过来，是这一计划的主要目的所在。不过，要是攻占了全法国，那么就有相应的义务需要承当，而希特勒跟雷德尔都不想去承担该义务，一直以来他们都尽量跟维希保持合作关系。

但是这个局势在盟军登陆北非以后，被完全打破了。有关达尔朗在阿尔及尔和盟国谈协商情况，在贝希特斯加登时，莱法尔对德国人进行了说明，很有可能这起到了关键性作用。跟德国人一样，艾森豪威尔将军也急着想要把法国舰队抢过来。事实上，正是因为维希的海陆军将领都会听从达尔朗的命令，所以我们才与他进行谈判的。在达尔朗给维希和土伦发电报，督促法国舰队出海，驶到盟军控制的港口之下的时候，德军也在马不停蹄地向地中海海岸赶来，很显然，这是因为他们绝对不愿意双手将法国舰队送给我们。

奥凡海军上将，他担任维希海军部长，原本他想帮助达尔朗的，可是迫于莱法尔的威胁以及土伦法国海军将领的态度，他现在也只能是心有余而力不足了。拉巴德海军上将，他对英国人极为仇视。他一听到盟军登陆的消息，就打算出海，然后对盟军的运输船队发动袭击。达尔朗发出有关起义的号召，他一口回绝了，当敌军到了法国海军的这个基地外面的时候，有一项协议在他们之间形成了。这项协议规定，在这个港口附近建立一个由法军防御的自由区。对于这项协议，奥凡算是勉为其难地应允了，同时，他竭尽全力对这个自由区的防御工事进行提升。可是，在11月18日的时候，德方提出了要求，他们要让所有的法军撤出这个自由区，可是，保卫自由区的任务只能由海军来担任，所以，几天之后，奥凡就将职务辞去了。

现在，对于法国舰队，德国打算采取突袭的手段。行动在 11 月 27 日的时候，毫无预兆地就展开了。依靠着不多的几名军官的勇气和智慧，他们终于自己将法国舰队击沉了，这几位军官中包括了拉巴德，他在最后终于起义了。有七十三艘军舰在港口沉没了，其中包括：战列舰一艘、战列巡洋舰两艘、巡洋舰七艘、驱逐舰以及鱼雷艇二十九艘、潜艇十六艘。

* * *

在“火炬”战役的时期里，我们获得了累累战果，这一次作战行动确实是极其出色的。我们占领了阿尔及尔和卡萨布兰卡，可我们所付出的代价并不大，这多少跟达尔朗海军上将的参与有关。不过，我们没能得到全盘的胜利，之所以会这样，主要是突尼斯的法军将领总是举棋不定。有关这些事情，坎宁安海军上将在他的报告中如是说：“在最开始攻打博尼的时候，没有采用更为勇敢的策略。当时，敌人已经手足无措了，可是我们却没有趁热打铁，争取全盘的胜利。这将让我抱憾终身。”

第十二章　有关达尔朗的小插曲

戴高乐将军的地位以及自由法国——在11月11日时我发给罗斯福总统的电报——11月12日他对我的电报进行了回复——艾森豪威尔飞去阿尔及尔——北非以及西非的法国人都听命于达尔朗——英国国内广泛的焦躁情绪——在11月17日的时候我对总统进行提醒——他公开发表声明——史末资元帅从当地提出看法——英国国内群情激奋——“达尔朗事件”——12月10日下院开展了秘密会谈——法国文武两官员的内心活动——“用贝当元帅的名义”——劝服下议院——12月24号达尔朗被刺杀——不幸的人生

在上一章节中，所描述的那些事实，只是对中东所发生的事情以及这些事情的先后顺序进行了简单介绍。虽说，这些事情从性质来讲都属于政治上的，但是，它们跟军队或者舰只的行动完全一样，都是归属于这次战役的。在这一次战役中，与战争核心相符的唯一方法是，竭尽所能拉拢法国，法军与盟军之间的武装冲突要尽力避免。克拉克将军在与达尔朗协商时，正是采用了这唯一的方法。他展现出来的是勇敢、果断以及充满智慧。而艾森豪威尔所肩负的责任，就是接受克拉克的行动，并且支持他。在一年以前，这两位美国军官都只是准将，极其的坚毅和聪慧，是他们在处事中所表现出来的。就算是这样，还是有一些问题被他们的行动引发出来了。对英美两国人民来说，这些问题不管是从道义上还是情感上，都是非常要紧的。在各个盟国之间，他们的举动也引发了一些反响。对于法兰西的精神，向来我都相信自己能理解，所以，当时总统对于戴高乐及他所率领的运动，表现出了敌对态度，这肯定会让我十分担忧。因为不管怎么说，法国的抗战中枢是戴高乐以及他率领的运动，并且，他们也是法国荣誉散发出的光芒。

前海军人员致罗斯福总统　　　　　　1942 年 11 月 11 日

有一些对德国带着恨意的法国人士，毫无疑问，现在最为重要的就是用尽一切办法将他们拉拢过来。现在有一个机会出现了，那就是希特勒要进攻法国未沦陷的区域。对于戴高乐和他所率领的运动，英王陛下负有极其确切而崇高的责任，这一点我坚信你能明白。让他们得到公正的对待，是我们一定要做到的。在你或者我的支持之下，出现两个相对抗的流亡政府，这种情况我觉得我们二人都要尽全力避免。这很可能需要一段时间，况且，不管什么事情，都不能对军事行动造成阻碍。不过，关于我们的目的何在，为了什么而开展行动，对此我们应该要让各方面都能了解。

很显然，这段时间里，在阿拉曼，我们已经取得了胜利，这是一个具有决定意义的胜利。

罗斯福总统致首相　　　　　　1942 年 11 月 12 日

你们在埃及取得伟大战果的消息我已经收到了，还有，我们两国在西非和北非联合登陆的最新消息也收到了，对此，我感到十分的欣喜。要是地中海南岸的敌人被我们消灭了，同时，被我们控制住了，对于我们在这时候，下一步该如何进行，在眼前这种情况下，应及时思考这个问题了。我觉得对这些可能性的探讨，最好的方法是，你跟你的参谋委员会在伦敦进行，而我跟我的参谋长联席会议在这里进行。这些可能性包括，在撒丁岛、西西里岛、意大利、希腊和巴尔干的其他地方发动进攻，以及力争土耳其方面为我们提供帮助，然后通过黑海方面对德国的侧方发动攻击。

到目前为止，对于将戴高乐交给你，我都感到十分安心。显而易见的，现在有一个一样的困难让我碰上了，它就是吉罗。让法国的各个流亡政府搞对抗，是坚决不行的，这一点我十分赞同，并且,对于让戴高乐派一个代表去阿尔及尔与吉罗会面,我也赞成。千万不能忘了，吉罗和达尔朗都声称北非和西非所有法国军队的指挥权在自己手里，现在正有一场激烈的争论在二人之间进行着。

眼下的情形仅仅只是在军事范围内，所以，他们三人之间不论是谁作出的决定，或者说是他们三人共同作的决定，都应当要取得艾森豪威尔的同意。让这三位主角看清楚这件事，是现在的主要任务。

我还觉得，最好的做法是，在戴高乐的代表动身去非洲之前，搞明白他所下达的命令是什么。

*　　*　　*

艾森豪威尔将军在 11 月 13 号的时候，乘坐飞机从直布罗陀到了阿尔及尔，克拉克跟达尔朗刚把那件事谈妥，艾森豪威尔要肩负起那件事的责任，并且还要出任指挥。唯一一个可以将西北非洲拉拢到盟国这方面来的法国人是达尔朗，当地的盟军将领以及官员们全都这样认为。关于吉罗所说的，他可以让法国人听从他的命令，现在已经证明这不过是个神话而已，所以，当他听到法国未被占领的区域被德国入侵的消息以后，就同意跟达尔朗携手抗战。达尔朗下达了“停战”的命令，奥兰、摩洛哥和全阿尔及利亚都听从了这个命令，这一点就能证明达尔朗的权力。所以，达尔朗跟艾森豪威尔在这天便签署了一份条约，这是一份最终的正式条约。在伦敦，对于艾森豪威尔的行动，我认为从军事方面来说是有理有据的。我在 11 月 14 号的时候给他发了电报，在电报中我指出 :“第一位当然是军事，不过，政治问题以后必须要处理。”

给总统我也发了一封电报，内容如下：

前海军人员致罗斯福总统　　　　　　　　　　1942年11月15日

1. 我们觉得，提出的这些方法，并不能将我们的各种疑惑以及担忧打消，并且，这些方法只是短暂性的，同时它们也并不完善。不过就算是这样，在场的包括坎宁安海军上将在内的我方将领，还是支持这些方法。因为我们主要考虑到了以下两点：一是目前最重要的是快速进攻，二是这位同盟军的最高司令的建议十分有力，并且他又很会表达。所以我们认为，想要暂时维护该地安宁，并且得到突尼斯的各个要地，唯一的办法就是认同艾森豪威尔将军的行动。

2. 我们坚信，你在跟我们协商拟定长远计划的时候，肯定会将一个方针当作根本，这个方针就是将所有想对希特勒作战的法国人士，尽力联合起来。

* * *

在英国国内，当将达尔朗协商的事实公布出来以后，出现了广泛的不安情绪。当时，我也有所感觉，自己身边的舆论之声也逐渐大了起来。我的很多好友，他们也觉得，这一次的举动并不是那么的光明磊落，并且，那个对象还与我们有着似海深仇。因为这样，我们这次规模无比强大的战争所得到的胜利，以及阿拉曼的胜利，在他们的眼中，都失去了应有的光辉。当我知道这些的时候，我极为伤心。他们的态度我觉得有些缺乏人情味，并且，他们也没有充分考虑过战争的严酷现实以及士兵们的生命。他们的评论越来越刻薄，而我的愤慨也由此越来越盛，并且我还有些看不起他们这种目光短浅的观点。不过，对于他们为何如此生气，我是能体谅的，我自己也与他们有相同的感受。

与英国相比较，美国方面的反应就没这么激烈了，不过，感到生气的人也为数不少。对于群众这样的愤慨，我觉得罗斯福总统是不甚在意的，那么就更不用说英国人的愤慨了。

前海军人员致罗斯福总统　　　　　　1942 年 11 月 17 日

我们跟达尔朗所签署的合约，引起了群众强烈的不满，我觉得这件事应当让你知道。对于这个问题，我越想越觉得它不过是个缓兵之计，而我们出于战争的紧迫性不得不采取这样的措施。人们会猜想，我们想跟当地的吉斯林之辈同流合污，这种观点对我们共同事业带来的有害影响，其范围不仅仅是在法国，而是全欧洲，所以，我们坚决不能轻视这样的问题。达尔朗名声败坏。法国海军之所以对我们心怀恶意，正是因为达尔朗，他将自己的下属提拔出来，去指挥法国海军。而这些法国海员会送去牺牲，也是因为他，是他派法国海军去卡萨布兰卡附近的海面与你的舰队进行对抗的。这些事都还像刚发生的一般，可是现在，达尔朗为了权力地位，又向着我们靠拢了。成千上万的群众坚决不能接受与达尔朗签署永久性条约，或者是成立一个达尔朗政府在法属北非；而我们的力量正是来源于这些群众对我们的忠诚。

就我个人观点，现在第一位的应该是继续战斗，而第二这个位置留给谈判。我们收到了艾森豪威尔将军的消息，他说我们第一集团军的先锋部队，估计在未来几天之内就能攻打突尼斯和比塞大的德军，对此，我们感到非常开心。

总统回复了如下电报给我：

罗斯福总统致首相　　　　　　1942 年 11 月 18 日

有关达尔朗的愤怒浪潮，我也碰到了。我觉得，要尽快采取措施才行，所以，我在记者招待会上已经公开发表了一篇声明，这个声明，我希望你能满意。同时，我也希望，这篇声明的诚意不会招致群众的怀疑。

这个公开声明[①]，他也用电报发给了我。在看完声明之后，我不再那么忧心了：

在北非和西非，艾森豪威尔将军所做出的暂时性政治处理，我完全支持。现在，在美国、英国还有其他同盟国里，有些人依据过去两年的历史，提出了一种观点，对此我不仅能体谅而且还十分赞同。这种观点是，跟达尔朗海军上将签署任何永久性条约都是不应该的。在法国或者法国任意的领土上出现一个重新包装的维希政府，所有同盟国的群众肯定也不能理解，我们为什么要对这个政府予以承认。对于那些支持希特勒以及轴心国的法国人士，一直以来我们都是持反对态度的。

想要对法国或者法兰西帝国的未来政府进行讨论，在我们的陆军中，不管是谁都没有这样的权力。任何一个法国本土或者海外的人，来成立未来的法国政府，是绝对不被允许的，想要成立未来法国政府，只能是在法国人民被盟国解放以后，由它们的人民来自己成立。眼下，是迫于战争的紧急形势，我们在北非和西非才会做出那样的决定，这不过是为了应付眼前的情况所采取的暂时措施。

接着，他的声明上又说道：

我们要拯救的不但有美军和英军的生命，还有法军的生命，这是我们最主要的军事目的。第二个目的是争取时间这一重要条

① 摘抄。——原注

件……眼下的情况，只要我们耽误一天，德意军队就会有多一天的时间，来为反抗做准备，为坚守挖好壕沟，这样一来，我们想要取得胜利，就必须进行大规模的战斗。这再一次证明了，与被迫耽误一个多月相比较，现在的快速战斗会拯救更多的生命……从我接到的报告来看，北非法国人士已经将政治问题放在了第二位，现在，对他们来说最重要的是建立一条共同抗敌的统一战线。

我的观点与这个公开声明完全一样，同时，群众对这个声明也很满意。

前海军人员致罗斯福总统　　　　1942 年 11 月 19 日

可以说，有关这个问题的最佳解决办法，就是你关于达尔朗的公开声明。不过，在将要开始的战斗中，我跟你以及艾森豪威尔都有一样的想法，那就是急切地希望有法国人加入其中，那样的话，就能得到最大的好处了。要是达尔朗跟他手下的人在战斗中真的是尽心尽力的话，那么我们肯定要为他记上功劳，对这一点我深有认识。我相信，你在这点上会跟我有一样的看法。顺致问候。

*　　*　　*

史末资将军在这段时间里也在国内，跟我们在一块儿，他的观点与我的极其相似，这确实让我感到十分欣慰。他跟我进行了一次长谈，在此之后，他就动身飞去南非战场，现在已在途中。他在阿尔及尔经过周详探讨后，以务实的态度提出了一些建议，具体如下：

史末资将军致首相　　　　1942 年 11 月 20 日

早上，我到了这里之后，就跟艾森豪威尔以及坎宁安举行了一次长时间的会谈，现在，对这次会谈的结果进行如下简要汇报。战争将在下周天或者周一开始，对于这场战役，安德森是不是有强大到能攻下比塞大的能力，这是个问题，不过，想要攻打突尼斯，似乎会更有把握。不管怎么样，为了能用空军或者其他方法将敌人肃清，我们会竭尽全力将敌人赶到一个最小的地区或者桥头阵地。然后，再从这里向南进攻，在斯法克斯及其他地点还有小规模被孤立的敌人，我们将尽全力把他们消灭干净。不过，在的黎波里方面，我们暂时不打算用很多军力。到目前为止，海上的损失已经得到了填补。现在已经有数量相同的法国船舰，对我们损失的运兵船只进行了填补，而每当我们有一艘商船损失了，那么相应的，就会击沉一艘潜艇。

这里的法国领袖们，正因为发表了关于达尔朗的那些宣言而感到忧虑，要是再做得过火一点，就十分危险了。现在，诺盖已经声称要辞职了，摩洛哥的居民都由他掌控着，要是他真辞职了，那么很有可能带来非常严重的影响。要是我们给法国公民留下这样一种印象：我们为了达到自己的目的，只是单纯在利用这些领袖，等我们的目的达到了，就会一脚踢开他们。从现在力争与法合作以及维持局势稳定的方面来看，让法国人有这种观点是极其糟糕的。有一点根本不用怀疑，那就是达尔朗跟他的朋友们，在这场战役中可以说是义无反顾地在与轴心国作战。同时，他们也在尽力联合法国人对我们进行支持。目前，在一些非战斗的任务上，甚至还有一些规模不大的战斗上，法军都在极力与我们合作。不过他们的战斗力很弱，因为他们缺少正规的武器，并不是艾森豪威尔将达尔朗选出来的，是法国的领袖们将他选出来的，甚至在这些领袖中有一些是支持我们、反对达尔朗的；但是，他们全都赞同，对于我方和战争来说，让达尔朗带领合作，是十分有必要的。要是给人留下我们很快会把达尔朗踢开的印象，这是犯了一个极其可怕的错误。由于军事需求，可能在很长一段时间里都必须留住他，所以，那种恰恰相反的印象，不应该在这段时间里公开留下。

我对艾森豪威尔进行了解释。我说，我们之所以发表那个声明，仅仅是想改变大家的印象，那就是我们在政治上已经顺从了维希分子的印象，所以我觉得，我们不会再对这个声明进行重申，而且也不会再发表更过火的声明了。应该让相关的各个国家政府以及法国人的一致意愿，来决定以后的政治部署问题。我现在有一种极强的感受，那就是如果还发表更多反对达尔朗的声明，那么我们的事业可能因此遭受损失。并且，实际上，这样的声明也是多余的。我希望你能向总统转达我的这种感受。明天傍晚，我们就动身出发，到了开罗，我会再次发电报的。我有幸能在昨天与你进行一次长谈，真的是受益匪浅。在这里，就此专门向你表达感谢。

总统也不断告诉我他的感受。

罗斯福总统致首相　　　　1942 年 11 月 20 日

有一个流传于巴尔干的古老希腊格言，这个格言说："在面临灾难的时候，我的孩子们，在你们下桥之前，你们可以和魔鬼同路。"我觉得这个格言好像适用于眼下的达尔朗—戴高乐问题，所以，我昨天就私下对报界讲了这个格言。

我们可以找一个对民政事务无权过问的英国人或者美国人，不过他们应当有对法国行政官员否决的权力。同时，能在极少的情况下对他们下达命令，让他们去实施某些计划。我觉得，关于北非以及其他以后可能增加的地区，应当任命这样的人。举个例子，我已经下令艾森豪威尔，将北非以及西非的所有政治犯释放，要是达尔朗不服从这个命令，那么艾森豪尔就应该马上行使自己最高统帅的权力，在这个问题上自己来解决。

12 月 5 号的时候，艾森豪威尔将军发电报给我，他说：

……关于准备把达尔朗立为领袖的阴谋，我必须再次向你保证，我们并没有参与进去，当然，当地的机构除外。现在，我们所得到的所有有效帮助，都是通过达尔朗得来的，所以在这里，他是坚决不能缺少的人物。有一条长达五百英里的交通线，从这里穿越山区，一直延绵到突尼斯。你只要认真想一下这条交通线，那么你就不难发现，这里的法国人完全可以在不知不觉的情况之下，给我们带来重大打击。这样，就能让我们退回到那些港口去，在那些港口，我们能从海上取得给养。吉罗原本打算给我们一些帮助，可是他很快放弃了这种想法。幸好有达尔朗的帮助，我们才可以在突尼斯与敌军作战，而不是到博尼周围甚至比博尼更往西的地方去。对于布瓦松以及达尔朗，我们认为，他们已经是誓死效忠盟国了……

达尔朗因为总统所说的“缓兵之计”，而感到苦闷万分，对于自己的处境，他觉得，自己已经被逐渐孤立起来了。在这时，他给克拉克将军发了一封信，内容如下：

将军阁下：

现在有这样一种观点，那就是我“不过是一颗柠檬，榨干了之后就会被美国人扔掉。”从各处得到的消息，也都证实了这一观点。

关于个人的地位，我并不在乎。原本的情况，我很容易就可以对事情不加干预、任由它自己发展，要是我在乎地位，为什么在情况对自己极其不利的时候，我做出了那样的举动呢？我所做的事只是出于一个法国人单纯的爱国之心。

美国政府曾经庄重地做出过承诺，说它们会把法国主权完整重建到跟1939年时一样。同时还有，法国本土完全被德国占领了，轴心国与法兰西签订的停战协议因此被撕毁，对于法国本土被占领一事，贝当元帅已经提出过严肃抗议。正是因为以上两点，我才愿意做出那样的举动。

我不是因为高傲、野心或者另有图谋，才那样做的；我是因为自己在国家中身居要职，而有那样做的义务。

在我这一生中，我都忠于国家，我打算，在法兰西取回完整主权成为事实的时候，就辞职隐居，过完下半辈子。我期待能在最短时间内取回法兰西的主权。

* * *

因为这位将军觉得当时北非的盟军统帅部不能没有他，并且，权力也全都掌握在他的手中，所以他没有辞掉职务。所谓的克拉克—达尔朗协议，在11月22号的时候签订了，一个负责管辖这片区域的临时组织就此成立。达尔朗的代表在两天后说服了布瓦松总督，让他带领重要基地——法属西非以及达喀尔进行起义，归顺盟国。

不过，在英国，与达尔朗的协议引起了公众的愤慨。我的一些朋友极其愤怒，曾经对于慕尼黑协约，他们也是非常生气。我在战前那些紧急的时刻，之所以会采取行动，也是受到了他们这些愤慨情绪的鼓舞。他们询问："我们就是为了这个打仗吗？"很多跟我有相同志向的人都感到非常苦闷。在我们中间进行挑拨，唯恐天下不乱的还有那个戴高乐委员会和组织。这样的情绪，在报纸上得到了充分的体现。这个机会用来借题发挥实在是太好了呀。"戴高乐遭排斥，达尔朗被提拔"这样的事情，不单单是议会，就连全国的同胞，都对此难以置信。不过，既不能对事实真相进行公开的解释，也不能进行公开的争论。帮助艾森豪威尔将军以及救回投身这次战争的士兵们的生命，在我自己的观念里，我一直坚定不移地相信这是我的责任，至于对错与否暂且不论。不过对于这种反对的声音，我却非常敏感。而且，就算这种相反的观点已经被我放弃，同时我根本看不起它们，可我还是对这种观点能够理解。

* * *

我在 12 月 9 号的时候，把我的忧虑告诉了总统：

前海军人员致罗斯福总统　　1942 年 12 月 9 日

1. 从北非方面收到的，近几天关于法属摩洛哥以及阿尔及尔的局面的报告，让我觉得十分担忧。这些报告的来源各自不同，但是都绝对可以信赖。在这些报告中，都描述了一种相同的结果，这个结果是因为我们在目前的情形下，对该地的法国政权难以从行政管理上实施适当的控制而产生的。对于这种情况，我相信你应该也有足够的认识。不过，我还是觉得，让你知道我们所收到的报告中透露的局面，是我的责任。

2. 维希有一个退伍军人的组织，名为退伍军人团。我们这些报告中显示，这个组织还有与它相似的法西斯组织还在继续作奸犯科，他们对以前同情我们的法国人进行迫害。这些被迫害的人里，到现在还有一些被关押在监狱。当然，对于盟军登陆，这些组织的第一反应就是恐惧，不过现在，他们好像已经重拾勇气，再次聚集起来，将他们的活动进行下去。以前有一些有名气的德国同情者，他们被赶走了，可是现在他们又官复原职了。如此一来，不但长了敌人的志气，还让我们的伙伴不知所措、灰心丧气。在我们登陆的时候，有些士兵想帮助我们，现在他们被扣上逃亡的罪名，因此受到了惩罚。这样的事已经发生过多次了……

12 月 10 日，也就是第二天的时候，在登陆一个月之后，我想借助下院的秘密会议来走出困难的泥沼，因为我所受到的外界压力日益变大。当时，我之所以发表那个演讲，仅仅只是为了将那时占上风的那种舆论扭转过来；对于我要提出的观点，我都进行了小心谨慎的筛选。在一开始，我说的话就是严肃而慎重的。

对于向我们自己提出的疑问，应当是如何面对正在发生的事件，而不是我们是否喜欢它。在战争时期，不可能说所有的事情都能够按照自己的意愿来发展。在与盟国的合作中，这样的事时有发生，也就是说他们会有自己的想法。关于美国的政策，从1776年以后，我们就不能再左右了。在这一次远征中，到最后的时候，地面部队他们会是我们的两到三倍，而空军部队则会是我们的三倍。所以说这一次远征，它是属于美国人的。

在当时看来，这的确是事实，不过，很快我们会看到，各种事实将这个情况给推翻了。

当然，我们在海上所占的分量是比美国大；并且，在各个方面，我们都有进行很多组织，同时也提供了协助。不过就算是这样，对于这次远征，美国人还是觉得是一次主要在美国总统带领下的美国远征，就像我们将地中海看成我们负责的战场一样，美国将西北非看成他们的战场。从最开始，我们就对这种情况进行了认可，并且，现在的战斗也确实是在他们的率领下进行的。当然，这并不是说我们没有足够的资格发言了，而且，我跟总统之间的联系，肯定是极为密切的。不过，这也不代表，在军事或者政治上，我们可以对事情的发展直接进行掌控。英王陛下政府之所以要求下院召开这次密会，是因为公开对美国的政策或者英美关系进行讨论，危害是非常大的。这个问题只有在密会上进行探讨，我们伟大的盟国才不会被开罪，我们与法国人的关系才不会因此变麻烦。

因为，不管以前这些法国人是怎样的，现在他们正在对抗德国。

我绝对不是想替达尔朗海军上将进行辩白。他跟我是一样的，我们两人都受到希特勒先生和莱法尔先生的诬蔑。将这点除开，我跟他就没有相同的地方了。不过对于达尔朗，美国政府以及多数的美国人，他们与我们有着不一样的观点，这一点下院一定要清楚。他们没有被达尔朗背叛过。与他们签署的任意一个条约，达尔朗也没有撕毁过。他们也没有被他诬蔑过。他们的任何同胞都没有被他迫害过。对于达尔朗，他们并没有非常看重，但是他们也不会跟我们英国人一样，对达尔朗恨之入骨。他们中有很多人觉得,法国政治人物以往的经历,完全没有他们士兵的生命重要。另外，到了最后的时刻，美国人与维希之间的关系，还是非常密切,就我个人而言,我认为这样的关系是有利于我们的整个利益的。不管怎么说，现在我们有了一个窗口，可以窥视美国人在维希中的声望了，而原本，这个窗口是没有的……

驻维希大使，不久以前还由莱希海军上将在担任。他跟贝当元帅有着过于密切的来往。为了不让维希法国站到德国那边，或者，有些维希部队驻扎在奥兰或达喀尔，驻扎在叙利亚或马达加斯加，当我们被迫向这些部队开火的时候，为了不让维希政府对我们开战，莱希海军上将一直在利用着自己的影响力。我觉得，在上述的种种情况下，法国都不会向我们开战，并且，这种观点，在事前我就提出了，这些都是可以查询记录的。不过，我之所以会有这样的观点，正是因为对于所有法国人民，美国都有着举足轻重的影响力。那么自然的,美国加入了战争,影响力就会变得更大了。莱希海军上将与罗斯福总统之间有着极为亲密的朋友关系，最近，他还出任了总统私人参谋长一职。对于维希和它的作为，美国总统以及国务院会所持有的态度，我们在对待这些态度时，一定要以这样的情况作为前提……

事实上，绝大多数家破人亡的法国人都会有一个共同的心理活动，关于这种特殊心理活动，我现在要进行一番详谈。我坚决不是想替法国人的这种心理作辩白，颂扬它就更加不可能了。可是，如果对于别人心里的想法，或者他们之所以有此反应的秘密原因，不想了解的话，那是非常愚昧的。智慧超群无所不能的上帝觉得，要是把法国人捏成跟英国人一样，那是绝对不行的。翻天覆地的变化，法国经历了很多：君主制、国民议会制、督政制、执政制、帝国制、君主制、帝国制，最后是共和制。在这样的一个国家里，有一种把法治（droitadministratif）当成出发点的准则已经形成了，毫无疑问的，在革命和革命时期，很多法国军官以及官员，都是按照这项原则来展开行动的。这种思想习惯，是一个极其遵从法规的习惯，它之所以会出现，是由于一种民族自我保护的潜意识，这种意识就是避免被困在无政府的危险之中。举一个例子，任何的军官都会有一个合乎法规的上司，或者有一个他觉得合法的上司，那么他只要听从上司的指令，以后，他就绝不会因为这个而受到责难。所以，是不是有一个直接的、不会中断的合法领导系统，在军官们的想法里，这是最为主要的问题，与道德、国家或者国际关系等方面的问题进行比较，大多数法国人将这个问题看得更为重要。所以，虽然有很多人敬佩戴高乐将军，同时对他现在的地位也十分羡慕，但是他们还是觉得他是背叛法兰西国家政权的人。而这些败军之将都认为，那位名满天下、德高望重的贝当元帅，才是凡尔登的英雄以及法兰西仅存的希望，他才能代表这个国家。其实，他不过是个年老迂腐的失败主义者。

是的，这些东西，在我们看来可能是令人啼笑皆非的。不过，在这件事上，对我们来说有一点是很要紧的，那就是当时有一些命令是贝当元帅发布的，或者据说是他发布的。而驻守在西北非的法军之所以不再与我们作战，反而将枪口对准了德意军队，正是因为服从了这些命令。对于必须提到这点，我深表歉意。但是，对士兵来说，一个人将枪口是对准他还是对准他的敌人，这是至关重要的。我想，就连这位士兵的亲人们，也会有一样的想法吧……

在进行所有的事情时，都是借着这位元帅崇高的名义。当这位元帅在电话里无精打采地发布相反的指令或者要开除达尔朗的国籍时，不论这事的真假如何，这位海军上将都问心无愧地觉得，元帅之所以这样做，是由于入侵的德军给他施压，而达尔朗他自己所实现的，仍然是元帅的真实愿望。实话实说，如果必须让达尔朗来枪杀贝当元帅的话，他肯定也要用贝当元帅的名义来进行……

不过，有一点我必须要说，艾森豪威尔将军在当时情况下的所作所为，我个人认为是完全没有错误的。就算他做的并不是完全正确，可是那时是那么多生命和那么重大的问题悬于一线的关键时刻，让我在这种时刻去打扰或阻止他，我是非常不愿意的。我坚决不会让美国人或者任何人，来替我背黑锅。

在演讲的最后，我说了几句气愤的话，这主要来自于我所受到的压力。

实话实说，我觉得，不论是西非还是北非，此次的非洲事件如此重大，可是在这样的一个事件里，除了艾森豪威尔将军与达尔朗海军上将所达成的协议以外，有些人却再也找不出其他感兴趣的事了。这样的人，既持有偏见又不知道效忠于谁，真是十分可怜。对突尼斯顶端区域进行抢夺的战争，已经到了重点时刻，很快，大战就会来了。用不了多久，另外一次对抗也会在昔兰尼加边境展开。承担这两次战斗任务的士兵，几乎都是我们英国士兵。英国的第一集团军和第八集团军会全力奋战。现在让我心心念念的是，这些战士们，以及他们的成败，我希望下院会跟我有同样的想法……

有一些好事之徒，他们心怀不轨，一心想要对这些无耻又毫无根据的怀疑进行传播，我要求下院给他们应当承担的责罚，这样才能让我们大家团结在一起，坚定不移而又顺利地去处理难题。

在我这一生中，做过的演讲有好几百次，可是，从来没有一次演讲像这次一样，明显能感到听众改变了想法。获得掌声欢呼不是这次演讲的目的，这次演讲的目的是要收到效果。我说服了下院，他们在这次密会以后，再也没有进行过反对了，所以，也让那些与我们对立的报纸再也无话可说了，也安抚了全国人民的心。同时，因为前面的几个月里都充斥着灰心和失败，在这以后打了一个胜仗，也让人们更加高兴起来了。

在战后，艾森豪威尔将军写了一本书，在那本书里，他站在自己的立场上，以军人的务实态度，对我前面所述情形进行了证明：

为何戴高乐不受法国陆军军官们的欢迎，这是可以理解的。1940 年，在法国投降的时候，法国政府所传达出来的建议和命令是放下武器，法国陆军的在职军官服从了这一命令。在他们眼中，如果戴高乐选择的道路是对的，那么就意味着，那些服从法国政府命令的军官，都是畏惧死亡的人。要是戴高乐被当作了忠诚的法国人，那么他们就肯定要自认成胆小之辈了。当然，这些军官绝不会承认自己是胆小之辈。他们的看法恰恰相反，他们觉得自己是非常忠诚的法国人，他们顺从一个文官政府发出的命令，这样的话，不管是公开的还是私下的场合，他们都一定要将戴高乐当作逃兵①。

* * *

北非的政治局面在 1942 年年底的时候，急剧变坏，当时有两个情

① 选自艾森豪威尔编撰的《欧洲十字军》第 84 页。——原注

况：一个是，最近有一些起义的人，就像达尔朗、诺盖、布瓦松以及其他的这些人，他们现在为了反对吉罗、抢夺政权以及获取好感，相互间开始了激烈的排挤打压；另一个是，不满的情绪正在一群人中间扩散，他们是 11 月 8 日帮助盟军登陆的人，还有那些为数不多，但是极度积极的拥护戴高乐的人。除这两个以外，还有人提议，成立一个临时的北非战时政府，这个政府与维希对立，然后把巴黎伯爵请出来，他现在正在丹吉尔隐居，让他来担任临时政府的一个领袖。由于那份拼凑的协议，达尔朗才会当上民政领袖，而吉罗也是因为它才能出任驻北非的法国武装部队司令；但是现在，那个协议已经岌岌可危了。

费朗苏瓦·达斯蒂埃·道拉韦热利将军是戴高乐的第一个使者，12 月 19 号时，为了替戴高乐了解形势，他用私人身份来到了阿尔及尔。在 11 月 8 日阿尔及尔的起义中，有一位首要人物——亨利，他二人是兄弟，现在亨利已经加入到了保皇党的阴谋当中，这个保皇党想让巴黎伯爵来执政。这位戴高乐分子，只是在进行试探性的访问。他跟吉罗和艾森豪威尔在 12 月 20 号以及 21 号这两天，进行了会谈，关于自由法国部队愿意跟他们进行军事上的合作这件事，他向他们正式提了出来；不过，任何决定都还尚未作出。事实上，达斯蒂埃·道拉韦热利将军的拜访所起到的作用，只是让戴高乐分子更为激烈地反对达尔朗。就在这些会谈正在进行的时候，在阿尔及尔的保皇党做出了决定，他们要将达尔朗逼退位，并且，让一个全都由保皇党人组成的政府来接管权力。当时到底有多少人支持他们，我们到了现在还搞不清楚。

达尔朗在 12 月 24 号下午的时候，从他的别墅，乘坐汽车去办公室,他的办公室设在夏宫。在办公室门口的时候,他遇到了一位狙击手，这个狙击手是一个二十岁的年轻人，名叫波尼埃·德拉希培尔。在附近一家医院的手术台上，这位海军上将不到一个小时就死去了。有一些传言说，这位少年刺客与亨利·达斯蒂埃有某种联系，他之所以会下定决心，要把法兰西从这个罪大恶极的领导手里救出，是因为有人对他进行了万般撺掇。在阿尔及尔，公开支持这一行动的，只有一小群人，他们是达斯蒂埃的拥护者，是他的亲密好友。吉罗将军下达了命令，让他接受军事法庭的审判。可是，他没有预料到的是，他被行刑队枪决了，时间是 12 月 26 日，黎明刚刚到来的时候。

艾森豪威尔将军得知了达尔朗被刺一事，立刻从前线突尼斯赶回了阿尔及尔。在当时的状况之下，我们只能让吉罗将军来替补了。为了让吉罗出任北非政权最高首领，不过这个首领只是暂时的，美国方面间接但是毅然地施加了压力，因为后方的民政绝不能出现混乱的情况。

不管达尔朗被刺杀，这是多么十恶不赦的一件事，不过它却为盟国解除了困境，不用再因为与他合作而感到为难；同时，它还带来了一个好处，那就是在如今这关键时刻，达尔朗带给盟军的种种便利，盟军都得以坐享其成了。在 11 月跟 12 月里成立了一个组织，这个组织是按照美国当局的想法来成立的，如今这个组织顺利接过了达尔朗的职权。达尔朗的空缺就由吉罗填补了。如此一来，难题就解决了，这就让当时聚集在北非以及南非的法军，与戴高乐领导的自由法国运动并肩作战，进而，让德国统治外的全世界法国人民能够团结在了一起。这是在得知达尔朗被暗杀以后，戴高乐主动提出的第一个建议。他为了跟总统举行延期很久的会晤，正打算动身去华盛顿的时候，这个消息传到了伦敦。当时，他马上就草拟了一份电报，让盟国转交给吉罗。我觉得这是十分正确的做法：为了将法国的抗战力量凝聚起来，将对华盛顿的访问延期。所以，为了将情况解释清楚，我就给总统发了一封电报，同时，还将戴高乐给吉罗的电报原文副本一起发了过去。

前海军人员致罗斯福总统　　　　1942 年 12 月 27 日

1. 为了能静心观察“火炬”作战计划地区的局面发展状况，我已经向驻伦敦的美国总部发出请求，希望能将戴高乐所坐的飞机的起飞时间往后延四十八个小时，我已经将这件事告诉哈利了。我觉得，为了能跟他们很好地进行合作，我们第一步就应该想尽办法将他们凝聚起来，建立起某种顽强一心的法国中枢。今天，我会与戴高乐进行会谈，具体情况，会在后面再发电报告知你。

2. 我觉得，北非的问题不能因为“标志”计划，也就是我们的卡萨布兰卡会议，而暂时放置一边。我们得到消息，说“要员”已经被当地的法国知名人士一致推选为高级专员，同时兼任总司令了。这一处理办法，我方没有任何异议，这个我已经告诉艾森豪威尔了。

3. 对于任命麦克米伦以及他去往阿尔及尔，战时内阁极其看重。在这里，我们并没有一个代表，对此我们感到十分苦闷，我们的命运与这个地方有着莫大的关联。同时，对于你们的事业，我们也竭力做出有效贡献，既然已经公布了墨菲的任命，那么，我希望，我公布麦克米伦的任命，能得到你的赞同。他会起到非常重要的作用的，这一点我毫不怀疑。对于美国，他所抱有的情感是极其友好的，并且，他的母亲正是肯塔基州人。

戴高乐通过伦敦美国大使馆转交给吉罗的电报，我附在了自己的电报后面：

1942 年 12 月 27 日

发生在阿尔及尔的刺杀事件，是一个象征以及警示：它所表明的是，法国人的想法和灵魂，因为法兰西的悲剧而激愤到了何种地步。它给我们的警示是，在我国历史上，前所未有的一次灾难中，要是没有一个全国性的当局，这各种的后果就必然会出现。眼下，最紧要的事，是成立一个全国性当局。亲爱的将军，现在，在国内外以及法国所有领土上，有很多为解救法兰西而战斗的力量，为了谈论将这所有力量凝聚在一个临时中央周围的办法，我建议，我们应该在法国领土上，或者是阿尔及尔，或者是乍得，进行一次会谈，这件事越快越好。

*　　*　　*

达尔朗海军上将之所以付出如此惨痛代价，正是因为他错误的判断以及性格缺陷，确实很少有人会像他这样。他是一个职业军人，性格刚毅。为了提高法国海军的地位，将其提高到法国历代王朝以来从未有过的高度，他将自己的一生都倾注在了法国海军上。效忠于他的，不仅是海军的军官团，而是所有的海军官兵。原本在 1940 年的时候，他下达过命令，让法国舰队驶到英国、美国或非洲的港口去，不管是什么地方，只要是德国难以企及的地方就行了，他下达的这个命令正是自己曾经再三保证过的。没有任何条约或者责任逼迫他做出这样的决定，他做出这样的决定，只是出于自己自愿做的承诺而已。不过，到了 1940 年 6 月 20 日，这是一个糟糕的日子，他从贝当元帅手里将海军部长的职位接了过来，然后，他就改变了自己的决定。可能是因为当了海军部长的原因，他从那时候开始，就对贝当元帅的政府忠心不二了。他从一个海军军人，变身成为政治家，他也就从一个他轻车驾熟的行业，转到了另外一个行业，而引导他在这个行业里开展工作的，是他对英国固有的偏见。关于这种偏见，我已经提到过，它主要由特拉法尔加之役引起，因为在那次战役中，他的祖父牺牲了。

他在这种全新的环境之下，所表现出来的是坚毅与果敢，不过，对于自己做的大多数事情，它们道义上的性质，他并不是非常清楚。他所犯下的各种错误，都是因为野心的驱使。身为海军上将时，他所看到的只有自己的海军；而身为海军部长时，他所能看到的也只有眼下的状况或者自己的利益。在这个几乎土崩瓦解的法国里，有一年半的时间，他都是极其重要的人物。毫无疑问的，当我们在北非登陆的时候，那位年迈的元帅的接任者肯定是他。可就在这个时候，他遇到了一系列让人难以置信的事。他之所以会来到阿尔及尔，是因为儿子生病这个非常偶然的机会，这样一来，他就成为了英美权力操控下的人物了。

在前面，对于他所受到的各种煎熬，我们已经谈到过了。他承载着整个法属北非以及西非的希望。维希法国被希特勒攻占，让他得到了一个权力，可以作出新的决定；可能，这种权力原本就没有什么值得非议的地方。他带给盟军的是法国的呐喊。在眼下陷入激战之中的广阔战场上，所有法国官兵都会听从这个呐喊，这正是盟军梦寐以求的东西。有些人之所以能得到好处，正是由于达尔朗跟我们站在了一条战线上，这些人不应当在他死后对他进行辱骂，因为他为我们，奉献出了自己最后的努力。或许，一位严肃而公平的法官会说，他以前诋毁过同盟国，那么他原本就不应当跟同盟国协商，并且对它们的严酷惩罚，毫不在意。可能，我们都希望他能做出其他的选择。他由于这样的选择而失去了生命，不过，就算他活着，他的生命也没有多大价值了。在 1940 年 6 月的时候，他没有让法国舰队驶到盟国或中立国的港口，很显然，这个选择是不正确的。不过，他的第二次让人难以置信的选择，却是十分正确。因为他一直声称，绝不能让德国得到土伦舰队，所以，没能把土伦舰队争取到我们这里来，应该是让他非常遗憾的事。历史可以为他作证明，在这件事上，他没有失败。希望他能安息。原本有很多让他声名狼藉的情况，需要我们去处理；现在，我们大家都应当感谢上帝，让我们不用去面对这样的情况了。

第十三章　由胜利引发的各种状况

参谋人员打算将“火炬”作战计划的战果扩大——1942年11月9日我写下的备忘录——同年11月8日我写的备忘录——我仍然希望能开展1943年横渡英吉利海峡的作战——一封令人难以适从的信从华盛顿发来——11月24日时我发电报给罗斯福总统——解除误会——11月26日总统的回电——11月25日我给参谋长委员会的备忘录——建议对西西里岛先发动进攻——12月3日我给参谋长委员会的另一份备忘录——俄国杰出的奋战——它带给西战线的影响——必要进行再一次的全面探究——在1943年我还是希望能实施“围剿”计划

不光是美国的最高级人士，而是整个军界人士都觉得，既然已经决定实施“火炬”作战计划，那么在1943年开展规模宏大的横渡英吉利海峡，直指法国被占领区域的作战计划，就不可能实施。对于这种观点，我并不赞同。我还是希望我们在通过短短数月的战斗后，能将包括尼斯顶端地带在内的法属西北非攻占。这样一来，在1943年7月或者8月的时候，我们还是有希望从英国对法国沦陷区发动大肆进攻。所以，我希望在“火炬”作战计划实施的同时，能开始在英国建立一支前所未有的强大美军部队，当然，前提是我们船只足够。有个方法应该是最符合战斗的节约原则了，这个方法是我们左右出击，而敌人就要准备左右挨打。但是我们想要选定横渡英吉利海峡，还是借着胜利之势在地中海发动猛攻，或者是这两个一起进行，就需要看具体的战事发展了。明年，英美联军从西方或者从东方打入欧洲，对于整个战局，尤其是对于帮助俄国来说，应该是非常有必要的。

不过，在那时候还有一种危险存在，那就是，这两件事中的任何一件我们都无法做到。就算我们在阿尔及利亚所进行的战役，以及突尼斯所进行的战役，很快得到胜利，我们也很有可能满足于占领撒丁岛或西西里岛甚或同时占领这两个岛，这样的话，就会将横渡英吉利海峡的事往后延期，等到 1944 年再开始。这对于西方盟国来说，无异于白白浪费了一年，当然，它所带来的后果还不至于说会威胁到我们的生死，不过，却会让一次具有决定性意义的胜利变成幻影。每个月，我们耗损的船只有五六十吨，这样的情况不能再继续下去了。双方处于胶着状态，正是德国人梦寐以求的。

那时候，对于阿拉曼战役或者“火炬”作战计划的结果，我们都还不知道，并且，高加索那场惊心动魄的大战还未分出胜负，在这个时候，英国的参谋长委员会正对这些问题进行探讨。而他们手下的作战计划委员会也一刻都不曾闲着。对于他们的报告，我觉得太过消极，所以在 11 月 9 日的时候，那时候北非的登陆正在进行中，我对将自己对这些报告的看法告诉了三军参谋长们。

在 1943 年“火炬”作战计划以及阿拉曼战役得胜以后，要是我们只借着胜利之势，将西西里岛和撒丁岛占领了的话，那就太过可惜了。“围剿”计划会是一次规模最宏大的作战计划，我们已经与美方协定，在 1943 年实施“围剿”计划。要是我们将穿插了“火炬”作战计划当做借口，在 1943 年进攻西西里岛和撒丁岛或一些像迪耶普——这个战役并不值得学习之类的小战役，就心满意足，不再采取其他行动了，这是坚决不行的。很显然，1943 年作战的方向，应该是不间断地准备攻击欧洲大陆，就可以用强大兵力在法国北部以及低地国家将敌人钳制住；同时，对意大利毅然发动攻击。要是能对法国南部发动进攻那就再好不过了，再开展一些军事行动以及施加其他压力，但这些行动都不能损失过多船只，这样的话就能让土耳其与我们站在同一条战线上了。进而，我们跟俄国就可以从陆路攻打巴尔干。

要是我们强大的兵力以法属北非为借口，而转攻为守，按兵不动，并且还将这样叫作“责任”的话，那我们最开始不进攻这个地方会更好。在 1943 年，希特勒打算对俄国发起第三次进攻的时候，我们却在这一年里按兵不动，难道你们觉得俄国人对我们这样的举动会满意吗？在 1943 年，不管攻入欧洲大陆与敌抗战的前景多么的令人害怕，我们都要尽力这样做。

我在 18 日的时候，又发表了一些意见，具体如下：

……我们与马歇尔将军已经达成了有关于“围剿”以及“波赖罗”计划的协定。按照这些协定，到 1943 年 4 月 1 号，我们的兵力共计将有四十八个师，其中美国的有二十七个，英国的二十一个；还会拥有必备的登陆艇等，为向欧洲大陆发动进攻做好了准备。原本，这个工作正在开展着，并且有很大一部分已经完成……随后，我们为了“火炬”作战计划进行准备工作，如今，这个计划正在实施。不过，在“火炬”作战计划中，所用到的全部兵力只有十三个师，而我们原来的打算是在 1943 年攻打敌人时，用四十八个师。所以，原本用来攻打敌人的兵力，就减到了三十五个师。当然，我们还应该把一点考虑在内，那就是距离问题，从这里到“火炬”作战计划的战场比横渡英吉利海峡要长。但是，在 1943 年我们将大举进攻欧洲大陆，这一点我们已经告诉斯大林了；而现在，我们工作的基础是三十五个师，跟原来打算用在 4 月到 7 月这段时间的兵力相比较，现在的兵力要少，换个说法，少了四分之一不止。

对这种情况不闻不问，或者说觉得不会有人发现这个问题，那是肯定不对的。我个人觉得，毫无疑问的，当时我们与马歇尔将军过分高估了我们的实力，譬如船舶运输能力还有美军特种登陆艇准备的速度等。可是，在1942年夏天的时候，参谋长委员会认为能在1943年战役中做到的事情，与如今他们说我们在这次战役中能做到的事情，这两者的差异，实在让人难以相信。对此，我自己要承担所有的责任，所以我并不是想指责什么。不过我觉得，对于这个问题，我们一定要进行仔细而全面的研究了。恐怕最近我必须去一次美国。显然，在今年夏天，我们给1943年的计划评分评得有些过高了，不过现在，我们评的分又未免太低了。“围剿”计划绝不会被“火炬”计划取代，这一点我一定要再次声明。还有一点我们要记住，我们原本是打算在进行“围剿”计划的同时，中东的战役也继续打下去，可是现在，隆美尔已经被击败了，中东方面就没有什么可以令我们担忧了。事实上，我们已经低调到不能再低调了。当俄国知道这一情况之后，他们会如何说，如何做，我真难以预料。我个人的主张是，“围剿”计划继续实施，不过将时间改为8月。想让我放弃这一观点，只有一个办法，那就是有人能找到很多事实以及数字，来证明，这件事实际上不具有可行性。不过，要是这件事确实被这些数字证明是不可行的话，那么在这个夏天，我们跟美国人立下的豪言壮志以及所有的推断都会变成一场空……

一直以来，我都没有说过要让英美联军在北非停住脚步。北非是我们的跳板，并不是安乐窝……

为了能在8月实施“围剿”计划，或许在6月底，地中海的战事我们就要将其结束。对于这个问题，在最高一级人士作出决定以前，我们自己一定要先将意见统一起来。

如此一来，一种两重的僵局，在大西洋两岸的两个国家间出现了。对地中海发动进攻，攻打西西里岛以及撒丁岛，把意大利当作目标，这一观点得到了英国参谋人员的支持。而美国的专家对在 1943 年横渡英吉利海峡已经不抱希望了，不过他们又尽力不让地中海将他们困住，导致他们在 1944 年的宏大目标难以实现。在当时，我曾写道："美国方面的担忧，似乎因为英国的担忧，而有所增加，对于这些担忧，都是各自的军方如实提出的。"

* * *

因为美国的参谋人员对于具有逻辑性的、明了的决定（且不论这些决定的可取性，在前几章对这点我已经有些轻率地谈及过了）太过喜爱，所以，在决定实施"火炬"作战计划之后，在英国的"波赖罗"计划的准备工作就果断放慢了。美国方面政府在 11 月下旬的时候，发了一份书面通知给我们，大家都对这份通知感到十分讶异。当时，有很多风言风语在美国流传，说什么有关 1943 年大规模横渡英吉利海峡的计划遭到我的极力反对，在战后，苏联也说我诚心用"火炬"作战计划来妨碍"1943 年开辟第二战场"。对于这些毫无根据的言论，我觉得在我给总统的电报中应当附带地将它们击退，同时，我希望是将它们永远击退。

前海军人员致罗斯福总统　　　　1942 年 11 月 24 日

1. 哈德尔将军的来信，我们已经收到了，据信中所说，按照美国陆军部的命令，"一切编成工作，只要超过了四十二万七千人以上，都必须让你们用自己的人力物力来开展"，"对于这样的情况，租借法案的物资将不会提供"。这让我们感到十分担忧。我们之所以担忧是因为考虑到全局策略，而不是因为租借法案的原因。"波赖罗"计划会有一百一十万名士兵参与，我们一直以来都是以此为基础在进行准备工作，这份通知，是我们收到的第一份，说要放弃这个计划的通知。在这以前，你方已经决定将"围剿"计划放弃，而我方对此却是一无所知，并且，我们一直按照“波赖罗”计划在进行所有的准备工作。

2. 我觉得，放弃“围剿”计划，是非常令人遗憾的事。“围剿”计划绝不会被“火炬”计划取代，并且所用的兵力只有十三个师，而原本打算用在“围剿”计划的兵力多达四十八个师。确实，我是把延期开展“围剿”计划当作基础，当着艾夫里尔的面跟斯大林说的那些话。可是我坚决没有透露过我们不会在 1943 年，甚至 1944 年，在欧洲开辟第二战场这样的信息。

3. 对于这个问题，总统先生，请你一定要仔细琢磨。曾经，马歇尔将军作过论述，只有在法国和低地国家，英国本土的空军以及美国的海外空军才能参加战斗；而要让我们的主力部队进入这些地方，就必须实施“围剿”作战计划。我对他的这个论述印象非常深刻。我们之所以反对“锤击”计划，原因之一就是，1943 年规模远比它大的“围剿”作战计划所需要的人力物力，会被“锤击”计划在 1942 年时消耗掉。固然，我们双方都高估了自己的船只运输能力，不过，还可以用时间来挽回这个错误。在我看来，在船只的其他紧迫需要得到满足的前提下，只有快速地、持续地在这里组建一支“围剿”军队，我们才算有了与敌人相抗衡的力量，我们也才有实力去解救欧洲各国。不过，就算我们用尽所有办法，我们的力量，到 1943 年的时候，还很有可能难以到达要求的高度。不过，要是事情真是这样的话，那么就要确保，这个高度在 1944 年的时候能够达到。

4. 甚至在 1943 年的时候，也可能有好的时机。攻打到顿河边的罗斯托夫，这是斯大林的愿望；要是斯大林的愿望真的实现了，那么德军的南线部队，将要面临的就是极大的困境。在“火炬”作战计划之后，要是我们继续在地中海作战，意大利就很有可能被迫退出战争，而德国的士气也会因此大受打击。所以，为了能抓住随时会出现的机会，我们一定要作好万全的准备。

5. 总统先生，请你一定要将为什么这样做的原因告诉我。我们对于这个消息以及它传达的形式，都感到大惑不解。我认为，让哈利带着马歇尔将军与金海军上将来这里是十分有必要的，或者，我带着我的同僚们到你那里去也行。

对于这个误会，是由于下级人员所引起的，总统马上对其进行了纠正。

总统致首相　　1942年11月26日

对于“围剿”计划,我们根本没有放弃的意思。对于1943年，我们会不会有机会横渡英吉利海峡发动大规模进攻，眼下，没有任何人能对此进行预测；不过很明显的是，只要有机会，我们就一定不会放弃。不过，有关于用多少兵力在“波赖罗”计划上，这个战略性问题，应当由我们双方一起探讨。眼下，我觉得，为了能在德国崩溃时可以随时使用，我们应该在现在正在进行的军事行动允许的前提下，在联合王国尽早组建一支越来越强大的战斗力量；或者说，到时候如果德国还未崩溃，并且他们转攻为守了的话，就立刻再组织一支强大的力量。

去年夏天的时候在伦敦进行了联合参谋长委员会会议，在这次会议中得出的结论显示，为了实施“火炬”作战计划，在联合王国聚集所需部队的工作被迫停止。我们的研究显示，为满足我们开展和继续实施“火炬”计划的需求，现在运向联合王国的人力物力不能比哈德尔将军所说的数目多。如今，我们提供给北非的军力以及物资都还不够应付西属摩洛哥可能出现的反应，并且突尼斯的战局还未分出胜负，在这样的情形下，北非享有优先权是理所应当的。对于在南太平洋投入的军力以及物资，我在几个月以前进行过预测，而我们真正投入的远超我的意料之外。就算是这样，在我方船只运输力量以及其他力量允许的情况之下，我们还是会尽快地继续实施“波赖罗”计划……

* * *

我在这时，就打算对地中海的战争局势进行全盘考虑。

由国防大臣做出的备忘录

1942年11月25日

1. 在如此巨大的范围中作决定的时候，与将全世界战局的一切资料毫无章法地排列出来相比较，我觉得更好的方法是尽全力把自己负责的某一项主要军事行动坚持到底，而其他的事情就放在附属的位置。在这个主要军事行动的要求得到最大化满足后，战争中其他方面的事情自然而然地就会各归其位了。另外，想要占据主动权，就要让敌人顺着我们的意愿走，要做到这一点，必须持续强化我们的主要军事行动。

2. 目前，攻占地中海的非洲沿岸一带，并且，为了打开一条有用的军事通道，要在该地区建立起一些必备的海空军设备，这是我们的首要任务。那么，利用非洲沿岸的据点，在最短时间里，对轴心国的下腹部给予有力打击，就是我们的次要任务了。

3. 所以，可以分为稳固和展开两个阶段。先对稳固阶段进行说明。对于亚历山大将军可以在本月内将整个昔兰尼加攻占下来，同时，对防御防守阿盖拉阵地的甚至苏尔特的敌军进行逼迫，这一点我们完全可以抱以希望。我们可以进行一个假设，要是英军以及美军，一直以现在这种势不可挡的气势向前挺进的话，那么在同一阶段，或者不久以后，包括突尼斯在内的整个法属北非的主人都会是英美军队。

4. 在我们掌控下的非洲沿海一带，一定要建立航空站，各个航空站之间要有合适的间隔，特别是在突尼斯顶端地带，更加是不容拖延。在这里，还应当建立一个最大的机场，让美国的轰炸机使用，如此一来，从美国派到北非的远距离轰炸机，就可以与已经在中东建有基地的美国轰炸机相配合，对在意大利的各个目标进行轰炸。在地中海较好的气候条件下，美国式的白天轰炸会发挥其最大效用。

5．要是天气有利于轰炸意大利，多过轰炸德国，那么，英国夜间轰炸的滋味，就该让意大利好好尝一下了。

6．毫无疑问，很有必要对卡塔尼亚和喀里亚里两地的机场发动攻击，让敌人在我们稳固期，没办法对突尼斯发动进攻。

7．只要我们在法属北非站住了脚，特别是在突尼站稳脚跟了，那就有两个连续的军事行动应当立刻发动。第一个是，挺进的黎波里。对于这个重要据点，亚历山大将军很有可能从东边将它夺取，对此，我询问过他的意思，并且，问他觉得需要多长时间。不过，还有一点我们一定要考虑到，那就是还有从西边快速挺进的可能性。要是在突尼斯能够被美军以及归顺盟国的法军守住的前提下，动用两个英国师够吗？这两个英国师是安德森将军麾下的。希望你在看到报告之后，将在最乐观的情况下所需的时间是多长，告诉我。

8．撒丁岛或者西西里岛，肯定是眼下的第二个目标。将这两个岛中的任何一个攻占，同时攻占南边的那些飞机场，这样就会有一个空中三角地带形成，这个地带上的制空权我们必须夺取，并且保持住。另外，不管从其中的任何岛屿，不间断地近距离猛烈攻击那不勒斯、罗马以及意大利的舰队基地，都会将意大利战争的激烈程度提升。为了能作出选择，请马上对此草拟出报告。现在正是轴心国飞机匮乏的时候，所以不管作出的选择是怎样的，最好尽一切可能将夺取中地中海制空权这场空中大战先实施……有一点值得注意，毫无疑问的，西西里岛远比撒丁岛重要，可是进攻撒丁岛与进攻西西里岛，所用的准备时间长短可能是一样的。

这份备忘录的其他部分，是对力争让土耳其参战的重要性进行论述。在本书的后面部分，自然会提到这些论述的。

* * *

我在这时候又回过头来，对 1943 年横渡英伦海峡这一最重要的计划进行探究。

由国防大臣做出的备忘录

1942 年 12 月 3 日

1. 马歇尔将军在去年 4 月的时候，告诉我们一个计划，这个计划就是后来我们称作“围剿”的作战计划，而这个计划的后勤部分就被命名为“波赖罗”计划。想要让数量庞大的美军与英军，跟敌人直接对战，只有实施“围剿”计划才能做到；并且，英国本土空军和美国海外空军也会因为实施“围剿”计划而发挥出它们的最大效用，这是一个极其有利的依据。美国的军界人士全都支持这个军事行动，从那时候开始，就一直在遵照“波赖罗”计划持续进行准备工作，而它之所以会暂停，仅仅是由于“火炬”作战计划的缘故。在 7 月份的时候，为了对“围剿”作战计划进行增补，又提出了“锤击”作战计划。对于实施“火炬”作战计划，放弃“锤击”作战计划一事，英美联合参谋部完全赞同。并且，在这段时间了，“波赖罗”计划一直都在进行着，同时也在为延期或者说等待机会实施的“围剿”计划作准备。

2. 可是，美国的参谋人员却觉得，因为实施了“火炬”作战计划，而放弃了“锤击”作战计划，这就让“围剿”计划难以实施。

事实上，就算是延期，也难以再实施。他们之所以有这样的观点，其一是因为，俄国到了 1943 年的时候，其力量可能会被严重削弱，这样的话，希特勒就可以将大批部队从东线调遣回来，这就导致我们在今年实施“围剿”计划的话，会缺乏兵力。其二是因为，聚集“围剿”计划所需兵力的时间，会因为分出船只给“火炬”计划，而向后长期拖延，导致在 1943 年发动进攻的时候，就算敌人的兵力不强大，我们想在欧洲大陆登陆也是非常难的。由于以上两点，美方军事参谋人员就预测，在联合王国，他们的部队会没有事情做，而总统跟马歇尔将军尽一切力量想要避免的正是这样的情形。

3. 显然，将以上状况除外，还有船舶的紧张情况，这个情况现在也越发严重了起来。虽然，绝大多数建造登陆艇和训练船员的工作还没有停下来，可是速度已经变慢了。正在全力开展中的“火炬”作战计划，它需要非常多的船只。况且，我们可以想象，在以后肯定会实施各种“硫黄”作战计划，也就是撒丁岛计划。这些虽然是次要军事行动，但却有一些规模。

4. 从另一个方面说，曾经我们对俄国人作出过承诺，会在 1943 年开辟第二战场。我在对俄国人解说“围剿”作战计划的时候，是当着美国代表哈里曼先生的面进行的。而且，我们已经及时向总统汇报了在莫斯科的谈话。对于 1943 年对德国以及意大利采取的陆地攻势，我们原本告诉斯大林的是将近五十个师。要是一下我们将其减少了将近十三个师，我觉得，斯大林主席想要责怪我们的话，他有极其正当的理由。另外，将我们对俄国所负有的责任抛开不看，我觉得，我们在 1943 年的军事作战策略，与英美的人力及物力相比，这个规模实在有些太小了。

5. 到目前为止，有一些凭据一直帮助大西洋两岸的人们理清思路，可最近发生的非常重要的事情，正在改变或者已经改变了这些凭据。在 1942 年的战争中，俄国人一败涂地的情形并未出现。

出现的情况恰恰相反，是希特勒一败涂地了，是德国的军队损失惨重。根据冯·托马将军[①]所说的，现在，有一百八十个德国师在俄国前线,在这些师中,很多师的人数已经少于一个旅的人数了。很显然，在东线的匈牙利、罗马尼亚以及意大利的军队的士气已经十分颓靡。除了为数不多的山地部队，芬兰军队已经将作战停止了。

6. 现在，正在斯大林格勒以及俄国前线中央部分开展的几场大的战役，还难以断言胜负。对于德国的实力，俄方的攻击极可能产生重大影响。现在，德国的第六集团军正被围困在斯大林格勒阵前，要是它们被消灭了的话，那么俄国的攻势很可能直指顿河边的罗斯托夫，这个地方原本就是他们的目标所在。留在北高加索的三个德国集团军，原本已经遭遇到了猛烈攻击，要是第六集团军再被消灭的话，这三个集团军不光是危在旦夕，而且极有可能土崩瓦解，如此一来，将造成难以预计的后果。德军的战线可能因为俄国在中心地带采取的行动以及他们在整个战线上很多地点进行的反攻，而退到冬季阵地。眼下，虽然德军有比较好的铁路运输系统，但是他们已经耗尽了精力，而冬季会让他们陷入一个更为艰难的境地。最少，我们在1942年年底之前，也有信心得出如此论断：德国在1943年的时候，想要将大批部队从东战线调到西战线去，是不可能的。这是个全新的现实，它具有最重要的意义。

……

9. 原本驻扎在英国对岸的法国和低地国家的德国军队有四十个师，现在因为在法国发生的那些事，德国为了能防御法国的南部海岸线，已经从这四十个师里撤出了十三个师。维护法国内部的治安问题是德国人的任务，现在他们这个任务变得更为沉重了。

① 在阿拉曼被俘获。——原注

为了应对来自“火炬”计划的威胁，以及保护并控制意大利，同时为西西里岛设防，很可能还要为撒丁岛设防，德国人必须再找四个师甚至是六个师的兵力才行。轴心国想在巴尔干半岛各处得到一个休整的机会都是不可能的，因为南斯拉夫的反攻战一直在进行中。与之恰恰相反的，他们不仅得不到缓和的机会，他们还必须去支援希腊、罗马尼亚以及保加利亚，因为他们必须要顾虑到整个战局，并且土耳其也有可能加入战争之中。现在我们正努力争取让土耳其参战。这些事情，在7月份的时候，也就是我们在伦敦举行会议商讨“围剿”以及“锤击”作战计划的时候，它们都还没有出现。

10. 所以，我觉得，为了能找出让美军跟英军直接进军欧洲大陆的方法，应当对整个战争局势，重新进行探讨。为了这个目的，应该将上述的一些假设当作基础来进行探讨。除了这些以外，还有一些事情，我们要把它们当作大前提。这些事就是，为减缓船只紧张局面，在北非海岸驻扎充足的空军，同时，地中海的军运，在3月底的时候不会有任何障碍出现；在6月初的时候，应当结束所有与登陆撒丁岛相似的军事行动；在6月底的时候，“围剿”计划所需要的全部登陆艇都应当回到英国；准备工作以及演习在七月间进行；应该将8月份预定为发动进攻的时间，当然，到时候要是天气不好的话，可以定在9月。

我经由蒂尔，不断告知马歇尔将军各种具体情况，当我知道我的观点被马歇尔将军认同的时候，我感到深深的欣喜。

陆军元帅蒂尔致首相　　　　　　　　1942年12月14日

1. 我跟马歇尔举行了一次私人会谈，当他知道你们二人的观点相同的时候，他感到非常的开心。不过他向我明确表示，对于我们以后策略的意见，他暂时还不能确定，除非北非的战事分出了胜负以及咨询了艾森豪威尔的意见之后，才能下定论。

2. 不过，他日益坚信，在北非的轴心国部队被消灭的时候，要是我们不把美军部队送到非洲去，让他们对“火炬”作战计划的战果进行扩大，而是将他们不断地送去英国，这样的话在1943年夏季之前，我们就可以进行“围剿”作战计划，不过这个作战计划是经过修改后的计划。他认为，跟“硫磺”或者“哈士奇”作战计划相比较，这次的作战计划效果将会好得多，在船只运输上也更为节约，并且，会让俄国更加满意，而且，还会有更多的德国空军被钳制住；同时，为了阻止德国人经由西班牙发动攻击，这也是最为行之有效的方法。

3. 跟你以及三军参谋长对这些问题进行探讨，马歇尔肯定是十分愿意的，不过，他觉得这样的面谈没有必要举行，因为英美两方的观点已经是这样的相似了。

*　　*　　*

到现在，对于1942年底的战局，我有何种观点，我已经全部告知读者了。当然，我对于西北非战事前途的看法，后来的事情进展已经说明了，我太过乐观。同时，美国参谋人员觉得，在7月份的时候，做出的有关“火炬”计划的决定，会导致我们在1943年实施“围剿”计划成为泡影，这个观点，也被事态发展证明了是对的。事实正是这样。当时，希特勒居然会将惨重的损失弃之不顾，费尽心力，将几乎十万名优秀部队从海空两路运到了突尼斯顶端地带进行援助，这一点出乎所有人意料之外。就战略上来说，他这样做无疑是犯了极其严重的错误。确实，我们在非洲取得的胜利，因为他这样的举动，而推迟了几个月才到来。这些部队在5月份的时候，或是被俘虏或是被歼灭，要是他不动用这批部队的话，这些部队就可以用来对他在俄国不断后退的战线进行支援，或者是聚集足够的军力在诺曼底，到时候，就算我们如何坚定，也难以在1943年实施“围剿”作战计划。等到1944年再实施“围剿”作战计划，对于这个决定，可以说，现在已经没有人会质疑它的正确性了。对于斯大林，我心安理得,我没有欺骗他。我已经做出自己最大的努力了。从另一方面来说，在下一次战役中，只要我们可以从地中海攻进欧洲大陆，同时，英美联军能全面与敌作战，那么对于命运和现实逼迫我们做出的决定，我不会有半点不满之情。

第十四章　我们有必要进行会谈

在突尼斯我军遇到困境——在圣诞节前一天艾森豪威尔做出的抉择——第八集团军快速挺进——有必要进行最高级会议——11月26日我发电报给罗斯福总统——12月3日他回复的电报——12月3日，对于进行纯军事会议，特别是在莫斯科举行如此会议，我持反对意见——斯大林不能离开俄国——我给总统再次发电报——举行英美会议不能再拖延——12月14日总统写的信——他提议会议在卡萨布兰卡举行——做好所有准备——“Q海军上将”——在战略上英美意见不一致——我们去卡萨布兰卡并不是毫无准备的——关于蒙哥马利的继续挺进，亚历山大所作的报告——希望可以将的黎波里占领

很显然，在这个时候，北非的攻势遇到了困境。虽然主动权已经被我们掌握，并且我们还出奇制胜，可是，我们加强兵力的速度太慢，这也是没办法的事。原本船只就不多，而卸船工作又受到了敌机空袭阿尔及尔和博尼两地的影响。而陆路的话，又缺乏运输工具。有一条长达五百英里的单线海岸铁路，它拥有几百座桥梁以及涵洞，这些桥梁涵洞中的任意一个，都有可能遭到敌人的破坏，情况十分糟糕。大批的德军乘坐飞机到达了突尼斯，随之而来的，便是一场杰出的、不屈而激烈的抗战。当时，已经有十万多法军加入了我们，他们绝大多数都是具有优良素质的当地部队，不过，装备仍旧是不够好，难以组织。艾森豪威尔将军的所有美国部队，都被他交给了安德森去指挥。我们将全部力量都投入了进去。麦杰兹被一个英国步兵旅和美国第一装甲师的一部分攻打，并被他们占领了，到了 11 月 28 号，他们几乎攻进基德达，这个地方距离突尼斯只有十二英里了。到这时，已经达到了冬季作战的顶峰。

紧接而来的是雨季。瓢泼大雨。我们建立的临时机场全都变成了泥水塘子。虽然在数量上，德国空军比不上我们，可是，他们的机场在风雨中仍然状况良好，他们的空军可以从这些机场起飞。12 月 1 号的时候，他们进行了反攻，我们原本的进攻计划被破坏了，几天之后，这个英国旅就不得不退回麦杰兹了。前线部队只能从海上获得供给，而这些供给的量非常少。事实上，这点供给也就刚够吃饱，想要存储起来根本不可能。我军到了 12 月 22 号晚上，才再次发动进攻。刚开始的时候，我们还得到较小的胜利，可是从第二天黎明开始，瓢泼大雨就接连下了三天。我们的机场不能再用了，而我们的汽车，只能行驶在状况糟糕的道路上。

我们在圣诞节前一天举行了一次会议，在这次会议上艾森豪威尔将军做出了决定，原本制订的立刻攻占突尼斯的计划将被放弃，取而代之的是对已经占据的阵线上的机场进行稳固防守。虽然，在海上德军遭遇了惨重损失，可是在突尼斯，他们兵力却一直在加强。他们的人数，在 12 月底的时候，几乎有五万了。

*　　*　　*

第八集团军在这些战争进行的时候，也有了非常大的发展。隆美尔的残余部队，终于被他从阿拉曼撤离到了阿盖拉。远程沙漠空军大队的一支巡逻队，早就隐藏在了阿盖拉，他们一直在密切观察，对途中所有的动向都进行了预测，并就此做了报告。我们对隆美尔的后卫部队进行了激烈的追击，不过，我们想把他们围困在班加西以南却没能成功。蒙哥马利的前任，正是因为运送及供应上的难题才遭遇失败的，在经过了长途进攻之后，蒙哥马利也正在克服这个难题，隆美尔就在这时，在阿盖拉停顿了一下。第二新西兰师在 12 月 13 号的时候，用一次规模很大的迂回战，把隆美尔从阿盖拉赶了出去，而他的后路也几乎被截断。他遭遇了惨重的损失，他在海岸公路上的汽车，因为沙漠空军而遭遇重击。在最开始，蒙哥马利进行追击的时候，只能用轻装部队。第八集团军从阿拉曼战役以来，已经挺进了一千两百英里。在圣诞节的时候，苏尔特及其机场被我军占领，在这之后，隆美尔在比拉特附近的第二个主要阵地，在年底前又被我军攻击。

* * *

11 月 26 号的时候，总统给我发了电报，在前一章，我已经摘录过其中的一部分。在这封电报中，他还提了一个建议，那就是举行一次三国参谋部代表会议。

> 我觉得，一旦德国人被我们赶出了突尼斯，我们就应该马上进行英、俄、美三国军事策略会议。我们在非洲的军事发展情况能决定我们举行这次会议的时间，我希望能够发展到让我们在一个月或六个星期内举行会议。对于今后应当采用什么方法的相关建议，我深信，在几天内，我们两国的联合参谋部的参谋长们就能提出来。不过，我深以为，跟俄国人一起来举行一个会议，是极其有必要的。我提议，这次会议在开罗或者莫斯科举行，这将是一次秘密会议，你我二人各派为数不多的人去参加。当然，会议得出的定论，必须要通过我们三人的应允才行。很有可能，我们代表团的团长我会让马歇尔出任，不过我觉得，三军都该派代表参加会议。我想，我们每个国家派出的代表，最好以三人为限。
>
> 对于我提出的这个建议，我希望你能尽快给出回复。

在当天，我就回复了总统，我说，对于举行专家会议，我觉得难以处理我们的问题。

前海军人员致罗斯福总统　　　　　　　　1942 年 11 月 26 日

与俄国人一起召开会议的事，在原则上，我是完全支持的。可是，对于让军官们进行一次关于全盘战略问题的会议，这个会议到底会有多大的作用，我持怀疑态度。我觉得俄国不太可能派一个代表团去开罗，就算他们派了代表团去，代表团的权力也会受到极大限制，这就导致，一切重大问题都必须向身在莫斯科的斯大林请示。要是在莫斯科召开这次会议的话，那就不会有这些拖延了，不过我认为，为了给会谈提供基础，在去莫斯科之前，英美两国的代表团至少要达成一个共同的统一意见。要是你派马希尔将军去的话，我希望他经过我国的时候能来一下。

苏联人会有何种意见，我想在事先我就能告知你。他们会向我们两国询问："在 1943 年的夏天，你们打算跟多少德军对战？在 1942 年的时候，你们已经对战过的德军有多少？"在 1943 年开辟一个宏大的第二战场，从东方或者西方的任一方，或者从两方同时对欧洲大陆展开大规模进攻，这是他们肯定会提出的要求。在莫斯科的时候，类似的论点我听得太多了，那么负责人或海军和主管船舶运输的负责人士必须要出席会议，因为这样的问题必须由他们来回答。眼下，要让我们全部的参谋长挤出如此长的时间来，是难以做到的。

在莫斯科的时候，斯大林曾经对我说过这样的话，他想在今年冬天在某一处跟我们二人进行会谈，他找的地点是冰岛。当时我就说，与冰岛相比，英国并不会更远，而且来英国还会更为便利。对于这个建议，他当时不置可否。并且，在冰岛召开一次全新的三国大西洋会议，除了气候问题以外，还会有很多别的问题。很有可能，我们的船只要一起停泊在哈尔弗峡湾，为了给斯大林使用，我们还要找一艘适宜的军舰，而这支军舰要暂时悬挂苏联国旗。当时，他还非常热情地谈到过飞机的问题，他说他乐意乘坐飞机去，并且他十分放心俄国的飞机。真正的结果，只有在最高级人员的会议上才能得到。要是提议会议举行时间在1月份的话，你怎么看待？非洲的敌人在那个时候应该已经全部消灭了，而俄国南部的大规模战役也会出结果了。

还有一点我要说一下，那就是如果我能说服你，让你去冰岛的话，那么在你回国之前，请一定要到敝国来一趟，不然的话，我将非常不开心。

总统在12月3号的时候，又给我发了一封电报。

罗斯福总统致前海军人员　　　　1942年12月3日

对于我们所提出的建议，跟俄国人一起召开联席会议，我进行了长久的思考，你的意见我十分赞同，也就是，想要完美地得到适应于军事需要的重大策略的论断，只有你我以及斯大林亲自会面这一个办法。我的想法是，可以有非常少的人跟着我们，应该将我们的首席海、陆、空军参谋长包括在内。虽然我觉得，为了能在德国崩溃时立刻使用，我们应该达成最初的步骤，不过，我还是不打算带任何国务院代表，我打算带霍普金斯以及哈里曼。我觉得会议举行的时间，最好在1月15日前后，或者在这后面一点也行。应该在突尼斯的敌人被完全消灭，而隆美尔也全军覆没之后，再召开这次会议。说到会议地点的问题，我不可能在现在这样的季节去冰岛或者阿拉斯加，我想斯大林也会是这样的。我提议去阿尔及尔以南或者喀土穆，要不喀土穆周围比较安全的地方也可以。蚊子我可不喜欢。我觉得这次会议应当是极其机密的，不应该给报界任何相关消息。由于我不想给斯大林留下一种印象，让他觉得我们在跟他见面之前，在私底下就把一切都谈好了，所以我觉得，马歇尔或其他人在会议之前最好还是不要去英国。

我觉得我们互相之间有着非常深的了解，所以，在事前进行会谈根本没有必要，等开会的时候，我们随时都可以商议。从现在开始，我们的军事人员也应该持续进行密切合作。

我们原本预测了打败德国的时间，对于这次会议的结果，我觉得，它很有可能让打败德国的时间更早到来。就跟你所知道的一样，在莫斯科召开一次纯军事性质的会谈，已经得到了斯大林的支持，今天我给他发了电报，督促他来跟你我见面。我想他会同意的。

我觉得，跟蒂尔希特的木筏比较起来，安逸的绿洲会更好。

我马上对此进行了回复，内容如下：

前海军人员致罗斯福总统　　　　　　　　1942 年 12 月 3 日

1. 对于你的提议，我感到十分欣喜，因为想要给 1943 年拟订一个好的方案，只有这样才能做到。眼下，任何算得上宏大的，或者说跟得上事态变化的计划，我们都没有替 1943 年拟定。你可以出席实在是太棒了，在任何地方与你会谈，我都十分乐意。为了支持你的邀约，我已经发电报给斯大林了。

2. 与此同时，派我们的军事代表去莫斯科一事，我并不支持。这只会把局势弄僵，让事情变糟糕。为了我们 1 月份，在“非洲某地”会谈时，能有一些确切的方针当作会谈的基础，我们还是觉得事先应该让马歇尔、金和阿诺德到这里来一趟。否则的话，斯大林一见面，就会问我们：“你们对我作出了承诺，说 1943 年开辟第二战场，可是到了现在，你们怎么都还没有做出一个方案呢？”

3. 喀土穆的天气、安全以及通讯条件都非常让人满意，这个地方只要你乐意就可以使用。明天我会再告诉你有关这个地方的居住条件。我们能成为东道主，我们会为能尽地主之谊，而感到荣幸。虽然我非常想搞明白，阿尔及尔以南有什么绿洲，不过对此我还没有听说过。我敢保证，除了极为特殊的情况以外，马拉柯什气候条件都是很不错的，同时居住条件也很不错。

4. 这样的一次最高规格的军事会议，肯定要让必要的人员出席。就我方来说，我们大约有二十五人，其中有：战时内阁里的艾登、三军参谋长或副参谋长、一个得力的秘书处、密码员、地图室的工作人员等。

5. 有关会议的时间，当然是越快越好。任何一天都是很珍贵的。对于突尼斯的战役，以及的黎波里的战役，我们可以很有信心地预测，前者将在12月底结束，后者会在1月底结束。对于这些战役，我们不应该等到它们真正结束。早日做出定论，是1943年攻打欧洲的全部希望所在。

6. 不过，这一切都要看“巴吉斯”愿意还是不愿意了。

*　　*　　*

结果是他并不同意，就像以下来往的信件中所显示出来的一样。

首相致斯大林主席　　　　1942年12月3日

总统跟我说，他有一个提议，我们三人1月的时候，在北非的某个地方进行会谈。跟我们在莫斯科说到的冰岛方案相比较，这个提议要好得多。北非的任何地方，你都可以在三天内到达，我只要两天。而总统所需要的时间跟你差不了多少。我非常真诚地希望能得到你的赞同。在1943年用尽全力由欧洲攻打德国的最佳战略，我们一定要尽快拟定。想要处理好这个问题，唯一的办法就是召开三国政府和国家首领的会议，同时，陪同他们参加的还有他们的高级专家。想要依据各自的力量以及可能性来对于战争的所有重任进行分担，唯有召开这样的会谈才能做到。

斯大林主席致丘吉尔首相　　　　　　　　1942 年 12 月 6 日

为了拟订共有的军事策略方案，而召开三国政府首领会议，我十分支持。

不过，到时候我可能难以离开苏联，对此我深感遗憾。既然我们的会谈难以进行，那么讨论这些问题，为什么不能以我们电函来往的形式进行呢？我们之间是统一的，这一点我承认。有些战役在 1 月份的时候可能难以缓和下来，反倒会更加激烈。

上次我给你的信件中，在里面有一段我曾谈及了 1943 年春季在西欧开辟第二战场的事情，现在，对这件事我正等着你的回答。

在斯大林格勒地区还有中部阵线上的战役都在很顺利地进行着。有大量德军被我们围困在斯大林格勒，我们希望可以将他们肃清。

对我所发出的同一封电报，总统在进行回复的时候，对斯大林感到非常失望。他如是对我说：

我觉得，草拟的在明年夏天开展的任何主要军事行动，我们的参谋人员在莫斯科对此进行探讨，都是不正确的。就事实而言，第一，你国或者我国政府，都不会被他们所草拟的主要军事行动所羁绊；第二，我们两国国内的参谋人员对这些最终方案一定要详细探究之后，这些方案才会得到我们的首肯。

所以，关于召开联合王国、俄国、美国三国军事参谋人员会谈的地点，要是提议在非洲，不管是阿尔及尔、喀土穆或其他合适地点，你会持什么意见？当然，这个会议得出的结论以及提出的建议，必须要通过三国首领探究以后，才能进行最后审批。

我的观点不曾改变。在莫斯科召开专家会议的各种坏处，总统已然发现了，当然，对于这点我感到十分高兴，不过，对于在喀土穆或者阿尔及尔召开这个会议，我也不支持。现在我方跟美方在事先对于我们的共同事务并没有达成协定，在这种情况之下，让我们的军事代表在某一个极远的地方独自进行会谈，我坚信这只会浪费时间。并且还需要发出很多特别长的密码电报，在发出这些电报之后，局面很可能会闹僵，并且很可能越弄越僵。想要处理这些公开的重要问题，只有三国的国家或者政府的首领坐到一起来，才能做到。对于出席三国会议一事，为何斯大林的拒绝会对英美尽早召开会议形成阻碍呢？可是，总统好像非要召开一次三国军事会议不可，当时，我被迫在原则上，对他的建议进行赞同。在 12 月 17 日的时候，总统转交给我一封电报，这封电报是斯大林对召开三国首领会议这一主要问题进行的回复。在回复中他说：

我也必须向你表示自己深深的遗憾之情，在最近这段时间甚至可能是 3 月初，我都难以离开苏联。我现在难以抽身出来，因为根据前线的状况需要，我必须跟我国的将士们时常在一起。到目前为止，关于总统先生你跟丘吉尔先生，在我们的联席会议上打算探讨什么详细的问题，我都还不知道。关于这些问题，我们之间是不是可以用通讯的形式来商讨呢？我认为，只要我们没有机会进行会谈，那么我们之间就不会出现分歧。

希望能得到你的准许，让我向你表明，机会还没有失去，这一点我确信。并且，有关于你们所做出的承诺，会在 1942 年，最晚也会在 1943 年春天开辟第二战场，我确信，总统先生，你跟丘吉尔先生，肯定不会食言；所以，在明年春天，英美联军在欧洲开辟第二战场会是真的。

现在，外界有很多流言蜚语，都是关于苏维埃社会主义共和国联盟对利用达尔朗那种人所具有的看法的，出于对这一点的考虑我们必须要说的是，对于艾森豪威尔威对达尔朗、布瓦松、吉罗等人所采用的策略，我跟我的同事们都认为那并没有任何错误，我想，我将这点告诉你，应该是很有必要的。我觉得，你很大的一个成就就是让达尔朗等人踏上一条道路〔？主流〕，这条道路就是与盟国并肩一起对抗希特勒。我在前一段时间，对丘吉尔先生也说过同样的话。

*　　*　　*

总统在这时，派了信使过来，送给我一封非常热情的信，询问我的意愿。

华盛顿，白宫

1942 年 12 月 14 日

亲启信件

亲爱的温斯顿：

我对“约大叔”发出了邀约，可是到现在为止，我都还没有接到他的回复，不过，就算他仍然不接受，我还是觉得，你我二人也应该举行会谈，因为很显然，有很多的问题想要解决，只能是你我二人以及我们双方的参谋人员开展会谈才能做到。去年 7 月份，我们在对“火炬”作战计划下定论时出现了种种拖延，对于这样的拖延，我坚信，我们双方都不想让它再次出现。

1. 不管怎么说，我们两人都不能去冰岛，因为天气太让人厌烦，并且飞机的机翼还会结冰。

2. 我也绝对不可以去英国，这是政治上的原因。

3. 我坐飞机飞过任何大洋，要是被我国人民知道了的话，那么全国上下就会一片哗然。所以，跟非洲一样，我们也不能去百慕大。不过，我要是能在极其保密的情况下离开，并且，在我回国之前，这次旅行都没有走漏风声的话，那我大概已经选定在非洲了。这是因为，在事情过去以后，公众舆论听到了这个消息，必定会极其诧异，不过，对此也不会感到不满。

4. 要是公众舆论得知，我去了西非，是会见我们的军事首领，那么它们的责备就不会那么激烈了，正是由于这个原因，我才会觉得在西北非某个地点会面会比在喀土穆会面更好。另外，我还可以亲眼看看我的士兵们。

5. 顺带提一下，我因此能从华盛顿的政治氛围内抽身出来，时间长达两周，这对我来说也是十分有益的。

6. 所以，我认为，要是你觉得这个时间合适的话，那我们在1月15日前后会面，地点在阿尔及尔或者卡萨布兰卡。这也就是说，在1月11号前后我就会动身，希望那天能有个好天气。我准备了两条线路，或者是从这里到达特立尼达，然后再从特立尼达去达喀尔，最后从达喀尔向北去；或者是从这里到巴西的纳塔尔，然后从纳塔尔飞越大西洋，达到利比里亚或者弗里敦，最后再北上。

7. 由于我们这次会议主要是军事性质的，所以既然斯大林不能出席的话，我觉得我们二人就不用带外交人员了。也许，在我们到达的前四五天，你的三位参谋长以及我的三位参谋长可以在相同的地点事先进行一次会谈，这样一来，等我们到那里的时候，就有一个非常完整的草案已经拟定好了。在四五天以前，我已经命令比德尔·史密斯将军从这里动身了，对某些可以观光的绿洲进行秘密调查，这些绿洲，越远离任何城市以及人多的地方就越好。有本字典说“绿洲绝对不是完全干涸的”。这本字典说得太好了。

8. 如果“约大叔”进行了回复，说他会在3月1号左右跟我们会面的话，那么我们的计划就可以有如下改变：

我提议，可以让我们两边的参谋人员与俄国的参谋人员进行会谈，提出某些建议，这些建议至少可以让新军事行动开始进行准备工作，至于会谈的地点就在非洲的某些地方，甚至像巴格达那么远的地方。他们提出了建议，那么剩下的问题，等到我们三人会面时就可以处理了，并且我们还能对某些战后问题进行探讨。

最热忱的问候送给你。

富兰克林·罗斯福

罗斯福先生为了节约时间，他还事先将信里的主要内容发电报告诉了我。

虽然，斯大林不能跟我们进行会谈，但是，我还是觉得，我们两人还有我们双方的参谋人员应该想办法，马上进行会谈。我希望在1月15日前后，能在非洲跟你会面。根据我所知道的，在卡萨布兰卡有一个地点，它既让人满意又非常安全。为了对一些问题有一个初步的处理，我认为我们两方的军事人员最好在我们前几天出发。要是我们两人可以在一起举行四五天的会议的话，那么我猜测，一切问题就都能处理了。希望你能将自己的想法告诉我。

很显然的，我非常满意这个解决办法；并且，我坚信，跟纯技术性的专家会谈相比较，这肯定会好多了。我马上进行了如下回复：

前海军人员致罗斯福总统　　1942年12月21日

非常赞成。越快越好。我感到十分的欣慰。想要解决问题，只有这一个办法。在这里，我们进行的准备工作，将会以这次会议仅仅是参谋会议为基础。我提议，用“标志”作为这次会议的代号。

*　*　*

为了在即将召开的会议上能够使用，在这之后的几周时间，都用在了草拟参谋人员对战争局势的评估报告上了。我们所要做的事情，不光是处理军事策略的问题，还要顾虑到在北非重要的政治问题，这些政治问题是由“火炬”作战计划的结果以及达尔朗被刺杀带来的。美国驻北非的政治代表是罗伯特·墨菲先生，我任命哈罗德·麦克米伦去协助他，这一点我取得了总统的同意。随后，为了方便实地对战局进行探究，麦克米伦就去了那里。

在这段时间里，正顺利进行着“标志”计划的准备工作。

前海军人员致罗斯福总统　　　　1942年12月30日

1.为了跟艾森豪威尔将军以及比德尔·史密斯商讨与“标志”计划相关的准备工作，我已经在圣诞节的时候让雅各布准将去北非了。现在，雅各布发电报说，他们已经找到了非常好的居住地。他还说，他的这个建议德尔·史密斯将军完全赞同，并且，他们也已经发电报告诉你调查结果了。

2.对于他们的提议，我认为我们肯定要赞同；而且，因为时间太紧张了，我会假装你已经同意了他们的提议，好以此为基础先开展工作。

3.我是这样打算的，我的代表团里有一些级别不高的参谋军官、译电人员以及属员等，我会让他们在1月4号左右从联合王国动身，他们将乘坐一艘有特殊装备的指挥舰，这艘英国舰艇名为“波勒勒”号，它可以停在港湾里，当作通信舰只来使用。

4.你提议说，为了初步处理一些问题，我们的军事人员最好在我们前几天动身，这一提议我完全赞同。我会想办法让英国的三军参谋长乘坐飞机到达约定的会面地点，并且会跟美国三军参谋长同一天到达。只要这个日期对美国的三军参谋长来说是合适的，那么任何一天对我们来说都行。希望你能将具体时间告诉我。

5. 要是能尽快告诉我你计划的时间，那么将大大帮助我规划自己的时间。

6. 在任命麦克米伦这件事上，我要向你表达最深的感谢之情。对于你所说的，最终定夺权掌握在艾森豪威尔手中，我非常同意。

在这时，关于安全问题，我跟总统进行了几次让人开心的电函来往。他自己提出建议，称呼他为“Q 海军上将”。

前海军人员致罗斯福总统　　　　　　1943 年 1 月 3 日

这样一个难以识破的伪装你是如何想出来的？我提议，你叫 Q 海军上将，而我就叫 P 先生，这样就能让敌人更难识破了，同时，也让人更难以琢磨了。

注意，关于我们的 P's 以及 Q's，我们一定要多加留意。

关于戴高乐的访问，我觉得最好进行延期，最好推到“火炬”作战计划的问题被“标志化”之后。

*　　　*　　　*

参谋长委员会做了两份报告给战时内阁，他们在报告中，对自己未来策略的探究结果进行了总结。在总结中，他们着重指出：他们的意见与美国同事们的意见完全不一样。他们产生分歧的地方并不是原则，而是在中心以及优先地位上产生了分歧。事实上，我们之所以要召开会议，其目的就是为了消灭分歧。努力将“火炬”作战计划进行到底，同时为了开始实施“围剿”作战计划，尽最大努力大规模开展“波赖罗”的准备工作。这个方案，是英国三军参谋长觉得最好的方案。可是，美国三军参谋长所认为的最好方案是，在北非的兵力暂时压住不动，而投入“围剿”作战计划的是我们在欧洲的主要力量。在英国三军参谋长的第一份报告中，他们对美国的建议，提出了如下一些看法：

我们觉得，这才应该是我们的策略：

1. 将“火炬”作战计划的战果竭力扩张，这样就可以

(1) 把意大利打倒；

(2) 推动土耳其投入作战；

(3) 同时不给轴心国任何能缓和的机会。

2. 对德国的轰炸要加强。

3. 提供给俄国的物资要继续运送。

4. 要是1943年8月或者9月的情况能让我们得胜的话，那么为了我们在那时能够用二十一个师的兵力返回欧洲大陆，我们就要在保证上述各项军事行动开展的前提下，尽可能对“波赖罗”计划进行加强。

在1943年夏末，我们想要在欧洲投入二十五个师以上的兵力，是不可能做到的。由于考虑到了这一点，所以我觉得，跟我们那些只竭力实施“波赖罗”计划，其他所有军事行动都不再进行的计划相比较，现在的这个计划会更好，因为它可以直接以及间接地，将俄国的压力缓解，并且缓解的速度更快，缓解的程度也更大。

我给斯大林说了我们会谈的计划。对此他回答道：

斯大林主席致丘吉尔首相　　　　1943年1月5日

非常感谢你能把即将与罗斯福总统会谈的事告诉我。希望你能将会谈的结果告知与我。

最后的准备也已经完工了。

*　　*　　*

我们去出席这次非常重要的会议，并不是毫无准备的。此时，亚历山大与蒙哥马利向的黎波里进击的方案，他们已经拟订了。

亚历山大将军致首相　　1943 年 1 月 5 日

因为后勤的问题，在 1 月 14 号到 15 日晚上之前，第八集团军的主力部队难以向前挺进，不过，蒙哥马利还是想在这天大举向前挺进。激烈的战斗在我们到达的黎波里之前是不会中断的。

1 月 4 号时，班加西的船只以及卸船装置，由于暴风的缘故，遭受了惨重损失。这可能导致军队推进的时间向后拖延，也可能导致军力被削减。我已经问过蒙哥马利了，问他会不会改变主意。

亚历山大将军致首相　　1943 年 1 月 6 日

对前一封电报进行补充。蒙哥马利不会改变原计划日期。

亚历山大将军致首相及帝国总参谋长　　1943 年 1 月 9 日

作战方针是这样的：

这次进军的第一炮，将在 1 月 14 号到 15 日的晚上，由第三十军打响。很可能在戈达西亚地区遇到反抗，在这里的抵抗被压制住了以后，我们会让英军的第七装甲师为先锋，向着波尼乌里得—塔哥纳方向发动进攻。在这次进攻中，顺着海岸公路干线向前推进的任务交给英军第五十一师；跟集团军司令部在一起的，会是英军第二十二装甲旅；而英军第十军，不会参战。的黎波里还有海岸公路的关口地带，从 1 月 8 号开始，将遭遇我方的狂轰滥炸。

第三十军会带有大量物资，汽油大约可以供全军行驶五百英里，所带的干粮和饮水可供十天使用。弹药队会准备好足够的弹药。总体来说，后勤的情况可以维持十天用度。从图卜鲁格将给养运到班加西的工作，第十军会从旁协助。我们到达的黎波里之后，那些港口需要一段时间才能畅通，那么我们在这段时间，会有缺少干粮情况。可是在这段时间里，每天从公路上运给第三十军的给养将近八百吨，要是我们不用作战的话，这些物资就刚能满足我们的需求。

要是能攻占的黎波里，那么第八集团军就能向突尼斯挺进约二百英里，进而给北非战局带来一种全新的有利影响。很显然，这种影响具有非常重要的意义。所以，攻占的黎波里的胜利，将会是最受欢迎的。

第十五章　卡萨布兰卡会议

飞去卡萨布兰卡——安法郊区——罗斯福总统到达卡萨布兰卡——亚历山大与艾森豪威尔将军参加会议——期望拿下的黎波里——1月18日，我首次向战时内阁报告会议情况——联合计划委员会与联合参谋长委员会之间的不同意见——我与埃克将军商讨飞行堡垒问题——我被他说服并开始支持他的意见——邀请戴高乐——他达到卡萨布兰卡——严肃的谈话——赞扬戴高乐将军——1月20日我向战时内阁续报会议情况——“无条件投降”——所有过程——“引文要真实啊”——联合参谋长委员会对于会议的最后报告——“1943年作战策略”——1月24日召开的记者招待会——我与总统乘车驶向马拉喀什——泰勒别墅——总统在25日黎明返航回国

1月12日，我前往北非。这次飞行，遇到了一件事情，让我稍感不安。当初为了旅途温暖，我们在乘坐的C-46型飞机上，装了一架能够产生热气的汽油引擎。这成功地让飞机上的各个暖气片都烧到极高的温度。凌晨两点，在我们正好飞到离任何地方都有五百英里远的大西洋上空的时候，因为脚趾头被暖气片烤到而痛醒。我看着烫醒我的暖气片，觉得它马上就会烧到一个可以把毯子烤着的温度。于是我从床铺起来，走向下面舱，将正坐在椅子上打盹的彼得·波特尔唤醒。我让他看这个已经烧得非常热的暖气片，并跟他一起去巡视了机舱。中间我们发现，还有两个快烧到炽热的暖气片。当我们到达飞机后边的炸弹舱时（已将该飞机改为轰炸机），有两个人正在试图将汽油加热器烧得更旺。可以肯定：无论如何，这都是很危险的。周围的机油一见火便会立即爆炸，而现在的暖气片很可能会引起一场大火。对此，波特尔和我的想法一样。我马上下令：停掉一切暖气设备。我宁可忍受寒冷，也不愿被烧死。做完这些，我就回到机舱，在八千英尺（可以让飞机保持在云层之上的高度）的寒冬中战栗入睡。我必须承认，这让我觉得非常痛苦。

到达卡萨布兰卡后，我们惊喜地发现，这里的准备工作，做的是如此好。在安法郊区的大旅馆里，安排了足够全部英美参谋人员居住的房间和宽敞的会议室。而我、罗斯福总统、吉罗将军以及戴高乐将军，将入住在旁边的几座别墅里，当然如果戴高乐将军来的话。整个地区由美军严密警卫，并且在四周围上了铁丝网。我与我的参谋人员要比总统早来两天。我、庞德还有两位参谋长，不止一次地在海滩和岩崖上（愉快）散步。巨大的浪花打在岸边，喷溅起雪白的泡沫，很难想象，能有人从海上成功登陆。这里总是惊涛翻涌，十五英尺高的巨浪冲击着岩崖，又急又猛。我终于明白为什么那么多的小艇、登陆艇和船上人员会被弄翻。

我的儿子（伦道夫）从突尼斯的前线来到这里。因为要思考很多事情，两天对他来说一眨眼就过去了。期间的每一天，参谋人员都会进行长时间的会议。

* * *

14 日下午，总统来到了这里。由于我和这位伟大的战友没有听从他的军事顾问的意见，才得到了这块被征服或者解放的土地，我很高兴能在这里与他会晤。这是一次友好而热情的会晤。第二天，经历了危险飞行的艾森豪威尔将军也到达了。艾森豪威尔将军希望能马上了解联合参谋长委员会将要采用什么样的方案，同时还希望可以和他们保持不间断的联系。因为他们的权力比他大，而且还大出不少。亚历山大于一两天后，抵达了卡萨布兰卡。他把第八集团军的进展情况，向我和总统作了汇报。他给总统的印象非常好。而且无论是对他还是对他带来的消息——的黎波里很快就会被第八集团军攻下——总统都很感兴趣。他说明了一下情况：蒙哥马利手中控制着两个强大的军团，他把其中一个军的车辆全都让给了另一个军，使得那个军强大起来，并能持续挺进，把隆美尔从的黎波里赶走，一直赶到马雷斯的边防线上。马雷斯防地是一道屏障，且充满危险。这是一个让大家欢喜激动的消息。平易近人的亚历山大也很讨大家喜欢。其他人都被他的那种自信感染了，即使他从没说过。

我如是向国内报告：

首相致副首相及战时内阁　　　　　　1943 年 1 月 18 日

每天，三军参谋长都要举行两至三次会议，或者单独召开，或者和美方的同僚一起。会议上会对整体局势中的每一个战场进行逐一研究。金海军上将当然会将太平洋看作要竭尽全力的首要目标，而美国的陆海军领导不这样认为。他们希望在缅甸用更强烈的动作，这样可以帮助中国，并在年底前，将其逐渐发展成大范围的“安纳吉姆”（缅甸）战役。虽然马歇尔将军对这种看法也很感兴趣，可他看起来更希望从事“围歼”计划或“痛击”计划的准备工作，即便代价是地中海战场。

从另一方面来看，能让我中意的是，总统对把地中海视为优先位置这一主张极其赞成。且他对于“哈士奇”计划（西西里）的看法越来越认同。昨天晚上我们还在讨论这个计划，他提议将此称为“腹部”（belly），而我建议把它叫作“仙女战”（Bellona）。因为参谋人员会议到现在都没有作出明确的决定，并且我们之间也没有统一出一个明确的协议。但我笃信，对于根本问题的看法，我们应是一致的。

并且在联合参谋长委员会的会议上，我们也能看出，在撒丁岛和西西里岛之间,美国人日益倾向于后者。更有金海军上将表示,如若确定要攻打西西里岛，那必要的护航舰只，他是可以找到的。

因为沙漠集团军的连连胜利，地中海战局已经发生了明显的改变。已经来到这里的亚历山大于 15 日在总统召开的会议上，充满信心地将他的进展和意图，清晰、准确地叙述给所有参加会议的人员，并给大家留下了相当好的印象。他期望于 26 日将的黎波里攻下，在 3 月内可以调用六师之众，向马雷斯防线发起进攻。趁早调动数量较少的师，这样，再加上安德森的四个师后，我们就可以盼望,在争夺突尼斯顶端地域的最终决战上,我们将有第一、第十，两个集团军的十个英军师可以使用。

到那时候，英军将在这个战场上占有绝对优势，因为在突尼斯的美国军力最多超不过两个师，而法军配备欠缺。在此情况下，假设现在正在进行的黎波里争夺的战事可以非常顺利地进行，且对于的黎波里海港的清理也不麻烦，那么气势汹汹地将沙漠集团军开进突尼斯战场，就会有决定性的意义。在最高统帅部，我们也会因为英军的众多的增援人数，而拥有更大的发言权。昨晚，我依据帝国总参谋长的看法提议，在时机合适的时候，委任亚历山大艾森豪威尔将军的副司令一职。因为已经对克拉克进行了委任，其职位为美国第五集团军司令官。对于这个提议，总统反应很好。倘若将全突尼斯的军队交由一名英国将领来指挥，就很可能和法国人再产生意见不合，而这样做就能避免。

我们可以在这里会晤，并且亚历山大将军也能参与其中，真是件幸运的事。对于斯法克斯，艾森豪威尔将军即将发动一次非常果断、大胆的进攻，因为他想把这里作为据点，并且在一定程度上要依靠马耳他提供的给养。显而易见，在沙漠集团军因需重补给养、汽油，并且需要仰仗港口，而在的黎波里按兵不动的前提下，若不想美军在斯法克斯遭受德军的猛攻，就必须与亚历山大的进攻行动一致。

所以我将艾森豪威尔与亚历山大聚在一起，而他们也相处得极好，不管是单独举行会谈，还是与帝国总参谋长以及马歇尔一起举行的会谈。最终，他们都很好地了解了对方，并且说定，在有需要的时候相互拜访。在清楚亚历山大的那支部队即将抵达的这一事实后，艾森豪威尔若释重负。他知道，马上就会有一支实力强大的联合军队来供他作战，他再不用靠独自奋战来保持局面了。这四个人都觉得，我们是可以获得胜利的，只要我们不在突尼斯犯任何错误。局势能够如此发展，我本人满意极了。

* * *

对于召开的参谋人员会议，我和总统都没有参加。但是，他们每天都会向我们报告整个会议的内容，我们也会和自己的军官进行商讨。当然，会议的分歧是联合计划委员会与联合参谋长委员会之间的分歧，而非英美两国之间的分歧。我和联合参谋长委员会都认为，应将西西里岛作为下一个目标，但是联合计划委员会和蒙巴顿勋爵不这么想。他们觉得应该先攻打撒丁岛而舍弃西西里岛，这样可以提早三个月。蒙巴顿努力诉说这一观点，试图说服霍普金斯还有其他的一些人。我始终坚持先打西西里岛，而联合国参谋长委员会，始终坚定不移地支持我。联合计划委员会恭谦有礼且固执地讲，这将无法在8月30日之前办到的。于是，我和他们一起对日期进行了计算。之后，我和总统就下令确定了进攻的日期，定于7月里月色不错的一天，当然，如果有可能，也可以是6月里月色不错的一天。最后，7月9日晚上，空降部队出动，并于7月10日早上登陆。

* * *

在1月份，举行会议期间，美国驻英国空军司令埃克将军要求拜见我。我们对美国人要用装甲飞行堡垒对德国实施的白昼轰炸的计划进行了讨论。那时候，我对这个方法持怀疑态度，也为在其身上花费如此多工夫而觉得可惜。我认为美国人若能在夜间集合所有力量进行轰炸，那么投弹量将远高于白昼轰炸，而且还有科学的方法，因此可以慢慢做到像我们后来那样极为精准的样子。在我将这几点看法告诉埃克后，他表示非常的不安。他对飞行堡垒所进行的白昼轰炸作了极为恳切、动人的辩解。他还表示：为了这个计划，他们已经在英国作了规模巨大的准备工作——从美国调来了很多飞行堡垒中队，也汇聚了物资、零件以及人力等资源，如今终于将飞机场准备好了。

我在作答的时候，提出了我的看法。目前已是 1943 年初了。美国人从参战到现在，已经一年多了。他们始终都在英国组建这只空军，然而到此为止，他们并没有用白昼轰炸的法子向德国投射过一颗炸弹。也许有过那么一次，由英国战斗机做掩护的情况下，进行了一次白昼轰炸，而且时间极为短暂。去年在华盛顿的时候，我们就误以为，最多四五个月，美国就会向德国投射炸弹，而且数量极大。可事实是，在消耗了极大的人力和物力后，美国也没有投射下去一个炸弹。即使如此，埃克仍然为自己进行了顽固而不失巧妙的辩护。他承认，他们确实没有打击到德国人，却仍然认为，只需再给他们一两个月，他们绝对能参加战斗，并且规模只能比现在要大，绝不可能小于现在。

考虑到美国在这一计划上，已经消耗了十分巨大的人力和物力，并且一点也不想放弃。我决计抛弃原先的想法，开始支持埃克和他的想法。并且，我还将撤回，我所反对白昼轰炸计划的全部意见。埃克为此很是高兴。原因是埃克害怕该政府，对于白昼轰炸方法已经不像以前那么有信心了——1942 年的下半年，在对此付出了十分巨大的部署和劳力的整整六个月里，竟然没有向德国投射过一颗炸弹，根本看不到一点成绩。这委实说不过去。而当时至少有两万人和五百架飞机，被安排在东英吉利，却从没有过任何动静。然而，在我改变态度，不再深究之前那个拼命追究的致命问题后，大家如释重负。之后英方再没有批驳过美方的任何计划。美方的计划继续进行，并且很快就有了成效。就算如此，我仍觉得，他们倘若能在一开始就把钱用在夜间轰炸上,就能提早实现对德国轰炸的高潮。事后,埃克将军也数次表示过，在飞行堡垒马上能充分展现出它的本领和才能的时候，是我及时的拯救，让它们没有被美国政府放弃掉。如果他说的是事实的话，那所谓来自我的救援，其实只是我不再积极地反对它们罢了。

* * *

此时出现了有关戴高乐的问题。当时，我很希望他能到卡萨布兰卡来，总统也基本同意这一想法。为此，我还请总统发电给戴高乐，邀其前来。这是一位非常傲慢的将军，他拒绝了总统多次的邀请。因此，我不止让艾登给他增加了最大的压力，还告诉他，倘若他不过来，我们将主张让别人替代他在伦敦的法国解放委员会主席的职位。埃利奥特·罗斯福，也就是总统的儿子，将这段事情极其出格地描绘在了他的那本书里。他将在餐桌上听到的那些真心话，草率地记录在了他的那本书里。他本来是被他的父亲带来吃饭的。他好像在表示，总统怀疑我不赞同让戴高乐过来，并且也在尽力地阻止。事实上，为了让他过来，我给他施加了巨大的压力。不过相当长的时间里，这个荒谬的说法不胫而走。下面这封电报可以长久批驳此说法。

首相致外交大臣　　　　1943年1月18日

如果你觉得合适，请把我的这封电报转交给戴高乐。(开头)

美国总统和我本人邀请你到这里来，委托我通知于你。

目前，吉罗将军和他仅有的两名参谋官，已经到达这里。而我还没有将你拒绝过来的事情告诉他。如今，他正在等你到来。我以为，倘若你仍是拒绝过来，那将会给你和你的领导，在运动上带来很不利的影响。首先，我们非常愿意同你在北非的问题上进行商讨，并且我们马上就会对此作出部署。但如果你坚持不参加会议，那我们不得不在不考虑你的情况下，作出应有的安排。美国和英国对此安排将保持绝对支持。

如果你坚持缺席此次正在计划的会晤，我以为，这正好成为责备你的最好把柄。你也会受到舆论的谴责。假如你本次拒绝了总统的邀请，那么你所期望在近期被邀拜访美国这件事，将不会实现。同样，也预示了我在化解你带领的运动和美国之间的这一分歧上的所有努力，都将没有意义。在此运动仍由你领导的时候，我也不可能努力让这件事有所改观。

如果本运动的头领仍是你，那英王政府对这个运动所抱的态度就需要重新思量一下。假如你还是不把握这次机会，那我们只能在没有你的前提下，尽力地与它搞好关系。这扇门如今还是开敞着的。(结尾)

对于这封信，你可以在不损坏它严肃性的前提下，根据你的看法进行相应改动。由于需要保密，我们无法在不通过他的情况下，对法国民族委员会进行最直接的呼吁。而这，正是麻烦所在。在过去的一段时间里，我争取戴高乐的同时，也为如何让法国各派人士重归于好而想方设法。对于提供给他的这个机会，倘若他仍是拒绝，那我只能认为，除非自由法国运动不再由他领导，否则英王政府无法继续支持此运动。关于这一点，我希望你可以根据自己的看法，对他进行适当的说明。若要为他好，你的态度最好极其严厉。

* * *

戴高乐于 1 月 22 日，到达此地。他被带到了自己的别墅，就在吉罗别墅的旁边。一开始，他拒绝拜访吉罗，但经过我们几个小时呕心沥血的诉说后，他终于愿意和吉罗会谈。在我和戴高乐的谈话中，我曾斩钉截铁地向他表示，如再对此进行阻挠，我们就会彻底和他决裂。这是一次极为严厉的谈话。他挺起身板，很有礼貌地走出别墅，去了花园。最后，在我们的压力下，他终于同意和吉罗会晤。这是一次让双方都觉得愉快的会谈，并且进行了两三个小时。下午的时候，他去拜访了总统，出乎意料的是，他们的相处十分融洽，这着实让我感到十分欣慰。只是无论如何，都不能让他们的意见达成一致。即使这样，他那既聪敏又明亮的眼神，还是吸引了总统。

*　　*　　*

我把与戴高乐将军之间所有严峻状况，都依据当时的事件，记录在了本书的这一部分。我们确实经历过很多次激烈的争吵，甚至可以说，在当时我们的争执从未间断。不过仍有一个很重要的原因，存在于我们两个的关系中。就像我不认为这是一个可以随意选择自己未来的法国代表,可也不能将这个法国代表看作是降敌之主,抑或受辱之人。对于他不喜欢英国一事，我是知道的。但我总是能看见从他身上所散发出的精神和信仰，很好地表达了贯穿史册的“法兰西”一词。因此我能够理解他的态度上的桀骜不驯，并为此感到钦佩，即使这种态度并不让我高兴。可他确实是一个在自己国家被判死刑且逃亡国外的人，是一个流亡者。全仗着英国政府的照顾，他才能有今天，当然，现在还应加上美国政府的支持。他其实早已没有了立足之地了，因为他的祖国已经被德国人征服了。而他看上去却毫不在意，继续以俾睨天下之姿处世。法兰西是一个自豪感十足，且拥有极高的权能和壮志雄心的伟大民族，而他在极为傲慢的时候，表现出的就是这样的一种性格。因为听说他家族前辈中，有一位曾是圣女贞德的忠诚追随者，所以就有人因此来嘲笑他，称他是自封的当代圣女贞德。而我并不觉得，这有什么好笑的。我还听说，他以克列孟梭来比喻自己，那是一个相较于他更为睿智更有经验的政治家，但不能否认他们二人都向我们展示了法国人不可征服的灵魂。

* * *

我又对战时内阁做如下报告：

首相致副首相与战时内阁：　　1943年1月20日

1. 今天下午，我和“Q”海军上将举办了一次全体会晤。会上，联合参谋长委员会对他们的工作进展，进行了报告。这是一次非常让人满意的会议。在经过五天的会议讨论，且在意见出现多次分歧之后，我觉得，联合参谋长委员会应该已经对1943年的基本作战方针，有了统一的观点。虽然他们并未完成最后的报告，但代表联合参谋长委员会发言的帝国总参谋长在会议上所做的报告要点能做如下报告。我们两方都认为，我们的共同力量要首先用于海上安全的保障工作，同时再次声明，应将聚集全力打败德国作为第一原则。为了更早地完成这个作战计划，对于用全力攻下西西里岛的准备工作就要马上开始了。有关缅甸的作战计划，我们希望能在今年的年底提上章程。而后者需要的登陆艇和部队运输一事，美国已答应负担其大部分，并且由美方人员亲自驾驶这些舰艇。除此之外，他们还答应承担起一些海军的掩护力量。在今年里，一旦德国有明显的溃败预兆出现，我们便能发起如“痛击”计划一样的军事行动，抑或是竭力把他们打回欧洲大陆。为了保持牵制日本的有利局面，在太平洋，我们打算对新几内亚进行扫荡和攻下拉包尔的军事行为必须继续进行。我们也会在今年年底决定，是否将军事行动推进到特鲁克去。

对于以上内容的所有重点，我和“Q”海军上将的想法完全一样。

2. 美方代表曾在联合参谋长委员会上表示，他们害怕我方会在德国战败后，就退出战争；在得知这一情况后，我觉得应该作出言辞明确的表示。我说，英国议会和英国的人们会在打败德国后，仍会为打败日本而拼尽全力。这根本不用怀疑，因为这件事不单单关系到我国的利益，更是代表着我国的荣誉。我觉得，我理应如此表示。我还表明，就此事而言，我确信战时内阁会十分愿意和美国签订正规的协议或契约。“Q”海军上将坚信，在这个问题上，美国与英国的心意是一致的。他没有理会我上面的建议。反而表示，应尽可能与俄国做好明确的约定，在打败德国后，他们仍需参加对日战争。并且，能够在必要的时候保密。

3．联合参谋长委员会将在总原则达成协议后的十天里，对其方法和方式进行研究。对此我认为，在之后的几天里，他们最好是一直在一起的，因为还有相当多的细节工作需要完成。马歇尔将军还特别强调，不管怎么样，在未来的六个月里，我们必将再次举行一次会议，并且性质上与此会议相同。

4．全体会议上，我在一个我认为很好的时机，提出了这个问题。在适当的时候，将艾森豪威尔将军副总司令一职委任亚历山大。对于我的意见，马歇尔将军和金海军上将非常认同。大家都积极地考虑着有关空军司令的这一难题，我笃信，此事可以得到很好的处理。

5．马歇尔将军要求将这个意见正式地记录在案。他表示，坎宁安海军上将在盟国于北非的战役上贡献卓越，让他很是钦佩。他还认为应该将此意见，告诉战时内阁。对艾森豪威尔将军来说，坎宁安的智慧与见解都会给其带来相当大的帮助，并且坎宁安领导海军的本领也相当的好。陆军元帅约翰·迪尔爵士也受到“Q”海军上将的热烈赞赏。他现在已经被美方人士看成美方参谋长和英方参谋长之间——军事谋略上——非常重要的桥梁。

6．关于这次会议的情况，我们准备起草一份能在合适的时候对记者发表的声明。我们想在此声明中宣称，美国和大英帝国对于同德日战争的坚定决心，并表示除非德日两国“无条件投降”，否则一定会将战争进行到底，绝不容情。对此，战时内阁有什么看法，希望能如实相告。为了加快三国的散伙速度，我们有意在声明中避开了意大利。这个做法是总统认可的，并且它会鼓励到我们在各个国家的伙伴。

7. 我们还须在会议结束时，给斯大林主席拟草一份声明。关于这项声明，我们以为，不应出现任何的承诺，但要将英美两国的共同目的做详细陈述。

8. 以上情况，是根据我的指示由西伊司梅将军完成的。虽然他只是如各位阁员所知道的那样，描述了会议的目前情况，并且完全符合我们的共同目的。但还不能跟拥有强大力量的英美两国相比较，即使将我们采取的军事行动统合起来，规模也是不值一提的。同样，在做过巨大努力的俄国面前，我们只能更加渺小。这些观点我们必须承认。昨天，霍普金斯向我谈起这件事，他说：“也许还可以，但绝对不够。”我认为总统应该也是这样想的。对此，我感触深远，即使考虑上我们在海陆空方面所付出的巨大努力。对此，我依然感触深远。我们必须将我们的打击变得更加有力，这将出现在我们之后的会议中。

*　*　*

以上电文的第六段，是读者应该注意的。在记者招待会上，总统使用了“无条件投降”这句话，人们曾为此事产生争论，并且很长时间里，人们都会为此不停地争执。同样，在这本书中，这些争论仍会出现。对此，英美两国看法一致，认为这无疑是随了那些独裁者希望德日两国人民和军队拼死作战的心意，也将会拖长战争。我自己对这种观点并不认同，在这本书中，我会说明我不认同的理由。因为已经发现我在一些事情上记忆出现了问题。因此，以下将依据我的记录，来进行如实叙述。埃利奥特·罗斯福在书中记录，这句话总统是在一次晚餐席上说的。他形容了我当时的表现，“思考了一下，皱了下眉，又继续思考了一下，然后露出微笑，并且说‘这句话真不错’”，并且“无条件投降”还是我那天晚上饮最后一杯时的祝词。也许因为当时谈话比较随便并且没有限制，我完全不记得这些非正式的、我们私人间的谈论了。但这个问题，在我和总统的正式会谈上肯定会出现，否则就不可能有第六段。

战时内阁对此的记录为，1月20日下午，在战时内阁会议上，该问题被提出。而该会议所讨论的内容好像是，应不应该把意大利除名在外，而非“无条件投降”这一原则性问题。因此，我很快收到了战时内阁于1月21日发出的下列电文。

副首相及外交大臣致首相

战时内阁讨论后结果——若不将意大利写在声明上，那必将引起巴尔干、土耳其等国家和其他各个地方的疑虑，对我们造成不利影响。并且我们以为，即便这样做也不会对意大利有任何好作用。不如就让他们以为即将会有大灾难，这样说不定更能对意大利的士气造成影响，就像他们预期的那样。

这样，就没什么疑问了。我已经可以肯定，我确实将当时起草中的联合声明中的“无条件投降”告知过战时内阁，并且他们对此没有发表过任何异议。他们反而只对是否除名意大利在意，他们不希望将意大利除名在外。我对这件事完全没有印象，我的手上也没有任何记录说明，在收到内阁给我的电报之后，我曾和总统对这个问题进行过讨论。这可能是因为当时工作较为繁忙，尤其是戴高乐和吉罗相干事宜需要处理，当然还有和他们二人之间的会谈，都可能是我和总统没有再谈及这一问题的原因。而当时，正是起草联合声明的时候，我们的联合参谋长委员会和顾问都忙于此事。这份文件会由我和总统亲自进行审查及核准，它必定需要斟字酌句且保证每一个措词能严谨正确。现在想来，我没有再向总统讨论起此事，应该是因为我当时并不认为“无条件投降”对意大利也同样适用。总而言之，对于我们和我们顾问所拟定的公报，我和总统确实都表示同意。“无条件投降”这句话，并未出现在这份文件中。我曾将此声明呈给战时内阁，请求批准，并且他们批准了这份文件。

1月24日，记者招待会上。当我听到总统说，对于所有的敌国，我们都会尽全力地迫使他们“无条件投降”时，我着实感觉惊讶。我一直以为，被我们双方共同认可的公报，足以替代了我们之前的所有交谈。始终知道我想法的伊斯梅将军为此也很惊讶，他也参与了联合参谋长委员会在拟草声明时的所有会议。在总统发言完毕后，我也对其发表了谈话，我理当同意他刚才的意见，并且支持他。这时候，我们是绝不能有一点分歧的，不管是什么原因导致，这都不是个合适的场合，否则我们两国之前为作战所做的努力，很有可能因此而付之东流。而我和英国战时内阁，必然要对这件事担起责任。

不过以下这段总统说给胡普金斯说的话，绝对没有任何疑问的。

> 为了让法国这两位将领在一起，我们费足了劲。我甚至觉得，我们是在让格兰特[①]与南军总司令二人言归于好，真是困难至极。后来，举行了记者招待会，因为比较突然，我和温斯顿并没有时间准备，也就是那时，我突然记起，格兰特被人们叫作“无条件投降阁老”。我终于知道，我的确说过此话了。

这段谈话是坦率的，因此我认为，即使他宣讲的发言稿中有那句话出现，也不会减弱它应有的力量。

即便你对此战争记忆犹新，也必须经过核对后才能确认，尤其是

---

① 格兰特：美国南北战争时的北军总司令。——译者

事件发生的前后。显然，我曾多次发表过“无条件投降”这种不严谨的言论。当时我并没有查看过有关的记录，完全是想什么说什么，并且还觉得自己说的都是真的。不过看来，并非只有我本人记错了这件事。1949 年 7 月 21 日，贝文先生在给下院的报告上说，现在看来，要在战后对德国加以重建是一件极为困难的事情，而这，均是“无条件投降”这一政策所致。照他说的，在当时，这个政策并未有人和他或战时内阁讨论过。对此，我做出不正确却肯定的回答说，在卡萨布兰卡的记者招待会上，我第一次从总统那听到这个词。这一切是在我回到家，翻查了档案后才明白的，事实正如本书所叙述的那样。我想起了某个教授，在他弥留之际的一句话“引文一定要真实啊！”也是他给自己忠心门徒的临终教诲。

* * *

在各界权威人士眼中，这句“无条件投降”无疑成为英美两国战时政策上的重大失误。但它在当时，的确大受赞赏。有人说它不只延长了战争，也让战后的恢复工作增加了难度。那么现在我来澄清一下这个问题。首先我个人对此并不认同。1943 年 6 月 30 日，我在伦敦政厅发表演讲时借机说：

> 我们所有的同盟国，共同提出让法西斯、纳粹和日本的独裁统治者无条件投降。这里的“无条件投降”是指，我们必须将它们的抵抗想法彻底粉碎，而他们也将完全且必须听从我们对此事的处理。为了不让那些蓄谋已久的野心和凶狠残暴的侵略再次将我们的世界拉入动荡之中，不让我们的世界又一次遭到破坏，不让疯狂的战火将它烧毁，我们务必要采取一切必要且具有远见性的措施。但这不代表，也绝不可能代表：我们强大无比的武器被染上了污点——我们绝不会在行为上缺乏人道，也不会仅仅出于

复仇而泯灭人性。更不代表我们不会去打造一个这样的世界，一个各国人民都能享受“生命权、自由权和追求幸福的权利”——正如美国独立宣言所颂扬——的世界。

1943年12日24日，罗斯福总统曾说：

> 同盟国不会对德国人民进行奴役。让他们拥有正常的生活，可以成为欧洲大家庭里一名有用且受尊敬的成员，共同在和平中得以发展，这些才是我们所希望的。但是，我们必须要将他们身上的普鲁士军国主义、纳粹主义，还有认为自己是“优秀种族”这一狂妄的想法，彻底除尽，否则很可能引起巨大的灾难。这就是我们所坚持强调的“受尊敬”一词的真正意义。

我觉得，只要三个伟大同盟国坚持，那它们也会因舆论的迫使而坚持这些明确的投降条件。那么，这些条件将会远远超过“无条件投降”这一区区词汇，更加不能让德国国内的休战运动接受。这也是我为何会反对宣布别的休战条件的主要原因，哪怕不断有人在向我提议。记忆里，我们过去曾试图多次起草休战协议，希望能消除征服德国者心中愤恨。但完成后，发现他们是如此的恐怖，并且根本无法完成。如果将这个协议公布，只会刺激德国人，使他们更顽强地抵抗。因此，就算将它写出来，也只能是一张废纸。

俄国人于1944年的1月14日，在德黑兰向我们述说了他们的态度以后，我根据这一问题，曾给内阁同僚写了一份备忘录，内容如下。

> 这里的“无条件投降”是指，将剥夺德国人享有任何特殊待遇的权利，就像德国人将不能将大西洋宪章作为他们的权利问题使用在自己身上。战胜国则相反，它们将自己抉择，是否要遵守文明和人道的相应义务。

现在的问题是，我们应不应该将条件说得更加具体。我以为，我们可以在看过德国所遭受的实际情况后，再定夺这样公布投降条件是否会促使他们投降。

第一，彻底解除他们的武装，并且他们重新武装的能力将被全部剥夺。

第二，将禁止他们使用所有的航空工具，不管是军用还是民用；另外他们对飞行的技术学习也将禁止。

第三，大量的人被判定曾实施过暴力行为，而他们最终将交由曾经施暴的国家，由该国家进行审理。在德黑兰，斯大林主席曾说过，如要将被德国人破坏的家园重建，至少需要四百万德国人为他工作，而且需要好多年。我肯定，俄国人一定会向德国要求大量的机械设备，如此，才能让那些惨遭德国人破坏的机械设备，得到宽裕的补充。别的战胜国可能也会提出类似的要求。这种要求也不一定有失公平，毕竟也有大量的俄、意和法籍战俘和被扣人群，受到非人待遇。

第四，将德国分割为几个独立国家这一提议，已得到苏、美、英三国政府的一致认同。奥得河和东普鲁士以东的所有当地居民，将必须进行迁移，因为这块领土会永久割让。这次，我们将把普鲁士分割并且缩小。我们决不能再让鲁尔和别的重要的产煤、产钢中心，继续处在于普鲁士的控制之下。

第五，必须将德国军队中心的总参谋部全部解散，而其中的很多人则有可能会被俄国人要求，判处长期监禁或死刑。为了避免发生一切类似于大屠杀的事情，我个人建议公布一张名单，上面可以列出五十到一百多名恶贯满盈的大坏蛋。这样就能将那些被盟国处以极刑的人和普通人民所分开。这样一来，就可以安抚到普通的德国人。在德黑兰，这一提议被认为成太过宽大而轻易摒弃了。目前，我还不能确认，这番谈话是否就是斯大林元帅的意思。

不管怎样，以上所说的内容，都足以成为一个坦率的声明——叙述了德国未来遭遇。但是它给德国人安全。甚至，这份声明能带给德国人民的安全感，还不如“无条件投降”来得多，即使它们用意不明。况且，在那些被总统发表的声明中，它们已经没那么紧张了。

1944 年 2 月 22 日，我最终对下院说：

谁也不能从“无条件投降”上就得出，之后等待着德国人民的是奴役和毁灭。不过，它却可以表明，受降的时候盟国可以不尊崇任何条约和义务。正如，敌国的领土不可调整和转让，要按大西洋宪法对德国处置的这些问题，都是不存在的。对于德国人在第一次世界大战后说的那些论证——他们之所以投降，全是因为威尔逊总统的“十四点”——我们是坚决不会承认的。“无条件投降”这一词，在行动上给了胜利者很大的自由，却不代表给予他们横行霸道的权利，当然给不意味着他们可以彻底地将德国从欧洲这一大家族中抹去。而我们的良心、我们对文明的义务，才是约束我们的准则。以上就是“无条件投降”的意义。

毫无疑问的是，在战争最后的那段时间，德国并没有对此产生误解。

*　　*　　*

联合参谋长委员会在对各项重点问题进行了十天的讨论之后，终于在意见上达成了统一。对于他们的工作进度，我和总统每天都会去了解，当然也十分认同。联合参谋长委员会表示，要尽全力攻下突尼斯，因此将调动沙漠集团军和英方全部的兵力，以及一部分艾森豪威尔的军力。并且任命亚历山大担任艾森豪威尔的副司令官，负责实际战斗。除此之外，他们还宣布了将有特德空军上将和坎宁安海军上将分别担任这次作战的空军指挥官和海军指挥官一职。现在，安德森将军所带领的英国第一集团军已有四五个师，如果第八集团军的六七师兵力可以成功抵达该战场，那么就有十二个师左右的兵力归英方所有。但是，美方这次只能出三个到四个师的兵力参加本次突尼斯作战，因为他们其他的兵力都用在防守阿尔及利亚和摩洛哥上了。在两年后的马耳他，马歇尔将军对我说出了他们疑问。他说，就当时在突尼斯作战的兵力来说，英方要远远高于美方，让他吃惊的是，我却没有因此要求将艾森豪威尔的兵权转交到一名英国指挥官手中。我从来没有这么想过。这完全背离了我和总统两人合作的所有原则。以后，我还有提到亚历山大和艾森豪威尔之间的事。他们彼此真诚相待，也都以大局为重。艾森豪威尔授予了亚历山大所有的作战指挥权。

*　　*　　*

这个时候，我们的会议已经走向尾声了。终于在 1 月 23 日，我们和参谋长们一起，举行了最后一次相当正式的全体会议。他们也在该会议上，给我和总统上交了“1943 年作战方案”的最终报告。报告内容概述如下：

关于物资，同盟国必须首先将其用在打败德国潜艇上。为了支持苏联军队，必须尽可能地将供应品运输到俄国。

我们将按照下列目标进行欧洲战场的军事行动，1943 年内在同盟国调用全部能用在对德作战的兵力，打败德国。

攻击将采用的主要作战计划如下：

地中海方面：

1. 攻下西西里岛，目标为——

(1) 让地中海的交通线更加安全。

(2) 削减德军给俄国前线所造成的压力。

(3) 给意大利增加压力。

2. 我们要想办法去创造一种能让土耳其主动加入我们的局势，让它成为我们的盟友。

联合王国方面：

1. 为打击德国的作战而努力，从空中向德国进行最猛烈的攻势。

2. 依据两栖部队现在的兵力，开展局部攻击。

3. 将兵力尽可能聚集到最强大的状态，时刻准备起来。这样只要德军的抵抗力减弱到一定程度，就能重回欧洲大陆。

为了保持给日本的压力，将继续我们在远东和太平洋方面的军事行动。只要德国战败，就马上发动对日本的全面进攻。联合参谋长委员会表示，与上述有关的一切军事行动，必须保证“同盟国仍拥有 1943 年内的合适时候将德国打败的能力”，并不受其影响。我们也可拟订出，在 1943 年内对缅甸进行收复的计划（也可称“安纳吉姆”计划），并且做好相应的准备；同样，在保证“安纳吉姆”计划不受影响的前提下，如果我们在时间、物力、人力上仍能有所空闲，我们完全可以拟订对罗林群岛和马绍尔群岛的进攻计划，并开始进行准备。

我和总统以及我们的专家顾问们一起逐步地拟定了这个作战的方针。并且我们还在批准此方针的时候，分别给我们自己国家的参谋长委员会写了一份信，内容如下：

我在欣喜之下，同意了联合参谋长委员会在对各种问题详细研究后做出的报告。但此时，总统和首相认为有必要将整个准备工作中需要随时注意的事项做重点强调，内容如下：

(1) 必须想方设法保证，即使在“哈士奇”作战计划期间，温斯顿运输船照样可以继续开往俄国，绝不中断。

(2) 马上对在中国的陈纳德将军的部队进行飞机增援，并挑选合适的人员，确保其能让飞机的战斗力充分地发挥出来。

(3) 作好攻占西西里岛的预备工作，且在6月份那个有着良好月色的日子到来之前；同样一旦到达夏季，如果仍按兵不动，会对我方造成利益上的巨大危害。

(4) 在联合国，我们必须迅速组建一支有攻击力量的美军，这样才能在8月份天气不错的时候，发动一定形式的“痛击”作战计划。为了达到这一目的，我们除了要对以前发放的每月供应和战斗配备进行重新全面的审查，还要将美国运往英国的作战人力和物力，依据展开攻占时会出现的作战形势来调整优先权。

* * *

最终，我们于24日早晨共同出席了记者招待会。给我们准备的椅子在同一排，而戴高乐和罗吉被迫与我和总统以交叉的形式就座。在记者和摄影师的面前，我们还强使他们二人握手。他们也照要求做了，而这些照片确实让人感到非常好笑，即使在当时那样严峻的日子里。对于我和总统在卡萨布兰卡一事，我们做得相当保密。可想而知，记者们在看到我们时，是多么的惊讶，他们简直不敢相信自己的眼睛。同样，当我们告诉他们，我们已经快在这里待了两个星期的时候，他们基本上已经不相信自己的耳朵了。

总统在这场十分费力的被迫婚姻——美国人称作“持枪逼婚”——举行完毕后，对记者发表了演讲。而我，支持他的想法。

* * *

就在总统准备动身的时候，我对他说："你从千里之外远道于此，怎么能不去逛逛马拉喀什，这不是白来了一趟吗！让我们去马拉喀什玩上两天吧。我一定要和你一起去那漫山白雪的阿特斯拉山欣赏日落。"对于哈利·霍普金斯，我用了同样的话去怂恿他。在马拉喀什，刚好有一所相当可爱的别墅是美国副领事科尼斯·蓬达先生的。那是他从一个泰勒太太那里租来的，并且这位泰勒太太也是一个美国人。之前，我根本就不知道这所别墅的存在。我和总统可以住在这所别墅里，这里也完全有地方让我们的随行人员居住。于是，我们决定要一起去马拉喀什。在沙漠中，我和罗斯福同车。我看着外面的沙漠，觉得它们已经开始变绿了。经过一千五百英里的路程，我们终于达到了绿洲，这块地方很有名气。马拉喀什被我比作"撒哈拉的巴黎"，因为这里除了大量的吃喝外，还有算命的、耍蛇的，以及整个非洲大陆最大且组织最完善的妓院。在将近几百年的时间，中非各地的行商队伍心甘情愿地在这里——马拉喀什的集市——上当受骗；他们宁愿在这一路上，向山中缴纳重税，也要在这个放荡的地方消遣一下。事实上，这些也是古今闻名的。

经过我们两人的商定，午餐会由我进行准备，而汤米则负责主持其事。这一路用了大概五个小时，其间我和总统始终同坐一辆车，总统全程对公事大谈特谈，当然我们也进行了一些题外话。为了确保我们的安全，在这一路上，有几千名美军沿路驻扎，有飞机一直在我们头顶盘旋。在我们傍晚抵达别墅时，蓬达先生热情款待了我们。总统跟着我登上了别墅的塔顶。他是坐在椅子上被人抬上去的，之后，他坐在那里领略了阿特拉斯山在白雪皑皑时的美丽日落。晚上，我们这四五六人在就餐时都表现得很高兴，并且全都唱了歌。总统在和我一起唱了一首歌后，还非常想要再独唱一首。遗憾的是，有人拦住了他，这也使我从未听过总统的歌声。

我这位乐此不疲的战友，将他长途飞行的开始定于25日清晨。飞行途中，他将经过拉各斯和达喀尔，然后穿过大西洋抵达巴西，从那里再飞往华盛顿。虽然在前天晚上，我们已经进行了告别，但是他还是在去机场的当天早上来到了我这里，再次跟我告别。当时我还没有起床，但我坚持不让他一个人去机场。于是我马上起身下床，穿上了那件带拉链的衣服和一双拖鞋，除此之外，我什么也没穿。而我就以这一身不算得体的衣装，陪他乘坐同辆车一起前往机场，之后我仍陪他一起登上了飞机，我将他舒舒服服地安置在座位上。我钦佩他在行动不便时，仍拥有如此的勇气，同时，我还十分担心他将要承担的危险。虽然乘飞行旅行在战争期间是一件很平常的事，但我仍然觉得它是危险的。很幸运，总统一路无事，平安到达目的地。之后，我返回了泰勒夫人的别墅。我在这里又待了两天，其间我将我今后的动向以书信的形式告诉给战时内阁；并且我还在塔顶上画了一幅画，这也是我在整个战争时期的唯一一幅画。

第十六章　阿达纳与的黎波里

争取土耳其参战的必要——11 月 18 日我致参谋长委员会的备忘录——11 月 24 日我致斯大林的电报——我期望会见土耳其总统——内阁不赞同——罗斯福总统赞成我的意见——我再次请求内阁认可——终于他们勉强同意了——飞过阿特拉斯山——土耳其政府举行欢迎会议——我们飞去阿达纳——我给土耳其的备忘录——一封求婚的信——充分对他们说明了我的态度——在伊诺努总统专车上举行的会议——《晨想》——1 月 31 日我致战时内阁的报告——土耳其对俄国存有疑惧——俄国在斯大林格勒取得了胜利——2 月 2 日我致斯大林的电报——2 月 6 日我的回复——丧失的机会

地中海的战略形势已经因盟军攻下西北非而发生了改变，有了这个在地中海南岸的稳固基地，我们就能够对敌人发起进攻。在很早的时候，我和罗斯福总统就想另外开辟一条道路通往俄国，它可以让我们攻击德国的南翼。而这些计划的关键就是土耳其。已经好几个月了，我们一直努力让土耳其加入盟国，同德国作战。对于这件事，我们再次有了新的希望，并且对它的迫切程度前所未有。

11 月 18 日，在“火炬”作战计划与阿拉曼战役的成败已见分晓后，我马上就此问题做了份备忘录，交给了英国参谋长委员会。在埃及和中东地区，我们驻有大量的部队，这些部队左右都是要留在那地方的；但是战局现在已有好转，他们也能起到积极的作用。备忘录的基本内容如下：

若想争取土耳其在明年春天参战，就要作长时间的不懈努力。我们还需要知道，那时候，我军的海军兵力、船只以及登陆艇都将用在中地中海地区。仅有小规模的两栖作战力量可以让我们在地中海东岸那里使用。凭借穿过叙利亚的铁路和沿海的航路，我们就可以得到通往土耳其的道路。当然，若想开放安塔利亚和达达尼尔海峡并将供应品运送至土耳其，我们就需要在空中逐步地建起一支保护力量。军队通过叙利亚铁路与公路，就可以进入土耳其了。

请把如下意见，归纳进正式的记录里。只要我们方法适合，就可通过努力，让土耳其加入我们。土耳其对我们来说，应该是一个盟国。在将来的和会上，它会非常愿意成为占有一席之地的战胜国之一。它有一个状态不错的军队，它非常愿意将自己完全武装起来，但在现代化专业武器上有所欠缺，这一点，比起有德国人相助的保加利亚可谓是相差甚远。土耳其陆军是有战斗力的，它有长达三年的时间是处于动员状态的。由于害怕的原因，土耳其直到今天都不敢履行它的义务。对于它所采取的这种政策，我们则因为本身并不能帮到它，才一直抱着宽容的态度。现在，形势已经发生改变。马上，埃及和昔兰尼加都会因为隆美尔军队的销毁而拥有大量可使用的军力。俄国人也强化了自身抵抗力，并且它们可能会于高加索发起反攻。为了能减轻我方在波斯方面的压力，我们会尽力促使俄国人发起这次反攻，如果好的话，说不定还能撤回我的第十集团军。还有第九集团军在叙利亚。只要俄国人可以守住高加索山脉以北和里海一带，我们就能建立一支强大的英国陆空力量——来自以上所说的军队——去帮助土耳其人。目前预定在 4 月或 5 月集中此项兵力。请你们据此提出意见。

政治和军事方面的程序如下所示：

(1) 俄、美、英三国必须对土耳其的领土完整和当前状况进行保证。对于这个意见,俄国人也表示了同意。再加上美国的参与，应能让土耳其完全放心了。这个保证之后，我们还会往土耳其派一个英美团，这会是一个强而有力的军团。

(2) 从现在起的整个冬季，必须将土耳其的军队用来自美国和埃及的坦克、反坦克炮以及高射炮武装配备起来，对于飞机场的建设也必须积极起来。我们已经花了两年的时间在土耳其建造机场。到今天为止有什么进展？由于隆美尔的战败，现埃及在物资方面明显有余。中东集团军也缴获了很多德军的物资，而且它本身拥有坦克的数量就有两千五百多辆。在反坦克炮与高射炮方面也依然如此。必须向土耳其提供能教他们使用和保养这些武器的专家。武器和装备也要不停地运给土耳其。我们已经同意，向他们提供一些武器和装备。不过，我们以上的计划一旦被土耳其接受，就应该立刻向土耳其送去大批量的武器和装备，而且要比之前我们答应的数量高出很多。叙利亚到博斯普鲁斯海峡和叙利亚到达达尼尔海峡的铁路，在运输方面怎么样？希望你能告诉我。在土耳其没有加入我们之前，我们最好不要对罗德岛和东地中海其他各敌占岛屿进行攻打，否则很可能成为决策上的重大错误。若想调动以海岸基地的强大空军前来支援所有攻势，就需要先让土耳其属于我方。我们需要一边偷偷地从陆海两路绕过这一带海岸，一边将我们的空军力量增强。

(3) 还有如下内容与上述问题有关，我们希望俄国人能歼灭高加索敌军，实现诺沃罗西斯克的重新占领，并促使他们增强自身南翼力量。尤其重要的是斯大林主席所说的这一观点——应提早开始从斯大林格勒北面地带朝西南方向顿河上的罗斯托夫发起进攻。以上的军事行动如果可以成功，再加上空军强有力的保护，最后我们的供应品通过达达尼尔海峡运往俄国黑海的各个港口，俄国人在此所需要的所有海军支援，都可以经过这个海峡到达黑海……

我在这份备忘录上只述说了初级阶段。在我将有关土耳其的初步意见告知罗斯福总统时，竟发现我们的意见不谋而合。在 11 月 24 日，我给斯大林说了我的这一想法。

我已经告诉罗斯福总统一些有关土耳其的初步意见，得知我和他的想法居然不谋而合。我觉得，大家应为争取土耳其的加入我方作战而继续努力。所以，我希望美国也能加入到那项有关尊重土耳其领土完整和现状的英苏保证中去。第二，我们已经动手将相当多的军火从中东向土耳其运去，其中包含了那两百辆坦克……第三，明年春天刚开始的时候，我期望可以在叙利亚聚集起一支强大的军队……它将在土耳其愿意加入我方时，或者在土耳其遭到威胁时，前往土耳其进行支援。很明显，在高加索和高加索以北地区，你的作战行动也会对其产生巨大影响。只要能让土耳其加入我方，在为了将去往黑海方面你方的左翼航线打通而战时，还能由土耳其的基地对罗马尼亚的油田进行激烈地轰炸。由于高加索的主要产油区已经被你方守住，因此对轴心国而言，罗马尼亚的油田已经变得极为重要。

斯大林于 11 月 28 日回答说，他完全同意我和总统在土耳其问题上的意见。“为了争取土耳其能在明天春天与我们一起作战，我们需要竭尽全力。若想让希特勒和他的帮凶们的溃败来得更早一点，这一点将非常重要。”

* * *

在卡萨布兰卡会议召开之前，这个问题始终被搁置着。它在卡萨布兰卡会议上成为主要问题之一被我们讨论。在联合参谋长的报告以及说明里，我们将我们对需要土耳其加入这一问题所达成一般性协议记入其中。为了解决这个问题，我想在土耳其国内能和伊诺努总统会面。在开罗还需要处理很多事，在我回国的时候，我希望顺道去的黎波里看望一下第八集团军，如果那时我们已经攻下阿尔及尔的话，我希望还能访问一下此处。虽然我现在就能决定不少事，但是更多事还需要我亲自看过才能决定。所以在 1 月 20 日，我在卡萨布兰卡给副首相和外交大臣发了一封电报，内容如下：

在我对罗斯福总统提出土耳其问题之前，我已经对此做了一定的研究。我们商定，由我方处理土耳其方面的问题，不管是军火还是外交方面。而中国和法属北非则由美方来处理。可以预见，这一定会让你们十分满意……如果天气不错，我准备在总统离开后就马上从马拉喀什动身，飞往开罗。为了解决此地大量的问题，我计划停留两到三日……现在正是我和土耳其方直接接触的好时机……如果两位对该问题没有意见的话，外交大臣会马上将该建议告知土耳其。

第二天，我便收到了回电。内容是，对于这件事，艾德礼先生与艾登先生以及战时内阁已经进行过研究了，而结果是他们催促我直返伦敦，这样就能由我亲自将我和总统会晤的经过报告议会。我的内阁同僚们对我去开罗一事表示很不赞同，他们觉得那是有危险且没有必要的。对于要和土耳其进行接触的提议，他们反对的态度更加坚定。他们坚持现在还不是接触的时间，如果我仍然顽固不听的话，等待我的只能是遭到拒绝和失败。

以上所有论证都无法让我心服口服。

首相致外交大臣　　1943年1月21日

对土耳其一事，我表示十分可惜。如果我们再这样下去，就会失掉这个千载难逢的机会。对于土耳其，我原本只想告知他们如今我们能以哪种方式帮到他们，让他们的国家在一个安全的位置，而非强迫他们做任何承诺。以下是与此有关的三条方法：(1) 我们对他们作出保证；(2) 作为援助，我们会提供给他们大量的军火；(3) 我们会在他们受到攻击时，就会得到我们来自军事上的援助，比如特种高射炮部队、飞机、反坦克武器以及雷达等。如此一来，我便不会感到失望了，哪怕土耳其最终仍不敢参战。

我收到一封来自艾登先生的私人电报，他觉得用别的办法也可以达到我觉得重要的那些结果，他觉得战时内阁的观点是有道理的。根据这两封伦敦的电报，我和总统一起讨论了这个问题。于是我在1月24日，再次给伦敦致电，内容如下：

首相致副首相和外交大臣　　1943年1月24日

我必须郑重地向战时内阁请求，请再次确认这一问题，并将结果以最快速度告知我。现在，我期望并请求用我的名义发一封电报给伊诺努总统或土耳其总理，而这件事的决定权在你们。该电报内容如下：

“在北非举行完会议以后，我和美国总统就会马上拜访开罗。在用最新式武器给土耳其陆军装备这件事和有关土耳其所有防护安全的基本问题上，我有权代表两国政府进行发言，此事英国和美国政府已授予我权力。所以我想要和土耳其总理在某个相对秘密地点会晤，如果需要，帝国总参谋长和查克麦克元帅或土耳其其他的高级将领我也能想办法请来，到此会晤。可以将塞浦路斯作为一个举行和一般局势有关的友好的会谈地点，该地点非常的可靠安全。如果你也这样认为，那我将欣然前往。”

在我的内阁同僚愿意发出以上电报时，罗斯福总统会亲自给伊诺努发送一封电报。罗斯福总统对于照此方针而采取的行动表现得极为重视。以下便是总统所发电报内容：

“伊诺努总统：在与我的会谈结束后，丘吉尔首相将马上动身去开罗。他应该想在某一合适的秘密地点与你或你的总理举行会谈。如果他真如我所说想举行会谈的话，我很是希望你的总理和你都可以为此抽出时间，与他会晤。罗斯福。”

就算我们的会谈得不到土耳其方面的同意，也不会有什么关系。我在这些问题上，并没有什么虚荣心。现在的时机千载难逢，无论是攻下的黎波里一事，还是俄国人在战事上的势如破竹，抑或是由我代表两大盟国讲话一事，都可以证明。所以，我恳请各位千万不要错失这次的机会。

已将马拉喀什飞到开罗的这段行程进行了缜密的勘察与研究，其结果表示此行并不困难。它既不靠近任何战线，也不会经过敌军的所有区域。空军参谋长及驾驶员均表示，此次飞行将会十分安全可靠。我和帝国总参谋长不论怎样都需要到那里去，我们需要和威尔逊就他新战区的所有问题以及第十集团军的部署问题进行讨论。由于需要进攻西西里，我们马上会从这一集团军中抽调大量军力。

你们二位以及我的那些内阁同僚们一定会给我自由行动的权力，对此我深信不疑。让我可以按照我认为对国家有利的方式行动。

战时内阁重新强调了他们的观点，他们反对我和土耳其领导们会谈。他们希望参谋人员的会议可以继续进行，他们觉得，在未做好准备时，就与土耳其领袖接触，是不可取的；尤其是连达成协议后需要运输供应品的船只和交通上的工具都没准备的时候，实在过于着急了。在泰勒的别墅里，我在舒适的床上躺着，却因为战时内阁的阻挠而万分恼怒。我很渴望能登上那架正在飞机场上从容等待着我的 C-46 式飞机，从阿特拉斯山上飞过。

另外，我坚信我的想法是对的，这一问题上，总统也和我的看法一致。于是在 1 月 25 日，我再次做了以下答复：

首相致副首相与战时内阁　　　　1943 年 1 月 25 日

1. 你们的观点并不能说服我和总统。我们并不会不考虑客观条件和具体情况就一味促使土耳其加入战争。只是这些客观条件和情况需要事前创造。我们第一步，就是要将土耳其武装起来。然后，因进攻意大利以及俄国人的前进而形成的局势，在安全上，必定最先对土耳其产生巨大影响。在我们已为此创造了适宜的条件下，如果仍有人对土耳其加入我方作战对我方是否有利表示怀疑的话，我个人觉得，这才是最奇怪的事呢！我们只是想占用土耳其的飞机场，而不是催他们去超出他们的边界。根据参谋长委员会的判断，如果我们可以占用这些飞机场，就能让普洛耶什蒂油田深陷瘫痪之中，而它所产生的影响将是深远的。另外，再过四五个月，在我们决定开始大规模战役时，如果土耳其方面能与我们并肩作战，就一定可以在作战力量上，为我方增加一份可贵的一笔。我深信参谋长委员会是这样认为的，只是，如今的他们早已分散了。现在我能说的是，帝国参谋长与总统以及他的顾问们也是这样认为了。

2. 我恳请将这个电报发出，即便它具有争议。我坚信，就算他们所表示的是拒绝（况且可能性不大），也不会有很严重的后果，再说总统也赞同这个观点。但是，假若土耳其能够接受，他们也不会让这次与战胜国之间的重要来往以失败告终，即便为了他们自身利益。倘若他们对我和总统在军火上提出的条件毫无底线，我定会马上就将它告诉你们，然后再去决定是否同意他的要求。

3. 所以我只希望你们将我的那封电报发出。总统马上就会出发，在几个小时内（星期一上午）。他授权我在你们有决定后，即刻将他的那封电报发出。

这也迫使内阁必须对此作出决定。那天下午，我看到了那封来自战时内阁的电报，他们勉强答应了我的提议。所以我在比较轻松的心情下，给伦敦发出了这封电报，内容如下：

首相致副首相与外交大臣　　　　1943年1月25日

我非常感谢你们愿意我尝试我的计划。我们有可能会被果断拒绝，果真如此的话，那是我的问题，可是我不会空等土耳其方面的回复。在我看来，他们还是很有可能同意的。倘若他们点头，我认为我会取得一些进展。这是件难办的事，在不能和大家一起讨论的情况下。

在土耳其以外的南突尼斯同样有着各种极大的可能。我会将这些可能尽量充分地利用起来。记得我上次看见沙漠集团军时，他们气势颓废，毫无纪律。不过，他们在因转战一千五百英里时做到了现在这阶段，拥有了辉煌的战绩，并且是北非海岸上一件超具影响力的大事。到今天中午为止，我都不知道该如何回复明天在下院答辩时人们对我的质问，我仍是在开罗，仍是和威尔逊将军会晤，这件事委实让人可笑（就让上帝安排吧）。

我情不自禁地再次发出以下电报：

首相致副首相与外交大臣　　　　1943年1月26日

现在我们正在阿特拉斯山上空，阳光下，漫山白雪徐徐生辉。你们应该能够想到，我是多么希望能在明天的下院会议上和你们进行会晤，如今却因公事缠身而无法实现。

*　*　*

26 日下午，我们在特勒别墅里吃完蓬达先生为我们准备的那顿美味的晚饭之后，就乘坐 C-46 式飞机出发了。在飞机上，我好好睡了一觉后，就坐在了副驾驶位上。这还是我八个月以来的头一回。我坐在范德克鲁特上尉——这个年轻的美国驾驶员——身边，我们又一次观赏了尼罗河上的日出。因为阿拉曼战役的胜利，我们的敌人已被驱至西面一千五百英里以外，所以此行我们不用特别靠南。英国大使基雷恩勋爵及开罗司令部人员，在我们到达那个离金字塔十英里的飞机场时，前来迎接了我们。而后我们就一起去了大使馆。我也在那里见到了外交部常务次官亚历山大·卡多根爵士，他是我向内阁要求从英国派来的。怀着欣慰与满意的心情，我们将 1942 年 8 月间的局势和现在的作了比较。

恰在此刻，我接到了土耳其总统伊斯麦特·伊诺努的电报，他很乐意举行会晤。我们曾对举行会晤的时候和地点有过很多提议。让我去安卡拉，就是其中一个计划。考虑到近期有人向德国大使巴本投掷炸弹以企图谋害一事，外交部对此十分反对，因为这件事一看就不安全。土耳其总统还提出一个建议，在 1 月 31 日那天，我可以和他的首相萨拉乔鲁先生在塞浦路斯会晤；那天，他会在德国大使馆的晚餐结束后，动身过去。土耳其方面还表示，只要地点对我来说没有问题，他们的总统和总统的随员可以在土耳其的所有地点，甚至可以和我在他的专车里秘密会谈。这固然方便了很多。我们将在临近土耳其和叙利亚边界海岸的阿达纳进行会晤，会晤的时间为 1 月 30 日。我马上把这件事告知总统和斯大林。

首相致罗斯福总统　　1943 年 1 月 27 日

从土耳其给你的电报里，我们完全能看出，他们很乐意接受这件事。在一两天后，我将从开罗动身前往土耳其那处秘密会议地点，请允许我在以后电报中告知该地名。我必会全部情况如实相告。祝你事事顺利，身体健康。从世界各地的报纸上可以看出，我们的会议反响不错。

首相致斯大林主席　　1943 年 1 月 27 日

根据我和罗斯福总统的约定，为了更好更快地装备土耳其军队，做到有备无患，将由我向土耳其总统提议，让他与我举行一次会谈。对此土耳其总统已给我答复，关于加强土耳其“侧面防卫力量”的这种计划，他会很非常乐意接受。他还表示，想在会议结束后，在合适的时候将它公布于众，当然，前提是我得同意。你应该能从我们交流的电报中了解到我对这件事的看法，而具体的情况，我定会让你及时知道。

请允许我再次对苏军的持续取胜表示钦佩。

* * *

我乘坐 C-46 式飞机前往土耳其，与之会晤。我们只花了四个小时就飞过了地中海，在大部分时间里，我们可以看到巴勒斯坦和叙利亚，最后在阿达纳降落。与我共同前来的还有在另一架飞机里的，卡多根、布鲁克和亚历山大以及威尔逊三位将军与其他军师。为了在那块极小的土耳其飞机场降落，我们费了很多力气。欢迎仪式刚刚完毕，就有一辆涂得很鲜艳的火车从山间缓缓驶来，土耳其总统与土耳其内阁的全体人员以及查克麦克元帅都在上面，他们对我们到来表示了真诚而热烈的欢迎。因为周围没有可以居住的地方，我们就在加挂了几辆卧车的火车上住下了。在这辆火车上，我们住了两个晚上，每天都有很长一段时间在和土耳其人商谈。并且，我们还在吃饭的时候与伊诺努总统举行了会谈。在路上，我拟定了一份可供土耳其方面研究的文件。这封文件原型是一封求婚书，在这封求婚书里，我和总统提出了精神结婚的要求。

1. 现在，因为德国被俄国打败的原因，土耳其北翼所遭受的威胁已经解除。而土耳其南翼的威胁，也因为隆美尔被亚历山大将军和蒙哥马利将军二人从开罗击退一千六百英里，且消灭了其军队的四分之三，毁了他装备的十分之九后，宣告解除。但这并不能让德国人甘心。他们仍然需要石油且向东急进，因此今年夏天，他们很可能会进行中央突破。这就要让土耳其在有所准备的情况下，用武力将这样的侵略行为抵抗住。我们之所以来此地，就是为了知道，我们怎样做，才能在这样一个大难当前却大有所为的关键时刻，真正地帮到我们的盟国。所以，对于土耳其军队正好缺少的现代军火，我们有意将提供给它的现代军火的速度加快、数量增多。美国总统需要我在代表我们的同时，也一并代表他处理此件事情。这绝不是说我有代表美国随意承诺的权力，我仍需要与美国商谈很多的具体问题。不过，由于总统期望土耳其可以不受威胁地强大起来，所以他十分期待可以举行此次会晤。并且，他希望土耳其在战后的世界复兴大业上，仍能和我们——两个西方的民主大国——继续密切合作，而不是只在战争结束的这段时间。所以，我觉得，对于我们提出的所有建议，预计你方会用十分认同的态度去思考。

2. 若想我们所提供的武器在数量增加的同时，也能让它们马上得到真正的使用，我们还需要在哪些方面做工作？目前的运输状况怎么样？我们要用什么办法去解决这一拥挤现象？我们要采取什么措施，才能让我们的盟国可以很好地使用这些装备？面对这些问题，我们英国人不可能傲慢，我们只想专心致志将自己武装得更加强大、更为完美。比如，美国人派教官来教我们如何使用他们在中东时提供给我们的那些坦克和武器。为了让我们在他们参战以前学会使用——能让它们可以正常运转——和管理这些车辆，他们甚至给我们派来了大量熟练的技术人员。另外就是横穿波斯的那条铁路。本以为我们已将它管理得很好了，可是却被美国人给出很多建议。为了帮助我们把它管理得更好，他们提议让他们派去的大量人员接管。现在，我们逐段将这条铁路交到他们手中。我想用以上这番话表明，如果我们建议给贵国提供大量便衣专家和技术人员来协助管理那些军用物资，那绝不是想侮辱土耳其的尊严，而是为了让你们的军队能掌握和保养这些物资。而且，我们十分乐意将那些在坦克战和其他作战方面十分有经验的军官派来给你们。对于你们所需要的所有情报，我们也会尽力提供。

3. 虽然土耳其军队有着最优秀的步兵和非常棒的炮兵，可我却觉得非常忧虑，因为在爆发战争后的整整三年半中，土耳其没有得到决定战争胜负的现代化武器，而保加利亚有德国人源源不断送来那些掠夺来的现代化武器。所以到目前为止，我对土耳其在所有阶段屡屡采取的态度十分理解。而现在是时候也必须将这种差距消除了……

4. 只要战争波及土耳其，那最少会有二十五个空军中队马上从英美两国前来援助。现在很多飞机场的准备已经结束，大量物资也送到了以上机场。此外，对于那些在一年半前就中止了准备工作的飞机场，必须要大力进行此建造工作。务必完成物资、零件和战地修理站等一起准备工作。为了让这些铁鸟可以马上飞往目的地，就必须建好鸟巢。只要鸟巢一天搭建不好，不能让铁鸟栖息，就不可能实现进攻。务必要尽全力去做这项工作，这对土耳其的防务有着很大关系。英方和美方的技术人员和空军军官也愿意为此事挺身而出，全力效劳。双方参谋人员一旦达成协议，就立即开始此事，绝不要拖延一天……

5. 若不测事件发生在今天夏季的开始，那么土耳其军队是不可能全部配备上各种技术武器。所以，英方可以派这样一些部队，他们训练优良，调动灵活，他们不像那些大兵团会造成交通拥堵，却是防卫飞机场进攻和击退坦克所不可缺少的。为了在适当的地方做好充足的准备，我方将必须能够取得美国的支援和能够获得的反坦克炮团，其中还有那些最新且未使用过的十七磅炮，以便击溃敌军的坦克和更好地防守飞机场。马上将会有两个有作战经验的装甲师被我们派来。这样，再算上第九集团军和第十集团军两军团。那时候，大部分的第十集团军会参与到中地中海方面作战,不过已有四分之三的波兰军团人员获得了装备,并且素质很好。只要德国人没有突破俄国的高加索阵线而直逼波斯，我们就可以用它。不过这是不可能的。在叙利亚，第九集团军正在扩大编制到五个师左右。不过，最好先火速调来特种部队，因为调动那样大批队伍很可能造成交通堵塞……

6. 现在，我要把卡萨布兰卡会议情况和我们决定聚集大量军力在中地中海一事告诉你们。关于此事的具体计划和详细日期我肯定是不能告诉你，可我们的目的就是让突尼斯和英国向意大利开展激烈的轰炸，越过地中海强攻意大利，从而彻底将它击败且再无力还击。以上则需要作大量的准备工作，我们也正在准备这些工作。在意大利被击垮后，我们将能联系到西巴尔干，也能和目前正在塞尔维亚的游击队和克罗地亚以及斯洛文尼亚进行的充满希望的抵抗运动的米海洛维奇将军联系上。依据我们对此的预测和合理的期望，在夏天来临前，我们就能把非洲沿海各地的敌军赶下海去,抑或是更早一些。如此,你们就可以在今天夏天看到,英国和美国会在地中海进行一次规模超前的作战行动。巴尔干会因这些作战行动，以及意大利的态度而受到很大影响。我们需要预测到，俄军也许会继续进攻，以及俄国人很可能会以他们在舰队上的优势而跨越黑海继续作战。所以，我们务必考虑到，当夏天危急变得严重的时候，土耳其最想拥有的就是安全。

7. 我知道，让土耳其完全武装起来，可以抵御侵略，是斯大林主席所殷切盼望的；我知道，罗斯福总统和国王陛下政府一样期望土耳其可以成为盟国的一员且名副其实。他们希望土耳其可以出席和会，因为所有有关现在状况的问题，都会在和会上得到解决。现在，英美双方都坚信胜利是属于我们的，尽管目前还无法说出这次大战的结束时间。也是如此，卡萨布兰卡会议才被总统称作“无条件投降会议”。回想之前，我们本是热爱和平的国家，对于战争我们也没有任何准备。可如今我们已成为尚武国家，在兵力和军火上我们已超出德国、日本、意大利好多。我们有信心可以彻底地打败敌人，也必将作战到底，不达目的誓不罢休。你方对于德国内部的情况应该和我们知道的差不多，或是比我们更加清楚。也许德国会如上次一样突然崩溃，当然他也可能会提前崩溃，这本就是谁也说不准的。但是，我们并没有把希望寄托于此。我们会对所有情况作出准备，无论极好还是极坏。

8.1909 年，是我上次来土耳其的时间。那次我会晤了很多现代土耳其的奠基人，他们勇敢且节操坚定。英国和土耳其的友好关系时间长远，即使这段关系因上次的世界大战而发生过中断。当时，因德国的阴谋和英土双方所犯的错误，我们不幸成为对立面。我们彼此也友好而光荣地一起作战过。可是那些日子已经过去了。现在我们和我们的盟国（美国）愿意努力地让我们联合起来，一起向着那个世界秩序不断地前进。在那样一个世界秩序里，所有爱好和平的人民，都可以过他们想要的生活；在那样一个世界秩序里，各国人民都可以互相帮助。

这份文件我已经交给了土耳其总统，在到达阿达纳的当天傍晚，在他的专车上举行第一次会谈的时候。

* * *

以下这两个问题是之后广泛会谈的中心：将来俄国和土耳其的关系，和战后世界格局与国际组织的安排。就用之前我对土耳其领袖所说的话来举例子吧，这些话是有记录的。我说，我是见过莫洛托夫和斯大林二人的，在我的记忆里，他们极希望和英国与美国保持和平友好的状态。这两个西方大国，在经济方面可以给俄国很多帮助，还能帮忙弥补俄国所受的损失。尽管我对二十年后的世界毫不知情，我们还是签订了一项条约，期限是二十年。在未来的十年中，我觉得俄国都会把复兴作为首要任务。因为一些内容的改变，或许会发生不少变化。我觉得，我们应该和俄国维持一种比较好的关系，而且假如英国和美国能够保持步调一致，并建立起一支力量强大的空军，那么在一定的时间内维持稳定，应该是可以做到的。当然，这对俄国也是有利的，它还有很多的地方没有被开发，比如西伯利亚。

土耳其总理说，我曾说过俄国也许会成为帝国主义。所以，他们需要很小心。我对此是这样回答的，为了保证安全和平，我们将会成立一个比国际联盟更加强大的国际组织。我还告诉他，我对此并不害怕。萨拉乔鲁先生也表示，他要寻找的东西更加现实。在欧洲，斯拉夫人和共产党人到处都是。一旦我们击溃德国，斯拉夫人和布尔什维克将统治所有的战败国。我这样回答，如果当真如此，土耳其就更应该和英美紧密合作并提升自己的力量，况且事情的结果，也许不如想象的那样糟糕。如果土耳其毫无缘由地被俄国进攻，那么这个国际组织将会对土耳其的利益进行保护。这不单是战后对土耳其的保证，就连战后对全欧洲的保证也将更为严格。俄国若是仿照德国，我和它将不再是朋友。若是这样的话，我们会一起对付它，并尽我们最大的努力，即使对着斯大林，我也会这么说，绝不犹豫。曾经，莫洛托夫要求签订一项协议，该协议将巴尔干等国都当成了俄国的省份。这份协议我们已经拒绝了。因为我们认为，关于重新安排领土的问题应到战争结束后再进行处理，且我们坚持，各国的自主权利必须保留。

*　　*　　*

第二天早上，我躺在火车里的床铺上，依据所举行的广泛会晤将我对战后安全的看法记录了下来。这篇记录被我叫作《晨思》。考虑到事情日后的发展，也许《晨思》中的一段值得被引录：

同盟国领袖希望创建一个以自由、正义以及复兴等概念为依据的世界性组织，并将“维护和平”作为它的主要宗旨。我们还会建立一个欧洲政府机构，当做世界组织的一部分。我们会从那儿看到前国际联盟的精神，但绝不包括它的任何缺点。此外，该组织还包括了若干历史渊源的大国，如小亚细亚与欧洲，还包括了一个斯堪的纳维亚集团、一个多瑙河集团以及一个巴尔干集团，这样由若干小国组成的一些联邦。在远东，也会创办一个相似的机构，只是成员有所差别。这个组织的全体人员都会将“完全解除犯罪国的武装，并维持战胜国武装充足，这一点在空军方面尤其重要”作为该组织团结的基础。也许我们不能保证战胜国之间会永远没有冲突，不能保证美国再不会从欧洲离去。然而在各国亲身经历过以后，在受过痛苦以后，在明白下一次世界大战必然会让我们变得如同野兽，且我们所有的文化、财富以及文明都会不复存在——考虑以上这些，我们不得不将持续这份荣耀的联合，作为所有重要大国全力以赴的目标。我们也会因为我们的牺牲和克己而流芳百世。为了抵抗所有大国的侵占行为，英国将竭尽全力地把联合抵抗运动组织起来。同时，我们笃信美国也会参与其中，且凭借它在人力和物力上的优势，很可能在战争发生以前，就当仁不让地遏制住这一侵略倾向。

*　　*　　*

在那些广泛政治会议举行期间，土耳其方和我方一些高级将领以及帝国总参谋长也举行了军事商讨会。重点讨论了以下两个问题：第一，需要向土耳其部队供应装备，在其做出任何政治行动之前或以后；第二，针对土耳其参战问题拟定一个英方的支援的方案。而以上商谈结果，都将记录在某项军事协定里。

*　　*　　*

关于那场发生在斯大林格勒周遭的惊天悲剧，现在我们有必要回述一下。之前也曾提到过，11 月内的会战是以俄军用钳形进攻保卢斯带领的德国第六集团军，用瓮中捉鳖的方式将其包围而结束的。12 月内，曼施泰为援救被围驻军，试图从西南方将俄国的封锁线击破，最终未能如愿。他在离斯大林格勒五十英里远的地方，被俄军堵住，那时他已闯入俄军防地有四十英里。因被俄军在北方的一次新攻势威胁到了侧翼，他被迫全部后退——从德军的整个南线以及高加索以内地区——一直到顿河上的罗斯托夫后面。

现在，保卢斯已身处绝地。德国人也试图从天上给他们物资，但是只有寥寥无几的飞机能飞过封锁线，且损失极重。在如此寒冷的天气里，在没有粮食也缺乏弹药的情况下，外加还有斑疹伤寒发生——我们可以想象得到，他们会有多痛苦。1 月 8 日，他拒绝让他投降的最后通知。于是，俄军于次日从西方发起了强攻，逐渐进入了战役的最后阶段。由于德军的顽强抵抗，在开始的数天里，俄军的猛攻只推进了五英里。不过，到最后德军的力量终是弱了下来。1 月 17 日，俄军离斯大林格勒城还有不足十英里。全部能打仗的人都被保卢斯派去战斗了，但仍是白费力气。俄军在 1 月 22 日又一次发动了猛攻，把德军打到了这座城市的郊区。这城市本是他们处心积虑企图占领的地方。在这里，那支总是目空一切的军队的残存力量被压制在一条长方形的地域里，该地域的长宽分别为八英里和四英里。他们为保护自己而战，在充满炮火和轰炸的街巷之间进行了激烈的战斗。在俄军的迫近下，这些身处绝境且精疲力竭的军队开始大量地投降。1 月 31 日，俄军俘虏了保卢斯以及他的幕僚。瓦罗诺夫元帅在 2 月 2 日当日宣布，放弃所有抵抗。此番，共有九万名德军成为俘虏，其中包括了二十一个德国师以及一个罗马尼亚师剩下的残存兵力。希特勒为此费尽了力气，他妄想用武力让俄国屈服，妄想共产主义被极权专制制度所销毁，但这都将不复存在，在德军遭到灭顶一击之后。

*　　*　　*

首相致斯大林主席　　1943 年 2 月 2 日

1. 我已经收到你关于土耳其的电报，非常感谢。在 30 日，我和土耳其的所有重要领袖在阿达纳进行了会面。我们还举行了时间较长的会谈，且双方都很友好。此番会谈还给我们带来了一个极大的进展，土耳其方表示，愿意接近我们这两个国家。而他们从德国取得的信息也让他们相信，那里的情况很不乐观。现在，将他们用现代武器给武装起来，已成为我们的重要任务。但是，我们目前能分给他们的现代武器十分有限。陶鲁斯铁路是陆地上唯一一条交通线。我已想办法将他们所需要的全部，从此铁路全速运往。为了能从埃及将更多的给养运给他们，我还把一些船只也借给了他们。此外，我还向他们提供了一些军用物资，是在沙漠中从德军那缴获来的。为了更好地运输军火，我们在安卡拉一起建立了一个英土联合军事委员会。为了能在德国或保加利亚对他们发起进攻时，能更快更好地援助他们，我们将拟订一个联合计划，且正在拟订。

2. 在土耳其加入盟国参战这一问题上，我没有让它和我们达成任何具体的政治性条约，也不曾让它对其作出任何的承诺。但是我觉得在一年以内，他们就会这么做，甚至可能更早。也许他

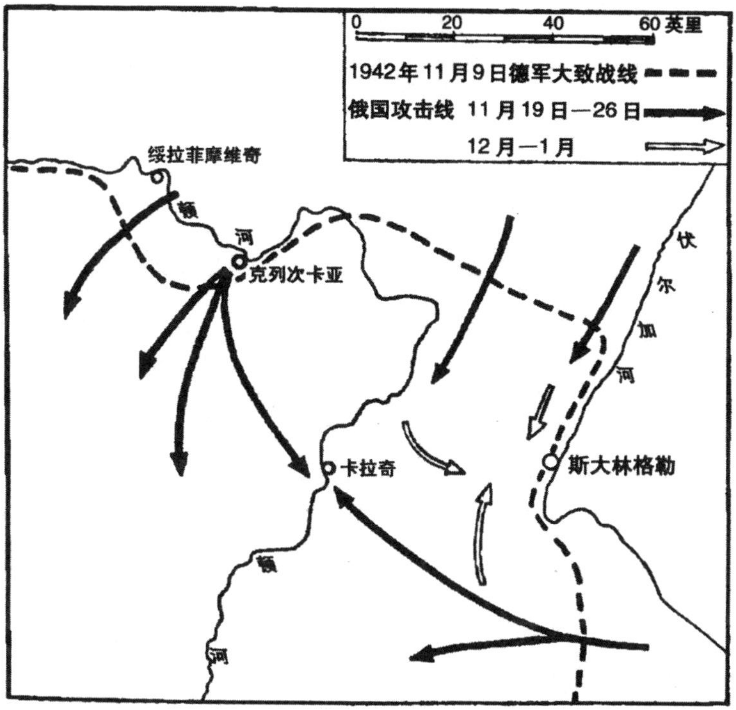

俄国在斯大林格勒的反攻　（照原图译制）

们会依据自己对中立作出的牵强解释——正如美国参战前对中立进行的类似解释——同意让我们使用他们的飞机场，给我们轰炸普洛耶什蒂油田的飞机加油。在你的部队用武力收复了迈科普以后，这些油田就成为了希特勒的命脉。我想我需要再重申一遍，我从没有提出要一个明确的政治性条约的条件，我也不曾得到过该条约；同样，我也从没有告诉过他们说，他们有这样宣布的权力。虽然如此，但就我和他们会晤这件事来说，土方的所有态度和我马上会给你的联合公报都让他们相较之以前更明显地站在了反法西斯这一列，所有人都会这样觉得。

3. 他们之所以会对战后自己的地位感到忧虑，全是因为考虑到苏维埃共和国强大的实力。我说，从以往来看，苏联从没有失信过。如今，恰是他们做好安排的时候。就土耳其来说，在和会上以战胜国之一的角色获得一定的地位，才是最安全的。我说的这些话，全是为了我们共同的利益，并且不会违背我们同盟，所以我期望你可以认同。我笃信，对于苏联作出的所有友好表示，他们都会马上有所回应。我和他们之间的关系已经很亲密了，特别是伊诺努总统。

4. 最近，你在给罗斯福总统的一份电报中问道，在北非，盟军作战行动为何如此缓慢。现在，就拿英方的第八集团军来说，从那之后，我们将的黎波里拿了下来，且盼望大军能在不久的将来能挺近突尼斯，赶出马雷斯以及加贝斯的所有敌军。现在，我们正在对的黎波里港进行最快的清除与复原，而我们现在的交通只能到班加西，甚至还有一部分只能到距离一千五百英里外的开罗。在强大的美军的支持下，我方的第一集团军正往前线运输需要的物资，并且他们也会尽快地与第八集团军一同发起进攻。这个季节的巨大降水量成了不容忽视的问题，包括交通方面。因为此时的铁路和公路都将只能达到五百英里左右，且质量非常不好。不过，我想将敌军完全打败或将他们赶离非洲沿海地区，时间应在4月底或更早。我依据真实的情报可以推测到，德国在突尼斯的第五装甲集团军人数应有八万名，而意大利的兵力则在两万五千到三万之间。隆美尔总共带领德军和意军十五万人，其中只有四万左右是作战部队，并且没有足够的武器。现在，我们目的就是把这些军队消灭。

5. 关于你在非常适宜时提出的有关问题——在卡萨布兰卡，总统和我详细的作战计划——我将以后再与你解说。

6. 对于降服保卢斯元帅，战胜德国第六集团军一事。请允许我表示祝贺。这个功劳实在太伟大了。

2月6日，我收到了下面这封来自苏联的电报，他们并没有因战争的胜利而变得和善，哪怕一点。

斯大林主席致丘吉尔首相　　　　　　　　　　1943年2月6日

1. 非常感谢你将在阿达纳和土耳其领袖的会议情况告诉我。

2. 在苏德战争爆发的前后几个月里，我们曾多次公开表态，而我所表示的友好态度，相信英国政府也是知道的。但是，土方对此什么响应都没有做。显然，他们是害怕惹怒德国的。同样，你所提议的表示——土耳其方面会对苏联方面所有友好表示作出回应——只怕也会有此待遇。

3. 土耳其在国际上仍然有着相当微妙的地位。它一边和苏联签有中立友好的条约，与英国签下了反对侵略的合作条约，一边又和德国签订了友好的条约——在德国对苏联进攻的三天前。根据条约，它在对英国和苏联有责任的同时，也对德国有其义务。所以在现在这种情况下，我完全不知道土耳其是怎么想的。不过，对于土耳其和苏联之间的关系，若是土耳其有心将此变得更亲密和友好的话，那就让它这么说吧。果真如此的话，苏联是愿意对土耳其让步的。

4. 虽然我对英土会谈的情况并不是完全了解，但我不会反对你发声明说我始终获悉此事。

5. 我祝愿英国在北非的第一和第八集团军以及在北非的美国军队，在马上到来的攻势中取得完全的胜利，也祝你们尽早将德、意两军从非洲赶离。

6. 对于保卢斯元帅的投降和歼灭斯大林格勒旁边的所有被围敌军一事的祝贺电报，我表示深深的感谢。

我在3月2日刚刚收到斯大林的电报，这是有关苏联与土耳其关系的第二封电报。局势开始有了起色。

* * *

从我这方面来说，我慎重通知你。土耳其外长于 2 月 13 日，将“土耳其政府愿意同苏联一起对苏土关系的改善进行谈判”的这一消息，告诉了苏联驻安卡拉大使。苏联政府也由驻安卡拉大使向土耳其进行了答复，它很高兴土耳其政府有此想法，也很乐意进行这个谈判。让土耳其大使从安卡拉回来成了我们现在所盼望的，我们准备等他回来就开始谈判。

一开始，我本想利用这次和土耳其的会议，为它创造在 1943 年秋的参战条件。但因为后半年发生在爱琴海的那些倒霉事情，直到意大利的溃败以及黑海北岸的德军被俄军步步逼退后，土耳其才加入我们，所以此事还需要我们在以后详细讨论。

在我们获胜以后，所有事情好像都变得相当顺利。可那时等待着我们的的确是漫长而困难的战争。我曾经说过我的想法，而且我笃信，若是那时就此想法去做的话，那我们在 1943 年底前就能让土耳其与我们并肩作战，也不会影响到我们重要的计划。这能给我们盟国带来的只有利益，尤其对土耳其。如今，已将这些错误在战后的岁月里进行了改正，由于美国已对土耳其进行了全力的援助。但是，土耳其在那时并没有对我们实施帮助，也正是因为如此，才有了 1944 年开始时的各种恶果。

第十七章　归国后的窘境

北非的战役进展——英国第八集团军的推进——1 月 23 日攻下的黎波里——我飞越塞浦路斯和开罗抵达的黎波里——第八集团军壮观的入城仪式——我于 8 月 10 日对亚历山大的指示得到回复——有关阿尔及尔工作——平安回国——和罗斯福总统的通讯——我于 2 月 11 日对下院发出声明——艾登先生对美国的拜访——我得了肺炎——有一头狮子成为给我的赠礼——席尔维斯特·丘吉尔将军——隆美尔再次进犯——以失败收场——来自国王的信——我于 2 月 22 日回信给国王——甘地先生断绝饮食——与斯大林格勒以及《沙漠大捷记》有关的影片——总统在 3 月 17 日的来信

12 月，在征战突尼斯失利后，因我们已将初步攻占西北非的力量耗完，德国最高司令部终于能再让突尼斯恢复到短暂的平稳中去。对于西西里岛和突尼斯之间的小小通道，希特勒都无法用海空军进行防守，但他对此并不承认。为了对付马上从东西两边打来的盟军，他竟然命令在突尼斯重造一支全新的陆军部队。自溃败以来，隆美尔的非洲军团就被英国的第八集团军压迫着不断后退。

马耳他在中地中海再一次有了充分的活力，因为它得到了食物和军备补充。我方的海军部队与空军部队，从阿尔及利亚与昔兰尼加的新驻地动身。它们巡查的范围很广，会对盟军的航队进行保护，也会对敌军的供给与支援造成巨大的损失。我们的力量已经有所提升，如今不但能对依然拥有德国强大空军的突尼斯进行封锁，还能延伸到意大利原本的港口。在我们增加力量之后，巴勒莫、那不勒斯以及拉斯佩齐亚都将受到威胁。英国皇家空军的轰炸机将会开始从英国自己的领土向意大利北部发起攻击。现在，意大利的舰队十分缺油，即使没有英国的舰队出现，他们也不敢再和我们作对了。有段时间，整个西西里岛都无法向突尼斯的舰只供应燃料，连一吨都不能。

就陆军而言，艾森豪威尔将军已知道，若想方便他在西北非军队的重新编制和力量补充，就必须做一次休整。必须加强英国第七十八师与第六装甲师在北方所攻下地区的稳固性。南边的中央和右边分别被法国第十九军，以及一部分美国第二军给防守起来，由于它们的军力并不充足，这条防守线是漫长而脆弱的。它会吸引敌人前来进攻，且将整个盟军的阵线包围。盟军军队的相处是混乱的，因为吉罗将军拒绝让英方指挥法军，所以将问题变得复杂了。法国第十九军于 1 月中旬遭到了剧烈的攻击，英方和美方为此派出很多军队，前去支援他们。这也让艾森豪威尔必须下达此令，英国第一集团军司令安德森将军将可以对全线人员进行指挥。罗吉也不得不接受这个命令。

* * *

英国第八集团军在 1 月内进度相当可观。第八集团军在月初的时候，在彼拉特敌军阵地前方受到了阻碍。蒙哥马利将军觉得，在不能保证很快收获成果之前我们不能发起进攻，必须把时间推后。第八集团军最早是由的黎波里那边提供出来的，现在还有班加西、图卜鲁格提供。蒙哥马利于 1 月 15 日，用第五十一师沿着海岸公路发起进攻，还让第二十二装甲旅对中线展开进攻。沙漠的侧翼则有第七装甲师与第二新西兰师将其包围。1 月 23 日，英方按时攻下的黎波里。该港口地方已经被其破坏，并程度严重。沉掉的船只将入口堵得严严的，航道上到处都是水雷。这种状况我们之前就已经预测到了，所以在 2 月

2 日的时候，第一艘运输物资的船只就驶进了港内。在一个星期后，我们的日运输的给养已达到两千吨。虽然第八集团军仍要走相当长的路，但从阿拉曼开始的路程里——一千五百英里，他一直保持着给养的供应。因为的黎波里对港口的快速开放，一度维持着极高的供应。关于后勤供应上面的成果，我们应归功于在开罗第八集团军的琳赛尔将军以及罗伯逊将军二人。勒克莱尔将军于月底，带领一支大概有两千五百人组成的自由法军混合队伍，他需要从法属赤道非洲出发，穿越茫茫沙漠，行进一千五百英里，去与第八集团军会合。对于蒙哥马利的指挥，勒克莱尔和他的军队将完全服从。在突尼斯后期的战役里，他们和部队起了很大的作用。

2 月 4 日，第八集团军穿过边境，进入突尼斯。将大不列颠征服意大利帝国这一任务，圆满完成。按照卡萨布兰卡会议所做的决定，现由艾森豪威尔将军担任第八集团军指挥一职，由亚历山大将军担任艾森豪威尔将军的副总司令一职，负责陆地上的所有战斗。

* * *

我从阿达纳乘坐飞机返回塞浦路斯，在那度过了两个晚上。在这次战争中，我再次对我曾担任团长的第四轻骑军团进行了审查。我上次审查他们，是在阿拉曼战役开始前的一个月。塞浦路斯看上去是一个繁华的地方，它的人民是如此的热情友好，就像我在其他任何地方见到的那样。相比 1941 年，他们也认为现在更为安全。对于盟国现在获得的胜利，那些居住在岛上的土耳其人和希腊人感到十分欣喜，他们丝毫不反对由英国来统治这里。我和人民进行了几次十分融洽的接触，也给那些杰出的人演讲，地点就在总督府的花园里。本次是我第三次拜访这个岛屿，前两次分别在 1907 年我担任了坎贝尔—班纳曼政府殖民地的事务部次官的时候，和 1936 年沃尔特 · 默因的游艇带我来此巡回游历的时候。如今是 1943 年，我第三次拜访这儿。对于他们的事情，我一直都很关注。我很高兴能帮他们取消了对其征讨赋税的财政部。

在我们又度过了两个夜晚后，我们终于起飞，前往的黎波里。蒙哥马利正在等候着我，在那里的飞机场上。他胜利完成了历史性的进军。我们亲自观看了第八集团军极有气势的入城仪式，在我们还在的黎波里的那两天。第五十一高地师的管乐队位于前排。他们的服饰看上去就像新的一样整洁，尽管他们曾经历过长途跋涉行军打仗。我在下午参加了让两个师以紧密队形展出的阅兵式。从我们在阿拉曼战役之前的会面以后的这么长时间，我都不曾再住过那样的车厢。而现在，我就在蒙哥马利的车厢中住宿。他总部大概有两千多人，我向这些人发表了演说。我与他们之间的话题，主要是围绕：

> 我们每天晚上都得将活动帐篷支起来，
> 一天下来，我们离我们的家园更近了。

不过，离开他们的家园仍要很长的一段路程，并且还不是一条知道的路。

我打算飞去马耳他。因为在开罗时，我下过这一命令，所以蒙哥马利已把一切准备工作尽数做好。因为敌军飞机的出现，这被当成是危险的飞行。因此这次会由六架“喷火”战机来亲自护送我乘坐的那架只有两个座位的小型飞机前往。蒙哥马利将我的个人愿望当做了任务，而他一直到我对那些出色的设施表示惊奇兴奋的时候才明白过来。然后他便对这次冒险的飞行表示了反对，而我最后也听从了他的意见。这让我觉得非常可惜，我原本是可以去看一下马耳他，将它正在战斗的画面保存在记忆里。

读者也许还记得，在六个月以前，我离开开罗时给亚历山将军所下的命令：

首相致中东总司令亚历山大将军　　　　　　1942 年 8 月 10 日

你要将“尽早消灭隆美尔元帅带领的德意联军和它在埃及与利比亚那边全部的设施和供应品”作为你这次的第一任务。

以下任务，你必须执行或者号令执行：你要将下文作为你的管辖之内的事，在不违背第一段的内容的同时，务必将此当至关陛下利益的重要任务。

他给我如下回复：

亚历山大将军致首相阁下：

我已将您给我的指令，于 1942 年 8 月 10 日执行完毕。现在陛下的敌人和其物资，已经从埃及、昔兰尼加、利比亚以及的黎波里塔尼亚全部逐走。我正在等待您的下一个命令。

在这两个长久且朝气勃勃的日子过去之后，我们这些人就开始从的黎波里动身，前往阿尔及尔，去拜访在那的艾森豪威尔和其他全部人员。

首相致艾森豪威尔将军（于非洲）　　　　　　1943 年 2 月 3 日

根据我目前的计划，我会在 5 日到达那里。不知道那时我是否可以和你们小部分人一起食用午餐，这是我想知道的。我想见罗吉、墨菲以及麦伦米伦等人。我并不想将安德森将军从前线召回，除非你觉得这很方便且想要这么做的话。我想将午餐提前，然后去直布罗陀。我非常想见你。麻烦只将此通知坎宁安海军上将。

阿尔及尔的形势很是紧张。现在所有有名的人都很小心，在达尔朗被行刺后。战时内阁显然希望我赶快回国，因为他们一直在叮嘱我注意安全。这起码是他们对我的关怀。但是我从别的方面知道，我应该多待一段时间，在阿尔及尔。

首相致副首相　　　　　　　　　　　　　　　　1943年2月5日

我们住在海军上将的别墅里，紧挨着艾森豪威尔将军。这两个屋子都被铁丝网围着，还有士兵的巡逻以及严防把守。我们是坐在防弹汽车里绕远路来到此处的。我不建议从这个区域里离开。这样的设备和措施，让所有人都觉得这里非常安全。

我准备等天气有所好转，就动身从此处直飞英格兰。可是，在这紧张的七天之后，我却想要休一天假了。我于昨天在的黎波里对我们四万多人的军队进行了检阅。论热情，意大利人不会输给任何人。

你们不必对我的自身安全感到操心，因为我本人会非常小心，且我对危险地方的感知是敏锐的。我想将我的问题于星期二在下院的时候讨论。在此，我不得不请求，将作报告的时间推迟到我回到英国的几天后。如能按计划来，我将在本周四作报告。

这一天非常忙碌。我和艾森豪威尔进行了数次时间持久的谈话。他和海军上将告诉了我很多不能用电报传递的信息。我和他的别墅之间最多不到一百码。戴高乐和吉罗是午餐的时候到达的。我可能会在星期六较晚的时候才能回去，因为这里有很多事情需要我做。在海军上将的别墅里，我和艾森豪威尔以及一些有意思的人一起享用了午餐。我于2月6日遇见了佩鲁东和诺盖这两个法国人。他们都拥有权势，并且身处的位置相当困难。诺盖仍是摩洛哥的总督，尽管在美军登岸时曾有抵抗行为。因为美方的邀请，佩鲁东才从驻阿根廷的维希大使任所过来此地。他将继任阿尔及利亚总督一职。我是这样对他们说的，若是可以和我们一起作战，我们必将摒弃前嫌。尽管如此，他们看上去仍是忧虑不安，不过对此他们表现得十分严肃。

我在午夜以前动身，前往飞机场。当我们在飞机上都坐好了，等着出发的时候，飞机还是没有起飞。我忍不住对我助理秘书那位身材小巧的人说：“如果是飞机的话，那你将非常合适，因为你的身体是如此的轻巧，不过，倘若我们在沙漠地区降落的话，那你将不能在那样漫长的路途中跟上我们脚步。”最终，我选择坐汽车回海军上将那座舒服的别墅，因为我实在不想等下去了。查勒斯·威尔逊爵士也就是我的医师，当时他已经睡着，且对我们的离开毫无察觉。因此，这个晚上，他被关在了飞机了。直到天亮才被放出来。为此，我们仍需在阿尔及尔再待一天，并且有很多事情需要我们解决。我给外交大臣拍了一个海底电报：

> 昨天晚上，我们因为磁电机的损坏，将动身时间推后了两个半小时。但我们若在那时启程，那我们飞近英格兰的时间，将是第二天的白天。其实，磁电机选择在动身前损坏，远比选择在动身后损坏对我们来说更有益处。

本月 7 号（星期天）晚上，我们总算起飞了。我们直接而安全地向祖国飞去。此次也是我乘坐 C-46 型飞机的最后一次。因为之后，C-46 型飞机和它上面的所有人员，全部死亡了。当然那时驾驶员和机组人员并不是现在这些人。

*　　*　　*

回国后，我的首要任务就是将有关卡萨布兰卡会议、地中海旅行以及有关一般局势的具体情况，向下院作一次报告。由于我想在这个时候，把我们两边都认可的重要军事人员的委派公之于众，所以我向罗斯福总统拍发了以下的海底电报：

1943 年 2 月 8 日

我打算在 11 日也就是星期四上午，向下院说明一下我们共同事务上的一些问题。

我已经收到了来自亚历山大将军的那份电报。说他已将我在 8 月 10 日下达给他的指令做完。他已把在埃及、昔兰尼加以及的黎波里塔尼亚的敌军赶出。如今，沙漠集团军的第一波部队正在进入突尼斯。所以到时候应由艾森豪威尔将军来管理第八集团军。我希望把这个消息宣布下去，而这就是必然的结果。所以我对你提议，在我向国会作报告的同时，一块儿把亚历山大以及特德的委派给宣布了。在我向下院报告第八集团军以前，关于它的消息，我希望你不要提前宣布。

我刚刚从阿尔及尔回来。当我在那边的时候，曾和艾森豪威尔、史密斯、吉罗以及墨菲等人进行了数次会谈，且对这些会谈十分满意。我从上次会见你之后，就几乎一直在旅行。我会在今天再给你一份报告。我顺便在此向你表示敬意，也向哈利和所有好友问好。

总统马上给了我回复。

罗斯福总统致首相　　1943 年 2 月 9 日

对于你想 2 月 11 日宣布让艾森豪威尔将军管理英方的第八集团军，委派亚历山大为艾森豪威尔的副司令和对特德的委任一事，我在此表示同意。我认为，倘若可以再次强调美国在北非的最高统领权的话，对法国军队和我们合作是很有益的。同时我还认为，公布任何与亚历山大或是特德委任有关的详细消息，若是因此给了敌人有利条件，那就是不恰当的。我很高兴你能安全地回国。你已经出色地完成了任务，且功勋卓越。

我想总统是可以坦然对待那些有关英国的舆论。

前海军人员致罗斯福总统　　1943年2日10日

我同意按照你提出的方式去做，可我无法保证没有任何批评。我从新闻大臣布伦丹·布列肯——他和这里的英美报界来往密切——那里收到了以下这些简短的内容：

“我遇到了很多困难，在我对那些报纸进行劝导，希望他们可以不再批评美国在北非战役上的处理方式的时候。我觉得，倘若我们只是强调由艾森豪威尔将军来担任最高司令，而不把对亚历山大将军和对特德空军上将两人的任命规定明白，那我们必定会被那些英国报界惹得指责不断。就这而言，我坚信报纸是可以反映出国内的基本情绪的，也会有不少人会直接认为，那些英国的司令以及部队因为国际政治这边的一些行动而遭到了不该有的亵渎。

“遭受责备对英国政府来说已经习以为常，不会为此而发怒。无论是艾森豪威尔将军出任最高司令必将受到批评，还是将他和亚历山大将军的军事履历作比较，都会让美国人非常不满。所以，我以为应该让公众知道，虽然最高统帅由艾森豪威尔将军担任没错，而亚历山大正在突尼斯领导同盟国的军队作战，而特德也正领导着空军。以上都是很重要的。”

对于这些问题的争执，我会做出严肃的警告，幕后也会有布列肯的拼命努力。为了帮到你，忠诚的朋友，希望你能在你们那边，一样努力。我觉得，俄国的这场胜利，彻底打开了一个全新的局面。对于瓜达尔卡纳尔岛的胜利[①]，我将送上真诚的祝福。

* * *

① 俄国于2月19日完成了对瓜达尔卡纳尔岛的征服。我会在后面的书中叙述这个内容。——原注

我在2月11日进行了两个多小时的演讲。我认为，仍然有要紧的事需要讲。而这里最重要的自然是1942年8月的时候，我对亚历山大将军的指令；我于1943年2月2日，在的黎波里蒙哥马利的总部收到的回复。我再次将法属西北非的基本局势作了大概的叙述，并且将我和总统一起作出的决定——有关领导权问题与最高统帅会由艾森豪威尔将军担任一事——进行了宣告。

*　　*　　*

我们还需要解决很多复杂的问题。所以，我觉得大战之后的首次访问，最好交由外交大臣，让其亲往华盛顿。让他和总统之间建立起更为亲密的私人关系，同时需要和赫耳先生、国务院之间有密切的来往。这一意见是总统认可的，并且在艾登先生离任的这段时间，我打算亲自接手外交部的事物。

罗斯福总统致首相　　1943年2月12日

这是一个好主意，让安东尼·艾登去拜访美国。对于能够见到他，我感到高兴极了，并且越早越好。你的演讲会给所有方面带来好处，真是棒极了。

*　　*　　*

可能是因为感冒的原因，现在的我比旅行中任何时候都感觉疲倦。我在几天后，因为感冒和喉痛而病倒在了床上。我的体温在16日夜间突然升高，那时候我正和我的夫人单独在一起。我的照护工作一直是由莫兰勋爵来做的。他很肯定地说，现在我的一个肺的下半部分已经发炎了。在诊断完毕后，他给我开了一张名为“M与B”的方子。这个诊断在第二天的时候被确诊。而我为此，拍了不少精准的 X 光片。被请来给我看病的是盖伊氏医院的杰弗利 · 马歇尔医师。那些务必我本人进行的工作被持续地送往新楼，而我也如平常一样工作，尽管当时我觉得非常难受。现在回想起来，那时送给我的文件显然是缩减过的。医生让我停止所有的工作，并且我的夫人也跟着劝说，但我对此表示了反对。我当然不会同意。如果那样，我整日应该做什么呢？他们表示，我现在患有肺炎。我如是回答道：“这个啊，你应该相信你的新药。你是可以治好我的。”马歇尔医生说，肺炎被他唤作“老人的朋友”。我问：“这样称它的原因是？”“因为肺炎可以让他们安静地离世。”我对他说了我觉得最合适的回答。根据以下的原则，我们双方达成了一些规定：我只能看符合以下的两种文件，一是，这个文件很重要；二是，让我感兴趣的文件。除此之外，我还可以看一些小说。因为我曾听过《莫尔 · 弗兰德斯》中的一些精彩叙述，并且一直没有时间去看，因此这次我选择看这本小说。就这样，在发热和难受的双重折磨下，我又度过了其余一周；此间的一些时候，我病得相当严重。我的记事簿，自 19 日起到 25 日期间没有任何记录。

几乎和我一天病倒的还有议长菲茨罗伊上校，并且他患的也是肺炎。我们在最开始的时候彼此问候。议长的病症非常严重，他比我大五岁。

*　　*　　*

尽管这几天也有让人高兴的事，但我仍觉得它过得很慢。汤姆森先生是一个绅士，他赠给我一头狮子和有关这头狮子的一张精美照片，并预祝我早日恢复。这头狮子叫“罗塔”。为了找一个养狮子的地方，我只有通过汤姆森先生的引荐，向动物园主任德文郡公爵请求帮助。这头长得很好的狮子是雄性的，且早已成为很多小狮子的父亲。它如今八岁了。这天，和我一起乘坐飞机的那位身材矮小，却幽默而富有能力的助理秘书携文件来了。我将罗塔张着嘴的那张漂亮的照片给他看，并开玩笑地说："他现在正没有食肉呢！所以，一旦你的工作出现失误，就会被我拿去喂它。"他将我的这些话当真了，并且告诉办公室的同事说，首相现在的神经很不正常。

我给公爵写信：

倘若动物园可以保证不让罗塔逃脱，且不用我亲自饲养它、照料它的话，我非常高兴能成为它的主人。

由于政府部门需要确保在一个安静的环境里，你认为我现在并不愿将塔罗养在唐宁街或是契克斯这两个地方的这一想法是非常正确的。可是，这里距动物园并没有多远。而且，以后的某一天，我可能会特别地需要它。

倘若天气还不错的话，我想去看看塔罗，看看我的黑天鹅。

如果其他所有的方法都不能成功，我觉得你有责任把塔罗安置在恰兹华斯。

* * *

很快，罗斯福总统、史末资将军以及其他的朋友们都知道了我得病的这一消息。他们三番四次地发电报说要我听医生的话，因此我老实地按照我的协议去做。为了激励马歇尔医生的兴趣，在我读完后，我就将《莫尔·弗兰德斯》给了马歇尔医生。他对我的治疗，很见成效。

大概就在此时，我再次收到了一张美国将军——席尔维斯特·丘吉尔——的画像，他是罗斯福总统寄过来的。这位将军在 1862 年离开人世。他肯定是多赛特郡丘吉尔的子孙，且和他有直接的血缘关系。和他照片放在一起的还有他的世系表。总统觉得，我们看上去非常相像。

华盛顿，白宫

1943 年 3 月 2 日

亲爱的温斯顿：

在你和夫人没事的时候，请看看这张照片。这并不是封需要回复的信。不过我觉得，哈里森夫人的那些有关相像的看法是正确的。而她，就是我们驻瑞士公使的夫人。

你永远的朋友

富兰克林·罗斯福

附件

亲爱的总统先生：

1943 年 2 月 27 日

我将把我保存的那张有关我们高祖父西尔维斯特·丘吉尔将军[①]画像的照片送给你。很多来我家的人在看到这幅画像时并不

---

① 西尔威斯特·丘吉尔将军 1783 年出生于佛蒙特州伍德斯托克，1862 年逝世于华盛顿。

在 1812 年的战争中，丘吉尔将军被任命为步兵上尉，在 1846 年的墨西哥战争中，被提升为上校，于布埃纳维斯塔战役建立了功勋；他在此次战役中担任司令，他不止让全军脱离了危险，还一并拿下了胜利。而他的名誉也因此升衔（不加薪）为旅长。至 1856 年退休前，他都担任陆军总司令一职，他去边防视察，每年行进的路程可达一万多英里。1862 年他逝世于华盛顿。

多赛特郡的丘吉尔家族

→约翰·丘吉尔，伦敦。（是一个商人，提供货物给马萨诸塞湾殖民地的乔治·恩迪克特。）

→约翰·丘吉尔，在英格兰出生，于 1643 年移居到马萨诸塞州的普利茅斯，逝世于 1662 年。

→约瑟夫·丘吉尔，1647 年，在马萨诸塞州的普利茅斯出生。

→巴纳巴斯·丘吉尔，1686 年，在马萨诸塞州的普利茅斯出生。

→约瑟夫·丘吉尔，1721 年，在马萨诸塞州的普利茅斯出生。

→约瑟夫·丘吉尔，1748 年，在马萨诸塞州的普利茅斯出生。

→西尔威斯特·丘吉尔，1783 年，在佛蒙特州的伍德斯托克出生，1862 年逝世于华盛顿。——原注

知道他的名字。他们只是这样问:“温斯顿·丘吉尔怎么在这里?”而我是这样回答他们的,我说:“这个丘吉尔是美国的。”对此,他们十分感兴趣。因为想到总统先生可能也会对此感兴趣,我就给这画像拍了照片,现里面是一张照片。

我回复了此信:

首相致罗斯福总统 1943年3月19日

对于你3月2日的来信,我已经收到并且阅读完毕,并向你表示深深的感谢。关于那张照片,我已经将它交给了丘吉尔的夫人,并且她也看了。我和她对此十分有兴趣。因为这张照片是哈里森夫人让我们看到的,所以能否请你替我们向她表达感谢?

* * *

尽管位于北非东线的盟军发展的速度让人惊讶,但盟军在2月中旬的形势依然叫人忧虑。在海空两个方面,我们重创了敌军,却不能阻止敌人建立一支十四个师的军力,其中包括隆美尔部队。德军大部分都是坐飞机来的。总共四个师,其中有德军三个师,意军一个师。盟军却只有九个师能够加入战斗,这其中还有两个师是来自法国第十九军的,它们甚至没有好的装备。美军第二军还没有全部抵达。在它的四个师中,于前线作战的只有第一步兵师与第一装甲师。由英方第五军的三个师将海岸到布阿腊达北部战线的这部分防守起来。其中法国第十九军的一个师、美国步兵第一师以及英国的两个步兵旅将他们的右翼部分给防守起来。俯视沿海平原地带那像兽脊凸起地方的各个险要的关隘,都被这个军队给防守起来。现在正在集结的美军步兵师将和那支——包括了法国一个师与美国第一装甲师——美军第二军一起把南边那段地带给防御起来。对于那些在它们前线上的隘口,这

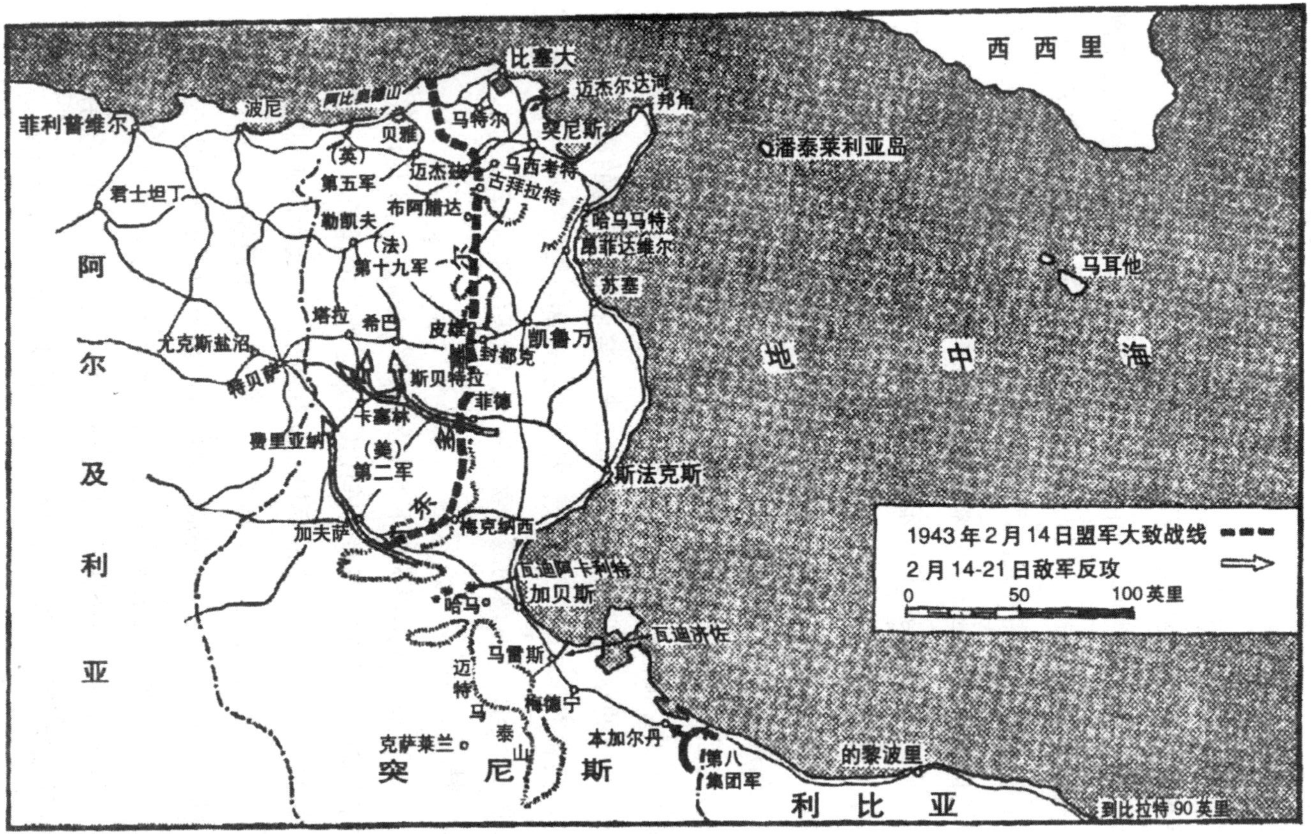
西西里
比塞大
迈杰尔达河
邦角
波尼
阿比奥德山
菲利普维尔
马特尔
突尼斯
贝雅
潘泰莱利亚岛
（英）
第五军
迈杰兹
马西考特
古拜拉特
君士坦丁
布阿腊达
勒凯夫
哈马马特
昂菲达维尔
（法）
第十九军
马耳他
阿
苏塞
塔拉
希巴
皮雄
凯鲁万
尤克斯盐沼
地
中
海
尔
特贝萨
斯贝特拉
封都克
非德
卡塞林
费里亚纳
（美）
第二军
及
斯法克斯
加夫萨
梅克纳西
1943年2月14日盟军大致战线
2月14-21日敌军反攻
0
50
100英里
利
瓦迪阿卡利特
加贝斯
哈马
瓦迪济佐
马雷斯
亚
迈
特
马
梅德宁
泰
本加尔丹
克萨莱兰
山
第八
集团军
的黎波里
突
尼
斯
利比亚
到比拉特90英里

突尼斯

（照原图译制）

些部队则打算做好防御。当然，那个在 1 月 30 日被德军夺走的重要的菲德隘口并不包含在内。

隆美尔的职位被提升了，所有在突尼斯那边的轴心国部队都将由他指挥。一方面，他需要同英国第八集团军作战，另一方面，为了将美军第二军击败并且阻碍他们对他侧翼和后面部分的攻打，他在菲德以东将两个德军装甲师集结成了一支军队；2 月 14 日，他发动了攻击。曾经，人们对此预测失误。最要紧的不是来自菲德的进攻，而是来自冯杜科的进攻。于是这次突来的袭击，安德森将军手下的美军第一装甲师只有一半人在冯杜科以东那里进行抵抗，而其他大部分人员都被分散了。他们由于过大的压力而陷入了特大的混乱之中。17 日，德军陆续攻下了卡塞林、弗里亚纳以及斯贝特拉。现在，隆美尔能够选择了。他可以借助卡塞林隘口向特贝萨发起攻击，而这是个重要的交通中心，且它的后面，便是重要的尤克斯盐沼机场；抑或是向北发起进攻。他攻击了北面。他受到了来自第一警卫旅和被安德森火速调来的美军第九师先遣队的顽强抵抗。我们的第二十六装甲旅、两营的英军连同美军的步兵和炮兵在塔拉公路上，对负责先锋的德军第二十一装甲师进行了抵抗。因此，激烈的战争就发生了。隆美尔直到 22 日的中午才开始很有秩序地后退。

2 月 27 日，我军再次攻下了卡塞林和费里亚纳。28 日，斯贝特拉也被我军攻下。之后，我军将阵线恢复成了原来的样子。

可是，隆美尔对侵略的妄想并没有停止。他最起码还想在突尼斯有一个立足之地。他于 2 月 26 日，向英军第五军前线发动了一连串的猛烈进攻。在迈杰兹以南的敌人，并没有明显的进展，并且已经被击败了。他们在其以北地区，已经前进了有数英里了，不过，这也只是将这座城市放在了一个尴尬突出地方罢了。我军被迫从临近海岸的地方向后撤退两英里，直到阿比奥德山。不过我们守住了这里。

* * *

现在，我已经收到了来自国王的本人的指示。他时刻注意着大战的进展情况，并且为一些局势上的问题而忧虑。

白金汉宫，1943 年 2 月 22 日

听说你生病了，我感到非常的不安，祝愿你能早日康复。请你趁着这个机会，好好地休息。你本应该在上次旅行之后就休息一次的，现在你即便是为了以后日子繁重的工作，你也务必要养好身体。我错过了在上个星期二能和你谈话的机会。因为知道下个星期二我可能会见不到你，所以决定给你写封信。

在我看来，北非现在的政治情况并不是完全乐观的。对于“火炬”作战计划，我知道我们必须要交给美方，而我们就能让西班牙和葡萄牙在战事进行的时候，和我们保持友好。我深知在最开始的时候，每一步都要很小心。不过，在军事上和政治上，我们现在是不是无法将麦克米伦与亚历山大的力量加强，从而让法国的两个方面联手作战呢？

我听说，现在若是按照美方的意见来，就必须将“哈士奇”作战计划的日期后推到一个很晚的日子。而这个较晚的日期必定会为我们的作战准备增加难度，尽管我们是可以按照那个提前的日期去进行计划的。

这个情况不止会打乱我们输入上的计划，还会让我们对于船队运输的精心筹谋全部落空。这些问题的确让我无法安心，并且我原本是不打算因它们而打扰你的。但如今，为了让它们得到密切的关注，我希望你可以给我一个保证。

这些问题，我不能和除你之外的任何人讨论。

请相信我！

你非常真诚的

乔治

我当下就作了答复。只要我开始口头描述信稿，就会情不自禁地说到各方面上去。

陛下：

我非常感谢陛下能亲自给我写信。

不管是政治方面还是军事方面，北非的战事进展情况都没有使我感到不安，尽管在这两方面上有很多情况和我的意愿不符。

对于所有主要的电文，我从来都是非常留心阅读。一直到两天前,我不得不承认,我的确阅读不了了。墨菲的目标是支持吉罗，是让一千六百万的法属北非人民有一个稳定而和蔼的政府一事，对此我深信不疑。单单从这方面来说，他就值得人们推崇。确实，为了让我们的交通得到保障，为了这样一个目的，我们务必要和那些维希政府所任命的法国官员合作。如果没有他们，那我完全不知道要怎么样去管理这个地区。尽管这一步，在叙利亚，我们在一定程度上已经做到了这一点。我本人看不出有任何危险会对我们的作战造成阻碍，也看不出那些官员在态度上有任何改变的意图。为了取得属于自己的实惠，他们也许会仰仗自己的很好的行为，也许会仰仗着自己的生命。

如果让戴高乐或者他的代理人，突然就进入到这个地区的话，除了能引起纷扰，绝不会再有别的结果；更别说，是我们竭力将他们诱导进来的了。法国人这两派，如果不能统一意见，并签署起条款文件，那全部是他们的错。我和总统的邀请被他拒绝了，他拒绝来卡萨布兰卡进行友好的会议，商讨和解一事。他们的这个鲁莽的态度，事实上让美国人觉得他们根本没有道理，无论是他还是他的法兰西民族委员会。

在上次我和陛下见面的时候，我曾告诉他，为了能在6月里，进行“哈士奇”作战计划，我必定会尽我所能。参谋长委员会所有有关人员，对此完全赞成。可是，有决定性的是艾森豪威尔将军的意见，他表示，作战时间最早也要到 7 月才行，如果 6 月就开始，是绝对不会成功的。于是，我们的参谋长委员会给华盛顿的联合参谋长委员会提出了报告，我也给霍普金斯发了电报，我要求霍普金斯贯彻作战计划。根据最终的信息，拥有最高最正式的执行指挥权的联合参谋长委员会机构，最后对艾森豪威尔将军下令，要用最大的热忱去准备 6 月份的战役，并且将其进行情况在 4 月 10 日前汇报。如此你就可以了解到，我们参谋长委员所采用的意见，与没有参谋长联席会议所采用的意见一样，当然，前提是我可以这么说的话。

目前的情况就是这样的。我在接到亚历山大对报告以前，不会做任何战事上的判断。这次严重的溃败，让美国陆军第二军明显损失了半数左右的重要武器，可敌军却没有受到任何严重的损失。不过，如今我们在那里的确有六个左右的最精锐的步兵团、第六装甲师和一旅有着“丘吉尔”式重坦克的人。在途中的部队更多。运来给养的情况越来越好。在斯贝特拉，第一警卫旅已经加入到战斗中去了，并且让敌军知道，同他们作战的是硬骨头。

马雷斯防线的力量已经被敌人减到非常弱的地步，这全是为了进行这次的新攻势，而这本不在计划中。对于全部的战局，蒙哥马利都非常了解。他没有能从的黎波里港口和班加西得到很多给养，这些物资有时可以达到六千吨。过去，他为了维持自己和建立物资储备，一直在用第十军的运输工具。我希望第十军以及第三军可以在突尼斯作战，时间最好在 3 月前，或者更早一点。如果蒙哥马利感觉到阵线上的敌军力量正在减退，那他就一定会用他现在的军力来对付他们，因此，我们也许等不了多长时间。

对于第八集团军——在世界上，也许是最精锐的部队——的那两个有十六万人之多的部队，我觉得陛下已经对此了解了。

所以，我期望他们可以加入战争，且对此极有信心。而且，在艾森豪威尔将军属下，还有亚历山大来配合、协作我们所有的行动。可以说，蒙哥马利能因为敌军的错误假设而提前获得一次胜利机会，因为敌军已为此花费了力量。

我基本不用说，我的话里没有一句是故意伤害美国人的。尽管美军部队没有作战经验，但他们是勇敢而出众的。很快他们就能从失败中取得经验，通过失败而让自己进步，直到他们表现出全部的最坚强的军人品质为止。好在我不断地督促并请求艾森豪威尔将军来担任指挥这一工作，若是指挥一职由英国将军担任，那这一美国军队的失败，就会给我们在美国的敌人，提供一个辱骂我们的好机会。

总的来说，对于北非的局势发展，我们是可以充满信心地去盼望的，至少我是这样认为的；并且，我希望它能在不久的将来有所好转。

由于发烧的原因，目前所有的电文我都看不了。但是这些情况，我觉得我是清楚的。并且，我非常希望可以在午饭的时候给陛下口述一下。用这些来答复。

下官

温斯顿·丘吉尔

* * *

的黎波里的运输量很大程度地增加了。在 24 日，我向港口司令致电时说：“请将我的话转达给他们。如今，历史的重任正在被他们起卸。”

公文箱中的报告会常常送来，不过数量上一次比一次少。公文箱里的报告表示，对于英国第一集团军在突尼斯的激烈战斗里被调遣这件事，在公文箱中留下的印象非常不好。

首相致亚历山大将军　　　　　　　　　1943 年 2 月 24 日

1. 对于所有进攻的打算，大概是在圣诞节的时候，第一集团军就已经放弃了。可最近两个月里，它们不止增加援军，还竭尽全力地向前方运送给养。法国人队伍的落后确实造成了混乱，不过美国人却用它庞大的军力加入了战争。就像你描写的那样，由安德森指挥的那些美军，安德森也可能是别的什么人，将安德森指挥的那些美军，零零散散地布置在一片拥有很大面积，却防御不足的战线上。当时明智的选择或许是将山南的战线撤到山上。可如今既不能小心翼翼地撤退，也没有形成一条强有力的战线。我们的情报机关在攻击展开之前就发出过警告。即使我们在那个时候撤退,都可以说是有远见的。他们直到丢失了那些地方的时候，才听说了它们的名字，而在这之前，没有人注意过它们。也许设置假前线的这一策划，称得上是一个不错的方法。可关于这一类却一个办法也没有，因此在敌军一百五十辆坦克的攻击下，美国第二军无法避免地受到了打击，并且损失很大。

2. 必须完全审核过去的事情，即使现在已经恢复了局面。对于你和你的判断，我非常信任，并且我相信你不会隐瞒那些不足或不恰当的地方。

3. 我很高兴可以读到，以前备受责难的“丘吉尔”式坦克如今表现良好。我相信，即使是多次打击，它们也是可以承受的，而我对它们的意见，主要是在装甲方面。你把情报让一名军官送过来，也可能已经送过来，我对此很感兴趣。

4. 我今天已经好几个小时没发烧了。我期望这是一个开始，让我从一种非常不愉快的生活经验中康复。希望你事事如意。我知道，现在你手里掌握着一件大事的所有线索，这是一件很好的事情,并需要我们在 4 月中旬之前完成。我非常高兴那里有你指挥。的黎波里在卸货上的情况很好。如果有事情，可以随时告诉我。

致哈利·霍普金斯先生　　1943 年 2 月 24 日

我生病已经有几天了，并且病情很可能往不好的方向发展。我现在已经觉得好点了。对于突尼斯的作战情况，我觉得它不止现在很好，还会向着更好的方向发展。不管是我们的士兵，还是英国或者美国的士兵，全都混在一起，他们一起并肩作战犹如兄弟。他们的前边，现在正放着战利品。昨天，有六千三百吨的军需品是从的黎波里卸下的。蒙哥马利正为此准备着。

我非常感谢你帮忙将对西西里岛的进攻时间定在了 6 月。它不会因为最近的战争而有任何的影响，尽管有人表示是有影响的。

请将我的热情问候转达给总统。

致艾森豪威尔将军（在阿尔及尔）　　1943 年 2 月 25 日

非常感谢你写信给我。对于卡塞林隘口的战役会有好的结局一事，我深信不疑。

如今，卧床不起的人换成了总统。

前海军人员致罗斯福总统　　1943 年 2 月 27 日

我希望你不久就可以退烧，恢复健康。我发烧已经有一段时间了，而且病情严重。如今我已经退烧了，我希望这是我恢复健康的一个开始。祝你万事如意。

*　　*　　*

对于这位身体虚弱的人，即便在我同样承受病魔的时候，我也极其关心他的健康。在报纸上，有关他身体状况的报告文辞冗长。在战时内阁充分的授权下，印度总督逮捕了上百名印度国大党党员，并且把他们关了起来。而彼时，我人在开罗。在 2 月初的时候，甘地先生声称，他将有三个星期的时间不会吃东西。他被关在浦那的一座条件很好的小王宫里，由他自己的印度医师和我们英国的医生看护着他，不分日夜。全世界都因为他禁食的事情活跃起来了，他们都说他就快死了。几乎全部在总督府行政会议的印度委员，都要求将他放出来。对于我们的不合作，他们还用辞职来表示抗议。不过在知道我们的坚决态度后，他最终放弃了绝食。这次绝食并没对他的健康造成严重的影响，即便是他身体不好。

美国那边并没有施加压力给我们，而关于此事的所有经过，我也一直在给总统报告。当时我对这个意外的事件很是忧虑，要知道，这个国家对甘地先生的圣徒式品格是非常赞佩的，因此他的死亡会在整个印度产生深远的影响。还好，我对这个情况的判断是正确的。

* * *

这时候，斯大林将一部关于斯大林格勒胜利的影片送给了我，该片不止记录了保卢斯元帅的最后投降以及他如今在苏联军事法庭上的场景，还极其动人地描述了所有激烈的战斗。对这位重要的德国军事领导，俄国政府给予了非常细致的照顾。在这之后，他将为他们工作。还有很多的德国俘虏的命运要比保卢斯坏得多，在该片中显示他们疲惫地行走在漫无边际的荒天雪地里。

在我的寝室旁边就是一间放映室。我大概在2月24日左右，就可以下床观看这部影片了。这部影片将东战场战斗的光荣片段十分恰当地记录下来，是一部很有价值的作品。我回赠给斯大林，和赠送给别的总统以及各自治领政府的，是我们自己的那部名为《沙漠大捷记》的阿拉曼影片，而它也恰好做完。跟俄国一样，这些影片也是摄影师冒着炮火所录制下来的，还有很多人为此送命。他们的付出不是毫无意义的。各同盟国都因他们所完成的这个成果而产生了非常高的热情和钦佩，它也让我们在执行共同任务中更加亲密。

我对依然在病中的总统写道：

希望你能收下我附寄给你的这部新的影片——《沙漠大捷记》。昨晚，我看过这个片子，并且觉得它非常不错。该影片中的战斗画面是生动而真实的。我想，你会对在影片中作战的“谢尔曼”坦克很有兴趣。为了能让你更早地看到，我会用飞机将这部影片给你送去。

对于你生病一事，我感到难过极了。我期望你已经恢复健康。现在我觉得身体好多了，我还想马上开始全部的工作。

向你、罗斯福夫人以及哈利问候，祝愿你们幸福……

总统回复道：

亲爱的温斯顿：　　1943年3月17日

这部名为《沙漠大捷记》的新影片是有关交战双方战况实时拍摄中最好的一部。在这儿的人都非常想看一下。我专门放映了一场给白宫的人员看，由于城里的人都在讨论这部片子，我将在今天晚上专门放映一场给内政部职员看。我知道，各个电影院在十天内都要播放这部片子。而这必定能取得巨大的成功。

我觉得我得了一种昏睡病，也可能是冈比亚热病，抑或是被非洲巴瑟斯特的一种虫子给传染了。我现在一点精神都没有，我已经在床上睡了四天了，并且在这段时间里，我还吃了很多能让我退烧的磺胺噻唑，不过我觉得我的全身跟湿布没什么差别。我觉得从下午两点钟后就开始不舒服了。以这种状态持续了大概一个星期后，我回了海德公园去，并在那里住了五天。在零度那样的好天气下，我的身体完全好起来了。之后的我，就如一只好战的公鸡一样。

我有三个晚上是和安东尼一起度过的。安东尼非常优秀，我们一起聊天，从卢西尼亚到花生的生成，没有我们不谈的。

几乎所有的问题，我们有百分之九十五是可以同时点头。这个事实非常有趣，而且这个平均数也很不错。

他觉得，你应该能将与下院领导之间的关系经营得不错。即便如此，对于你和外交部搞关系一事，我们仍是关心的。让我们担心的是，你为外交部做的这些事情，会在他回来时被否认掉。

请你务必要在这段时间里好好休息，就算是为全世界考虑。如果你想恢复你所有的精力，是必须零零总总地休息大概一个月的时间，这一点请你务必记住。

这里的全部都挺好，哈利也很有精神。

我期望你能将我们报纸上所写的“世界上最坏的病人”这一坏名声给洗掉，也请你告诉丘吉尔夫人，在养病的这段时间里，我绝对可以成为病人的楷模。

祝你平安。

第十八章　西方盟国和俄国

俄国的胜利——英、美的努力——斯大林 2 月 16 日的责备——罗斯福在 3 月 5 日给斯大林的回信——我于 3 月 11 日给罗斯福的电报——详细说明我的资源和部署——和斯大林的书信往来更进一步——芬兰的形势——斯大林 3 月 15 日的来电——3 月 20 日我的回电——在华盛顿，艾登先生和总统的会谈——我们为了保持北极船队运输所做的努力——我与斯大林的通信里有较为和谐的语调出现——卡廷：波兰军官的命运——斯摩棱斯克旁边的集中营——不好的沉默——麦斯基先生拜访——苏波关系瓦解——这事在纽约伦敦没提

东线战事的转折点在 1943 的春天。在全线，敌人早被势如破竹的俄国打退了，这远在打败斯大林格勒的德军之前。德国在高加索的军队分部分撤退，一半退到了罗斯托夫；一半在库班半岛和诺沃罗西斯克上形成了庞大的桥头阵地。敌人被俄国人从顿河一直赶到了顿涅茨河，而这正是去年夏天，希特勒发动攻击时的战线。德国人已丢失掉再往北的地盘，他们一直撤退到莫斯科的二百五十多英里外。这也打破了列宁格勒的包围。在人力、物力上面，德国和其他附庸国都损失巨大。去年被夺取的地方，都已经收复了。对俄国人来说，他们在地面上已经没有优势了。如今基地在英国和非洲的英美空军的实力越来越强,早已成为他们在空中必要的考虑。如果三个盟国都在卡萨布兰卡，那就能一起定一个共同计划，前提是斯大林也可以过来。不过这是无法实现的，因此我们现在的商讨只能依靠电报了。我们将会议上所做的军事决定，在1月26日当天，告诉给他。

罗斯福总统和首相致斯大林　　　　　　　　1943年1月26日

1. 我们和我方的局势顾问曾经举行过会议，我们决定了1943年之前那九个月里的作战行动。关于我们的计划，我们希望能马上告诉你。1943年，我们相信，德国会因为你方有利的攻击和那些作战上的行动而投降。

2. 集中全力攻击，尽早在欧洲战场取得压倒性的胜利就是我们正确的作战策略，这没有什么可怀疑的。现在，为了保持在太平洋方面，以及远东方面的主动权，我们必须充分地向日本施压。除此之外，为了不让日本的侵略行动再继续扩张到别的地区，正如你们沿海的各个省那样，我们必须援助中国。

3. 引开俄国前线上的德国陆军和德国空，以及将更多的供应品运往俄国，是我们的主要愿望。我们会尽全力地支援你们，将物资从现有的各个道路运输给你方。

4. 我们准备在北非建立海军和空军设备，把轴心国从这里赶出去，为了可以

(1) 为军事运输在地中海创立一条可以用的道路；

(2) 保持对南欧轴心国重要目标的凶猛轰击。

5. 我们已准备在地中海开展大范围的两栖作战，而这就定在我们能这么做的最早时刻。目前正在进行准备工作，因此我们需要聚集包括登陆艇和埃及与北非各个港口上的船只在内的大量的军事力量。

除了这些，在联合王国我们还将建立一支美国的陆军，以及空军，并且它们是强大的。这支队伍，再加上联合王国里的英国军队将会再次进入欧洲大陆，而这次的行动时间便是最早的可行时间。也许敌人已对这一切有所了解，但我们对进攻时间、进攻

俄国前线：1942年4月—1943年3月

地点，以及进攻规模的计划，是他们不可能知道的。他们因此必须将陆军、空军调往法国、低地国家、科西嘉、西西里、脚踵形的意大利地区、希腊、南斯拉夫、克里特岛以及多德卡尼斯群岛的各个海岸。

6. 对于盟军在欧洲从联合国轰击德国的攻势，我们会用最快的速度扩大。这样到夏天第二个月的时候，它拥有的力量会比现在的一倍还多。白日轰炸这一计划到现在为止，已经销毁并损伤了德国大量的战机。我们进攻的次数和数量都在增加，无论是白天还是晚上。我们相信，这一方面会严重损害到德国的物资和士气；一方面会快速削弱他们的战斗力。就像你知道的那样，在地中海和西欧那边，我们已经牵制住了一半以上的德国空军力量。德国会因我们多方面升级的轰击攻势和我们的一些别的作战行动，从俄国战线上调走更多的空军和其他军队，对此我深信不疑。

7. 在之后的几个月里，我们准备将日本人从太平洋的拉包尔赶走，在这之后还会继续向日本发动全面攻击。除此之外，为了再次将供应中国的道路打开，我们准备将我们在缅甸的作战规模扩大。我们准备立即将我们在中国的空军人数，做一下提升。为了取得 1943 年对德战争的胜利，我们对可能出现的机会的利用就绝不能因我们进攻日本而受到损害。

8. 利用我们有效的最大兵力，从海、陆、空几方面向德国和意大利挺进是我们的主要目标。

除此之外，我还在归国之后在总统的首肯下，发了下面这些补充说明：

1943 年 2 月 9 日

(1) 现有二十五万德国和意大利的部队在东突尼斯。我期望可以将他们赶走或者消灭，时间上如果不能更早，那也要在 4 月里做到。

(2) 为了清扫地中海，让意大利早日溃败，并对希腊和南斯拉夫造成影响以及将德国的空军力量减弱，我们准备在完成这件事之后的 7 月，或是可行的更早时间，攻下西西里。接下来会有一次作战计划在东地中海进行，而这可能是对多德卡尼斯群岛的进攻。

(3) 我们在这次作战中会用到三四十万人。这其中除了包括我们在地中海所集结的所有船只和登陆艇以外，还包括了如今为登陆进攻而训练的所有部队。出入的港口和登陆的基地一旦建起，我们就会尽量将取得的这一优势利用起来。

(4) 为了 8 月里横穿海峡的这一作战计划，我们正在尽全力地加紧准备。英国军队和美国军队都会参加这次行动。而船只和进攻所用的登陆艇，会成为这一方面的一种限制因素。如果因为天气和其他因素，推迟了这次作战，那9月份就要准备更强大的军力。那时，德国在海峡对面的防御情况是决定这次进攻时间的根本。

(5) 英国首都空军将全力协助横渡海峡的这场战役，并且有大量的英美空军对这两项战役进行援助。

(6) 我和总统已对我们的联合参谋长委员会下令——这次进攻要尽量用到人力、物力，以它们来将其加强，并且要用最快的速度。

几天以后：

首相致斯大林主席　　1943年2月14日

今晚，你们在一连串巨大的胜利以后，又把“顿河上的罗斯托夫已被解放”的这一消息带给了我们。我都不知道该怎么告诉你们——我们对俄国军队的感激和敬佩之情。为了能支援你们，我们将会更努力，这也是我们最诚挚的愿望。

他很快复信说：

斯大林主席致丘吉尔首相　　1943年2月16日

1. 我已经收到你的信件，关于计划里2月12日的英美军事作战计划。有关你对卡萨布兰卡会议的补充说明，我在此向你表示感谢。你的信件让我情不自禁地想提出一些意见，原因正是你所说的——它能代表总统的想法。

2. 对于突尼斯方面的作战计划，从你的来信上就可以明显看出与你之前所预测的不一样。如今你预测的结束时间已不再是2

月，而是 4 月。根本不用我说什么，这个预测是那么得让人失望！在当前，苏军依然能保证总攻势强大而有力的时候，北非的英国军队和美国军队的活跃则比之前任何时候都要重要。若想取得很大的成果，那我方战线以及你们方面则需要一起给希特勒施压。希特勒和墨索里尼将会因这种形势而困难重重。这样就能快速恢复在西西里和东地中海的作战计划。

3. 第二战场的开辟，尤其是在法国创立第二战场，可能要等到八九月份才能完成了。以上这些是可以从你的来信上看出的。我认为，根据如今的形势来看，这个计划中的行动——在西方开辟第二战场——应用最快的速度加以推进，这远远早于你说的日期。为了让敌人没有缓冲的余地，在西线对敌人展开的进攻，必须在春天或者初夏的时候，而不能到下半年，这是非常重要的。

4. 据我们得到的真实情报显示，从 12 月底开始，在英国和美国由于一些原因而放缓突尼斯的作战的时候，德国人已调过来了包括五个装甲师在内的二十七个师到苏德前线，这些师分别来自法国、荷兰、比利时和德国本地。这样不仅仅缓和了希特勒形势，也没因为把德国军队从苏德前线上调走而帮助到苏联。希特勒因为突尼斯那方面的军事的放缓，而得以调来更多的军队投入与俄国人的作战中去。

5. 我们从这儿可以看出，若想早日击败希特勒，我们就务必要尽早地联合起来，并对他在前线上的困难之处，加以利用。倘若不想给德国人缓冲的时间，让他们重新整合军队，并再次恢复元气，那这些是我们必须考虑到的，并且我们应对眼前的时机加以利用，来增进我们的共同利益。我们都知道，这件事如果发生，会对我们造成哪些不利。

我觉得有必要给罗斯福先生寄过去这封信。对于你对罗斯托夫的热烈祝贺，我表示非常的感谢。今天，哈尔科夫又被我们攻下了。

我在生病的时候，接到了这封信。

首相给斯大林主席　　　　　　　　　　1943 年 2 月 24 日

对于你最近给我的来电，我很抱歉没能给你回复。其实我早就将回信拟好了，但是因为高烧而不得不将它暂时搁下一段时间。我想将与全局有关的更多消息在几天之后告知于你。你们将正在进行的战斗进行得很漂亮。在突尼斯的战斗可以说是顺利的。敌人马上就会身陷重围，并且他们已经精疲力竭了。我在此祝福你们。

总统在 3 月 5 日那天，将他给斯大林回信的副本寄给了我：

你在 2 月 16 日的来信，我已经收到。你在信上向丘吉尔先生提出了建议——这个建议是你在回答丘吉尔先生 2 月 12 日给你的来信时，向他提到的。

对于盟军不能按计划在北非采取行动的这件事，我和你一样遗憾。因为大雨的意外降临，山峦和田野都无法行军，我们的部队和给养——从登陆的港口到前线上——简直是步履维艰。因此，不能按计划行事了。

对于这种耽搁会对盟军的共同努力带来的不好影响，我已经完全认识到了。为了将他们消灭掉，我正在采用所有可能的方法，在尽量早的时间行动，对非洲的轴心军队发动积极地进攻。

美国现在的运输工具已广泛散布到了各地，我想你应该很清楚这一点。为了让我们的运输情况有所进步，如今我们正在全力增加船只的生产，这个我可以向你保证。

我清楚，若想减弱轴心国对你们勇敢军队的反抗，就要尽早在欧洲大陆采取军事行动这件事是多么的重要。美国会在北非胜利之后，在我们为了供应运输便利而用了极大的努力时，会马上向欧洲大陆投入他们的军事力量，这一点你是可以相信的。

让你们勇猛的军队持续取胜是我们所盼望的，而我们每个人也会因此受到鼓舞。

对于我们所有的情况，我觉得都应该用我自己的话来说明。

首相致斯大林主席　　　　1943年3月11日

1. 对于罗斯福先生于2月16日给你的信件副本，已被他寄送给我。我如今已经完全恢复了，并且可以自己回信了。

2. 使用名字是“火焰”的作战计划对轴心部队进行清除，是我们的首项任务。这一计划，我们盼望能在4月末完成，那时，将有大概二十五万的轴心部队被我们套牢。

……

3. 在12月，英美已经放弃了一口气攻下突尼斯与比塞大的想法。而这都是因为敌人的自身实力、马上来临的雨季、土地的湿软，以及那五百英里从阿尔及尔伸出的交通线和一百六十英里从博尼伸出的交通线。而它则是由法国人那个要走一个星期的单轨铁道和恶劣的道路一起组成的。我们的陆军部队因为敌人在空军上的力量和来自潜艇的攻击，只能够从海上获得小范围的供应。如此，在前沿地区就无法进行汽油以及其他供应品的储备了。而它们实际上只可以保证当地原有的军队。由于临时修建的机场变成泥沼，空军方面如今也是这样了。在我们停止进攻那刻，还有意大利人，与之前就在的黎波里的隆美尔军队，以及四万左右的德国人在突尼斯。如今，已将北突尼斯的德军增加了一倍以上，并且还有人员被迅速地用运输机以及逐驱舰运往那里。某些地方在上月末受到了极大的损失，不过如今已恢复过来。我们期望蒙哥马利部队的提早到达，可以弥补因那些挫折而造成的耽搁。他将在3月末以前拥有六个师——二十万左右的人数——而且物资充沛，由的黎波里向马雷斯阵地发动攻击。蒙哥马利于3月6日将隆美尔先行发起的进攻打退，且重创了它。蒙哥马利的此次作战，会得到在突尼斯北部的英国军队，以及美国军队的配合。

6. 我认为你应该是想知道以上这些关于它的细节的，尽管此次战事的规模与你指挥的那些巨大的作战行动相比是那么的小。

7. 关于去年11月之后，参谋人员推测，由法国与低地国家往苏德前线派出的一半德国师，已由俄国和德国的师取代了一大部分，由新编的法国师取代了一部分。他们推测在法国和低地国家，还有三十个德国师。

8. 关于我们或通过地中海，或通过英吉利海峡对欧洲所有的力量进行进攻的这个秘密的情报，我非常希望你可以准确地知道，当然，这只能让你一个人知道。大部分的英军都在北非、中东一带，并且从客观角度来讲，将他们从海上调到英伦三岛基本是不可能实现的。在4月末的时候，我们一共会有十四个师。其中包括蒙哥马利将军的大概六个师、我们将在突尼斯有二十万左右的人、两个从波斯调过来的并且受过特训的英国师，以及本国为支援攻打西西里所派出的那一个师。在中东，我们有机动的英国师有四个、波兰师有两个、一个自由法国师与希腊师。我们就等于有四个常备军力在直布罗陀、马耳他以及塞浦路斯。为了能在雨季后完成缅甸的收复和将和中国的交往道路——“安纳吉姆”作战计划——重新打开，我们在印度除了驻守军队和边防军队外，还有十个或十二个师被编成或正被编成。如此，从直布罗陀到加尔各答这片长达六千三百英里的宽广地区中，在这些散布的军队中，就有三十八个师是由英国指挥的，并将强大的装甲军队，以及恰当比例额的空军都包含其中。而1943年积极又明确的任务，已给此处所有的军事力量布置好了。

9. 推测英国一个师，大概会有四万人。其中包括了所有辎重、作战以及补给线军队的实力。在联合王国里，余下的十九个左右的师、本土的四个防卫师以及四个补充师，而在8月里，准备应用于越海作战的就有这其中的十六个师。你必须思考一下，如要想要我们这四千六百万人生存，那我们就不能离开皇家海军与商船，也就意味着我们不得不将维持皇家海军和商船放在首要位置。其次便是我们那支庞大的空军——它的人数可达十二万左右，另有在军火方面、农业方面以及防空方面所需要的人员。如此一来，就吸收了国内所有的成年男女。

10. 美国在去年7月的时候，为了对法国发动攻击，曾准备往联合国派二十七个师，一个师大概有四至五万人。自当时起，他们已经给“火炬”作战计划派去了七个师，并且还有三个师马上就会出发。而在我们国家，如果将那支强大的空军排除在外的话，就只有一个美国师了。这倒不是在抱怨美国的努力。也是因为我们的手上毫无护航力量，并且也没有运输用的船只，才让他们履行的义务远低于去年所盼望的那样，而不是没有军队造成的。事实上，我上面所说到的军力，在这段时间里绝不会被运往联合王国的军力超过的……

在将对德轰炸的情况描述完毕一段后，我便开始结尾：

11. 对于跨过英吉利海峡发动进攻一事，我本人和总统都热情地盼望着我们的军队，可以加入到你那些正在进行，且威力惊人的欧洲全面战争中去。我们已将联合王国的人口计划减到了最少，并且已经在消耗我们的储备了，而这都是为了保持北非、太平洋和印度的作战行动，以及向俄国送去供应品。倘若敌人削弱到一定地步，那在8月之前，我们就打算发起进攻，并且我们每个星期都会调整计划。倘若在敌人力量没有削弱的情况下，我们就用人数不多或无法与敌人相比的军队，向敌人发起不成熟的进攻，那等待我们的只会是惨重的失败。如果当地人民也站起来的话，那就会引起纳粹对他们的报复，让敌人获得一次巨大的胜利。只有在进攻前才能判断海峡的形势。请你不要将这篇我给你做为参考的，关于我们意图的声明，理解成我对我们自由决定权的限制。

* * *

很明显，将轴心部队快速地清理出北非，以及加强对德的空战，就是我们能为俄国人做的最有效的帮助。而第二战场的要求也再次被斯大林重复了。

斯大林主席致丘吉尔首相　　1943年3月15日

很明显，英方和美方不但没有加紧在北非的作战行动，还把它推到了4月末。并且对这个日期也不是非常确定的。如此一来，在二、三月里，在我们与希特勒军队的战争发展到最尖锐的时候，英方和美方不仅没有将在北非的攻势加强，还不能将其全部展开，你们还推迟了自己为战场作战行动所定下的时间。为了对付苏军，德国在这期间，将包括六个装甲师在内的三十六个师从西方调了过来。可以清楚地看出，这给苏德前线上德国带来的缓和有多么的大，给苏军带来的困难又有多么的大。

我必须提出我的意见，西西里是不可能取代法国第二战场的，尽管我对它的重要性有了绝对的认识。但是，对于你们准备将这一作战计划加快一事，我自然是欢迎的。

如今我和以前一样，认为赶紧在法国开辟第二战场是最主要的任务。你是否记得，在1942年，你就承认是有可能会开辟这样一个战场的，你还表示不管怎样，这都会在1943年的春天之前。这个说法是有真实的原因的。所以我当然在之前那封信中着重指出，必须要在今年春天或者初夏之前从西方发起攻击。

目前苏军依然在继续奋勇作战，而这个冬季，它们完全是在奋战中度过的。为了在春季和夏季和苏联作战，希特勒已采用了很多的重要手段来对他们军队进行补充和增加。现在这个状况下，不推后西方的进攻时间，并在春天或初夏的时候发动攻击，已成为我们所认为的最重要的事了。

对于你在第 8 段、第 9 段以及第 10 段中所提到的，在欧洲，英方与美方作战困难一事，我已进行了研究。这些困难我是认可的。就算这样，以我们的共同事业为出发点来看，将在法国开辟第二战场的计划再一步地后退会产生的危险是相当大的，而这一点我觉得我有义务提醒你，并且是用最强烈的态度。让我极其忧虑的是你在关于英美筹划越过海峡进行攻击的那份声明中模棱两可的态度。我觉得我对此不能再继续沉默了。

*　　*　　*

这个时候，因为苏联在春天的对德攻势取得了胜利，俄国政府对英方和美方外交部就战后俄国西部边境的安排问题进行了试探。对于所有暗指承认俄国在波罗的海沿岸国家的地位的观点，都让美国的舆论十分敏感，并且华盛顿也在很大程度上支持了芬兰的问题。美国为了让苏联从战争中脱身，曾建议把与苏联进行调停的地点定在芬兰，不过这个提议被俄国拒绝了。

斯大林主席致丘吉尔首相　　　　1943 年 3 月 15 日

美国大使斯坦德利海军上将于 3 月 12 日代表美国政府，将下面这封信递交给莫洛托夫先生。信件内容为：“为了探究单独合约的可能性，美国政府愿意充任苏联和芬兰之间的调和人，并进行排解。”美国政府被莫洛托夫问道，是否了解芬兰期望和解，还有它的真正态度。对于这个问题，斯坦德利海军上将还不能发表看法。

对于 1942 年 5 月 26 日签署的英苏条约规定——我们双方均不能为与德国以及其他盟国签署单独合约而举行谈判，除非得到双方的认可——大家应该都是知道的。我觉得这一原则应是基本且不能改变的。考虑到这一点，我觉得我有义务将美国的建议先告知于你，而后咨询你对这一问题有什么看法。对于芬兰期望和解，并且要和德国一刀两断，以及有心提出可以接受的条件一事，并没有能让我信服的理由。我觉得，尽管芬兰有心逃出希特勒的魔掌，但现在它还在希特勒的掌控之中。芬兰和希特勒决裂的可能微乎其微——在芬兰如今的政府和苏联签署合约后，还能撕毁合约，并且联合德国一起对苏联进攻之后。虽然如此，但是考虑到美国政府所提的建议，我觉得我有责任告诉你上述内容。

于是，我发出了下面这段回复：

首相致斯大林主席　　　　1943 年 3 月 20 日

如果现在让芬兰从对德战争中离开，可以给你方前线带去多少好处？你最好推断一下这个。我觉得这样做会让苏联可以抽出更多的师来用往别处，并且抽出师的数量要大于德国。除此之外，希特勒的其他附属国也会因为芬兰离开轴心国而影响巨大……

整体上来讲，我以为要让芬兰尽快退出战争，就必须让芬兰对德国战败深信不疑。若是如此，那我觉得现在的时机已然成熟了。你完全可以对美方提出要求，要它对芬兰方面所打算接受的条件进行探索，并且不能将你方的意图透露出去。不过，仍是你自己可以决定正确的策略。

*　*　*

我们在运输上的力量，因我们为西西里所拟的计划而紧张起来，并且可能不得不推迟运输船队开往俄国的时间。美国人通过还在华盛顿的艾登先生，和我们对这个问题进行了商讨。

艾登先生致首相　　1943 年 3 月 19 日

我在今天早上会见总统的时候，将你那个关于前往俄国运输船队的信息，告诉给他了。在考虑到敌人的部署后，他也觉得应该将 3 月份的船队推迟。不过，对于在西西里战事完毕之前，是否不再启动运输船队这一问题，他如今仍不能确定。他觉得这个对斯大林来说，也是一个严重的打击。他还觉得，在近期的几个星期里，若是敌人集中的军力有分散的情况，那不管是因为什么原因,我们的船队都能因此而继续前进。总的来说,对于这个问题，他会对其进行进一步的全面思考，马上就会亲自给你写信。

总统收到了一封来自斯大林的信，它是蛮横的，正如你所收到的那样。这明显就是他事先估计到的。

第二天，收到了一封这样的信：

罗斯福总统致前海军人员　　1943 年 3 月 20 日

从军事上来说，在知道 3 月份运输船队的路上已集结了德国的海空军之后，再也找不到让它按时出发的理由了……这个消息，我们自然要在三四个星期后告诉斯大林，说为了作西西里岛的战前准备，我们将在八九月之前暂时停止去往俄国的运输船队。不过我觉得这个不好的消息，还是暂时不要告诉他比较好。况且，之后四五个月的形势，我们谁也无法预料。

*　　*　　*

有一种特别和谐的语调，不知不觉地就出现在了我和斯大林现在的通信里。

斯大林主席致丘吉尔首相　　1943 年 3 月 27 日

你有关突尼斯那场重要战斗的消息，我已经收到了。英、美两军能快速取得全部的胜利是我所盼望的。现在，我期望你能将敌人击败并摧毁掉，将他们从突尼斯彻底赶出去。

毫不手软地将对德的空军攻势加强也是我所盼望的。对于埃森的破坏情况，如果你能将其照片寄给我，我会非常感激你的。

斯大林主席致丘吉尔首相　　1943 年 3 月 29 日

我对这次英国空军轰炸柏林取得的新的巨大胜利表示祝贺。

对于突尼斯形势好转一事，我期望它可以充分地被英国装甲部队利用，一点缓冲的机会都不给敌人。

你寄给我的那部《沙漠大捷记》影片，我在昨天和我的同僚一起观看了。这部影片给人的印象很深。它对那些说英国置身事外、完全没有战斗的不耻之人——这些人中也有是属于我国的——进行了谴责，也对英国正在如何作战作了很好的说明。对于那个记录了你在突尼斯取胜的类似影片，我将急切地等待着它的到来。

这部《沙漠大捷记》的影片将广泛地放映在我们前线的全部军队中，还有我们的普通民众中。

我觉得，现在是时候将那个有关运输船队的坏消息宣布给他了。

首相致斯大林主席　　1943 年 3 月 30 日

1. 在纳尔维克，德国人已经聚集了一支包括“提尔皮茨”号、“卢佐夫”号、“沙恩霍斯特”号，以及一支有着八艘驱逐舰和六英寸大炮在内的强大战斗舰队。因此，去年 7 月 17 日，我在信中向你说到的，开往俄国的运输船队会经受的危险将再次上演，且更加凶险。由于德国的飞机和潜艇会以海岸为基地，对巴伦支海的舰队发起攻击，并且我们的保卫力量也不足以对付这两种攻击。因此，我不觉得我们本土的舰队应该冒险开去巴伦支海。这个想法我之前就对你说过。我还表示，只要我们最新的战列舰中有一两艘受到损伤，就等于我们受到了重创，如果德国舰队中的“提尔皮茨”号，以及别的大型舰只依然具有作战能力，那将损伤到我们在大西洋的所有制海权，而我们的共同事业也会因此，遭受到骇人的恶果。

2. 所以我本人还有罗斯福总统以非常勉强的心情做出了决定，我们没有足够的能力可以保护下次开往俄国的运输船队。在了解德国打算将他们消灭的意图，而又无法保护它们的情况下，所有船只都没有办法完成你方的期望。于是我们下令将准备在3月启程的运输船队的时间推迟。

3. 对于必须将这次运输船队的开航的时间往后延迟一事，我本人和罗斯福总统失望极了。我本来已经决定在3月内以及5月内的时候，给你们派去两支拥有三十艘船的船队，但都因为德方的集结而打乱了。同时，我觉得有必要让你知道，从北路行驶的运输船队，在五月开始的时候，就不能再继续行驶了。因此，我们从那时候开始，对于我们在地中海进行的进攻战斗，我们必将利用所有的护航舰来对它们进行支援。这样，能用来保护大西洋生命线的力量就只剩下限度的最低了。另一方面，在过去的三个星期中，我们几乎遭到了空前严重的损失。我们想在9月开始的时候将去往俄国的运输船队恢复，不过前提是，西西里那边可以进展顺利，可以在德国进行主要军舰的部署，以及北大西洋的形势可以让我们提供必要的掩护空军和护航的舰只。

4. 对于增加给南路的物资供应一事，我们正在全力去做。之前六个月里供应数字，每月都增加了一倍多。我们有理由期望该数字会如此地持续增加下去，以及会在8月的时候，达到二十四万吨。如果可以实现这一数字，那十二个月的运输量，每月都会有8倍的增长量。除此之外，对于取道符拉迪沃斯托克的运输量，美国也会做很大的增加。对于你我对北路运输队暂停一事上的失望，这些还是可以消除一点的。

斯大林主席致首相　　1943年4月2日

你于3月30日的来信，我已经收到。我也从那知道，因为实在没有办法，罗斯福总统和你将会在9月之前，将前往苏联的运输船队停止。

这个出人意料的行动，让我觉得是，英方和美方要对供应给苏联的武器和军用原料进行锐减。原因是，第一，取道太平洋的运输不只受着吨位上的限制，还不可靠；第二，在运输量上，南路那边非常的少。以上所说的那两条道路，也是因为这一点才无法对北路的停运进行弥补。

苏军的形势必然会因这一情况而受到影响，而这些，你应该知道。

首相致斯大林主席　　1943年4月6日

1. 对于那份你关于运输船队的电报，我承认是有道理的。我会为了改善这一情况而用尽全力，这一点我可以向你保证。对于俄国军队所肩负的巨大责任，和他们在共同事业上所作的超凡贡献，我深有感触。

2. 为了极大地破坏克虏伯工厂，让它再一次受到有效的轰炸，我们在星期六的时候，向埃森派出了三百四十八架重型轰炸机，并向那里投了九百吨的炸弹。除此之外，这个城市之前没有受到多少破坏的西南边，也让我们变成了废墟。有五百六十七架飞机在昨晚参加了行动，它们将一千四百吨炸弹投向了基尔，而这里面基本都是轰炸机——只有一百六十六架不是。我们这次轰炸的猛烈程度可谓是之前完全没有过的。不过，我们盼望本次的轰击可以正中要害，尽管云层的厚度超过了我们之前的估计。美国用飞行堡垒所进行的白日轰炸的效果，已经一天比一天好。又开始在巴黎旁边活动的雷诺工厂，在昨天受到了他们的攻击。在白天，他们不止能将这种轰炸在高空进行得出色而准确，还能引得敌方的战斗机前来进攻；并在进攻中用飞行堡垒的重型武器击毁了很多敌方战机。美国的四架轰炸机和英国的三十三架轰炸机，都损失在了这三次尝试里。在寻找目标上，我们也更有信息，同时我们对德轰击的规模也在越来越大；而以上这些，都有必要让我再重点强调一遍。

3. 本星期，突尼斯将开始它的全面战争。而包括英国第一集团军、英国第八集团军、美国军队和法国军队在内的人员都要照安排参加作战。敌人正在打算退回他们的桥头阵地，这是他们最后的阵地。他们对此的破坏已然开始，并且将海岸大炮从斯法克斯拆除。在马上到来的压力之下，敌人一定会撤退，并且可能会马上退到那条他们开始在哈马马特湾内安菲达维尔那建筑工事的战线上。目前，他们在北突尼斯所攻下的主要战线可以和这个新的阵地合起来。这个新阵地面朝西方，它的左翼在离比塞三十英里左右的地中海上。而对于这个左翼，我们也会进行攻击。我会将我们的进展情况对你进行实时的报告，这其中还包括——在所谓的“隆美尔集团军”抵达桥头这个最后的阵地之前，我们是否能将其大量军队所截断的这一情况。

4. 希特勒冥顽不灵，海尔曼·戈林师和德国第九师正被他派往突尼斯。他们的运送主要依靠运输机，使用到至少一百架的大型飞机。挺进且抵达的是这两个师前锋。所以，那去掉途中牺牲人员的二十五万兵力，会被他们安排在突尼斯顶端的地方并展开顽强的防守一事，将是我必须预测到的。在人数和装备上，我们的军队都有很大的优势。为了防止敌人像在敦刻尔克那样逃跑，我们在不断对这个海港进行猛烈的空中袭击的时候，也在各个方面准备着。尤其重要的一点便是西西里作战的利益。当我们在大概一个月之后成了突尼斯与比塞大的主人时，可以让物资供应的船只从地中海行驶，是我所盼望的，因为这样就能将我们去埃及和波斯湾的时间缩短。

对方的回答和以往相比，已是友好的了。这说明我的详细解释和说明不是完全没有意义的。

斯大林主席致丘吉尔首相　　　　　　　　　　1943年4月12日

对希特勒和墨索里尼作战来说，英美快速展开在突尼斯的挺进是一次极大的胜利。我期望你们可以将敌人消灭掉，并且多多俘获敌人以及多从敌方夺得战利品。

我非常高兴知道你没有给希特勒缓冲的机会。如今，我们正在从空中袭击东普鲁士的德国工业中心，而这一行动是和你们对德国的各个大城市展开猛烈而成功的轰击同时进行的。感谢那些对埃森轰击结果说明的影片。这部影片和你承诺会寄过来的别的影片，都会广泛地放映给我们的军队和群众看的。在取消了运输船队的计划中，你们准备运一些战斗机过来，这对我们来说价值极大。我很感激你提议给我们那六十架配备着四十毫米口径炮的“旋风”飞机。我们非常需要这种飞机，尤其是在和重型坦克作战的时候。我期望哈里曼先生和你，为能运送飞机给苏联所做的努力，都能尽快地取得成功。

对于英国人民对你提出的援俄基金所持的热情态度，我国的人民甚是感激。请对你那位主持基金的夫人表示我的敬意，对于她在这方面所做的不懈努力，我表示感谢。

*　*　*

流落在伦敦的波兰政府如今已和苏联政府出现了决裂。数以万计的波兰人，在波兰被德军和苏军攻占，在 1939 年 9 月里宾特洛普和莫洛托夫签署协议之后，曾经向并没有和波兰打仗的俄国人投降，并被俄国人拘押起来。其中的很多人，已被按照之后纳粹和苏联之间所签署的某些协议而交给了德国人，用来给他们做被迫的劳动力。而军官级的俘虏，根据日内瓦公约来说，是不能被这样对待的。那一万四千五百名被拘押在斯摩棱斯克地区的三个苏联俘虏营里的波兰人中，军官人数有八千名。这些军官中，有许多是包括工程师、大学教授以及被策动去服预备役的有名的知识分子。有关这些俘虏存活的消息在 1940 年春季之前，还能陆陆续续地听到。但从 1940 年 4 月开始，这三个俘虏营就被沉默包围了。那里所居住的人，在十三四个月中没有丝毫的消息。一点信件和信息都没有从那里发出，没有人逃逸，也没有听到有关他们的一点报道，尽管他们一定在苏联的管辖范围里。

在 1941 年 6 月 20 日[①]，当俄国突然受到希特勒的攻击的时候，波兰和俄国之间的关系马上就发生了改变。他们变成了盟国。之前一直在俄国的监狱中，被以鞭打等残酷条件下所拘押的安德斯将军和波兰其他的将军，如今都沐浴更衣，被释放了，而且还受到了欢迎。除此之外，他们还出任了被苏联以抵抗德国所组织起来的波兰军队中的高级指挥官一职。这三个集中营中众多军官命运是这个波兰人一直所担忧的。如今，这些军官对这支新组成的波兰军队来说，可谓价值连城。因此，为了让他们能够加入这军队，向俄国提出要求，要求释放他们。目前，征集来的军官中没有一个是从那三个德国掌控下的集中营里出来了，这四百名左右的军官都是从俄国别的地方所征集来了。对于波兰人的屡屡盘问，他们的新战友完全无法回答。现在，波兰的

① 照原文翻译，其实应该是 1941 年 6 月 22 日。——译注

领导们已可以和很多苏联里有威望的人亲近以及一起工作了。并且，在对自己的军队进行组织的时候，也得到了他们的帮助。在很多的场合，这些波兰人都很容易看出苏联军官的窘态；可是，他们从没有见过那一万四千五百名被关在那三个集中营中并且还活着的军官，也没有听到有关他们的消息。而这必然会在波兰和苏联之间引发猜忌和摩擦的。

战争，还在持续着。这几个集中营所在的地方依然被德国占领着。好像又过去了一年。

西科尔斯基于1943年4月月初，到唐宁街十号去吃午饭。他告诉我，对于被苏联所囚的一万五千名波兰军官还有别的一些俘虏被苏联谋害一事，他已经有证据可以证明了。这些人被埋在一个大坟墓里，而它在以卡廷为主要中心的树林中。他手上有相当多的证据。我对他说："若是他们已经死了，那么你是没有办法让他们重新活过来的。"而他回答说，他们已把所有的消息都给了报界，对于他的人们，他无法不让他们说话。在伦敦的波兰内阁并没有将他们的企图告诉给英国政府。不过4月17日的时候，他们将一项公报公布了，上面称，他们已经和瑞士的国际红十字会商量好了，让它往卡廷派一个代表团来调查现场。波兰派驻在苏联的大使于4月20日，受自己国家政府的命令去征询俄国人，对德国人的说法持什么样的看法。

德国在4月13日以无线电对苏联政府进行了公开的指责，说那一万四千五百名集中营里的波兰人是被它所谋害的。德国还建议举行一次现场的国际调查，调查这些人的命运。我们不可否认的是，这个计划让波兰政府很上心。可是，在日内瓦的国际红十字会声称，光凭德国人的主观判断，还不能够让其开展任何调查，除非苏联政府提出相关的要求。于是，德国人自己展开了调查。而该调查委员会有从各国所抽的专家在德国的掌管下组成。这个委员会对此做了一份具体的报告，报告中说至少在那个万人冢里发现了一万具尸体。并根据他们携带的书面证据或在坟墓上种着的树木的年轮表示，这次行刑发生在很早的1940年春天，那时是苏联控制着这个地区。

最后，卡廷这地方又在 1943 年 9 月被俄国人攻占了。有关波兰人命运的这个问题，在将斯摩棱斯克收复之后，会安排一个委员会去调查此事，这个委员会里的成员将全部是俄国人。1944 年 1 月，他们发出了报告。报告称，这些被囚禁的波兰人是被德国人杀害的——当时，这三个集中营因为德国人的迅猛进攻，而没有时间撤退，最后落入了德国人的手里，被他们杀害了。这种说法要让人相信，即是让人承认事实如此：波兰的这一万五千名从 1940 年开始就不曾有过任何记录记载的军官和士兵，于 1941 年 7 月时被德国人俘虏，并将其杀害。而且，俄国的政府、波兰在俄国的领导以及波兰的地下运动都没有收到任何一个逃出来的人的报告。我们想起了因德国人进攻而造成的巨大混乱，如此看来，在德国人临近那里的时候，看守集中营的警卫务必会逃走，并且俄国和波兰在之后的合作阶段有一连串的接触。如此看来，对这个说法的相信与否，就要看我们是什么信仰了。

* * *

为了能在我的小别墅里过一晚，我到恰特威尔之后，进行了一次不常有的访问。在那里，我接到了有关苏联大使即将要过来见我的电话，那时他们已在途中了。来的时候，麦斯基看起来非常不安。他将一封斯大林的信给我带了过来，信上说，他要马上将 1941 年的协议解除，因为波兰在伦敦的政府不仅发布了那个说波兰被俘军官被俄国大规模杀害的可恶指责，还表示了支持。我表示，波兰人无论是认同这种说法，还是按这种说法去做，都是不理智的，对此，我是这样认为的。不过我真心希望他们和苏联之间的关系不会因为这样的一个大错而决裂。按照这个意思，我给斯大林拟了一份电报。接着，麦斯基对这一荒谬的控诉进行了争论。他说出了很多的理由，来证明事实上这一罪行不会是俄国所做的。有关这个问题的很多的说法，我已从各个方面听说了，可是对于这个问题的实情，我并不准备去讨论。于是我说，现在不是我们发生争执和互相控诉的时候，而打击希特勒才是我们现在要做的。可是，波兰政府和俄国之间并没有因为我的所言所行而改变决裂的命运。这种决裂引起了麻烦。但不管怎么说，很多的波兰军人和家属以及孩子，已经被我们从俄国弄了出来。而这一慈善的行为依然时不时地进行着。在波斯，我还组织且装备了上那三个波兰师，而安德斯将军则是他们的指挥。

在纽伦堡，对德国战犯进行审判的时候，那些在卡廷被害的波兰人也出现在了对戈林和其他的人的起诉书中。可是，他们将德国查出的白皮书上呈了法庭。有关该问题的各个战胜国政府决定，不用讨论这个问题。因此，以后都没有进行过有关卡廷的这一罪行的详细调查。这个让人们广泛知道的可怕消息，苏联政府并没有利用这个机会将它从自己身上抹去，并且他们最后也不曾将其加在德国政府的身上。在那时，一些重要的德国人物在被告席上接受这审讯，而这个审讯关乎他们的生死。卡廷并没有出现在纽伦堡国际法庭——在有关纳粹德国对待战国俘虏的那一节——最终的判决书中。也是因为这样，每个人都有权利得出自己对这件事的判论；并且，在那些如今仍然在外面漂泊的波兰首脑所出的书中，也必定少不了有关的材料，尤其是那些来自安德斯将军以及米科来契克先生的书。在战争之后，米科来契克先生才加入了波兰的第一届政府，他是前任的总理。

第十九章　突尼斯的胜利

实际的指挥官由亚历山大将军担任——他于2月27日给我的电报——蒙哥马利将军前进到马雷斯防线——开始进攻——“吉布”——3月21日，蒙哥马利的电报——敌人转移右翼——德意军队撤退——阿卡利特阵地受袭——4月6日，蒙哥马利的电报——亚历山大更改计划——在安菲达维尔对面，第八集团军停止挺进——亚历山大于4月22日开始主要进攻——4月30日他给我的电报——我在5月3日对斯大林的说明——亚历山大的全面进攻——美国人挺进比塞大——敌军开始崩溃——俘获五万人——我于5月10日对亚历山大的祝贺——在5月11日给艾森豪威尔将军的祝贺——在5月12日给吉罗的祝贺——坎宁安海军上将对海上全部的撤退进行阻止——海军的卓越战斗——地中海再次通航——掌控了北非沿岸——战胜的范畴——二十五万的俘虏——我收到一份来自国王的亲切来电

在2月的最后一个星期，亚历山大将军出任了全线的指挥。这个时候，依据卡萨布兰卡协定，特德空军上将接管了盟国的空军。此时，突尼斯那方面的战斗正进行到了最紧张的时候。艾森豪威尔将军拥有着最高的职责，可他无法在距离四百英里左右的阿尔及尔总部，对这场由美国、法国以及英国军队展开的性质复杂，而且有极大变化的作战行动进行指挥。在当地，务必要有一个人承担指挥的工作。现在，这个受领全部权力的人，已经抵达了。

亚历山大将军致首相　　　　　　　　　　　　1943 年 2 月 27 日

我在美国与法国的前线上停留了 3 天，现在才回来。由于敌人在北面的行动，我们正做的整理、改编和重新组合的工作有了稍微的耽搁。总的来说，需要经验的是美国，需要武器的是法国。为了给美国人进行战争技术上的指导，并帮助他们在战斗上进行的训练，我已将现有的最好军官派给了他们。我已经向本国和中东发了电报，当然这是为法国人所发的。在电报上，我要求他们通过空中运输的方式，将轻装备和重要的武器运到这里。而我，也在自己可以做到的情况下支援了他们。美国人已因敌军在南方的战败，和我们对以前阵地的收复而有了精神。为了将主动权赢回，我已下令在南方开展进攻行动，该行动是激烈的小规模进攻。坦白地说，在我看到这里所有的形势时，我感到惊讶极了。虽然对于事态的真实情况安德森本该马上弄明白，并且开始进行如今我所做的所有行动，但是，他在 1 月 24 日才刚刚出任全线的指挥一职。

现在，全部军队被我改编成了三部分：由安德森指挥的法国和英国军队；由弗里邓德尔指挥的全部的美国人；以及由蒙哥马利指挥的第八集团军。

即便我不想让你失望，当前也不是北非的最后胜利时刻。我们还需要做极大的努力，无论是在陆地上还是在空中。什么也没有艾森豪威尔将军的帮助大。

我很高兴你的身体有所好转。我将最美好的愿望送给你。

* * *

蒙哥马利在的黎波里港完全起作用之前，只能带领他军队的一部分向突尼斯前进。一旦卡塞林战役结束，他就一定会受到隆美尔的攻击。

因为考虑到这一点，所以他将第七装甲师、英国第五十一师，以及第二新西兰师这三个前进梯队布置在了梅德宁旁边的阵地上。雷区和铁丝网已经没有时间去布置了，不过已经布置了不低于五百门的反坦克炮，行动已经准备好了。

蒙哥马利将军致首相　　　　　　　　　　1943 年 2 月 28 日

第十军已经将他所有的运输工具夺了回来，如今他正由班加西朝前行军。3 月 10 日，所有的前锋将抵达的黎波里，别的人也会陆续达到。第十军将在 3 月 19 日与我一起集中在前沿地区。为了可以和隆美尔在现在的阵地上作战，我正在采用那些必需的行动。若是他妄想在我准备好将他的进攻恢复之前做出龌龊的事情，那他就会被我赶出去。由于我现在的阵地正是在我不久后进攻马雷斯时所用到的阵地，因此，我准备守住它。

隆美尔于 3 月 6 日，使用全部的三个德国装甲师，进行了四次规模很大的进攻。它每次进攻都被击败了，并且损失惨重。受到炮火损伤的五十二辆坦克在敌军撤退后被留在了战场上。我们受伤及死亡的人数共有一百三十人，可我们没有损失一辆坦克。像这样密集的反坦克炮的威力，之前从来没有在对付装甲部队的时候出现过。这次怕是隆美尔在所有非洲战争中，失败得最严重的一回。对于他来说，这是他在那儿的最后一次战斗。他在不久后被送回了德国，成为一个病人。而接下来的指挥工作就有冯·阿尼姆来出任了。

如今，为了将敌人主要的防线——马雷斯防线——包围起来并实施攻击，第八集团军正在往前进军。为了防止突尼斯被意大利入侵，法国人在战前修筑了这样一条防守系统——它有二十英里长，而且组织严密周全。如今，竟然是意大利在这个地方防守，为了应对英国人。在它靠近大海的尽头，险峻的瓦帝基佐是主要防线——正面一道对付坦克的坚固的屏障。继续向南，有用混凝土盖的炮楼；有用来对付坦克战壕的铁丝网，一直从前线到迈特马泰的山丘方才截止。除非得到那条可以从特巴戈山通往梅拉布山之间的弯路，否则迂回行动是不可能实现的。以前，法国人说这条道路是不能过车的，但在1月的时候，远程沙漠空军大队曾对此进行过勘察，认为是可以行车的；当然，这也许要很困难。在全部非洲的战役中，这支有着高度机动化且坚强的勘察部队做出了很多非常有价值的贡献。敌人明显不是在做梦，在这个隘口，他们已修建了工事，并且还让德国装甲师和意大利步兵占据着此处。不过，考虑到马雷斯阵地上那包括了两个德国师的六个师防守，以及作为后备的第十五装甲师等这些前线实力，同时为了将这个隘口突破，并且在敌军的主要前线后面可以有个立足之地，蒙哥马利便将一支从侧面出击的纵队包含在了他的计划里。

我们需要准备两个星期才能对这种坚固的防线实施一次谨慎的进攻。加夫萨此时已经被美国第二军收复了，他们开始往东前进。在整个马雷斯战役中，他们虽是没有突入沿海的平原，却将德国第十装甲师给牵制在了这条战线上。勒克莱尔先生于3月10日也受到了激烈的攻击，那是一支在空军援助下由炮队和装甲车所组成的联合力量。法国人损失很大，他们将阵地死死地守住，再加上皇家空军的帮助，成功击退了敌军。

如此就将在马雷斯防线上战斗的舞台给布置好了。我们用“拳击家”作战计划来称呼这次作战行动。为了将道路铺好，我们已经下达命令，开展猛烈的白昼轰炸计划。可是，因为天气的恶劣，非得等到20日之后，这一轰炸机才能展开活动。第二百零一警卫旅在3月16日展开的一场初步进攻证明了这将会是失败的，并且还需要很高的代价。关于这个计划的别的部分，蒙哥马利已加快了实行速度。他在19日晚上那次迂回行军的过程中，派出了一支包括第二新西兰、第八装甲旅以及一个中型炮兵团组成的军队，该军队由弗莱伯格将军率领。他们是在20日晚上，也就是第二天

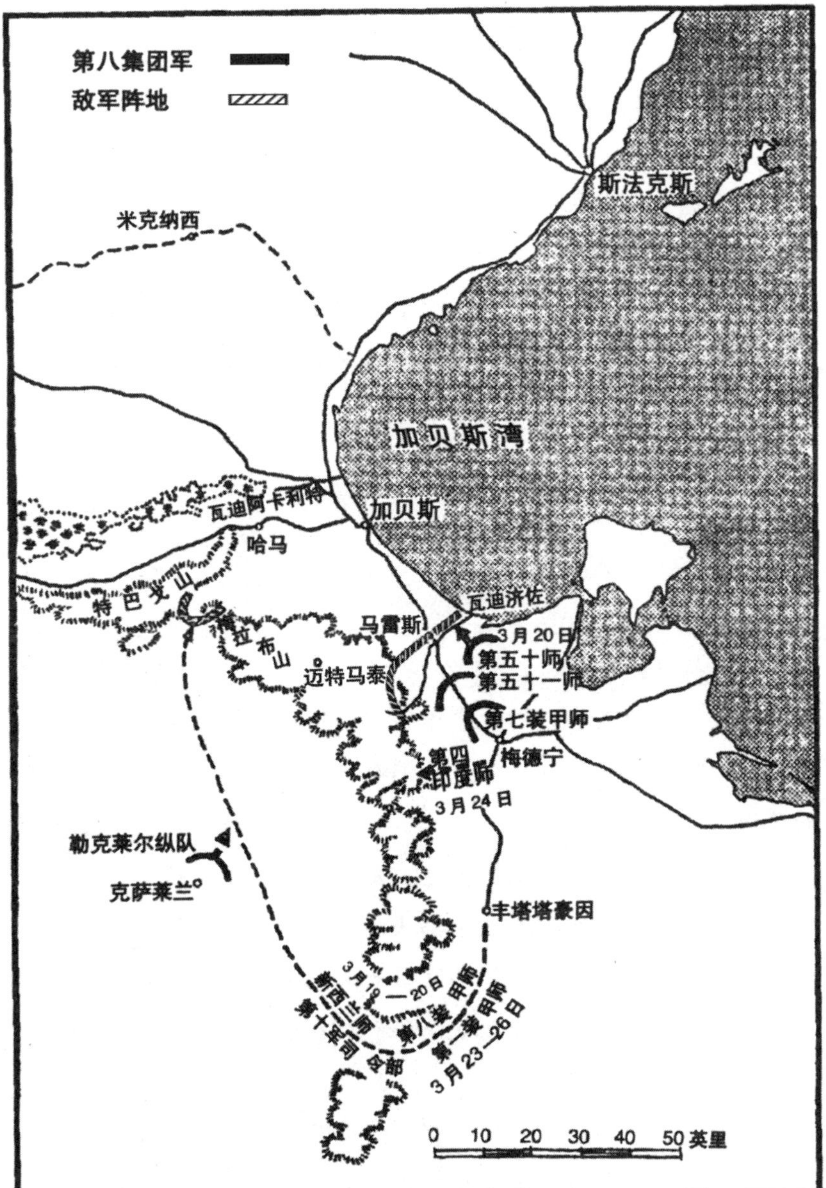

强攻马雷斯防线 （照原图译制）

的时候接近峡道的。

亚历山大将军致首相　　　　　　　　　　　　1943 年 3 月 21 日

第八集团军将“吉布”的时间定在了今晚。你会得到确切的消息，在拉开帷幕以后，现在已经将舞台布置好了。美国的第一装甲师现在正往梅克纳西前进，而他的第二军已将加夫萨攻下来了。将德国人从第八集团军引开是该次威胁的目的。对此，德国人到目前为止还没有任何反应，不过可能到明天之后，我们就可以看到很多的预兆。明天，蒙哥马利将会与你直接通信。

亚历山大将军致首相　　　　　　　　　　　　1943 年 3 月 21 日

“吉布”。

蒙哥马利将军致首相　　　　　　　　　　　　1943 年 3 月 21 日

昨天，已经成功发动起“拳击家”这一作战计划。敌军的西侧已经被新西兰师给包抄了。他们今天已经到了离哈马十五英里的西南边，如今正对着加贝斯湾。第三十军在昨天晚上袭击了敌军东侧，还建立了一个桥头阵地，是通过马雷斯阵地主要的障碍以及布雷地区。正在扩展这个桥头阵地也利用到了它的胜利。在马雷斯地区，我准备进行一场时日长久的苦战，敌军明显也准备坚持作战。在加贝斯湾的新西兰师行动对战事起着决定性的影响。

第三十军于子夜之前，在马雷斯防线的沿海地段展开了一次主要的进攻。第五十师越过了瓦帝基佐的同时，还在那站住了脚。和预期的相比，瓦帝基佐这道障碍更为严重。不管是坦克还是反坦克炮都无法越过这里，即便是工兵已经做了很大的努力。这个师守住了阵地，在第二天一整天的时间里。不过，德国十五装甲师和德国步兵于 22 日对他们的激烈进攻，让他们不得不撤退。他们也在那天的晚上撤退到

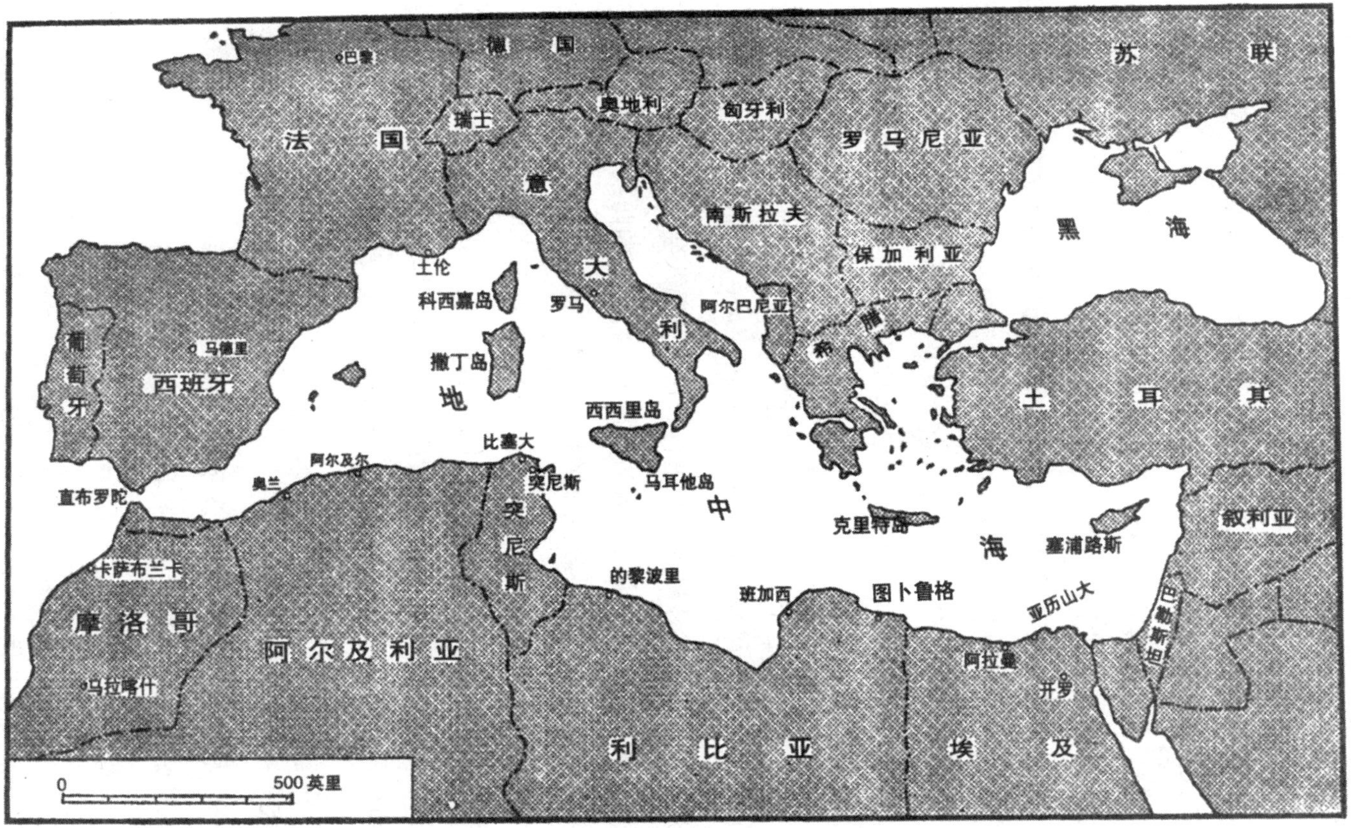

地中海战役，1942年

（照原图译制）

了瓦帝基佐的对面。

蒙哥马利在正面进攻失败之后，马上更改了计划。他将主要力量都安排到了左翼，将牵制敌人这项任务分派给了那些和马雷斯阵线周旋的人。第一装甲师与第十军的司令部受领前往峡道，中间要通过同一条险阻而幽长的道路。而第四印度师则开辟了一条道路，在马特麻太山地，通过梅德宁往西。

虽然弗莱伯格有了强大有力的支援，但突破峡道去哈马的这个问题，仍然非常难办。这一翼，被敌人用德国第一百六十四步兵旅和第十五装甲师的一部分给加强了，想来敌人已经认识到这一危险。若要硬闯，只能给其重创。这个时候，西部沙漠空军作出了高度的努力，它曾给予过可靠的支持——在第八集团军的所有战役里。包括八个美国中队在内的三十个空军中队，对这个隘口的防线曾进行过一连串猛烈地轰击。在3月26日的下午达到了最高点，连续两个小时的时间，轰炸机和低飞的战斗机轮换地进行着攻击。第八装甲旅和新西兰人在这种进攻和强大而有力的炮火的支援下，将敌人的防线给打破了。在月亮升起的时候，第一装甲师接着就追过了他们。在破晓的时候，他们已经离哈马很近了。敌军在该装甲师和新西兰人的前后夹击下，虽然拼死战斗，却没有什么用。他们有七千人成为我们的俘虏，他们的耗损让他们没有了战斗力量。最后，我们就这样赢得了胜利。在这段时间里，不管是指挥官的战略还是军队的素质，都出色极了。

蒙哥马利将军致首相　　　　1943年3月28日

第八集团军在七天激烈而不间断的战斗之后重创了敌军。敌军于哈马到加贝斯湾南边的抵抗，如今正在崩溃。全部马雷斯防线都被我军给占领了。

这条战线的指挥者——意大利梅斯将军，在看见退却的道路有可能被阻断的这一危险时，立马撤退。还往瓦迪阿卡利特旁边加贝斯北面十英里的地方布置了一条穿越大海和其西方沼泽之间的那条窄道的防线。第八集团军朝敌军逼进，可是，北方却在作好攻击准备之前发生了些事，这些事十分让人重视。在3月的最后时间，位于沿海地区的英国第四十六师已动身前进，在几天的战斗之后，他们将之前丢掉的地盘全部给夺了回来。而英国第四师和第七十八师在巴杰东边的进攻也获得了胜利。迈杰兹北面所有的阵地，已经在这不到两个星期的时间里，被收复了一大部分，而这持续前进到了之前那道——我们在德国进攻下开始撤退的防线。美国第二军在3月31日，再次向前前进，沿着加夫萨到加贝斯湾的公路，这将成为瓦迪阿卡利特敌军后方的威胁。因为将德国的第十师引诱过来支援它的第二十一装甲师，所以尽管没有成功突破，但他们这次作战仍取得了重要结果。因此，美国人在正对瓦迪阿卡利特进攻的时候，缠住了这两个师。同一时间，敌空军的降落场也遭到了战术空军的一连串进攻。这是几次非常成功的进攻，可以说是终于将突尼斯里的敌人给赶出去了。

*　　*　　*

亚历山大将军在4月5日，将他的具体计划上交给艾森豪威尔将军。第八集团军于4月6日又做好了新的准备。瓦迪阿卡利特的北面群山环绕，可以居高俯视，整条战线很自然地形成了一个坚固的防守阵地，这是一个很大的障碍。蒙哥马利用独特的方法运用着炮兵。英国第五十师、英国第五十一师，以及第四印度师，不顾敌人的猛烈抵抗，趁着密集炮火的支援，在破晓之前发起了进攻。敌人在这场战斗中反攻坚决，因此我们到黄昏才取得了胜利。

蒙哥马利将军致首相　　1943年4月6日

我在今早对在瓦迪阿卡利特阵地的敌军部队展开了一次进攻，这次进攻是激烈的。我做了两件事，这两件事之前从没有做过的。我的行动是在一个看不见月光的晚上，对敌军的阵地中心展开了进攻。这次是在四百五十门大炮的支持下，用了大概三个步兵师进行的。遭到突然袭击的敌军都十分茫然，不知道该怎么办。所有的目标都被攻占了。我正将包含一个装甲师和新西兰师在内的这十个军，通过这个被我打开的突破口给送过去。而这一行动，在我给你写这封信的时候才开始。预计经过六个小时的战斗后，可以俘虏两千人，并且之后还会不停地增加。

对于这个地方的敌人，我努力给他们重创，让他们一动也不能动。不管是他们的军力还是物资，都随着他们在后面阵地上的战斗天数一天天地减少。战斗还在激烈地进行着，当敌人不再惊讶，慢慢地冷静下来后，他们也许会拼死作战。由于我们已经牢牢插入了瓦迪阿卡利特阵地中心，以及将重要的据点尽数攻下，所以在阵地上，他们无法再打下去。

我军队的战斗非常出色，他们前进的编队是巨大的。

结束这里的战斗之后，我会朝北面前进。

第二天，在这条通向北方的路上对敌人再次展开了追击。对于这些撤退的敌军，英国和美国现在所拥有的全部飞机都对他们进行着惩罚。第四印度师中的一个巡逻兵在4月7日与一个美国第二军中的巡逻兵遇见了。“哈喽！林米”[①]美国人如此打招呼道。而该话也被很热情地接受了，即便并没有人可以听得懂它。这两支军队，从出发时的相距两千英里到如今终于会合了。当天，美国第三十四步兵师和英国第九军、第六装甲师以及第四十六师的一个旅，为了将敌军的后路阻断，准备从冯杜科的隘口冲过去。已经将皮西翁攻下了，但是那个装甲师

---

① 英国水兵是这样被美国的海军称呼的。“林米”和柠檬汁的词根相同，而之所以这样叫，是因为在过去的时候，英国军舰上用柠檬汁来预防坏血病。—— 译注

一直到 9 日才穿过防线。在 11 日战胜德国第十装甲师和第十二装甲师之后，终于进入了凯鲁万。

即使敌军因我们第六装甲师的大胆行动而将撤退的时间提前了，可是在第八集团军前面，敌人依然可以巧妙地撤退。的黎波里如今已经在三百英里外的后方了。因为港口的设施，斯法克斯也变得重要了。在 4 月 10 日的时候，它被攻占了，接着两天之后，苏塞也被攻占了。我们和敌军于 4 月 13 日进行了接触，位置就在其安菲达维尔北面山区的最后阵地上。他们的防守的坚固性可以从这次试探性的首次进攻上得到证明。

前沿的飞机场已经被我们占领了。不管是突尼斯的海上还是空中，艾森豪威尔将军都可以将其封锁加强。敌人对空中运输的利用，随着我们对海上封锁的加强而加强了。运输机由战斗机来进行护送，它天天都会飞过来。这些吸引人的目标被我们的战斗机——英国和美国的战斗机——当成了重点进攻对象。

据说在 4 月的 10 日和 11 日两天，击毁了七十一架运输机。我们的“喷火”飞机与四个美国“战鹰”航空中队于 18 日那天，在邦角外迎击了一支大运输机，这个达运输机是由一百多架飞机组成的。运输机队仓皇地乱逃，不过它的五十多架飞机被我们击毁了。第二天，敌机中的十八架飞机被南非的“小鹰”飞机击毁。最后，又有三十架在 4 月 22 日被击掉了。这其中有很多是装着汽油的，因此有的在落入海里的时候带着巨大的火焰。由于德国已经无法提供飞机了，事实上这已经意味着希特勒那愚蠢荒唐的想法已经结束了。在白天的时候，运输机再也不敢飞行了。不过这些运输机的功劳还是非常大的。有一万四千吨给养和四万的人被运到了非洲，而这就发生在 12 月到 3 月的这四个月里。

亚历山大在了解了安菲达维尔阵地所有的力量后决定，必须从西面对突尼斯展开主要的进攻。在 4 月上旬的时候，已将美国第二军——从南边前线抽身出来的——调到这里来了，也因为这样，由巴杰到海边一带的英国第五军被他们给取代了。已将英国第八集团军里的第一装甲师调到了第一集团军里。可是拖住安菲达维尔前线防御敌军的任务，依然是第八集团军的。4 月 19 日夜晚，在停止主要进攻的准备之后，以及有空军和炮兵强大且充满力量的支持下，用三个师的军力展开了大力的攻击。它在这两天的激战里，有了明显的起色。可是，它一步步明白，必须以十分严重的伤亡作为代价，才可能进一步的在这个方向取得进展。

* * *

4 月 22 日，第一集团军开始了主要的攻击。第一装甲师连同第六装甲师，以及第九军和第四十六步兵师在古拜拉特的南边——也可以说是右侧地区——一起向前挺进。在北面越过了迈杰尔达河，向着芒锡考特前进的是第一师、第四师、第七十八师以及第五军。敌人的抵抗并没有因这五天的艰苦战争而消除，不过还是重创了他们，并将重要的据点给攻占了。在一个星期后，这些重要的据点，也被证明是极有价值的。法国第十九军攻下了英军作战地区南面的佛基霖山。23 日，美国第二军又在北边展开了进攻，它有步骤地向马特尔前进。虽然地形上的困难极大，可是，德国人仍然被美国人持续不断的压力给逼迫得接连后退。

亚历山大将军致首相　　　　1943 年 4 月 30 日

我和蒙哥马利在今天举行了一次长时间的会谈。我们都觉得，他向布非舍挺进的作战计划的伤亡量将非常高，并且还不保证可以取得胜利。因为在地形上就很有困难，沿海地区又有敌人为对付第八集团军而集结的炮兵，还是实力极大的炮兵。所以，他们那个规模很大的作战计划，被我取消了。为了防止敌人把军队从他们这一方面的前线调到第一集团军的前线，第八集团军会以此为主要目标在当地采取积极的行动。今晚，第四印度师、第七装甲师以及第二百零一卫旅将出发前往他们正要去的第一集团军那里。5 月 4 日在如今所有的空军和炮兵的协助下，第五军也许会对突尼斯轴线，也就是迈杰兹展开猛烈地攻击。第九军会和两三个装甲师一起，超过第五军，向着突尼斯冲去。我对于这次进攻充满了希望，相信它一定会取得战功，并且是决定性的战功。

敌人在近两天持续地攻击了美国第二军前线、第一师以及第四师前线。第五军前线的战斗更为激烈和厉害。某些地区曾好多次被敌人从我们的手里给夺了过去。第一师以及第四师拥有非常卓越的战斗力，而我们的阵地从大体上来说还是完整的。敌人军队的损失非常严重。在很多次的反攻里，敌人都用到了坦克，他们被毁掉的坦克——在六型号坦克中——大概有七辆左右。

下一列述说的是敌军的拼死抵抗：五十个海尔曼·戈林师的人才投降，就会有一个人出来对大家进行劝服，所有人就都再次将武器拿了起来，继续作战，一直到它们所有的人都死了为止。

因为克罗克将军受伤的原因，第九军军长和第四军军长将由胡罗克斯和弗赖伯格分别担任。

首相致斯大林元帅　　1943 年 5 月 3 日

突尼斯的最上边的那部分地区，依然进行着非常紧张的战事，他们双方都有很严重的伤亡。从我们进入突尼斯到现在，已经俘虏了四万人了，除此之外，还有三万五千名敌人伤亡。第一集团军和第八集团军的伤亡人数分别是两万三千人左右和一万人左右。盟军的伤亡总数为五万人左右，其中英国人的伤亡数占总数的三分之二。整个战线的战事都极其紧张地持续进行下去。为了不久将要进行的激烈的挺进，亚历山大将军正在将军队重新编组。有将近二十万敌军被包围，他们还在不停地支援。可是，我们在近几天逐日强大与日渐靠近的空军对此进行了拦击，拦击行动非常成功。所有的交通都已经暂时中止了，因为包括很多装载着德国支援军队在内的若干驱逐舰和运输舰都被击沉了。敌人的供应情况非常严重，除非他们能将交通立刻恢复。此外，他们准备撤走海上军队的这个可能性也很低，不管是多少数量的军队。该地峰峦跌宕，在这一块块平地上矗立着很多巍峨的山峰，每一个山峰都是一个堡垒，而这对于敌人的防守来说，是很有益处的。可是，这却会对我们的进展进行阻碍。可我却想在这个月的月底之前，给你带去非常好的消息。如果加上敌人在途中的额外损耗，那么对敌人而言，这个战役的消耗将是非常大的。

*　　*　　*

很明显，还需要再重创敌人一次，才能让他们崩溃。4 月 24 日，第八集团军最后的一次进攻证明——安菲达维尔的阵地极其坚固，若想攻克，则需要让其受到严重的损失。就像我们看到的那样，第八集团军里的三个师，已经被亚历山大调到第一集团军了，它们从一开始就是在沙漠中作战，已经历了长时间的锻炼。最后的攻击在 5 月 6 日已经开始了。在迈杰兹到突尼斯的公路两旁那狭小的战线上，第九军开展了主要攻击。在英国第四师与第四印度师的先头步兵师的后面，紧跟着第六装甲师与第七装甲师。第五军在他们的左边，将前进军队的侧边保护起来。盟国空军在这一天里的出击次数竟多达两千五百架次，他们再次做出了非常卓越的努力。轴心国空军逐渐在这几个星期的时间里溃败，它们在此危急时刻之下的出击架次只能达到六十架次，以此作为报复。马上就是战事的顶峰。已经毫不容情地在海上和空中建立了绝对全面的封锁。在海上，敌人已经停止行动，而空军的努力也已经结束了。如今，将德国人报告中的一段话引用至此：

英国和美国在与敌人的作战当中起了至关重要的作用。德、意桥头阵地在突尼斯也因此而走向了毁灭。他们已在参加地面作战上达到了极好的程度，之前从没有过。

在敌军的前线，第九军展开了一次突破，这次突破极其灵敏有序。在穿越步兵阵地后，这两个装甲师抵达去突尼斯途中的芒锡考特。他们继续前进是在第二天的时候，也就是5月7日。第七装甲师已经挺进了突尼斯，因为要去和美国部队会合，他们会转向北面前进。这时，已经将美军在前线上所遇到的抵抗给消除了，并且他们——第九步兵师——已经抵达了比塞大。如此，盟军便包围了三个德国师，而这三个德国师，在5月9日的时候终于投降了。

亚历山大将军致首相　　　　1943年5月8日

若是拿事态的发展与我对此的希望来进行比较的话，那事态的发展要更顺利一点。为了将比塞大交给美国人，让他们自己进行防御，我如今已进行了改编，就像你知道的那样，在突尼斯被第一集团军攻占的时候，他们挺进了比塞大。一个法国团已经被我派到突尼斯去进行接防了，并且三色旗也在那被升起来。一条计策被我用来欺骗敌人，让他们误认为打击是从南方来的。这一计策十分成功。由于大部分的坦克与口径是八十八毫米的大炮都被他们调到了英国第一装甲师的对面。因此已将第九军对面的防线给削弱了。在空军所有力量的支持下，第九军用大量的武器与装甲部队展开了大力的攻击。这确实是件让人意外的事情。最后，第九军抵达了突尼斯城，在三十六个小时的时间里向那里前进了三十英里。

如今，轴心国已经彻底崩溃了，而我们依然需要对那些以小股散开的德国人进行扫荡。到目前为止，除了很多的枪炮和载重汽车以及军用品外，我们已经俘获了两万名俘虏了。在坦克和士兵方面，我们的耗损并不严重。第一集团军的伤亡人数，大概是一千二百名。

我和科宁厄姆刚从突尼斯回来。我们受到了那里居民的热烈欢迎。我们又在第二十六装甲旅对哈曼里弗进行攻击的时候，抵达了第九军前线。第一警卫正对这个地方南边的许多高地进行着清扫。英国第一装甲师已经前进到大路了。在宰格万的西边，法国坦克军队正在作战。

用我们的最大力量截住敌人，让他们攻占不了邦角半岛便是我们如今的主要目的。论战斗，皇家空军是非常卓越的，他们全体的斗志极高。

已经往东前进的有第六装甲师、随后过来的英国第四师以及右侧的第一装甲师，他们穿过了突尼斯，抵达了更加遥远的地方。匆忙组成的抵抗军将他们拦截在了距这个城市几英里的东面的一条接近海岸的隘路上。可是，在5月10日下午，他们的坦克冲了过去，抵达了东岸的哈马马特。第四师在他们之后对邦角半岛进行了扫除，没有出现一点抵抗。在南面残留的敌军被一个不漏的彻底消灭了。

亚历山大将军致首相　　1943年5月10日

在比塞大与突尼斯之间地区巡视的我和科宁厄姆，刚刚坐着汽车和飞机回来了。敌人的枪炮、车辆以及各种配备杂乱的堆积在了那里的地面上，其中有些是丢掉的，有许多则是被毁坏了的。在囚禁他们的地方盘点了一下俘虏的人数，已经有五万人了，并且还有人在不断地前往这里。到目前为止，德国已经有九名将官被我们俘虏了。今天下午6点的时候，第一集团军的前锋已经抵达了古兰巴利耶。倘若运气不错，那将会看到，第八集团军对面的轴心国的全部部队投降。

首相致亚历山大将军　　1943年5月10日

指挥工作在摧毁非洲德国以及意大利力量的一连串的战斗

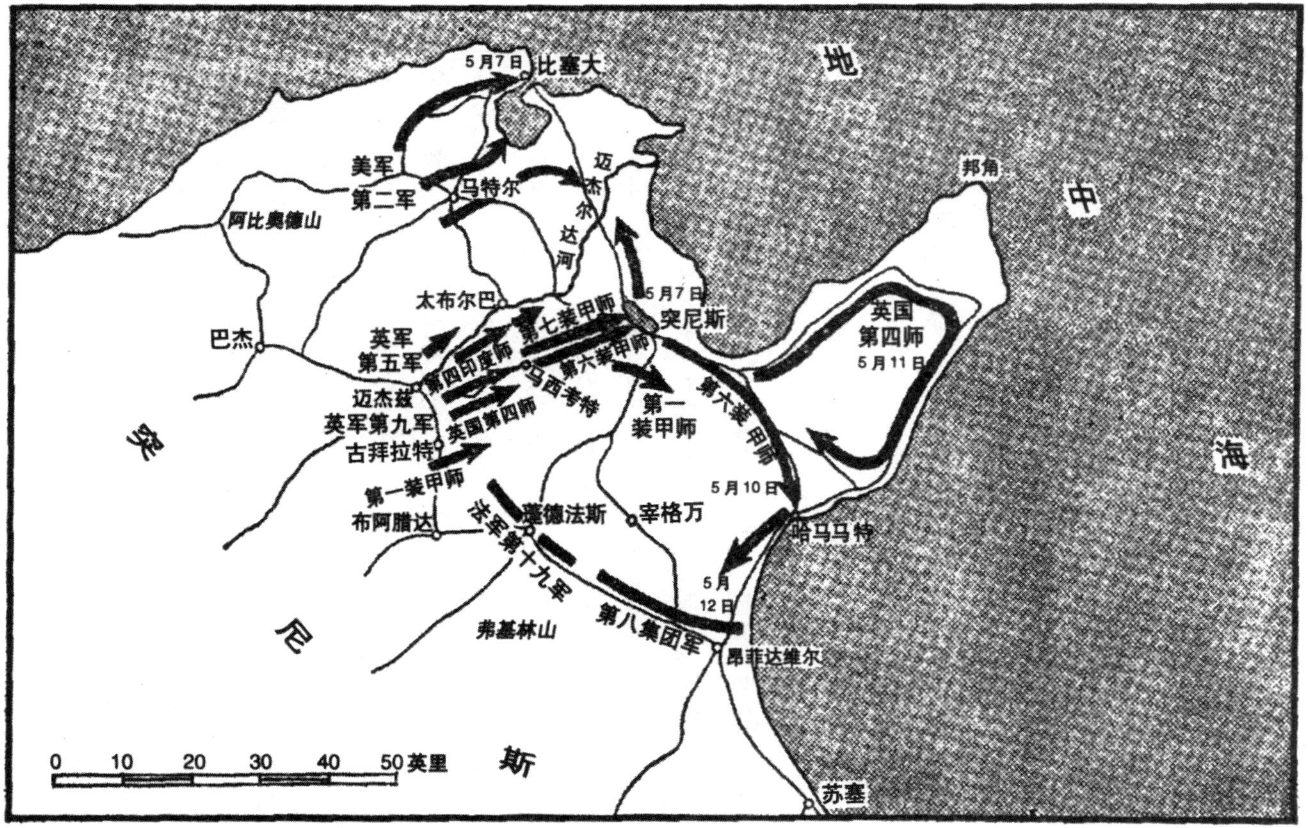

征服突尼斯：1943年5月6日—12日

（照原图译制）

中，始终是由你担任的。在之前的六个月里，你和你卓越的副司令蒙哥马利在这次由阿拉曼到突尼斯的无止无休的战斗和行军中，光荣地在英联邦和英帝国的史书上增加了一页。于最后那场伟大的战役里的你们的配合，在历史上将被评为军事艺术的楷模。除此之外，对于你的士兵，我还知道怎么用热忱和信仰去激励他们，让他们可以扛过各种各样的艰难困苦,可以打败所有的困难。如今，可以将所有英国人民和整个英帝国看待他们出色事迹时所抱的那种非常佩服与感激的心情，告诉值得相信的他们与美法盟军的飞行员和士兵们了。这次激烈的武装斗争的胜利，是属于英国第一、第八集团军的，而荣誉属于所有的官兵。

亚历山大将军致首相　　　　1943 年 5 月 11 日

所有经过组织的抵抗都会在四十八小时之内崩溃，最终轴心国的武装力量将会在两到三天的时间里被统统消灭，以上就是我的预测。关于俘虏的人数，我预计已经高过了十万人，不过这个还没有得到证实，并且还有很多人在不停地过来。我昨天看见，很多德国人被一辆有两个轮子的马车运到了俘虏营去,而赶马车也是德国人。我们在他们经过的时候情不自禁地笑起来，他们也在笑。这个事情的一切就如赛马的节日一样。需要时间来对各式各样的装备进行清点，这些装备里有很多还是完好的，但是有的已经被破坏了。

将很小一部分乘飞机的人除去，就再没有一个人逃掉了。

我们将我们被俘虏的——包括受伤的人员在内——两千名人员抢夺回来。所有的一切都那么让人满意，这是我们前途顺利的预兆。

首相致艾森豪威尔将军（在阿尔及尔）　　　　1943 年 5 月 11 日

对于你睿智指挥下的部队在北非战役中所取得的出色的战果一事，请同意我在英王陛下以及战时内阁前向你表示祝贺，还有来自我本人的真诚祝福。

对于那些曾参加了突尼斯那场激烈而漫长的战役的军队，你在指挥他们时所表现出的领导和同志友谊，和在这场胆战心惊的战役里，法国盟军和英、美军队彼此之间所保持的那种完全的协调和体谅，统统是胜利扎实根基的证明。

英国和美国军队一起进入突尼斯、比塞大的这件事预兆着世界的未来还是充满希望的。希望他们可以永远地保持一致，将人类的压迫者与暴君打败。

艾森豪威尔将军致首相　　1943 年 5 月 11 日

由于你坚定地相信并支持着我和这支盟军，我在昨天给你写了一封信，向你表示了我对你的深挚感激。我在今天收到了你的那封电报，内容让人觉得很是温暖。我快乐得都不知道用什么词语去形容了，这一点我非常遗憾。我只能对你说“谢谢”，并且跟你保证，这支军队在希特勒主义离开地球之前，会一直战斗下去。

首相致吉罗将军（在阿尔及尔）　　1943 年 5 月 12 日

我看到法国师在我们共同敌人前面的一连串的胜利前进，成千上万的德国俘虏被带到了后方，我们所有人都为此而感到高兴和激动。请你接受我最诚挚的祝贺。尽管你所指挥的法国军队在装备上处于弱势，但它坚持不懈地防御，勇往直前地进攻，将它身上的战斗精神显示出来。让我将最好的祝愿送给你。

*　　*　　*

对于轴心国最终崩溃一事，坎宁安海军上将已经做好了准备。在 5 月 7 日的时候，他还下令，为了防止轴心国试图将“郭刻尔克式”

的撤退重新上演，现在所有的海军都要在海峡上巡逻。“报复”是本次作战计划的正确别名。他在8日发出了信号，对于所有的船只，必须做到击沉、烧毁、销毁，一艘都不能通过。试图逃走的那几只小船，大概不是击毁就是被俘虏了。驱逐舰、海防舰和皇家空军一起，不分日夜且毫不留情地进行着活动。如此算起来，向海军投降的人数共有八百七十九人，已经知道的逃走人数有六百五十三人，而这其中的大部分，是在晚上乘着飞机逃走的。我们并没有多少伤亡。

这一直维持到了一个月以后，我访问阿尔及尔的时候，我才能公正地评价各个海军部门在本次活动中起到的作用。

首相致坎宁安海军上将　　1943年6月11日

因为我们潜艇的勇猛和忠诚，一共有四十七艘船只被击沉，而我们海面舰只也将四十二艘船只击沉，统统加起来的话，总数可达二十六万八千六百吨。若是连空军的战绩也算上，那就有一百三十七艘船只被击沉，总重量可达四十三万三千四百吨。对于轴心国在突尼斯战役开始时的全部船只，这估计可以是当时的百分之三十二了。

共有二十一艘驱逐舰和鱼雷艇，以及很多小型的船只在这漫长的大陆争斗中，在海军和空军的紧密合作下被击沉，并且这还让百分之三十五的敌人的供应船和运输船无法抵达突尼斯。5月9日到21日这段时间里，扫雷艇已将长达六百英里的海峡给清扫干净了，它也因此而获得了地中海重新通航的这个殊荣。

在护航工作上，我方运输船队的水平已经是最高的了。我们于1942年11日8日到1943年5月8日之间进入地中海的大批船只的损耗量，还没有到达百分之二点二五……

1943年5月17日，行驶地中海全程的运输船队已经从直布罗陀动身了，并在5月26日的时候，毫发无损地抵达了亚历山大港。这是 1941 年以来的首批船队。航程也因为这条航线的打开而缩短了将近九千英里。这也就是说，可以为一般运输给养的船只，缩短大概四十五天的航程。

* * *

我于 5 月 12 日，收到了如下电报。

亚历山大将军致首相　　　　　　　　　　　　1943 年 5 月 12 日

就快结束了。已经将冯·阿尼姆抓住了，如今看来，俘虏的数量一定是在十五万人之上。仍然在坚持的只有那些孤立的小撮敌人，所有有组织的抵抗都已经溃败了。看来我们可以缴获一千门以上的大炮，这些大炮中，八十八毫米口径的炮占一百八十门，还有二百五十来辆坦克以及数千辆各种样式的汽车，这里面很多都是可以使用的。那些开着自己的车辆过来的德国俘虏，在这一整天里，在古兰巴利耶到迈杰兹艾尔巴的公路上形成了一个密集的纵队。

我盼望在几个小时后，可以发出那份说明本次战役正式结束的电报。

第六装甲师和第八集团军在第一天会合了。包围圈已经在中间接合了。敌人已将武器放下。用亚历山大来电里的话说：

看见很长一列德国人向西去寻找战俘营，他们有的驾驶着自己的交通工具，有的乘着征用来的马车，这样的场景实在惊人。

他在 5 月 13 日下午两点十五分的时候通知我：

对于突尼斯战役已经结束的这个消息，我是有责任告诉你的。敌人已经停止了所有的抵抗。现在北非沿岸的主人已经是我们了。

*　　*　　*

突尼斯胜利的重要性是所有人都不必怀疑的。它和斯大林格勒比起来，水平相当。有将近二十五万俘虏被俘获。在人力上，敌人受到了重创。我们击沉了他们三分之一的供应船。已经将在非洲的那些敌人清除掉了，也让一个大陆脱离了困境。伦敦在大战之后首次出现了振奋精神的真实局面。议会热情而关注地招待了各位大臣，并向他们表示了它的感激——用最热烈的语言。我对各个教堂都下了命令，命令他们一起鸣钟。很可惜，由于在大西洋的对岸还有更加重要的工作需要我做，所以这些声响我并没有听到。

当下面这封来自国王的亲切来电送到我手里的时候，我已抵达了白宫：

非洲战役如今已经光荣的结束了，我愿意同你表示，这次战役在最开始的设计和执行上的成功，与你在最开始时临危不惧的毅力和你高明的见识有着重要的原因。这是我深刻体会到的。我国以及所有的同盟国，在这次非洲战役上获得了你给的数不尽的好处。

国王乔治

1943 年 5 月 13 日

第二十章　第三次拜访华盛顿

需要举行一次英美会议——“玛丽王后”号里的航行——为了“三叉戟”会议我们做的准备——我们有关缅甸的让人失望的故事——我的有关远东与印度地区的文件——在突击中运用海军力量的重要性——各种各样的岛屿的战利品——已到达最大扩张程度的日本人——我们需将大西洋岛屿攻下——我们抵达华盛顿——罗斯福总统的欢迎——“三叉戟”会议在5月12日开始——在开始讨论时我的发言——将胜利的果实抓住——土耳其和巴尔干各国——单独和意大利签署合约的好处——俄国的重负必须消除——我们的部队不可以闲着没有事做——横渡海峡的攻击——给中国的支援——苏门答腊的尖头地域——打败日本的长期方案——总统的答复——一次在“世外桃源”的周末——我们途径弗雷德里克——《芭芭拉·弗里奇》——我的背诵获得满分——隐居在总统的木造小屋——拟议里和蒋介石夫人的见面——我于5月19日星期三在国会的第二次演讲——战争中的里程碑——“一个大陆局势被挽救”——未来我们的重任

非洲的局势一旦确定之后，我就会因为重大的理由而不得不赶去华盛顿。我们在得胜后应该做些什么？怎样才算满足成功的果实？是要拿下突尼斯的顶部地区，还是从战争圈内将意大利赶出去，并将土耳其拉到我们这边来？只有让我和总统亲自讨论，才能将这些举足轻重的问题给解决掉。意大利战场的作战方案的重要程度仅次于这些问题。对于那些掩藏在表面之下的严重分歧，我已认识到，倘若不对它们进行调整，那今年以后的日子，就会因为这些分歧而充满困难，没有办法行动。因此，我准备进行一次可能会议，这是最高级别的会议。

我于4月29日给罗斯福总统打电报：

在那些急需我们现在一同处理的问题中，我认为，西西里问题应排在第一位，如何将战果扩大这个问题应紧跟其后，然后才是依照我们的经验与船舶在数量上欠缺的这种情况，对缅甸战役的未来考虑。你我也可以趁着时机把那些别的紧急问题也提出来。我认为我可以和你会面，时间可以是5月11日之前。请你告知我，你是否想要这么做，你有可能会想派人到我们这儿来，当然，这对我们就更方便了。

* * *

医生禁止我们飞到轰炸机需要飞行的最大高度。由于最近冰冻的原因，北路航线的快速水上飞机在5月20日之前都不能起飞。所以，决定从海道前去。5月4日，我们从伦敦离开，次日，登上了克莱德河口的“玛丽王后”号。“玛丽王后”号的设备能符合我们所有的需求，这简直让人称赞不已。所有的代表团都被安排入住在主要的舱位里，这部分的甲板和这艘船其他各层已彻底隔离。为了保证能随时使用，已经将包括会议室、办公室，以及地图室这些地方给准备好了。我们的工作从上船开始就没有中断过。

采用了所有被认为聪明的预防方法，只为了将“玛丽王后”号上的乘客身份掩饰掉。各个地方都贴着那些用荷兰文写成的通告，预示本船就是荷兰女王威廉明娜和她的随行人员去美国所搭的船。为了让轮椅可以正常行走，船里建满了斜坡道，不论上通道，还是下通道。这么做是为了引出这种谣言——在这艘船返回的时候，美国总统以及和很多的幕僚将会乘此船到英国来。安全会因传说的力度一同增大。这一掩饰做得极其成功，乃至那些乘“玛丽王后”号去美国参加霍特斯普林斯粮食会议的内阁职员，在看见我们在船上的时候，都忍不住惊讶和发愣。“应把他们转移到其他船上去”有人这样建议，可是我不觉得他们会对我们产生什么危害，因为他们并没有武器，而且已经对他们进行了适当的管理。当这个问题在我面前提出的时候下达了指令，说可以跟他们一同走。

* * *

曾被我称作“三叉戟”的会议会一直进行十四天，其间我准备将战斗的各个方面进行讨论。所以，我们代表团的规模必须强大。所有“正式的出席人员”都已经出动：参谋长委员会将带领数量很多的参谋；军事运输部的高级官员将会由莱瑟斯勋爵率领；我的国防部职员和伊斯梅一起。我觉得我们的美国朋友必定殷切盼望我们能尽全力马上从印度采取军事行动；当然，即便是不可能，也要这么做。对于那些将承担任务者的建议，这次会议定将直接听取。

很多事在我们抵达华盛顿之前，应在内部先行解决。我们如今都在一层甲板上。联合计划部与情报参谋部的会议，几乎就没有间断过。参谋长委员会有时候一天举行一次会议，有时候则需要举行两次。对于我那些日常习惯，我继续坚持用备忘录和指令的方式，在每天早上向他们表达我的意见；一般情况，我会和他们在每天下午的时候，进行一次讨论。在整个行程中，这些研究、筹划的讨论程序一直持续着，没有间断过一次。我在慎重的考虑之后，对此作出了重要的决定。

我们务必要马上对各个战场进行考虑。我们在欧洲要采用的作战计划与非洲胜利之后所采取的一模一样。卡萨布兰卡会议上决定了要向西西里进攻，并且已经准备好了上面所提到的所有内容。对于进攻意大利本土的时间，参谋长委员会已经确定，将它放在攻下西西里之后，他们甚至觉得在对西西里进行攻击的时候就应该开始了。他们提议，攻下意大利趾形地区的一片桥头阵地，然后于踵形地区里进行更进一步的侵袭；对于挺进向巴里与那不勒斯来说，这两地所做的军事行动就是引子。在船上已准备好了有关陈述这些建议和论点的文件。这些文件，将在我们抵达华盛顿后交给美国参谋长联席会议，作为我们讨论的基础。

* * *

从印度展开作战是有关英国军事行动的第二大范围，我猜想在和我们的美国朋友统一意见的时候，会遇见很多的困难。在 1943 年 5 月之前的目标是将若开（阿恰布）攻下，这是之前在卡萨布兰卡会议上就通过了的，这样对从阿萨姆展开有限制的进军与新出发点的获得是有好处的，进而对中国的航空路线与空运进行改进。我们曾暂时将进攻缅甸的日期定在了 1943 年 11 月 15 日，不过在 7 月份的时候，要根据可用的军力再做最后的决定。所有的计划都记录在文件上了，但事实上，我们并没有什么行动。攻击若开（阿恰布）已经失败了，在雨季之后，这个地方已不可能被拿下了。由于后勤上存在很多的困难，而在春季的时候，中国的军队又无法调到云南，因此由阿萨姆的攻击还没有开始。虽然对中国的空运进行了增加，但充分发展空运路线，与往缅甸中部作陆路进军的必要条件，就不是我们人力和物力能够达到的了。所以，在 1943 年到 1944 年这段时间的冬天，不能发动“安纳吉姆”的所有作战计划，根本没有什么好争论的，因为这几乎就是明摆着的。

我十分清楚，美国人必定会因为这些结论，而感到失望。总统和他的身边人士抱有的预想依然过高，他们认为只要能将足够的武器和装备提供给中国，中国就能将它的军事力量给充分地发挥出来。他们也做了不恰当的担忧，中国会因为援助没有立即送到而马上崩溃。对于克服缅甸的进军部队要沿着那条阿萨姆境内已经坏得不能再坏的交通线行军的想法，我完全不赞成。不管怎么样，丛林都会属于获胜者的，而我讨厌它。空军的力量、海军的力量、两栖作战以及重要的据点都是我考虑的问题。不过，有一点对于我们伟大的事业来说是非常重要的，我们的朋友千万不要认为，我们已不再那么紧张卡萨布兰卡计划，我希望他们可以相信，对于他们的愿望，我们是打算用最大的努力去完成的。所以，我在本次航行开始的那几天，准备了一篇篇幅很长的文件，与远东与印度范围所有的形势有关，特别是我负担主要责任的那些地区。

……我们都觉得计划中的“安纳吉姆”战役，在1943年是不可能实现的。对此的变通方法和别的可行方法，参谋长委员会正在讨论。可以对这些办法提几条具体意见。

5．如果我们打日本人的环境是到处都是沼泽的森林，那就跟在水里打鲨鱼没有什么区别。而将它钓上来捉住，或者诱导它进圈套后再将它弄到陆地上来，然后用斧子将它砍死，才是更好的办法。那么，这条鲨鱼怎样才能被引诱到圈套里来？

6．诱导或迫使敌人在他们自己损耗最大的战场作战是“火炬”作战计划在战略上的价值所在。我们将会因为这一战役而获得重要的领土、基地，以及一支新的法国集团军。该法军包含八个师或十个师左右。地中海的局面被该次战役给成功地打开了，我们海上交通的主要部分的通行也因此而自由了。为什么我们不能夺取一些或某些英、美、荷、澳战区里的战略据点，让日本在对我们有利而对他们不利的条件中进行攻击呢？孟加拉湾的制海权因为这个目的也要巩固。除非敌人进攻我们的人数过多，否则这个保护能让很小的军队各自作战的。敌人若是派大量的人来此攻击，我们的驻军就会得到我们全面计划中的支援或者撤退。

7. 若要成功地登陆一次。那么你最安全的登陆地点就是别人猜不到的地方了。如果有需要，我们可将三万或四万人运载上，从毛淡棉渡过孟加拉湾，抵达帝汶岛新月形地域的某一据点或更多的据点，是可以做到的。新月形的这一地带包括：(1)安达曼群岛；(2) 丹老，目标是曼谷；(3) 克拉地峡；(4) 北苏门答腊的攻击；(5)北苏门答腊的南部分；(6) 爪哇。

8. 在对登陆的方法进行抉择时，应先想好上岸的重要性，并且还要仔细地将在那里迅速建造一个强大的空军基地的一连串方法准备好了。不一定非要在第一阶段就将目标真正拿下来。可以在有效的海岸基地作掩护的第二步，再去争夺这一目标，如此胜算会更大。可是不管怎么样，如果登陆受到抵抗的话，那若想成功，就只能在大批量的空军被各级航空母舰运载的前提下进行了。海军提供的这种空中掩护，在海岸基地暂时或长久建立的空军基地建立成功之后，就可以撤到别的地方去使用。将敌人不能容忍的主要的据点夺取过来，就算夺取的只有一个，敌人也会为了将它攻下而调动大规模的人马，会分散敌人在漫长海岸线的军力，这样就会被海军力量威胁。要想促使兵力被如此分散，就只有决定性地攻击某些地点。若不这样，敌人就会在那里待得稳稳当当的，他们也会拥有选择最好防御地位的这一便利。对于已经抢到手里的宝贵财产，敌人相当满足。可我们务必要为恢复这个而采用攻势。应该用充满希望的精神去研究其他的一切办法，面对真正的困难而勇往直前地去克服，将想象中一直阻碍行动的非常多的困难排除。

9. 意大利的舰队一旦选择中立，或被毁坏，而且我们的制空权建立在了横跨地中海的航道上，那主力舰、航空母舰以及辅助舰只就可以被强大的英国海军军队重新用来编成东方舰队。对于日本的真实力量，我们不应该将其夸大。在空军的支援下，他们是无法让全部的据点都能与海上攻击的集中力量作对抗的。他们的空军在不停地削弱，还在太平洋和美军与澳军进行了战斗，如今他们的空军定是更加紧张。若想不费力气就让敌人不得不分散力量，那就要去进攻某一点。

10. 我们的报告表明，有两万左右的日本人和四万左右的爪哇人在苏门答腊岛上，该岛长达六百英里。苏门答腊和爪哇被日本人用较少的军力给攻占了，它们的防军比如今派守在那里的数量多多了！我们为什么就觉得，我们没有这样勇敢的气魄和海军、陆军以及空军一起密切配合制订出作战计划，并且将这个计划贯彻呢？我们的军力已经挺大的了，在攻击地点的选择上，因为海军的威力，我们能做选择的机会特别大。而之前的十五个月里发生的事情也应该让我们得到了不少的教训。对于那些已经提出来并且不足启齿的计划，我们不应该觉得满足。那些计划是用来在需要的时候做敷衍的，它只能说是比没有要好一点。

11. 在未来的会议中，不管以上的情况怎么样，对所有的特定计划，我们都不要随便地去承担。每个计划的信誉自然会因为偏见而受到损伤。况且，倘若我们对任何一种计划表示了不恰当的特殊关注，那别的计划则会被当成不错的计划被提出来，迫使我们接受，因为盟国之间原本就是矛盾的。在我们将“安纳吉姆”作战计划上要改变的理由提出后，我们朋友最先对这个表示了反对。对于卡萨布兰卡会议中对该战场进行战斗所规定的先后顺序与重要情况，我们应该坚决地说明，我们是非常愿意照此规定去做的。对于他们的建议，我们应该将其引到别的替代方法上去，因为若要开始细节的讨论，就必须先讨论到这个阶段才行。对于这个，我个人是这样想的，在这个战场上，美国人采取的行动必须最大限度的；而且，这个战场的重要性，则需要我们极其坚定地肯定才能得到满足。并且他们只会在这些问题得到确切的保证以后，才会打算对别的方法或变通方法进行考虑。这一刻，我们务必将这方面研究的准备工作给做好。

12. 我认同，如今已经到了为打败日本拟订一个长时间计划的时候了，并且要把这个计划在我们可以做到的前提下，同与希特勒抗争的主要战斗的不同阶段联系起来……

13. 在1943年到1944年这段时间里，绝不能大范围地出现如最近缅甸战役那样不让人满意的现象。除非我们对我们的能力极有信心，认为我们有能力在合适的时候发动战役，要不然，我们必定要对其他两条仅有的作战途径进行查找，它们一个是不批量地增加中国的空中运输；一个是将海外远征军派去攻占某个或更多的主要据点，就像我在第7节里写的那样。

在意见上，我们内部没有特别大的分歧，为了能在华盛顿将其提出来，参谋长委员会准备了一份报告。

* * *

如何才能取得葡属大西洋岛屿的使用权，成了我们另外一个问题，并且十分紧急。我们务必要得到亚速尔群岛的便利的条件，以便我们的长途行程和很远航程的飞机的起飞地点可以是圣米格尔群岛与特塞拉岛这两个地方。对于葡萄牙，我们盼望它能允许我们为我们的护航舰队加油，加油的地点是圣米格尔和法亚尔岛；我们还盼望它能允许我们的侦察机对福德角群岛进行自由地使用。我们运输船队所拥有的空中掩护，会因为这些便利条件变得更加完好、更为辽阔。我们因为这些岛屿而得以经过大西洋中央部分直接来往，我们的运输力量也因此得到了增加。在对潜艇的攻击上，我们也因为这个岛屿而变得更有力量，这不单是对从比斯开湾基地来往的那些潜艇进行攻击，还能与那些正处于加油、休息以及在大西洋中间充电的潜艇周旋。我们会发现美国人在全部问题上的热心，要比我们多得多。

*　　*　　*

我于 5 月 8 日给斯大林致电：

这时候，我正在大西洋到华盛顿的路上。往后西西里如何在欧洲展开局面，就是我这次行程需要解决的问题，同样我此行还需要将对太平洋不公平的偏见消除掉，以及对印度洋的问题做进一步的讨论和在印度洋要采取什么攻势对付日本的问题。

我给总统致电，对于我希望入住大使馆的提议，总统并没有同意。我在电报里写道：

1943 年 5 月 10 日

我们从昨天开始就在美国海军的保护范围里了，对于你在我们继续生存这一问题上所赐的价值极高的帮助，我们表示十分的感激。我预测我到达白宫的时间是在明天下午。我会在星期六的时候和你一起去海德公园。这次航程到现在为止，都让人觉得高兴，幕僚们也完成了很多工作。

我们在 5 月 11 日的时候达到了斯塔滕岛。在那里有哈利 · 霍普金斯在迎接我们。我们马上动身，坐火车去华盛顿。总统在站台上迎接了我们，他马上将我带到了我在白宫之前住过的屋子里。我们都在 5 月 12 日——也就是第二天下午两点半的时候，聚集到了他那椭圆的办公室里，对我们的会议工作进行计划以及全盘考虑。关于该会议英方和美方全都认可的记录摘要就在下面：

出席人：

英国	美国
首相	总统
约翰·迪尔爵士，陆军元帅	威廉·李，海军上将
艾伦·布鲁克爵士，将军	乔治·马歇尔，将军
达德利·庞德爵士，海军上将	金，海军上将
查尔斯·波特尔爵士，空军元帅	麦克纳尼，中将
黑斯廷斯·伊斯梅爵士，中将	哈里·霍普金斯先生

秘书

迪恩准将

雅各布准将

总统向我们致辞，欢迎我们的到来。他说，我们为动手研究促使“火炬”作战计划的所有建议而在白宫聚会，距现在已经快一年了。如今我们再次重聚在这里，而且正是该战役将要胜利结束的时候，真是非常的合适。对于“哈士奇”战役，卡萨布兰卡已经开始筹划了，而这场战役，他是盼望它的运气能够一样的好。他觉得，使用所有的人力和武器去与敌人对抗才是我们现在计划的重中之重。绝不能放弃使用可以战斗的一切力量。

随后，他请我提出议题，开始商讨。下面依照记录上所记载的，我所说的内容是：

首相回忆起，形势是在上次他在总统桌旁坐着的时候，听到了图卜鲁格沦陷的这一消息之后才开始发生了让人震惊的变化。对于总统当时支持他的态度和将“谢尔曼”坦克拨给他的那种慷慨行为，他永远都忘不了。因此现在的会议，英国人用坚持卡萨布兰卡决定的精神前来参加。那些决定也许会因我们的胜利而需要进行调整，而我们对前程的看法也能在调整后变得长远一点。如今，“火炬”作战计划已成为过去，占领西西里的时候马上就要到了。下一步该做什么呢？整个战争的进程之所以能发生一连串的光荣事例，是因为我们之前对好意见的广泛吸收。与胜利有关的威信和权利，我们全部都有。将胜利的果实紧紧抓在手里，并更加努力，就是我们的责任。哪个轻，哪个重，哪个先来，哪个后来，是我们唯一需要双方参谋长去解决的问题。对于这些问题，他笃信它们全部会得到解决的。

他不打算提出商讨对德空中轰击与潜艇战争的问题。在这些问题上，并没有什么不同的建议。他乐意提出一些任务和之后在研究中可能集中注意力的问题,可以作为参考。主要任务在地中海。使用最有效的方法，让意大利从战争中脱离出来，便是那里的最大成就。他回想了1918年的情况，当德国有可能撤退到默兹河或者莱茵河继续战斗的时候，敌人的所有组织因为保加利亚的背叛彻底崩溃了。德国人民因为意大利的崩溃产生了孤立而凄惨的感觉。这可能就是他们灭亡的开始。德国就算不会因意大利的退出而蒙受致命打击,也会因此而损伤严重。最先受影响的就是土耳其。在地中海，意大利常常被拿来同他们本身相比。现在已经是俄国、美国以及英国一起向土耳其提出联合要求的时候了：向土耳其要求允许他们为了轰击普洛耶什蒂以及对爱琴海清扫，可以使用土耳其里面的基地。这样一种促使意大利远离战争的要求，不可能不会成功，要选择在德国无法对土耳其开展强大行动的时候，将这个要求提出。巴尔干是把意大利从战争里排除后的，另一个会发生巨大影响的地方。由于受到包括二十五个或更多的意大利师在内的大批量的轴心国军队的压制，巴尔干不同国籍的爱国者都深陷困难之中。意大利军队若是选择撤退的话，那对德国可能产生的影响：一个是巴尔干将会被德国放弃；另一个是德国为了补上那里的空缺，就将大量的军队从俄国的战场上撤出。没有别的方法可以在今年里，对意大利战场进行大规模的支援了。清除意大利舰队将是第三种影响。英国很多的战列舰中队以及航空母舰队都会因此而得以去孟加拉湾或太平洋那去和日本人作战。

某些关于地中海的问题已经出现了。对于意大利的领土，我们该不该对其进攻？我们能不能用空中袭击的方法将他打败？德国会对意大利进行防御吗？意大利会在我们的经济上形成一种负担吗？首相觉得不会这样。对所有征服意大利的意见表示反对，是不是也可以用到反对一种“踢踏舞式”的作战行动上，这样也方便建立与南斯拉夫的接触？最终，英美政府还有一个政治问题——这是一个很大的问题。若是意大利将自己完全没有保留地放到我们掌控中去，那我们在战后应该让它生活得怎么样呢？丘吉尔先生觉得，撒丁岛与多德卡尼斯群岛是可以在意大利单独议和的情况下，不用我们作战就可以使用的。

将俄国的严重赋税减轻是我们的第二任务。斯大林的态度让丘吉尔很是感动，即便已经停止了北极运输船队。对于同盟国的努力和成功，斯大林首次在演讲中承认了。但我们不能将在俄国战场上的一百八十五个德国师给忘记了。在非洲，我们已经将德国陆军给击溃了，没过多久，我们和他们便再也没有机会接触了，不论在什么地方。我们也受到了俄国的恩惠，他们的努力确实很大。最好地解除 1943 年俄国战场沉重负担的办法，就是从战争里将它给打出去，或者是让意大利远离战争，因为这样就可以让德国人不得不派大量的军队去镇压巴尔干各国。

在总统的开幕词中，已经提到了第三个任务。那就是让我们在与敌人对抗的时候，用上巨大的空军、陆军以及军火。应该用这种标准去判断所有的计划。我们有大批量的陆军与本土空军战斗机都在英国。我们最出色、经验最好的军队就在地中海这里。光英国就有十三个师在非洲西北边。倘若 8 月末的时候可以彻底将西西里的战役结束掉，而在七至八个月之后才能开始横渡海峡的战役，那这些军队在1944年，也就是结束西西里战役之后和开始横渡海峡战役之前的这段时间里他们要做些什么？不管怎么样都不能让他们没有事做，而且没有事做的时间还是那样的长，这会给正遭受着如此沉重负担的俄国造成一种严重的影响。

丘吉尔先生表示，对于登陆海峡沿岸的问题，他无法毫无根据地说，那个已经解决了。这个任务因为敌人防卫的实力、敌人支援军队的数量、他们方便的交通设备和有很大浪潮的海滩而成为一个不能小看的任务。不过，能从西西里弄清很多的东西。他希望将此说得十分有准备，对于从联合国大范围攻打大陆的这一任务，一旦非常有希望成功的计划被制订出来后，国王陛下政府是非常愿意担负起这个任务的。

支援中国就是下一个任务。在缅甸战斗存在很多非常明显的困难。我们被丛林阻碍了，不能使用现代武器。战斗的期限被雨季严厉约束着，并且海军实力同样无法参与战斗……假如进一步剖析钻研表明有更好的方法绕过缅甸的话，为了方便使用留在印度的大批部队，他非常希望找寻另一个方法。对于这种替代办法，我觉得很可能是对槟榔屿作战，而它的位置就在马来半岛与苏门答腊尖锐中部。能够在那一战场上寻找到办法，可以将“火炬”作战计划里的那些非常有价值的优势运用起来，就是他所期盼的。海军威力在那次战役里发挥了他所有的作用；彻底且突然地袭击，是可以采用的；重要的领土被我们攻下，不仅意味着会有一支新的部队被带到我们这边，而且意味着敌人被迫要在一个对他非常不利的地方作战。这些条件在别的地方也许能够适用。

他认为，如今已经是时候研究打败日本的长久计划了。对于英国要将战争打入日本老家的决心，他想再次声明一下。如何才能将这个做到最好，是现在的唯一问题。他认为，在联合的研究里，理应让美国的参谋长联席会议担任起领导的作用。1944年，德国从战争中退出；1945 年，我们就能将力量集中起来，对日本展开大规模的战役，以上就是这个想法的基础……

总统于他的回复里指出，同盟国已经在生产上超过了日本人与德国人。所以，让大批的海军军队与陆军军队投入积极的战斗中，是极其重要的事。他在土耳其这个问题上，是乐观的。就拿空军袭击德国通向俄国战场交通线这件事来说，让这个国家加入战争，可以给它提供重要的基地。极其紧急的问题是要考虑“我们要由西西里去哪儿”。至少要有二十个师的英美军队要保持在地中海那边。在将意大利攻下之后，有关同盟国在人力与物力上的消耗，就必定要依照将来在地中海的所有战役的情况来进行仔细的研究。从人力上来说，在“哈士奇”作战计划完成之后，不管怎样都会有所剩余的。应该把这个用在加强“波赖罗”的计划上面，并且还应该马上启动这个计划。他认为，所有人都觉得在今天横渡英吉利海峡作战是不可能的事情，可这次战役必须在 1944 年的春天开始，而且要用最大的规模。

总统说，日本人于太平洋地区的力量正不停地削弱。军事活动已经在所罗门群岛与新几内亚开始了。尤其重要的是要对日本漫长的供应线进行全力攻击。日本从战争开始到现在，已经损失了一百万吨的船只了，若是长久如此，一定会让他们的军事活动受局限的。在空军方面，他们一样受到了很严重的损失。在中国，若是想将海上的攻势保持下去，那么将空军基地建立起来将是一件很重要的事情。总统表示，会议没有道理不去考虑中国是否会崩溃的这个可能性。必须在 1943 年至 1944 年的这段时间里，对中国进行优先考虑。只把缅甸抢回来还是不够的，只能直接由空中对中国进行支援。如果想要做到这一点，就需要对阿萨姆机场的安全进行保证，不管付出什么代价。将在中国基地活动的美国空军的军力加强，就等于给日本航运增加了压力。在最后结束的时候，总统说，我们肯定会与德国战斗，因为我们要对俄国进行救援。鉴于以上理由，他疑心，德国的军队会因为我们攻下意大利而得以从这里脱身，去其他地方战斗。他觉得横渡英吉利海峡是逼迫德国战斗最好的办法。

于是，我这样回答，我们的军队必须用在对意大利的进攻上，因为我们全都同意，不可以在 1944 年前开展横渡海峡的作战。我并不认为应将意大利彻底攻下是必须条件。倘若意大利崩溃，那么同盟国就必定会占领飞机场和港口，以便可以更进一步地在巴尔干以及欧洲南部作战。这个国家就会因为一个被同盟国监督起来的意大利政府而被同盟国掌控住。

现在，由我们的联合参谋长与他们的专家对全部这些重大的问题进行完全的讨论以及解决。

*　　*　　*

总统在 5 月 15 日周末的时候提议，和我一起去“香格里拉”，不去海德公园。他给他位于马里兰州凯托克廷山上那个高度在四千尺左右的一座在山中的隐居的地方起的名字叫“香格里拉”,他只要有机会，就会从闷热且喧闹的华盛顿跑到这里来。我们曾为如何在这旅程的三个小时里安排车上的座位问题而争论了一番。考虑到总统的身体患病的情况以及他的身份，应由总统来坐这个唯一正式的位置。罗斯福夫人想坐在前面那个很小的座位上，而让我坐在总统的旁边。我并不想坐在那个位置上。大英帝国采取了行动。在实施了三分钟左右的意志突破后，我得到了胜利，罗斯福夫人坐在了本该属于她的位置上——她丈夫的座位旁边。第四位上坐着哈利 · 霍普金斯，在摩托车队的护卫中，我们向前飞奔而去。通过大约两个小时的飞驰，我们距弗雷德里克镇的只有很近的路程了。对于这个著名的葛底斯堡战场，我自然在几年前悼念过，不过，有关芭芭拉 · 弗里奇的故事以及她的住宅我到如今才问起。哈利 · 霍普金斯因此背诵了下面的名句：

“她说‘你们若是执意开枪，就冲我这个斑白的头颅射吧，可是不能对破坏你们的国旗。”

在我知道这个诗句是车上其他人接不下去的时候，我便开始背诵了：

“9月秋高气爽的早上，
在长着茂盛的庄稼的田野上，
弗雷德里克镇那成群的尖塔就立在那里……”

而且接着轻快地念到：

“已经七十岁并且弯腰驼背的
芭芭拉·弗里奇站立起来
她，弗雷德里克镇最勇敢的人
将他们扯下的旗帜给拾了起来。
…… ……
站住！在那里满身灰尘的褐衣士兵立定住了。
开火！步枪的子弹射了一阵。
震得窗框与窗架都发抖，
旗子破成几道伤口。
那面旗子就像芭芭拉老太太，
从折了的旗杆上如此快地落下，
将那块绸巾抓起。
她将上身伸出窗外，
真正善意把那面旗子朝前挥舞。
‘你们若是执意开枪，就冲我这个斑白的头颅射吧，
可是不能损坏你们的国旗。’

……”

他们在念到这里的时候，一同唱了起来：

“……她说。”

我接着背诵：

“一层阴影是忧郁的，一种感触是惭愧的，
在那个军官的脸上出现了，
在这位夫人的言行前面
他的内心有一种高尚的本能在跳动。
‘那边斑白的头颅，谁若是敢碰一碰它的一根头发，
(听说曾经他是这样大喊着，用的词语与他之前命令时是不一样的)
就让他像狗一样地死去。前进！’他说。
所以弗雷德里克镇的大街上
前进的脚步声整天地响着，
自由的旗帜
整天在那群叛军的头顶飘荡着。”

在美国高贵的听众那里，我的背诵取得了满分，关于我的很多错误引句，他们没有一个人给我矫正。对于“石墙”杰克逊与罗伯特·爱德华·李，这两位是美洲大陆由古至今最崇高的人物了，我在被鼓励的情况下，对此进行了非常详细的讨论。

不久，同行的人在我们沿着阿勒格尼山脉的横岭盘旋向上的时候，都有了稍许的睡意，他们都沉默了。我们没过多久就到了“香格里拉”，这个小房子大体上是用木材建成的，所有的现代化建筑都设计在里面。

在房子的前面有清水一池和泉水一道，很多条大鳟鱼在水池里游来游去，它们全都是从旁边的小溪中新捉来的，等待着它们生命的完结。

总统希望他能将几个小时的时间花费在集邮册上。他的私人侍从将满满的几大本邮票与很多包邮票的样品由武官沃森“老爸”将军给他带了过来。当那些邮票被他一张张地放到收藏册里合适的位置上时，他就将国事上的操劳抛之脑后了，他大概沉默了半个小时。而我就这样注视着他，用非常感兴趣的目光。不久，德尔·史密斯将军从另一辆开到门口的车里走了出来，他带着那些有待解决的重大问题从艾森豪威尔的总部乘飞机来到了这里。罗斯福怅惘地将他的集邮册丢到一边，开始专心工作。我们晚上都非常疲惫，十点的时候就上床睡觉了。

* * *

关于我们和在美国漫游的蒋介石夫人[①]见面的问题，我们在周末的时候进行了讨论。那时候，她正在纽约，她向我们暗示，想在那儿接见我们。而这个长途旅行，我觉得是我们所不能实现的，我们只能在美国停留几天便必须回国，我们还有极繁忙的工作。所以，为了能让我们在白宫会面，总统邀请这位夫人一起午餐。对于总统的邀请，这位夫人极傲慢地拒绝了。蒋夫人认为我应该专门去纽约对她进行朝拜。总统因为她没有接受邀请，而感到些许气愤。我的强烈愿望就是保证伟大同盟国的和睦，所以我提出要去途中见她，倘若她也这样做的话。但是，这个建议被说成是滑稽而让人可笑的，因此，在开罗会议之前，我便没有机会也再无兴致去与这位夫人见面了。

* * *

① 蒋介石的夫人宋美龄。——原注

总统要在星期天的时候去钓鱼，地点就在那条从静谧的森林里流淌出来的小溪里。被细心安置在某个小池旁边的他费尽心机地想将那些狡猾而灵敏的鱼儿钓上来。我在周围的几个地方也试着钓了一会儿。他的兴致在这天的其他时间里都很高，他觉得这样很快乐，即便他没有抓到一条鱼。很明显，他的快乐并不是用钓到鱼的数量来决定的，这是一个钓鱼者的首要品格，并且是他具有的。我们必须在星期一的时候从这个舒服而凉爽的住处离开，从阿雷格尼山上下去，到华盛顿去，那里才是真正的热浪炙人。我向他们要求，在返程途径弗雷德里克镇的时候，让我看一下芭芭拉·弗里奇的房子。我惊讶地看到了那所高度只达一层半楼房高的房子。在我的想象中，它至少要有三层楼那么高，甚至可能高达四层楼，并且，我还准确地思考到，若要避开从街上射过来的子弹，那这位妇人要站在窗台后多远的地方啊！如今看来，南部联邦军队若是不想伤害到她，就必需要十分的小心，因为我第一次看见的这个赫赫有名的窗户到地面的距离最大只有十二尺。这个故事就这样结束了，这样的结局对双方来说都是好的。哈利·霍普金斯严肃地背诵：

> “她说‘你们若是执意开枪，就冲我这个斑白的头颅射吧，
> 可是不能破坏你们的国旗。’……”

我和总统两个人在蒋介石夫人缺席的遗憾中进行了午餐，地点就在他的房间里。当时的气氛被我们弄得融洽极了。

* * *

我接受众议院议长的邀请，在 19 日也就是星期三的中午在国会演讲。距离上次我对这个庄严的国会讲演，已经过去十七个月了。这次的讲演会被记录，并会转播给全世界。各个方面的形势，我都准备放

进我的演讲中。在下面文字中，我只引用一段简单的节录：

我们在北非的成就，比我们之前的预测要好。此计划由于得到了让人想不到的帮助，所以结果收到了加倍的功效。我们在这点上必须对希特勒伍长的军事知识表示感谢。就像三个月前，我在下院的预言一样。这次，我们可以看看这个军事专家到底有怎样的本事。在斯大林格勒，让冯·保卢斯陆军元帅以及他的军队受到了荒谬而毁灭性的顽固执拗，如今，让我们在突尼斯的敌人也同样地遭受了新的灾难……

两位独裁者国家的被俘人员和伤亡士兵的人数，因他们这次非洲远征而达到了九十五万人。除此之外，沉没的船只数量将近二百多万吨；被击毁的飞机数量将近八千架，击伤飞机和船只的数量则不包含在这两个数字里。敌人还损失了大炮和坦克以及卡车，数量分别是六千二百门和两千五百五十辆以及七万辆……我们可以在到达战争的这个里程碑的时候说："一个大陆的局势已经被挽回了。"……

我几天前乘车路过了葛底斯堡的原野，和你们的大部分战场一样，我对这个地方非常了解。这个战役有着决定性意义，在美国内战中。战争的胜负在葛底斯堡战役之后，再也不会被人质疑最终取得胜利的会是谁了。但是，在葛底斯堡胜利之后，联邦军流的血要比之前的都多。所以，为了保住在日本和欧洲对希特勒以及墨索里尼作战中取得的有利地位，我们应更加勇敢，精神更加振奋，彼此间的讨论要进行得分外真诚……

总统在广播中听到了这篇非常受国会欢迎的报告。在我回到白宫的时候，他好像对我十分满意。

第二十一章　战争与和平的各种问题

参谋会议进入深入商讨中——美国人对戴高乐将军是讨厌的情绪——大西洋与葡萄牙中的岛屿——一个对战后问题进行解决的机构——5月22日我们的讨论——我对关于世界最高理事会的提议——我关于欧洲的策划——有关区域理事会——和平的支柱——同盟国家与中立国家——国家武装军队与国际武装军队——美国与英国之间的兄弟联合——会议的报告书——我给参谋长委员会的报告——有关英美科学研究对枢密院议长的报告——我对攻打意大利十分赞同——我与马歇尔将军飞往阿尔及尔

三军参谋长的商讨一直不曾间断地进行着。有的时候，每天可以举行四次会议。在最开始的时候，不同的意见融合不到一起，好像无法克服分歧。在这段时间里，会议的内容被美国的高级军官透露给了民主党与共和党的参议院，而这则在参议院引发了一次辩论。困难慢慢被我们的耐性和坚持给征服了。我在5月20日发表的那篇对国会的演说中，说到了包括整个局势的真实的前程与缓急轻重在内的所有能公开的内容。我和总统是住在一起的，我们经常见面，并且有关我和总统的意见一致，与总统在最后阶段时准备亲自做决定一事也是大家都知道的。除了以上全部的事实外，还有霍普金斯进行的那个十分有价值的工作，总是在参谋人员商讨的过程中起着一种缓和的作用，同时它的影响还是决定性的。因为军方人员之间的个人关系一直非常融洽，因此有关西西里的攻打问题，在经过了严重的意见分歧之后，几乎达成了完全一致的协议。

近来，缅甸的作战情况是一点生气都没有。对此，华盛顿非常不满意，这与我的看法一模一样。我思考到要对指挥部进行更改和重组问题，让韦维尔去担任印度总司令一职，让奥金莱克去担任他的副司令一职；而东亚战场总司令一职，让一位极其出色且挺年轻的军长来担任。我笃信，对于这个战场的所有问题，若是我们用该有的重要性来对其进行处理的话，那么这个方面的改变是必须要做的。

* * *

华盛顿对戴高乐的心情是厌烦的。总统每天都会向我提起这个问题。我觉得他是以一种十分强烈的感情对待这个问题的，即使他提起这个问题时的态度常常是幽默而非常友好的。他差不多每天都会给我一份或多份文件，文件的内容是对戴高乐的谴责，文件来自美国情报机关或国务院。可以从这些文件判定，“黎歇留”号战舰的水军曾经被戴高乐用英国的钱引诱到他那边去。我们的主人，因为礼貌的原因而没有将这件事给直接说出来，而因为我们和美国在财政上的关系，在一定意义上，这笔钱其实就是美国的钱。我对戴高乐的情绪在那时候也变为愤怒的了，且十分愤怒。我察觉到，若是我们继续对他进行援助，那就很可能疏远英美两国政府间的关系，而这种现象，戴高乐比任何人都愿意看见。我全力提醒我的国内同僚们，要注意这所有的一切。此时,对于这个不好交往的人,我们是不是应该和其最终断绝关系,我还在为此思量；不过，解决这件事的办法还是有的，那便是时机与耐心。

另一个特别困难的问题就是大西洋的岛屿。对葡萄牙政府，战时内阁想用古代的同盟条约让它给我们提供很多的便利，而我和总统在参谋长委员会的促使下，对于它提供给我们的这些便利，给予了非常大的重视。这重达百万吨的船舶与数以万计的人员性命，按照专家的预测都是可以被保全的。对于葡萄牙的权利，我特别尊重；不过我又觉得，我们如今的战斗正是为了能够让它生存、独立，以及为了自己而战斗。这个被紧迫需要的援助在大概六个月之后，并且遭受了严重的损失以后，被我们取得了。这个结果，是通过长时间的友好的谈判，再加上有我们军事方面所取得的众多成就做前提的情况下，才得到的。

* * *

在英国大使馆 5 月 22 日的午宴上，我有一篇重要的谈话，是有关战后机构的。这件事开始之前，我曾向英国大使提出要求，让他将他觉得极有必要参加这次重大讨论的人物给请过来。副总统华莱士先生，内政部长伊克斯先生，陆军部长史汀生先生，以及参议院外交委员会主席康纳利参议员与副国务卿夏姆纳 · 威尔斯先生都是我所邀请来的，而且我还在这件事开始之前，把问题告诉了他们。对于所有经过，与我们回应客人的正式要求而作的报告，都被大使馆人员给记录了下来。

我在普通的商讨中表示，第一步就是必须对德国与日本进行阻止，让他们无法在未来的时间里再一次发动侵略。我觉得美国、俄国以及英国可以有一个以这个为目标的联合组织。若是美国可以在这三国的联合组织上，把中国加进来的话，我将非常乐意。可是，中国无法和其他三个国家作比较，即便它真的很重要。在这些大国的身上，肩负着和平的真正责任。它们应该和一些别的国家一起组织一个理事会，而这个理事会将是世界最高的。

欧洲、美洲大陆，以及太平洋这三个区域的理事会，将归属在这个世界理事会里。

应该再建立三个区域性的理事会——一个在欧洲，一个在美洲，一个在太平洋——而它们将附属在这个世界理事会的下面。

我觉得欧洲在大战之后，将有大概十二个国家或者是由联邦在欧洲区域里组成一个理事会。在地图上，若是没有一个强大的国家在英国和俄国中间，这种远景实在无法让人满意；所以，将一个强大的法国给重新建立起来是一件很重要的事情。我预测美国不会将大批的人员长期放在欧洲担任警卫。英国也不会这样做的。不过，对于维持欧洲秩序一事，美国必将会采取某些方式对它进行共同的维护，很明显，英国也会如此，这根本没什么好怀疑的。

在东南欧，我也期望可以有几个联邦用来填补因奥匈帝国的消失而出现的缺口，它可以是以维也纳为基础的多瑙河联邦。这个集团是巴伐利亚能够加入。还有一个就是巴尔干联邦。

我说，我期望将普鲁士从德国里拿出来，而我们很容易就能控制这个由四千万普鲁士人组成的一个欧洲单位。对于很多人想将普鲁士本身再一次分裂成许多的组成部分的这件事情，我持保留意见。对于俄国，波兰和捷克斯洛伐克都应该和它保持友好的关系。余下的便是斯堪的纳维亚各个国家。除此之外，还有土耳其，在战争结束的时候它或许会愿意，当然也或许会不愿意和希腊一起将巴尔干的体系里的那些任务承担起来。

比利时与荷兰被华莱士先生问到了，他们被建议可以加入法国。我表示，他们和丹麦可以组成一个低地国家的集团。我还被华莱士先生提问，有没有对瑞士是否能加入法国这一问题做过考虑？我答：说到瑞士，这是一个特殊情况。应该从欧洲这十几个国家里，分别派出一个代表，让他们去参加欧洲区域理事会。进而创建一个组织——欧洲合众国。就这件事来说，我觉得库登霍夫·卡乐吉伯爵的理想就很有价值推荐给他们。

相同的，区域理事会也可以有一个是在美洲各国的。在这个理事会中，加拿大必定是一个成员，而且它代表的是英联邦。还应该有一个区域理事会的位置是在太平洋那里，我觉得这个组织应该让俄国加入。俄国的注意力会因为它们西部边疆地区的压力消除而转向远东那边。这些区域理事会是归属在世界理事会下面的。对于跟他们有直接关系的区域理事，世界理事会的成员们应该参与其中才是。我希望美国不只是派代表去参加美洲区域理事会与太平洋区域理事会，而是希望他们也能去参加欧洲区域的理事会。由于所有的问题都无法从区域理事会得到解决，它们是需要世界理事会去担起责任的，因此，最后的决定权无论如何还是属于世界最高理事会的。

华莱士先生以为，有关世界理事会只有四个大国组成的这个情况，其他国家是不会同意的。对于他的想法，我是赞同的。我说，除了四大国家之外，还有别的国家的代表，他们是从区域委员会中轮流挑选出来的。对于世界理事会的建筑基础是这三个区域理事会这一件事，用三条腿的椅子去比喻世界理事会是以这三个区域理事会为基础建筑成的这个结构的中心思想是合适的。然而，我将非常重要的意义授予了区域理事会的原则。对于那些有直接利弊的国家，若是遇到争论，便只能希望它们尽力去解决了。倘若在最开始的时候，将那些和争论问题没什么关系的国家也邀请过来参与解决的办法，那毫无力量的如读书人的议论也许就是这个结果。

华莱士先生问，就用秘鲁和厄瓜多尔来作比方，如果他们有了争议，那实际上会采取什么程序。我答复说，首先应该让美洲区域理事会去对这件事进行处理，不过，世界理事会的全面最高权力永远掌控着区域理事会。范围处在美洲之外的国家，若是在这个事例里，是不会有影响的。可是，很明显只用一个区域作为基础，来对这个威胁世界和平的争论进行处理是不合适的；马上，这件事就会让世界最高的理事会参与进来。

有些人对我提问，那些中立国家是不是同样包含在我所计划的国家联合会里面，还是只有同盟国在这个计划里面。我答复说，要想办法在战争结束之前，对那些如今依然中立的国家进行劝导或诱惑，让它们认为参加同盟国是有益处的，只要有关国家的安全可以得到提升，我们就要为完成这个目的而动用所有可能的劝服力量与压迫办法。土耳其，就是这样一个例子。帮助土耳其，让它们得以组建自己的军队，并在合适的时候，可以采取有效的行动，便是我们的政策。在犯罪国被同盟国带到法庭的时候，我只可以看见德·瓦勒拉先生与其他那些始终以中立者的身份处在的一些人是如此的不中用，并且颜面全无。

我指出，我们要从国际联盟的经验中去学习非常多的东西。那些责备国际联盟彻底失败的说法并不正确。关于会员国未对联盟尽责一事，才是我们应该责备的。对于我的说法，康纳利参议员表示同意，他还点出联盟在 1919 年之后的几年里的成就。史汀先生表示的意见基本无异，他觉得，若是能够将实现之前给法国以保障，那法国以后的政策以及联盟的历史，将是完全不一样的。

很明显，武力是保证和平所必须的。我建议，将所有国家在武装力量上所需要保持的最大及最小限度制定一项协议，这个协议由各盟国相互间制定。可以把各个国家的武力分为，该国自己的国家军队和组成国际警察的军队两部分。而它们不只被区域理事会控制，还要服从世界最高理事会的指导。如此，若是欧洲这十二个国家里，有哪一个国家对和平构成了威胁，那就可以在必要的时候派这十一个国家组成的国际警察部队去对付它。依照世界理事会的决策，所有被国家派出去的国际警察部队人员，都有对不是自己国家的各个国家作战的义务。

对于这些国际警察部队，华莱士先生表示，他们还是需要基地的。我说，有关我之前所说的言论，我心里还有一些话可做补充。一个世界安全组织的建立，并不意味着与其他国家善意且特殊友好相斥。我在最后说，我觉得世界基本没什么希望，除非有英联邦和美国如兄弟一样联合，并且一起努力。对于可使用互惠且无牺牲的形式来实现这一联合的方式，我是相信的。对于这两个国家的公民，我期望他们能在另一个国家的领域里拥有同样的权利，例如，来往、定居以及交易的自由；当然，前提是在不会丧失自己国籍的情况下。他们可以使用的有普通的护照、特别的护照以及签证。更甚可以是有着某种共同形式的公民身份证，拿着这一身份证的美国公民与英联邦公民，不只可以按照居住的条件享受选举的特权，还可以拥有在另一个国家的领域承担公职的这个资格；而当地通行的法律和办事制度自然就是此事的依照。

之后，说到了基地的问题。我已经对驱逐舰基地的交换办法表示了欢迎，这是由于我觉得这对两个国家都是有利的，美国在英国领土上对这些基地进行使用，就和英国在自己的防御上有这样的必要似的，而非为了那些有用处的驱逐舰。因为对英联邦来说，一个强大的美国对利害关系是有重大影响的，将这个反过来也是不变的。所以，对于基地的共同使用，我希望可以为了共同利益的共同防卫将其扩大。在太平洋，帝国拥有数不清的岛屿。也有岛屿和海湾是属于英国的。我若是在战后仍然负责公务的话，那让美国可以继续使用那些他们需要当做基地的地方，必定会成为我的观点。

* * *

美国所有到场的客人都说，对于我提出的问题，他们多少都会有一样的想法，并且他们觉得，这些意见或者说是相似的意见是可能被美国的舆论所接受的。哈利法克斯勋爵问威尔斯先生，他是不是觉得，欧洲区域理事会的设立，会造成美国舆论不再对欧洲事务产生兴趣。威尔斯先生并没有那么忧虑，因为他想到了世界最高理事会和区域理事会的关系，以及它至高无上的责任。史汀先生特别着重地指出，在他看来，在结束战争之后不仅会有一种松散趋向，还会有一种对新的国际机构实验抱有抵触心理的情绪。他确信，和美国在战争时期签订合约会简单许多；实际上，这个问题只有在战争时期才能解决，不然无法将它解决掉。对于这种主张，其他人也表示更偏向它。我们都觉得，将这一类的未来计划当作是我们如今合作的一种持续方法给提出来，是最好的解决办法了，我们就在战争继续进行的时候这样做吧。

关于其他两个由我提出的意见，全部赢得了赞同，并且反应热烈。在战后，我们也要继续联合参谋会谈的方法便是我说的第一点意见；而为了保证我们的外交政策的主要方针可以紧密合作，我们要用接触的方式来对所有必需的措施进行采取，则是第二点意见。

在告别的时候，华莱士先生对英国大使说，这次谈话是他两年中最受鼓舞的一次。我的回答自然是谨慎的，我所说的只是我个人的意见。

*　　*　　*

第二天，副总统好像在与我和总统一起吃午饭的时候显得稍许忧郁，他害怕英国和美国被其他国家认为是要统治世界。我很清晰地说明，必要且正当的行动不应该因这种意见而放弃。我的基本思想是这样的，在英美的领土里，依然使用共同的公民身份证，即使其他国家全部不这样做。对于这些理想的自由发挥，总统是喜欢的，特别是有关军事方面的。对于需要在战后持续很长时间的英美联合参谋长委员会的这一体制，我和总统都认为，应该不管什么情况都要将它一直持续下去，直到我们笃信这个世界已是平安且没有什么事儿的时候。

*　　*　　*

在“三叉戟”会议期间，关于大战战略的主要问题，我们一共进行了六次全体会议，我和总统都参加了。为了使他们的辛苦得到成果，每天，联合参谋长委员会都会给我们提一些问题，让我们做出决定。如此顺利地进行着所有的事情，他们在 5 月 25 日上午，也就是最后一次会议上，将报告书上交给我们。联合参谋长委员会对我提出的那些修改意见表示赞同。下列修改过的报告就正式被我和总统批准了：

全面进行战争的战略思想

1. 尽快促使欧洲轴心国家无条件投降，可以和俄国或其他盟国配合。

2. 与此同时，与太平洋的其他有关国家合作，维持并扩大对日本施加不懈的压力，以便继续削弱日本的军事力量，要达到可以迫使日本最后投降的那个地步。联合参谋长委员会在采取行动以前，应考虑对于全面目标发生影响的任何扩大计划。

3. 和别的太平洋国家在欧洲轴心国战败的时候合作，若是可以，也和俄国合作，将美国与英国的力量完全发挥出来，尽快促使日本无条件投降。

对全面战略思想的基本任务进行支持

下面的这些规定任务，在我们的人力以及物力上有着优先的操控权利，不管我们为支持全面战略思想决定什么样的作战计划。当然，这些问题是需要经过联合参谋长委员会按照情况上的变化，进行再次审核的。

1. 关于西半球与英伦三岛的作战能力及安全情况要保持住。

2. 有关我们军队所在的一切地区的作战能力保持住。

3. 保持主要的海外交通线，尤其是击败潜艇的威胁，这是个着重点。

4. 将对欧洲轴心国家的空中攻势的力度加强。

5. 在时间安排上，为了向轴心根据地发动具有决定性的攻击，要尽量早一些，将最大限度的人力和物力集中在选好的某个地区。

6. 在支援俄国作战上，采用的措施既需要是实际可行的，又要确保是必需的。

7. 支援中国所采取的措施既要是必需的又要实际可行，让中国成为有效的盟国之外，还有让它成为对日本作战的基地。

8. 准备土耳其加入同盟国这边作战的条件，不管它是积极的，还是消极的。

9. 为在对轴心国家的战争中起到积极作用的非洲法军做准备条件。

* * *

如今，我可以给国内致电，告诉它，在这个战略方面，我们已经达成了协定，这个协定完全可以让我们的参谋长委员会满意。“而这都是因为，我和总统的密切接触以及总统的权威。有一段时间，两国参谋长之间在观点上有非常严重的分歧。除了这个以外，我们如今期望签订一种可以在战时进行调拨的契约。美国将在十个月里的每一个月中，给英国二十艘新船让其使用，并且要挂英国的国旗，我们剩下的海员会因此得到充分的就业机会。很多的反对意见，若是没有总统压着，是不可能成功的。”

有关英美与原子弹的研究工作，我也可以将下面这封文件送给约翰·安德森爵士：

首相致枢密院议长　　　　1943年5月26日

有关恢复“合金管”的情报交换，并将这项事业看成一种双方联合的事业，英方和美方都必须要对它作出自己的最大努力。根据我的了解，他的决定所依据的事实便是，这种武器非常有可能发展起来，也极有可能被用到现在的战争中去；所以，它的范围是在交换研究工作与发明秘密的基本商定的范围里。

应该通告给彻韦尔勋爵。

*　　*　　*

联合参谋长委员会并没有对攻下西西里之后攻打意大利作详细的建议，而我很关心这一点，虽然许多方面进展良好。下面这个联合参谋长委员会作出的决定就是我能获得的最好计划：

> 作为紧急任务的其中一项，对北非盟军的总司令下令，为了最有效果地从战争中将意大利赶出去，以及束缚最多的德军，在将“哈士奇”作战计划的战果扩大的时候，应该要计划进行军事行动。应该在多种多样的详细军事行动中采用哪个，和计划确定以后的实施等问题，留着等联合参谋长委员会下决定。

对于美国参谋长们已将心思转到撒丁岛一事，我是了解的。他们觉得，这个岛是在1943年剩余的所有时间里，是聚集在地中海的大军们唯一等待着完成的目标。我觉得这种计划全都是有缺憾的，不管它的理由是政治上的，还是军事上的。在俄国人的庞大战场上，他们每天都会作战，他们的血流成了河。而这快一年的时间里，我们就要让这一百五十万多的卓越士兵和他们全部强大的空间、海军，没有事情做吗？

对于攻击意大利的问题，总统好像没有打算让他的顾问们去把这个事情了解得更准确一些。可是，我对此却无法毫不理会，因为它正是我横渡大西洋的主要目的。霍普金斯在暗地里对我说：“就你的主张而言，若是你想要贯彻它，那你在此处就务必要再待上一个星期的时间；但是，即便是那时候，也未必是可靠的。”在这种情况下，我觉得痛苦极了。我在5月25日亲自跟总统要求，要马歇尔将军与我一起去阿尔及尔。所以，罗斯福先生在最终的会议上说，关于“占领西西里之后的”政策，过不了多久，首相就会有一次和北非总司令商讨的机会。并且，他之前还提议，若是能让马歇尔将军过去，帮助一定很大。所以，总统扭转向马歇尔将军，问他，为了满足首相的需求，是不是可以将东南太平洋视察的时间推后。马歇尔将军回答，他非常乐意。

我那时在会上表明，在最高的美国代表不在场的情况下，我认为我们和艾森豪威尔将军对这些事进行讨论，是尴尬的。若是作了决定，在这件事情之后，我非常有可能会被人们认为曾在之前对其施加过不合适的影响。我非常高兴，听到马歇尔将军能和我一起前往。如今，我笃信在阿尔及尔是有可能将这一切做得让人满意的，并给联合参谋长委员会送去一份报告，让他们用作研究。

*　　*　　*

那时曾同意过的有关会议的报告，应由我和总统写一份交给俄国。几个草稿被我们弄了出来，并马上将它们全部用打印机给打了出来。在打好的草稿上，我们再三修改，一直持续到他们被我们的笔记弄得基本看不出来了。应该加入的是什么，应该删掉的是什么，我们自己都糊涂了。最终，在深夜两点时，我说："明天让我将这个带走，让我将他整理好，在巴特伍德飞机场再把它还给你。"总统因为这话而变得非常轻松了。这一办法让他极为满意。我再次说："若是和我一起走的还有马歇尔，那真是好事一件。飞机上的空间宽敞极了。"一直不停的脑力劳动将我们弄得疲惫极了，所以便起身去睡觉了。马歇尔将军就在这个时候出现了。他是来道别的。很明显，他没有想过和我乘同一个飞机，或者于同一个时间起飞，即便之前决定过，他应该去往北非。可是如今总统这样问他："为什么你不跟温斯顿一起过去？你们能一起对要给俄国的公报进行一下讨论！"虽然这让将军意外，但他很高兴地同意了，并挥了挥手说："我必定乘他的飞机。"

第二十二章　进攻意大利

我们于5月26日动身去北非——给俄国的公报与马歇尔将军——飞往直布罗陀的很长一段距离——飞机受到电击——抵达“修道院”——马歇尔对直布罗陀的防卫工程进行巡查——傍晚降落阿尔及尔——我们攻击西西里与意大利的决心——在地中海的英国实力——和艾森豪威尔将军在5月29日的会议——“小鬼”作战计划——横渡海峡的攻击，这个关系重大的问题——攻击意大利与布鲁克将军——同盟国的二十七个在地中海的师——我的“有关背景的备忘录”——一条巴尔干战线与土耳其——亚历山大将军的一篇让人印象深刻的报告——我的迦太基之行——我们在6月3日最后一次会议——蒙哥马利有关进攻西西里的信心——我们分别在和谐的气氛里——一场可怜的悲剧——形势改变

5月26日，也就是第二天的早上，帝国总参谋长、马歇尔将军、伊斯梅以及我其他的随行人员，从波托马克河乘坐水上飞机起飞。在那里，有罗斯福总统给我们送行。

我在我们飞到空中的时候，就将所有精力投在了给俄国公报的这一工作上。在这一卷草稿上找到头绪是非常困难的，因为这上面充斥着总统和我潦草的修改笔迹，于是，我把它给了马歇尔将军。两个小时后，他给了我一份打得干净的稿子。对这个文件，我十分满意，它刚好将我与总统的想要表达的意见表达了出来，表达得婉转而明白；不只对军事问题进行了说明，还将有关的政治问题给说明白了。我因此对他很佩服。马歇尔之前给我的影响是一个严肃的军人、陆军里一个伟大的组织者以及建立者，是美国的卡诺。可是，现在我能看出，他是一位政治家,且他对全部局势见识卓越、眼光独到。对于他的稿件，我非常满意，而任务也算是完成了。我给总统写信说，这个已经没办法再写得好上那么一点点了，他若要修改什么，不必再和我商量，直接发出就行了。为了加油，我们在纽芬兰的博特伍德降落，飞机从那里将我的信件与马歇尔的稿件带去了华盛顿。总统一个字也没有修改。

我们横渡大洋去往直布罗陀的行程为三千英里的飞行在提早吃过晚饭后就开始了。看起来，这是一段长距离的飞行，不过，随时告知我旅行安排的汤普森中校——汤米——对此解释为，我们的航行事实上没有看得那么长，因为我们几乎是按照“大圆航线”(GreatCircle)航行。动身的时候天已经黑了，我们也打算睡觉了。“波音”飞机新房间里的那个大大的双人床舒服极了，我在上面睡了好几个小时，发生了一次忽然的意外震动以及突然的下降。我醒过来。发生事情了。可是，什么影响都没有，对于空中旅行来说，不出事故是最重要的了。在我彻底醒过来后，我便将拉链服披在了身上，从我们宽敞飞机的中央长廊过去，踏上了通向驾驶室的梯子。我在副驾驶的位子上坐了下来。现在这个有月光的夜晚是可爱的。我在这儿坐了一会后，我问驾驶员，怎么突然就下降了？他说：“闪电击中了我们，不过并没有出事。”这真是一个好消息！在空中我们既没有被击坏，也没有着火。我们不用迫使自己降落在这个距离所有地点都超过一千英里的地方。我感到好奇，电击对飞机为什么没有作用？对地面的勤务人员来说，电击好像是一个非常危险的事。我在后来知道了这个，当时大家在飞机上焦虑极了。我俯看着距我有七千英尺距离的大洋，它平静极了。从这个高度看下去，大洋好像始终都是平静的。这么看着，好像是有一艘小型的不定期货船在我们的下面。我因它的出现而产生了一种特别的感觉，这种感觉是舒服的。我在这种心境愉快的幻觉中睡去了，并且这一觉睡到天亮的时候才结束。

因为我喜欢看黎明的到来，所以我再次走到了前面。当你向东飞行的速度到达每小时一百六十英里时，你就可以在很早的时候看见太阳，它上升的速度也会非常的快。我的常规在这样的飞行旅行中得到了坚持，按照肠胃的需要，对吃饭的时间进行了规定。一个人在天明之后起床，就要吃早餐；在五个小时之后，进行午餐。晚餐则在午餐的六个小时后进行。如此，太阳就不能掌控他了，要不然，他的事务会因为太阳的原因而产生很多的关联，同时他的工作习惯也会被打乱的。我和马歇尔将军之间进行的交谈十分愉快。他将美国宪法所准许的“弹劾”与英国议员依然保留的“褫夺公权”，分别对我进行了具体的询问。对于保存这种极有尊严的法律程序的必要性，我没费什么劲就让他相信了。一些寄存的文件被我们两人利用空闲的时间给清理了。我们在接近直布罗陀的时候，在周围寻找护航机。一架护航机都没有。有一架不明身份的飞机吸引了我们所有人的目光，在最开始的时候，我们觉得是它对我们有兴趣。由于它不再向我们飞近，因此我们确定了这架飞机就是西班牙的。不过，他们好像始终很关心那架飞机，一直到它消失为止。大概在下午五点钟的时候，我们降落了。在那里，总督欢迎了我们。若是当晚就动身去阿尔及尔的话，那时间实在太迟了，于是他用车将我们送到了他所住的“修道院”去；早在两个世纪前，这里的修女就搬走了。

有一段故事，与这个叫“修道院”名字的地方有关。总督的官邸在 1908 年之前始终叫“修道院”。然而，国王爱德华七世的御前秘书亨利·庞森比爵士在那年给总督写信说，国王觉得将这个名字改作“官邸”更合适。而原因就是，当国王在乔治 · 怀特爵士的总督任内对直布罗陀进行巡查的时候，英国报纸记载了这样一段，而它的大概意思就是，国王曾经在“修道院”进行过午餐。国王陛下在十天后收到了一份信教联合会通过的决议，很遗憾，国王不仅觉得在罗马天主教机构那里进行巡查是有必要的，还在那里进行了午餐。可是，在 1943 年 6 月，当国王乔治六世对北非进行巡查的时候，他示意再次以“修道院”

为总督官邸名字的这个心愿，因此，“修道院”如今还是总督官邸的名字。

我们一直到第二天下午才从直布罗陀离开，动身去往阿尔及尔，因此，有了带领马歇尔将军参观直布罗陀的机会。我们巡查了几个小时，对保证长久提供要塞淡水的新蒸馏厂、所有的重要堡垒、几个地方的医院以及很多的军队进行了视察。在最后的时候，我走下去，参观了那个尤其让总督喜欢的地方，一处新的直布罗陀地道，开辟在幽深的石头里，八门快速发射的大炮被装在了它的炮台上，将地峡与英国以及西班牙之间的中立地区控制了起来。这里的工程是庞大的。沿着它走时，我们确实感觉到，不管直布罗陀会遇见什么困难，来自大陆的进攻都好像算不得什么危险了。总督与他的英国参观者分享了他对这个成就的骄傲。马歇尔将军在我们还没有坐上水上飞机道别的时候，稍显迟疑地说，“你们的地道让我感到敬佩，但是在科雷希多那里，我们也有一个这样的地道。它因日本人在一百尺之外用大炮进行的轰击而堆满了碎石，在两三天之内就被堵住了。”对于他的警告，我表示感谢，可是总督好像震惊极了，他的笑容完全不见了。

在刚过中午的时候，我们起飞，在我们上方很高的地方，有十二架“勇士”战斗机在巡逻，抵达阿尔及尔机场的时候已经是傍晚了，艾森豪威尔将军、安德鲁·坎宁安海军上将、比德尔·史密斯将军、亚历山大将军以及另外很多朋友在那里迎接了我们。我直接坐车去他给我们准备的地方，那是在艾森豪威尔将军旁边的坎宁安的别墅。

* * *

在我的战时回忆中，最高兴的要数在阿尔及尔与突尼斯那八天了。为了亲自参加由我们安排的吉罗与戴高乐之间的见面，以及对我们所有的别的事务下决定，我将艾登约到这里来，和我一起。我将为何让他前来的重要性，对内阁进行了说明。

首相致副首相及自治领大臣　　　　　　　　　1943 年 5 月 29 日

……艾登来这里并停留数日，在我看来是非常重要的事情。他比我更适合做吉罗与戴高乐婚礼上的傧相。对于周围的氛围他应是有了解的，并且和演员在很简单就能演变成一场严肃的戏剧里保持联系。刚才，乔治将军过来拜访了我，他的精神很好，如今正和吉罗亲密地工作在一起。

我准备在下个月 6 日之前都在这个地方待着，在我经过华盛顿的那阵忙乱之后，我需要在这样一个阳光充足的地方休息一下。顺其自然发展，便是这里对目前正展开的军事问题的商讨建议。就像我们在华盛顿所做的那样，只要有一点耐心，就会有希望和消除问题的办法，而我们英国人都有一样的看法。

若是觉得应该将西西里拿下的话，那对攻击意大利的问题，我决心要在我从非洲离开之前就做好决定。我和布鲁克将军将我们的想法告知了亚历山大将军、特德空军中将、安德鲁·坎宁安海军上将，以及之后才告知的蒙哥马利将军。在最近的战斗中，所有的这些将领都偏向于进行大规模作战，并且觉得打败意大利是我们在阿拉曼战后一连串胜利的必然结果。不过，我们伟大同盟国的认同，是我们必须要取得。艾森豪威尔将军谨慎极了。有关我们的全部论点，他都进行了聆听，我笃信，我们的想法会得到他的同意。可是，直到最后一刻，马歇尔都在沉默着，他的意思没有人明白。

对英国来说，我们开会所在地的环境是非常有益的。和美国人比较一下，论军队，我们是他们的三倍；论战舰，我们是他们的四倍；论实际作战的飞机数量，我们与他们不相上下。抛开我们之前的损失，就从阿拉曼战役开始，我们于地中海的损失，在人数上，是我们盟国的八倍；在船只上，是我们盟国的三倍。可是，即便我们在力量上占了极大的优势，我们依然接受着艾森豪威尔的最高指挥，并且在全部的战役中，将美国作战的特征给保存下来。这是为了保证美国头领们能最公平、最全面地对这些有力的事实进行考虑。在慷慨这个行为上，美国的头领们不愿意落后于人。他们在公平合理上的自觉反应，要比任何人都更高。对美国人来说，若是你对他们好，那他们就会希望对你更加好。不管怎么样，我觉得那些被我用来说服美国人的观点，是非常有道理的。

* * *

我们于5月29日下午五点的时候，在艾森豪威尔将军的阿尔及尔别墅进行了一次会议。这次会议，由艾森豪威尔将军用我们主任的身份来进行主持，马歇尔与比德尔·史密斯二人与他一起参加的这个会议。坐在他对面的是我、坎宁安、亚历山大、特德、伊斯梅以及其他的一些人。

“小鬼”作战计划是我们第一个讨论题目。艾森豪威尔将军解释说，这是进攻潘泰莱里亚岛的代号。本次战役在军事上的有利条件，从地图上就显而易见。若是想对西西里的南边进行攻击，似乎务必要拿下这个岛的飞机场。这种军事行动没有理由被假设会对侵袭西西里岛造成阻碍，因为这儿也是清除西西里海峡的必要步骤。安德鲁·坎宁安海军上将说，现在他的计划就是，用有着六英寸大炮的巡洋舰对空袭进行援助，不过，他打算在必要的时候将一艘拥有十四英寸大炮的战舰给派去参战。我回答：“关于海岸防卫工事会因突击而被破坏到哪一程度，这一军事行动能提供一个非常有用的实验，进而取得实际上不被反抗的登陆。”布鲁克说，空袭完毕与进攻军队抵达之间的那段时间，才是困难的所在——敌人可以利用这段时间而将工作恢复起来。海军上将说，这八艘驱逐舰会一直跟随着登陆舰，而且它们会在射程得当的距离里对登陆舰的登陆进行保护。我同样坚信，十九辆“谢尔曼”坦克就包含在攻击部队中。论实力，意大利应有一万人左右。海岸防御部队就在这其中，除此之外，还有百辆的坦克。

在我的要求下，艾森豪威尔将军简单说明了一下攻占西西里的计划，无论是人力，还是物力，在数量上好像都是充足的，并且可以准时运至的。之后我们谈到的问题就极其重要了。艾森豪威尔将军告知我，曾经，他和艾伦 · 布鲁克爵士有过一次长谈。布鲁克重点说，在 1943 年，俄国陆军是地面部队中唯一能获得决定性战绩的军队，所以，为了能让德军受到来自俄国军队的，具有决定意义的失败，我们的陆军应该将把德军从俄国战线上赶出去作为目标去努力。说到 1944 年，艾森豪威尔将军说，他觉得若是让制空权在我们的掌控之中，那在大陆，就可用五十个师的英美军将那七十五个师给束缚住。若是我们想将意大利打败，那在攻下西西里之后，我们就应该利用我们所有可以用的方法，立即对意大利发动战争。在意大利的领土上会遇见的反抗方式，也许和西西里的反抗方式一样。若是可以顺利攻下西西里，我们就要直接挺进意大利的领地。这样获得的战利品，将超过对任何岛屿进攻所得到的。

我们在之后说到了一个主要问题，我们的确无法往欧洲派去一支与俄军数量差不多的英美联军。如今，俄军将二百一十八个德国师束缚在了他们的战线上。但是，我们到 1944 年 5 月 1 日的时候，就可以在联合王国境内聚集包括从北非调来的七个师在内的二十九个师的远征军。能让我们积累军力的最大聚集点必定是联合王国。也必须将计划制定好，一旦德国崩溃，就打算随时开展大规模横渡海峡的战役。就像马歇尔再三指出的那样，法国北面是唯一可以让联合王国的美国空军，以及英国本土空军发挥全力的战场。我重点强调，对于横渡海峡作战一事，英国人民以及英国陆军都非常着急。

马歇尔将军说，横渡海峡作战的准备日期，英美联合参谋长委员会已经作了决定；而且他们还决定了五个师，这些军队是进攻阶段会用到的。艾森豪威尔将军询问道，有关他的在地中海打败意大利的作战计划，在何时才可以提出来？美国参谋长联席会议认为，这个还无法决定，除非已经将进攻西西里的结果与俄国的情况给确定了。组建两个兵团，每个兵团设立的地方要各自不同，并且参谋人员也要各自不同。训练一个兵团去对撒丁岛与科西嘉岛作战；另一个兵团则是被训练来对意大利本土作战的。必要的空军、登陆艇等，在局势明显并且可以进行抉择的时候，就要转移给那个负责完成选定计划的兵团。马上，艾森豪威尔将军就说，若是能轻松占领西西里岛的话，那他乐意直接对意大利本土发动进攻。对于他的意见，亚历山大将军是赞成的。

帝国总参谋长立刻就国际形势做了综合报告。眼下就是一场来自俄国人与德国人的激烈战争。在帮助俄国这件事上，我们应在我们可以做到的范围里，给俄国最大的帮助，并将德国的力量分散掉。在很多地方，德国人都受到了威胁。他们的兵力，被我军在北非的出现，和运用巧妙的配置计划给成功分散了。这个正确方向上的另一步骤就是攻下西西里。等待德国人的是俄国的战役、在巴尔干可能发生的灾难，和在法国、意大利以及挪威的威胁。无论在俄国，还是在法国，他们的兵力已经不能再消散一点了，因为它已经被分散得十分广了。意大利是最利于他们消减军力的地方。若是被我们发现意大利的“脚部[①]”已经满是军队，我们就需要在其他的地方试行。若是将意大利从战场中剔除，那在巴尔干的二十六个意大利师，就必须要德国拿出军力来代替了。他们不仅需要在伯伦纳山口，沿着里维埃拉，还需要支援西班牙与意大利的边境。我们横渡海峡需要的就是这种军力的分散，我们尽力将敌人的力量都分散了。对法国海岸的防御工事的进攻，并不困难，除非它们的防守很坚固；而且，还有机动的后援军队可以让德国人作反攻之用。艾森豪威尔将军因此声称，对于他的问题，已经经过讨论，并且弄明白了。倘若西西里的进军是成功的，比如说超不过一个星期，就需要他们马上横渡海峡去建立一个桥头阵地。比起西西里，意大利南边的海岸防卫应该要容易突破。

---

① “脚部”指的是意大利的南部地区，意大利的地形形状就好像尖头的靴子，而它靴子尖部坠子的位置就是西西里。——原注

我将自己的主张说了一下，也许在8月15日的时候，就会迎来西西里战役的结束。马歇尔将军觉得，我们应该乐观一点，将西西里战役的结束时间想象为7月的末端。我说，我们若是可以在8月的时候拿下西西里，并且没有太大的损耗，只要派去那里的德国师不是特别的多，我们就应该马上对意大利的趾形地区发动进攻。与意大利的丧失相比，巴尔干对德国的威胁要更大一些，因为土耳其所做出的反应很可能会对我们有益。

布鲁克提议，意大利内部有可能会在西西里作战的时候发生崩溃。若是如此，我们就该计划一个行动；他觉得艾森豪威尔将军可以就停战的条件，与我们应该进到意大利里面多深，做一下思考。这方面会快速地进行。我说，想一想可以供我们自由使用的军力，除了英国陆军以外，在北非还有包括一个空运师在内的九个美国的师。11月1日前后，将有七个师动身，这里包括了一些英军与美军。在波斯还有两个半的波兰师，它们的装备非常好，并且所有对意作战的行动它们都愿意参加。已经获得了新西兰议会的同意，在9月，它们就能派一个师过来，10月的时候将一个装甲旅准备好。如此，就有四个师可给波兰人与新西兰人供应了。

于是，我们在地中海的所有实力被帝国总参谋长给列了出来，共有二十七个师是英军或被英国控制的军队，有九个师是美国的军队，有四个师是法国的。除去伤亡共有三十六个师。将因准备参加横渡海峡作战而调回来的七个师，与承担土耳其义务的两个英国的师都排除，在地中海地区还有二十七个师可供同盟国使用。我继续说，德国两个师的实力与我们一个师的实力相差不多，一个实力完全的旅团要比一个德国的师强上一些。有这些部队供我们使用，若是从8月或是9月开始，一直到明年5月的这段时间里，什么表现也没有，实在说不过去。

* * *

虽然很多问题都没有解决，但我对这一讨论非常满意。很明显，将领们全部都有奋勇向前、不畏作战的愿望。所有因不明因素而形成的保留问题，都会随着我期望发生的时间一步步得到解决，这是我自己感觉到的。如今，我准备了一份文件，叫作“有关背景的备忘录”，将攻击意大利的所有情况进行了解说，并且把可以用作作战的军队加在里面。在5月31日也就是星期一，这个我们规定再次会议的日子之前，我给大家传看了这份文件。

关于在地中海战场的所有师，和等同于师的军队，我都做了具体的说明。这里面共有九个师是美国的，有三又三分之一的师是法军的，共有二十七又三分之二个师是英军或被英国控制的部队。从这个总数中抽调七个师回英国，加入到“波赖罗”计划中去，而这里面的英国军队就有三个师。余下的二十四又三分之二个师的英军里，是艾森豪威尔将军指挥的只有十一又三分之一，以及被内定参加西西里战斗的。在布鲁克的首肯下，现在我提出，再分给艾森豪威尔将军八又三分之二的英军以及被英国控制的军队。英国与其他方面的十二又三分之一个师进行比较的话，一共派出了二十个师。我在这个基础上接着说：

……国王陛下政府极其强烈地感觉到，这支强大的军力不管在什么时候都是不能被闲置的，因为它是陆军的主力部分，组成它的师是那么的出色和富有经验。英王无法对这一消极的态度表示宽容，我们俄国盟国也不同意这个态度。我觉得我们的职责就是，尽量继续和敌人作战，将作战能力尽可能地提升，并将敌方的师尽可能多地从我们的前线引开。对于1944年开展的横渡海峡的远程来说，除去别的方法，这一方式可以给其创造最有利的条件。

3. 在地中海，唯一值得发起一场集聚眼球的战役目标就是，将意大利从战争中逼迫或者诱导出去；而且，这场战役对现在已经聚集在地中海那儿的同盟国军队来说，是可以进行的。因为这个目的，将西西里攻下这一初步的措施成为了必要的，对意大利本土发动进攻，并且拿下罗马的步骤都是明显。如此，在同盟国的事业、地中海，以及英吉利海峡战区的战争总进展上，才可以做出巨大的贡献。

4. 目前，我们还不能说，对于我们的行动，敌人的抵抗程度如何？为了防卫西西里与意大利，德国也许会做出极大的努力。据我们听说，每周德国都会往西西里或意大利南部运去一个师的人。我期望能凭照最近的情报检查一下这个的可能性，并且极准确地说明，德国师的大概数量与净数，它们装配的大炮、坦克以及车辆的数量；在最近十二周里，哪个地区最有希望成为它们输油的地方；它们会步行送去，还是铁路运送，或者是从海道运输。现在，这种性质以及这种规模的调遣还是不存在的。在战役开始之前，敌人为了可以使用驻守在西西里的那六个师，一早就做了决定，必定在很早就开始了准备工作；如今，他们的动向绝对是明显的可怕。除此之外，倘若将这六个师调到西西里去，意大利的南边一定还是空虚的。有人请求，让参谋人员再次对德军的调遣，和上文所提到的方向移动的可能性，展开最为全面的研究。

5. 若是德国人准备向西西里与意大利派去六到十二个师的强大军力的话，我们必定完成了把敌人的军力从我们的俄国盟军那面直接或是间接地调走的这个任务的一部分。若是他们不这样做，只将一个或四个师派去，对意大利的努力进行鼓舞，在之后的三个月里，凭我们力量就不太可能做不到上面第三段所提到的任务。另一面，不管德国人会在西西里，还是意大利的趾形展开一次大战，还是在这两地展开一次大战，都需要我们的陆军进行全面交战。我们还需要进行空中战役，并且战况激烈。这种空中战役，从我们逐渐提升的相对力量来看，对我们是非常有益的。我们若是可以在意大利南边的各个地区稳定之后，而意大利已然还在战斗，即便已经来不及，德国人仍将大量的支援军队派遣过去，那么趾形地区就非常可能是我们将要撤退到的地方，逼得他们不得不对早有准备的和接连不断的阵地进行攻击，并且这一攻击的代价非常大。那么束缚敌人军力，与上文所提到的空战的所有便利，我们就都可以得到了。那这一局面就没有道理被当成一种灾难了。如此，我们要是将我们的作用发挥出来，就只需要跟德国人展开激烈的战役，当然甚至也能跟意大利人展开激烈的战役。

而后，我将确认过的统共包含野战军队五十八个师，海防军队十四个师的意大利部队的分布情况给列了出来。

6. 我们看见，只有十一个师的意军在意大利自己的土地上，大概有四个师在西西里，有五个师靠维埃拉驻守着，最少有二十八个师被牵制在希腊、南斯拉夫以及阿尔巴尼亚。将这二十八个师除外，仍需将罗马尼亚八个师、德军十一个师，总数为四十七个师被塞尔维亚的米海洛维奇所派的游击队活动、普遍混乱的希腊、克罗地亚的游击队，和那些局势不稳的俘虏国家，都束缚在巴尔干半岛。

7. 下面的实际利益将会在迫使意大利从战争中脱身之后属于我们。德国人必将为占领里维埃拉而准备军队，对波河和伯伦纳山口的新阵线进行维持，特别要将巴尔干各个地方因意大利各师队的撤退与复原所造成的空虚给替补起来。到此为止，他们已经将牢牢牵制四十七个师的敌人的伟大功绩给完成了，即使游击队得到的给养只有那些从超不过十二架飞机上，以降落伞的形式投递的小包裹。攻下意大利的南边的地区，或者只是拿下整个踵形地区和趾形地区两个中的一个，就能让我们进入亚得里亚海，还可以用船向亚得里亚各港运送军火、间谍以及小规模的突击队。我们不用将部队派过去到那里进行所有严重的军事活动。无论是今年，还是如今我们预测的所有时间，国王陛下政府既不准备，也不希望将所有组织的武装力量，提供给巴尔干战场。但是，对南斯拉夫的爱国团队进行支援，唆使阿尔巴尼亚反抗，还是鼓动希腊抵抗，都是计划许可内非常重要的措施。我们的主要军事行动和这一切，都会对土耳其的态度造成影响。如此，我们将给俄国与“波赖罗”计划的援助，将是我们可以做到的最大限度。我们只有在形势的远景确定是无益于我们的时候，才应为地中海的行动思考一些代替计划,这些计划可以是小型的,也可以是次要的。

8. 对于俄国人在地中海要采取何种行动的所有预测，大部分自然都是估计的。关于二十五万军队的全军覆没，德国的最高统帅部必定会印象惨痛；不管怎么样，都应该重视起来。可以依照这个情况猜测，在西西里，他们是不是会再次出现如此的失误，哪怕没有这个规模大。已经大大改善了我们的情况，首先，我们的士气因为近期同盟军的胜利而得到了激励；然后，因为只有几百个敌人由突尼斯逃去了西西里；其次，实际上已对包括葡萄牙、西班牙、法国本土、土耳其以及意大利在内的所有战区的心理上造成的影响，已经非常严重地恶化了德国人的地位。他的主要力量，必定会因马上发生在俄国战场的一连串大规模战争而被牵绊住。若是德国人不发动攻击，俄国人必定要展开进攻，更甚是要提前于他们的敌人。对于这些战斗的结果，我们无法预测，不过，我们也没有原因去猜想，相较于去年这个时候，今年的条件更不利于德国人。所以，毫无可能认为（1）在西西里德国人准备开展一次大战。或者(2)大量军队将被他们派去进入意大利的腿形地域。在对待他们的问题上，相对聪明的办法就是，打仗就打可以拖延时间的，进而，对这些地区的意大利人进行激励，同时让他们撤退到波河线上去，对他们的实力进行保存，将里维拉，与有着供应基地价值的巴尔干守护住。若是俄国的战争不利于他们，若是在军事行动上,我们再次取得了意大利,或者是意大利境内的胜利，而因为这些事，让德国人必须撤退到阿尔卑斯山与多瑙河，同样也要在俄国战线上撤退，从挪威撤退也有可能的。若是我们对我们的军队进行大胆且充分地使用，在今年里，就能够将这所有的结果取得。我们在今年里，没有别的有着一级意义的战斗能够在欧洲进行的。

*　　*　　*

我们于 5 月 31 日傍晚，在艾森豪威尔将军的别墅，再一次进行了会议。艾登将军准时参加了这次会议。事物的本质是我竭力要抓住的，在提及传看的文件是由我交付之后，我说，我们的心全部都在意大利南边地区的攻击上，可是我们的道路可能因为战争的命运而改变。于意大利南边地区和撒丁岛之间的选择，不管怎么说，都是在一个光荣的战役和一个只求方便之间作选择。对这些意见，马歇尔将军一点反对意见都没有，可是，在当时，他并不愿意做出明确的决定。他说，我们最好做什么，应该在我们开始对战西西里之后，再做决定。他认为，为了判断意大利南边地区的反抗是不是真实的，就一定要了解德国人的反应：德国人是不是要进行撤退，撤退到波河那里去；意大利人是不是被他们用手段阻止或者控制了；在科西嘉岛、撒丁岛或者巴尔干，他们准备了什么；在俄国战场，他们要作的调整等。全部这些，都会成为我们决定在"哈士奇之后"的作战计划上的因素。也许意大利的崩溃方式会有两到三种，许多事情将在现在到 7 月的这段时间里发生。关于我对意大利进攻的心情，他、艾森豪威尔将军和联合参谋长委员会是清楚知道的，可是，可以将另一项能取得最好结果的"哈士奇之后"作战计划选好，是他们唯一的心愿。

我说，前一次的会议记录没有将我所有的心情表达出来。让意大利从战争抽身，让罗马成为我们占领的领域，都是我很想看到的；并且，我还提出，若是有需要，可以将八个军师由中东别的地区那里，调到这里来。已经讨论过很多次有关这些支援军，和用来对他们进行运输的船只了。我说，对于英国人民，在我觉得困难至极的时候，他们被要求减少生活配给量；可是，比起放弃一次也许会取得巨大成功的战役，那样做还是让我高兴的。让我无法忍受的是，看着他们在可以进行，把意大利从战争中除名的战斗的时候，却什么也不做。议会与人民对于陆军不积极战斗是不可能持赞成意见的，所以，我必须用我所有的力量去阻止这个事情的发生。

马歇尔将军回答，他的争论，并不是对在华盛顿决定的，目的是将意大利攻下的特殊任务表示反对。他只希望我们务必在攻下西西里之后，非常慎重地去选择到底应该做什么。

* * *

在这里，必须要对发现在目前的一件事情进行说明，这个事情有关于一些战后变为误会和争辩的事情。在我的要求下，艾登先生对土耳其的局势进行了评论，他说，把意大利从战争中赶出去，让土耳其加入战争的影响重大。土耳其人会在“我们的部队抵达巴尔干地区的时候”变得友好一点。对于战争政策，我与艾登的意见是统一的，可是，我害怕美国朋友会因为他措词的语气而产生误会。记录中写道：“首相插言重点说明了一下，在现在或者不久的将来，向巴尔干派去一支军队并不是他的想法。”由于，一旦我们能直接威胁到巴尔干的时候，土耳其就会作出对我们有益的选择，因此，艾登先生对不需要向巴尔干派遣一支部队的想法表示同意。

我在会议结束之前提出，让亚历山大将军把他们的想法说出来。他所发表的演讲非常让人感动。他说自己是乐观的。即便是进行两个星期的极其激烈的战斗，我们也有很多的机会可以胜出，因为我们拥有出色的部队与卓越的战斗能力。一旦我们参战，基本需要不停地进行十至十四天激烈攻击，甚至激烈的战斗还可能持续三个星期的时间。之后，就会迅速地取得结果。对西西里来说，位于东南角上的飞机场与港口是最为重要的。只要我们将这些据点牢固地控制之后，这个岛的其他地方，我们就可先不去理会。应该能横渡墨西拿海峡，并且在岸那边攻出一个立脚的地方。对西西里来说，墨西拿海峡就是它的咽喉。他再次诉说了一下，他于5月29日在会上做的报告。他说，将一个桥头阵地在意大利建立起来，应该是计划里的一部分。我们无法取得特别大的成功，除非我们可以乘胜追击，甚至深深地进入意大利的里面。不过,在西西里军事行动进展的时候,这些全部就都能搞清楚了。也许，意大利的趾形地区在防卫上是坚固的，坚固到需要我们再次对我们的军事行动进行部署。不过，这也是不确定的。一旦展开对西西里的攻击,我们就应该打定主意向前,绝不能有一丁点停顿出现。距离长的军队有无线电控制，而且，在宽广的地区里，有空军进行保护和供应，如今的战争，是允许我们极快地前进的。我们的前进也许会在我们挺进意大利本土时变得更加困难，可是，这并不能成为反对我们要尽量在西西里作战时乘胜追击的理由。他说，他之前所说的可能，没有一种可以当作确切的预测。无法想象的事情是战事中常常会发生的。在几个月前，他不会相信隆美尔与他的非洲军团实际上所发生的事情。在几个星期里，让他相信三十万的德军会在一个星期里崩溃，是非常困难的。能将敌人的空军扫荡得如此干净，干净到我们能够在一片突尼斯的原野上对我们所有在北非的军队进行检阅；且我们即便这么做，也不会受到来自于敌人飞机的一点威胁。

马上，他就能取得坎宁安海军上将的援助。坎宁安表示，若是能顺利地进行西西里的所有作战的话，我们应直接横渡海峡。在会议截止的时候，艾森豪威尔对丘吉尔先生与马歇尔将军能让他在这次旅行中，弄明白联合参谋长委员会都做了哪些事情表示感谢。他了解，他们的责任就是为了不让他们在决定下一步计划的时候有中断或停止的现象发生，而去搜集与进攻西西里初期有关的所有方面的情报，并及时将这些情报送给联合参谋长委员会。不仅需要他提供情报，还需要他随时依照变化的情况去作出具有力度的建议。虽然，他对亚历山大、特德以及坎宁安——他的三位高级指挥官，之前所说的全部完全赞同，对于这些事情，他期望他们仍然会有机会，可以将更加正式的意见说出来。

*　　*　　*

在之后的两日里，我们乘坐着飞机和汽车，对一些因一个月之前的战斗而被史册所记载的地区进行了游览。马歇尔将军在自己一个人对美国军队进行了短暂的巡查之后，再次与我以及亚历山大将军一起游览，与全部的指挥官都见了面，还对军队进行了巡查，看到的场景十分让人兴奋。胜利的氛围随处可见。已将所有在北非的敌人给清扫干净了。监狱里关着二十五万俘虏。所有人都觉得自豪和快乐。胜利会让人们觉得特别愉快，是毋庸置疑的。我对成千的士兵讲话的地点就在迦太基的一个巨大竞技场的废墟上，演说的时间和环境自然都是合适的。有关我说的内容我已经不晓得了，不过，在看竞技者的搏斗时，所有的听众都在鼓掌和欢呼，就像两千年前他们的祖先那样，这没什么可怀疑的。

*　　*　　*

最后一次会议的举行时间是6月3日，那次会议谈及的大部分问题都是有关罗马的火车货运集结场的。那些集结场肯定是一个军事目标，而且非常重要，除了白天的攻击需要相对的注意，以免对旁边地区造成损害外，根本没有正当的理由不去对它进行轰击。我与马歇尔将军都明白，对于这个行动，我们必须想办法让它得到政府授权核准。

现在，我请求让刚来参加该会议的蒙哥马利将军，将他对攻击西西里计划的看法说一说。这个计划，已经交由他去承担和执行了。蒙哥马利表示，目前，他手下的全部指挥官都对这个计划充满了信心，每次登陆的时候，他们的部队都热情极了。是有一些危险存在于后勤那面，不过已经对这些危险做过十分详细的研究了，他们认为这些都是有解决办法的。他在最开始时候，能在所有阶段里使用的空运实力只有三分之一左右；若要剩下的加入，就要等到开始进攻的第二天、第三天了。若是再增加一百四十架飞机，那一开始，他就可以将另一空降旅派遣过去了。可是，他明白，这些飞机现在还不存在，这一条件上的限制是众所周知的。他们的军官们对整个形势的态度绝对是乐观的。他认为对“哈士奇之后”的作战计划来说，最要紧的是，我们应把我们需要前进的方向给决定下来，并让战争因我们在军事上的实力而往那个方向展开。

我认为，已经在我们的讨论里有了极大的进展，所有人都要向意大利进攻。所以，我在总结里，姿态极其温柔地将我的结论进行了叙述，并且将我的恭敬之情告诉了艾森豪威尔将军。我说，这种可以作为这一战场上相互信任的和同志式的感情，将被我带回我的国家去。像这次拜访中，这么全力合作，以及同进同退的强烈印象是我之前从没有遇见过的。这个预兆在开始一项任务之前都是最好的了。我说，我不想在我还没有将我对艾森豪威尔将军的充分信任，以及对他处理很多重大问题的态度的佩服之情，进行重新的表述之前就离开。艾森豪威尔将军答道，所有的赞赏都属于在座的各位军官，并且表示，不同的观点和意见也许同样存在于他的总部里，不过，这些不同的观点和分歧一定不是以国家为观念而考虑的，布鲁克将军和马歇尔将军全部非常认可。在非常友好的氛围下，我们分别了。

*　　*　　*

我与艾登一起乘飞机返国，其间路过直布罗陀。因为报纸将我到北非的消息进行了全面的报道，德国人对这个尤其关注，因而一个让我苦恼至极的悲剧出现了。每天例行的商业飞机，马上就要从里斯本飞机场上起飞的时候，一个男人向飞机走过来，这是一个又矮又胖的男人，飞机上的一名旅客误将他当成了旅客。说我在该飞机上的信号已经被德国间谍发了出来。尽管往来于葡萄牙和英国之间的这些客机，在很多个月里都没有遭到过骚扰，可还是被一架立即奉旨出发的德国战斗机给无情地击落了，这是一架没有防御的客机。有十三个旅客死亡，英国的电影名演员莱斯利·霍华德就在其中。在那些由他参加演出的让人开心的影片中，还保存着他的风度以及他的才华。能与德国人的残忍相比的就是他们愚蠢的间谍。我掌控着大不列颠的所有资源，而我竟然会买一张在大白天由里斯本返国的飞机票，并且还是一张没有护卫，也没有武装的飞机票。谁会这么去猜想啊？真让人理解不了。在晚上,我们乘飞机从直布罗陀动身，在大洋上自然绕了一个大圈,安全地返回了自己的国家。在我了解到，别人在命运之神难以想象的操控中遇险时，我觉得惊骇极了，同时我也觉得难过极了。

* * *

这本书对第二次世界大战的转折点进行了叙述，在此处，我们就结束了。在日本对珍珠港突击之后，美国就加入了战争，也因此让人了解到,自由事业是不会被抛弃的。可是,还需要经过很多阶段，才能从幸存转为成功。大概在两年里，激烈以及残酷的战争就放在我们眼前。可是最后的危险是争持，而非毁灭。在加入战争的力量非伟大共和国的所有力量之前，还没有完成美国的陆军建设，并且还没有将他们庞大造船计划给实现了。可是，已经放在我们眼前的是下一步的胜利，意大利的溃败，也就是毋宁说的解放，已经离我们很近了。对于希特勒打算让俄国因为他的进攻而投降的这一致命错误，他需要为此付出全部的罚金。大部分德国人所剩下的实力，还被他用在很多战场上,而这些战场跟主要战局的关系并不大。在欧洲，德国将马上被孤立起来，它将被全世界武装人民的怒火包围住。日本的头领已经认识到现在已经过了他们攻势的巅峰时期了，如今他们正在减退。英国与美国此时即将把制海权与制空权握于手中。形势已很大地改变了。

附录

(1)

略语表

A.A.guns	高射炮
A.B.D.A.	美、英、荷、澳战区
A.D.G.B.	英国防空委员会
A.F.V.s	装甲战车
A.G.R.M.	皇家海军陆战队高级副官
A.R.P.	空袭警备处
A.T.rifles	反坦克步枪
A.T.S.	(妇女)本土防御辅助服务队
C.A.S.	空军参谋长
C.C.O.	联合作战部司令官
C.I.G.S.	帝国总参谋长
C.-in-C.	总司令
Controller	第三海务大臣兼军需署长
C.O.S.	参谋长
D.N.C.	海军建设局局长
F.O.	外交部
G.H.Q.	总部

G.O.C.	总指挥官
H.F.	本土部队
H.M.G.	国王陛下政府
M.A.P.	飞机生产部
M.E.W.	经济作战部
M.O.I.	新闻部
M.of L.	劳工部
M.of S.	军需部
P.M.	首相
U.P.	不旋转的炮弹——火箭的代号
V.C.A.S.	空军副参谋长
V.C.I.G.S.	帝国副总参谋长
V.C.N.S.	海军副参谋长
W.A.A.F.	空军妇女辅助工作队
W.R.N.S.	皇家海军妇女服务队

(2)

密码代号表

Acrobat（杂技家）：从昔兰尼加往的黎波里塔尼亚进军。

AdmiralQ（Q 海军上将）：罗斯福总统。

Anakim（安纳吉姆）：夺回缅甸的战役。

Aspidistra（叶兰）：建在联合王国的秘密无线电台。

Attila（阿提拉）：法国自由区计划被德国攻占的代号。

Backbone（脊骨）：对西属摩洛哥的作战计划。

Bolero（波赖罗）:为进攻法国的主要战役所做的后勤准备工作（之后成了“霸王”作战计划的基础）。

Bonus(奖金):攻击马达加斯加的作战计划(后来被称作“铁甲舰”作战计划)。

Brimstone（硫黄）：占领撒丁岛的计划。

Cannibal（食人者）：将若开（阿恰布）攻下的作战计划。

ColonelWarden（沃登上校）：丘吉尔首相。

Corkscrew（螺丝锥）：将潘泰莱里亚岛攻下的作战计划。

Crusader（十字军战士）：西部沙漠的作战计划。

Firebrand（火把）：将科西嘉岛攻下的计划。

Gee（前进）：给轰炸机导航的雷达装置。

Gymnast（体育家）:在法属北非作战的计划（之后被称作“火炬”作战计划。)

Habbakuk（《哈巴谷书》[1]）：海上由冰块形成的漂浮机场。

Hercules（赫尔克里士）：马耳他岛作战计划在敌方那里的密码代号。

Hobgoblin（小鬼）：指的是潘泰莱里亚岛。

Husky（哈士奇）：将西西里岛攻下的作战计划。

Imperator（大将军）：1942 年袭击法国海岸的计划。

Ironclad（铁甲舰）：攻击马达加斯加的作战计划。

Jubilee（庆典）：1942 年攻击迪耶普。

Jupiter（朱庇特）：在挪威北部的作战计划。

King–pin（要人）：吉罗将军。

Lifebelt（救生带）：对葡属大西洋岛屿的作战计划。

Lightfoot(捷足):第八集团军于 1942 年 10 月在西部沙漠的作战计划:阿拉曼。

Magnet（磁铁）：向北爱尔兰运送美军的计划。

Overlord（霸王）：1944 年解放法国的作战计划。

Pedestal（基石）：1942 年 8 月往马耳他运送给养的运输船队。

Pugilist（拳击家）：在西部沙漠地区的对马雷斯防线的攻势。

Retribution（报复）：我们为组织德军从突尼斯撤退，采取的海军作战计划。

Round–up（围歼）:1943 年解放法国的计划（之后被称为“霸王”作战计划）。

Sledgehammer（痛击）：进攻布雷斯特或瑟堡的计划。

Supercharge（增压）：第八集团军于 1942 年 11 月在西部沙漠的作战计划。

Symbol（象征）：1943 年 1 月卡萨布兰卡会议。

Torch（火炬）：盟军攻击法属北非。

Trident（三叉戟）：1943 年 5 月华盛顿会议。

Tubealloys（合金管）：原子弹研究。

Upkeep（房地产维持费）：飞机用的特殊武器。

Velvet（天鹅绒）：盟国对俄国南翼的空军支援。

Vigorous（精力旺盛）：东地中海在 1942 年的运输船队。

Vulcan（火焰）：盟军攻打突尼斯的作战计划。

Watchtower（瞭望塔）：美国在所罗门群岛的作战计划。

Window（窗户）：用锡箔片对德国雷达干扰。

（3）

用首相自己的名义发出的备忘录和电报

1942年1月至1943年5月

1 月

首相致伊斯梅将军，转参谋长委员会 1942 年 1 月 18 日

请为我们如今正在进行的努力，提供一份说明报告，说明我们为了赶上意大利人在亚历山大港的成就，并且在此类相似问题上将他们甩落身后。杰弗里斯上校在战争开始的时候，对这个问题存有很多想法，并且都是非常有见解的，可是很少有人鼓励他。我们没有理由不去进行那种技术精湛的进取行动，因为意大利人已经将那种行动表现了出来。我们应该是领先的，这一点我们务必要想到。

请报给我确切的情况。

首相致空军大臣 1942 年 1 月 18 日

我听说你 12 月份还缺少四十五架交给俄国的飞机，并且在 1 月 25 日前都无法将不够的飞机补全，还听说你在 2 月份的时候，才能完成 1 月份所需的交与量。在给俄国的飞机上有这样小数量的缺少好像非常遗憾，对你来说，放这样小数量的飞机在这儿，也不会对你的主要问题起任何作用。我必须着重说明，由于我们能给俄国的支援只有这个，因此，能如期给俄国送去规定数量的飞机，将具有非常大的重要意义。

有关飞机场的防御致空军部和陆军部的备忘录

1942年1月22日

1. 极为重要的是，要让所有的安排是简单并且明白的。机场本身的防御是第一重要问题，这种防御在准备工作上，与一旦有事发生的时候，都需要统一的指挥。

2. 由于皇家空军有大量的人员在机场，所以应该让他们去负责这种直接的部分防御工作。一样重要的是，为了将机动的野战军充盈，要尽可能多地从这一静止的防御工作中将青年军的营，以及别的军事人员给解放出来。

3. 皇家空军如想接手目前所有的机场，就还要在它如今的六万六千地勤人员上，再加上一万三千人。由于可以将他们从派给陆军作防御机场用途的最高限制里减去，所以这新增加的一万三千人并不会对国家人力构成额外的负担。

4. 上面的所有，都与陆军部的基本责任没有矛盾；对所有的侵入者以及闯入者进行当场攻击，尤其对飞机场进行及时的保卫与援救，是陆军部的基本责任。为了完成这个目的，本土部队总司令将做出各种必要的安排，并且，本土军队的作战行动和机场防御人员的行动，在有需要的时候，会由他们进行协调。他们会帮助空军站去完成他们部分防御计划的制订，并且拥有独立监察权力，标准就是这个计划是不是真实的效果，任何时候都可以给陆军部提出他们的报告，并且将报告转给空军部。

首相致伊斯梅将军，转参谋长委员会 1942年1月23日

有关无法给俄国提供足够供应的报告是非常严重的。若是数字是真实的，那就与言而无信没什么两样。请必须告诉我原因、真实的数字，和已经交付的数量。在这个方面，后勤部门若是有所短缺，那对内阁的指示都是最直接的违背。

首相致陆军情报局局长与帝国总参谋长 1942年1月23日

我在前不久得知，土耳其已经从色雷斯那里，将他们的大部分军力调到了亚洲海岸，这个意见必定是约翰·迪尔爵士建议给他们的。这一想法已经被我告诉给了美国总统。可是，如今看来，只有两种可能了，不是那里的部署发生了改变，

便是我得到的是错误的报告。

因为我必须将情况清楚地告知总统，所以要将真实的情况告诉我。

首相致空军大臣 1942年1月23日

在周日夜间或周一早起，四千多人的美国前锋军队将抵达贝尔法斯特。美国大使、北爱尔兰的总督以及总理都是我正在邀请一起去欢迎他们的对象。我期盼在这些军队抵达的时候，三军的大臣之一也可以前去欢迎，若是你可以辛苦这趟，我感谢至极。你可能会因为需要协商这些事情的安排和进行，而要联系一下内政大臣。

首相致空军参谋长 1942年1月24日

飞机消耗的这一总数，让人震惊极了，而飞机在这周的出勤数量极少。我必须向你提出要求，要求你提出能大大减少这种消耗的办法。这一点，我期盼你可以跟我保证。并且请你以列表的形式分别将被敌人在作战时击落的损耗数量，和其他各项上报给我。

首相致飞机生产大臣 1942年1月24日

请务必告诉我，这一周生产如此不好的原因，这周并没有节日。你1月份的数字是远远低于指标的，这让人失望极了。

首相致空军参谋长 1942年1月25日

在第二次到马来半岛去的时候，“无畏”号应该载上四个中队的“旋风”飞机。应该由中东那边将提供的这些飞机，并用最快的速度飞到马耳他作战斗机补充。

特德空军马上就会发送过来的报告表示，在加油和养护方面，让已经处在东方现场的飞机觉得困难。有关塔科拉迪航线的报告是我在昨天收到的，上面说，在塔科拉迪堵塞着大量的“旋风”与“伯伦翰”。由于第一批“无畏”号的飞机还没有起飞，所以目前还没有紧急需要的东西。不过在本周里，国防委员会务必要决定好，并将一个时间表制定出来。

首相致海军大臣 1942年1月27日

真的需要将每次电信中都用“冯·提尔皮茨海军上将”号来代替“提尔皮茨”号吗？信号员、译电员以及打字员肯定会因为这个而浪费很多的时间。这头野兽用“提尔皮茨”这个称呼已经完全可以了。

首相致伊斯梅将军，转参谋长委员会 1942年1月30日

为了对远东韦维尔将军负责的战区进行增援，请考虑是不是能够让从东非调回原来地方的西非旅，做好准备了。

我知道这项准备已经完成了一半了，请你将最快速度的时间表，报上来。

首相致陆军大臣与新闻大臣 1942年1月30日

报上所写的全部新加坡形势的消息，我非常关注。就像报上写的那样，在这个岛的北边，已为防卫这一目的进行了一英里的撤退，有必要做如此的报道吗？我们不能老老实实地将我们的想法，就这样的显露出去，因为目前敌人的包围已进入了重要的阶段。约翰·沃德罗·米尔恩爵士于下院作的报告，是我们应该研究的。我曾经在之前的一些时候，对韦维尔将军提出要求，要求他在新加坡实行更加严格的新闻检查制度。这件事做得如何？他们自己的境况，用十分热情的方式告诉了外界。他们毕竟不是在对一次布克曼的宗教复兴运动①进行领导，而是在对一个要塞地区进行防卫。

首相致空军参谋长 1942年1月31日

请留心，在战斗寥寥无几的一个星期里，那一千五百五十架能飞的飞机里有一百二十六架被战斗机司令部损坏了，这么看来，在十二架飞机中，就有一架是损坏的。请将这个机队的出击次数告诉我，也将那一周中发生在战斗机司令部的

---

① 美国人弗兰克·布兰克，生于1878年，在1961年离世，于1921年在英国牛津创建一个基督教的新教派。——原注

事故的具体分析告诉我，并且所说的原因不能少于十几个。

想一下吧，全部这些不需要的浪费发生的时候，正是我们储备十分短缺的时候，也是我们为了春天的战斗，需要积攒实力的时候。

2月

首相致帝国总参谋长 **1942年2月22日**

1. 国务大臣利特尔顿先生现就要从开罗离开了，我在安排方法上作了一些不一样的考虑，即：

(1) 担任这个战区海、陆、空三军的最高司令官的是奥金莱克将军。

(2) 内阁一位在开罗驻守的大臣，不单要对利特尔顿先生遗留的所有工作进行继承，还需对大部分后勤方面的工作进行正确的处理。

2. 我们前面的勤务工作和敌人的工作比起来，为什么相差甚远？而我们可以用于作战的坦克为何只有如此小的比例？看来，非常有必要将这其中的原因给找出来。

3. 请你在几天之内告诉我你的观点。

首相致空军大臣与空军参谋长 **1942年2月26日**

这种空军的消息与宣传过度地对日常战斗情况进行记录的做法，被很多方面认为是失败的。一旦收音机广播空军的消息，就会被很多人关掉。而这样的原因可能是内容的机械和重复，而这原本是可以不发生的，当然也有可能是因为撰稿人的一叶障目。非常可惜的是，没有让出色的功绩与非常的事件不是得到它应有的荣耀与认真的对待。

我奉劝你们，在事情发生之前都必须进行非常严格的审查，不管是对发通告，还是进行广播，抑或是将情况上报给内阁。在我方大军和敌方大军僵持的时候，若是将一般的壕沟突袭战，以及小规模的干扰战都列举出来，之前没有人觉得有这个必要。应该每周对各个战场的一般性战斗做一次总结。比如，曾经在马耳他岛上进行了一个星期的激烈且次数极多的战事，做了多少次袭击，有多少敌机被打了下来等，那张清单根本不必辛苦地天天去看。若是如此去做，那么公众就会适当地对类似于将敌人的飞机打落二十架或三十架的所有事件留有印象。然而那些本来可以鼓舞人心的空军部的好事情，却有变成让人讨厌的报道的可能性。为了不让枯乏无趣的报道重复发生，我们应该竭尽全力。

首相致空军大臣 1942 年 2 月 28 日

我画了一张表给自己，对我们空军于 1941 年被敌人的军事行动击毁或损伤了多少架飞机，以及因飞机事故而造成的损失的飞机数量进行了说明。下面就是这个表的内容：

	因敌人军事行动而损伤的飞机	因飞机事故损伤	
		作战飞机	教练飞机
不能恢复的破坏	1 900	2 500	1 100
可以修理的			
必须在承包工厂修理的	300	2 900	1 500
可以被承包工厂派去的工作组修理的	—	3 300	1 300
地勤人员可以修理的	—	1 800	1 900

全部损伤的飞机确实在修理过后基本都再次使用起来，可是，这就表示会有大量熟练的劳动力的工作时间因这儿的所有而被耗费自此。即使没有十分准确的数字可供查看，可很大部分的飞机生产部的力量一定是耗费在因飞行事故而坏损的飞机的拼凑和修理上面，而非因敌人军事活动而损坏的飞机上。

对于这一让人十分不满意的情况，你将采用何种步骤使其改变，请你将此告诉我。

3 月

首相致伊斯梅将军，转参谋长委员会 1942 年 3 月 2 日

1. 我越来越觉得这样的现行制度有几多的流弊了，对一切问题和所有共同问题来说，海、陆、空三军军官拥有相同的发言权力，不管在委员会，还是在司令部里。

攻击的精神因三军除高级军官以外的其他军官聚一起时，时常提出的那些有关担忧与困难的问题而急剧下降。

2. 对于专门指派特定区域与特别任务的最高司令的方法，我觉得应该是我们需要思考的。应让特种军队司令拥有新的特质。有时候他可以是一个海军，有时候他也可以是一个陆军，有时候他还可以是一个空军。这个做法还能适用在参谋工作以及联合计划的制订工作里。不管是对什么计划进行研究的时候，三军中没有被任命制定计划的其他军官都必须配合受任命制定计划的那个军官。到底任命哪一方面的军官，就要看：(1) 主要是哪个军种以及作战的性质；(2) 相关人员的状况。

3. 若你能对这些问题进行详细的思考，我会非常感激。

首相致自治领事务大臣　　1942 年 3 月 4 日

(请转给掌玺大臣查看)

我不觉得将这种对远东局势评价的悲观情绪发散到全部帝国，有多少益处。这儿的风气已经形成了，然而，不管将这种悲观情绪传到哪里，它具有的危害都是非常严重的。是不是已经将它传了出去？反正大家讨论很多了。我们可能在之后的几个月里，面临的局面与心情都是完全不同的。

首相致雅各布上校　　1942 年 3 月 5 日

肯定有非常多的空军地勤人员在远东那边，因为他们的机队已经被击毁了，事情是不是真是这样？这些人是不是已经考虑进新的计划中了？如今，空军那面为地勤人员要求的护航舱位，没有空余给战斗人员的舱位，一个也没有。

首相致帝国总参谋长　　1942 年 3 月 5 日

这一“没有打哑机枪阵地”的说法是何意思？这种奇怪表示好像是军事行动中的。很明显，这一发生事件是一次很小的冲突。调出几门大炮对着他们进行攻击自然就是打哑机枪阵地的方法。

首相致掌玺大臣 1942年3月8日

在去年的时候，我们举行了数次“坦克议会”，师长们都参加了这个会议。看上去他们都是非常出色的人才。应该继续根据我们在前线得到的经验后进行改进。对于坦克最为主要的条件是速度的这个说法，我并不是十分相信的。我觉得这个所谓的最主要的条件一定不是适用于全部坦克的。如果坦克和坦克相遇，那定是以装甲与炮火来决定胜负，无论是在什么时候。在力量方面，反坦克武器有很快的进步，对于皮肤很薄的动物来说，危险在一点点加大。

首相致彻韦尔勋爵 1942年3月10日

对于你有关民间消费的更进一步限制办法的备忘录大纲，我表示赞同。我对娱乐征收重税的办法非常不赞成。一条很值得称赞的办法是，为了取得营养更好的租借法案的食物，而分别实施分配适当的面包。实施分配与将储备物资彻底消耗掉相比，实施分配还是好一点的。目前，有很不少的浪费面包的现象，它们常常被用在对猪和鸡的饲养上。为了让特别没有钱的人也会能将他们所有的配给品购买下来，降低价钱就是最为重要且紧急的事情了。

“艰苦第一”的政策是我所反对的，因为提倡这一政策的常常是那些高兴看到厌战情绪慢慢扩张，结果致使投降的人。

应该用进口的吨数来对各种愿意艰苦的建议进行价值上的预算。倘若不管什么物品，可以做到数量上大的节约，我们就会为了实现它而竭尽全力。可是，我觉得对那些舰队街新闻记者的要求进行满足，或者说是试图让他们满足，而开展的很多没用的限制是愚蠢的。这些身上不具有任何重担且免去兵役的记者，整天都在河滨马路大饭厅那里吃喝玩乐。

你替我拟定一些办法，形式上要更为郑重。

首相致空军参谋长 1942年3月13日

分配给陆军的俯冲轰战机是怎样的情况？比佛布鲁克勋爵的确是在一年多前订购的这种飞机。请告诉我订购日期与国防委员会的讨论日期。如今这些飞机都在哪？有多少是已经交货的？对于三个月后的交货情况估计一下，觉得会是什么情况？这些飞机从空军的角度来看是如何的？

首相致第一海务大臣 1942年3月13日

我观察到，当我方鱼雷飞机对“提尔皮茨”号进行攻击并没有击中的时候，“提尔皮茨”号会从烟幕的背后逃走。这种策略为何是菲利普斯海军上将不知道的呢？他的设备里有没有是用于烟幕制造的？能不能从他的驱逐舰上放出烟幕，还是因为害怕对驱逐舰上高射炮的射击产生阻碍？

首相致陆军大臣、莱瑟斯勋爵以及彻韦尔勋爵 1942年3月13日

为了对本文件需要提出的问题[①]进行讨论，请在方便的时候集合一下，而且集合的时间最好早一点。澳大利亚部队的两个师以及他们全部没有拆卸的车辆，已经被陆军部送去澳大利亚了，因为那里不会有提前登陆这一情况出现，而这一犯罪行为的做法是真实的吗？多少船舶的运输力浪费在了这一方面？依据未来总的方针，我们应当发出何种指示？请提出你的意见。

首相致新闻大臣 1942年3月22日

确实，我们可以向报社的社长或是编辑指出，让他们征求过新闻部的军事顾问的意见之后，再将主张采用特殊行动，或是警告人们注意某个特定地区的危险的文章发表在报刊上。劳森将军一定可以予以指导。比如，倘若我们要将熊岛或斯皮茨伯根群岛攻占下来，将有支持意义的文章发表在报纸上，那这种军事行动带给我们的危险指数就会因为这一情况而加重。或者在文章中写明，我们应该尽全力地将星期四岛或圣诞岛给守卫住了，因为这是一个极重要的战略据点；或者将当地人们的惊惶不安指出来；或者将已经采用灯火管制这一特殊措施给写出来，而以上所有的这些都提升敌人对这些地方的关注程度，从而加剧我们的危险。我们这么做，并不是不让进行任何推测，要将其很严格地管理起来，可是在事情发生之前，进行合适的讨论是非常有必要的。世界上其他所有的国家都不会将他们

---

① 为了节省船舶的舱位，而对车辆进行拆卸的问题。——原注

也许刚做的事情，或者他们最薄弱的地点，事先告诉给敌人的。对大陆的攻击是一个更加重大的问题。英国报纸在春天的所有时间里，都在进行着攻击大陆的传播。我们若是在这一情况下，将攻击大陆的军事行动赋以实施，那对英国人来说，肯定会有大量的伤亡。因为敌人必定会将准备工作与防卫攻势统统加强，以便反抗我们的进攻。可是对失去生命的人和他们的亲人来说，军事行动一旦被采取，将是非常不能忍受的。类似这样的问题，你绝对可以利用你的权力以及影响，将这一问题对报社的社长与编辑他们提出来的。

揣测在军事行动正在进行的时候与正在对军事行动进行筹划的时候所能造成的危害等同于对其泄密。事实上，很有前途的军事行动，因为报纸的公开讨论，而造成了必须被放弃的下场。若是我们马上会启动一个具有攻击性的作战行动，这儿的所有在我看来都是很严重的问题，有人说，重要的意义经过太多的写作就会失去它的意义，而对我来说，这一理论没有让我获得一点安慰。敌人并不傻，用不了几天，他们就能经过里斯本将这些报道的内容拿到手。他们为了辨别这些消息的真假，会拿这些消息和别的情报一起对照，并仔细地对其进行调查。

首相致伊斯梅将军 **1942 年 3 月 29 日**

你应该给汉基勋爵写这么一封信，信的内容大概是下面这些：

“考虑到你在上议院提到近期进行国防会议的次数的问题，首相已将这个问题进行了调查。

在之前的六个月里，进行会议的总数为十九次，或是每月进行三次会议。这些会议中，结束时间是子夜之前的至少会有一半。”

首相致帝国总参谋长与本土军队总司令 **1942 年 3 月 30 日**

若是我们相信联合情报对德国人近期所拥有的坦克以及登陆舰数量值的估计，那有关八百艘特制船只的传说，和根据这个传说而对入侵规模所进行的推测的言论全部是过时的了。我始终对那八百艘船舶的事，持有怀疑态度。而且我还数次对这一谣传的真实性进行过询问。

我盼望我所有的预测都可以是及时的。

4 月

首相致海军大臣 1942 年 4 月 2 日

1. 新船只制造计划。我盼望你能将你所提议建造的两千二百五十吨的驱逐舰的具体情况告诉我。我不清楚，与战斗机在航空母舰起飞时起的掩护作用相比，它们在防备鱼雷飞机上起的掩护作用到底怎么样？“威尔士亲王”号与“却敌”号的灾难是引起这所有问题的原因吗？被委以掩护作用的驱逐舰与被其保护的战列舰队之间的距离，到底应该是多远？请你告诉我你的观点。

2. 由于此时正是异常要求将潜艇的数量以及建造速度增加的时候，所以，我反对用而且是一个月的时间去建造驱逐舰。依照一般的理由，造一艘两千二百五十吨的非装甲舰艇是与海军造船的健全原则相违背的，而这舰艇在事实上应是一艘级别为“侦察”号的巡洋舰。而你建造的既不是驱逐舰，也不是巡洋舰，它不是潜艇的追逐者，它会成为的是潜艇的追逐物。据我看，这种一点装甲保护都没有的舰艇，连轻巡洋舰的一击都受不了，不管是什么轻巡洋舰，它的一百八十名官兵都会死在海里。

3. 若是不去对这两个舰队建造极大的驱逐舰，将这个建造改成那种能够在一年里完成更多的等级的驱逐舰，那我们可以建造多少呢？

4. 让舰艇的型号变得混杂模糊且毫无界限，是特大的错误。对于增加老式的“快速”号级舰只的引诱，我们的海军成功地拒绝了。

5. 从战争任务的角度看，你为对战列舰队进行保护而建造的这些驱逐舰，威力超大且花费极多，这个事实和战列舰的所有原则都是背离的。

首相致生产大臣、军需大臣与伊斯梅将军，转参谋长委员会 1942年4月3日

1. 坦克“丘吉尔”。必须检查我们的政策。已经有一千八百五十两坦克交货了，并且已经将其中九百辆分配给军队了。我们或许可以在之后的六个月里，将一千辆样式最新、装着可以发六磅炮弹的大炮的新坦克给制造出来，也或许我们可以将五百辆给建造出来，或是在一千一百八十五辆坦克里对五百辆进行改装。应该

仔细地思考一下，这些提议哪个更合适。

2. 没有人会在从事商业竞争的和平时代去为这一千一百八十五辆坦克操心，而是会将新的并且已经改良过的产品给生产出来。我们若是这么做，得到的新的的辆数将会是一千辆，这样再把这一千一百八十五辆给算上。将可以发射六磅炮弹的大炮装备在全部新的上面。可以发射两磅炮弹的大炮配备，这一千一百八十五辆都是有的。一共的数量有两千一百八十五辆。我们若在对新生产造成阻碍的情况下，对这一千一百八十五辆进行改造，我们获得新的五百辆，改装过的五百辆和六百八十五辆没有改装过的，一共一千六百八十五辆。

3. 我们若是依照第二种办法去做，就会损失五百辆坦克，还有五百辆二磅大炮的炮塔是我们必须放弃的，原因是已经无法想象得到这种炮塔在如今还有什么用处。这样的损失好像是完全的。这需要根据这一千一百八十五辆坦克的质量来做决定了。没有做过改良的坦克到底还有什么用处？不能说它们毫无用处。只在参加作战的两辆中修理一辆，这个比例大概和“玛蒂尔达”的比例相同，与巡逻的各个类型的坦克比的话，比例恰巧是二比一对三比一。我们将一千辆配有六磅大炮的新型“丘吉尔”坦克制造出来，并且对那一千一百八十五辆尽最大可能地使用，如此不是更好？我将想一些办法，将这一千一百八十五辆利用起来。也许会将坏的最多的两百辆到三百辆用在飞机场的防卫上面。剩下的，可以在不会阻碍新生产的情况下，慢慢改装。

4. 同时，在对剩下的这一千一百八十五辆坦克进行处理的时候，要态度谨慎。有一些可以被用作当教练。这些坦克被加拿大反坦克旅热情地称赞了，说对于使用过拖拉机的人来说，这些坦克在他们手里能够极大地削减损坏程度。我们是不是可以用超多的练习和一些奖金的方法，来让英国的驾驶人员可以做到驾驶技术上的熟练。这一问题，要求指挥官必须注意。还要同他们提出的另一个问题是，战地修理工厂是不是已经被“丘吉尔”坦克的损失给不合适地堵塞住了。若是如此，在“丘吉尔”那个拥有六磅大炮的新型坦克达到的时候，可以将其中一些放在一边，暂时不做处理。现在，马上侵入的危险指数已经降低了，所以可以将彻底装备装甲军队的工作适当地向后推迟。为了让这一千一百八十五辆坦克全都在国内使用，应该做出适当的安排。

5. 对整个问题进行一下回忆，占据大多数意见的是，不用再改良这一千一百八十五辆坦克，可是要对它们以及它们可以发射二磅炮弹的大炮进行完全的利用，并且生产新型坦克的速度要是最快的。请军需部与总参谋部于周一在伊斯特本进行会议之前，对这个问题进行思考。

首相致空军参谋长 **1942年4月4日**

1. 有关阿瑟·斯特里特爵士交给我的双方在该战役中生产飞机的实际数量以及预期数量的比对数字表，你是不是已经看到了？若是他用空军参谋的权威进行保证的这些数字是可靠的话，那么马上就会彻底将飞行人员过多这一情况改变。因为这些数字，你肯定有编组新中队的原因了，不止用来对那些派去国外的进行替换，还能对中队进行增添。

2. 敌人在之后的六个月里，被迫将他们逐渐削弱的空军力量消耗殆尽，很明显，这件事有很多的重要性。你能告诉我一些说明双方损耗的数字吗？若用轴心国家与同盟国家作比较，战线肯定铺得很广，作战的次数也更加的多，俄国、马耳他岛以及利比亚境内都是德国作战的地方，可是却有一大部分的英美军没有在战线上用到。日本空军那时候也在各条战线上战斗。随时可以进行战斗是我们的便利条件。在非常广阔的领域里作战正是我们的难题。运输问题又成了我们在这方面所遇到的麻烦。

3. 请将你对于大批聚集在伯恩默思旅馆飞行员安全的想法告诉我。若是美国按照它之前的承诺去将生产发展起来，那不久就会用到这些人。

首相致陆军大臣 **1942年4月4日**

若是你要对车辆进行任何实际且有效果的削减，例如，你的指标是必须将其削减百分之三十五，接着看你离这个数字的距离还有多少！你必须分秒必争。在一个星期里，我希望可以看到一个临时报告。

2. 可以宣布一道明确的命令是最好了，但凡参谋长委员会没有准许的，没有拆卸的运输工具不可以放在船上，可是这一特许能够实现的时候就只有在有作战登陆时。将没有卸载车轮的澳大利亚军队的车辆由中东地区运到澳大利亚来，已经在运输上造成了非常大的浪费。

首相致伊斯梅将军，转参谋长委员会 1942年4月7日

1. 和如今马上就有希望得到的资源不相符的是总参谋长为陆军要求的意见；若是将它的这个想法给予满足，一个独立的皇家空军的原则就是被破坏掉。想来，若是要减少不同的意见并将吸收有价值的意见，空军部在这个问题上的看法是需要与总参谋部进行细致的思考和评论的。

2. 若是让陆军部队将我们空军的很大部分成员都牵制住，是非常的危险的，原因是其中很大一部分成员无法和敌人战斗，哪怕他们等待好几个月，甚至等待好几年。

3. 对于总参谋部有关两千四百八十四架特别设计的运输机的要求，如今所有的可能性好像都无法和它相比。不过，在增加空降部队上，我非常愿意用最快的时间将其做最大可能的增加。应该做一个准备计划，将那些过时的轰炸机全部都改成让空降军队以及普通军队使用的运兵飞机。不应该要求如今有的飞机生产有新式的分隔室，不过成立一个改装室是应该的，并且还应将一个完整的计划给制定出来。

4. 关于生产部的说法，我是质疑的，也就是“最少还需要四年的时间，才能大批量地生产那些提供给运输使用的新飞机”。大家对这种飞机的零件肯定都很清楚，因为它需要的性能标准是非常低并且还非常的简单。各种形式的飞机用作废的引擎以及别的材料就可以做成。做成载客运输机就是唯一的要求，保证安全比形式上的统一要来得重要。看到一个长时间的计划，美国可能准备创造一个特别设计的运输机，并且将它分享。如今，在这一方面，他们进行得如何了？

5. 这段时间里，我期盼也可以在我们这儿将增加空军运输计划的意见给提出来。被我们所提出的计划一定不能和我们设计女人的化妆盒子一个样子。关于他们马上就要运送的战术军队的要求，目前空军部的建议正好与他们相符。我们除了这些建议还要增加的要求是，这种飞机不管怎么样，都必选先保证能够随时对人以及物资进行运载。在拟议中，我希望看到一个空降师的编写状况。我笃信，大家会尽量在这一工作中避其花哨，求其简单。对德国人在干什么进行关注，是

非常有用的。

首相致枢密院议长　　1942年4月11日

1. 对于你文件中所有有关煤的意见，除了将接受过训练的七千兵士从野战军中调遣到矿井去工作一事，其他的我们完全赞成。若是让这七千人像普通的矿工那样生产，在一年里，他们挖煤的数量可以到达二百万吨。我期望可以想别的办法将这二百万吨煤给找回来，因为在这种危急时刻，将军队人员进行如此不合适的调遣，产生的影响会非常严重的。对于我们一般的战争任务来说，我觉得会有很多办法，而且这些办法初步来看，会造成的损伤比较小：

(1) 由那一千二百万吨的储备煤里抽调；

(2) 在原料方面，要和别的采用办法保持一致，为了实现节约的效果，对于各种不一样的用户要施行煤的分配制度；

(3) 战时生产部门更好地节约；

(4) 除了军火工厂之外的工业用煤需要减少；

(5) 对煤的出口，在输出计划里尽量将其削减；

(6) 用钱财当作报酬来换取一部分矿工的例行煤贴；

(7) 对大量没有经过训练且年龄在十八九岁的青年下令，让他们去矿井工作；

(8) 对于一部分已经到退休年纪的人进行劝说，同意让他们在工作一年；

(9) 采煤的环境要尽量推广露天的环境；

(10) 每周让矿工加十五分钟的班。

这些可能的办法若我们能注意得到，那意味着，每年不管在这里面的哪一种上都能获得将近百万吨的煤，因此，将二百万吨的煤找出来绝对不是很难的，而这样对陆军也不会有什么影响。

2. 你那些包括了挖掘吨数和让超额利润税的财政规定的所有的长远计划，都会对煤的生产产生促进的作用。

3. 陆军部也打算在这段时间里，对参加本土野战军队的人员里的矿工数量进行详细的开列：挖掘工人所占的比例，他们有多少人参加战斗部队，也就是说，将运输部门、皇家陆军兵站部、皇家海军军械部，和别的辅助部门的工作者都排除在外之后，有多少人。当然，陆军部能够由它要求的一万两千中获得五千人，而野战军的其他机构和英国防空委员会将是抽取这五千人的地方。

4. 我期盼我们的困境能因为这一切有可能的办法而过去，这样就不用在如此关键的时候采取会对陆军团结造成阻碍的非常严重的方法了。

首相致第一海务大臣　　　　1942年4月12日

关于用潜艇对马耳他进行供应的办法你可以告诉我吗？我明白，他们的运载能力是可以通过将一些大炮从船上运走，得到非常大的增加的。为了能够在对科雷希多供应物资的时候用到，我想让美国当局知道这些具体的办法。

首相致第一海务大臣　　　　1942年4月14日

1. 请告诉我修理“纳尔逊”与重新对“罗德尼”号进行装配的最后完成时间。这两艘军舰以及两艘“安森”号级的舰只，是不是可以遵守四个月前内阁所下的指令，没有日夜地工作呢？

2. 你一定不会在现在的危急情况下，提议将“英王乔治五世”号给送过去进行重新装备的吧？

3. 对于萨默维尔海军上将不赞成使用“马来亚”号的坏处在哪？它在速度上，又是怎么样的呢？比起“勇敢”号来，它的续航力在什么方面比较不好？是不是可以随时将它的炮发射出去？

4. 坎宁安海军上将告诉我，我不理解“勇敢”号舰上的所有人员为何需要长期的熟悉过程，他们的工作情况是不错的。当我将你觉得到6月末才能准备好的这一消息告诉他的时候，他好像觉得吃惊极了。

首相致外交大臣以及伊斯梅将军转参谋长委员会　　　　1942年4月19日

1. 目前，留在埃及的是大量的德意战俘，印度那里也有大批的德意战俘。对于陆军来说，留在埃及的是一个负担，同时还一个会给治安带来危险的负担。特别是需要大量部队看守的那八千德国人。

2. 曾经霍普金斯先生提出过这样的建议，若是对美国请求的话，它们可能会很高兴地将这些战俘接受。必须要动手将这八千德国人给运走。他们非常可能被若干由红海港口返航的美国空船给运走。不需要特殊的护送。

3. 请对这个问题进行研究，并且就怎样行动提出建议。应该要和奥金莱克将军进行一下商讨。

首相致伊斯梅将军　　　　1942 年 4 月 25 日

请你将锡兰的驻军、空军以及防卫工作自 4 月初日本人开始进攻到现在所做的改进告诉我。抵达科伦坡的是哪些支援？在路上的又是哪些？还有哪些会在(1) 5 月末的时候抵达，或者在（2）6 月末的时间抵达？若是马达加斯加被我们攻下，请给我写一份特殊的报告，讲明我们需要多少的空军和别的军队才能将这个岛守住。即使不能比攻下科伦坡的时间早，占领马达加斯加的时间也应该在契林迪尼之前，可是这个观点一定不会被参谋长委员会同意。

首相致伊斯梅将军　　　　1942 年 4 月 26 日

在我看到的电报中,很多都印着“机密与亲启”这一字样,对此我觉得很惊奇。是哪个军官在负责这个？请把对这种文件进行分发管理的条例送过来，让我看一下。我准备在内阁会议上提出这件事情。

首相致空军参谋长　　　　1942 年 4 月 27 日

请你在给空降军团增加一些可以马上使用的废弃轰炸机一事上，作出计划。在不久的三个月里，最少要有一百架可以被找出来。对于这一万名有所作为的人员来说，我们不可以只让他们使用三十二架飞机。

首相致陆军大臣　　　　1942 年 4 月 28 日

1. 对于装甲师与目前正在拟定的步兵师的新编制，我已经仔细地进行过研究了。若是从那些我常常发表的意见上看，基本不用我将我对这种编制的诚心赞成再说一次了。在战场上，步兵若想再次取得作为主要兵种的权利，让装甲军队与步兵混合编组紧密而和谐将是非常重要的。我觉得德国在装甲师上更重视炮兵是非常有道理的。简单地说，装甲师以及炮兵师会随着时间流逝而成为胜利的一方。我觉得，不管哪个将军，若要他在新编的有装甲力量的师与现行的步兵师之间选择一个，那不用考虑他的选择一定是这个新编师。在我们需要规模更大的装甲军队时，就能够将装甲师轻易地组编，就像之前从骑兵旅或者骑兵师组成骑兵军那样。因为特殊战役或者是特殊战场在战术上的需要才产生了这一编制，这种长久成立的部队或者是固定的编制是不用提前规定的。

2. 请将改组之前的本土野战军与改组之后本土野战军在下面方面的力量与组成情况告诉我：

(1) 步兵营；

(2) 包括榴弹炮在内的野战炮兵的大炮数字；

(3) 反坦克军队与高射炮；

(4) 各种类型的机关枪；

(5) 各种类型的装甲战车；

(6) 各种类型非作战的车辆；

(7) 各种参谋人员；

(8) 各有运输、供应，和后勤工作机构的数目；

(9) 各级官兵总数。

3. 拿各种德国系统的项目和这些新项目比较一下，我们的新编制是有从师旅军官和一师士兵人数的百分比来对其检验的价值的。对于通信、邮政等单位来说，这种比较也是可以适用的。这并不是说德国人是正确的，可是我觉得能够由此看出，他们给数目很多的战斗人员的供应的费用是比较少的。

5 月

首相致生产大臣 **1942 年 5 月 1 日**

自 3 月份的《每月进度报告》开始，我就留意到，和计划相比，飞机的产量依然落后很多，若与计划相比，还差五分之一的重轰炸机，以及将近二分之一的轻轰炸机。这让人失望极了。由于你在一个月之前曾向我保证，预定的计划是真实可行的。为了将其改正，我期望你可以将真正的限制因素给找出来。

到目前为止，你并没有将长时间还未解决的、你于上次会议上再次提出了要求的需要劳工的计划，和有关特殊机床的报告，以及写有两班制与各种机器无法充足供应的说明给交过来。我们是不是可以在今年的下半年彻底依靠美国取得充分的镁的供应？依照这份报告，我们需要的供应是一万四千九百吨，而我们只有一万零六百吨。

我看到螺旋桨并没有出现在这个月的报告里。去年秋天的情况始终让人感到不安，并且到目前为止，这个困难还没有消失。这个问题严重极了，需要动用全力马上将其改正。

首相致空军参谋长 1942 年 5 月 1 日

1. 明天，请你将 5 月份的轰炸计划报告给我，并且把准备攻击的主要目标制表给送过来。对于我们每天的行动都在气候的掌控之下一事，我自然是知道的，可是，给我一份不考虑气候的计划。

2. 多比将军要求轰炸机司令部对西西里进行骚扰的文件，你自然已经看到了。我们必须在我们的那批“喷火”飞机降落之前，将敌人的进攻给压制住。你打算做什么处理？“韦林顿”飞机可以由英国飞去西西里进行轰炸吗？在已经被炸出很多大坑的马耳他岛的机场，这个机队也许能够完成降落，第二天晚上返国，再进行另一次轰炸吗？你打算在不使用“韦林顿”的情况下，派什么飞机呢？若是必须要这么做的话，花费一定非常的大。请将你最理想的计划告诉我。

3. 摄影侦察机队今天可以被派到“提尔皮茨”号的上空吗？这样就可以将在它四周进行争斗的形势给调查清楚了。最重要的就是取得情报。

首相致海军大臣和第一海务大臣 1942 年 5 月 4 日

1. 我们可能最少在三个月里不能对“英王乔治五世”号进行使用，我觉得过去这段时间之后，我们的人员还需要一段很长的时间来熟悉情况。所以，请对下面这个让我渡过这个最危险的阶段的计划进行研究。

2. 给“英王乔治五世”号所有的船员两个星期或者一段合适的时间，让他们进行休息。“安森”号的船员在这段时间将转移到“英王乔治五世”号上，而作为一个完整、整个，且有高度训练单位的“英王乔治五世”号上的船员们，将转移到“安森”号上。这是两艘差不多完全一样的军舰，无论在哪一方面。所以，若是对“安森”号舰上的情况熟悉的话，那对“英王乔治五世”号的上实际性能也就几乎完全熟悉了。这艘正在准备作战的船舰会因为这一改动而最少减少一个月或者六个星期的耽搁时间。

首相致伊斯梅将军 **1942 年 5 月 6 日**

这令人极不满意。在中东有可能发生任何战争时提供如马勃菌炸弹[1]这样的物资是完全必需的。我们如今在两个地方的这个炸弹刚刚满足使用，可是在所有军事行动发生的时候，都无法发挥出重要的作用。在 11 月战役之前，我已经想办法要将其从这两个地方送到中东去，可即便是这样，在战斗中，它们的数量也不可能有太多。

首相致海军大臣与第一海务大臣 **1942 年 5 月 6 日**

若是你们将下列信件进行转送，我会非常高兴：

首相致东方舰队总司令

1. 我期盼你可以特意进行一下研究：(1) 与只用一艘航空母舰来进行防卫相比，让三艘航空母舰一起防卫的改进在哪里？(2) 黎明之前，敌机进攻的特殊危险和用来抵抗它们的最佳办法。(3) 每艘航空母舰用什么样的比例对所载战斗机与鱼雷飞机进行分布最好，那时候你的三艘航空母舰会用什么样的比例？

2. 对于这几个目前还不清楚的问题，我们到 6 月 1 日就可以弄明白了，那时我们必将对全部局面做最全面的考虑，并将每一种方法的损失与危险给计算出来。

3. 祝你成功。

---

① 一种从空中对付坦克的炸弹，发明人是杰弗里斯上校。——原注

首相致生产大臣 1942年5月8日

请对附来的有关美国农业履带拖拉机的备忘录的农业大臣文件进行阅读。有许多人认为：若是我们第二年在这里有七十五万美国军队，那就会有很多的粮食需要我们生产，尤其是在大西洋上的情况越来越紧张的时候。生产的直接结果将是使用这些大型履带拖拉机，可是我还没有收到用吨对生产的粮食进行计算会有多少。

请和农业大臣一起讨论一下，并且再思考一下，我们如何将这个问题和我们对美国的别的要求配合起来。若是所有都准备完毕了，我就给霍普金斯发一个电报。

首相致飞机生产大臣 1942年5月8日

对于你的备忘录，我非常感谢。我们重轰炸机的产量好像比计划要落后一个月的时间，这个你可以从附来的表格中看出。对于计划里"高得几乎不能完成"的指标相比，它落后很多，而且若是将最近这一次包括在内，指标已经下调了三四次了。看到工作上的改进，我非常高兴，可是与之前相比，如今的需求更加迫切了。

飞机生产		
	实际数字	计划数字
1941年12月	55	79
1942年1月	81	91
2月	81	103
3月	104	130
4月	127	149

首相致陆军大臣、帝国总参谋长以及生产大臣 1942年5月8日

1. 看起来让每支步枪的练习子弹要在最快的时间里，由六十发长到一百发是非常重要的。在6月中旬的时候就应该将这件事情落实了。现在的情况是严重的，必须尽全力将这个改变。

2. 如今为练习都做了什么样的安排？有多少炸弹可以供国民自卫军使用？建立后备军在现在这种艰苦情况下要比训练他们重要多了。希望你能将如今已经做

了的事情，和在未来情况有所改进之后打算做的事情都告诉我。

3．一百七十万是国民自卫军的规定人数。一百四十五万是我们最近得到的数字，这里头只含有八十四万的步枪兵。那些有枪的自然需要代替那些没有枪的，他们全部应该接受训练，可是重点必须在：发出的枪支的数量要和受过射击训练的人数一样。请你将有关这点的计划告诉我。

4. 如今，美国在零点三零英寸的步枪子弹上生产数量非常的大。比如，3 月份生产了三亿一千九百万发。可是我依然觉得，为了让国民自卫军的子弹库存有所增加并且供给练习使用，我们应该将生产的数量再增加一亿发。为了这个，我愿意去努力。

5. 请将一份可以代表国民自卫军的报表交给我，这里面包括了步枪、美国制造的机关枪与冲锋枪，和可能被他们得到的英国所制造的这一种武器。我想，每两三个人需要一架机关枪，而每人需要一支步枪，是这样的吧？再说，多少运动步枪与鸟枪是归国民自卫军所有的？又有多少人是一点火器都没有的？我们不可以因为现在没有特别明显的入侵威胁，就对这个防务中的重要问题的所有情况不进行过问。

首相致陆军大臣 **1942 年 5 月 10 日**

1. 人员问题是如今防空司令部最大的问题。若是我们能从别的地方找到人，让这些武器使用起来，那这二十八万人就没有理由去等待一次袭击，还是有可能永远不会发生的袭击。我认识到，对于这些所需要的武器，国民自卫军是不会在工作时间派人来对它们进行管理的。所以，使用轻高射炮团的肯定是职业士兵。不过，我笃信，国民自卫军与女子本土防卫辅助服务队可以按照各种不同的比例，对火箭炮以及重型防空探照灯进行彻底或部分的人员配备。目前，混合炮队的计划进展得怎么样了？我从别人那里听说，自愿报效的妇女人数仍然是不够的。

2. 对于国民自卫军和妇女本土防卫辅助服务队人员的最高限额应该要求派尔将军说明一下，并且让他做一下预测，他在达到这一最高限额之后，可以给野战军抽调出多少人来？这种人员交换上的方法与方式，到那时候可以思考一下。他之前在人员的调出与人员减少方面起过的作用是非常大的。

首相致海军大臣、第一海务大臣与第五海务大臣　　1942年5月12日

现在，急需将这些“燕子”和“海上旋风”在短时间内最大数量地送去给萨默维尔海军上将，让他可以在他觉得合适的时候使用它们。请将你们能做的事情告诉我，并且将时间表一起给我。

首相致外交大臣　　1942年5月13日

我觉得，这个便是我们对土耳其的军火政策：

1. 在今年的夏天，或者是俄国战役形势进一步地明朗化之前，没有多少事情是可以做的。对于土耳其人，我们除了能让他们想办法不要让敌人对其侵犯，不可能再有更多的要求了。可是，我们在因为冬季而将俄国战线的战斗暂停之后，应马上做出努力，给土耳其送去数目巨大的坦克、反坦克炮以及高射炮。那时，大量的美国军火会运送出去，我们也能将自己的产量提高。美国将一千门反坦克炮与高射炮，同一千辆坦克分给土耳其根本毫无难度，因为他们的上述军火数字是庞大的。老式的自然占大部分。

2. 若是我们的计划能依照这样的规模准备，在11月的时候就开始交付，那土耳其人就能因为这一承诺而在夏天的时候选择中立。他们在这些武器都运来之后，就可以在冬天的时候用它们来对军队进行训练了。若是这样的话，在第二年的春天，他们就能够成为我们的同盟者了！

3. 若是这个意见你觉得可以的话，我们就要向美国方面以及我们的生产部门提出它了。

首相致飞机生产大臣　　1942年5月13日

1. 近来你的报表显示，你“在准备中”的飞机数量有一千七百九十七架。这些是排除那六百四十九架飞机不算，在这四天里完成的数量。现在，飞机跟不上使用量的情况严重极了。如今已经到了你将那一千七百九十七架缺少各种零件的后备飞机给提早完成的时间了。

比佛布鲁克在1940年的时候，曾经彻底检查并分析过空军后勤部队保存的飞

机，这儿给了我们非常大的便利。让前线上的飞机数量增加，是我们目前所需要的。请你抓紧时间做这件事，并且全力将它完成。

2. 所以，请你报告给我：

(1) 一千七百九十七与六百四十九这两个数字，从这两年里每个星期的生产情况去看，在数量上相应的每个星期分别是多少数字？

(2) 倘若将这一千七百九十七架飞机中那五百架组成机队时间提前在 7 月 15 日，请你给我作一个计划。在零件上，国内的皇家空军倒是剩有一些，非常有可能不会用到，很多的飞机必须可以因为它们而可以飞翔。我听说，“勇士”战斗机这种飞机的需求尤其急切，最好可以早日完成。已经有二百八十架飞机归你所有了，讲给我另一份报表，对最有希望的一百架“勇士”战斗机所遭受的阻碍的原因做一下解释。

3. 我猜测，你有一份关于这些飞机的确切的记录，不管是哪一种类型，不管是它们中的哪架想要提前加入战争，你都可以准确将它所缺少的说出来。若是有这个记录的话，请你让我看一下。若是这份记录不存在，那你应该做一份。你不用再对“韦林顿”那三百六十三架的情况说明了，我已经知道了。

首相致外交大臣　　　　1942 年 5 月 15 日

1. 不用将我们说过的话给取消了，但是实际上仍是：若是 1942 年的夏天或者是秋天，土耳其受到进攻的话，实际上已经没有军队可以被我们派去支援了。尽管我们的军队数量很多，但也无法再经过叙利亚的交通线之后再进行调动了。可是，我们一定会在事到临头的时候采取一些措施的。

2. 我的主张是从 11 月开始，给土耳其人提供大量且没掺杂的支援。对于那项我经过联合分配委员会提出的政策，我并不准备实施它，我准备对美国总统进行劝说，说服他能与我一起对土耳其作出保证，若是今年夏天，他们与其他国家都能平安度过的话，这个真实的希望我们就可以给他们，他们的地位到 1943 年春天的时候可以得到增强。若是我们的工作可以在那些地区顺利进行的话，那么那些由我提出的方针，在之后让人担忧的好几个月里，也许会对土耳其以及让它加入 1943 年的战役中起到非常重要的鼓励作用。

首相致外交大臣与军事运输大臣 1942年5月17日

对于美国方面给我们分来的七十艘油船，他们是不是表示了应有的谢意？由于他们本身也受到了损失，因此他们的这一行为，我认为是极其慷慨的。所有部门自然应该向他们表示谢意，可是，我是不是应该在给总统的电函中，也说上这件事呢？若是应该这么做的话，请给我有关资料。

首相致海军大臣与第一海务大臣 1942年5月17日

1．伊瓦特博士就一艘航空母舰之事向我发出了呼吁，此呼吁极为强烈。当然，关于将“赫尔米兹”给他们的事情，我已经同意了，可是在送给他们这支舰之前，这支舰在实施我们任务的时候，被击沉了。如今，你告诉我，他们并不想要这艘军舰。但是，伊瓦特博士收到的那份卡廷先生的长电，你看到过吗？他在那封电报中强调他要两艘航空母舰。即便是最简单的保证，我也慎重地不让自己做出来，可是我始终在思考，是不是应该将“狂暴”号分配给他们。请你将你对这艘舰只的计划，告诉给我。

2．现在，“胜利”号为何需要再次装备？它在舰队的时间有多久了？我觉得应该连一年都没有吧。它在如此紧急的时刻从现役中退出，是因为何种性质的缺点呢？我知道“黄蜂”号已经被美国人给撤走了，而我们的地位因为这艘航空母舰的撤走变得更加困难。自然是将“黄蜂”号调到太平洋去进行支援了。对于我们与意大利的永久关系，我们必须思考一下，若是在它的防务里，我们没有出一点力的话——不管我们用什么形式——那将非常不利于帝国的前景。

首相致海军大臣与第一海务大臣 1942年5月17日

目前，加勒比海的真实情况怎么样呢？是不是已经依照约定的那样，将护航制度的实行日期定在了15日。

首相致伊斯梅将军 1942年5月18日

1．应将一个中队的战斗机供应出来，也就是供应出十六架的飞机。可以用样式比较落后的飞机。需要将更多的双筒自动高射炮以及三点七英寸口径大炮分配过去。我们绝对拥有一些样式落后的轻坦克。在非洲中部，这些坦克是可以将它们的用处发挥出来的。请将你目前所有的坦克数量做一下汇报。前不久，缺少的东西必定不是反坦克步枪，而是子弹。肯定可以找来不下于六十支这种步枪吗？

2．在另一个方面，我们若是不能从比利时人那里得到明确的建立军队的表示，这些武器我们是一定不会给他们的。我的儿子曾经有一个星期的时间是待在利奥波德维尔的，他写了一封信给我，如今我将这封信的摘要放在这里。想来那些比利时的军官是有必要被调到刚果去的。最少应该在刚果建起四个旅。西海岸、东海岸、马达加斯加，甚至更东面的地方，都可以成为他们服役的地区，当然，前提是战争要向那方向移动才行。

1942 年 4 月 28 日　　　　**伦道夫·丘吉尔致首相的信件摘要：**

“最为关心战争的全部比利时人，非常不明白为什么比利时的所有军队都留在了英国。他们说，若要建立起一支相当数量的土著部队的话，只需要给他们几百名军官。他们也觉得在后勤工作与发展战时工业方面，白种职员是远远不够的。他们觉得，目前比利时正想办法将一支庞大的军队在英国那里给建立起来，而它的目的单单就是为了树立威信。那些在刚果的比利时自愿投军的青年甚至也被他们即刻送去了英国。”

首相致伊斯梅将军，转参谋长委员会　　　　1942 年 5 月 18 日

1942 年在印度洋上的秋天战役

1．我们在契林迪尼将东方舰队聚集起来的时间，最晚不可以超过 7 月 7 日。科伦坡和亭可马里在 7 月 15 日将会成为这支舰队的根据地。在这个地方，为了对该舰队进行供应以及保护，应该在防空、战斗机、鱼雷飞机以及停船设备等等的安排上积极地采取最为急切的措施。

2．开去锡兰港口的是三艘航空母舰与四艘现代化军舰，不可以因为四艘“皇家”号级军舰在其中就被阻拦住。不然，就又有一个实例被我们发现了，因为过

低的战斗力，和落后的性能，它们不仅无法对我们的作战提供帮助，还会成为我们实际上的包袱。用迭哥苏瓦雷斯作根据地的话，他们可以在沿途给运输船队提供保护，由于敌人离这些军舰的距离很远，并且有很强大的海军力量驻在锡兰。它们的设备在锡兰准备好接待之后，它们可以想开到哪里去就开到哪里去。

3. 一定不可以让我们在科伦坡与亭可马里之间的防空力量因为遭受诱惑而分散掉。在有需要的时候，应该选定一个港口对此集中使用，而那些还未改进的设备就勉强被另一个港口暂时拿来使用。我们必须对使用哪一个港口下定决心。在锡兰，只有我们拥有一个超厉害的防卫基地之后，我们才可以对杜岛进行供应。苏格拉的那句谚语——“一所好房子，还需要有非常不错的设施。”是要记得的。

4. 防空设备在契林迪尼与迭哥苏瓦雷斯之间，处于领先地位的应该是迭哥苏瓦雷斯，必须将这个港口发展成一个能抵御住所有的攻击的要地，并且，在宣传上，也需要将它们说得更加强大一点。日本人根本不可能向马达加斯加岛和迪的苏瓦雷斯任何地方发起攻击，什么攻击都不可能。部署在那里的军队与设备，一定要和参谋长委员会的建议一样，都保持在此等的水平。

5.“对日本人到孟加拉湾的活动进行阻碍，除了它有优势军力以外”就是东方舰队总司令的任务。在海军部，已经将这一任务很好地放在了训令当中。对于这项原则，我们应该坚持，而且还要让别的意见也和这项原则相符合。

6. 日本人好像没有可能将一支比东方舰队还要强大的舰队派到印度洋那里，并且还是在将四艘“皇家”号级军舰减去的前提下。他们因为主力舰与正规航空母舰方面在实力上的限制必须特别地小心谨慎。好像他们不会急着去找如东方舰队那样尽管将四艘“皇家”号去掉，在力量上还是依然强大的舰队来与我们作战，即便有如果，也自会是如果而已（1）“燕子”以及别的快速战斗机将我们的航空母舰彻底装备了起来。（2）尽量将我们保持在用海岸做基地的鱼雷飞机的航程里。在战斗中，若是舰队的损伤程度是一样的，那日本那边无法获得可能挽回的灾难的结果。到现在为止，我们根本无法从日本人的战略中看出他们乐意用他们任何战略舰队的一部分来冒险。在对孟加拉湾入侵时，他们的行动谨慎极了。在珊瑚海战之后，他们放弃了远征，这表示，在航空母舰上，他们遇到了问题，并且这个问题十分严重。所以，日本人除了从他们在印度洋上的舰队中抽出一个分遣队来，我们不要觉得他们是想与我们比较一下。将主要舰队给派出来是他们最冒险的决定了。

7. 为了在孟加拉海外有军事行动的时候对东方舰队进行保护，我们需要尽力让那些将海岸当做基地的飞机——侦察机、轰炸机以及鱼雷飞机——在限额上达到最高。对敌人在孟加拉湾的敌占区里准备进驻的将海岸作为基地的飞机，我们要尽全力地去战胜它们。我们无法在9月末的时候，将海空联合力量在那里给建立起来。这一联合力量既要将——从海上来的——对印度的侵犯给阻止住，又要让我们的海外行动可以进行。和别的战场一样，我们要在这一战场逼迫敌人空战，即便损失是一比一的，那也是值得的。

8. 根据在利比亚、高加索以及澳大利亚的战争是不是可以顺利进行来决定是不是要对印度的军事进行增援。不过，若是对时间的经过进行假设，假设它不会不利于我们，那我们除了要将第二师与第五师派过去，还需要在9月末端的时候，将第八装甲师与最少一个英国步兵师也派到印度去。那第二师、第五师、第四十五师、第七十师和第八装甲师，再加上英印集团军的——比如——四个师，给韦维尔将军的师统共可以达到九个了。所以，他们到10月的条件是可以满足他们向缅甸的日军发起全面攻击的。

9. 现在就应该开始计划这次攻势了，并且必须要做的是，尽量随着形势上的改变让它成为现实。一定要在当地准备登陆艇，并且有一部分还需要由本国派过去。必须将英国与美国的空军，在被别的地区所需要的前提下，慢慢地发展到最大限度。对中国抗战来说，攻击日本的交通线可能关系重大。为了让蒋介石可以继续作战，我们应该在保留全部必要的条件下，让蒋介石对这种进攻同样抱有希望。我们的判断绝对可以依靠形势的演变来证明是正确的，首要目标就是进攻重庆的日本人——当然，俄国更加重要——可是，这个转移便要根据西方战争的发展。我们给1942年秋天与冬天定下的目标便是由毛淡棉到阿萨姆的英国空陆两栖的全面攻击。

首相致外交大臣 1942年5月19日

好像电报越来越长了。在你发出警告之后的一段时间里，曾有过改善。花费在这些长篇电报的译电方面的时间与精力是非常严重的。为了帮助战争他们都想提升自己的工作量，而我对此非常理解。而他们事实上是给我们添了麻烦。

首相致外交大臣　　1942年5月19日

若是我们在如今这种并不愉快的情况下，由奥兰、达喀尔、叙利亚以及马达加斯加对法国进行攻击的话，他们肯定会反抗的，对此我非常理解。可是，他们没有任何原因对我们在海上的飞机进行攻击①，想来是完全不同的情况。对于他们二十英里领海的通告，我们从来就没有承认过，更别说这次的限度可能会超过那一限度。能不能对这个问题采取一些办法？

首相致彻韦尔勋爵　　1942年5月22日

请把之前若干个月里给我送的每周报表中有关每周新制造飞机与修好飞机的总数同本土空军所消耗的总数这两项，列成并排的两栏。接着，将输往俄国、东方以及别的国家的飞机总数给列在第三个栏里，当然前提得知道数字。最后，若是可以将消耗的与输出后的数量从制造的总数量中减去，求出依然在本国的数量计算出来的话，让我看一下。

首相致生产大臣与工程以及建筑大臣　　1942年5月25日

今天，在我坐车从伦敦南边地区经过的时候，看见很多因空袭而损坏的私人房屋。这些房屋还没有经过修理，因此虽然他们好像还保持着结构上的完整，但还不能居住。考虑到我们需要接受一定数量来自国外的人口，所有可供居住的房屋自然都是我们所需要的，这么看来，为了让住房情况得到改善，在这一方面，我们还需要采取必要的政策。为了有成效地将物力与人力节约下来，请给我送一份有关这种房屋数量的报告过来，并且对你觉得是不是可以拟定这样一项有用的政策进行一下说明。

---

① 法国战斗机毫无理由地对我们从直布罗陀起飞的一架“卡塔琳娜”飞机进行了攻击——在它进行反潜艇巡逻的时候。——原注

首相致经济作战大臣 1942年5月27日

《月亮落下去了》这本书是约翰·斯坦贝克最近写的，由纽约瓦伊金出版社于今年完成出版。请你对此注意一下。这本书不止故事写得好，还尤其强调了给被征服的国家提供如手榴弹这种简单的武器的重要性，这是一个容易使用也容易藏匿的武器。

首相致陆军大臣与帝国总参谋长 1942年5月27日

1. 在这周周末，我对恰特威尔进行巡察的时候，派过来保护我的是东肯特步兵团直属部队青年军营的一个连。当然，我对这个连进行了查阅，并且提问了一些问题，这些问题都跟他们的装备有关。他们对我说，轻机关枪的装甲车是他们所缺少的配备，尤其是轻机关枪更让他们觉得不够用。曾经在一个时期里，轻机关枪以及配有轻机关枪的装甲车的产量是非常不错的。对于在这两项武器供应上的缺失，我并不知道。

2. 有关青年军营拥有两种型号不一样的利-梅特福德步枪，我也注意到了。这两种枪型号甚至在一些排的枪里也是各自一半的。即使这两种型号的枪，用的是同一种子弹，但他们的瞄准器还是不一样的。关于别的军队是不是同样存在这种情况这件事，你可不可以给我一份备忘录说明？

3. 由于是我提的问题，所以我请你们不要给这个连或者说这个营找麻烦，对相关人员来说，回答问题是应该尽的责任。

6月

首相致伊斯梅将军，转参谋长委员会 1942年6月1日

1. 关于西方战场和对日本展开进攻的关系，你们并没有在最后一段提到。对于现在已经在上海或者正在等待命令准备出发以外的军队，我从来就没有提议再向东方调遣过去更多的部队。飞机、准确数量的登陆舰、所有有可能需要的特殊船具，都是未来要求最多的。在利比亚，若是我们取得了胜利，那么我们务必要

对整个形势进行检查，那个时候，我期盼我们可以知道韦维尔将军的意见是什么：他想要做些什么，或者他想要怎么去做。目前，我们不需要作任何有关第八装甲师与第四十四步兵师的决定，我们要等它们从好望角绕过去之后，根据那时候的情况做决定。对于本年里，从缅甸向日本交通线进攻一事，并不在我们承担的义务里的。可是，鉴于我们会因为中国的崩溃而遭受的极大后果，我们必须随着战事的进行，对中国人进行适当的支援，而这也是唯一的办法了。对于向远东推进的这一问题，若是俄国南方的战线崩溃，我们自然无法再考虑这个问题了。我作一遍重复，若是要在未来使用军队，那就只可以对现在分配到东方战场的部队进行调动。

2. 对于那些会对东方舰队的集结进行阻碍的拖延，我们不能如此简单地就默许了。很多意见都在萨姆维尔海军上将的来电中提到了，电报里建议采用消极的办法，防止将他们的力量“浪费”在孟加拉湾等等。但凡他的舰队进行了以锡兰港口为根据地的聚集之后，阻止所有由海上向印度东部的攻击就成为了他的责任，当然，除非有力量护送进攻的部队，并且还是明显的日本优势力量。相同的，在印度东海岸，当我们那些以海岸为基地的空军在那里部署了合适的力量之后，他就有能力去护送一支我们自己的两栖远征队了。对于空军的活动在那个地方进行的关键，我是完全赞成。因此，我们需要等待：(1) 利比亚战争的结果；(2) 韦维尔的建议。

3. 日本人的力量，在前进的时候，会分布在缅甸与中国南部的广大荒野地区，并且他们还会和中国的军队交战。日本人仅仅有五六个师在这些地区，给他们提供给养会是一个非常有难度的问题，尽管他们可以生活得非常艰苦。我们的军队，不管处在什么地方，都不可以没有事情做，不可以把飞机放置起来，不进行使用。随着时间的流逝，夏天马上就要过去了，而我们的基地也有可能在若开进行重建，并且可以不停地在一天天接近他们的地区里对其作战，将他们的空军力量都消耗没了。如今，没有人可以保证一定会出现让两栖攻击成为可能的条件，可是，若是不在事情发生前将这些准备工作都做好，在有机会的时候对其进行使用，那真是一点远见都没有啊。很多我们如今预料不到的事情，都会在 8 月的时候看到。

首相致陆军情报局局长 1942年6月2日

有关南斯拉夫的爱国活动和有关德意侵略者在那儿的相应地位的报告请给一份，这份报告的内容要少于两页。

首相致陆军情报局局长 1942年6月2日

对于德国会对我们那千架飞机所进行的空中袭击一事，我猜想派尔将军和别的有关人员都在紧张地预期着。

首相致劳工大臣 1942年6月2日

对于你在5月14日给我的有关目前与战前的人力情况相比较的备忘录，我表示非常感谢，且已经将这个的副本送去给生产大臣与枢密院议长。已经有二百万人被我们征集过来参加军队、民防、工业和各项服役事业，特别是在想到参加了工作的还有那些失业的人的时候，而且，我赞成的这些事，在那么多的人由民间工作转到军队与别的政府工作的时候，做得相当的不错。在人力上，能让我们直接用于作战的数量马上就是极限了。以后管理上的效率，就需要依靠我们的生产大臣和各个供应部门努力增加了，并且在政府的各个部门中间，就像在生产工作与建设工作之间，在各个兵种和海陆空三军中间，将人力合理地分配。到美国参加作战的时候，还会在一定程度上发生改变。

首相致伊斯梅将军，转参谋长委员会 1942年6月3日

由中东各位总司令发出的这封电报是一个非常好的例子，如何在没完没了的消极防卫中耗损以及分散人力和物力。对于那些没有防备的地点，我们不用担心敌人的进攻军队在有些时候会出现在这里并且让我们陷入危险。只有根据地是锡兰港口的海军可以维持全部这些地方的防务。海上空军与以海岸为基地的海上空军给这些海军提供了适当的保护。敌人一旦从海军的防御里逮到空子，埃及战区则会准备、组织一支两栖装配的机动军队，并且会保持这支军队。在侵袭者攻进来的时候，这种由可能经过适当装备的一旅人组成的军队就会对他

们发起攻击，并且会有效地惩罚他们。若是有机会，这种军事力量可以当成一支战术军队来使用，不过，它只是纸上谈兵，因此它不应该被算进中东目前的实力里，并且它会在需要的时候参加战斗，无论什么战斗。这样的话，我觉得就能够让各位总司令明白，不管拥有多少的兵力，也别想在各处过太平的生活，这是完全不可能的。

首相致伊斯梅将军，转参谋长委员会　　1942 年 6 月 3 日

1. 关于皇家海军陆战师的消息，我在皇家海军陆战队各个旅跟随达喀尔远征军被调走之后，就再也没有听到过了。关于怎么对这一个师的军队进行使用，你的计划都是什么？是会在“锤击”作战计划中用到它，还是在“围歼”作战计划里用到它？若以上都不会用到它，那我们可以把它交给韦维尔将军吗？受过很好训练的、轻装的两栖部队肯定会在不久的明天，在他的地域里获得非常不错的机会。

2. 请根据这件事送过来一份报告，并且要是一份非常不错的报告。

首相致自治领事务大臣　　1942 年 6 月 6 日

自从上次考虑过这一个关于给爱尔兰的供应的问题之后，形势就出现了非常大的变化，而且这个变化对我是有益的。正在向爱尔兰里挺进的是大批的美国军队。德国人已经陷在了东线上，并且陷得很深。如今，我们正在做向大陆发起进攻的准备。所以，若是南爱尔兰的基地是我们需要的，那我们如今准备供应给南爱尔兰的武器，不仅会用在跟我们对抗上面，还有可能用在与其他人对抗上面，当然这种情况是非常的少。

这件事，我觉得并不紧急。因此，我希望将这个问题放到我们看过俄国战场的战事发展情况之后再作考虑。

首相致陆军大臣、空军大臣与工程以及建筑大臣　　1942 年 6 月 11 日

政府的政策就是你们知道的那样，是煤的生产与消费若是能因使用各种办法而达到平衡，那就再将配给制度实施在国内燃料上。

被当作弥补消费与生产距离的措施之一，新成立的燃料和动力部已经被战时内阁下令对煤矿现有存煤的充分利用进行监督。在这一存煤里，有些存煤的质量并不好，因此各个工业企业与别的大量消费单位就被这一部门要求，必须要接受一部分质量不太好的煤——这煤的质量次于他们平时使用的。

新成立的这个部，是需要大量使用煤的政府各个部门极力给予合作。你们若是能对你们部门下属的相关单位做一下说明，它们对这个行动的支援，必须要用接受一份质量不好的煤的方法来实现，那我会十分高兴的。

首相致海军大臣 1942年6月11日

为了建筑新工程，你们海军部在最近这几个月里将乱七八糟的材料都放在了近卫骑操场上，已经将这个操场弄得惨不忍睹了。现在，我盼望已经到了将这些障碍物清除的时间了，并且我相信不需要再往后推，可以马上开始这个工作了。请你将你准备怎么做的想法告诉我，需要多少时间才能将海军部那边的操场给清理干净?

首相致伊斯梅将军 1942年6月12日

所有在6月与7月里在苏伊士运河登岸或者是抵达那里的坦克，请列表给我，并且对它们的类型做一下具体的说明。

首相致第一海务大臣 1942年6月14日

对于那些沉没在莫桑比克海峡的船只，请做一份报告给我。哪里是德国潜艇与日本潜艇的根据地?你打算用什么样子的措施?

首相致枢密院议长 1942年6月14日

在我看来，你关于对那些被损坏房屋问题的备忘录并不是特别符合要求的。若是那十五万八千所可以使用的新房能以一千五六百万镑的经费拿下，那么我们估计中的那批大量的美国涌到人员的住房问题，是完全可以解决的。并且从价钱上来看，所花费的资金与劳力都不算多。大部分这些事都没有被做起来，让我觉得奇怪极了。

除了这个之外，还应该对将政府各个部门再迁移回伦敦一事进行强调。撤退回来了多少儿童？他们不会再遇见危险了，伦敦的防务要比乡间好多了。

首相致海军大臣、第一海务大臣与伊斯梅将军　　1942年6月15日

由千架轰炸机进行的空中袭击，需要在6月份有月光的晚上再进行一次的。这个请求，我们必须要求你们明确地答应，因为同样参加的还有空军海防总队。

请将你们进行的方法告诉我。

首相致空军参谋长　　1942年6月15日

我因为上周六与哈利斯中将谈话而知道了一个开心的事情——对于《天方夜谭》一事，我期盼可以利用6月里有月亮的晚上将其重版一次。若是没有和这个理由极其相反的，我期望你可以同意这个计划。

并且，海军部被已经被我要求，不可对空军海防总队的参加加以阻止。对于海军部不允许朱伯特使用他已经准备的那二百五十架飞机一事，我是知道的。

请你将我能为你做的事情告诉我！

首相致伊斯梅将军，转参谋长委员会　　1942年6月16日

所有的一切都很明显地表示，必须马上制订缅甸计划。在我看来，非常可以要求联合情报参谋部将他们自己的计划给作出来，甚至能和联合计划委员会进行讨论，让他们对进行的必要性有一个更深的了解。之前我曾说过很多次，现在我们所面临的最大危险之一就是蒋介石的崩溃。

首相致飞机生产大臣　　1942年6月27日

我听说有美国人建议说，战斗机的航程是可以用把机翼当成油箱的方法和在机翼里面造辅助油箱的方法来增加的。请将与这项提议有关的报告，在下个星期一的时候交给我。报告里要将这个的可能性与我们已经有的发展写明白。

7月

首相致海军大臣 1942年7月6日

海军部的财产里没有近卫骑兵操场——抄送工程和计划大臣——应该在建筑那样巨大（面积）的自行车棚前，先得到内阁的同意。你应该请求工程和计划大臣作一个计划，为了你们建造海军部堡垒会使用到的大楼，以及你准备将这个堡垒给防守起来。你应该将你的理由说明白，上报给战时内阁讨论。

首相致外交大臣 1942年7月6日

(抄送给莫顿少校)

若是想逃走，那我必定会尽全力去帮助他。我期望也可以给芒代尔帮助，无论是怎么样的情况。雷诺若是认可，自然一样去办理。我觉得我对这些人是有责任的。

首相致军事运输大臣 1942年7月7日

由红十字会运去俄国的物资，每一批运输船队都必须保证最少用六只船将物资分开装载，还要和红十字会联系，让这一办法可以成功进行，并且对于每一件东西的组成部分，应予以留意，不要将它们分开。请把运输船队在下次出发之前所采取的那些措施，给报告上来。

首相致军需大臣 1942年7月8日

昨天，国王将没有足够的丝去制作维多利亚勋章与别的勋章一事告诉了我。如此小的要求都不能被满足，我真是不能相信。这项用途在我看来，应该有最高的优先权。请你告诉我这个情况。

首相致陆军大臣与军事运输大臣 1942年7月10日

1. 我知道，已经开始将那些要从国内运到国外去的车辆装箱了，七千五百一十七辆车在5月的时候，已经装箱的有一千一百二十六辆，而不是之前说的一千四百五十三辆。我笃信，这一数字比例会是上升的状态的。我同样相信，在改进包装方法一事上，你们一定会尽力去做的，并且你们还会想办法，将还没有被运走的车辆装到板条箱里。

2. 没有把原本可以使用这一办法装箱的一千多辆车装箱的原因是：一旦抵达目的地，就要加入作战。考虑到将物资用专门空出来的船只给运过去的重要性非常之大，在十分危急的时刻，这一说法才能被接受。没有装箱的小型车辆有八百五十辆，据说船舱的空间因为它也没多大节省。不过，总算还是能有点帮助的。

3. 当我们想起，每个月可以因为将百分之十五的车辆装箱而节省下来八万吨的进口物资的时候，这一政策在我国与美国完全地实施起来的重要性便是非常明显的。

4. 我相信，在积极进行的时候，你们两个部必定可以合作。

首相致空军参谋长　　　　1942年7月11日

不让班加西与图卜鲁格成为敌人的港口供应是极为重要的。对这两个地方，必须进行激烈并且持续的大规模轰炸。请你将特德手中握有多少力量与他准备如何使用这些力量一事告诉我。应该将他们知道我们为什么要将这些港口破坏掉的重要意义。

首相致财政大臣　　　　1942年7月13日

请将下列情况上报。在各个地方的英国士兵一年的工资与美国驻英士兵的差别是多少？你应该给我一个简单的总数，而这里面包含了所有津贴。

美国那方面若是可以适应我们的情况，将美军的工资降低，而将被剩下的那部分在美国储存起来，那么，在将各种津贴都考虑在内的情况下，财政部要增加多少开支，才能将英军的薪水涨到美军薪水的一半？

对于这里即将发生的麻烦，以及也许会向你建议的与跟上高工资的重大要求，我焦虑极了。所以，有关将工资下拉持平的这一可能的办法，是我想研究的。在如今这个时候，你不需要将过多的语言浪费在这件事上，原因是我们处境上的困难所有人都可以看得到。可是，这一数字你需要告诉我。人们非常可能被这些数字给惊住。

首相致粮食大臣 1942 年 7 月 16 日

因为你给鸡食配的新计划影响到了乡村人民，所以我听到很多的埋怨。从古至今，乡村生活的重要部分始终都是养母鸡。对于他们配给上的不足，城市人民可以用买一顿饭的方法解决。一个人只可以养一只母鸡，这样大的缩减到底是因为什么？不论怎样都应该通知内阁。

首相致伊斯梅将军，转参谋长委员会 1942 年 7 月 18 日

这两个南非师在我没有同意将他们改成装甲部队之前，我想知道坦克是什么情况。我们不应该在战争的这个阶段，将大量的后备坦克聚集在英国国内的装甲军队里面。是否有入侵的机会还不一定呢，无论在 1943 年我们展开什么攻势，这些后备的坦克，在那个时候可以及时地聚集起来。这个意外的收获便是那三百辆“谢尔曼”坦克。除此之外，不将 PQ 第十八号运输船队派遣过去的决定，和可能在北极白天和晚上期间将对俄国的供应停止之事，必定再次给我增加了二百五十辆坦克，当然这是最小值。而且，坦克生产一天比一天壮大。很多的坦克都可以给 1943 年的时候使用。因此，我觉得我们没有理由不将之前答应给那两个南非师的坦克供给他们。

不过，必须要先让我知道这两个师的编制是什么样子的规模。一个装甲旅与一个摩托化旅的新比例是不是就是他们编制所依照的？若是如此，二百辆坦克便是我们每个师所需要的。或者，它们的编制是依照三百五十辆的旧比例编制的？我觉得，正确的是前者，若是如此，那一共就只要四百辆。

我们现在不可以从南非师里撤出来，去从事另外一种任务的训练。对于这种论点的意义，我是有认识的。可是，伴随着战斗的进程以及别的援助的抵达，比如说，在两个月里可以让这一调动变得有可能。所以，我期盼可以保持已经承诺的日期与已经定下的计划可以维持不变。

有关战局的回顾

首相提出的备忘录

1942 年 7 月 21 日

1. 已经到了全面回顾战争情况，和将它的明显特点以正确的比例来规制的时候了。

2. 巨大的德国军事机器力量是最先提到的。原因是在如此长的时间里，德国陆军一直在为对俄作战而忙碌着，对于这个让人害怕的记忆，我们有忘掉的倾向。德国在 1943 年与 1944 年的军事力量是不容我们小看的——只要想到这两个德国的装甲师与第十九装甲师能在北非能对我们那个拥有大量兵力与物力的军队做些什么，我们就没有理由去那么做。任何时候，他们都可以弄出一条战线将俄国牵制住，并且将五十、六十或者更多的师撤回到西方来。这个调遣，他们是可以完成的，并且他们还可以保证用最快的速度通过欧洲的铁路干线。对于欧洲大陆，我们不应该妄想德国的军事力量可以在那里崩溃。纳粹政府如果毁灭了，德国陆军头脑必将会掌控住差不多所有的权力。而英美那些有关未来世界的必要条件，这些人是必然打算接受的。

3. 海运吨位是第二个主要事实。我们今年只能用消耗我们储备的方式来度过，并且还是极大的消耗。代价就是内部的冲突也不稳定，一百万吨这个数量，可以通过我们省吃俭用的方式给节省出来。应该详细地思考一下，是不是能够用谨慎动员的办法去实行这一办法。但是，对我们尽量维持国内外的战争力量来说，这个问题不会对它造成太大影响。什么理由都不能想象得到，我们会过了今年，也无法认为，我们在 1943 年的吨位情况会因为美国的大量造船而依然没有改进。可是，我们一定要在我们和美国关于未来有清晰明白的谅解之前谨慎小心，并且不能让我们的地位坏到没有办法收拾的地步。为了这个目的，在 1943 年与 1944 年，有关我们在美国的新造好的船只上所分到的数量，在近几周里，我们务必要和美国签订一个几乎是一项条约的庄严合同。我们的损失在美国加入战争的时候，会因为将那些接连被敌人攻下的大陆国家的船只的掌控权拿下而在一定程度上得到补偿。我们不可以期盼从这个来源获得更多的意外。我们只能善于将我们的战争力量更大程度地利用，并将我们自己的制造业扩大。在我们输入的最低要求上，我们无法做出什么大的改变。而能保证这些要求所需要的吨位就是一种责任，并且还是首要责任。因此，在1943年，我们应该要求美国将现在所拥有的足够安置我们的商船船员的吨位交给我们。因为没有船只，让英国很多受过多年训练的船员没有事情可做，而美国船员在同一时刻还必须进行特殊的训练，这是不是太过愚昧了，所以不可以将我的意愿看作不合理的。

4. 在对我们1943年的情况并不了解的情况下，我们的储备绝对不能因为要度过1943年就大量消耗到一个极有风险的水平。不应该随便对需要的储备的最小限额做规定。我们的输入很有可能在这段时间里因我们港口所受到的严重轰炸而被摧残，我们在这个时候，会因为缺少某些食物而陷入一种困境。除了这些，我们的开始不应该是在英国人比美国人战前水平低那么多的时候。我们应该指明，若是想进一步地削弱1942年与1943年的总输入，那就只能减少我们的军需用品了。英国的与英国支配的船只用在战争方面的，基本上已经达到了四分之三，而这里只有四分之一的船用是单单用来供应这个岛的生活需要的。

5. 可以准确地说，希特勒的潜艇对同盟国船只的进攻，和同盟国军队的增长与使用，到底哪一个先获得充分的成就，决定了战争的结局。据估计，潜艇战事的增加与它的向远洋的扩展，和潜艇设计的改善等，能够做到的程度会让大家吃惊。将同盟国反潜艇武器数量增加与将反潜艇的方法进行改进都是抵抗的办法。可是，这个方面仍需要我们努力。

6. 我们这些同盟国拥有空军力量是另一个方面。对于“你们应该如何取得战争的胜利”这个问题，我们在我们独自作战的那段时间里就答复过，“德国将会被我们的炸弹炸得粉碎。”就是我们的答案。别的可能性从德国的陆军被俄国人重创以后，再加上美国的军需用品与人力，就让它们变成了可能。对于解放军大规模入侵大陆和各个国家人民对希特勒暴政的反对而进行的普遍的起义这件事，我们是既高兴又盼望。将我们之前的想法抛弃就会有错误出现，这种错误可以谈一下，它在美国人的心中的强度也是很高的，而这一想法就是，对德国实行激烈并不留情面的轰击，并将这种轰击日益增大到既可以包括飞机生产与潜艇在内的战争力量，还可以给德国创造出多数人民无法忍受的条件。

7. 我们填充轰炸机的计划被压缩一事，必然让我们在此时感到遗憾的同时又觉得十分恐慌。如今，我们今年夏天与秋天的希望，因为以下可以影响到轰炸机的因素而变得无法实现，这些因素包括海军、印度与中东的需求、我们英国生产计划上的缺陷、美国人的自然愿望——驾驶着自己的飞机对敌人进行攻打、与参加战斗时这些飞机无法防止的推迟。我们至少应该将对德的轰炸机攻势当成是一种可以对德国造成损伤的特殊手段。这一手段也就比——一直到那种战争意志崩溃之前——在大陆开展的规模最大的军事行动稍微低了那么一点。同盟国应在冬天以及冬天以后，应该将对德国开展的日益增长的、更为精准的、行程更加遥远的轰炸机攻击给再次强化。我们只有用这一办法，才能够准备对我们决定开展的主力战有益处的条件。为了保证可以不停顿地对德国进行轰击，准备工作上务必要做好，可是因为对军事行动的援助而引发的暂时间断就要另当别论了。这些要求不应该是无法完成的，因为与轴心国相比，同盟国在飞机的制造方面可以说是它的两到三倍。

8. 对于增加民间空防部队的这一办法，虽然并不被我们认可，同时还要持续地被削减掉——适当的削减——可是，若是我们觉得再也无法对英国实施激烈的轰击的话，那就错误极了。目前这个时候，德国轰炸机的大部分实力都用在了与俄国作战这件事上。德国可以在我们向西方转移的时候，于马上的几个月里将数量相等的轰炸机聚集起来，用到与我们作战上。那种让人赞叹，而且周到的科学防备组织已经通过我们的努力完成了。在之前发生过的“闪电”面前，我们因为这一组织而得以有信心可以与它的再次降临对抗。若是在这种科学的防备组织上出现了错误的话，那相同情况的影响也会出现在敌人身上，如果这样的话，就只能在 1940 年与 1941 年冬天的时候，在一样的条件下开始两国之间的相互轰击了。情况若是这么发展，那我们和德国相比的优势，就必定会因为我们在轰炸机数量上的日益增加这个优势，与我们可能发射的投弹量而展现出来。

首相致伊斯梅将军，转参谋长委员会　　　　1942 年 7 月 22 日

不管是哪辆机动车，若想在运输的时候不装箱，就务必要有参谋长委员会的特别认可。考虑到参谋委员会办事的简便性，可以转由副参谋长委员会来接手这项工作，或者随便选出一位副参谋长来办理这项工作。

除了那些为实际作战登陆所准备的车辆之外，全部的机动运输工具都是需要装箱的。倘若运输船舶节省空间真的能够实现，那从这里所收到的效果，要超过那些对国内生活与粮食所降的让人讨厌的限制条例。

我拜托你们可以在这件事情上，可以积极且持续地给予帮助[①]。

首相致爱德华·布里奇斯爵士　　1942年7月25日

请你将目前有的科学研究组织给列出来，不管它是在各部门里，还是在部门外面。除此之外，还请你将在各大军事部门，以及在各发明与研究委员会中服务的科学家人数等情况也告诉我。

首相致第一海务大臣　　1942年7月25日

我们从未有过将反潜艇的舰只闲置在池塘里，不去使用它们的想法。我们只是准备把新建造出来的这批船舰全部都运送到英国人或者美国人那里去，这个决定的选用是根据提前预测到大炮装备，与别的配件这个问题都能解决之后的战略形势定下来的。我们使用"池塘"这个词语并不是特别合适。请帮我拟草一份致总统的电报，用来解释清楚这一问题。

首相致伊斯梅将军，转参谋长委员会　　1942年7月26日

"安纳吉姆"作战计划，可能会因为进行"火炬"作战计划而受到影响。我觉得既不应该影响"安纳吉姆"作战计划，也不应该再对它进行改动，这重要极了。请你们将可以保住局势的办法告诉我，要不然，韦维尔将军的准备就要暂时停止了。若是想让韦维尔将军取得"铁甲舰"作战计划会用到的登陆舰装备，就必须要有极为严重的理由。请你告诉我，那到底是些什么样子的理由。

首相致生产大臣、陆军大臣、帝国总参谋长、军需大臣与爱德华·布里奇斯爵士　　1942年7月27日

我们目前已经完成，或者正要造完那两万辆左右的二点四磅炮的坦克与反坦

---

① 见7月10日的备忘录。——原注

克炮。准备在之后的十二个月里，再多造出两万辆来。我们若是再大批地生产这种已经过时的武器，就应该受到厉害的责备。我了解，这些原本是准备广泛地分给步兵的，所以可以感觉到，每个营都有能力抵御敌人的坦克。两磅炮只有在最有利的条件下才能有效果，除此之外，它是无法阻止坦克的。因此，为了这一目的，它并不是我们应该去造的武器。能取得不错效果的有炮轰和“杰弗里斯”步火枪，而且制造它们也相对简单一点。如今，就是六磅炮也过时了。由于这些情况，在这一周的国防供应委员会上，我们务必要对二点四磅炮的计划进行检查，这个会议将会在7月30日星期四早上十一点半开始，而我则会主持这个会议。我们那时候也可以商讨坦克的供应情况，对“丘吉尔”坦克的改良也包含其中。

首相致陆军情报处处长 **1942年7月27日**

我明白，目前在中东我们的“格兰特”坦克实力为六十一辆，而在最近进攻之前的数量为九十一辆。很多的“格兰特”已经于前后这段时间里，运到了这儿。我们损失在战争中的“格兰特”坦克的数量是多少？坦克的全部损失量是多少？

首相致生产大臣 **1942年7月28日**

对于烧夷弹情况的异常严重性，不知道你有没有感觉到。缺少烧夷弹的这个情况，严重到必须要在之后好几个月里，对皇家空军原计划的纵火攻击进行限制。

我们今年从美国能不能得到足量的镁？你在5月5日的备忘录里告诉我，关于这个问题，若是无法给你满意的保证，你就会对最高当局提出它。

镁的代用品的发展速度是不是足够充分？

请你将皇家空军能在今年的秋天和冬天里得到的供应，都告知于我。

首相致海军大臣 **1942年7月29日**

（抄送军事运输大臣）

最近的一次美国报告显示，7月12日之后一周里，我们船舶的损伤量，是战争爆发以来损伤最严重的。这件事实在是太不幸了。只能这么理解，那就是：美国当局若是按照通知办事，因为某些纰漏，实际为几周内的损失，被我们当成这一周的损失告诉了他们。海战进行的真实情况，自然不能以这样的做法表达。我们应该想办法和美国人据有关船舶损失这件事情，拟定一个共同政策。或者由你负责，和他们的当局一起对下列问题进行商讨（你尚未如此做的话），该问题是：是不是应该将所有的数字公布，若是要公布，那么公布的内容应该都有什么呢？

请你告诉我这个结果。

8月

首相致罗斯福总统 **1942年8月9日**

我期望，你可以在8月14日的《大西洋宪章》周年纪念之际发表任何贺词时，先给我发一份你贺词的原稿，让我看看。我们之前曾一字一句地对那篇文献的措辞进行过研究，没有经过成熟的思考，我无法对它表示比我们那个时候彼此之间都认可的更加广泛的解释。对于将它用在亚洲与非洲的这个提议，必须要十分谨慎。现在，印度的防务将因为战事情报局在事先透露的那一说法而发生严重的困难。在中东那方面，大部分的阿拉伯人也许会主张拥有可以将犹太人从巴勒斯坦赶出去的权力，抑或是，不管怎样都不允许他们再次进入巴勒斯坦。对于犹太复国主义这个政策，我是十分坚持的，我就是这种政策创始人中的一个。这只是新的与其他的宣言会产生的很多无法估计的情况中的一种。

说到在这样让人难以忘怀的一年里所获得的进展，是不是只说同盟国的发展、俄国依然猛烈的反抗着侵略、我们联合空军的成长和美国在太平洋那里取得的军事胜利等等，就是可以的了？我们最后再对我们的原则进行一下重述，而且指出，我们期望在最开始的意外不愉快情况得到让人满意的解决之后，可以得到一个更加幸福的世界。我笃信，对于我的困难，你必定会用你常常表示的对我的善意来进行思考的。

1. 我对“谢尔曼”坦克无法在9月5日之前抵达，而感到失望。我在昨天整整一天的时间里，对四个优秀的装甲旅进行了检阅，为了成为非洲最具威力的装甲军队，它们正在等这些坦克都到来。我对同时进行这几旅的装备与加速训练它们，寄托了非常大的关怀。可是我并不知道，它们怎么才能在非紧急的关键时刻，在9月的第三个星期之前参加作战。我总是希望在9月1日那天，“谢尔曼”坦克可以抵达。它们有四十五天的时间是要行驶在路上的。

2. 考虑到打败隆美尔这一任务作为实施“火炬”作战计划引子的极大的重要性，请你再进行一些努力，用来补救已经耽搁的那五天时间。请你告诉我目前船队的速度，和你可以进行什么。

3.8月13日是第五十一师预定的抵达时间。它目前在哪里?

首相致空军大臣与空军参谋长　　1942年8月9日

之前特德与科宁厄姆曾告诉我，那部分从这里运到的最新式战斗机的重要性极大，哪怕只有一小部分，他们的话留给我了极深的印象。科宁厄姆表示，他本人可以让它们在沙漠里发挥出极大的作用。让这些飞机出现在空中，敌机会不停地担心是否会与它们相遇。在设计上我们所领先的数量和送到那里去的数量是不一样的。请把你的建议提出来。

首相致伊斯梅将军与别的有关人员　　1942年8月28日

坦克名称

由于德国最出色的坦克的名字为“谢尔曼M3”，所以我们若是以此名字为我们的“谢尔曼”坦克命名，很可能会引发混乱。以下几个名称十分应该长久并且广泛地使用:“李”“谢尔曼”“斯图尔特”等。为了不和真将军搞混,不需要把“将军”的头衔放在名称的前面。

请给我一份包括目前所有英美坦克名称在内的正式名单，同样列出来的还有与我们遇见过的德国坦克的名字，然后我再查看一下，看有没有什么地方是需要修改的。

首相致伊斯梅将军与爱德华·布里奇斯爵士　　1942年8月28日

供海军航空兵军队使用的战斗机

将皇家空军作战所用的飞机，调过去建立海军部的巨大后备的做法，是非常不合适的。海军部从来不只是要获得比赛的胜利，还梦想变成天空中的英雄。一定要坚定不移地反对这一倾向。海军飞机在数目上的缺失是非常小的，这种情况只存在于后备那方面，同时皇家空军的后备力量早就大大落后于它的后备力量了，而且它的后备之后仍有后备。

星期一晚上，也许会举行国防委员会的会议，可以将这个问题放在议程的最开始。我已经有请威尔勋爵，准备一份要在会议上进行传阅的文件了。

首相致伊斯梅将军，转参谋长委员会　　1942 年 8 月 29 日

1. 我在今天的上午，应内阁的要求会见了土耳其大使，他将一份有关土耳其情况的介绍交给了我，这方面的情况是我极其注意的。

2. 在假设西部沙漠决定性的胜利可以在 10 月中旬取得的前提下，我们如今应该准备一项将更多战争物资运去土耳其的计划。将二百辆“瓦伦丁”或者别的非新式的坦克让出来，应该是可以做到的。在埃及，可以用改进过的坦克来补上这些非新式的坦克，现在，这些改进了的坦克正在按时不停地运达。相同的，应该已经将三百门口径为二点四英寸的装着两磅弹头的反坦克炮，与一百门双筒自动高射炮准备好了。这些炮若是已经明确指定以及准备完毕了，任何时候都可以将它们送到土耳其去——那个时候已经作出对我有益的决定了——那么在 10 月末的时候，这些炮就会送到土耳其人那里。这种支援在黑海的制海权可能会从俄国手中遗失，与轴心国可能会给土耳其非常大的压力的情况下，彻底改变土耳其人的反抗意志。

3. 给土耳其人分去一些雷达设备，遭到德国人的反对了吗？这种秘密德国人必定知道，抑或是他们自己有别的一样很好的各种设备。

4. 我们一定要在对土耳其信任的基础上开展工作，这个立场就是我个人所采用的。土耳其若是被逼着屈服了，那整个尼罗河的形势都会因此而感到非常大的困难。

5. 为了商讨，请你交给我一份依照这些方针拟订出来的计划。

首相致飞机生产大臣　　1942 年 8 月 30 日

从你《7 月份进度报告表》中我能够看出，重轰炸机的生产与计划相比已经落下很多了。你在 1941 年 12 月的时候，告诉我们重轰炸机在 7 月份的生产量是二百六十架。7 月 1 日的计划承诺给我们的重轰炸机数量为二百二十九架。而我们实际上已经收到的数量是一百七十九架，这仅仅只是 12 月份计划的三分之二，或者说是 7 月份计划的五分之四。我对“斯特林”轰炸机的产量大减一事，十分关心，原本规定的数量是七十九架，但是实际的生产量只有四十四架。请你将你为纠正这种情况而打算采取的步骤告诉我。

首相致陆军大臣 1942 年 8 月 30 日

1. 陆军会因为报纸上对突击队不合适的强调而感到愤怒，是很自然的事情。应该让你部门负责新闻的官员，向报纸指出，因为提到“突击队的袭击”使袭击迪耶普而造成了非常不好的影响，实际上参加袭击迪耶普战斗的人中，有很多营是加拿大部队。这样的报道，对军队来说是不公平的，而它对于突击队来说也是不合适的。

2. 与此同时，应该对国王陛下政府的政策有个一非常清楚的了解：用非常大的能力去对突击队的组织进行维持和发展，并且保证那些伤亡会由具有优秀品质的人补上。对于当年同意将突击队制度当成我们一部分的决定，我们自然可以回想一下。我在两年多之前，有过关于这个问题的备忘录，你若是还没有看过的话，就应该去看看了。对于它们的作用和它们具有的重要性所作出的抵制，我是无法认同的。请你交给我一份报告。

首相致殖民地事务大臣 1942 年 8 月 31 日

让一队人乘坐一艘潜艇登陆，是唯一可能对巴哈马群岛进行突击的办法，我的这个想法是不是正确的呢？若是这样的话，那么总督官邸好像会成为明显的进攻目标。若是他不在那个地方，抑或者常常更改居处地点的话，一艘潜艇是没有找到温莎公爵所在地点的便利条件的。一个人总是想要找机会活动，而不想做一个“只是坐着不动的人”，是正常的规律。因此，我同意将电网架设在总督官邸，和其他提及到的地方。对待亲王陛下的方法的是，仅将所有的危险都告诉他，而非对他的行动自由加以干涉。对政府所在的地方进行保护，以防止它受到潜艇突击军队的进攻是极其重要的，为了这个目的，应该再往此处多调几个排军力过来。

9 月

首相致新闻大臣 1942 年 9 月 2 日

对于英国军官那篇在英帝国海外领地的广播（如所附韦维尔将军的一篇广播摘要）有没有什么管理办法？一位非战时内阁阁员想在联合王国里做这样一类题目的演讲，并且不同我说一声，是不能够的。对于可以将本土之外的广播管理放宽一些的说法，我是不赞成的。请你在和有关的各国大臣商讨之后，保证绝对不会进行这种类型的广播，当然，依照你核准的办法所做的广播是不算在这里面的。最高级的军官要做什么广播应该亲自询问一下我。

首相致生产大臣 1942 年 9 月 2 日

它们已经对原定的指标进行了很多次的缩减了，但是它们的生产情况仍然达不到缩减后数字量。特别是重轰炸机的生产量，和原定的相差得非常多。节日根本不能称之为推脱的借口，因为在哪些月份里有节日都是之前就知道的。

没有将飞机生产部的产量提高，实在是严重极了！你准备要采用什么样的行动？

首相致新闻大臣 1942 年 9 月 4 日

从加拿大过来的这封电报说，一条伦敦报纸的消息被发表在了《渥太华日报》上面，它的大概意思是说，再过不久，美国与维希的关系就会瓦解；并且英国一天比一天笃信，英国一定可以在美国的帮助下，将轴心国在北非的势力清除掉。把信念和这个谣言联在一起的话，实在是一个严重至极的事件啊！达夫·库珀也应该将报告提出来。是哪个检查官批准的这条新闻？重要的那点在做全面与紧急的调查的时候是一定不能大声说出来的，原因是那样只能将泄漏机密的严重性加强。

他使用“某些外交方面”这一词有什么意义呢？这个也应该去问一问他。我觉得这件事是非常紧急和严重的，并且在我向你提及的问题中，这件事是最严重的。

首相致陆军大臣 **1942年9月4日**

我无法从那些医务委员会对霍巴特将军的诊断报告中，看出可以免除这位将军师长职位的理由，马上，这一师的人员就要加入到战争里去了。霍巴特将军不止在军队中名望很高，在军队之外也同样拥有着极高的威望。他是一个拥有着特殊智慧和性格顽强的人，尽管他并不容易与别人相处，然而非常可惜的是，像他这个样子的人，并没有出现在我们的军队里。我对他受人攻击一事，感到十分的惊讶。

我笃信，在他被我从国民自卫军的一个伍长升为一个新装甲师的师长时，若是我将这个主意改变一下，委任他去管理坦克发展的所有职务，并且让他在军事参议院中有一个位置，我们就可以避免因为严重的过失而遭受打击了。陆军的最高统帅部并不是一个俱乐部。要确保使用对极有才能的人，即使是别的军事同僚并不欢迎的人,有不能将他给国王效力的机会剥夺掉,这个是国王陛下政府的责任，也同样是我的责任。

首相致生产大臣 **1942年9月5日**

关于这个问题，我非常重视。关于二点四磅弹头的反坦克炮，我们已经造成了两万门了。我们正在完成一万一千门反坦克炮的制造工作，我们准备将其发放给步兵使用。这些炮的名誉现在已经受到了玷污。最重要的事情就是恢复它们的信用。若是想恢复此事的信用，就只有靠新弹药的研制与分发。关于这个问题，请你特别注意一下，并且你把你觉得可以完成的事情，告诉我。

首相致第一海务大臣与空军参谋长 **1942年9月6日**

一支敌人的护舰船队由意大利驶到北非一事，明显是做了一次极大努力的特殊事件，它甚至没有去考虑海军与空军是否会因此而牺牲巨大。请你在今天晚上，将打算采取的行动告诉我①。

---

① 由四艘船组成这一支运输队伍，有强大的空军与海军保驾护航，在9月6日与9月7日这段时间里，曾经遭受了来自皇家空军的重创。一艘驱逐舰和三艘商船被击伤或击沉了。——原注

首相致枢密院议长 1942 年 9 月 6 日

对于你的费心的操劳，表示感谢。事实上依然是，首都自来水供应局，竟然给一个觉得战争是不合理而不答应服从兵役的人的待遇，要比给一个自己愿意参加陆军的青年的待遇好。这一点对所有的英国人来说，都是一种无耻，并且这几乎要和战争以前那种促成我们国家身败名裂，并且将世界推到灾难之中的一样不幸的感情旗鼓相当了。

“偷偷抢在同事的前面”，这句由你说的话，说得正确一点，就要像下面这样做一点扩充 :“在靠近敌人这方面，要偷偷地抢在同事的前面”。

在我所说的演讲稿拟草完成的时候，我会亲自给首都自来水供应局写信，说一说这个问题，若是回答不能让人满意，那么我就会将这封信件发表。

首相致空军参谋长 1942 年 9 月 10 日

哈利斯空军中将在几天前的夜晚告知我，派遣到中东的大批轰炸机成员，并没有在移交飞机之后回到自己的国家。

考虑到给本土轰炸机司令部增加实力的极大重要性，请你对这件事进行一下调查，并对此拟订一个方案，将其交给特德。

首相致穆耳海军上将 1942 年 9 月 10 日

1. 我期望你可以十分仔细地对为期是八天的清洗锅炉与维修的期限问题进行研究。驱逐舰中需要进行清洗与维修的数量是多少？每艘驱逐舰里负责清洗锅炉这个工作的人数是多少？它们中负责锅炉清洗的人数是多少？是不是只有技术人员才可以胜任这种特殊的工作？抑或是能干的水手也可以担任这个工作？比如说，假设每艘驱逐舰需要担任清洗锅炉这个工作的人数为五十人，一共有二十艘驱逐舰参加，那么这就需要一千个人了。从兵站，从已经损坏正等待修理的舰船等这些方面，自然是可以提供出一千个人的，把这些人用专用的车辆送去港口，驱逐舰只要一驶进港湾，疲顿的船员离开船舰去度假休息，这项清洗锅炉的工作就可以交给专人去做了。各个驱逐舰都将最小限度的人手派遣出来，检查修理这项工作。如此安排，就能够省出额外三天的时间用于休息，留下五天的时间对锅炉进行清洗。因此，就可以在两个八天期限里省出六天的时间。

2. 大家对速度较慢的运输船队可以因为取道比较近的原因，而节省出三天时间的这个事情表示认可。请一天天地将那些运输船队在经过每条航线时的行驶速度告诉我，说明对于气候的影响的意外，你们总共需要的具体天数是多少？我非常重视这个有关可以采用捷径的论点，可以成为你的应急计划。

3. 对于我们无法从装货的那十天中减去两天一事，我是不相信的。将其都加一起就是一天的时间，PQ 第十九号运输船队也许就能因为这样而成行，并且在 11 月 4 日的时候，执行“火炬”计划。出发时间是 10 月 20 日的美国分遣舰队，最早的抵达时间有可能是 11 月 4 日。因为别的原因，将最后的、确定的日期定在 11 月 8 日，也是我所满意的，如此一来，就可以有四天为机动时间了。

首相致生产大臣 **1942 年 9 月 13 日**

1. 坦克在国内的生产预测数字，真是可怜极了。即便是在 1943 年的第四季度的每个月里，都无法完成一千辆这个数字。请你交给我一份可以表明我们在同一段时间里，希望从美国取得给养的相关表格。为了节省船舶的运输，我盼望能够在国内制造机车[①]，可是，“半人马”坦克损失量竟然有九百之多，实在是严重极了。

2. 也许你已经依照决定执行了制造机车的这件事情。我自然同意你这么去做，可是我依然想知道数字。

首相致空军大臣 **1942 年 9 月 13 日**

1. 对于你有关扩大轰炸机司令部的报告，我十分感谢。我非常高兴可以看见你，以及空军参谋部在局面改进上所做的极大努力。能不能将你以中队作为单位的扩展计划，交给我？

---

① 用于“波莱罗”计划的执行，与“围剿”计划的执行。——原注

2. 是不是可以让我知道：(1) 我们自 1942 年 5 月 1 日开始，一共向中东送去了多少轰炸机？(2) 这些轰炸机成员中，有多少人回来了？特德习惯将所有的或者将近所有的机组人员留下来，进行空运。不可以认可这种情况。我想亲自给他打一个电报，可是，我等着你有关这一点的回答。

首相致帝国总参谋长　　　　1942 年 9 月 13 日

从别的文件中，你将会看到，亚历山大将军宣称，因为近期的战争，要将发动"捷足"攻势的日期往后延迟。别的方面，因为那次战争，敌人的势力已经被大大削减了。"捷足"攻势若要延迟到 10 月的话，我们务必要注意，这个时候不要让马耳他担负太多的任务，还需要让亚历山大将军知道，在汽油方面，马耳他的供应是不能停止的。

首相致空军大臣与空军参谋长　　　　1942 年 9 月 17 日

1. 截止到今年的年底，应该将国内轰炸机司令部的实力从目前所拥有的三十二个作战能力充足的中队扩充到五十个中队。应该一步一步地展开扩展计划。不应该将美国的中队算到这里面。为了把这个首要的军事目的完成，请你将可以作的最好的计划，报告给我。为了可以将这个目的完成，你应该对下列各个方面进行新的与精确的检查，以便由下面来源取得轰炸机：

	中队
从空军海防总队	2
从空降师	1
因为限制的原因对中东与印度的重轰炸机分配	2
因为改进的原因轰炸机司令部内部的实际工作安排	
因此获得更多的作战机队	2
目前由飞机生产部许诺添加的飞机	9
因为飞机生产部做更进一步的努力而增加的飞机	2
总计	18

2. 当然，若是可以更顺利地完成相同的结果的话，你就应该将这些分配的数字更改一下了。我要在已经制订完成最后计划的时候，将它上报给战时内阁，请求他们商讨以及批准这个计划。它在那个时候，将会变成具有约束力的方案，在上述的限制里以及上面定下的日期里，它优先于其他所有跃跃欲试的要求。

首相致霍利斯准将 1942 年 9 月 18 日

有关那种坦克的报告，我非常乐意可以从掌管着最多“丘吉尔”坦克的两到三个师中得到一份。由于我只是希望知道军队对这种坦克的看法，所以不要让其他人知道，是我要的这份报告。

首相致霍利斯准将，转参谋长委员会与本土军队总司令 1942 年 9 月 18 日

1. 这是一个极其出色的营〔国民自卫军伦敦郡第五十八（文官）营〕，营中人员总数可达一千二百九十多，组成这个营的人员都是出色的，配置在我们防备的正中央。可是它拥有的“斯登”式冲锋枪数量仅为五百四十六支，若是将“通过私人接洽从陆军部与海军部借来”的三百七十支零点三零三英寸口径与七十二支零点三零零英寸口径步枪排除在外的话，没有一支步枪是属于它自己的，这种情况简直坏得无法形容了。这种武器的缺少，以及子弹与武器掺杂的现象实在是无法让人安心。

将从伦敦军区司令部分离出去的那连陆军部的人，放于帝国总参谋长的个人控制之下，这究竟是个什么道理?

2. 由于这种国民自卫军的事例，我对其他的装备情况也想要去了解一下了。从美国给我们运来的口径为零点三零零英寸的步枪，在 1940 年 7 月的时候数量达到了八十万支以上。到底是如何对它们进行分配的? 国民自卫军拥有口径为零点三零三英寸口径步枪的数量究竟是多少呢? 有多少营配备着这两种步枪，并且拥有不同的子弹? 国民自卫军除这个之外，还有什么别的武器? 国民自卫军里，还有多少人是没有武器的?

首相致空军参谋长 **1942 年 9 月 19 日**

应该将你所提出的论点交给驻西非大臣。我们在进一步将任何白种人员派去参加西非的飞机场保卫工作之前，务必要等着西非大臣的回复。对于你已经成立了八万人的并不是正式军队的军队，并且正在寻找这些人的主顾一事，我是不知道。有关这支并不正式的军队，你必须将它的人数削减到三万人以下。

首相致新闻大臣（或者是总监）与霍利斯准将 **1942 年 9 月 19 日**

所有有关猜测未来作战计划的报道，都是检查人不可以放过的。反正，只要电讯有疑点，就将它扣下来，等到新闻大臣亲自首肯后，才可以通过。新闻大臣若是可以再次会见一下各个报社的社长，而且可以让他们更深地感觉到对于未来作战计划的猜测文章的危险性的话，那我是非常高兴的。这个不同意将那些文章刊登的问题，应该是光荣的。看起来，那些已经传开的谣言应该可以得到证实，关于这一点，你不用害怕。只要违法了就是可恶的，这个不论谣传是真的还是假的。

有没有将那条前所引用的电讯流传出去？对于发送消息的人的处理方法，我的想法是，依照第十八号 B 字法案，或是保密法案，再或者是别的紧急处理权限，将其抓捕起来，并且在一定时间内，将其彻底地隔离起来。将我们所拥有的权利都告诉我知道。

在礼拜一的时候，应该将所有问题都上交给战时内阁[①]。

首相致劳工大臣 **1942 年 9 月 20 日**

有关第一批被选进来的新兵，我听说他们是参加皇家空军团的。这种传言有多少真实性？

首相致空军大臣 **1942 年 9 月 20 日**

请将每次都可以派出去参加作战的飞机的具体数量，按照所列出来的日期告诉我，当然，轻轰炸机中队是排除在外的……

---

① 见 9 月 4 日致新闻大臣的备忘录。——原注

三百一十六架轰炸机的机组人员中，回到本国的人数只有六组人员，这件事委实做得不好。在中东那里，你有大批的积压，可是你在本土发展却是受到阻碍的。请把皇家空军于1941年9月1日至1942年9月1日，在中东的中队、人员和分级的实力情况列成表的形式，上报给我[①]。

首相致生产大臣　　　　1942年9月20日

在今天看见了国家支出特别委员会有关坦克与大炮的报告。这件控诉状高明极了，它对陆军部与军需部的所有有关人员，进行了叱责。作为头领的我，以及整个组织都被它叱责了！

截止至今，送去约翰·沃德洛·米尔恩爵士和他的委员会的正式回复，只有一件。务必要在9月29日议会开始之前，准备一个更加具体、更为合理的答案，送交到委员会的手里去。所以，请你在下个礼拜三之前，将你在这一方面所做的内容、还打算怎么做，以及你可以对委员会的叱责答辩的程度，都告诉我。同样，请你将可以用做回答委员会的资料，提供给我。他们所做的贡献，价值的确很高，让我可以注意到这种既没有效率，又没有能力的混乱现象。截止到现在，这件报告已经交到你们与军需部手里，不下两个礼拜的时间了。

关于这件事情，我必须将它看成最严重的问题，而且这是一件需要你本人、军需大臣，以及陆军大臣马上采取行动的事情，也只有如此，才能保证未来的安全。

首相致粮食大臣　　　　1942年9月22日

有关禁止制作与出售冰淇淋问题

对于这个优美的食品，我无法在有关节约运输与人力方面取得准确的报告之前，就判断是不是值得禁止出售与制作这个。

我想，大批驻我们的美国部队是有他们自己的安排的。他们超级喜欢冰激凌，听说，冰激凌是酒的竞争商品。

不要在内阁没有机会表示看法之前就采取措施。

---

① 见9月13日致空军大臣的备忘录。——原注

首相致陆军大臣与别的大臣 **1942年9月23日**

卡车装箱问题

已经可以在8月份的数字里,看见受大家欢迎的改善。看到大部分被称作“非专用的”陆军部车辆正准备装箱，我高兴极了。我笃信，目前你们正在努力让“专用”车辆、小型汽车，以及皇家空军车辆尽可能地装箱运送过去，并且在对现在的装箱办法进行改善。

首相致劳工大臣 **1942年9月23日**

目前空军部正在为皇家空军团筛选级别好的人才，这个团执行任务的地点只有飞机场周围，且执行的任务还是固定的，因此，他们如此挑选是很不正确的。他们若是拥有从野战军里，将这些人调出来的权力的话（不管在什么情况下，这些人都要参加作战)，那错得就更严重了。

皇家空军团的人员数量不应该比八万要少，我准备对此进行一番全面的调查。我请求，最少将三万人调出来，参加到陆军里去[①]。

首相致枢密院议长与燃料以及动力大臣 **1942年9月24日**

我了解，如今将更加多的矿工从陆军那儿给抽调回来的问题，再一次在思考中了。在目前，我们还不能将陆军分裂，而且我笃信，我们会努力地去找寻各种别的可以增加产量的方法。

我们在将矿工调到效率比较高的矿坑里去的事情上的进展怎么样呢？在5月里，我们听说，在产量上，可以使用调动少部分人的方法实现大量的增加。将青少年的吸收增加，对于中年人从工矿产业外流一事进行组织，做了的都有什么？有关产量的增加，我们的工资政策对它到底有没有效果呢？在发展露天煤的挖掘工作上的进展怎么样？最近这段时间，很多主张都在报纸上发表了。与各个消费部门之间，因为缩减工业煤的分配问题进行了怎样的安排？我期盼，有关这些措

① 见9月20日致劳工大臣的备忘录。——原注

施的推进工作，我们只要全力去做就可以度过现在这个难关。

首相致劳工大臣 1942年9月24日

对于你的备忘录，我是带着非常大的兴趣对它进行阅读的。它写了我们人力方面在过去一年中，也就是我们截止到今年6月份为止所拥有的成就。我看见，将近百万的男女，已经被你分到了三军的里面，它们很大一部分的需求因为这个而得到了满足，并且在同一时刻，再次往军需工业方面增加了八十万人的劳动力。在此，我为你能获得如此伟大的成绩，表示祝贺。

首相致爱德华·布里奇斯爵士 1942年9月25日

请将下面的通知发出去：

“所有的大臣都应是严谨的，不可以和外国大使轻易地商讨公事。若是这个情况已经发生了，他们就应该向外交大臣报告该事的经过，要不然的话，外交大臣很可能会在与外交使节的正式会议上，说出不一样的观点。”

首相致伊斯梅将军 1942年9月25日

请交给我一份报告，内容便是联合王国里突击队的实力与招募的方法。那些突击队有没有获得优秀的人才？它们是否拥有充足的人员？

首相致空军参谋长 1942年9月25日

可能会使用激烈并且直接的轰炸，在“火炬”作战计划的准备期间，或者是在“火炬”作战计划里的某个时机，对维希政权进行恐吓。假如觉得这个做法是有必要的话，请你将在11月可以做的事情，上报给我。

首相致海军大臣与第一海务大臣 1942年9月25日

我笃信，参加“火炬”作战计划的不只有“声威”号，还有“英王乔治五世”号级军舰也会被派过去加入其中。对敌人用优势的实力进行恐吓，尤其是害怕维希政权的法国人，这是非常有必要的。你们有三艘“英王乔治五世”停靠在斯卡泊湾，你们拥有的力量是充足的。

首相致伊斯梅将军，转参谋长委员会与生产大臣 1942年9月25日

依照我看，我们用在平整的海岸上的活动码头装备，应该有三四英里那么长。它们自然可以在很多的地方，被分成几段使用。对于这种码头，请不要随随便便地就它们放弃掉。可是我们务必要知道，什么应该是我们要放弃的。

首相致枢密院议长 1942年9月26日

我期望你可以在国内，想办法节省燃料与劳动力的时候记住，职工的效率也许会因为这些事情而产生不好的效果。比如，人们走路的时间，会因为公共汽车的缩减而增长，当职工们抵达他们的办事地点或工厂的时候，就已经快没有什么力气了。一位员工自然可以整理他自己的屋子，而且也能在一件重要工作上晚到一个小时，还有别的等等。我并不愿意墨守成规，可是关于这一点，我希望可以记住。

首相致掌玺大臣 1942年9月26日

有关对飞机损失进行发表一事，参考一下轰炸机司令部总司令的想法，是有益处的。我们一定要在内阁重新做出决定之前，将他们的主张了解明白。对于将这种情况告诉敌人知道的这个情况，我个人觉得是愚昧至极的，而且不将参加袭击的机数说明就将损失数量给发表出来的做法，更是容易让人迷惑的，以及没有必要的不幸动作。有关这件事，我对下院解释说，并不存在什么困难。

首相致杰弗利·劳埃德先生 1942年9月26日

为了可以保证飞机能够平安地降落，想方设法将飞机场上的雾霾驱散掉一事的重要性就十分的大了。为了可以完成这个目的的全面实验，将由石油作战局用它最快的速度来进行这件事。应该将所有的援助都提供给他们。

首相致海军大臣与第一海务大臣 1942年9月27日

从“拉科尼亚”号与另外一艘船上救下来六百五十名生存者的这个报告说明，

一件非常严重的悲惨事件已经发生了。现在，不管是意大利俘虏在被救人员里所占的比例，还是英国全体人员在被救人员里所占的比例，都已经知道了。大概有三千人在船上，因此死去人的数量必定要超过两千人。

首相致陆军大臣与帝国总参谋长 1942年9月28日

1．关于将百分之九十的坦克储备都分给某一些装甲师，却让别的军队没有一点坦克的事情，我并不准备同意。在陆军去扩张装甲力量的时候（和我们如今所进行的一样），应该尽力给予到那些只有初步装备的军队优先的权利，而增加后备一事，只能在这些需要都得到满足之后才能去做。对那些与敌人作战的军队，自然需要将大比例的多余坦克，提供给它们。

2．在中东地区，应该将全部的“谢尔曼”都放在最前线，用“克兰特”式来组成后备坦克。在同一类型的坦克被几种军队大批量地使用的部分战场，成立一个总的储备要比将一定数量的后备分发给每个军队要好一点。在本土更应该使用这种办法，在国内我们有着数量非常多的“丘吉尔”“十字军战士”，以及“瓦伦丁”。在这样的一个小岛上面，全部的军队与它们大工厂的距离如此相近，与中东或者印度军队相比，它们在后备上的标准要低多了。我们不可以一方面将坦克放在那里，不对它进行使用，而一方面让一部分的军队没有坦克的装备。

3．我非常希望可以有一份报告，与国内以及国外全部的装甲军队有关，它里面对会说清楚哪些是编成的、哪些是正在编制的，它们拥有怎么样的初步装备，它们实际上已经获得了多少辆坦克，有多少是正在被军队使用的，又有多少是编入到后备里去的。

首相致海军大臣与第一海务大臣 1942年9月28日

请你思考一下，要如何做才能使用PQ第十九号运输船队的船只制造出最好的假象，让敌人相信我们这次航行是准备再作一次运输船队。德国人若是在今天冬天被引诱到北方去保持他们的潜艇、水面舰只以及飞机，而没有做任何事情，那这对我们来说就有着非常大的益处，而这对“火炬”作战计划来说，绝对可以说是一个帮助。所以，只要是对制造10月中派遣出船队这个假象有益处的措施，都是需要采取的。

首相致空军参谋长　　1942年9月28日

所有的现象都在说明着，目前敌人愈发仰仗图卜鲁格，而很少仰仗班加西。在埃及，我们与美国全部的空军力量，距图卜鲁格的路程是如此的近，而不能将那个港口的工事毁灭掉，委实让我奇怪极了。

首相致空军参谋长　　1942年9月29日

那三个由我们交给伊瓦特先生的“喷火”空军中队出现了什么问题？它们是不是已经参加作战了呢？

首相致伊斯梅将军，转参谋长委员会　　1942年9月30日

按照所有到现在为止可以调查的材料，将一架敌机攻打下来，根据一个人在一个小时内完成的工作量来说，使用空中战斗机的消耗，要远远低于使用地面炮火的消耗。固然，我们目前使用的无线电操纵方法，是有可能受到某些干扰的危险，但是，今年可能并不合适将我们高射炮火的力量进行缩减。我们期望这些危险在明年的时候，可以都被克服了，那个时候，必定可以得到更加多的战斗机，我们也才有可能在更大程度上仰仗飞机。自然，高射炮始终都是有用处的，也的确是为了对小而重要的目标进行防备所不能缺少的，可是考虑到在人力方面隐隐出现的紧张现象，要对防空司令部会在1943年被进一步地进行缩减一事进行研究。

首相致帝国总参谋长与空军参谋长　　1942年9月30日

我在内瑟鲁旺对空降师进行巡查的时候，看见了“怀特利”飞机，听说托运滑翔机并不合适这种飞机，所以空降师的指挥官完全没有适合这一用处的飞机。请你将有关这件事情的情形与处理方法告诉我[①]。

---

① 见11月12日的备忘录。——原注

10月

首相致外交大臣 1942年10月2日

有关你的“叶兰”[①]备忘录。

1. 事实上，这种设备能有什么作用呢？请给我写一段简略的说明，并且要作出一个方案，这个方案必须合适在“火炬”作战计划展开的时候使用。我觉得，总统会将一些录音的片子给我们，这些片子会在艾森豪威尔将军觉得合适的时候进行播放。除此之外，一旦事情出现很好的开端，那么随着情形的需要，我将会尝试着用英语或者是法语对法国进行广播。

2. 有关我向总统要求的那封额外真空管的电稿，请将它拟好，给我送过来。

首相致伊斯梅将军，转参谋长委员会 1942年10月2日

1. 我猜想，为了协助“火炬”作战计划，用规模庞大的空军将德国的空军牵绊在法国海岸的计划，是不是已经动手去做了？

2. 从土伦出战的维希舰队非常有可能会与英国的分舰队进行战斗，将一些挂着美国国旗的美国舰只放在这些分舰队中，即便这些舰只的威力并不是特别的大，会不会也能有所帮助？

3. 报纸上有关法国向达喀尔派去潜艇一事的真相到底是什么样子的呢？

首相致帝国总参谋长 1942年10月4日

我们能从这份文件中知道的有关德国坦克的事情实在是非常的少。请将这些坦克的每一种速度与重量，外加它们的炮所发射的炮弹重量都告诉我。也请你将与这些坦克非常相似的美中英国坦克的名字告诉我。

首相致伊斯梅将军，转参谋长委员会 1942年10月7日

1. 当然，我非常认同在中东组建一种两栖突击军队。我对我们使用袭击舰将

① “叶兰”是往敌占国家传送消息用的，它是一种特设的无线电台。——原注

那三支突击队送出去已是精疲力竭了，对我们没有非常好地使用我们出色的海军陆战队而遗憾极了。我总觉得，在战役里，两栖军队的军事行动无论如何都要起一种重要的作用，不管它是对一个岛屿进行袭击，还是要袭击敌人阵地的后方。在已经有更大希望出现的现在，好像就更应该这么去做了！

2. 我唯一感到担忧的是，韦维尔的阿恰布计划等进展如何？我们若是可以想办法将海军基地机动保卫队给聚集起来，而不至于让韦维尔没有办法的话，那这个工作将是非常棒的！你可不可以给我一份报告？

首相致陆军大臣与空军大臣 1942年10月7日

1. 不管在什么时候，若是我们的陆军在陆地站稳了脚跟，且向敌人发动了军事行动的话，皇家空军在西部沙漠，就应该已经拥有了同样证明成功的那样的组织以及工作制度。这一制度的特点是：由一位空军总司令来进行所有空军的指挥工作，而我在1941年10月7日的指令中，第四节与第五节所定下的规定就是他与陆军总司令之间应有的关系。我们探讨在大陆作战中，将联合王国当作基地的皇家空军所起的作用，应该用这个事实作为它的起点。简单点说的话，就是我希望可以看见西部沙漠的制度，在法国得到运用。这一文件，在我从北方归来的时候，就已经准备好了，并且它已经获得了统一的意见。

2. 在法国，我们必须要取得结果，之后依照这种结果反过来展开策划，就能够从那些让人感觉难办的第二阶段中，决定出什么才是最好的处理方法，而这其中也包括了在春季渡过海峡一事。我们能在最后看到，应该在准备训练阶段做什么样的安排，才可以不让三个阶段的连贯性断开。

3. 同一时刻，为了不至于退后，以及破坏任何最后决定，应该根据帝国总参谋长与空军参谋长所认同的那样，开始从协同陆军作战司令部里面组建出十二支援助陆军的空军中队。

首相致爱德华·布里奇斯爵士 1942年10月8日

提供给你，做参考之用。在所有与战争有关的问题上，我根据下列三个条件来对一个人进行评价，评价他是否有在此问题上提出自己意见的资格，而这三个条件分别是：胆量与才能、实际上的作战经验，以及关于参谋知识，在和平时期的调研与理性的提升情况。

首相致外交大臣 1942年10月8日

这件事若是按照我的意见，是不应该这么去处理的。在我的想象里，受到土耳其人重视的应该是：慷慨、友谊，以及物资和威力的印象。我从未有过要将任何有关铬的谈判与这种赠予混在一起的想法。很明显，他们也觉得铬是极具困难的。他与我们的大使说道，要趁此时机“威胁一下”的时候，彻底地误会了政府的意思。这些坦克，和别的坦克，都是我花费了极大的力气才获得的。我并不是想要他们的铬，而是土耳其的人。我特别提出要求，不要将这两种想法放在一起。

有关此事，我觉得遗憾极了。请你务必思考一下，对于这个问题，你到底能不能站在一个正确的立场上去理解。我将这个价值连城的礼物给了伊诺努，可得到的却是他十分不安的反应。我想将如下一封电文致予伊诺努：

“我觉得，我国大使在10月1日向你报告英国赠给土耳其的武器，象征了友善以及互相了解，这无关于我们两国政府之间所谈判的所有问题。”

首相致海军大臣与第一海务大臣 1942年10月8日

在知道了德国的超速鱼雷艇再次获得有利地位，而且对东海岸的航运来说，由它们放置的水雷成为了一种极大的威胁之后，我感觉忐忑极了。对于你已克服了鱼雷舰队的威胁一事，我是有些印象的。请你将一份对情况进行了说明的，与你会采取的措施的报告交给我。在鱼雷艇作战中，我们是不可以被战胜的。

首相致空军大臣与劳工大臣 1942年10日8日

1. 我无法认同，在这些高度局限性岗位上工作的人竟然不满二十五岁。现在这个时候，不应该再次征集更多的人来参加皇家空军团了。有关那些已经加入这个团的人，我并不知晓他们的服役期限到底是多长时间。我们到底有没有将他们调到陆军军队的权力呢？请你将这个告诉我。应该一步一步地去实行调动这项工作，以防止编制有任何的振动。用四个月的时间，来处理这件事情，应该不算太过分吧！

2. 自然要从那些召集来的年龄大一点的人中挑选出人员，去补充那些年龄不到二十五岁的人，为了保持住皇家空军团的规定实力，我们应该尽力供给那些人。所有实力若是可以从七万九千人慢慢缩减到，例如七万人这个数字，那么我将很满意了。

3. 在这之前，这种地面军队的军官从来没有飞行过，并且他们如今也不准备飞行，竟然让他们空军上尉，以及空军少尉等来完成，这种做法是否全无合理性？所有在之前从没有飞行过的，和目前不从事驾驶工作的人员，都不可以被称作空中少尉。事实上，大部分人在不离开地面勤务的时候，让他们皇家空军的飞行员，是会有可耻的感觉的。关于这种借别人声威的人如此增加，飞行员自己却不觉得侮辱，我真是奇怪极了。

首相致外交大臣 1942年10月12日

关于目前可以自由地对美国或者俄国的无线电话进行使用一事，我觉得是不安全的。我认同，应该将对俄国线路的技术安排工作做好。在这两个方面，无论是什么情况，都不应该允许低级人员对这种电话进行使用，他们若是想对某个国家通话，就必须提前得有邮政大臣的书面允诺，并且邮政大臣也需要明确地知道，这种通信会有的危险，应是使用电话的人在之前就完全注意到的。他们没有理由在可以使用电报的时候，不去使用电报。可以把普通的通行证分给一部分的高级人员。

请你将这个类型的计划，在我们采取进一步方法之前告诉我。

首相致空军大臣与空军参谋长 1942年10月14日

这种有关中东空军支援的报表，简直是差到了极点，我们无法不去觉得这是空军安排里的一种让人可怜的失败。在这个埃及对各种样式的飞机急切需要的时候，塔科拉迪聚集了六十一架“勇士”战斗机、九十八架“旋风”、三十六架“喷火”，以及三十七架“小鹰”，这些都是没有办法争辩的。

我说不定会提出要求，要求马上采取办法对这个进行改正。

首相致外交大臣 **1942 年 10 月 14 日**

请对以下的方法进行思考：

应该依照下列的方法与规定的时间，对马达加斯加的局势进行处理。我们赞成，在下个礼拜三前后告知德让，对于戴高乐的代理人身份为勒·让蒂约姆，与马达加斯加成了战斗法国的代表一事，我们是乐意看到的。我们不希望，有不必要的动乱发生在马达加斯加那个地方，在那里，最好可以宣传勒·让蒂约姆重新被委任为总督的报道，而且表面英国对此事非常认同。而后，所有的事情若是可以顺利地进行的话，勒·让蒂约姆就可以延缓几天时间出来出任总督，不需要在最开始的时候就将新行政机构组建起来。我们会在他上任的时候，马上将权利都交给他，如此的办理方式，可以减少那些必须的法国行政人员里的辞职人数。在我们认同的条件下，戴高乐是可以宣布，勒·让蒂约姆已经被他任命为总督，可以在 11 月中旬的时候，实行这一步……

我们应该与戴高乐说明白，勒·让蒂约姆是我们看中的人，我们是不会让我们不喜欢，或者不相信的人，去出任总督这个职位的。

首相致陆军大臣 **1942 年 10 月 14 日**

我想到，因为洛瓦特侦察队的起源、组织，以及传统，将它合并到目前的突击队里去也许是有益处的，能够替代那三支于 1940 年被派遣到中东，并且在那里解散了的突击队。请将你的看法，上交给我。自然，这是需要与联合作战部司令官进行商讨的。我如今还没有和他听过这件事情。

首相致第一海务大臣 **1942 年 10 月 15 日**

请看一下哈弗得海军上将电报里有关亚历山大港内法国舰队的情况。我们要在展开“捷足”作战计划与“火炬”作战计划时，将这些舰队争取到我们这边。最有力量的说服者便是武力上的优势。请想好在进行“火炬”作战计划的前几天，或者在最合适的时候，马上将“沃斯派特”号或是“勇敢”号从契林迪尼调派到亚历山大港去。哈弗得也许会往红海派过去几艘驱逐舰，这些驱逐舰便是从他没有多少的力量里派出去的，若是情况允许的话，就去亚丁湾那里，迎接一下那艘军舰。这是军舰能以自己照料自己的形式开到亚丁湾，并且这还是一艘快速军舰。我不想让军舰在这样紧急的当口，闲置在那里没有事做。依照我的想法，所有的舰队都是应该去的，这里面自然包括了航空母舰。在亚历山大港，只要这一舰队一出现，有关克里特岛与意大利的各个类型的全部想法都会突然发生，而这对于进行“火炬”作战计划，是有帮助的。哈弗得拥有驱逐舰的数量是多少？他们若是马上南行可以行驶多少路程？

首相致陆军大臣 1942 年 10 月 15 日

一位目前在爱尔兰皇家空军军队服役的军官向我报告说，之前从来没有邀请过美国军官和英国陆军军官或是皇家空军军官在同一个食堂进餐，普遍来说，就是让美国人在那个地方自己照顾自己的生活。对我们的团结精神与一般礼节来说，这是一个严重的反应。

务必交给我一份报告。

11 月

首相致联合作战部司令官与雅各布准将 1942 年 11 月 1 日

我们一定要在登陆艇的人员配置上谨小慎微，不要惹出什么麻烦。我们为了控制这些登陆艇与保持引擎的正常运转，必定会需要有一个核心组织，这个组织是由技术熟练人员组成的，这没什么好怀疑的。因为只有在临时作战的时候才会需要他们，所以就不必像一支舰队或者分遣队那样将他们维持起来，若是所有计划顺利进行的话，就只会在临时作战的初级阶段使用到他们。我们决心登陆作战的时间若是已经到来的话，那这些特种人员是海军与陆军都需要准备好的，供三个礼拜或者一个月之用。对于大批的人员没有期限地等待着规模巨大的横渡海峡作战的机会一事，我是没有办法维持的。登陆艇是我们首先需要的，同时我们还有作出计划，让它们的准备可以有初步的规模，在实力上，随着时间的缩短而愈发强大。就这件事来说，你若是想做到最好，反而会将整个事情破坏掉。

首相致海军大臣 **1942 年 11 月 5 日**

1. 请将到 1943 年 12 月 31 日参加现役的潜艇，依照它们的类型，列表后交给我查阅；关于那些如今在役且没有名字的潜艇，也将它们制成一份列表。

2. 我笃信，不管是什么样子的名字，自然是要给它们一个的，为了抛砖引玉，我自己则会提出一些要求。

首相致伊斯梅将军，转参谋长委员会 **1942 年 11 月 12 日**

1. 有关滑翔机的拖引机的备忘录，是彻韦尔勋爵在我的要求下，对我提出来的，这让我觉得不安。可能你还有记忆，掌玺大臣曾在近期提出了有关制造的滑翔机太多的问题。就像你知道的那样，我觉得在气势最低的时候，这些滑翔机是可以将它们的作用发挥出来的。可是，让我担心的是，有困难的是这些木制机器的储藏，就轰炸机的攻势来说，它能起非常大的消耗作用。这只是一个对缓急轻重进行衡量的问题。

2. 我笃信，需要对制造滑翔机的计划进行检查。在这种关系到作战成败的关键时刻，我不希望参谋长们给予这件事太多的关心。由副参谋长做一份特别的检查是个不错的办法，自然，这种检查需要举行的会议次数是不需要超过两次以上。我们会因为他们的报告而得到一些可以做的事情。我们若是有很多的滑翔机被放置在雨中，而不去参加作战，使它们受到损伤，而不是给它们发动进攻的机会，那我们好像就太过愚笨了。我如今觉得应该缩减“霍萨”计划。

首相致参谋长委员会 **1942 年 11 月 12 日**

1. 有关从东方到马耳他的运输船队的责任，是我们不可以放弃的。船队若是在 15 日那天起航，有关保护它，不让它遭到意大利舰队的水面进攻这方面做了怎样的安排？这个船队靠近马耳他的时间是在白天，还是在夜晚？有什么防备办法，可以用来对付从克里特莱的轰炸机？怎样才算安全？普遍来说，应该是在抵达了马耳他的空军保护伞里之后。这个时候，是不应该放弃四艘快速重载船只？德尔纳的飞机场，是不是可以在船队抵达德尔纳的时候进行使用？若是不可以，在那里我们就应该再等几天，等到那里的机场可以使用的时候再动身。如今，昔兰尼加的情形已经非常好了，以至于不再需要采取拼命的、孤注一掷的那种冒险行为了。哈弗得海军上将应该将他们的计划提出来，将他的白天与晚上航程，外加他们怎么完成这个计划的方法正确且明白地做一下说明。

2. 在突尼斯，戈特勋爵应该派空军参加。可是我觉得把汽油消耗完的这个责任，我们不应该交付给他。参谋长对于他如今应该保存的汽油量，有怎么样的看法呢？

3. 这么看来，所有都应该从真正拿下德尔纳飞机场那一刻开始算起。

首相致伊斯梅将军 1942 年 11 月 13 日

在上个礼拜，我见到了“杰弗里斯”式步枪。这种武器好像很有威力，步兵可以使用它来应付坦克的攻击。

已经订造的数量是多少？需要到什么时候才可以交货？关于它们的分配，有什么计划？关于中东与印度，我期望它们可以在较短的时间就能得到它们应该得到的。

请交给我一份报告。

首相致陆军大臣 1942 年 11 月 21 日

昨天，当我对第五十三师进行视察的时候，我听到了一项由军事参议院发出的命令，这个命令是三天前发出的，它要求马上把团一级发的肩章给拿下来，我为此感到十分吃惊。负责这个师指挥一职的师长与本土军队总司令都向我述说了他们惊讶与遗憾。这是一件非常不得人心的事情，并且它很容易伤害到各个团的集体精神，这是完全不用怀疑的，可是所有部队值得称道的名誉全部是建立在这种集体精神上的。我再次听说，伴随着这个军事参议院的指令，此外还有一个通知，就是不允许对这件事进行商讨。负责这件事情的人是谁？我期盼你在还没有酿成什么大危害的时候，发出命令，撤销掉这个指令[1]。

首相致粮食大臣 1942年11月21日

有关禁止交换分配食物，这种让人厌恶的所有条例正是我们如今在强制实施的，对于这件事，我盼望不是真的。不让一个人用他自己的分配品和另一个人，在那时觉得有更大需要的人进行交换，这彻底地背离了情理与明智见解。对于和邻居和睦相处与友善精神来说，这种规定都是一种抨击。我非常遗憾地看见，由你所进行的伟大工作，因为你对那些总是夸张他们职责和对他们的人员进行扩张的官员们话语的听从，这个工作被拉入到歧途之中并且被摧残掉了。

下个礼拜，务必要将这件事提交内阁会议，除非你可以将我的担忧给消除了。

首相致帝国总参谋长 1942年11月23日

也许再次武装西北非的法国人是有益处的，那样的话，我们可以不可以将一些“七五”炮与炮弹给送过去？如今，在我们的部队里，已经彻底用我们自己的炮将这些炮代替了。它们将会受到来自法国人的热烈欢迎。艾森豪威尔将军若是赞同的话，也许马上就可以把二十个炮兵部队的炮给送过去。

首相致帝国总参谋长 1942年11月25日

沙漠集团军是不是被我们分散得过于快速了？若是澳大利亚第九师与新西兰第二师离开了，如今两师南非军又要离开，那样的话就只剩下东拼西凑的军队，除此之外这里还有什么吗？按照我的看法，对于未来六个月的全部局面，我们应该思考一下。请你把这个报告交上来。为此我感到了担忧。

首相致军事运输大臣 1942年11月28日

请将我的热烈祝愿与感谢之情，转达给你部那些对“火炬”作战计划的成功有奉献的全部人员。原因就是他们在如此大规模运输船队的准备工作与航行中，

---

① 见12月14日与12月16日的备忘录。——原注

实现了他们的作用。能得到这个功劳全是因为他们的技术和勤快，以及专心翼翼的刻苦工作。这个伟大的功绩的荣耀，他们有资格分享。

12月

首相致帝国总参谋长 1942年12月1日

1. 要根据俄国在高加索的防备情况，来确定第十集团军的任务。自8月我们组织起这支军队之后，已经发生了很多对我们有益的变化，全部有关波斯与伊拉克的危险也许在年中之前，都很大程度地向西转移了。

2. 第十集团军中的大量兵力也许会因为我们对土耳其的政策，将要被派去土耳其进行支援。考虑到同盟国在土耳其南部地区与北部地区上所取得的胜利，关于自愿对德国人开放一条道路的想法，土耳其已不用继续保持了。

3. 你能交给我一份报告吗？在报告中说明你要用什么方法实现对第十集团军的四个师到六个师的调遣工作，让它们可以朝西往叙利亚与土耳其驶去。在叙利亚，它们可以获得给养吗？多少人可以得到供应？它们若是想要使用铁路运输的话，会以什么样的速度进入土耳其呢？用5月1日作为预定日期，拟出一个计划，到那个时候，需要有六个师驶向土耳其西部。不需要在这个计划里说明太过细节的东西。

首相致贸易大臣 1942年12月4日

我听说，所有的陆军都必须将他们团的肩章摘下来。集体精神会因为这件事而遭受到非常大的损伤。此事引发了非常多不好的问题，因为这些肩章是很多士兵自己掏过钱的。按照陆军部的说法，他们得到贸易部的通知：在这些肩章上——很大一部分肩章是之前就已经制作好的——所投入的物资与劳工数量，已经高出了我们如今紧急情况下可以提供的数量。

你能不能将问题的所在，明白地告诉我？你应该想得到，很大部分的肩章是可以交给各团与地方去制作的。我笃信，这只是陆军服装中非常小的一部分。请你清楚明白地告诉我，贸易部都给陆军部说了些什么，导致他们要采用这样的一个办法。

首相致伊斯梅将军，转参谋长委员会 1942年12月6日

对于从迪耶普这场战役中获得有关登陆舰艇方面的经验的这个电报里，提到的有关先锋军队在实际攻击中所要用到的登陆舰艇，观点自然是对的。我们若是准备将这些具有很高要求的条件，使用在从一个海岸到另外一个海岸的全部活动里，那结果就只能是这类性质的战役因这个原因而变得彻底无法进行。有一个说法是“太过追求十全十美反而没什么好处”，这个说法同样能用简短的词语形容，那就是“画蛇添足”。

首相致第一海务大臣 1942年12月6日

1. 由所附的电报中可以明显看出，哈弗得海军上将准备用七艘驱逐舰与“猎户座”号一同为空商船护航，保护它从马耳他一直返回到亚历山大港，而这之后，护航舰只则会返回马耳他。由于现在这个时候，正是马耳他的海面军队K舰队必须要对轴心国军队在突尼斯的交通线发起进攻的时候，所以在这样的一个礼拜中，其他全部的舰只也必须要到马耳他这里来。一个礼拜或者十天之后就太迟了。这样的话，就会引发非常大的危害，同样也会影响到整个的战斗。

2. 这个时间同样是坎宁安海军上将奋不顾身地用自己的巡洋舰与驱逐舰，对敌人发起进攻的时候。在这次战斗中对敌人的支援进行阻碍的效果非常好，这些舰只之前从未发挥过如此有效的作用。海军于之后十天里的首要任务便是，阻碍敌人支援突尼斯。不管付出多大的代价，都必须去履行这一任务。

首相致伊斯梅将军，转参谋长委员会 1942年12月7日

1. 这些有关“哈巴谷书[①]”猜想的快速检查，我重视极了。为了让这种猜想得到发展，应该将所有的便利条件都赋予联合作战部司令。有关建立与组织的准备工作，是需要他每个星期都向我汇报的。

2. 对于五千英尺长、两千英尺宽、一百英尺厚的菱形冰块的物质特性，我自

---

① 有关使用人造冰山供大西洋中飞机起飞与降落之用的提议。——原注

然是完全不清楚的，它对特殊压力的抵御情况怎么样？抑或是在风雨大作的大西洋气候中，体积是这个样子的一座冰山可能会发什么样的问题？再或者在一年的所有季节中它在不一样的海域里的融化时间是多少？一座浮岛或者很多浮岛所拥有的优势，即便只是把它们当作飞机的加油站使用，也是非常了不得的。目前，即使我们不对这种优势进行商讨，也一样可以很明显地看出来。在现在思考中的所有战争计划里，找到一个可以安置这样一种“踏脚石”的地方，并不是非常困难的。

3. 若是想让这个计划可以成功的话，就只有让大自然听从我们的命令了，我们可以如使用我们自己物资那样，使用海水与低温进行。这个计划若是需要我们将极多的人员与很多吨混凝土和钢铁运输到北极夜晚的遥远地区，那么就无法实现这个计划了。

4. 我心中呈现出如下的这种进行办法。我们能够乘坐破冰船，到达冰层有六七尺那么厚的极北冰原地方，之后对一块冰的表面进行开凿，将它凿成冰船的形状，将适当的抽水机器放置在冰甲板的周围，为了可以增加厚度与它表面的光滑度,不间断地喷着海水。冰山在持续进行这一程序的时候,在水里会更加往下沉。每当工作进行到中间部分的时候，为了加快下沉的速度，以及增强它的牢固程度，就可以放上一层左右交织的钢缆。增加冰山的重量与厚度，对于将它从周围的冰层中分出来是有益处的。在厚度上，好像最少可以有一百尺那么厚。可以将油质燃料仓库与动力的必须设备留下来，等到合适的时候再完成它们。同一时刻，在某处陆地上建造临时兵站的设备、车间等。冰山在可以朝南边移动的时候，就能够从大块的浮冰中分离了，这样一来，它的周围就可以行驶船只了，我们就可以将大批的装备放到冰山上去，当然高射炮也包含其中。

首相致飞机生产大臣（斯塔福德·克里普斯爵士）　　1942年12月12日

对于你11月30日有关指挥反潜艇站的备忘录，我已经认真地思考过了。

在你拟定的计划里，你提议在第一海务大臣的指挥下，让一位拥有极高军阶的海军军官独立承担起那些作战的责任，对于这种建议，我觉得是不可取的。海上战斗是一个完整的集体。我们在经过很多年的思考与实践后，已经仔细地对海军部与海军参谋部进行了组织与整理，就是为了可以对海上的战斗进行一致的指挥。若是打算将海战的某个特殊方面给抽出来，并且为了那一个个目的进行分开指挥，我笃信，数不清的争执与混乱，会因为这件事而展现出来。

海面舰队、海岸指挥部，以及海军部的全部部门，好像都是反潜艇战会波及到的。你提议的这一组织类型，会将目前所有的安排都比下去，并且它还会搞乱目前所有的职责。新的界限肯定会在海军部自己的范围里划分，也就因此引发了非常多的争执。在这种非常时期里建起一种部分的专制，永远是那么地吸引人。然而，整个组织因此而特别容易被分裂。若想在反潜艇战那方面，强调自己的想法，你就会发觉，对于快速进展的指导机构来说，你所起到的其实是拦阻作用，可是大部分的人对你建议的那位如萨默维尔军官的关注度，不会超过目前他们对达德利·庞德军事的关注度。因此，我觉得我们的影响程度会因此而损失一些。

对于指导机构的工作、海空军队间的联系效率和在方法、人事以及计划各个方面依照形势需求的改动，自然都是我们需要认真关注的。考虑到这里，我将反潜艇委员会组织了起来，这个委员会可以对这里面的问题进行商讨，并且它还可以采取那些所有部门无法独自采取的行动。

首相致外交大臣　　1942 年 12 月 13 日

有关奥地利自己成为一个单位的事情，在处理上若是没有遇到什么困难的话，这自然是一件非常好的事情了！对于奥地利，我充满了兴趣，而且我期盼多瑙河大联邦的首都可以是维也纳。固然，在 1938 年是欧洲各个国家听从奥地利陷进没有能力的这种状态。若想让欧洲和睦协调，把奥地利人与南边日耳曼人从普鲁士人中划分出来，则是绝对不可以省略的。

首相致帝国总参谋长，并致伊斯梅将军，转参谋长委员会　　1942 年 12 月 13 日

在这三万四千多位从那两支“火炬”作战计划运输船队里分出来给东方特别军队——只有这支军队参加战斗或是马上就要参加战斗——的人中，再加上一支新军队与很多增援军之后的战斗军队人数上都无法达到九千人。对突尼斯战役来说，如今正是危机时期。对于我们同美国人，和正在登陆或马上就要登陆的二十五万敌人交战的真实战斗人员的人数，有没有多于一万五千人这个数字一事，我怀疑极了。

运输船队 K.M.S.5 已经从我们控制的区域行驶过去了。对于第四十六师的那旅人，我们可不可以再找一艘船将他们从那里面撤退出来，伴随着圣诞运输船队的挺进，这么去做到底是好还是不好呢？我们应不应该再往里面补进去两三千人，作为支援的军队？当敌人在战场里或者战场附近拥有二三十万人的时候，而我们如今只有很少的被当成东方特种军队的攻击前锋队，拿战役的胜负当作赌注的话，这个情况真是糟透了。对于装满 K.M.S.5 与 K.M.S.6 运输船队里大批不战斗的随军人员，我是不建议将他们削减掉的，却需要明确地知道实际上到底有多少人是能够与敌人打仗的。这一真正力量，就是我时常觉得缺少的那种力量。在前线，不管供应、通信、皇家机械工程队、工兵和医院人员等是多么的出色，都必定会有一定数量的人常常用他们手里的武器加入到真实的杀敌战斗中去。

首相致第一海务大臣　　　　1942 年 12 月 14 日

1. 有关开向俄国的运输船队，在这个月的下旬分为两批进行过一次起航之后，应该怎么做下一步才好呢？对于船队，我期望可以计划计划，可以制定出一个或者两个计划，最少也要在 1 月、2 月以及 3 月的时候，分别进行一次航行，每批船队的数量应该在三四十艘。

2. 看上去，俄国护航船队的形势，可以因为将要延后的“硫磺”“哈士奇”等作战计划，而得到缓解。同样需要注意，若是下决心进行“围歼”作战计划，而不去进行“硫磺”作战计划等——只能到 8 月再执行“围歼”计划——对于 PQ 运输船队来说，这是非常有益的，并且可以一直让它进行下去。就像你知道的那样，尽管“围歼”与“硫磺”这两个作战，都是我们目前正思考的内容，但是我们必须在它们中作出选择。我倘若坚信“围歼”作战计划即便是经过非常大的努力，也无法在 1943 年的时候实现，那我的选择就只能是“硫磺”作战计划了。

首相致陆军大臣 **1942 年 12 月 14 日**

1. 请将一份报告交给我，说明对本土防卫军队缺乏军官的这个情况，特别是各营、各炮兵中队，以及装甲军队缺乏军官的情况。据听说，选拔委员会拒绝了相当多一部分人员，导致他们在回到军队后，感觉失望极了。对此，我的想法是，最好的鉴定人就是营部与坦克军队的指挥官，他若不是一个很好的鉴定人，就和他的地位非常不符合了。缺乏军官的这个问题，在这样的情形下是一定要考虑到的，好像比较合适的办法就是，经过指挥官推荐的全部人员，由各旅上报到陆军部那里核准，每个人都不可以拒绝，当然，除非你有什么特殊理由。

2. 同样给我一份数字，表明：(1) 各级军官在本土防御中的定额人员的数量；(2) 那些身在英国，却不属于本土防御军队的军官人数。同时把 1942 年在联合王国境内任命军官的人数也给我，无论那些军官已经被分派到了哪里。

首相致陆军大臣 **1942 年 12 月 16 日**

1. 请你将你于 12 月 14 日的备忘录第一段里说到外衣上面的刺绣的与印制的团的圆形徽章的样子，给送过来。

2. 请你把你前一任发出命令的原文，和他所采取这一决定的陆军部档案，一起给我送过来。

3. 佩吉特将军在他于 1942 年下达指令之前，会如何去解释不要执行这个命令的?

4. 在上个月是什么原因致使军事参谋院下达的指令的？请让我查阅一下，陆军部有关这个问题的档案。你和佩吉特将军在这个指令发出之前，有没有就此讨论过?

5. 在我检查第五十三师的时候，自然从佩吉特将军那里知道了，部队因为实行这项指令而产生的消极情绪，然而他的确用让我相信的态度表示了，他非常后悔下达那道指令。

6. 我觉得，关于你提到的这种指令在许多个月里屡次遭受破坏一事，总司令若是都饶恕你的话，那在相关军队中执行如此突然的更变，就相当不容易了……

……

8. 在这件事情上，若是你也向我表示，国民自卫军有理由受到特殊优待，那我将会非常地开心。有没有给过他们特别允诺？若是曾经给过他们，那原因是什么呢？我一直以为，常备军各团对于集体精神的支持与使用佩戴特殊标记表示的特征，有着非常急切的要求，特别是像威尔士或者苏格兰地方军各团。

9. 我非常明白，你本人陷进了一个困难之中，这是因为你将实施这种不正确原则当成了一种威望，在对一般佩戴的徽章进行核对之前，我非常乐意允许有一个需要花费很多时间的中间阶段。

首相致财政大臣、外交大臣、主计大臣和贸易大臣　　　　1942 年 12 月 17 日

(抄送枢密院议长)

我期望，在你们对各种社会改革、土地开荒等提议进行调研的时候，应该充分地思考到我们在战争结束以后的财政状况。关于维持的武装军队费用与我们出口贸易的恢复的未来发展，是一定要和这些计划的繁复关系联系起来的。让人民觉得自己受到了欺瞒是非常危险的事，由于他们曾经被人引导，让他们对美好的计划有所希望，可是却因为经济上的不足，而没有办法让这一美好的计划成为现实。

在和美国人的谈判上，是否有进展？可以快速让我们的出口贸易得到复原这个极大的问题，肯定是因为这些谈判的结果，并且你们目前正在对所有有可能的市场进行考虑，这是不用怀疑的。对这种工作来说，无论你签订了什么国际协议，它所拥有的价值都是极高的。对于这些问题，请你们在你们方便的时候，对它们进行思考。

首相致伊斯梅将军与雅各布准将，转参谋长委员会　　　　1942 年 12 月 18 日

鉴于我们准备加入战斗的装甲师数量非常少，我们不应该在下一次去往北非的装甲师中，把装备两磅大炮的“十字军战士”坦克给送过去。这些没有充足炮力的坦克，曾经在加柴拉战役增加了我们在运输上的困难，从而导致我们受到了严厉的责备。如今，我们又想这么去做，我们只会因为这个而承受与之前一样的批评。什么才值得运输？那只有将最好的坦克送过去。好像有充足的时间可以将他们调换过来。请你将使用六磅炮替代两磅炮的计划告诉我。

首相致伊斯梅将军与雅各布准将　　1942年12月19日

1. 我知道在10月与11月的时候，已经将十五万支新的零点三零三英寸口径的步枪与三十三万两千支“斯登”式冲锋枪制造出来了。请你将这些武器的分配方式告诉我。

2. 目前在国民自卫军中拥有单人使用武器的有多少人？还有多少人不具备这些？

3. 在安盖拉西边作战之前，也就是在昔兰尼加我们缴获到的，那些包括步枪、大炮、迫击炮、卡车、坦克、飞机等在内的，所有完整的和那些还可以维修的武器，应该向中东它们提出要求，让它们给我们一份他们可以做到的最完善的报告。

首相致雅各布准将　　1942年12月19日

口径为七十五毫米的一百二十门大炮与装备，应该同三十二双筒自动高射炮与二百门两磅炮一同送过去。对于由吉罗做为领导的在摩洛哥快速建造起一支精良的法国陆军一事，我是非常重视的，因为这么做的话，就能让英美部队不用在那个地方待一整个夏天了。让所有的准备进行起来吧。

首相致海军大臣和第一海务大臣　　1942年12月19日

1. 那些人数众多的英国士兵，已经在中东与印度待了三四年了，完全不用有任何的疑问，他们必定是非常想回家的，非常想在他们再次委任职务之后，给他们放个假。对于海军，我不知道为什么要表示不同的关怀。实际上，与海军比起来，陆军士兵中有很多人参加的战斗是多于他们的。只是为了假期这个目的，让“勇敢”号开回本国与将他们都送到防地那里去，需要使用的汽油量是多少？关于这种调遣上的权力，我们是否拥有呢？

2. 把旧式“皇家”级军舰调遣回来，并将它停靠在某个安全的港内，而且使用它们的船员来对新舰进行装备，这一做法真的是聪明的。它们仅仅是一些破烂的船只，不管在什么时候，若是敌舰出现的话，它们能引起的只会是人们重大的顾虑。若是逐只将这些船只行驶回本国，那么那些长时间在外面的船员与那些船只出事的船员，就可以乘坐这些船只回来。

3. 我真是为“安森”号或者“豪”号准备在地中海发挥作用而觉得愉快。

首相致外交大臣与总督导员　　1942年12月19日

1. 有关为了防止侵占讨论与处理公事的时间，在下院关于口头质问上，内阁阁员应该简练自己的答案，并且缩短他们在质问结束时做报告的时间这个建议，我作为下院的一个老议员，有非常不一样的想法。议院的特殊权利与利益，便是从行政部门听取有关公事的报告。关于这种极大的权利，少量的议员没有资格阻止议员去享受。在战争的时候，这个问题要比平时重要多了。关于内阁阁员的报告，若是没有在询问结束的时候向议会提出来就交给各个报社进行发表，由于不这么做就无法将这件事办妥，下议院会觉得这是对他们的不尊重，而且还会责怪它们。我个人坚信，这个问题若是他们可以全面地去考虑的话，这个如今被提出来的要求，就一定不是下议院所希望的。并且，我觉得，行政部门应该将情况与议员们说清楚，这是为了让那些已经取得，以及已经听到的想法之外的别的意见得以发表。下议院在行政部门作这个报告的时候，简直可以说，没有一个座位是空着的，但是座位上的这些人，在报告结束的时候都不见了的这个事实，正是一般时候都不喜欢讲话的议员们看到的一种非常正常的现象。不用言语就可以表明，内阁阁员的报告应该只是泄露了点情况。

2. 另一个方面，在询问的时间里，大臣们的确是不应该宣讲篇幅过长的答辩，这是因为会影响到议员，使他们无法提出之后的询问，这种做法是极其不公平的。议会生活最有生气、最重要的特征之一，就是询问时间。关于这件事情，我期望可以在发表之前，由内阁先做讨论。

首相致枢密院议长　　1942年12月19日

1942年8月4日的时候，内阁成立了一个内阁委员会，委员会是由那个时候的掌玺大臣斯塔福德·克里普斯爵士任主席，与三军大臣组织的，它的作用是对专家委员会的工作进行监视，看他们是怎么使用那些作战军队里的精神病学家与心理学家的。斯塔福德·克里普斯爵士之前曾提议，目前这个委员会的主席一职，由别的大臣担任，应该会更合适的。这个意见我是赞成的。你若是担任这一职务，我将非常感激。

对于那些先生们，竭尽全力去约束他们的工作的确是聪明的办法，原因是他们有可能会做很多很多不好的事情，进而非常容易变为蒙骗欺诈。要对他们实行厉害的手段，不允许他们这么大批量的人，用公家费用暂时住在作战军队中。当然，对于这类疾病的治疗来说，那些容易辨别的病例很可能对它们是有益处的。可是，对那些数量居多的健康的、正常的男人女人，使用精神病医生自作主张提出的那些怪异的问题对其进行干扰，是一种非常不正确的方式。目前，没有事情的吃客与跟随军队的人员已经非常的多了。

首相致第一海务大臣　　1942 年 12 月 19 日

我依然为我们的潜艇标号是“P.212”等的出现在日报表中，而感觉心疼。在我的记忆中，你曾经告诉我说，你会替它们起名字的。给它们起名字，这个是按照部队的传统来的，并且适合那些在这些艇中冒着生命危险的官兵的情感。对于他们的忠贞和所做的牺牲来说，若是连一个名字都不给它们起的话，就真是一种伤害了。

首相致伊斯梅将军，转参谋长委员会　　1942 年 12 月 21 日

考虑到英国各师那随意拼凑的装备，和澳大利亚军队与南非军队从第八集团军里面撤退出来，我觉得，十分重要并且极其紧迫的就是波兰军的装备。准备一个说明各个师队能在某某日那天，将步枪、发射二十五磅炮弹的炮、反坦克炮、高射炮、机关枪、迫击炮、轻机枪战车，以及坦克全部装备起来的计划。关于英国的标准，我们不需要彻底照着它去做。等到我们以后，再去想办法完成英国的标准。为了可以达到真实作战时需要的标准，请你把最早的时间告诉我，这些出色的部队拥有最低限度装备的时间，是在什么时候啊？我现在预定几个日期：1

月31日，2月28日，3月31日。

首相致陆军大臣与帝国总参谋长 **1942年12月23日**

安德森将军埋怨他的坦克和德国的坦克比较起来实在是一点能力都没有。这个情况，与我们于一年以前，在加柴拉战役中碰到的一样。如今你们说，你们附上来的文件中提到的计划，已经是最好的了。这就表示，装备落后的八十九辆二磅炮的坦克，是需要与第十一师一起前往参加战斗的，可是仅有八十辆坦克装备了六磅炮，我觉得这是非常不对的。已经将各装甲师削减到一个独立的坦克旅那么大了。如今，为了能和指挥的编排符合，又将这一坦克旅减少了一半多。如此一来，那个在2月份前去参加战斗的英国装甲师中，装备真实有效火力的坦克，就仅仅有八十辆那么多。这种削减是攻击力量绝对不会答应的。我期盼你们可以重新检查检查这件事情。我很愿意在明天中午十二点的时候可以看见你们两个人，你们能与你们乐意一起的所有军官一同来此。

首相致陆军大臣和帝国总参谋长 **1942年12月26日**

第十一装甲师

1. 突尼斯尖角地带，这一师与别的军队会一起作战的地点，它大概有三十五英里那么深，有五十五英里那么宽。可以从此看出，这个地方和宽广辽阔的西部沙漠地区之间，是没有相同之处的。另一个方面，也许在比塞大那里，这一师会遇见拥有永恒性质的堡垒，以及紧靠突尼斯的力量极大的野外阵地。可能需要对步兵的突围进行援助。哪怕是为了这些全部的目的，厚装甲与重武器都是有需要的。自然不需要再提任何有关常规装备的问题，但是必须要准备好特殊任务与特别的武器。

2. 对于你们可以扩充三十六辆六磅炮的坦克，让坦克军队的每个中队都能多那么三四辆坦克一事，真的是非常的好。我期望你们可以马上思考思考，我们可不可添一个装备六磅炮的第三坦克团，它这个团的作用是师后备力量的独立军队。这一军队若是可以有“丘吉尔”坦克，那真是好极了，原因是这种坦克在穿越比塞大抑或是穿越突尼斯的防备工事和在它们的作战中，自身就拥有必须的装甲。

莱瑟斯勋爵告知我，最多只能有三艘船只，所增的船只数，一定不可以比两艘要多。如此一来，我们的进攻力量就因此得到了很大程度的增加。对这场战争来说，这个武器，无论如何都是它所必须的武器。新增加一个团，若是不算它的修理工厂与零件的话，那么在师部编制以外就再也不需要去加什么东西了。

3. 这一师，在反坦克军队与高射炮军队方面，势必要算成例外的。考虑到它所具有的任务的重要程度，可以由本土防卫兵的别的军队中，将人员暂时地调过来。这个师的师长，按照我所提出的要求，将他写给陆军部的信拿给我进行了查看。我的确觉得，他所拥有的全部反坦克武器的炮，最少也该是可以发射六磅炮弹的啊。鉴于许许多多的德国“虎”，必定会因为战争的延后而被送到战场这儿来的这个实际情况，我期望，可以将发射十七磅炮弹的炮，再增加上十几门那么多。

4. 猜想在 2 月或者最晚在 3 月的时候，这一师就要将很重要的任务给担负起来，给予它一份实足特别的装备是有必要的。这其中自然是包含了一个连的迫击炮援助军队。请你将上面办法的规划交给我，或者你告诉我，有多少是可以实行的。不管上述情况会有什么变化，不可以在没有及时将这个变化告诉我之前，就将这一师的动身时间后退。

5. 将这所有的一切都排除在外，我会对总统提出要求，要求他调遣二百辆抑或是三百辆“谢尔曼”坦克到阿尔及利亚那里去，而这是为了我们的第六装甲师，可以在从前线退下来的时候，能够将坦克一团一团地编制到里面去。我们若是接着使用那些在加柴拉造成失败的装备的话，是一定会受到议会极其严厉的责备的。

首相致枢密院议长 1942 年 12 月 26 日

疾病

根据政府统计部门收到的，由健康保险促进协会报上来的数字，与去年相比，工作人员因为小病而不到岗的平均人数增加了三分之一还多。若是全体工作员工都能使用这个数字的话，那么就等于是在正常的人当中，少了那么八万人。非常有可能，在这种不到岗人员里，因为身体不舒服之后的原因而缺勤人员至少占其中的一部分，可是如此一种明显的增长，也许标志了，会有相当多的艰苦工作，需要平民去做的。

首相致军事运输大臣 **1942年12月26日**

预定在明年上半年输送到联合王国的进口货的数量简直少极了，为了增加货物的数量，我们必须要马上采取一定措施。考虑到中东那方面的战略形势已经有所改进了，好像是可以规定每月提供陆军部与空军部船只的最高额度，而这都是为了它们可以将军需物品从美国与联合王国，运送到东方的各个战场中去。

军事部门若是能每个月分配（1）五十艘船只，或者（2）四十艘船只，使用在东方战场那里，如果那样的话，应该增加多少本国的进口量呢？请你告诉我。

首相致伊斯梅将军 **1942年12月27日**

有关联合情报委员会的文件中那份《德国陆军的作战序列与分布情况》中对德国师数量的预测是三百二十，然而我于别的文件中看见的，有关联合情报委员会的预测是三百个师。对于这种不一样的地方，请你做一下调查。

有关联合情报委员会在德国于1943年的战略文件中，对德国的参战人数进行了预测，预测结果是六百二十五万。这一数目代表德国每一个师的人员总是为两万人，而我们每师的总数是四万一千人。他们的军、补给线军队以及集团军的比重若是与我们的相同的话，就意味着，一个师的正规人数将不会超过一万人。另外一个方面，它说明陆军部派遣过去的随军人数实在过于多了。他们对于这一点，可以说些什么呢？关于这份报告，我需要将它留下来。

首相致海军大臣 **1942年12月27日**

与那些号相比，这些潜艇的名字自然好太多了。请你考虑一下我的意见。若是可以查阅一下字典，再思考一下的话，也许还是会有改进的，对于这一点，我一点怀疑都没有。如今，请将继续进行这一工作，让它们可以在接下来的两个礼拜里，拥有自己的名字[①]。

① 见12月19日致给第一海务大臣的备忘录。——原注

首相致陆军大臣、军事运输大臣与帝国总参谋长　　　　1942年12月31日

我对规定将“丘吉尔”坦克旅派往突尼斯的时间表示非常的不满意。我们必须尽最大的努力，让这一旅的所有人可以登上在1月17日起航的运输船队船只，以便可以完全地适应战争的急迫性。军事运输部若是可以派出船只，而已经行动的这一旅人却不能被陆军部及时地送上船只的话，陆军部就会承担非常重大的责任。

首相致陆军大臣　　　　1942年12月31日

1. 有关拒绝接受后补军官的问题，若是可以早早地在他们接受军官训练团之前就表明是不被接受的，那肯定是比在对他们进行了白费心思的训练之后要经济得多。可是，考虑到本土防卫军队的参战单位觉得十分缺少军官，并且所需要的数量又是补充无法达到的，因此这个问题，就吸引了我的注意。

2. 可以清楚地从你的报表上看出来，缺少的军官数量应是要超过两千人，而这其中光是步兵就少了将近七百人。对于这种人数上的缺少，你准备什么时候与怎么将它填补上？我留意到，在那八万七千六百三十三名驻扎在英国的军官里，不在本土野战军、英国防空军队，以及第一集团军里的最少有四万零九百七十九人，而这些人依然留在国内的军队里。从这四万零九百七十九的极大数量中——这里面的大量人员，都没有参加作战军队——你必定能够找到野战军所需要的那两千人。请你作一份报告给我，对表里面第四个栏“全部其他在国内的”上尉、少校、中尉以及少尉等人员，参加工作的情况进行一下分析。我能够说，那四万零九百七十九被委任了非战斗职务的人员量，与战斗军队所缺少的两千人相比，成了一个非常明显的对比[①]。

首相致财政大臣　　　　1942年12月31日

我觉得，各部次官工资是一千五百磅，甚至有的人连这个数字都无法达到，这真是一件让人心痛的事情，你若是可以为此想出一种办法，我是乐意去改善它的。

---

① 看12月14日，致给陆军大臣的备忘录。——原注

有一种办法是，将他们工资中第一部分，也就是六百磅拿出来，当作是他们议员的工资，这个议员工资是额外加在大臣工资上的。在我们的次官中，有很多的人是工党议员，我觉得他们应该会感觉到非常大的困难——实际上，让他们担负公职是没有任何益处的，因为在经济这方面，他们感觉到的困难要比他们不负责行政职务大多了。这是不正确的。

甚至我都想将全部大臣工资的第一部分，也就是那六百磅当成是他们议员这个身份应该得到的工资，然后在这个基础上，再加上其他的工资，这样一来就比一千五百磅还要多。

我觉得，这种办法一定会得到下议院的同意，特别是那些因为它受到影响的工党中穷一点的人。有一点要记住，还是需要将那些从选区到伦敦的旅行费用，和别的活动费用都照常发给大家的。你也许可以想到一些其他的方法。请将你的意见，告诉我。

1 月

首相致伊斯梅将军 **1943 年 1 月 1 日**

加拿大为何多要一万三千支步枪呢？他们自己的实力，是不是已经得到了提升？在过去，他们的耗损是多少？从合并两师人员的事实上看，中东方面为何提出六万三千五百支步枪的要求？中东的步枪后备的数量是多少？英国的步枪于最近的战斗中的耗损量是多少呢？现在，波兰军队已经取得的支数是多少？为何要往东非送去一万八千支步枪？已经将那个战区的军队作了整体的缩减。对于按照内阁的商讨，对国民自卫军的数量进行削减的问题，已经在政策上采取了哪些措施？

首相致海军大臣 **1943 年 1 月 1 日**

对于商船在去年运输上的优秀表现，我在此给予热烈的祝贺。这种成绩，对于所有与此有关的方面来说，的确是值得骄傲的。

首相致外交大臣 1943年1月2日

你务必要做一下说明，在如今，我们的宪法与战时处事程序下，始终受到“小人物在政治事件上凭个人或一时的感情去处理事情的见解”这个批评，可是若是彻底阻止这种情况的话，陛下政府则会遭到直接的进攻，说是没有给予报纸与议院自由。与达尔朗和维希政府勾结对我们人民来说，是极端厌恶痛恨的，特别在工人阶级里，这种感觉更加强烈。这个问题，被他们看成是同团结全世界对共同敌人进行反抗的普遍质朴的忠诚意志相背离。在秘密会议中，这件事让首相为了缓解下院的感情而竭尽全力。你应该对赫耳提出警告的，就这一问题来说，我们国家的舆论对待他的态度，简直可以说是愤怒的了。一旦这种愤怒爆发出来，势必会引发美国的意见争辩与分歧。

我们已经用我们可以做到的所有去帮助达尔朗的事件了，但是，在保持和维希接触的这个问题上，我们依然按照原来的方法进行着。可是，在情感上人们觉得这已经将光耀的军事行动给污染了。对于局势上的危险，应该有一个充分的了解。首相在美国人对我国说出如此不尊重我们的话语时，除了可以采取如美国国务院强力限制美国人言论那样的方法以外，再没有什么更有效果的政策，让议院与舆论无言以对。对这个政策进行修改，并且由法国的这一泥泞中抽身，到正确的立场上来，便是补救的办法。

首相致伊斯梅将军，转参谋长委员会 1943年1月4日

1. 在3月1日之前，对德国与意大利在突尼斯的真实力量，作出可以做到的最正确的计算，是非常重要的一件事。

2. 自从登陆之后，在这两个月的时间里，轴心国已经聚集了四万三千人了，这里面有两万九千名是德国人，一万四千名是意大利人。由于这个数字里有一千五百名是从的黎波里过来的意大利人，因此他们每天的人员增加量，不可能比七百多。假如，未来每天的增长量可以到一千人以上，是完全没有道理的。所以我们能够假定，人数在3月1日的时候，最多可以有十万人那么多。目前，这里面已经包含了三千或者四千的空军人员，与一部分德国第十九师团的后勤军队，以及参谋和高射炮等人员在内的四万三千人。据听说，为了可以维持我们第一集

团军的四个师，总共要用到二十一万一千人。假如意大利人与德国人的工作是在相同的基础上进行的，而且假定他们的补充线没有多长，他们就不太可能从突尼斯的人力资源，以及物力资源上组成与保持两师以上，或者最多不超过三个师的德国部队，以及两个军力比较弱的意大利师。这种意大利师的真实力量，若是与一个旅相比，完全没有什么优势。说这与四个师的军力相当，是正确的。

3. 这支军力所拥有的机动能力并非寻常的。目前，这四万三千人是十分缺乏大炮与运输工具的，而这都是因为，用于支援的飞机和驱逐舰，不被允许携带车辆的关系。务必要注意制止那些进入比塞大与突尼斯的船只，从这里通过进入这两个港的所有船只，被我们击沉的大约有三分之一那么多。由斯法克斯、苏塞、以及加贝斯对隆美尔部队提供给养一事，在我们激烈空中袭击的火力下，基本是不可能完成的。总的来说，对于这种没有装备多少大炮与运输力量步行的四个师军队，无法完成路程长远的军事活动一事，我们是可以猜测得到的。

4. 也许隆美尔的部队会撤退到突尼斯的里面，亚历山大将军与蒙哥马利将军会紧跟其后地追打他们。一定不能认为，隆美尔在马上开始的战役中，和在的黎波里的防卫中，必定可以防止受到极其严重的伤害。我们若是在 2 月开始的时候，拿下的黎波里，他就会在那个时候撤退到边境去，之后继续撤退，一直到突尼斯的境内。可以作一个假设：这种军事行动是有可能的，并且应该将有关交通情况的报告提供出来的。另外，东方特种军队的活动也许会阻断道路，并且我们的空袭同样会对道路造成极大的阻碍。可是，假设隆美尔可以带领他们主力部队挺进突尼斯，那有关他们人员总数，我们是要了解一下的。

5. 我们了解，在 12 月中旬的时候，德国军队的供应人数在七万人左右，可是这里面的很大一部分人是空军地勤人员、供应与后勤军队，而这些人，全部都是在两年沙漠战争中被发展起来的。德国各个师的真实力量，也就是第十五与第二十一装甲师、拉姆克旅以及第十六摩托化师，都没有达到阿拉曼战役时的三分之一，也许只有那时候的四分之一。这些伴随隆美尔在前线战斗的人员数量，一定不可能超过两万两千人。

6. 必须预测在的黎波里塔尼亚的意军人数为七万人。但是，这些部队中能够使用运输工具的只有极少的一部分，并且还可能一点都没有。他们那两个在前线的军队，第二十军与第二十一军，对隆美尔来说，一个是它的拖累，一个是它的顾虑，我们的攻击非常有可能将他们阻截住和消灭掉。如今，那两支伴随隆美尔的意大利军队的真正军力，不会比两万两千人更多了。自然，还有分布在去往的黎波里路上的后勤军队，以及空军地勤人员，可是他们的战斗力量薄弱到可以忽略不计的地步。意大利师的真实兵力，甚至在阿拉曼战役之前，不比我们一个旅团的真实兵力厉害。

7. 所以，假定地中海对岸并没有对隆美尔进行支援的话，而他在 3 月 1 日挺进突尼斯境内的时候，又没有遭受过重创，他最多可以带走的军队，不会比一个装甲师，与一个摩托化的德国师，以及两个力量薄弱的意大利师的兵力要多。

8. 因此，应该可以从综上所述中得出结论，敌人 3 月 1 日在突尼斯的武装力量，应该不会比二十万的供给人数还多。而在这里面，战斗军队就占十二万人，或是说成四个或五个德国师，其中包含了两个装甲师和同两三个充足数量的意大利师军队相等的力量。即便可以使用比较高的编制名称来对这些师进行编制，一共有六七个师，并且拥有的运输与大炮的装备都不怎么样。

首相致空军大臣　　　　1943 年 1 月 4 日

1. 我因为没有让增加轰炸机的这个计划成为现实，而感到失望极了，我觉得我应该在更改的时候，就收到有关通知的。

2. 我关注到，如今美国人从来没有成功地在德国投射一颗炸弹。

首相致陆军大臣与帝国总参谋长　　　　1943 年 1 月 4 日

1. 我在昨天与盖洛韦和威克斯两位将军进行了一次长时间的谈话。他们给了我很多统计表，我目前正在研究它们。

2. 我关注到，在第一集团军的编制的二十一万一千人中，是步兵的仅有两万七千人。近期，来自西北非方面的统计说明，这个集团军第八部分的伤亡人员数量，是伤亡量的百分之五十一。步兵碰到的危险，明显要比这个包括了装甲兵、炮兵，以及其他战斗军队等在内的集团军的其他部分，高出七倍之多。在西北非承担任务时，大约从两万两千八百名登陆的步兵中，调出来一万五千名优秀的士兵，用来防守那条六十英里长的战线，对敌人行进凶猛的攻击或者发动可以实行的白刃战，并且加入到前线的工作和其他各种任务中。每当我想起来，就觉得应该对这个集团军的步兵组成部分，做一下合适的提升。

3. 另外，我知道目前有人提出建议，要缩减每个营的连数，从之前的四连减到三连，并且提升这些连的实力。我的看法是，将四连维持好，而且对每个连的真实力量做一下提升，提升为准备将每个连改成三连的那种力量。对于给每营步兵的实力扩充一百人这件事，我同样觉得是可以的。对于这种现代化的走向，我非常清楚，而且十分认同，各类专门兵种因为它而发展巨大。在担任着作战这一艰难任务的步兵人数，被削减到如此少的比重时，这种现代化的走向好像被弄得太出格了。“陆军的主力军是步兵，而别的兵种只是它的助手”这句格言来自非常遥远的曾经。这个问题，其实就是一种对轻重比例的衡量。第一集团军的数字说明：各级司令部的参谋与四千二百名军官对两万七千名士兵，或者步兵的六名士兵对司令部的一名参谋。

4. 我们从第八集团军的前进，以及它挺入突尼斯的可能性上看，不需要再向突尼斯派去比四个整师还多的人了。若是步兵在这两个师中所占的比例偏大，那就行得通了，而比这儿还重要的就是，关于步兵，应有足够的筛选来源。

5. 在准备“围歼”作战计划军队力量的时候，步兵要认真研究其他兵种的所占比例。应该将指挥各个营队的出色上校给邀请过来，邀请的人数大概在二十来人，让他们分别说一说自己对每营实力与编制的看法。

首相致伊斯梅将军，转参谋长委员会国防委员会与军事运输大臣

1943 年 1 月 5 日

1. 人们一定会对我们在 1943 年前六个月的输入计划感到非常大的焦虑。关于计算的标准问题，一直到 3 月 31 日为止，遵照的标准好像只有一千七百万吨。依照目前已有报告，截止到 12 月份，所有的输入也只能等于一千三百万吨。从 12 月份开始，美国人已经答应每个月给我们供应三十万吨，若是照着目前的方式方法，就只能在 1 月末获得五万吨，已经将库存中的粮食与原料消耗完了。军需工业生产将因为原料的停止而出现规模巨大的停顿，也会给国王陛下政府信用，造成最大程度的伤害。如今，依然有时间可以采用必要的步骤。

2. 若是从 1943 年 1 月开始，一直到 6 月末的时候，对驶向中东和印度的美国与联合王国船运进行限制，每月的船只数目不高于四十艘船的话，这一输入情况，就可以得到改进，从而可以让三千三百万吨这个数目成为现实。如此一来，我们就可以避开让人恐惧的物资中断，不至于每天得过且过地生活，以及在今年的后六个月里，彻底靠着美国履行承诺去生活。关于这个意见，我期望各个有关部门能马上展开研究。

3. 有关将中东地区彻底改观的这个情况，在 8 月之后，恐怕就需要进一步地去思考了。西部沙漠出现了决定性的胜利，再加上俄国人在南俄和高加索大批地收复失地，让我们在当时所面临的重大危险，被无期限地解决了。隆美尔已覆灭。过不了多久，在开罗四周一千英里以内，除了驻扎在巴尔干各国与各岛屿的敌军，就看不到别的敌人了。我们和伊拉克为防备波斯而建立的第四集团军的需要已经小很多了，可是却出现了其他的形势需求。目前，可以思考将这一集团军整个或者一部分，用在东地中海或者土耳其的军事行动上。已经如下面那样对第八集团军与埃及的英国军队进行了人数上缩减：已经将澳大利亚师调离这里了，没有人动过它留下的装备；已经将英国第四十四步兵师与英国第八装甲师取消了，它们的士兵也被派去填补那些得以保存下来的军队了。务必要依照这些真实的情况，将全部的储备与装置都检查一番。

4. 最少可以省下三个师的装备。若想减少之前的支援要求，就需要由各后方军队之中，以及以上所说的各个师里，找出九万一千人来。在中东存储的弹药量就有四十万吨，已经有二十二万吨的弹药在运往印度的路上，或者现在已经在印度了。在发动阿拉曼战役开始的第一个月里，就只有两万五千吨发射弹药。总的来说，印度、第八集团军、第九集团军，以及第十集团军，都必须要用他们所多余的和他们储存的，以及他们四十艘船只每月的运输量来进行维持。一定要准备一个方案，以便证明这一办法是否可以成功，以及更一步采取哪种紧缩步骤——当然，前提这个步骤真的存在。可是，最应该提前办理的便是那两个半波兰师的装备。在之后的六个月里，这些军队是我们唯一可以提供给东方战场的新志愿军，到那个时候，我们还需要对这个局势再进行一番思考。

5. 应该思考的是，要不要将第八集团军里的第四印度师与第五印度师，同第十集团军里的英国第五十六步兵师与英国第五步兵师交换一下。对于让双方交换一个师或者两个师的这个问题，我期盼你们可以琢磨一下。

首相致内政大臣 1943 年 1 月 7 日

对于你将与殖民政策有关的演讲草稿，拿给我阅读一事，我表示感谢。在我看这个稿子的时候，我写下了几点字迹潦草的评论意见。

我觉得你发言的语气，可以再自信一点。在这一百多个年头里，下议院对殖民地发展所带来的影响，已经在整个世界树立了一个对土著居民道德标准的楷模。实际上，我们坚决正确对待班图人，就是我们和波尔人问题的起因，即使在现在，我们依然不允许他们左右土著居民的领地。曾经我们并不允许印度的商业发展，但是这样好像损伤到了它的人民。

这种认为所有的帮助的出发点，若不是公而忘私，便都是没有价值的想法，是不正确的。世界和平与繁华的基础，便是这些各个社会集团之间的货物与劳动力的互利交换。维多利亚时代不赞成英帝国意见的英国人辩论道，所有的殖民地仅是责任与累赘。我坚信狄斯雷利在青年时说过的话，殖民地在时候到来的那刻，就会如“李子熟了那样掉下来”。

若是这种说我们除了博爱主义，再也别想从我们的殖民地中取得其他利益的说法成立的话，就会有很多人主张，要我们最好将钱用在改善国内工人的社会事业和健康上面。我们在这七八十个年头里，将我们的殖民地彻底开放给整个世界，没有要求任何权利上的优先，没有收取除了正常税收之外的任何的赋税。可是这个世界，已经被美国人用高关税这个政策，带入了歧途。鉴于上述事实，美国人如今反倒教导我们要多做好事，可真是厚颜无耻。不过，我并不提倡你使用那种特别的说法。

首相致空军大臣和空军参谋长 1943 年 1 月 7 日

从轰炸机司令部在上个月中没有做出任何有价值的飞行来看，八百零八架飞机的编制中，可以使用的，与合适作战使用的飞机数量，仅有五百四十七架，这委实让人觉得惊讶！在一千零十的编制和九百零九的现役实力里，为什么可以使用的只有五百五十七个？

我非常清楚，飞机在不能飞行的天气是不会起飞的。既然这样，应该是力量上的大量积攒，而非现在这种一直在下降的备战状态。

首相致爱德华·布里奇斯爵士　　　　　　　　　　1943 年 1 月 9 日

应该让各研究部门的三军联席委员会，研究一下以下方案。他们需要说清楚，这个方案可以给他们的工作带来多大的益处，或者提出一些修改建议。

尽管谁都说不清楚，和希特勒的战争会在什么时候结束，但是可以合理地推测一下这个日期，比如说在 1944 年的年底之前。关于这个日期，每过三个月就要再思考一遍。可是，和日本的战争也许要持续到 1946 年的年尾，并且这需要中国，以及联合国的三大国为此做出极大的努力。所以，可以在 1944 年的年尾之前做些什么，便是调研工作的主要出发点。同时，对于不在今后两年内出现重大负担一事的研究，也应该开始了，即便他们不能在 1946 年年尾之前看到成果。作一个简陋的规定，应该在之后两年的相关问题上付出我们十分之九的努力，而在与以后相关的问题上付出我们十分之一的力量。在难以抉择的情况下，应该依照事情的得失状况寻找各自的指导方案。

首相致外交大臣、海军大臣与第一海务大臣　　　　　　1943 年 1 月 9 日

麦斯基先生说我已经承诺了斯大林，在 1 月与 2 月，使用三十艘船只组成运输船队，他所说的话毫无真实可言。我唯一说过的承诺，被记录在我于 12 月 29 日的电报第三段中，这是海军部允许的。我到目前才明白，在 1 月 17 日出发的船只数量只有二十艘，有三十艘船只将在 2 月 11 日出发。对于海军部无法依照承诺组成所有的三十艘船一事，是最让我觉得遗憾的事情了。另外，2 月份的船队任务已经被他们承担了。

应该告诉麦斯基说，我已经无法忍受俄国人几次三番的挑剔了，这根本就不可能迫使我，再多给他们一点。我们的护航舰在全世界的数量越来越少，这让商船遭受了它们原本不应该遭受的损失。仅今天早起得到的消息说，敌人击沉了我们九艘装满了急切需要的汽油的大油轮中的六艘油轮，原因是，我们能派去为这支重要的船队护航的，只有一艘驱逐舰与少量几艘反潜快艇。曾经海军部清楚地说过，我们若是不能从美国人那里借到更多的驱逐舰的话，那在2月的W.S.运输船队之后，与3月中之前，我们什么东西都送不过去，唯一可以让我们实施的只有三十六天一个周期。

首相致海军大臣与军事运输大臣 **1943年1月9日**

一共有多少只各个类型的特殊小型船舶，例如疏浚船、打捞船、拖轮、海底电缆敷设船等？请给我它们的详细列表。不可以耽误它们的供应时间。所有的经验都说明了，为了供应各种次要的零件与小艇，已经将海军造船厂的管理军官送来的要求全部积压了起来，从而有了大批的缩紧作战计划这个结果。

这一方案，在我答应缩减商船建造吨数这个意见之前，一定要进行严格的检查。

首相致陆军大臣 **1943年1月9日**

1. 我非常高兴你可以使用战车防御炮来对士兵进行训练。我明白，如今已经将信管的问题处理好了，不会影响试炮了。

2. 若是用战车防御炮来替换反坦克枪的话，就可以停止制造反坦克枪和它的弹药了，而这是我本应该想到的。这四万两千支枪，与一千万发弹药的现有装备，应该可以满足侦查军队与西南太平洋作战的使用需求了。在这样的情况下，我们确实不值得再继续快速生产这种弹药了。

3. 为何要将“杰弗里斯步枪”的名字改成战车防御炮？虽然“博伊”这个名字听着有点阴阳怪气的，但是并没有人不赞成啊！

首相致伊斯梅将军 **1943年1月11日**

请你弄明白，有关突尼斯南边边界上马雷斯防线的地理情况，以及防备工事的情况，喀特鲁将军有没有真的和联合计划委员会或联合情报委员会进行过交谈？关于这条防线的所有情况，这位将军都是知道的。他之前曾在那个地方指挥过，应该从他那里获取现成的专门情报。为了我可以转交蒙哥马利将军与亚历山大将军，应该将比例最大的地图准备好，并且完成一份报告。

首相致农业与渔业大臣 1943 年 1 月 12 日

请你作一个有关增加鸡蛋产量的计划，并将它交给我。据说，若想让全部家庭饲养母鸡饲料的配给回到从前，让生产鸡蛋的数量大不相同，就只需要从农场生产的数百万吨大麦与燕麦里，分出六万七千吨。当你在别的方面贡献极大的时候，却在这个方面有着极大且显著的失败，好像是一件让人觉得遗憾的事情。

首相致伊斯梅将军，转参谋长委员会 1943 年 1 月 19 日

为了从距离非常远的地方使用这种机动装置，对比赛大与突尼斯的飞机场进行掌控，应该马上采取措施，配置一些口径为九点二英寸的长射程大炮。有关这件事情，我不清楚它是否被做完了，可是应该按时地送到那个地方去。若是忽视了这一点，那这件事情将会非常不幸的。

首相致帝国总参谋长 1943 年 1 月 21 日

关于下列各项意见，战时内阁全部赞同：

1. 会在这次会议结束的时候，举行一次记者发表会，在会议上，总统和我会回答问题，无论什么新闻发布会，都需要等到总统从非洲海岸离开之后再发布。

2. 艾森豪威尔将军在北非所有地区的副总司令一职，将有亚历山大将军担任。

3. 关于“锤击”或者“围剿”作战计划，也许可以在 1943 年成为现实，并且应该让英国人担任这场战役的指挥官。

4. 在外交与军需这两个方面，中国与法属北非由美国负责，土耳其由联合王国负责。

5. 在亚历山大将军之后，梅特兰 · 威尔逊将军出任了中东总司令一职，这个总司令可以再次恢复对于波斯—伊拉克战区的所有指挥权。在安排上面，不至于引发非常大的困难，可是我建议在当地商讨安排办法。

2月

首相致空军参谋长 1943年2月9日

1. 为了我可以提出一些能稍作改进的建议，请在最后完成这种飞机之前，让我查看一下，这可能会更加有用一点。因此，我期望在下个星期的时候，将这架飞机送到诺索尔特机场那里，应该派一位人员随着飞机一起过来，由他来对我进行解释与说明。

2. 我不准备在近期开始任何旅行。飞机上若是装有压力舱，自然是非常好的事情，因为这就可以让和我一样的一个老人直接飞到俄国！

首相致伊斯梅将军，转参谋长委员会 1943年2月10日

由冯·阿尼姆带领的七万五千四百轴心国部队里，可以战斗的数目多达六万两千一百名，各种勤务军队的人数为一万零一百人，除此之外，还有三千二百名德国空军。他们是怎么做到让德国非战斗人员与战斗人员的比率为一比七这个数字的？我们的情况，为什么会与他们的情况相反？

首相致外交大臣，伊斯梅将军，并转参谋长委员会 1943年2月10日

对于是否可能在六七个月里进行另外一场会议，正是我如今的思考内容。我期望斯大林可以被劝说成功，前来参加此次会议。关于这个目的的地点，我觉得塞浦路斯这个地方真是适合极了。一艘合适的船只，自然可以停靠在一个港口外面，为我们提供通讯的作用。可以分配一笔合适的资金，供建筑临时别墅之用。关于斯大林的路程，你看看它是多么的短啊！

你若是觉得这个主意很好的话，请你和殖民地事务大臣进行一下商讨，并且说出一些方法。

首相致莫顿少校 1943年2月12日

1. 请你将我从处理南斯拉夫事务的特种军事行动执行局得到的报告拿过去，交给塞尔伯恩勋爵看一看。关于这份报告，大体上我是赞成的。我觉得，和南斯

拉夫的首领们建立有希望的更加亲密的接触，是一件有着重大意义的事情。我们最应该注意的就是被敌人控制在这些区域里的师团数目。

2. 在阿诺德将军经过开罗的时候，我向他提出了强烈的要求，要求他再多给我们八架“解放者”飞机，让我们用它们做间谍，或者用作以降落伞投物资的用途。第二天清晨，他离开了这里，可是他有命令给斯帕茨将军。我笃信，在这一问题上，你曾经和特种军事行动执行局的工作人员有过一次会议。关于在原来的基础上再多给我们增加八架“解放者”飞机一事，我也和艾森豪威尔将军讨论过。

3. 请你将目前的情况，和我们是不是还有更加多的事情要做等情况告诉我。在哪些地方有阻碍？如果你告诉我的话，我也许可以清理掉那些阻碍。

首相致外交大臣　　1943年2月13日

有关在意大利的各种反法西斯人员一事，我绝对赞同你的想法。如果什么义务都不需要我们承担的话，那听一听他们的说法，是不会损害到我们的。关于这件事情，我期望你可以再次于内阁会议上提出来。不管怎样，我一定要告诉总统。“哈士奇”作战计划若是能在最开始的阶段成功，只要美国碰到机会，必定会签订一个让意大利从战争中抽身的协议，关于这一点，我一点疑问都没有的。对于这样一种运动，我自会竭尽全力地去援助。我绝对不愿意让战争的时间延长一天，当然那些为了取得彻底胜利所必须花费的时间除外。

首相致联合作战部队司令、第一海务大臣空军参谋长、主计大臣，以及轰炸机司令部总司令　　1943年2月16日

你们在“提尔皮茨”还在特隆赫姆的时候，是不是就将应对这艘军舰的所有计划都放弃了？我们在五个月之前，听到很多有关这艘敌舰的谈论，如今那些谈论已经慢慢地少了。最少有四个或者五个计划正在思考当中。意大利人在港湾内进攻船只上的表现，比我们出色得多，这好像是一件让人难以相信的事情。

深水水雷与潜水出现了哪些料想不到的事情？

若是你们能对这个情况进行判断，当然如果条件也允许的话，最好对整个情况进行一下判断，之后交我一份报告，我将非常地感激。应该将这样一宗战利品放在什么地方，而且任何人都没有办法可以取得它，这实在是非常可惜啊！

首相致伊斯梅将军，转参谋长委员会 1943 年 2 月 17 日

在促使“哈士奇”作战计划的工作上面，因为参谋长们与联合作战部司令所展示出的极其坚持与顽强的努力，首相期望向他们表示由心的感谢。对于那封和这件事情相关的电报，他已经批下来了，并且电报也引起了总统个人的关注。

首相致伊斯梅将军，转参谋长委员会 1943 年 2 月 19 日

1. 考虑到那些美国人用拖延战术对待“哈士奇”作战计划一事，我期望联合参谋长委员会可以建立一个小规模的小组委员会，与联合作战部的司令一起，制定一项具体的研究计划。在 6 月份的时候，完全由我们自己来进行这个计划，除了护航舰、登陆舰，不依靠美国的任何东西。我们在突尼斯有四个师，在途中以及正在等待命令出发的有两个师，加起来一共六个师。在的黎波里，第八集团军可以调出六个师来。因为这次“哈士奇”作战计划，再由波斯里调遣出两个英国师加入其中，所拥有师的数目就有十四个了，若是遵照这个作战计划之前的规定去做，就只需要九个半师。

2. 美国人使用空军等方法，在登陆方面给我们一些帮助，其他的所有就彻底由英国军队去做了，这样就非常方便了。到那个时候，那些已经被我们拿下的港口，就可以直接让美国人进入了，根本不用进行突击登陆的训练，就可以加入到战斗中去了。关于这个计划，我们无论如何也要看一看，它怎么拟定的。我们若是可以作出这一计划，那这最少算是一种激励，确实是一种极有力的激励。

首相致伊斯梅将军、爱德华·布里奇斯爵士以及其他有关人员

1943 年 2 月 26 日

我向艾森豪威尔将军提出了请求，请求他下达指令：将它们的编号写在美国飞机名字的后面，请关注一下，对于这项指令，美国司令部是怎样小心执行的。必须要保证我们也彻底按照这个去做。必须将所有违背这个指令的事情，都报告给我，把违背指令的文件送来，并附送负责发出这一文件的部门作出来的说明。

首相致公共工程大臣 1943年2月27日

你刚刚发表了一份让人觉得感动的白皮书，这份白皮书的内容与这个训练建筑工业人员的问题有关。对于这件事情，请你接受我的热烈祝福。就建筑这项任务来说，它在战后的确是一项特别重要、特别紧急的任务。事实上，所有人员也会因它而受到各个方面的影响。我特别高兴你可以及时地对这件事情的筹划采取措施，并且用有远见的目光和勇气策划这件事情。我祝福你所有的计划都可以成功。

与这个一样的备忘录，正在被我交到劳工和兵役大臣手中。

首相致内政大臣 1943年2月28日

我觉得你在不久之前，给我的监狱人数报表，好得超出我的意料，即使在战争时期犯罪的数量是大大增加的，可是监狱中的人员数量却增加得非常少。你若是能给我一份记录了从战前一年开始，一直到现在为止的新的对比说明的话，我将表示非常感激。

首相致农业大臣 1943年2月28日

这种给全国供应更多鸡蛋的交易，将会造成严重损失的说法，并不能让我满意。让人觉得非常担心的是，据说新的生产计划，将会对现在的抠门供应做更进一步的削减[①]。

根据你交给我的动人的叙述表明，与为了在国内生产新鲜的鸡蛋而要供应的饲料相比，输入蛋粉要实惠多了。若是我曾提出建议，用输入额外的粮食来提高鸡蛋的产量，那和这个相比就要更合适一点，即使你的叙述是那么的生动。

我心想，从我们投在食用牛身上的几百万吨饲料配给中，给鸡抽出几十万吨来，作为它们的饲料，是否可行？我所取得的情报表明，牛肉的生产量，并会不因为这个办法而下降得特别厉害。而且我还听人说，若是拿鸡和牛作比较的话，鸡食

① 内容见1943年1月12日和1943年3月22日的备忘录。——原注

用混合食物会转化的蛋白质要比牛高。

然而巨大的损失并不会因此就降临。若是从农场中获取粮食的话，就只能表示在夏天依赖草料养肥的牛会多一些，而冬天的则会少一点。可以稍微调整一下本国生产的牛屠杀时间，可是要是我们将存货释放，或者将我们输入计划的时间做一下略微的调整的话，是可以将此事的影响彻底消除的。对于我们在新鲜鸡蛋上所做的巨大削减，会影响到精神上与营养上一事，我关心极了。

我曾经正式地夸奖过你所做的那些非常优秀的工作，然而我会因为这个极重要方面的失败而受到损伤而觉得十分心痛，哪怕只有一部分范围受到损伤。对于这一困难，我期望我可以成功地劝说你，让你想办法战胜困难，而不是让你深陷于困难之中，走不出来。你若是乐意到我这里来和我谈谈话，那就请你过来吧。

3月

首相致帝国总参谋长与陆军情报处处长 1943年3月1日

1. 我已经将主计大臣彻韦尔勋爵关于德国陆军实力的猜测所作的说明拿了过来，附在文件中。好像我们的建议都是非常统一的，可是我想知道，你们有没有更多的建议。

2. 这些资料是极具重要性的，对于如何才能让它们和美国的意见统一，正是我们目前应该清楚的。我们也应该将我们的看法，告知俄国人。

3. 如今，这个“师”字成了一个障碍，它再也无法成为各个国家之间计算的标准尺度了！根据我的看法，说清楚师数，与说清楚参加战斗的人员总数，存在同样的必要性。

首相致陆军大臣 1943年3月2日

有关下葬军人的资金，我赞同副首相的备忘录，在一个让人满意的、有尊严的与荣耀的基础上，举行包括兵士和军官在内的全部军人的葬礼。对于这个可能的情况，我觉得你应该是欢迎的。

请你将更加符合这个时代精神的修正建议交给我。我会用财政部作为保障去帮助你。

首相致伊斯梅将军，转参谋长委员会 1943年3月3日

请你像拟定的那样去处理这件事，但是要知道，军事当局同样必须在他们那方面有所收缩。我们全部的军事计划，都因为太过追求稳定而被破坏掉了。关于“安纳吉姆”作战计划的要求，实在过分极了。我们不能像建造一座桥梁那样，稍一思考就想出一项作战计划来。我们所要求的并不是可以掌握这件事，而天才、智力还有随机应变，是一定要将它们的作用发挥出来的。对于印度战役进行的方式，我非常不满意。那种东方无法解救的意志颓废，如今已经慢慢地扩散到了全部司令官的身上了！“哈士奇”作战计划也一样，是以非常过分的要求为基础而进行的。

应该让那些司令官们知道，他们若是想在胜利中取得荣耀，那他们就一定要对胜利做些自己的贡献。英美部队若是在他们的作战计划上，太过分地关注安全这个因素，那不管哪种形式的进攻性战斗，都是他们无法进行的。英国与美国，在之后的六个月至八个月里，大概只可以应付德军六师人。如今，我们已经弱小到了这一步，这种情况是你们应该积极努力地去改正的。

首相致军事运输大臣 1943年3月3日

这份由你部送过来的，有关禁止铁路运输花草的备忘录，的确与我的期望不符。我建议在战争中做一些努力出来，让人们可以因为这些花草而轻松一下，你应该做一些努力，而对于这件事情来说，你部存在着其他不合适的兴趣。如今有不同的地方吗？去年做了什么？

首相致伊斯梅将军，转参谋长委员会 1943年3月4日

斯大林在今年的大半年里，和德军的一百八十五个师进行战斗的时候，英美陆军仅仅与十几个德国师进行了战斗，对于我们为此所做的贡献，我觉得实在少极了。所以，为了不招惹某些叱责，我不准备要求斯大林将他的作战计划提供给我们。

首相致生产大臣 1943年3月4日

你可以在1943年的前六个月里，从每月的原料消耗中减去二十万吨，且不会严重影响到为战争所做的那些努力，我真是高兴极了。在最开始的三个月里，美国的支援有着极大的短缺，使我们的储存下降极大，让我们必须在可能的最小范围里，减少我们的耗损。所以我期望，你可以根据提升这些缩减的可能性，进一步展开你承诺的调查研究。请你交给我一份报告。

首相致海军大臣与第一海务大臣 1943年3月5日

据说在好望角那里，我们的运输船队再次遇到了不幸的事情，我震惊极了。我想，在这一区域里，你们可能已经有所安排了，并且已经对这里的一切进行了认真的研究。我们如今的船舶损失量已经达到了四万吨。在这条航路上，我们实在接受不了如此的损失啊！我明白，已经从加拿大那里往这里派来了十五艘或者十六艘驱逐快艇与扫雷拖捞船。受东方舰队管理的驱逐舰在什么地方？它们是不是和这个舰队一样，没有事情可做？这是一种非常严重的不幸。

首相致陆军大臣、内政大臣、劳工大臣与枢密院议长 1943年3月5日

国民自卫军的未来

我们要保持一百八十万人每月四十八小时的训练与放哨这个义务，以防陆军与大家认为入侵的危险已经降低了而丧失了警惕。我的同僚们不应该看低这种非常沉重的责任的。无论人们说些什么，人们的生产额，都的确是因为这种额外的义务被减少了。一百八十万人的每月四十八小时相当于三十五万个整工。

指挥司令官们在这样一种情形下，是不应该坚持做过多会让人疲惫的演练，使很多能熟练掌握业务的人不参加到演练中去，他们若是要做工业或者农业这个工作，那就更应该这么做了。假如战略情况上有什么改变的话，很简单就可以将增加演练的时间。

首相致军事运输大臣 1943年3月5日

有关你在运输花草上的帮忙，我非常感谢。

首相致陆军大臣、空军大臣与国内安全大臣 1943年3月6日

烟幕

据国内安全大臣说，目前有一些说法，说为了节约人力资源，会缩减国内的烟幕。我们只要为防备夜晚轰炸机的入侵，保持一致的英国防空委员会的强大力量，那对这种较为实惠的防备方式进行紧缩，好像就是一种遗憾的事情。

但是我觉得，因为可以使用所有的装置，所以也许在管理烟幕上，可以不必花费太多人力。目前，按照陆军部的统计，一共聘请了九千名整工。我明白，将放烟幕的工作平均计算下来，每个月也就只有六晚左右。当然，不算做这一工作的部分核心人员，也许可以将全部的人员和别的职务的人员组合起来，再不用仅仅只为这项工作而另外派出几千名员工了。请告诉我你的意见。

首相致枢密院议长 1943年3月6日

运输花草[①]

我非常难过，你们的委员会竟然对使用火车运输花草的所有解禁办法都表示不认同。有关在如今这个情形下，派专车去运送花是毫无理由的，这一点我是同意的。可是，自然可以在彻底禁运与派遣专车之间，找到一个折中的办法。

你们的委员会只须马上对一种办法进行思考，凭借这一种办法让如此有限的运输能力在不会伤害到至关重要的战争用途之下，可以合适地分出花草地位，并且在照顾旅客的难处与限制的前提下，还可以在养花人中间做出公正的分配，就可以让我高兴了。这样一来，花即使在合法的情况下，也可以拥有出路了，我们的大城市就会迎来十分多的花朵，也可以削减来自黑市的诱惑了。

我笃信，可以将这种办法与我们运输情况在别的方面的改进一起进行思考——这种改进已经因为冬天气温的稍许升高而变成可能了。

---

① 内容见1943年3月3日和1943年3月5日的备忘录。——原注

首相致第一海务大臣 1943年3月7日

承蒙你的好意，你在上一次于驱逐舰中所做的安排，往摩尔曼斯克运去了一些红十字会的必要物品。那是做了怎样的安排？有没有引起一些危险或者麻烦？可不可以再往这里运来一些？

首相致伊斯梅将军，转参谋长委员会并致联合作战部司令，以及运输总监

1943年3月10日

对于这件用在平坦海滩上面的活动码头的事情，是太过忽视了。我们最终因为各式各样的拖沓试验而没有得到一点收获。在我催使制造几英里长度的码头之后，到现在为止，已经过了将近六个月的时间了。有没有和杰佛里斯准将一起商讨过这件事？我很早就期望可以用这种码头的快速建造对登陆艇的紧张情况进行缓解了。我是非常地失望。

如今，为了可以参加“哈士奇”作战计划，且不阻碍“锤击”作战计划所需要用到的码头建筑，请你将建造长度为四英里的码头计划交出来。

首相致海军大臣 1943年3月10日

有关这种重新发生在好望角海面上的不幸的沉船事件，我当然会觉得难过[①]。我十分清楚地明白，海军部和往常一样，正在尽全力去做。

我期望地中海在三月末的时候，可以允许所有的船只通行，当然这些船只里并不包括载运军队的船只，从好望角绕道运输的比例，将减至最低。

首相致空军大臣与空军参谋长 1943年3月13日

在阿尔及尔我和艾森豪威尔将军规定，应该把他们的名字写到美国飞机的代号后面。我的想法是，因为代号不容易记忆，而且在电报里与别的数字混在一起的时候，还容易被搞混了，所以在实际的工作里，名字最终会将不方便的代号替换掉。照着这个意思，艾森豪威尔将军马上下达了指令。在全部美国通信中，你

---

① 内容在1943年3月5日的备忘录里。——原注

们都能看见，这些指令的执行是怎样的严格。

我已提出过要求，在我们这里，也应该实施和那个一样的办法。关于这两件忽视了的事情，请你们注意，应该采取有关步骤阻止再次发生这种类型的事情。B.25是什么？P.40是什么？请你们告诉我以上问题的答案[①]。

首相致陆军大臣 **1943年3月13日**

霍德勋爵在几天前，将有关精神病学家的工作内容告诉了我。我在那个时候问过，如今在这个方面有多少专家，而陆军又需要花费多少资金才能维持他们？霍德勋爵跟我说，在现任陆军部高级副官负责北部指挥区的时候，那些陆军退役的人员中，因为神经机能方面病的退役人数，要比任何别的部分都多。同时他也提到，每一个新兵都被高级副官——我觉得应该也是在他负责北部指挥区的这段时间里——要求回答这样一个问题："参军时，他们自己想参加军队的心情占几分？"这样的事情，是否真的存在？考虑到我们现实所实行的征兵制度，无法想象，还有什么会比这样的一个问题，更加损伤士气了。

首相致陆军大臣 **1943年3月13日**

有关团的番号，我打算在原则上，接受你的意见，并且马上下达指令，以便可以早一点公开团的番号。这样就不用等到全部的番号都拟定完毕之后，才能公布了！应该先处理作战的步兵军队。

首相致空军大臣和空军参谋长 **1943年3月15日**

在这一周里，飞机生产部一共交出了九十五架重型轰炸机，分别是"斯特林"、"哈利法克斯"和"兰开斯特"，在生产数目上，可以说是创造了一个记录。请准确地告诉我：要怎么处理这九十五架飞机？把它们都送去哪里？

我们将在列举出这样实例的时候发现，为何我们的轰炸机中队，没有和产量一起出现更快速的增长？

---

① 内容在1943年2月26日的备忘录里。——原注

首相致伊斯梅将军，转参谋长委员会并致奥姆·萨金特爵士　1943年3月16日

亚速尔群岛的这个问题，再次因为船舶在南大西洋的沉没而被拿到了日程上面。关于总统有多么盼望可以在那里建起同盟国的掌控权一事，你们知不知道？这一事件，好像无法在现在这个时候，将德国人引到西班牙去。既然艾登先生现在就在华盛顿，那这件事情就可以近距离地商讨了。

首相致伊斯梅将军，转参谋长委员会　1943年3月22日

我正在思考请求总统将马歇尔将军派到北非那里去。总统若是同意这个请求，我建议，在帝国总参谋长的身体复原之后和他一起前往。也许可以稍微地将这次旅行推迟一点，将它放在拿下比塞大之后。关于拿下比塞大这件事情，我依然期望可以在4月末之前完成。

再说一说艾森豪威尔将军的电报，与亚历山大将军的看法。我觉得，最糟糕的事情，就是将英国部队和美国部队混到一起。将他们划分到不一样的地方是最好的了，只要由一位美国将军来担任最高统帅一职，他们之间就不至于出现相互责备的事情了。这是照着基本原则：“最好将他们之间的关系，保持在一个合适的距离里。”

对于劝说新西兰政府赞成新西兰加入“哈士奇”作战计划一事，我有信心可以办到。我们对他们说过哪些有关“哈士奇”作战计划的事情？关于这个问题，我就打算发一封电报跟弗雷泽先生商讨一下，当然，前提是你已经帮我拟好这份电报了。

首相致内政大臣　1943年3月22日

我曾在两年前就问过你，有关普利斯亲王的事情，那个时候的他已经被你关在了布里克斯顿的监狱里。如今，他已经在监狱中待了三年整了。在法律上，他的国籍是波兰的。他的母亲是英国女人。我明白他什么颠覆活动的罪行都没有触犯过。你若是可以让我看看，与他有关的所有的历史材料，我会非常高兴，之后我们可以一起讨论一下。

首相致农业与渔业大臣 1943年3月22日

1. 我觉得我们彼此之间已经拥有默契了，你与主计大臣会尽力统一有关鸡与鸡蛋的数目，或者不管怎样都要把不一样的主张叙述清楚。可是，我再也没有听见过谁谈起这件事情。在这一个问题上面，因为我的意见十分强烈，到合适的时候我准备在内阁会议上，提出这件事情。所以，在这一周内，请你们将你们谈话所得到的结果告诉我。

2. 你与粮食大臣若是可以据下面的意见，提出一个报告给我，那我同样是非常高兴的。假如我们同意，将不超过百分之五的土豆粉，掺在那不多于百分之十的面包的面粉里面，那样的节约，到底可以在船舶的吨位上得到怎样的影响？还有如今掺杂在我们的面包里的麸皮与别的渣滓，可以留下来作为鸡饲料的数量是多少？让我觉得特别遗憾的是，放弃往面包中放土豆粉的这个实验。可以肯定的是，将不超过百分之五的土豆粉掺加在面包里面，要比现在外面买的普通的面包要更加好吃一点。这件事情若是可以进行精准研究的话，我将非常地高兴。

3. 现在乡村依然保留的很多小鸡都是吃面包的，这种面包依然不是分配的。这种办法，猛地一看，好像并不怎么实惠，我老是觉得，进一步地分配鸡子的饲料，要比继续使用那些打算给人类消费的价钱最高的粮食饲养要好。

首相致生产大臣与公共工程大臣 1943年3月22日

请将你正在修建受到雷电轰击的房屋的情况，报告给我。

首相致亚历山大·卡多根爵士 1943年3月22日

中国并非是一个和美国、英国以及俄国相等的世界强国，我是不愿意将自己的名字，签在这样一种声明上面的。在那里，外交大臣若是发现了什么难处，是必定会告诉我们的。所以，我根本不需要打这份电报给他。对于他，我不想再进行任何解释了，这点我已经演讲得非常清楚了。

首相致伊斯梅将军，转参谋长委员会 1943年3月25日

关于“哈士奇”作战计划，要按照月亮的圆缺来确定相关的日期，情况也因为这样而有了非常大的改变。时间推迟到7月10日，其实只是在时间上后退了两个礼拜，而非一个月。假如可以提出非常好的选择有关新月日期理由的说明，也许我们就一定要接受了。趁机说一句，选择好的日期若是7月10日的话，就会给予W.J.运输船队，多走一次的机会。目前，7月5日是最终定下来的日期，可以向后推迟到7月22日。

现在，除了等待艾森豪威尔将军解释按月亮计算的日期之外，什么行动都不需要采取。

首相致财政大臣 1943年3月27日

1. 请你务必告诉我，若是可以在目前就有的基础上，进行一种硬性的规定，无论特别附加税与所得税的税率是多少，每磅都需要给纳税人留下五先令，那么对于税收来说，这将带来多大的损失？我会询问这件事情，全是因为要收集情报一事，并没有要在战争时候采取行动这个意思。

2. 目前军人储金到底是一种什么情况啊！我在几天前的一张报纸上看见了这样一条报道，说它只有十一镑四先令。可是，你的计划向他们承诺了一个和较高工资的军火工人的存储金额一样的数目，这是我在你那里知道的。

4月

首相致财政大臣 1943年4月1日

一千五百万镑这个数字简直低极了。曾经，我觉得它的数字可以大概有一亿镑。

我惊讶地知道，和给军火工人发的一样，但是目前发给军人的储金仅有十一镑七先令六便士，而且还是在这种低比率上面进行积攒的。曾经，我个人向三军士兵作过保证，他们一定会用这样一种形式，或者是那样的一种形式来取得和等于付所得税的军火工人的储金的平均数值。曾经，我数次在公开场合说起过你的承诺。关于你的这种承诺减少到这样一种微乎其微的金额，这样一个数目我真的

无法同意，并且我对于这件事，是完全不知情的[1]。

首相致飞机生产大臣 1943 年 4 月 1 日

对于你将 3 月份的飞机生产预计量数给我送过来一事，我表示感谢。我真诚地祝贺超过计划的生产量。尤其让人觉得满意的事情是“重型”的增长。

首相致伊斯梅将军，转参谋长委员会 1943 年 4 月 2 日

1. 第一，先要假设在 4 月末的时候可以结束“火焰”——拿下突尼斯——作战计划，或者最晚在 5 月 15 日的时候完成，而且没有让大批有组织的意军和德军逃走；第二，假设“哈士奇”计划的开始日期是 7 月 10 日；第三，假设意军的人数超不过五个师，拥有战斗力的人员数量多不过五万，德军最多不会超过两个师，拥有战斗力的人员总数多不过两万人。在“哈士奇”作战计划区的战斗人员总数共有七万人，并且我们会往岸上派去七个师，或者八个师的英美部队，每个师所拥有的战斗力为一万五千人，总人数为十万零五百人。除此之外，再派出由三万名英军组成的支援军队，全部算上的话，总数可以有十三万五千人；第四，假设我们可以从登陆时引起的激烈战斗中取胜，那么预测一下，大概需要多少时间，可以在“哈士奇”作战计划地区将敌人的武装军队打败？

2. 在这种样子的作战行动里，用所有开始的战斗阶段作为转移，比方，一个礼拜的时间。人们从这之后，就能合理地盼望，可以将大部分的敌人军力清除或者抓住，抑或是将他们都赶进山里去。这个地区所拥有的人力物力都是非常少的，并且纵横间的距离不是很远，一旦我们攻下港口与飞机场，我们必定可以有效地成为“哈士奇”作战计划地区的掌控之人，并且还能使用空军与受空军保护的海军，将敌人击败，将这个地方统统抢夺回来。

3. 截止到现在，已经将“哈士奇”作战计划地区的攻击的本身，看成了目的。可是，谁也没有满足到，将这样的一次规模不大而且极小的作战，看成是我军在 1943 年战役的目的。只是将“哈士奇”作战计划地区当成一块垫脚的石头，如今

---

① 内容记在 1943 年 3 月 27 日的备忘录上面。——原注

我们一定要开始研究，要怎样去使用这个局部的胜利？已经做了哪些和这一点有关的事情了？应该对所有合乎情理的方法进行研究。如今，“安纳吉姆”已经因为运输上面的缺乏，而失去了重要的价值，占有更重要位置的是地中海的军事行动。我们若是将我们拿下“哈士奇”作战计划地区的时间定为7月低，那其他作战的可能性是什么呢？我们的选择自然要看敌人是如何行动的了。若是大批的德军前往意大利的话，就会提高意大利的斗志和士气，攻占罗马与那不勒斯要用到的规模，就可能大过我们的力量。假如那样的话，东地中海那面的作战计划，就是我们事先必须准备好的，并且还要尽全力地把土耳其拽到我们这边来。我们务必要准备将多德卡尼斯群岛拿下来。我们要在土耳其遇见困难的时候帮助它。

4. 我们可以在意大利的土地上随意奔驰，只要德国人不过来，并且意大利也认输了的话。也许会迫使意大利从战争中离开。我们可以不经过战争，就拿下撒丁岛。也许科西嘉会得到解放。因此，我们可以使用包括没有加入“哈士奇”作战计划的非洲各师在内的军力，这样必然可以朝北挺进意大利，一直到他们和德军在伯伦纳或法属里维埃拉接触之后再停止。对这些可能的军事行动的探索，已经进行到了哪一程度？

5. 即使战争因为意大利依靠一定数量德军的援助而得以继续进行下去，但是在“哈士奇”作战计划地区的掌控权被我们拿下时，我们就需要想办法，在意大利的踵形与趾形地区，打出一个根据点来。对我们来说可以带来非常大的方便的是，占有塔兰托湾和掌控趾形地区的地峡。到了那个时候，意大利舰队一定会决定出，到底是逃到意大利的哪一边去。关于它的地位在“哈士奇”作战计划之后的情况怎样，我是没有办法说明白的。在“哈士奇”作战计划地区被我们掌控与我们在那个地方建起我们的空军之前，它若是不能后退到亚得里亚海的话，那这个做法就是它无法进行的了，而他能做的，就只有撤退到斯培西亚与热那亚。我们可以使用武器、供应，特别是攻击去对那些阿尔巴尼亚与南斯拉夫的起义人进行鼓舞，因为对我们来说，不管怎么样，在达尔马提亚海岸获得一个容身点，都应该被看成一个极其重要的目标。关于米海洛维奇，我笃信，他在我们可以给其提供任何有实际效果的支援时，必定会竭尽全力地对付意大利人的，无论现在的他们有什么样的天生的狡猾态度。已经在这一战场出现了十分大的可能性，这一点很明显的。

6. 对于这些问题，在时间上要最优先进行密切的专研，并且听取从参谋长那里得来的有关建议，例如，什么是可以做的？还有，最好做些什么？这也是我发这个文件的目的。关于这一工作，我期望可以用非常快的速度进行，原因是，对于1943年战役来说，若是单单拿下“哈士奇”作战计划地区的话，就只能算是得到了一个不值一提的结果。

首相致伊斯梅将军，转参谋长委员会　　1943年4月2日

如今，一个非常重要的问题已经出现了，那就是阻碍敌人从突尼斯的顶端地区由海道进行任何规模巨大的逃跑。毫无疑问，这件事已经吸引了北非最高统帅部各个部门的注意了。可是，这仍然是不够的。若是每天都被战事包围着的话，那这种重大问题也许会在他们的思想中，处于不重要的位置。我们这个地方，对于所有可能使敌人逃走的机会，以及我们可能采用消灭敌人的所有办法，都应该进行特殊的研究。从下个礼拜的开始，就应该准备好这件事情了，参谋长委员会应该思考一下，应不应该将我们的总结给艾森豪威尔将军送去，或是要用哪种方式送去。我个人觉得，让联合参谋长委员会拟一个正式的公文送过去，应该是最好不过了。可是，我在等待着参谋长委员会的意见。

首相致陆军大臣　　1943年4月4日

1. 国民自卫军因为战争在时间上的拖延，和紧迫的侵袭危险慢慢消失，感觉到的不安越来越厉害了。我们有没有完全地利用到他们？是不是应该举行一个国民自卫军日，或者国民自卫军周？在某种方式下，他们是不是应该接受大家的赞扬，并且让他们觉得整个国家，对于他们这些忠实的人们来说，是非常感谢的。他们是我们防备海上侵袭，与空降军队从空中下降的可以靠得住的人。这件事，我就委托给你了。

2. 另外一种激励他们的实际方式，就是将更多的子弹提供给他们练习。关于练习，他们有非常大的兴趣，并且将练习可以表明他们职务的有效措施。已经度过没有充足子弹的日子了。请将零点三零零步枪弹药的储备情况，告诉我，因为美国有着超大的供应数量，目前的存储应该是非常多的。实际上，由于形势上面的大大松缓，我已经有几个月，没有看子弹统计表了。我等待你有关——比如说——成倍发放子弹的这个提议。

3. 对于其他可以帮到国民自卫军的方法，我期望你可以想得出来。需要将鼓励与培养给予他们生命的这个阶段。

首相致亚历山大·卡多根爵士　　1943年4月4日

1. 没有办法将有关第二战场的言论彻底阻断，总的来说，它是不存在危险的。由其他方面看，德国军队若是被困在西方的话，那既能够减少对俄国的压力，又能对“哈士奇”作战计划进行掩护。

2. 用我们如今拥有的所有途径，告知欧洲人民，不要在我们没有给他们指令之前，做任何行动，但是他们应该在私底下积极地准备着。

首相致财政大臣　　1943年4月6日

内阁一定要再次商讨一下军人储金的问题。请你在这同时也将一直到1942—1943财政年度末为止，拿工资的所得税纳税人积攒下来的储金平均值，告诉我[1]。

首相致帝国总参谋长　　1943年4月6日

请你告诉我，计算轴心国在突尼斯的军力为一百四十一营的详细内容是什么。比如，将多少营分给了“半人马”营？他们的人员总数是二十二万五千人，本来他们的营数应该和我们的没有什么差别，但是我们的营数近乎是他们的三倍了！这的确是件让人惊奇的事情！

首相致枢密院议长、城乡计划大臣、不管部大臣，财政大臣，以及其他与城乡计划法案的准备有关者　　1943年4月6日

我从今天早上的商讨中获得了这样一种信念，那就是现在城乡计划部一定要

---

① 内容在1943年3月27日和1943年4月1日的备忘录上。——原注

有法定的权利，用来对强迫抵抗的、有妨碍用处的，或者单单是没有能力的各郡当局，因为比较大的利益而完成必须的工作。请你拟定有这种权利的条约，并且让之前准备法案的各个大臣进行审核查看。只要意见上有所不同，就可以在礼拜五的战时内阁上提出这件事情。

首相致伊斯梅将军，转参谋长委员会 1943年4月8日

这个在缅甸的战役情况，是越来越不好了。不管是在战争中，还是在决策上，我们都彻底输给了日本人。幸运的是，规模较小的军事行动，还有别的事件的吸引，让这一悲哀的局面没有被公众舆论注意到。但是，对于这种情况，我们无法期望它会一直保持不变。

韦维尔将军归国的时间是什么时候？

首相致外交大臣 1943年4月9日

我觉得，你应该去看看麦斯基，而且要告知他，塔斯社若是想从伦敦将这一类型的毒素散发到阿尔及尔的话，我们就一定会让他们的记者，从这些国家离开。新闻大臣告诉我，我们是拥有马上将这些机构全部关掉的权力的。对于俄国人这样的做法，在我尽全力去做的这个时候，是不被允许的。戈培尔应该还不能这么坏啊。你是否同意，我在今天下乡之前，会见麦斯基吗？

首相致陆军大臣 1943年4月9日

为了可以准确地考察这个营中每个人的服役状况，我愿意花费整个上午，或者下午的时间，与一个标准的步兵营在一起。在合适的距离里，选出这样的一个营，我来随机地考察他们的编制。在迫击炮、炊事、防御坦克、机关枪、通讯、文书等工作方面，各使用了多少人，我需要亲眼可靠地看见。

不要事先通知他们，也不能在准备中出现什么改变，这一点一定要做到。我来对它的真正实力作出假设，比如是七百七十人。

在下个礼拜，我可以抽出一个下午的时候去做这件事情。你若是可以与我同去，那我将非常地高兴。

首相致空军大臣与空军参谋长 1943年4月10日

1. 这些由杰弗利·劳埃德先生给我的照片[1]，很让人激动。如果将半打这样的设备装在我国各个地方，在我们轰炸机返回的时候突然下了雾，这种设备可以让我们避开灾难，我觉得那再好不过了！这种装备在时晴时雨的晚上，还能给予行动上更大的自由。你们与轰炸机司令部司令一起讨论一下，然后再将他的主张告诉我。

2. 在红外线降落方法的专研上，你们有了什么样的进展？

首相致陆军大臣 1943年4月10日

1. 有关子弹的情况，我觉得非常高兴，可是我觉得别的事情并不是那么的好。鉴于用不了多久，我们就会送走很多精锐师团，就会需要国民自卫军担负起重大的工作，如今是时候对他们进行激励与表扬了。要尽全力让他们觉得他们的任务非常重要，人们是如此地重视他们的工作的。应该在各个地方举行携带武器的检查，并且让每个区域的首脑人物亲自到现场视察。应该把军乐队借给他们。

让我觉得奇怪的是，你没有高兴地投入到这种有呼唤力度的运动当中，这完全可以表明你管制陆军部的做法与意向。

我从来没有用“大张旗鼓”这个词语形容过海德公园的阅兵，如这样子有歧义的词语，是根本没必要用的。

2. 你应和新闻大臣商讨商讨，以便可以在报纸上对国民自卫军日或者国民自卫军周进行大范围的宣传。我必定会送过去一篇贺语，或是在广播里说上几句，当然，假若有这个需要的话。

3. 对于我们国民自卫军的真实力量，我期盼敌人可以有一个很深的印象。毫无疑问，这将由检阅照片传到他们手里，同样会对空降军队的降落与海上的攻击起到震撼性的作用。

4. 将我手里现在拥有的这些信件附过来。这些信件都是按照我的要求，送过

---

① 说明消雾器点燃前和点燃后的效果。——原注

来的，对这件事，我应该承担起全部的责任。所以，不要对那些相关的人，或者信件里提及的人采用措施。为何我们要从国民自卫军那里将步枪拿走？我们既然已经可以每月造出七万支枪，就没有理由还剥夺别人的武器了。

5. 在礼拜一的内阁会议上面，我准备提出国民自卫军的普通问题，我已经对爱德华·布里奇斯爵士下达了命令，让他将这个写在议程上面[①]。

首相致塞尔伯恩勋爵　　　　1943年4月14日

会给这些英雄人物哪些奖赏[②]？

首相致伊斯梅将军，转参谋长委员会　　　　1943年4月14日

1. 依我看，在礼拜日的时候，教堂敲钟的时间和平时不符是为了聚集做礼拜的人来教堂的道理是不成立的。我提议，允许在今天复活节的仪式上敲钟。

2. 说到被侵袭的可能，与1940年相比，要小多了，这是因为我们空军与大规模陆军的超大优势，和我们在国内拥有很好装备的国民自卫军。这样的事情若是发生了，也就是两种形式：(1) 一种就是从海上过来的派遣军队，军队的规模若是较大的话，必定会先吸引我们注意的；若是小规模的军队，那它就要受到我们海岸防备军队的反抗；或者是 (2) 空降军队降落在内地。

由于敌人飞机的供应极其紧张的这个原因，在1943年或者1944年的情况下，

---

① 请翻阅1943年4月4日的备忘录。——原注

② 1942年10月18日，在挪威维尔摩克的德国重水工厂周围，空降了四个人，他们是特种军事执行局的。在第二天的时候，战斗军队飞入那里，可是在这样糟糕的天气下，他们的滑翔机坠毁了，全部人员，不是在到达地面的时候，就是在后来，被德国人给杀死了。1943年2月16日，又有六个挪威人空降了。在一礼拜后，他们找到了第一次试着登陆行动中的四个幸存者，即便是天气冷得不行，并且那四个人已经是快饿死的状态了。挪威人在经过了攀岩与长途滑雪之后，横渡了一条急流，这条河有一半已经结冰了。他们在2月27日到28日之后，对重水工厂发动了攻击。因为路途艰难，德国警卫队没有想到，他们会从这次出现的方向过来。德国人在爆炸开始的时候，还待在临时兵房里面，不清楚发生了什么情况。因为这一情况，挪威人有了逃跑的时间。这里面有五个人安全地返回了瑞典，有一个人，带着他的无线电设备，留在了挪威那里。在这以后，他们继续在挪威那里从事别的活动，一直到战争结束之后都没有死掉。长达一年的重水生产，被破坏掉了。（参阅《日本的猛攻》第二十二章《第二次访问华盛顿》。）——原注

空降军队侵袭的可能性并不大。不管怎么样，运输机总是会被我们的雷达发现，并且会在白天或晚上的时候，受到我们战斗机的袭击。的确可以用这种真实情况来证明，我们对这种侵犯来说，拥有有效的威震力量。所以，不能以为这种危险是非常严重的。

3. 关注到参谋长委员会的报告，说在今年里，并没有入侵行动，但是我在给战时内阁作情况说明的备忘录中说到，不可以彻底将从海上来的，或空运的规模较小的攻击排除掉。

4. 若是发生了规模较小的攻击，在事发地点的所有人，一旦发现敌人的踪影，就会向距离他最近的国王陛下的武装军队发出通知，这个军队再使用电话或者传令兵等设备，将这个情报报告上司之后，就会采用可能的紧急措施，使用炮火对敌人进行阻拦和攻击。非常不容易看出上面的进行程序是怎样因为单独教区教堂的钟声而得到加速。当各种职责的全部人员，都去执行他们早就准备并且经过批准的计划时，在这个地区，什么东西都无法阻止信息在极短的时候里，就被人知道。在我看来，这种觉得公布教堂敲钟的声音再也不属于表明警戒侵袭方法之一，就会对我们国民自卫军的士气有所伤害，或是在正式军队中引发一定程度的懒散习惯的危险，是不存在的。

首相致伊斯梅将军　　　　1943 年 4 月 15 日

我在几天前看见杰弗里斯准将拿出的一幅草图，那上面带有登陆桥梁船的草图。我们能在高度不大的峭壁，和防备力量不强的地方使用这种船只登陆。这种意见好像有一种力量，它非常能引起人的注意。我期望它可以积极地彻底执行。

首相致陆军大臣、帝国总参谋长和参谋长委员会　　　　1943 年 4 月 15 日

1. 我们不得不承认，在今年想要实现横渡海峡的重要作战计划是不可能的了，因为我们的登陆艇原本是要被全部送到“哈士奇”作战计划地区的，再说在这一年里几乎没有美国部队抵达这里，而且在天气没有变化之前就展开训练。这就是支配行动的事实。

2. 然而极为重要的是，不应该将这种事情宣传出去。为了把敌人困在法国海岸那里，且不至于让我们的俄国同盟者觉得沮丧，还应该把强大的伪装，与遮掩行动持续进行下去。所以，不应该在“波赖罗”作战计划的准备上出现突然的或者紧急的中断。

3. 另外，我们不必因为无法在1943年结束、在1944年仍未决定的计划，而耗费不合适的资金与力气。应该在“波赖罗”计划的进行速度上做一下改变，但是不可以固步自封。我们应该不停地将那些美国部队聚集在我们自己的国家，以便1944年的海外战役。应该确保制订严谨计划让推迟“波赖罗”计划的前进速度达到一个稳定的状态，它们目标时间应该是在1944年，而不是1943年。

4. 对于本土军队的各个分支军队来说，这个原则一样适用，因此使抽调出一支远征军队一事，成了必须要做的事。和之前相比，此事明显不是那么紧急的。但是，为了防备海外作战，明智的做法应该是，最少往身边留一支军队。在秋天来之前，就应该开始做这件事情了。我觉得可以把这支军队称作第二集团军，它是由六个师组成的。非常可能将这支集团军开到地中海去。另一方面，各个军队在同一时间进行各自独立的全部计划，而且这种变化的开始时间不必过早，也许会觉得这一办法好一点。

5. 一定要不停地造成美国军队持续大批地抵达的这个印象，一定要防止出现与这种概念相违背的做法与说法，无论发生什么情况。

首相致新闻大臣　　　　1943年4月16日

在1940年开始制作完成的描述了华沙灭亡的德国旧片《火的洗礼》的意图是，用对夸赞德国空军的巨大威力来实行对中立国家的恐吓。根据我的意思，若是将这部片子进行大批的删减，而且添加上英语评论，是能够成为非常好的宣传材料的。它将说明德国人是用怎样残酷的手段，和打算怎样使用空中武器攻占所有其他国家的。

请你对这个片子进行一下考虑，确定它是否可以再次得到使用，并且添入一些他们目前所做的实例。最棒的名字应该就是《苦难的一幕》。

首相致陆军大臣与帝国总参谋长 1943年4月17日

1. 对于弗莱博格将军的现在地位，我并不满意。既然这位军官有这样显要的功绩与经验，就应该把他升为军长。对于这种说“他是全世界最出色的师长，可是能力也只有这些”的评价，我表示并不赞成。对于这个可以为自己赢得这个地位的人，是应该有权利尝试较高级别指挥位置的，并且以他们功劳来说，国家也有权利让他尝试一下。

2. 关于哈马的侧翼在第十军加入新西兰部队的时候，出现了什么情况一事，是我非常想了解的。这一运动是在弗赖伯格控制下进行的，还是由第十军军长替他指挥的？不管怎么样，弗赖伯格给新西兰政府写了一份报告，以一个新西兰指挥官的身份，在报告中，他提及了很多在他掌管之下的别的军队。就这次迂回运动来说，若是照此来看的话，实际上的指挥者好像就是他了。那么，他的才华早就在一个比师要大的职位中得到了证明。关于他的名字，我会在致给下院的报告中提出来，这是因为我考虑到迂回运动的巨大重要性，无法不对他如今还在这样一个位置感到惊奇。

3. 当然，你也是可以想到的，马上你们就会收到来自新西兰政府，与国防部长琼斯先生的意见。暂时不说弗赖伯格的地位，在他应该获得名义上的升迁时，却依然将他留在新西兰师长这个原来的位置上时，这个师全体的升迁便都因此受到了阻碍。必定有一些旅长是可以被提升为师长的，这一点从他们工作的情况就可以看出来。我愿意对弗雷泽先生说，若是我们仍然和新西兰师在一起的话，我们期望可以由弗莱伯格担任第三十军指挥一职。

首相致陆军大臣 1943年4月17日

内阁对国民自卫军庆贺活动的决策是你执行的，有关你这种具有真实影响的态度，我表示十分感谢。你应该提早将其印出来，并且散发给内阁。

首相致陆军大臣 1943年4月17日

1. 请将陆军时事处散发的昭告画，和贝文先生在那上面的评语附带过来。这幅画上对于英国战争之前的描绘，是一种道德低下的诋毁。对欧洲与美国很多地方来说，我国的情况都是一种范例，即便我们在各个方面都有着不足之处。在这种歪解事实并且夸大其实的宣传面前，说应该由陆军来承担责任，是没有一点道理可言的。关于祖国的情况，士兵们知道的和那些事是不一样的。这类政治性质的事件，应该得到你这位身份为国务大臣官员的亲自关注。你若是可以向我解释，我将非常地高兴，自然会马上撤下招贴画。

2. 总的来说，也许内阁有必要对陆军时事处进行调查。请将这个地方的军官人员数量，同雇佣的别的人员，以及他们的薪水与其他所有的费用都列表，一起上交给我。

首相致劳工大臣 **1943年4月17日**

关于你对陆军时事处散发的招贴画所发表的抨击，我表示全部赞成，而且我已经引发了陆军大臣对这件事情的注意。

首相致帝国总参谋长与雅各布准将 **1943年4月17日**

西非师的装备

只给人数在两万两千人之上的师的野战炮兵配置口径是十二门三点七英寸的榴弹炮的这种政策，好像是非常有问题的。一旦确定这种师只拥有山炮与驮载炮，就应该对他们进行充分的补给。除非炮兵在别的方面接应它，或者它配有炮兵，要不然一个这样的师，是不可能成为掩护部分战线的战术军队的。可以用没有马的骑兵，和目前没有坦克的坦克兵来形容没有炮的步兵。步兵与炮兵使用相互交错的战术，而且它们各自是全部概念中的一部分。短射程炮和迫击炮的非常有效果的发展，是能够当成一种替代的。

若是西非部队加入战斗，我热切希望，他们会为自己赢得名誉。

首相致伊斯梅将军，转参谋长委员会 **1943年4月18日**

1. 不用盼望德国可以在今年崩溃，因为这是不可能的。在1943年之前，我们不能实行“锤击”作战计划，因为美国不能对我们进行支援，再说潜水艇依然处于缺乏的状态。所以，如下责任是需要摩根将军负担起来的：

(1) 为了可以让本土空军军队的实力可以在空军耗损战的全部过程中，发挥它应有的用处，我们要在行动上同战斗机司令部，与联合作战部司令保持一致，准备开展两栖作战的假装攻击，引起空中战役。

(2) 要在极其精准的规模上完成掩护和伪装，辅助 (1) 项中的办法，并且将敌人困在西方，让敌人一直保持在防侵袭的警备状态。

(3)“波赖罗”计划在1944年一步步地增强，与“围剿”作战计划的长时间研究。

(4) 为了在德国崩溃的时候马上采取行动，应该一月一月地安排好。

2. 不需要让摩根将军的机构非常大或者是非常多。应该很大程度地缩减对参谋人员的委任，因为他的机构取代的是在诺福克大厅的各总司令的特殊计划参谋处。我乐意知道对参谋人员的精简到了哪个程度?

3. 可以再次考虑，让“朱庇特”成为在1944年1月或者冬天最合适的一个月里能完成的作战计划。我在联合作战部司令生病的那段时间提出要求，每周进行一次有关“哈巴谷书”的进展报告，并且重新对扫雪军队与装备进行一次报告。这方面有什么进展?

4. 关于德国可能侵袭西班牙半岛一事，是我们无法排除的，所以在假设葡萄牙和西班牙会对德国人进行反抗的情况下，英美对那里进行干扰的计划，应该被及时提上日程了。如今看来，这基本可以是肯定的了。

5. 对英国国内军力的重新布置的准则应是与上述目的相宜的，而非适用于“围剿”作战计划或“锤击”作战计划的。我们应该做好如拥有六个师军力的第二军团一样的准备，哪怕是为了西班牙半岛，为了“朱庇特”作战计划，以及为了“哈士奇”作战计划的进一步开展。关于今年里本土陆军的再次部署是不是需要达到最大的程度一事，我非常想要听一下你慎重思考后的意见。我们防备侵袭的安排，不应该被过早地和过分地弄乱。有关给参谋人员的任命一事，无论你作出什么样的决定，都不可以增加，只能减少。

6. 应该把上述所有的办法，都归进一个巨大的掩护与伪装计划里。就和我担心的一样，这一计划若是被这么推迟下去的话，那在今年实现“锤击”作战计划的想法，是完全不可能了。可是仍然应该暗示一下，在我们的掩护计划中，这也是一部分，我们正在进行的是真正的准备工作。登船港口才应该是进行规模巨大的准备工作的地方，应该在7月与8月份的时候，将大数量驳船与攻击舰艇集聚完毕。第二集团军的准备，应该和“锤击”作战计划有直接的关系。为了像第一段（1）中写的那样，引起一场空战，这里的一切都将形成假装攻击的形势。

7. 三军参谋长若是将上面提到的重要点当成他们意见报告的话，可能会比较合适，这项报告还需要有内阁的批准才行。

首相致掌玺大臣与殖民地事务大臣　　　　1943年4月18日

请你阅读附件上与犹太人问题有关的来自韦茨曼博士的信件。对于1939年的白皮书是如今国王陛下政府的“坚忍不拔政策”的说法，我是不可能同意的。我一直觉得白皮书一事，是张伯伦政府违背了此事的信义，即使关于这一问题，我曾经亲自参加而且负责了义务。我们已经在如今这个战争的紧急关头，让我们前任的政策得到了持续的执行，并且也没有在这一问题上作出新的声明。而这，就是我们的态度。严格地遵照我在下院争辩白皮书时所说的话，到现在依然是我的态度。我深深明白，战时内阁中大部分人在目前必定不会赞成给予白皮书任何肯定保证的，它的有限期会一直持续到它作废之前。

首相致农业大臣与粮食大臣　　　　1943年4月19日

我了解到，你已经停止了对蜜蜂所需的少量糖配给，可是对于它们一整年的工作来说，这种在春天几个月里的配给是极其重要的。

请务必将之前分配的数目大小告诉我。目前，会分配给专业养蜂人多少糖？若是私人所养的蜜蜂饿死的话，可以节约出多少糖来？

首相致爱德华·布里奇斯爵士，转全部有关人员　　　　1943年4月20日

教堂的鸣钟问题

就像今天我在医院回答问题时说的那样，同意敲钟召集礼拜，并非代表着一些婚丧仪式也应该敲钟。现在想实现这类仪式还是不可能的，不过在近期几个月里，还是有希望可以实现它的。因为这种观点已经深刻地印在了普通人的脑袋里，所以即便敲钟不再有表示敌人侵袭的意义后，在不一般的时候敲钟也还是可能引起恐慌的。由于比较次要的方法包含在较为重要的方法里面，我觉得已经将现行权利合适地修订一下。若是有需要的话，可以规定一项特别的条例。

首相致爱德华·布里奇斯爵士，并致雅各布准将，转国防委员会（主管军需的）外加别的人员　　　　1943 年 4 月 23 日

坦克供应的原则

第一部分

1．本来，我们就无法掌控 1943 年的所有坦克生产与运到的数目。对于提出的数量，我们应该表示赞同。

2．可是，将比较厚重的甲板装在我们一部分的坦克上的重要性，好像是极大的。在不吝减慢速度到每小时八英里或者六英里，以及更慢的前提下，最少要将这种非常厚的甲板装在二百辆“丘吉尔”坦克上面，当然最好可以装四百辆。向我交一份改装这种坦克的详细计划，说清楚它有什么成就，需要降低到哪个速度，有多少是改装的，除此之外还有竣工的大概日期。被当作紧急任务需要尽快进行的最少有一百辆。

3．若是被人们发现，我们拥有的只是很多的中型薄甲坦克，这里面一辆可以抵抗 1943 年德国大炮火力的坦克都没有，更别想抵抗敌人在 1944 年的火力了，那我们一定会受到批判的，这一点我敢肯定。这种先用装了厚甲的坦克的大槌与矛尖将敌人的战线打破，有了缺口，便让轻型坦克从这个缺口进去的观念，有着非常大的军事意义。有可能的话，在每个战场的各个集团军，甚至还有各军，都应该有一部分的这种坦克。瞪羚务必要和疣猪一样发挥着自己的作用[①]。

① 疣猪和瞪羚都是生活在非洲的动物。瞪羚轻捷，所以它在这里比喻的是轻型坦克，疣猪又大又重并且很有力气，所以这里的它比喻的是重型坦克。——译注

4. 不可以对数量为六十吨、七十吨，或者八十吨的重型坦克的试验性进展置若罔闻。在它成了处理特别问题的方法时，必定会出现使用它的时机。我们若是在有需要时被敌人甩在身后的话，就一定会遭受非常大的责难。一定要向我交付一份跟“斯特恩”坦克或者别的什么可以被设计出来的其他型式坦克有关的报告。关于两栖坦克，有没有什么新的情况？只要滩头登陆可以成功，在这么好的基础上，必定是可以在只做完成浮舟，或者橡皮浮囊的帮助下穿越海峡的。

第二部分

5. 我现在没有信心可以同意这种大范围地采用口径是七十五毫米的大炮，关于这个问题，在所有决定被允许之前，一定要重新举行一次国防委员会会议。在我眼中，这种与装在“谢尔曼”坦克上的相同的炮，是一种新式武器。我明白，目前已经开始进行制造的准备工作了。请作一份报告，汇报一下这种准备工作已经进行到哪个程度了？关于弹药，照着拟议的坦克装置标准已经做了哪些安排？在联合王国，于 1943 年和 1944 年这两个年头里可以做出多少来？我们是不是需要彻底仗着来着美国的供应？他们真的已经将口径为七十五毫米的速度一般的大炮，改成了口径为七十六毫米的高速度大炮了吗？若是这样的话，这种弹药会不会被他们当作是古老落后的？

6. 另外，口径为九十五毫米的坦克榴弹炮已经在这个地方生产了。关于口径为七十五毫米的“谢尔曼”坦克与英国式的口径为九十五毫米的坦克特质和性能，准备一篇篇幅是一张纸长短的具体报告。另外，若是需要在这个月底之前就做好决定的话，应有让军需部预测一个数字，说明一下，这些武器和弹药在 1943 年与 1944 年里，可以交出的真实数字是多少？应该将这些数字都准备好了，以便国防委员会可以尽早举行会议。

7. 在来自中东陆军的报告中表示，他们对沙漠的战术行动，和一般的行动，都非常地感兴趣。但是要清楚，目前他们还没有看见口径是七十五毫米大炮的替代物。他们也就是在近期获得了一些六磅弹药用的烈性炸药。关于口径为九十五毫米的坦克榴弹炮，是他们从来没有看见过的。有关这一问题，我们一定要知道，它是需要从各方面研究的，要不然，我们就会看见，我们的行动因为使用旧式武器而变得缓慢，进而遭受到非常大的责难。

首相致第一海务大臣 1943年4月23日

我们开往太平洋美国舰队的航空母舰出现了什么问题？从这只舰上，我们可以获得哪些报告？

首相致年金大臣 1943年4月23日

在假期中丧生的士兵的寡妇应得的恤金问题

需要花费多少资金，才可以彻底满足这一点？我个人认为，若是没有证明可以表示，士兵是因为自身行为不当而意外失去生命的话，我们是应该关照寡妇的。毕竟一段时间的假期已经被当成了士兵生活的一部分，即便是军役条例里什么规定都没有。

鉴于这笔关于普通寡妇的恤金基本就没有多少，可是这些让人气愤的差别却有着极大的害处，我明白，你同样会因为这个而觉得烦恼颇多。

首相致帝国总参谋长 1943年4月24日

在下次均在出现空额的时候，任命弗莱博格将军。

我觉得，这才是一种公平的行为，这让我非常高兴。

首相致陆军大臣与公共工程大臣 1943年4月25日

据说，在牛津大学的贝利奥尔学院里，会为自治领与美国的部队开设时间为每周一次与周末的课程。这是非常有价值的，那些来自海外的部队会因为那里的大学氛围而对英国的生活与历史更加了解。我了解，由于陆军部提议贝利奥尔学院为高级军官开设课程，所以这个建议目前正处在危险之中。

贝利奥尔学院的价值在之前的那个任务中会更高一点，这一点我非常清楚。有关陆军部在找不到别的变通方法一事，我真是无法相信。交给我一份与别的办法有关的报告。

5 月

首相致空军参谋长 **1943 年 5 月 1 日**

我在上个礼拜的时候，要求麦斯基先生跟我解释，俄国人为何没有遵照“天鹅绒”作战计划里提议的那样，收下我们的二十个空军中队和士兵。他回答说，他们是知道的。对于这些中队，若想遵照英美的标准继续维持的话，就要用到两万五千名人员，对于他们来说，如果将可以取得的支援作为比例，好像就会给他们带来非常大的负担，这些负担在人力与物力上都会有所体现。甚至目前空军部给我的数字，就比如说两万人吧，每个中队也要一千人，而这里面的英国人可以达到一万一千七百五十人。

这十四个空军中队，为何一定要用一万一千七百五十个英国人员去配备呢？请你详细为我解释一下。这个计算是出自谁的手，又是谁同意的呢？用这个和其他方面的空军编制作一下比对，结果是什么呢？

首相致爱德华·布里奇斯与伊斯梅将军 **1943 年 5 月 2 日**

1. 如今又是时候提高安全措施了。请帮我作一份传阅文件，在政府的所有部门里，保密性最好的范围中进行传阅，详细地说明一下以下几点：

（1）经验证实，对机密文件来说，不管你是将它们放置在重要官员的办公桌上的“发文”或是“收文”的文件盘中，还是将它们放到大臣私人秘书的办公室里的习惯，都存在泄露机密的危险。对于接受机密文件的人，不管是谁，都应该常在自己的办公桌上放一个弹簧锁的平面柜子，并且养成习惯，一旦不使用文件，就将柜子锁上。

（2）应该禁止将机密文件装在衣袋里的这个习惯。应该对那些数量很多的带着弹簧锁的柜子，加以利用。

（3）应该马上给所有装有机密文件的柜子装上弹簧锁。要做好执行这个工作的准备。

2. 你们应该对阅读每一份特殊保密性传阅文件的人员数量，做进一步的缩减，而这些应是一起进行的。交给我一份计划，以降低百分之二十五为目标。

3. 大概在三月份之前，我就会发出一份备忘录，要对委员会的数量进行缩减，你们对此所作的计划，进展如何？我们务必要进行彻底的精简与压缩。

首相致海军大臣、第一海务大臣与伊斯梅将军　　1943 年 5 月 2 日

用马耳他与苏塞作为基地的摩托鱼雷艇活动的重要性已是非常的大了。我们不能对它们做提升吗？有多少船只在马耳他那里？有多少船只在亚历山大那个地方？还有更多的合适船只被派到的黎波里、马耳他，以及苏塞那里去吗？对于这些事情，我觉得没必要进行什么商议了，都可以由坎宁安将军处理。请你告诉我，他现在正在做什么工作？

我准备给摩托鱼雷舰队写一封信，他们现在正进行的这个战斗，好像非常危险。

这个时候，有一个问题：是不是应该给所有这些快速小型舰只起一个名字？曾经我想要将它们称作“蚊式舰队”，然而对于它们来说，用“黄蜂舰队”来称呼是不是更有尊严一些？当然也可以把它们叫作“鲨鱼舰队”，简称“鲨鱼”。

首相致帝国总参谋长　　1943 年 5 月 3 日

第一集团军的战斗伤亡人数

你要注意，步枪步兵与近卫步兵占近期伤亡人数的百分之七十五，然而后勤军队事实上并没有受到什么损失。

从更长的时间段来看，步枪步兵与近卫步兵将近占了伤亡人数百分之六十四。别的兵种的损失总量加起来只有一千四百四十三名官兵。

你若是拿这些数字，与 4 月已派出去的和 5 月将要派出去的军队增援比例，做一下对比，就可以很明显地看到两者之间的巨大差别了。

这些被选出来的人，是由谁负责调遣的？给过负责调遣的人哪些指示？

目前要面对的局面是：没有给与作战军队实际并且有效的补充，但是却往技术军队与后勤军队那里送去了大批选出来的人，可是这些军队的人数比例在之前就可以是非常高的了，而且他们好像从来没有遭受过敌人的攻击。保持步枪步兵的实力，是陆军部的首要责任。

首相致飞机生产大臣 1943 年 5 月 4 日

我获得消息说，你于两个礼拜之前让我看的飞机表演，并没有邀请空军大臣参加，对此我很意外。因为他自己并没有发表评论，所以我只是间接地听到了这件事情。当然，他早就知道了与“喷射”（喷气机）有关的全部。关于这一类的表演，从体制上说，若是只邀请空军参谋长参加，而不邀请空军大臣的话，是不合适的。由于他们之间非常信任地工作，空军参谋长自然会事先告诉他的。若是邀请了第一海务大臣，那也应该邀请海军大臣。

首相致生产大臣 1943 年 5 月 5 日

请你记得，在思考分配建筑劳动的时候，最重要的就是完成美国空军需要的飞机场。

首相致伊斯梅将军 1943 年 5 月 11 日

关于陆军大臣的意见，是不是已经取得帝国总参谋长的批准了？若是已经批准的话，我准备给陆军大臣去一封电报，将此事告诉他，让他继续进行这种编制，以将步兵营的步枪实力提升七十二人当作目的，用来替代原来拟定的三十六人。

首相（在华盛顿）致伊斯梅将军，转参谋长委员会，并致莱瑟斯勋爵

1943 年 5 月 12 日

有关横渡地中海的运输船队，已经进行了哪些准备工作？这只队伍什么时候由英国起航？坎宁安海军上将请求，将出发时间定在拿下比塞大之后的第十四天。所以，船队经过直布罗陀的时间应该是在 5 月末。这支队伍最早可以从英国起航的时间是什么时候？是不是在那些船上装了特殊的货物？关于提供一千吨高级药品给红十字会援俄基金会一事，我已经点头了。是不是已经将全部的飞机都装箱，运到船上了？对于那些给土耳其的物品有什么情况？在今天，我要给美国去一封电报，催促他们赶快开始所有的工作。对于我们来说，这段时间是非常有益的，我们一个小时都不要错过。

首相致伊斯梅将军，转参谋长委员会 1943年5月21日

我准备进一步说明如下：

“首相与总统可能会公开发表声明，宣告作为欧洲历史上著名的民族之一，意大利人民将拥有享受自由与独立生活的权利。我们是希望看见意大利可以自它的法西斯暴君手里脱离出来，在民主的制度下，恢复它作为欧洲家庭成员之一的地位。意大利在这几个月里，拥有不让更大灾难发生的最后机会，若是不这么做的话，那些灾难就会降临到它的身上去。”

应该照着这种主题思想进行陆军的宣传工作。

(4)

1942年英国、盟军和中立国的船舶
因为敌人的行动造成的每月的损失数量

1951年1月订正

月份	英国		同盟国		中立国		总计	
	船数(艘)	总吨数(吨)	船数(艘)	总吨数(吨)	船数(艘)	总吨数(吨)	船数(艘)	总吨数(吨)
1月	38	146,274	65	259,135	3	14,498	106	419,907
2月	79	341,271	69	304,804	6	33,557	154	679,532
3月	107	276,312	158	531,214	8	26,638	273	834,164
4月	53	293,083	76	372,284	3	9,090	132	674,457
5月	58	258,273	86	410,382	7	36,395	151	705,050
6月	50	233,740	110	571,254	13	29,202	173	834,196
7月	43	232,718	74	350,473	11	34,922	128	618,113
8月	58	344,763	53	281,262	13	39,608	124	665,633
9月	50	274,952	52	266,265	12	26,110	114	567,327
10月	60	409,519	40	224,537	1	3,777	101	637,833
11月	75	469,493	57	329,308	2	8,953	134	807,754
12月	46	226,581	24	113,074	3	9,247	73	348,902
日期不明	—	—	2	2,229	—	—	2	2,229
总计	717	3,506,979	866	4,016,221	82	271,997	1,665	7,795,097

(5)

有关战后情况的保证
首相提交内阁传阅的备忘录

1943年1月12日

1. 对于战后可能出现在这里的状况，有一种乐观情绪在蔓延，这种情绪很危险。需要解决的有：失业与低工资的现象；关于教育，需要进行很大程度的改进，并且将时间后推；在工作上，住宅与保健事业方面都要开始进行规模巨大的发展；最少也要将农业保持在新的最高水平之上；并且，不断提升生活费用。贫困将因为贝弗里奇的社会保险计划，与和这种类型相同的计划，被消除掉。依靠工资生活的阶级，不应该让那些从战时储存起来的钱，和用战时储蓄券攒下来的钱，失去它们的价值。

2. 我们投资在外国的资金，已经全部丧失了。在航运上，美国将与英国成为劲敌。在对我们必需的出口贸易做有利安排的时候，我们会遇到的很多大困难。我们会在同一时刻进行一个时间挺长的配给制度，并且把我们目前储存的大部分拿出来，分配下去，以便援助欧洲。我们马上就会开发的是热带殖民地，以及提升那些地方居民的生活水平。我们一定要确定保持强大的空军与海军，如此，就不至于再受到来自德国人的攻击，为了保证他们不能再次武装起来报复我们，敌人的国家也需要驻有强大的军事力量。

3. 对于我们的四千五百万人民，我们要不要让他们从事比他们能力要高的任务，将他们不能完成的负担分给他们？这个问题在我心里模模糊糊地掠过。一方面，在述说事情的阴暗面时，大臣们不要让我们的人民感到沮丧；另外，我觉得同样需要慎重，不能像上次一样，使用如“英雄们的家园”等这样的说法，引起荒诞的希望。广大人民面对艰难生活的态度是勇敢的，可是他们若是觉得受到欺骗的话，是非常容易羞赧成怒的。就像我们若是提高两镑的养老金，同时成比例地提高其他保险救济金的话，钱币的购买力度就会降低，他们也会因此发现，与过去十先令相比，两镑钱并不能多买些什么。或是实际上，他们的储蓄与战时储蓄券只是他们以血汗钱积攒的四分之一时，不满的情绪就会在他们中产生，而这种不满的情绪，和人类以生存为目的而进行的无法避免的争斗中，需要忍受的痛苦一点都不一样。我非常克制自己，不作有关未来的保证，这是因为我不希望用荒诞的希望与乌托邦，或者黄金国的幻想欺骗人民。

4. 我们都尽全力去做，我们可以做得更好一些，只要那些保证与承诺不会阻挠我们。需要知道的是，保证与承诺是从人性中的希望与善意那一面得来的，这和严酷的生活现实，不存在一丁点的联系。

关于贝弗里奇的报告

首相提交内阁传阅的备忘录

1943 年 2 月 14 日

对于这件事情来说，我觉得我们应该遵照下列方法进行处理。我从看见的报告中推测的这种方法，我想这应该与我同僚们所盼望的一样。

1. 无论在什么战争之后，将这种分摊海损的办法提升到救济成百万人的社会保险的办法，都是改善全国人民生活计划的一个重要部分。

2. 也许这种办法中的一部分，是我们无法做到的或者是不能接受的。然而，合适一点的做法是，若是有了方法，那这个方法不可以只是批评家门挑出某些弱点之后，所留下来的那点东西，它应该是一个完整的想法。

3. 若是有需要的话，可以设立一个像委员会那样的机构，它将负责修订、润色，以及准备那些必须要提出来的法案，并且它从现在就开始工作，一直工作到战争结束以后。

4. 但是这一法案，现在不可以由我们主动提出，并且我们也不能提供有关经费。可以做这些事情的只能是一个在政治上承担了立法部门的责任政府，与通过和人民大众的接触而与时俱进的下院。我们不清楚战争结束时会有怎样的状况，也不清楚其他需要兴办的社会事业，要怎样与社会保险的经费相适应，抑或者要怎么做才能让这一系列的改善情况的经费，和维持强大的海、空军与在很长一段时间保持某种军事力量的需要相融合。关于战后由哪个政府执政，由谁出任首相一事，我们并不清楚。为了他们，我们应该把所有都准备好，而对于这个自然会完善的计划，应该让他们自由地做出选择，是要接受还是拒绝。

5. 我们不要忘了，我们掌控议会的时间已有八年之久了，对我们来说，足够让我们持续下去的理由都有，真实的战争形势，和为了战争的目的。我们在社会事业方面，没有任何理由可以约束未来的议会，那全部都是他们自己的分内事。不管谁是我的继承人，在这个他还不清楚会在什么条件下扛起他责任的阶段，这个束缚他拳脚的任务，就不得不由作为首相的我扛起来。

(6)

1942 年各部大臣任命名单

（名字下面有黑点的是战时内阁成员）

首相兼第一财政大臣及国防大臣	温斯顿·丘吉尔先生
海军大臣	亚历山大先生
农业与渔业大臣	赫德森先生
空军大臣	阿齐博尔德·辛克莱爵士
飞机生产大臣	(1) 穆耳·布勒勃宗上校
	(2) 卢埃林上校（2 月 22 日任命）
	(3) 斯塔福德·克里普斯爵士（11 月 22 日任命）
缅甸事务大臣	埃默里先生
兰开斯特公爵郡大臣	达夫·库珀先生
财政大臣	金斯利·伍德爵士（从 2 月 19 日起不再是战时内阁成员）
殖民地事务大臣	(1) 默因勋爵
	(2) 克莱勃恩子爵（2 月 22 日任命）
	(3) 奥利弗·史丹利上校（11 月 22 日任命）
自治领事务大臣	(1) 克莱勃恩子爵

	(2) 克莱门特 · 艾德礼先生
	(2月19日任命;同时任命为副首相)
经济作战大臣	(1) 休 · 道尔顿先生
	(2) 沃尔默子爵
	(以后继承塞尔伯恩伯爵衔;2月22日上任)
教育委员会主席	帕特勒先生
粮食大臣	伍尔顿勋爵
外交大臣	安东尼 · 艾登先生
燃料与动力大臣	劳埃德 · 乔治少校
	(6月3日任命)
	(1942年6月3日设立燃料与动力部。该部吸收了贸易部的矿业和石油两局，并承担了过去分给贸易部负责的煤气和电力工作。)
卫生大臣	欧内斯特 · 布朗先生
内政大臣兼国内安全大臣	赫伯特 · 莫里森先生
	(1942年11月22日参加战时内阁)
印度事务大臣	埃默里先生
新闻大臣	布伦丹 · 布列肯先生
劳工与兵役大臣	欧内斯特 · 贝文先生
检察官员：	
检察总长	唐纳德 · 萨默维尔爵士
苏格兰检察总长	里德先生
副检察总长	(1) 威廉 · 乔伊特爵士
	(2) 戴维 · 马克思维尔 · 法伊夫爵士
	(3月4日任命)

苏格兰副检察总长	戴维·金·默里爵士
大法官	西蒙子爵
枢密院议长	约翰·安德森爵士
掌玺大臣	(1) 克莱门特·艾德礼先生 (2) 斯塔福德·克里普斯爵士 (2月19日任命) (3) 克莱勃恩子爵 (11月22日任命)
不管部大臣	(1) 阿瑟·格林伍德先生 (2月19日辞职) (自2月19日至12月30日未设不管部大臣。原由格林伍德担任的关于战后建设问题的职务由主计大臣接管。) (2) 威廉·乔伊特爵士 (12月30日任命) (威廉·乔伊特爵士在主计大臣任内曾兼顾战后建设问题的任务，12月30日起继续担任此职。)
主计大臣	(1) 汉基勋爵 (2) 威廉·乔伊特爵士 (3月4日任命) (见不管部大臣条目的注释。) (3) 彻韦尔勋爵 (12月20日任命)
年金大臣	沃尔特·沃默斯利爵士
邮政大臣	莫里森先生

生产大臣	(1) 比费伯鲁克勋爵 (2月4日任命) (原来任命比费伯鲁克勋爵为“战时生产大臣”。在他辞职后，更名为“生产大臣”) (2) 奥利弗·利特尔顿先生 (2月19日任命)
苏格兰事务大臣	托马斯·约翰斯顿先生
军需大臣	(1) 比费伯鲁克勋爵 (2) 安德鲁·邓肯爵士 (2月4日任命)
贸易大臣	(1) 安德鲁·邓肯爵士 (2) 卢埃林上校 (2月4日任命) (3) 休·道尔顿先生 (2月22日任命)
陆军大臣	(1) 马杰森上校 (2) 詹姆斯·格里格爵士 (2月22日任命)
军事运输大臣	莱瑟斯勋爵
工程与规划大臣	(1) 里思勋爵 (2) 波特尔勋爵 (2月22日任命) (关于城乡规划的任务，过去由卫生大臣负责，2月11日移交工程与建筑大臣。当时将名称改为“工程与规划大臣”。)

海外事务各大臣：

驻中东国务大臣	（1）奥利弗·利特尔顿先生 （2）凯西先生 （3 月 18 日任命） （在 2 月 19 日任命这个职位的奥利弗·利特尔顿先生为生产大臣和 3 月 18 日任命凯西先生继任之间暂空。）
驻华盛顿供应大臣	卢埃林上校 （11 月 22 日任命） （驻华盛顿供应大臣一职是在 1942 年 11 月 22 日设立的。1945 年 5 月 26 日政府变动时取消。）
驻地中海战区盟军司令部大臣	哈罗德·麦克米伦先生 （1942 年 12 月 30 日任命） （在 1942 年 12 月 30 日设立了驻西北非盟军司令部大臣这个职位。在 1945 年 5 月 26 日政府发生变动的时候取消了。）
驻西非大臣	斯温顿子爵 （6 月 8 日任命） （设立驻西非大臣这个职的时间是 1942 年 6 月 8 日。在 1945 年 7 月 27 日政府变动的时候被取消。）
驻中东副国务大臣	默因勋爵 （8 月 28 日任命）

(这个国务副大臣职务的设立时间为 1942 年 8 月 28 日。职务名称在 1943 年 9 月 25 日任命劳先生为国务大臣的时候，改为“驻中东副国务大臣”。1944 年 1 月 29 日任命默因勋爵为驻中东大臣时，取消了副国务大臣这个职位。)

上议院领袖	(1) 默因勋爵
	(2) 克莱勃恩子爵 (2 月 22 日任命)
下议院领袖	(1) 温斯顿 · 丘吉尔先生
	(2) 斯塔福德 · 克里普斯爵士 (2 月 19 日任命)
	(3) 安东尼 · 艾登先生 (11 月 22 日任命)

1943 年各部大臣任命名单

(战时内阁成员姓名之下有黑点)

首相兼第一财政大臣及国防大臣	温斯顿 · 丘吉尔先生
海军大臣	亚历山大先生
农业与渔业大臣	赫德森先生
空军大臣	阿齐博尔德 · 辛克莱爵士
飞机生产大臣	斯塔福德 · 克里普斯爵士
缅甸事务大臣	埃默里先生兰
开斯特公爵郡大臣	(1) 达夫 · 库珀先生

	(2) 欧内斯特·布朗先生
	(11 月 17 日任命)
财政大臣	(1) 金斯利·伍德爵士
	(2) 约翰·安德森爵士
	(9 月 28 日任命)
殖民地事务大臣	奥利弗·史丹利上校
自治领事务大臣	(1) 克莱门特·艾德礼先生
	(兼任副首相)
	(2) 克莱勃恩子爵
	(9 月 28 日任命)
经济作战大臣	塞尔伯恩伯爵
教育委员会主席	帕特勒先生
粮食大臣	(1) 伍尔顿勋爵
	(2) 卢埃林上校
	(11 月 12 日任命)
外交大臣	安东尼·艾登先生
燃料与动力大臣	劳埃德·乔治少校
卫生大臣	(1) 欧内斯特·布朗先生
	(2) 威林克先生
	(11 月 17 日任命)
内政大臣兼国内安全大臣	赫伯特·莫里森先生
印度事务大臣	埃默里先生
新闻大臣	布伦丹·布列肯先生
劳工与兵役大臣	欧内斯特·贝文先生
检察官员：	
检察总长	唐纳德·萨默维尔爵士
苏格兰检察总长	里德先生
副检察总长	戴维·马克思维尔·法伊夫爵士

苏格兰副检察总长	戴维 · 金 · 默里爵士
大法官	西蒙子爵
枢密院议长	(1) 约翰 · 安德森爵士 (2) 克莱门特 · 艾德礼先生 (9 月 28 日任命)(兼副首相)
掌玺大臣	(1) 克莱勃恩子爵
国务大臣	(2) 劳先生 (9 月 28 日任命) (比费伯鲁克勋爵担任国务大臣的职务至 1941 年 6 月 29 日为止。奥利弗 · 利特尔顿先生于 1941 年 7 月 1 日担任驻中东国务大臣一职，这个职位之后由凯西继任。这项和中东职务有关的名称在 1943 年 9 月 25 日任命劳先生为国务大臣的时候，改其为“驻中东国不管部大臣务大臣”。)
不管部大臣	威廉 · 乔伊特爵士 (威廉 · 乔伊特爵士在 1942 年 12 月 30 日担任不管部大臣之后，继续担任他在主计大臣任内有关战后建设问题的职务。建设部设立的时间是 1943 年 11 月 12 日，他协助建设大臣，一直截止到他于 1944 年 11 月 18 日担任国民保险事业大臣的时候，那时他被取消了不管部大臣一职)

主计大臣	(1) 威廉·乔伊特爵士 (2) 彻韦尔勋爵 (1942年12月20日任命)
年金大臣	沃尔特·沃默斯利爵士
邮政大臣	(1) 莫里森先生 (2) 克鲁克香克上尉 (2月6日任命)
生产大臣	奥利弗·利特尔顿先生
建设大臣	伍尔顿勋爵 (11月12日任命) (建设大臣这个职位的成立时间是 1943年11月12日。)
苏格兰事务大臣	托马斯·约翰斯顿先生
军需大臣	安德鲁·邓肯爵士
城乡计划大臣	莫里森先生 (2月5日任命) (城乡计划大臣一职是在 1943年2月5日设立的。关于城乡规划的工作，过去是由工程与计划大臣负责，今后则由该大臣直接负责。)
贸易大臣	休·道尔顿先生
陆军大臣	詹姆斯·格里格爵士
军事运输大臣	莱瑟斯勋爵
公共工程大臣	波特尔勋爵 (关于城乡计划的职务于 1943年2月5日移交城乡计划大臣以后，“工程与规划大臣”的职

	衔又改称为“公共工程大臣”。)
海外事务各大臣：	
驻中东国务大臣	凯西先生 (任职至 12 月 23 日为止) (1943 年 9 月 25 日，劳先生被任命为国务大臣时，中东办事处的名字改成了“驻中东国务大臣”。)
驻华盛顿供应大臣	(1) 卢埃林上校 (2) 本·史密斯先生 (11 月 12 日任命)
驻地中海战区盟军司令部大臣	哈罗德·麦克米伦先生 (1942 年 12 月 30 日任命)
驻西非大臣	斯温顿子爵
驻中东副国务大臣	默因勋爵 (驻中东副国务大臣这个职务的成立时间是 1942 年 8 月 28 日。这个职位在 1943 年 9 月 25 日任命劳先生为国务大臣时，改名为“驻中东副国务大臣”。)
上议院领袖	克莱勃恩子爵
下议院领袖	安东尼·艾登先生

(7)

1942—1943年英美部队高级军官任命名单

名单中的军衔和职位均限于本书所涉及的时期

皇家海军

坎宁安海军元帅，爵士	地中海总司令； 驻华盛顿英国海军部代表团团长
弗雷泽海军上将，爵士	本土舰队总司令
哈弗得海军上将，爵士	地中海总司令； 地中海东部地区总司令
赫顿海军上将，爵士	西部海口总司令
莱顿海军上将，爵士	东方舰队总司令； 锡兰总司令
穆耳海军中将，爵士	海军副参谋长
路易斯·蒙巴顿海军中将，勋爵	联合作战部队司令官
诺布尔海军上将，爵士	西部海口总司令； 驻华盛顿英国海军部代表团团长
庞德海军元帅，爵士	第一海务大臣兼海军参谋长
萨默维尔海军上将，爵士	东方舰队总司令
西弗莱特海军中将，爵士	H舰队司令
官托维海军上将，爵士	本土舰队总司令

皇家澳大利亚海军

罗伊尔海军上将，爵士	澳大利亚海军委员会第一海军委员

皇家加拿大海军

内尔斯海军中将	海军参谋长

美国海军

哈尔西海军上将	美国驻南太平洋海军总司令
休伊特海军中将	美国驻地中海海军总司令
英格索尔海军上将	大西洋舰队总司令
金海军五星上将	美国舰队总司令兼海军作战司令官
李海海军五星上将	总统府参谋长
尼米兹海军上将	太平洋舰队总司令
斯普鲁恩斯海军上将	太平洋舰队总司令部参谋长
斯塔克海军上将	美国驻欧洲海军司令官

英国及自治领陆军

亚历山大上将，爵士	缅甸总指挥官； 中东总司令； 北非战场副总司令
安德森中将，爵士	第一集团军总指挥官
奥金莱克上将，爵士	中东总司令
布莱梅上将，爵士	帝国澳大利亚部队驻中东总指挥官
布鲁克上将，爵士	帝国总参谋长
迪尔元帅，爵士	驻华盛顿英国联合参谋代表团团长
多比中将，爵士	马耳他总督
弗赖伯格少将	第二新西兰师师长

戈特元帅，子爵	直布罗陀总督；
	马耳他总督
哈特列上将	印度总司令；
	印度副总司令
赫顿中将，爵士	缅甸总指挥官
伊斯梅中将，爵士	国防部参谋长
麦克诺顿上将	本土部队加拿大军军长
蒙哥马利上将，爵士	第八集团军总指挥官
奈中将，爵士	帝国副总参谋长
佩吉特上将，爵士	本土部队总司令
珀西瓦尔中将	马来亚总指挥官
普拉特中将，爵士	东非总指挥官
波纳尔中将，爵士	远东总司令；
	美、英、荷、澳战区参谋长；
	锡兰总指挥官；
	波斯及伊拉克总司令
里基中将	第八集团军总指挥官
韦维尔上将，爵士	美、英、荷、澳战区最高司令官；
	印度总司令
威尔逊上将，爵士	波斯及伊拉克总司令；
	中东总司令

美国陆军

克拉克中将	美国第五集团军司令官
艾森豪威尔上将	盟军北非战场总司令
麦克阿瑟上将	菲律宾总司令；
	西南太平洋最高司令官
马歇尔上将	美国陆军参谋长

巴顿中将	美国第七集团军司令官
比德尔·史密斯少将	北非战场参谋长

皇家空军

阿瑟·科宁厄姆空军少将	西部沙漠地区空军总司令
道格拉斯空军上将，爵士	战斗机司令部总司令
哈利斯空军中将，爵士	轰炸机司令部总司令
朱伯特·德拉费尔泰空军上将，爵士	空军海防总队总司令
利·马洛里空军中将，爵士	战斗机司令部总司令
劳埃德空军少将	马耳他空军司令
皮尔斯空军上将，爵士	美、英、荷、澳战区空军总司令；印度空军总司令
波特尔空军上将，爵士	空军参谋长
斯莱塞空军中将，爵士	空军海防总队总司令
特德空军中将，爵士	地中海空军总司令

美国陆军的空军部队

阿诺德上将	陆军的空军部队司令官
埃克上将	美军第八轰炸机司令部司令官
斯帕茨上将	美国第八集团军空军司令官；西北非空军司令官

图书在版编目（CIP）数据

第二次世界大战回忆录 .08，挽回非洲局势 /（英）温斯顿 · 丘吉尔著；
富杰译 . —北京 : 北京时代华文书局，2017.7（2020.2重印）
ISBN 978-7-5699-1646-1

Ⅰ . ①第… Ⅱ . ①温… ②富… Ⅲ . ①丘吉尔（Churchill，Winston Leonard Spencer 1874–1965）– 回忆录②第二次世界大战 – 史料 Ⅳ . ① K835.167=5② K152

中国版本图书馆 CIP 数据核字（2017）第 137092 号

第二次世界大战回忆录 08：挽回非洲局势

DIERCI SHIJIE DAZHAN HUIYILU 08：WANHUI FEIZHOU JUSHI

著　　者 | 〔英国〕温斯顿 · 丘吉尔
译　　者 | 富　杰

出 版 人 | 王训海
选题策划 | 梁明德　邵鹏军
责任编辑 | 周连杰
装帧设计 | 格林文化
责任印制 | 刘　银　訾　敬

出版发行 | 北京时代华文书局 http://www.bjsdsj.com.cn
北京市东城区安定门外大街 136 号皇城国际大厦 A 座 8 楼
邮编：100011　电话：010 - 64267955　64267677
印　　刷 | 三河市华润印刷有限公司　0316 - 3656029
（如发现印装质量问题，请与印刷厂联系调换）
开　　本 | 710mm×1000mm　1/16　印　　张 | 39.5　字　　数 | 531 千字
版　　次 | 2017 年 8 月第 1 版　印　　次 | 2020 年 2 月第 3 次印刷
书　　号 | ISBN 978-7-5699-1646-1
定　　价 | 79. 00 元